SV

Thomas Bernhard
Siegfried Unseld
Der Briefwechsel

Herausgegeben
von Raimund Fellinger,
Martin Huber
und Julia Ketterer

Suhrkamp Verlag

Klimaneutral
Druckprodukt
ClimatePartner.com/14438-2110-1001

2. Auflage 2023

Erste Auflage dieser Ausgabe 2011

Erstveröffentlichung im Suhrkamp Verlag Frankfurt am Main 2009

Umschlaggestaltung: Hermann Michels und Regina Göllner
Satz: Satz-Offizin Hümmer GmbH, Waldbüttelbrunn
Druck: CPI books GmbH, Leck
Printed in Germany
ISBN 978-3-518-42213-7

www.suhrkamp.de

Inhalt

Peter Fabjan
Eine Vorbemerkung

Geehrte Leserin, geehrter Leser,
der vorliegende Briefwechsel hat ebenso wie der gesperrt gehaltene private Teil uns Hinterbliebene – da vor allem meine mit dem Ordnen, der Abschrift und der Verwahrung betraute Schwester Susanna Kuhn – in einer Weise fasziniert, daß schon früh die Idee, ja der Wunsch nach seiner Freigabe zur Veröffentlichung aufgekommen ist. Jahrelange intensive Recherche der Herausgeber, für die wir großen Dank schulden, führte nun zu einem Ergebnis, das wir so spontan nicht akzeptieren haben können. Nimmt hier doch die Dokumentation der Arbeit des Verlegers für seine Chronik einen weit größeren Teil als der Briefwechsel selber ein. Und doch zeigt sich, auf einen zweiten Blick, daß beides zusammengehört und überaus informativ ist. Es führt uns die ganze Brillanz und Tragik der Beziehung dieser beiden ungewöhnlichen Persönlichkeiten vor Augen, und mit kaum einem anderen seiner Autoren dürfte Dr. Unseld so häufig zum persönlichen Gespräch zusammengekommen sein. Er war also von diesem seinem streitbaren Partner und Kontrahenten in besonderer Weise angezogen, ja gefordert, zuletzt sogar regelrecht überfordert. »Ich kann nicht mehr ...«, schreibt er nach beinahe einem Vierteljahrhundert des Miteinander seinem dem Tod entgegengehenden Autor. Dieser antwortet: »Dann streichen Sie mich aus Ihrem Gedächtnis und aus dem Verlag ...«
Jedes ›sich Ausliefern‹, ›sich an jemanden oder Etwas ausschließlich binden‹ ist diesem Autor zu Lebzeiten unerträg-

lich gewesen, das Leben ihm nur im Widerspruch, in der Auseinandersetzung mit dem wahren Ich des anderen sinnvoll. Um dieses zu erfahren, seine Provokationen, seine Unterstellungen und Übertreibungen. Wurde darauf mit Betroffenheit reagiert, meinte er, »der ist mir in die Falle gegangen«. Die Sehnsucht nach menschlicher Nähe bei gleichzeitigem unabdingbarem Verlangen nach Distanz, sich selber nur in der Auseinandersetzung als real existent, als lebendig zu fühlen, waren das Lebenselixier für ihn, das Schreiben sein Mittel, sich aus dem eigenen Gefängnis, aus dem »finsteren Wald, in dem er als kleiner Vogel schreit«, Gehör zu verschaffen. Autor und Verleger, sie konnten zueinander nicht kommen, sind aber im Erfolg zusammengespannt gewesen. Und wenn Bernhard diesen seinen lebenslangen Mentor, der zuletzt meint, sich unversöhnlich geben zu müssen, enttäuscht einen »kleinen Geschäftemacher« schimpft, so hat er doch noch zu dessen 60. Geburtstag gemeint: »Unseld, welch' ein Name, mir hat er Glück gebracht«, und der Verleger postum: »Ich habe diesen Mann geliebt«.

Der Briefwechsel
1961-1988

1961

[1]

Wien
Obkirchergasse 3
22. Oktober 1961

Sehr geehrter Herr Dr. Unseld,
vor ein paar Tagen habe ich an Ihren Verlag ein Prosamanuskript geschickt.[1] Damit wollte ich mit dem Suhrkamp-Verlag in Verbindung treten. Ich besitze einige Bücher aus Ihrer Produktion und sie gehören zum Besten aus der neueren Zeit. Das ist es auch, was mich veranlasst hat, gewisse andere Verbindungen, die ich eingegangen bin, zu vernachlässigen.[2] Vielleicht lässt sich ein Gespräch mit Ihnen arrangieren: ich komme Ende November durch Frankfurt. Ich kenne Sie nicht, nur ein paar Leute, die Sie kennen. Aber ich gehe den Alleingang.[3]
Mit vorzüglicher Hochachtung
Ihr ergebener
Thomas Bernhard.

1 Th. B. sendet unter dem Datum des 17. September 1961 von derselben Wiener Adresse, der Wohnung von Hedwig Stavianicek, ein Manuskript an den Suhrkamp Verlag mit folgendem Begleitbrief: »Sehr geehrte Herren, ich schicke Ihnen ganz freimütig mein Manuskript ›Der Wald auf der Strasse‹ und bitte Sie, nach Möglichkeit eine Entscheidung darüber bis Ende November zu fällen. Ausserdem bitte ich Sie, den Erhalt des Manuskriptes kurz zu bestätigen. [...] P. S. Sie sind der erste Verlag, dem ich das Manus schicke.« Bei dem Manuskript *Der Wald auf der Straße* handelt es sich um die im Lauf des Jahres 1961 stark umgearbeitete Version des Romans *Schwarzach St. Veit*, mit dessen Niederschrift Th. B. 1957 begon-

nen hat. Er wird nie veröffentlicht. Im Januar 1989, einen Monat vor seinem Tod, erscheint ein Teil davon – *In der Höhe. Rettungsversuch. Unsinn* – im Salzburger Residenz Verlag (siehe Brief 522; zum Typoskript und der Veröffentlichungsgeschichte siehe Th. B.: *Werke 11*, S. 336-346).

2 Zwischen 1957 und 1959 erscheinen von Th. B. vier Bücher: drei Gedichtbände, *Auf der Erde und in der Hölle* (1957), *In hora mortis* (1958), beide im Otto Müller Verlag, Salzburg, *Unter dem Eisen des Mondes* (1958 bei Kiepenheuer & Witsch, Köln) sowie *die rosen der einöde. fünf sätze für ballett, stimmen und orchester* im S. Fischer Verlag, Frankfurt am Main (enthalten in: Th. B., *Werke 15*, S. 7-52). Das Bemühen um weitere Publikationen bei S. Fischer scheitert endgültig im Mai 1961, als der damalige Verlagsleiter, Rudolf Hirsch, ihm alle eingesandten Manuskripte zurückschickt.

3 Der Brief trägt den handschriftlichen Vermerk von S. U. »Ms [Manuskript] an Herrn Michel geben«. Karl Markus Michel schreibt am 24. Januar 1962 an die von Th. B. angegebene Wiener Adresse. »[...] leider konnten wir uns mit Ihrem Roman [...] nicht so recht anfreunden. Der Stoff, wie er sich in den Personen, im Milieu und in den Ereignissen darstellt, ist ein wenig engbrüstig, bekommt aber dann so viel an Stimmung, Reflexion und anderen Zutaten aufgebürdet, daß ein deutliches Mißverhältnis zwischen dem pragmatischen Fundament und seinem ambitionierten literarischen Überbau entsteht. [...] Es werden ganz verschiedene Stilmöglichkeiten ausprobiert, ohne innere Notwendigkeit, ja selbst ohne äußere Sinnfälligkeit, und der Roman gewinnt dabei im ganzen einen recht diffusen Charakter.«

1964

[2; Anschrift: Wien[1]]

Frankfurt am Main
7. Oktober 1964

Verehrter Herr Bernhard,
Frau Dr. Botond hat mir von ihrem Gespräch mit Ihnen berichtet. Ich hoffe sehr, daß Sie nach diesem Gespräch doch in dem einen Punkt beruhigt sind und daß Sie den kursierenden Gerüchten keinen Glauben schenken, sondern doch ein wenig dem vertrauen, was wir nun in einer neuen und, wie ich hoffe, intensiven Weise in unserem Verlag unternehmen wollen. Mir liegt viel daran, mit Ihnen gemeinsam diesen neuen Weg zu gehen.[2]
Frau Dr. Botond berichtete mir auch, daß Sie nun für eine längere Zeit nach Jugoslawien reisen werden.[3] Ich würde vorschlagen, daß wir uns, sobald Sie zurückgekehrt sind, treffen; ich nehme an, daß dies im November oder Dezember möglich sein wird.
Ich wünsche Ihnen einen angenehmen Aufenthalt und hoffe auf unser Gespräch.
Ihr
Siegfried Unseld

1 Die Briefe von S. U. an Th. B. bis 1968 sind, wenn nicht anders vermerkt, auf Briefpapier des Insel Verlags geschrieben. Erfolgt die Wiedergabe eines Briefes anhand des im Verlag aufbewahrten Durchschlags (ablesbar an der in eckige Klammern gesetzten Unterschrift von S. U.), beruht diese Annahme auf einer Konjektur der Herausgeber, die sich auf S. U.s strikte Trennung von Angelegenheiten des Insel und des Suhrkamp Verlags stützt.

2 Mit Wirkung zum 1. Januar 1963 erwerben S. U., Balthasar und Peter Reinhart (die drei Gesellschafter des Suhrkamp Verlags) sowie Rudolf Hirsch den Insel Verlag von Jutta von Hesler, der Tochter des Gründers Anton Kippenberg. Rudolf Hirsch und S. U. sind die beiden Geschäftsführer des Verlags. Für Th. B. ist dieser Besitzerwechsel von Belang, da sein fünftes Buch, der erste Roman, *Frost*, am 29. Mai 1963 dort erscheint und für den Herbst 1964 die Publikation von *Amras* vorgesehen ist. Als Rudolf Hirsch 1964 aus der Leitung des Insel Verlags und als Gesellschafter ausscheidet, schreibt seine Lektorin Anneliese Botond am 13. August 1964 von ihrer Frankfurter Privatadresse an Th. B.: »Einerseits habe ich Schweigepflicht, andererseits möchte ich nicht, dass Sie es von anderer Seite erfahren; und ausserdem ist es für Sie doch wichtig, zu wissen, was in Ihrem Verlag vorgeht. Es ist dies: Hirsch wird den Verlag verlassen. Ich kann Ihnen hier unmöglich auseinandersetzen, wie es dazu gekommen ist, die Geschichte ist labyrinthisch und kompliziert und im Grunde ganz einfach. Viele haben ja den Bruch zwischen Unseld und Hirsch vorausgesagt: nun ist er eingetreten. Ich will Ihnen auch nicht alle die Vermutungen, Hypothesen, Spekulationen erzählen, die sich sofort an diese Tatsache geheftet haben. Sicher ist im Augenblick dies: Hirsch wird noch bis Ende des Jahres im Amt bleiben, und der Verlag bleibt bestehen, d. h. er wird nicht von Suhrkamp verschlungen, wie wir ganz am Anfang befürchtet haben. [...] Mein Rat: vorläufig nichts zu unternehmen, sich keine Sorgen zu machen. ›Amras‹ wird im September erscheinen [...], als ob nichts geschehen wäre. Über alles andere können wir uns in Ruhe während der Messe unterhalten – in fünf Wochen.« *Amras* wird am 24. September 1964 ausgeliefert. Th. B. ist deshalb während der Buchmesse (17.-22. September) in Frankfurt.

3 Th. B. hält sich mit Hedwig Stavianicek in der Zeit vom 12. bis zum 28. Oktober 1964 in Lovran auf.

[3]

Lovran / Jugoslawien
Belveder
16. Oktober 64

Verehrter Herr Unseld,
ich glaube keinen Gerüchten und ich unterschreibe nichts und ich sehe, im Augenblick, von mir aus, keine Veranlassung, den Inselverlag spontan zu verlassen.[1]
Das Frankfurter Klima hat einfach eine Unterredung zwischen Ihnen und mir verhindert.
Ich komme jetzt lange Zeit nicht nach Frankfurt.
Für Ihre Zeilen dankt aufrichtig
Ihr ergebener
Thomas Bernhard

1 Im gleichen Sinn schreibt Th. B. am 24. November 1964 an Rudolf Hirsch: »Ich arbeite wie längere Zeit nicht mehr am Roman [*Verstörung*], der langsame Fortschritte macht. Wielang diese Arbeit an dem Buch dauert, kann ich nicht sagen und ist mir auch völlig gleichgültig. Bis dieses Buch aber nicht fertig ist, oder in solchem Zustand, dass ich glaube, es abschliessen zu müssen, unternehme ich, das Verlegerische betreffend, nichts. Ich lasse alles, wie es ist. [...] Es ist schade, dass Sie sich jetzt wieder von mir entfernen, gerade wo es mir recht gewesen ist, mit Ihnen unter einem Dach zu sein. Aber mit allen Menschen geht es einem immer auf diese krankhafte Weise. Ein Glück, dass Frau Botond noch im Haus bleibt. Es hätte ja wirklich keinen Sinn, ausser den einen Sinn, mich unnötig unsinniger Spannung auszuliefern, wenn ich jetzt von der Insel herunterspringen würde; es wäre auf jeden Fall ein Sprung ins eiskalte Wasser.« Einen Wechsel hat er allerdings zunächst geplant, denn am 29. September 1964 sendet Janko von Musulin, Geschäftsführer des S. Fischer Verlags, ihm den Entwurf eines Vertrags zu (in dem »alles richtig wiedergegeben ist, wie Sie es besprochen hatten«), der die Publikation eines Romans für 1965 vorsieht sowie aller weiteren Prosaarbeiten im Zeitraum von zwei Jahren nach Vertragsabschluß. Th. B. unterzeichnet den Entwurf nicht.

[4; Anschrift: St. Veit im Pongau[1]]

Frankfurt am Main
11. Dezember 1964

Lieber Herr Bernhard,
ich höre eben, daß Sie den Bremer Literaturpreis bekommen. Dazu möchte ich Sie von Herzen beglückwünschen – Sie haben diesen Preis verdient und auch die öffentliche Anerkennung, die damit verbunden ist.[2] Der Verlag wird sich bemühen, dies genügend auszunützen.
Von Frau Botond erfahre ich, daß Sie wieder aus Jugoslawien zurückgekehrt sind. Wie sieht es mit Ihren Reiseplänen aus? Es scheint mir richtig, daß wir uns einmal in Ruhe aussprechen. Mir liegt viel daran, Ihre Arbeiten im Insel Verlag zu haben, und ich bin auch gern bereit, unser Interesse so zu bekunden, daß wir a conto der Honorare des neuen Buches entweder eine größere Zahlung oder auch lfd. monatliche Zahlungen leisten. Am besten, wir verständigen uns darüber mündlich, ich wollte Ihnen aber doch meine Bereitschaft dazu schon heute mitteilen.[3]
Ich nehme an, daß Sie zur Preisverleihung nach Bremen fahren werden. Ich selbst habe für den 28. und 29. Januar schon einen unaufschiebbaren Termin in Paris. Wir könnten uns aber für den Fall, daß Ihre Bremer Reise in diese Zeit fällt, vorher oder nachher sehen und sprechen.
Nochmals herzlichen Glückwunsch!
Ihr
Siegfried Unseld

1 Im Donauerhof, einer Pension in St. Veit im Pongau – dem Ort im Land Salzburg, in dem Th. B. zwischen 1949 und 1951 mehrere Monate (vom 27. Juli 1949 bis zum 26. Februar 1950 sowie vom 13. Juli 1950 bis zum 11. Januar 1951) Patient der Lungenheilanstalt Grafenhof ist –, halten sich Th. B. und Hedwig Stavianicek in den fünfziger und sechziger Jahren häufig auf.

2 Der damals mit 10 000 DM dotierte Rudolf-Alexander-Schröder-Stiftung / Literaturpreis der Freien und Hansestadt Bremen (der seit 1954 vergeben wird) für das Jahr 1965 wird Th. B. für *Frost* zuerkannt.

3 Anneliese Botond berichtet Th. B. am selben Tag, ebenfalls nach St. Veit im Pongau, in einem handschriftlichen Brief: »Lieber Herr Bernhard, Unseld war extra ins Haus gekommen, um mit uns über Sie zu sprechen. [...] keine fünf Minuten, da kam die Nachricht vom Preis! Kommt er nicht wie gerufen? [...] Es sieht jetzt fast so aus, als ob Unseld Ihnen ein Angebot auf den Preis hin machte. So ist es aber *wirklich nicht*. Es ist ein reiner Zufall.«

1965

[5]

Wien
15. 1. 65

Verehrter Herr Dr. Unseld,
ich freue mich, Sie auf dem Rückweg von Bremen zu treffen und ich wünsche mir eine gründliche Aussprache und eine ungestörte Unterhaltung über meine Zukunft in Ihrem Hause, das zu verlassen mir nicht einfällt.[1]
Frau Dr. Botond hat Ihnen sicher schon erzählt, dass ich jetzt schon und ab Anfang Februar in der Wirklichkeit im Bauch eines oberösterreichischen Riesen hause, aus dem ich nicht mehr heraus will, der aber nicht bezahlt ist.[2] Ich bin aber in der besten aller möglichen Stimmungen und so gehe ich auch auf die Reise, von der ich in einer noch besseren Stimmung zurückkehren möchte.
Ich bin ab 28. in der Nacht in Frankfurt und stehe also ab 29. in der Früh zur Verfügung.[3]
Mit vorzüglicher Hochachtung
herzlich Ihr
Thomas Bernhard

1 Die Verleihung des Bremer Literaturpreises findet am Dienstag, dem 26. Januar 1965, statt. Der Laudator Gerd Kadelbach erklärt: »Die Schmerzempfindlichkeit des Malers Strauch, die jede andere Lebensempfindung verdrängt, und ihre Bewältigung durch in die Leere schreiendes Denken sind das große Thema seines Romans ›Frost‹. [...] Das Autor-Ich hat ein Strauch-Ich aus sich entlassen und ist zugleich als das Ich des Medizinstudenten der Beobachter seiner selbst, ist Forscher und Forschungsobjekt seiner selbst ge-

worden.« (Gerd Kadelbach: *In die Leere schreiendes Denken*, in: *Der Bremer Literaturpreis*, S. 121f.) Th. B. dankt mit einer kleinen Rede: »Wir stehn auf dem fürchterlichsten Territorium der ganzen Geschichte. Wir sind erschrocken, und *zwar erschrocken als ein so ungeheures Material der neuen Menschen* – und der neuen Naturerkenntnis und der Natur*erneuerung*; alle zusammen sind wir in dem letzten halben Jahrhundert nichts als ein einziger Schmerz gewesen; dieser Schmerz heute, das sind *wir*; dieser Schmerz ist unser Geisteszustand.« (Zuerst gedruckt unter dem Titel *Mit der Klarheit nimmt die Kälte zu*, in: *Jahresring* 65/66, S. 243-245; zu den Umständen der Preisverleihung siehe Th. B.: *Meine Preise*, S. 32-49.) Die Würdigung des Preisträgers im *Weser-Kurier* (Verfasser: Wilhelm Herrmann) vom 26. Januar 1965 trägt die Überschrift *Ein einziger Gesang in Moll*.
Zu der Aussprache mit S. U. rät Anneliese Botond in einem Brief von Anfang Januar 1965: »Ich glaube, dass ein Gespräch jetzt gut wäre. Der Zeitpunkt ist günstig, Ihre Position ist günstig und auch die Einstellung Unselds zu allem, was die Insel betrifft, ruhiger und besser, seit er die Leitung des Hauses übernommen hat. Ich habe mich für den 26. in Bremen angemeldet und fürchte mich ein bisschen.«

2 Th. B. erwirbt am 6. Januar 1965 durch Vermittlung des Immobilienmaklers Karl Ignaz Hennetmair im oberösterreichischen Obernathal (Gemeinde Ohlsdorf) von Rudolf Asamer einen Vierkanthof zum Preis von 200 000 ÖS (etwa 30 000 DM). Zu diesem Zeitpunkt ist das Haus eine Ruine, und Th. B. wendet für seine Instandsetzung viel Geld und Zeit auf.

3 In diesem Satz ist von dritter Hand das ursprüngliche Datum »27.« in »28.« und »28.« in »29.« korrigiert. Zudem ist er mit einem Rotstift unterstrichen und am Rand mit »T[ermin]« gekennzeichnet. Auf dem linken unteren Rand des Briefs findet sich ebenfalls von der Hand Dritter der durchgestrichene Bleistift-Vermerk: »ist dieser Termin nicht für Paris vorgesehen? (lt. Brief an Herrn Breitbach)«. Im Brief vom 8. Dezember 1964 an Joseph Breitbach gibt S. U. die Zusage, am 28. und 29. Januar 1965 nach Paris zu kommen. Breitbach hat an diesen Tagen eine Begegnung Max Frischs mit dem Verleger Antoine Gallimard arrangiert. S. U. sagt aufgrund seiner Erkrankung den Parisbesuch ab. Zusätzlich trägt der Brief den handschriftlichen Vermerk von S. U. »Botond z[ur]. K[enntnis].«

Die erste persönliche Begegnung von Th. B. und S. U. findet am 28. Januar 1965 im Wohnhaus von S. U. in der Frankfurter Klettenbergstraße 35 statt. Seine Sicht der Unterhaltung hat Bernhard später festgehalten: »Der Anfang meiner Beziehung zu Unseld war eine Forderung gewesen, um nicht sagen zu müssen, eine Erpressung meinerseits. Ich forderte von Unseld zwei Jahre nach dem Erscheinen von *Frost* und zwei Jahre vor dem Erscheinen von *Verstörung*, im Jänner 1965, 40 000 (in Worten: vierzigtausend) Mark; *weil ich es eilig hatte, in zwanzig Minuten*. Angeblich hatte Unseld zu diesem Zeitpunkt, wie seine Frau mir neunzehn Jahre später versicherte, vierzig Grad Fieber gehabt. Ich forderte also damals, wie ich heute denke, für jeden Fiebergrad des Verlegers oder für jede halbe Minute des Verlegers, tausend Mark. Nach diesem *Geschäft*, das mich im Höchstmaß befriedigte und das zur Rettung meines Ohlsdorfer Narrenhauses notwendig war, fuhr ich nach Gießen, um einen Vortrag zu halten, und dachte die ganze Zeit, daß gute Geschäfte machen wenigstens so schön ist wie Schreiben und daß ich, zu allem Unglück meiner Person, auch noch gelernter Kaufmann bin.« (Th. B.: *Unseld*, S. 237f.) Anneliese Botond erinnert sich vierzig Jahre später an das Gespräch: »Der Hausherr war krank, hatte Fieber, erschien im Morgenmantel. Das Gespräch dürfte eine gute halbe Stunde gedauert haben und war zeitlich limitiert (Bernhard und ich mußten zum Zug). Den weitaus größten Teil der verfügbaren Zeit unterhielten sich die beiden Herren über dies und das – Reisen, Personen, Orte. Der Anlaß des Besuchs kam erst in letzter Minute zur Sprache, und die Entscheidung fiel rasch: Bernhard wünschte einen Betrag von DM 40.000,-, um seinen Vierkanthof in Österreich kaufen zu können, und Unseld sagte ihm das Geld zu. [. . .] Unvergeßlich ist mir die unbändige Freude, der Bernhard erst im Zug freien Lauf ließ.« (Brief von Anneliese Botond an Raimund Fellinger vom 31. Januar 2005)

[6; Anschrift: Ohlsdorf]

Frankfurt am Main
19. März 1965

Lieber Herr Bernhard,
wir sollten unser Gespräch, das neulich unter ungünstigen Auspizien stattfand, doch einmal schriftlich festhalten.
Wir besprachen das Verbleiben Ihrer früheren und zukünftigen Arbeiten beim Insel Verlag. Ich wiederhole hier noch einmal, daß ich darauf größten Wert lege. In der modernen Abteilung des Verlages, die auszubauen ist, sind Sie für mich der wichtigste Pfeiler.
Ich habe mich bereit erklärt, Ihnen einen größeren Vorschuß auf Ihre neuen Prosa-Arbeiten zu geben und Ihnen a conto des neuen Romans[1] und a conto der lfd. Abrechnungen einen Betrag von DM 15.000,- zu überweisen.
Sie erbaten für den Kauf eines Hauses ein Darlehen in Höhe von DM 25.000,-. Auch dieses Darlehen wollen wir Ihnen gewähren, und zwar zu folgenden Bedingungen:

Das Darlehen ist zinslos;
der Rückzahlungstermin
für die ersten DM 10.000,- ist der 31. 12. 1965,
für die zweiten 10.000,- der 31. 12. 1966,
für .... 5.000,- der 31. 12. 1967.

Der Gesamtbetrag in Höhe von
DM 40.000,- (i. W. DM vierzigtausend,- - -)
wird Ihnen am 31. März 1965 an das Postamt Freilassing / Bayern überwiesen.
Ich hoffe, daß Sie mit diesen Ausführungen einverstanden sind, und bitte Sie, anliegende Copie zum Zeichen Ihrer Zustimmung zu unterschreiben; diese hat dann den Charakter einer vertraglichen Vereinbarung.[2]
Mit den besten Wünschen
Ihr
gez: Dr. Siegfried Unseld

Einverstanden: gez. Thomas Bernhard
Ohlsdorf, den 25. März 65

1 Der Roman *Verstörung* erscheint am 15. März 1967 im Insel Verlag (siehe auch Briefe 28, 29, 31).
2 Der Brief trägt den mit der Schreibmaschine getippten Ablagevermerk »1 Copie a / Buchhaltung, 1 Copie a / sto, 1 Copie a / Str[itter].«

[7]

Ohlsdorf
25. März 65

Lieber Herr Dr. Unseld,
ich bin über unsere Vereinbarung und über die Tatsache, dass ich im Inselverlag bleibe, sehr glücklich. Ich bin in der besten Verfassung und ich will den Roman bis Jahresende fertig haben, das Theaterstück für das Europastudio in Salzburg um dieselbe Zeit.[1]
Ich freue mich auf eine Unterredung, Fortsetzung der in jedem Fall erhitzten mit Ihnen, in geordneteren Bahnen zu einem Zeitpunkt, der sich von selber ergeben soll.[2]
Herzlich Ihr
Thomas Bernhard
Unterschriebene Copie Ihres Briefes vom 19. liegt bei.

1 Neben *Verstörung* schreibt Th. B. an einem Theaterstück, das zu diesem Zeitpunkt den Titel *Die Jause* trägt und später *Ein Fest für Boris* heißt. Es soll – durch Vermittlung von Josef Kaut, der als Chefredakteur des *Demokratischen Volksblatts* Th. B. in den fünfziger Jahren als »Journalist« angestellt hat und nun Mitglied des Direktoriums der Salzburger Festspiele ist – 1966 im Europa-Studio Premiere haben, einem 1964 geschaffenen Forum der Festspiele für moderne Dramatiker. Zu dieser Aufführung kommt es nicht; siehe auch Th. B.: *Werke 15*, S. 449-453.
2 Der Brief weist links einen handschriftlichen Vermerk von dritter Seite – »Eilboten« – auf sowie rechts unten »entnommen: Copie a / Bo [tond] gegeben. Str[itter]«.

[8; Anschrift: Ohlsdorf]

Frankfurt am Main
26. Mai 1965

Lieber Herr Bernhard,
bei unserem Gespräch in Frankfurt haben wir auch kurz darüber gesprochen, daß wir bemüht sein sollten, für Ihre Arbeiten immer wieder ein neues Publikum zu suchen. Als eine solche Möglichkeit sehe ich die Herausgabe des »Amras« in der edition suhrkamp an, in deren Zusammenhang sich Ihre Erzählung sicher besonders gut ausnimmt. Ich wäre sehr dafür, »Amras« in dieser Edition zu bringen, und nehme an, daß Ihnen das angenehm ist. Ich werde vermutlich auch mit anderen Autoren des Insel Verlags zu einer solchen Abmachung kommen, das ist ja die beste Form der Cooperation der beiden Verlage.
Der Suhrkamp Verlag garantiert eine Auflage von 10 000 Exemplaren. Das Honorar, das für alle Autoren gleich ist, beträgt DM -,20. Es würde nach unserem Vertrag zwischen Ihnen und der Insel geteilt.
Ich hoffe sehr, daß Sie damit einverstanden sind.
Mit besten Grüßen
Ihr
Siegfried Unseld

[9]

Wien
20. Juni 65

Lieber Herr Dr. Unseld,
mein »Amras« passt gut in die Edition Suhrkamp und ich gebe freudigst meine Zustimmung. Es liesse sich auch ein Band Kurzprosa (Erzählungen usf.), auch ein solcher mit

dem Titel »Übungsstücke für Schauspielschüler« machen; es handelt sich um Theaterszenen und -Stücke, die für das Mozarteumseminar geschrieben waren.[1]
Ich führe heuer nurmehr noch das Leben, besser, die Existenz eines Schriftstellers und das hat für mich im Augenblick etwas ungeheuer Erregendes an sich (und in mir).
Nach einem Aufenthalt in der Slowakei weht durch das Romanmanuskript ein frischer Wind. Ich will mit Jahresende mit der ganzen grossen »Schererei« fertig sein.
Ausser einer Russlandreise unternehme ich nichts mehr heuer.[2]
Herzlich Ihr
Thomas Bernhard

1 *Übungsstücke für Schauspielschüler* nennt Th. B. (der zwischen 1955 und 1957 die Hochschule für Musik und darstellende Kunst Mozarteum in Salzburg besucht) eine von ihm mit der Jahreszahl 1958 versehene Zusammenstellung kurzer Theaterstücke. Zu ihr zählen die Kurzdramen *Frühling, Köpfe, Unterhaltung verschiedener Vögel, Rosa, Nachspiel zu Rosa, Die Erfundene oder das Fenster, Zirkus, Die Galgen*. Die Widmung stammt von Charles Péguy und lautet zunächst: »Die schlechten Tage, die wie ein Herbstregen fallen ...«, wird jedoch durchgestrichen und mit dem Zusatz versehen: »Satz von Artaud«. *Übungsstücke für Schauspielschüler* wird nicht publiziert (siehe Anm. 1 zu Brief 432). *Die Erfundene, Rosa* und *Frühling* (in einer früheren Fassung) gelangen am 22. Juli 1960 unter der Regie von Herbert Wochinz in der Scheune des dem Ehepaar Maja und Gerhard Lampersberg gehörenden Tonhofs im Kärntner Maria Saal zur Uraufführung. Die Stücke sind gedruckt in Th. B.: *Werke 15*, S. 61-88 (siehe zu deren Entstehungs- und Aufführungsgeschichte: S. 437-446).
Der Satz ist mit einem Rotstift unterstrichen.
2 Der Brief trägt innerhalb des Eingangsstempels den handschriftlichen Vermerk. »Dr. Bo[tond] gesehen« sowie den handschriftlichen Zusatz von dritter Seite: »Obernathal, Ohlsdorf OÖ«.

[10; Anschrift: Ohlsdorf]

Frankfurt am Main
28. Juni 1965

Lieber Herr Bernhard,
schönsten Dank für Ihren Brief vom 20. Juni. Ich freue mich sehr über Ihre Zustimmung. Wir werden uns bemühen, dem »Amras« ein neues Echo in der edition suhrkamp zu geben. Natürlich interessieren mich auch die anderen erwähnten Texte.[1] Vielleicht könnte man aus ihnen einen sogenannten suhrkamp text (innerhalb der edition suhrkamp) machen. Diese Texte unterscheiden sich von den anderen Bänden der edition suhrkamp dadurch, daß sie ein ausführliches Nachwort, dann eine Vita und eine ausführliche Bibliographie haben. Es sind Textbände, die pädagogischen Charakter haben und in die Schulen eingeführt werden sollen.[2] Wenn Sie meinen, daß sich Ihre Texte hierfür eignen, so werden wir gern einen solchen Band herstellen. Lassen Sie sich Zeit, es soll uns nichts bedrängen.
Haben Sie von unserem neuen Plan der sammlung insel gehört? Ich schicke Ihnen nochmals einen Prospekt zu. Wir haben eine Pressekonferenz abgehalten, die einigen Staub aufgewirbelt hat.[3] Wenn Sie das interessiert, schicken wir Ihnen gerne Unterlagen zu.[4]
Mit herzlichen Grüßen bin ich
Ihr
Siegfried Unseld

1 Dieser Satz ist in der Verlagskopie (nicht im Original) unterstrichen und am Rand mit einem roten Schrägstrich markiert.

2 Der erste Band der suhrkamp texte (Günter Eich: *Ausgewählte Gedichte*) erscheint 1960. Sie werden ab Mai 1963, mit der Veröffentlichung der ersten 20 Bände der edition suhrkamp, als eigens ausgewiesene Subreihe dieser Taschenbücher fortgesetzt.

3 Am 14. Juni 1965 stellt S. U. auf einer Pressekonferenz in der

Frankfurter Feldbergstraße 38, dem Sitz des Insel Verlags, die erste neue Reihe des Verlags unter seiner Leitung vor: die sammlung insel. Der Prospekt faßt deren Programmatik in die Sätze: »Die ›sammlung insel‹ bringt Texte aus Literatur und Wissenschaft der Vergangenheit, ausgewählt nach ihrer Wichtigkeit für uns heute. [...] Die ›sammlung insel‹ sucht das Neue im Alten auf, sucht das Aufklärerische, Fortschrittliche, Bewegende, zielt auf das Aktuelle in der Geschichte.« Die ersten sechs Bände werden am 1. September 1965 an den Buchhandel ausgeliefert, sechs weitere am 15. Oktober desselben Jahres. Mit Band 1, Galileo Galilei: *Siderius Nuncius. Nachricht von neuen Sternen*, soll der Öffentlichkeit signalisiert werden, daß dieser Reihe für den Insel Verlag eine ähnliche Aufgabe zugedacht ist wie die erfolgreich gestartete edition suhrkamp (deren Band 1: Bertolt Brecht: *Leben des Galilei*). Die Reihe wird 1969 nach Band 46 eingestellt.

4 Der Brief trägt an der Oberkante den maschinenschriftlichen Ablagevermerk »1 Copie a / sto wegen Vertrag mit edition suhrkamp« und den handschriftlichen Zusatz »erl[edigt]. Sto«.

[11; Anschrift: Ohlsdorf]

Frankfurt am Main
23. August 1965

Lieber Herr Bernhard,
nachdem wir unsere diesjährige Produktion unter Dach und Fach haben, können wir nunmehr in Ruhe nach Weiterem Ausschau halten. Wie sieht es bei Ihnen aus? Kommen Sie mit Ihrer Arbeit gut voran? Es wäre nett, wenn Sie mir eine kurze Zeile geben könnten, aus der ich die Art der neuen Arbeit, ihren Umfang und einen mutmaßlichen Termin für den Abschluß erfahren könnte.
Mit guten Wünschen und Grüßen
Ihr
Siegfried Unseld

[12]

Roma
Viale Bruno Buozzi 113
9. September 65

Lieber Herr Dr. Unseld,
ich bin schon längere Zeit in Rom, um mit meinem Roman fertig zu werden; das Buch wird vielleicht dicker als »Frost« sein; vorläufig heisst es »Die Ruhe«.
Ich werde auch einmal eine kürzere Prosa mit dem Titel »Klimaverschlimmerung« schicken.[1]
In zwei Tagen fahre ich in meine gewohnte Umgebung nach *Lovran, Villa Eugenija, Jugoslawien*, wo ich meine Arbeiten abschliessen möchte.[2] Rom ist laut, hat ein fürchterliches Klima zurzeit und ist teuer.
Ich möchte wissen, was für Übersetzungen ausser der für Garzanti, die ausgezeichnet ist, noch gemacht werden, ich weiss nichts.[3] Von dem Roman also möchte ich mich bis Jahresende befreien. Mehr und mehr komme ich wieder zu meiner alten Vorstellung, dass nichts, ausser einen verrückten Kopf zu besitzen, der schönste Dauerzustand genannt werden muss. Ich bin also nicht glücklich mit meinem Haus und ich denke daran, es zu verkaufen. Es ist ein Besitz, wie ihn sich jeder wünscht, der mir aber schon lästig geworden ist; plötzlich bin ich dadurch ein »österreichischer Staatsbürger« geworden; das will ich nicht sein.
Hier gibt es erstaunlich viel deutsche Übersetzungen und der ganze Literaturbetrieb erinnert mich an eine Grossmarkthalle, Angebot, Nachfrage, Frische und Fäulnis verbreiten einen mir angenehmen Geruch; in Deutschland ist das nicht möglich; vor allem liebe ich die französischen Bücher, die nicht in Leinen gebunden sind; bei uns ist der Geist in Leinen gebunden; der schöne in Leinen gebundene deutsche Geist ...

Alexander Bloks »Aufsätze« haben mir die letzte schwüle Nacht erträglich gemacht.[4]
Immer wieder sehe ich das Bild vom vorvergangenen Mittwoch vor mir, wie drei Automobile, die mich kurz vorher auf der nassen Strada del sole vor Chiuso überholt haben, von der Sturmflut, von links nach rechts, in den Abgrund gespült werden; fünf Leichen; die Komödie stinkt, in welcher man zum Schluss immer wieder als Lebendiger, noch dazu nass bis auf die Haut, weiterzuspielen hat.
Jetzt mache ich mir sicher den ganzen Abend lang Gedanken darüber, was ein Verleger ist.
Ihr ergebener
Thomas Bernhard

1 Dieser Satz ist am linken Rand mit einem roten Strich markiert.
2 Th. B. hält sich mit Hedwig Stavianicek zwischen dem 30. August und dem 11. September 1965 in Rom auf. Gemeinsam sind sie anschließend in Lovran vom 14. bis zum 27. September.
3 Die italienische Übersetzung von *Frost*, *Gelo*, in der Übertragung von Magda Olivetti, erscheint erst 1986 im Verlag Einaudi.
4 Alexander Blok, *Ausgewählte Aufsätze*, ausgewählt und aus dem Russischen übertragen von Alexander Kaempfe, erscheint 1964 als Band 71 der edition suhrkamp. Diese Ausgabe befindet sich in der Bibliothek von Th. B. in Ohlsdorf. Vermutlich hat S. U. den Band Th. B. zugeschickt. Die Buchausgabe des Stücks *Ein Fest für Boris*, erschienen 1970 als Band 440 der edition suhrkamp, trägt das Motto: »Zugegeben, daß Premieren gewöhnlich unerträgliche Examen und eine Verhöhnung der Kunst sind«. Es entstammt der im zitierten Band Bloks (S. 20) enthaltenen Besprechung der russischen Uraufführung von Frank Wedekinds *Frühlings Erwachen*, die 1907 geschrieben wird.

[13; Anschrift: Villa Eugenija, Lovran/Jugoslawien]

Frankfurt am Main
13. September 1965

Lieber Herr Bernhard,
ein Verleger ist ein Mann, der gewohnt ist, sich täglich neu von den Überlegungen, Imaginationen und Wünschen seiner Autoren überraschen zu lassen! Ihren römischen Brief habe ich mit Anteilnahme gelesen. Ich kann mir gut vorstellen, wie Ihnen nach der Geschichte auf der Strada del sole zumute ist. Der alte Satz, media in vita ... stimmt mehr denn je.

Ich bin schon ein wenig bestürzt, daß Sie jenes Haus, das Sie mir einst als ideales Arbeitsdomizil schilderten, aufgeben wollen. Hauptaufgabe des Verlegers (nachdem Sie eine solche Anspielung nun einmal gegeben haben) ist es doch, dafür zu sorgen, daß der Autor ständig eine gute Arbeitsmöglichkeit hat; ich sah Sie in Ihrem Salzburger Haus gut situiert. Auf die österreichische Staatsbürgerschaft hätte ich an Ihrer Stelle so gepfiffen wie auf jede andere Staatsbürgerschaft, die heutzutage nichts mehr wert ist. Doch wer verkauft Ihnen das Haus? Werden Sie da nicht übers Ohr gehauen? Und denken Sie daran, daß wir Ihnen für den Kauf dieses Hauses ein Darlehen von DM 25.000,- gegeben haben.[1]

Sehr erfreut bin ich über die Nachricht, daß der neue Roman Ende des Jahres fertig werden kann. Das bedeutet, daß wir das Buch dann in der zweiten Hälfte des Jahres 1966 herausbringen können, und das scheint mir ein guter Termin zu sein. Die »Klimaverschlimmerung« erwarte ich ebenfalls gern. Schicken Sie mir immer alles, was Sie fertig haben.

Mit den besten Grüßen und Wünschen
Ihr
Siegfried Unseld

1 In einem Brief vom 18. September 1965 teilt Th. B. Karl Ignaz Hennetmair seinen »festen Entschluss« mit, »Nathal zu verkaufen, nicht mehr besitzen zu wollen«, und erteilt diesem die Vollmacht, in seinem Namen zu handeln. Seine Begründung: »Meine Bindung an die Landschaft usf. bleibt eine starke, aber ich habe eingesehen, dass es für mich zu früh ist, mich festzusetzen; ich bin auf einmal fürchterlich unbeweglich; ich verrammle mir alle Möglichkeiten, z. B. Stipendien-Studienreisen nach Amerika, Italien usf.«. Am 12. Oktober 1965 bereits schreibt er demselben Adressaten, er wolle sich »doch nicht ›Hals über Kopf‹ von dem Haus und Hof trennen. [...] Es ist soweit gekommen, dass mich Nathal nicht mehr nur unangenehm beschäftigt, wenn ich einschlafe und bevor ich aufwache.« (*Thomas Bernhard – Karl Ignaz Hennetmair*, S. 24, 42)

[14; Anschrift: Villa Eugenija, Lovran/Jugoslawien[1]]

Frankfurt am Main
18. Oktober 1965

Lieber Herr Bernhard,
am 3. November arrangiert die Österreichische Gesellschaft für Literatur in Wien eine Doppel-Veranstaltung: Eine Lesung von Tumler aus seinem neuen Buch »Aufschreibung aus Trient« und ein Gespräch mit mir über den Insel Verlag. Ich hätte es sehr gern, wenn Sie bei dieser Veranstaltung, die vormittags um 11 Uhr stattfindet, und bei einem Essen am Abend des gleichen Tages mit Sortimentern anwesend wären. Ich bin gern bereit, Ihre Fahrtkosten nach Wien und die dortigen Hotelkosten zu übernehmen. Mir läge wirklich viel daran, Sie bei diesem Zusammenkommen dabeizuhaben.
Bitte schreiben Sie mir oder – was mir noch lieber wäre – schicken Sie mir ein Telegramm, ob Sie kommen können.
Mit den besten Wünschen
Ihr
Siegfried Unseld

(für Herrn Dr. Unseld, der vor der Übertragung des Diktats zur Buchmesse gehen mußte)

1 Einem maschinenschriftlichen Vermerk auf dem Durchschlag des Briefes zufolge wird eine Kopie des Briefes an die Obkirchergasse in Wien gesandt.

[15; Telegramm]

Wien
25. Oktober 1965

3. november wien freue mich = bernhard

[16; Anschrift: Wien]

Frankfurt am Main
25. Oktober 1965

Lieber Herr Bernhard,
schönsten Dank für Ihr Telegramm. Ich werde Dienstag, den 2. November, am Spätnachmittag nach Wien kommen. Könnten wir uns abends im Hotel Royal, Singergasse 3, treffen? Wir könnten von dort aus zu einem gemeinsamen Abendessen gehen.[1]
Mit herzlichen Grüßen und auf Wiedersehen
Ihr
(für Herrn Dr. Unseld, der vor Übertragung des Diktats fortmußte)

1 S. U. hält in seinem *Reisebericht Wien, 2.-4. November 1965* über das Gespräch mit Th. B. fest: »Ich hatte mit ihm mehrere erfolgreiche Begegnungen, die nun doch den Schatten der ersten Begegnung [siehe Anm. 3 zu Brief 5] auslöschten. Er wird Ende Januar der Insel sein Roman-Manuskript einreichen. Er hat jetzt etwa 400 Seiten geschrieben, 100 weitere kommen noch hinzu, ich nehme an,

daß das Ganze einen Umfang von 300 Seiten haben wird. Der jetzige Titel ›Die Ruhe‹ wird wohl kaum bleiben. Sein Stück ›Die Jause‹ ist fertiggestellt und liegt bei der Direktion der Salzburger Festspiele, in deren Auftrag das Stück entstanden ist. Bernhard übergibt alle Aufführungsrechte dem Theaterverlag Suhrkamp, er hat dies auch schon nach Salzburg berichtet und gebeten, man möchte sich wegen des Vertrages mit uns in Verbindung setzen. Wie ich die Salzburger Leute kenne, werden sie das wohl kaum machen. [...] Wir selbst werden das Manuskript ebenfalls bis Ende November erhalten. Wir wollen es dann sogleich lesen, um die weiteren Fragen der Vervielfältigung und eventueller Publikation zu entscheiden.«

Über die Veranstaltung in der Österreichischen Gesellschaft für Literatur berichtet *Die Presse* am 4. November 1965 unter der Überschrift *Buchpremiere für Tumler*: »Was die Gesellschaft für Literatur seit Jahren vergebens versuchte, gelang ihr Mittwoch anläßlich eines Presseempfangs und einer Buchpremiere im Palais Wilczek: den österreichischen Schriftsteller Franz Tumler nicht nur nach Wien zu locken, sondern ihn sogar zum Lesen zu bewegen. [...] Siegfried Unseld, der als Verleger nicht nur Franz Tumlers Werk betreut, sondern unter anderem ebenso jenes des ebenso hervorragenden jungen Österreichers Thomas Bernhard, berichtete vor der Lesung über die Arbeit seiner Verlage Suhrkamp und Insel.« An dem Abendessen mit den Inhabern der österreichischen Auslieferung der beiden Verlage und Wiener Buchhändlern nehmen neben Th. B. teil: Peter Handke, Zbigniew Herbert und Franz Tumler.

[17; ⟨Ohlsdorf⟩; Briefpapier des Suhrkamp Verlags]

Frankfurt am Main
3. Dezember 1965

Lieber Herr Bernhard,
ich freue mich sehr über den »Amras« in der edition suhrkamp! Der Band ist jetzt erschienen.[1]

Wir druckten eine Auflage von 7.500 Exemplaren. Über das Honorar rechnet der Suhrkamp Verlag mit dem Insel Verlag

ab. Wir schicken Ihnen fünf Freiexemplare zu, bitte verfügen Sie über die weiteren 15 Exemplare.
Mit herzlichen Grüßen
Ihr
Siegfried Unseld

1 Am 6. Dezember 1965 wird *Amras*, Band 142 der edition suhrkamp, an den Buchhandel ausgeliefert.

[18]

Ohlsdorf
14. 12. 65

Lieber Herr Dr. Unseld,
die neue Ausgabe von »Amras« in Ihrer edition zeigt mir das Buch mit einer noch grösseren Deutlichkeit, Klarheit und Schönheit und ich wünschte, alle meine Bücher erschienen auf diese Weise. Diese Ausgabe erweckt in mir nicht einmal die mir angeborene Lust, daran etwas auszusetzen, weil die am Ästhetischen viel zu gross ist. Nun habe ich also zu danken für die Idee, den Band mit so grosser Geschwindigkeit in der edition suhrkamp zu drucken. Das Vergnügen an den Sternen besteht darin, dass sie, wenn auch alle mit einer verschieden grossen Leuchtkraft, Sterne sind, so sehe ich die Ausgaben Ihrer edition, wie ich die Sterne über mir sehe. Und wenn es noch einen Wunsch gibt, dann den, ein Buch in der von mir von ihren Anfängen an geliebten Bibliothek Suhrkamp zu haben. Dieses (indirekt) zweifache Lob fällt mir nicht schwer, weil es ein ganz natürliches Lob ist, es ist selbstverständlich. Ich arbeite intensiv, um den Roman zum Ende zu bringen. Möglicherweise unterbreche ich diese Arbeit auch nicht, um mir ein weihnachtliches Sportsvergnügen zu machen,

insoferne kommt mir meine Absage an das Schifahren, eine meiner ältesten Leidenschaften, zugute. Feiertage überspringe ich immer gern, sie waren mir immer lästig. Immer weniger oft erliege ich den Versuchungen, die Arbeit einer besseren Unterhaltung wegen zu fliehen, zu unterbrechen, weil ich jetzt mit der fürchterlichen Deutlichkeit des geborenen Egoisten sehe, dass meine Arbeit mein einziges Vergnügen, meine einzige Freude, meine grösstmögliche Unzucht ist.

Die Zeit, da ich Sie mit finanziellen Kopfsprüngen nicht mehr belästigen werde, ist mit grosser Sicherheit bald gekommen,[1] dann entbehrt unser beider Verhältnis vielleicht gar die so wunderbare Spannung, die mir, ich erstaune darüber nicht, so recht ist. In die Poesie gehört die Ökonomie, in die Phantasie die Realität, in das Schöne das Grausame, Hässliche, Fürchterliche hineingemischt.

Gleich nach dem Roman verwende ich, zur Abwechslung dann eine Zeit auf das Theaterstück.[2]

Da ich überhaupt nicht zum Lesen, geschweige denn dazu komme, etwas Gedrucktes in Wirklichkeit zu studieren, kann ich über die mir geschickten Ausgaben der sammlung insel nichts sagen.[3] Ihre, sowie die Sie umgebende und, ob Sie das wollen oder nicht, immerfort durchdringende Natur, möge Sie über Weihnachten froh machen und ohne einen einzigen gebrochenen Knochen oder verstauchten Muskel nach Frankfurt zurückkehren lassen.

Meine Wünsche und Grüsse kommen aus einem düsteren Fuchsbau; die Schläue des Fuchses besteht darin, den Fuchsbau auf keinen einzigen Fall zu verlassen.

Ihr[4]

P. S.: Die 10 × »Amras« erbitte ich zu mir.

1 Anneliese Botond hat Th. B. per Telegramm angekündigt, er werde die erbetenen 3 000 DM im Dezember vom Insel Verlag erhalten.

2 Mitte November 1965 sendet Th. B. das Manuskript des Theaterstücks *Die Jause* an den Verlag. Anneliese Botond teilt Th. B. unter dem Datum des 22. November 1965 kritische Anmerkungen zum Stück mit. Karlheinz Braun, Leiter des Suhrkamp Theaterverlags, verfaßt am 25. November 1965 in dieser Angelegenheit einen vierseitigen Brief an Th. B.: »Vorweg: Thema, Personen und Großbau des Stückes interessieren, sind verwirklicht, sind da. Das Stück überzeugt, in seinen stilistischen und dramaturgischen Mitteln ist es konsequent. [...] Der Größe des Themas und seines Großbaus entspricht nicht ganz die im Stück dargestellte Realität. Dabei steht Ihnen der Stil des Stückes im Wege, der Sie hemmt, mehr Realität in das Stück hereinzubringen. [...] Wie muß diese Wirklichkeit beschaffen sein? Ich meine, sie muß konkret sein und trotzdem ›überhöht‹, um nicht das Wort symbolisch zu gebrauchen. Dabei kann es Ihnen entweder zu weit zum ›Realismus‹ oder zu weit zur ›Symbolik‹ ausschlagen. Zum Beispiel: Die Gute verlangt ihre Zeitung. Die Leute streiken. Der Dialog, der sich an ›Die Drucker streiken‹ (S. 6) anschließt, ist die reine Hilflosigkeit (überall wird gestreikt, alles streikt), weil Sie genau merken, daß Sie wohl nicht weiter erklären dürfen, warum, wieso, daß Sie nicht realistischer werden dürfen. So endet die Stelle in Geplapper. [...] Ich meine, lieber Herr Bernhard, das Stück lohnt sehr, daß Sie noch einen Arbeitsgang darauf verwenden; es wird nicht mehr allzuviel Arbeit sein, doch eine Arbeit, die sich sehr lohnen wird – für das Stück. Und ich meine, wir sollten das Stück unbedingt machen, d. h. im Theaterverlag Suhrkamp herausgeben und auch in unserer Reihe in der edition suhrkamp drucken.«

Th. B. antwortet aus Ohlsdorf am 30. November 1965: »Lieber Herr Braun, ich werde, wenn ich Zeit dazu habe, die ›Jause‹ wieder hernehmen und aus ihr ein annehmbares Stück machen, mich mit dem Theater beschäftigen, wenn ich mit der Prosa am Ende bin, wenn ich von der Prosa genug habe, das Eine machen, wenn ich das Andere endlich verabscheue. Ihre Gedanken zu meiner ›Jause‹ beschäftigen meinen Kopf auf anregende Weise. Gestern habe ich das Stück von Salzburg wieder zurückverlangt, weil ich sechs Wochen nichts mehr gehört habe; auch weil ich ein Exemplar für die Überarbeitung brauche. Jetzt habe ich aber noch eine zu grosse

Lust mit der Prosa, als dass ich augenblicklich an die ›Jause‹ herangehen könnte, ich will auch jetzt gar nicht. Aber bei mir ändert sich alles immer von einem Tag auf den andern, und aufeinmal überschreibe ich eine Nacht das Theater, gehe darüber und verändere alles, wie ich immer alles gerne aufeinmal verändere, dieser Vorgang ist mir aus meiner Prosaarbeit vertraut. Je mehr Anläufe, desto besser. Aber zwei Monate für den Roman werden vielleicht nicht genügen, ich komme immer wieder auf etwas anderes Entscheidendes; warum, denke ich, mache ich mir soviel Arbeit, um dann in jedem Fall immer an den Ergebnissen zu verzweifeln? Aber die dem allen entgegengesetzte Möglichkeit wäre mit noch viel grösserer Sicherheit tödlich. Aber wenn Sie die ›Jause‹ ›machen, bringen, drucken‹ wollen, wie Sie schreiben, ist das doch für mich ein Grund, mich zu freuen, mich jedenfalls im Augenblick mit der Vorfreude darauf zufrieden zu geben. Ich danke Ihnen, herzlich Ihr Thomas Bernhard«. Am 10. Dezember 1965 erhält Th. B. von Josef Kaut die schriftliche Ablehnung einer Aufführung des Stücks im Rahmen der Salzburger Festspiele, da »uns der Inhalt für eine sommerliche Festspielaufführung zu düster erscheint«. (Siehe *Der Briefwechsel zwischen Thomas Bernhard und Josef Kaut*, S. 232.)

3 Anneliese Botond hat Th. B. die ersten sechs Bände der sammlung insel zugeschickt (Galileo Galilei: *Sidereus Nuncius*, Bertolt Brecht: *Über Klassiker*, Georg Büchner/Ludwig Weidig: *Der Hessische Landbote*, Denis Diderot: *Nachtrag zu »Bougainvilles Reise«*, Jonathan Swift: *Satiren*, sowie *Der Berliner Antisemitismusstreit*).

4 Der Brief trägt keine Unterschrift.

[19; Anschrift: ⟨Ohlsdorf⟩; Briefpapier des Suhrkamp Verlags]

Frankfurt am Main
16. Dezember 1965

Lieber Herr Bernhard,
ja, man müßte Fuchs sein, einen Fuchsbau haben, solche Briefe und solche Erzählungen und hoffentlich nun auch

einen guten Roman schreiben können, das wär's ... Weihnachten, skifahrenderweise, gedenke ich Ihrer – und das soll keine Floskel sein.

Die zehn Exemplare »Amras« gehen Ihnen zu.

Alles Gute

Ihr

Siegfried Unseld

1966

[20]

Ohlsdorf
22. 1. 66

Lieber Herr Dr. Unseld,
es gibt Perioden, da hängt man aufeinmal über einem fürchterlichen Abgrund in der Luft und man hat unendlich viel Zuschauer, die einen ununterbrochen Beifall klatschen und glitzern sehen und mit ihrer (perfiden) Bewunderung fast völlig gehörlos machen, aber keinen einzigen, der einen endlich ein festes Netz spannt, auf das man sich, buchstäblich in der letzten Minute hinunterfallen lassen kann, ohne mit Sicherheit eine komische, wenn auch bedauernswerte, so doch lächerliche Leiche unter den Menschen zu sein. Mit den 3000, um die ich ersucht und die Sie mir von einem Tag auf den andern haben überweisen lassen, haben Sie mir ein Netz gespannt.[1] Für diesen neuen und rettenden Beweis einer (weil nicht ersten) ganz grossen Kraftprobe, danke ich Ihnen! Die Arbeit will ich jetzt, wo sie dem Ende zugeht, nicht überstürzen, aber ich bin mit Sicherheit dann fertig, wenn es, weil für das Herbstprogramm erforderlich, Zeit ist. Ich habe alle Ablenkungen in den jetzt unwichtigen Hintergrund gedrängt.
Ausser dem Roman (ich finde auch in den Nächten keinen Titel) habe ich zwei Vorschläge an Frau Botond gemacht, kürzere Prosa betreffend.[2] In letzter Zeit habe ich mehrere Angebote für »Veröffentlichungen« in Zeitschriften bekommen, werde aber, wenn überhaupt, antworten, dass sich die Leute an den Verlag wenden sollen. Ich habe über-

haupt keine Lust, etwas an Zeitschriften zu geben, es schaut nichts dabei heraus; man weiss ja, wie es in Schweinekoben ausschaut und was ein Schwein unter lauter Schweinen bedeutet. Auch graust es mich vor Anthologien, und ich habe die Beobachtung gemacht, dass es mich, wenn ich in einer drinnen war, geärgert, wenn ich in einer nicht drinnen war, gefreut habe. Ich glaube, dass es, je weniger ich mich an der literarischen Tombola beteilige, desto besser ist.[3]

Meine Vorstellung ist die, dass ich zu meinem eigenen Vergnügen und zu meiner eigenen Selbstsucht, Perversität usf. wie andere einer aufreibenden Sportart nachgehen, schreibe, und was fertig ist, bekommen Sie und können damit machen, was Sie wollen, vorausgesetzt, dass Sie nichts Abstossendes damit anfangen. Aber das glaube ich nicht. Da ich ausser dem Schreiben wenig andere Interessen habe, wird es ja doch zu etwas Brauchbarem führen. Ich möchte in diesem Zusammenhang wieder sagen, wie wichtig mir Frau Anneliese Botond ist.

Ob es klug ist, das Theaterstück (mit natürlich einem anderen Titel, wie ich sehe) wenn auch noch so gut überarbeitet, selbst, wenn es ein »meisterhaftes« werden würde, auf die Spitze, d. h. in diesem Jahr auf die Bühne zu treiben, glaube ich nicht. Ich werde das auch Herrn Braun schreiben, denn die kritischen Kräfte (Hilfskräfte) sollen sich ja auf den Roman konzentrieren. Wenn da aufeinmal aber mehrere Schiffe zur gleichen Zeit aus dem Hafen auslaufen ... Im Übrigen, im Übrigen, im Übrigen usf., es würde kein Ende nehmen.

Der Heilige Ernst ist (wie der Heilige Ludwig), nur in der Komödie zu suchen, wenn überhaupt.

Ich denke an Sie während ich meine Arbeit verlassen und mich schon fertiggemacht habe für einen längeren Ausflug; jetzt sind die schönsten Tage.

Herzlich Ihr
Thomas Bernhard

1 Anneliese Botond hat Th. B. zu dem Mitte Dezember 1965 überwiesenen Betrag in einem Brief vom 11. Januar 1966 geschrieben: »Schreiben Sie, wenn Sie es noch nicht getan haben, an Unseld. Er hat wegen der 3000 kaum geknurrt. Er war grosszügig und verdient, dass Sie es ihm sagen.«
2 Anneliese Botond antwortet Th. B. auf diesen Vorschlag am 25. Januar 1966: »Sie wollen einen Band Erzählungen in der Edition Suhrkamp? Niemand ist entsetzt, alle sind einverstanden, Unseld, Busch, ich. Der Band könnte im Herbst erscheinen, vielleicht gleichzeitig mit dem Roman. Schicken Sie das Manuskript? [...] Und einen Band in der Insel-Bücherei wollen Sie auch machen? Wann? und was soll da hinein? Die IB ist nicht halb so günstig für Sie wie die Edition Suhrkamp. Wir werden uns überlegen, was da am besten zu tun ist, wenn wir wissen, was Sie alles in Ihrer Vorratskammer haben.«
3 Dennoch erscheinen von Th. B. 1966 in Anthologien und Zeitschriften: *Politische Morgenandacht* (in: *Wort in der Zeit*), *Viktor Halbnarr. Ein Wintermärchen* (in: *Dichter erzählen Kindern*) sowie drei Vorabdrucke aus dem 1967 publizierten Band *Prosa: Jauregg* (in: *Literatur und Kritik*), *Die neuen Erzieher* (in: *Akzente*) und *Die Mütze* (in: *Protokolle*).

[21; Anschrift: Ohlsdorf]

Frankfurt am Main
25. Januar 1966

Lieber Herr Bernhard,
Ihr Brief vom 22. Januar hat mich gefreut. Mir bleibt nur übrig, Ihnen alles Gute zu einem definitiven Abschluß des Manuskripts zu wünschen. Sie träfen in eine gute Situation. Im Herbst werden von wichtigen Autoren lediglich zwei Romane vorliegen: Böll und Walser,[1] so daß also Raum genug für ein drittes wichtiges Buch wäre, und Sie dürfen sich darauf verlassen, daß wir es als ein solches ansehen werden. Dies nur als Zuruf. Ich wünsche Ihnen alles Gute.
Ihr
Siegfried Unseld

1 1966 publiziert Martin Walser den Roman *Das Einhorn*, Heinrich Böll die Erzählung *Ende einer Dienstfahrt*.

[22; handschriftlich]

Lovran
19.4.66[1]

Lieber Herr Dr. Unseld,
da ich die Wahl habe, *jetzt* ein zuendegehetztes, in *2/3* Monaten aber ein gutes, mir Spaß machendes Buch abzuliefern, muß ich auf den Herbsttermin verzichten. Da ich den besten Verleger in Deutschland meinen eigenen nennen darf, werde ich, obwohl ich wortbrüchig bin, auf den Grad von Verständnis hoffen können, den ich mir wünsche.
Ich könnte mir die Schnelligkeit, mit welcher ich den Roman fertigzustellen hätte, nie verzeihen u. mir – einmal, später – der Verlag auch nicht. Das ist eine Hiobsbotschaft, was die Technik des Buchmachens betrifft, ich weiß. Aber ich kann, selbst auf die größte Gefahr hin, nicht anders handeln. Ich bin ein Opfer meiner Vernunft. Ich verabscheue das Gefühl, das ohne Vernunft immer nur Gefühl oder Gefühl u. Geschmack ist.
Ich arbeite im Hinblick auf unser beider beste Konstellation.
Ich bin, was den Termin betrifft, vorlaut-eilig, gewesen – aber möglicherweise werden Sie nach einer kurzen Frist des Zorns gegen mich, die ich Ihnen zugestehe, sofort einsehen, daß der Entschluß, das Buch erst im Frühjahr (mein Glückstermin übrigens) zu bringen, nützlich ist. Um Sie nicht auf die Länge [[?]] hinaus, mich betreffend, in der Luft hängen zu lassen, werde ich Ihnen einmal ein Stück, sagen wir ein Drittel des Buchs, schicken. Im übrigen bitte ich Sie, mich so zu beurteilen, wie es Ihnen tatsächlich gerecht erscheinen muß.

Es nutzt Ihnen wenig, wenn ich Ihnen sage, daß ich Ihnen die Hand drücken möchte.
Für den Herbst bitte ich Sie, in der edition 9 Erzählungen zu drucken – es ist ganz gut, wenn sie allein erscheinen – im anderen Fall hätte ein Buch dem andern das Kritikerwasser abgegraben.
Noch etwas. Was Ihr gutes Geld betrifft, so habe ich es so gut angelegt, daß nichts passieren kann.
Und noch etwas:
Ich habe, was meine Arbeit betrifft, doch das beste Gefühl u. zudem meine es stützenden Vernunftgründe. Bleibe ich gesund, woran ich nicht zweifle, ist alles in bester Ordnung. Ich mache es Ihnen schwer, so wie ich mir selber alles schwer u. immer noch schwerer mache. Darin besteht aber das einzige wirkliche Vergnügen am Leben.
Ich hasse schlechte Bücher, für ein gutes aber stieße ich ohne weiteres die Hälfte von meinem Vaterland in den Abgrund.
Ich bin jetzt doppelt so stark als vorher,
Ihr
Thomas Bernhard.

1 Th. B. hält sich mit Hedwig Stavianicek zwischen dem 12. und 20. April 1966 in Lovran auf.

[23; Anschrift: Ohlsdorf]

Frankfurt am Main
9. Mai 1966

Lieber Herr Bernhard,
Ihren Brief vom 19. April las ich nach meiner Amerika-Reise, bei der ich mich – insbesondere bei gewissen schwachen Lesungen von der Gruppe 47 – fragte, warum Sie ei-

gentlich nicht Teilnehmer solcher Tagungen sind, aber vielleicht ist in der Tat der Wert für Sie zu gering. Peter Handke hat sich glänzend geschlagen und sich noch einen Namen gemacht.[1]
Was soll ich wohl nun zu unserem gemeinsamen Problem sagen? Ihr Argument ist ja überzeugend, und lieber warte ich auf ein gutes Manuskript, als ein schlechtes zu drucken. Ich freue mich also, bis Ende August, spätestens im September mit dem Manuskript rechnen zu können. Wir wollen es dann sorgsam herstellen und ebenso sorgsam im Frühjahr mit Leseexemplaren etc. lancieren.
Seien Sie ohne Sorge, ich habe Verständnis für Ihre Situation, Sympathie für Sie, und der Kalender des Autors ist mir immer wichtiger als der eigene.
Auf eine Bemerkung Ihres Briefes möchte ich zurückkommen: Sie schreiben, daß Sie das Geld »so gut angelegt haben«. Da die Rückzahlung nicht in der vorgesehenen Form erfolgen kann, hatten Sie damals angeboten, für den Verlag eine Hypothek auf das Haus einzutragen. Mir war dieser Punkt nicht sonderlich wichtig, und er ist es auch heute noch nicht, nur wundere ich mich, daß Sie auf diesen Punkt von sich aus nicht mehr zurückgekommen sind.
Wie sehen Ihre Sommerpläne aus? – nun, Sie werden an der Arbeit bleiben. Sollten Sie doch einmal in die Nähe von München kommen, so lassen Sie es mich wissen, vielleicht könnten wir uns dann sehen.
Mit herzlichen Grüßen
Ihr
Siegfried Unseld

1 S. U. ist zwischen dem 20. April und dem 4. Mai 1966 in den USA, zunächst bei der Tagung der Gruppe 47 an der Princeton University, anschließend in New York, um amerikanische Verleger und Agenten zu treffen.

[24]

Ohlsdorf
14. 6. 66

Lieber Herr Dr. Unseld,
der Schweigende tut gut daran von Zeit zu Zeit seine Umgebung darüber aufzuklären, dass er überhaupt nicht geheimnisvoll ist. Was mich betrifft, so exerziere ich der Welt und mir selber die gewöhnlichste Alltäglichkeit vor, mit der allein ich vorwärts komme, davon abgesehen, dass es das Vorwärtskommen nicht gibt, dass das Fundament, auf dem wir wahrnehmen, sehen usf. gar nicht existiert, dass, wenn überhaupt etwas existiert, nur ein Unsinn allen Unsinns existiert. Darin besteht der Reiz, dass die Leute sagen, in dem völligen Unsinn allen Unsinns erkenne ich mich. Das bedeutet für den Grossteil der Geschöpfe die grösste Trostlosigkeit. Aber mein Leben ist nicht trostlos, Ihr eigenes ist es auch nicht. Der Denkende ist die Rarität, die Denkenden sind die Raritäten. Das ununterbrochene Denken verhindert, dass die Raritäten nichts sind als Antiquitäten. Dazu gehört, dass die Gegenwart völlig unsichtbar ist, alles Sichtbare ist, natürlich auf der Vorzugsschülerebene, Geschichte. Was wir erkennen, ist bereits Geschichte. Die Gegenwart ist, was eigentlich *noch* nicht ist, die Zukunft das, was *nicht* ist usf. ... Ich entlasse Sie!
Jetzt habe ich keinen Grund mehr, den Roman noch einmal hinauszuzögern, denn die Herbstrennen sind, wenn mein Buch im Frühjahr herauskommt, vorbei. Erschöpfte Pferde, erschöpfte Reiter, keine einzige aufgegangene Rechnung usf. ... Im August werde ich dann also doch in meiner Pension in Frankfurt sein.[1] Ich habe den Lärm dort gern, er reizt meine Nerven auf förderlichste.
Zu Ihren Fragen: 1. Das Buch ist *soweit* fertig. Ich fahre im August damit in die Höhle (Hölle?) des Löwen hinaus und hinunter.

2. Ich habe im Herbst einen editionband »Attaché an der französischen Botschaft«, neun Erzählungen bzw. Prosastücke veröffentlichen wollen; wann habe ich sie abzuschicken, wenn es nicht überhaupt zu spät ist, da ich bis jetzt keine diesbezügliche Aufforderung bekommen habe. Persönlich lege ich grossen Wert darauf.
3. Nach dem Roman möchte ich das Theaterstück neuschreiben in einem Anlauf, es ist in der jetzigen Form noch nicht mein eigenes und ich bin völlig unzufrieden damit. Ist Herr Braun daran interessiert?
4. Die Bezirksgerichtsmühlen mahlen in Österreich so langsam, dass bis heute die Grundbucheintragung nicht geschehen ist, also konnte ich die Hypothek auf mein Haus, selbst wenn ichs wollte, nicht drauflegen.[2] Vorderhand genügt der von mir unterschriebene Brief vom Vorjahr, in dem ich den Erhalt von DM 25.000,- bzw. DM 15.000,- bestätigt habe. Im Ernstfall genügen auch die jetzigen Zeilen, in welchen ich sage, dass ich den Betrag dem Verlag schulde. (Aber ich hoffe immer noch, dass es aus irgendwelchen, aufeinmal doch geheimnisvollen Gründen, zu keiner Hypothekenauflage kommt, ich könnte ja doch *was* verdienen.)

Dass ich ein armer Hund wäre ohne Sie, ist mir, und wenn auch nur in meinem ausserschriftstellerischen Unterbewusstsein, tagtäglich bewusst. Ich lege schon so lange meine linke (mit der rechten schreibe ich) Hand für Sie ins Feuer, dass sie eigentlich schon längst verbrannt sein müsste. Ich habe nicht die Absicht, sie in absehbarer Zeit aus dem Feuer herauszuziehn.

Die letzten vierzehn Tage hat es kindische Abwechslung gegeben. In Wien wird eine vor 10 Jahren nach meinem Libretto entstandene Oper bei den Festwochen im Theater an der Wien aufgeführt. Ärger gabs und Rücksicht auf den Komponisten. Eine gute poetische Sache vor die Säue geworfen. Ich fahre zur Premiere am 18. Juni nicht hin, weil ich keinen heissen Kopf brauche, usf., usf.[3]

Nächste Woche, am 23., bin ich in München, um zwei Dutzend Seminararbeiten über »Amras« an der Universität zu kommentieren. Aufeinmal freut es mich, mich den Jungen zum Frass vorzuwerfen. Leider wird man heutzutage nicht aufgefressen, im Gegenteil usf. Ich habe eine Vorliebe für das »usf.« …

Am 6. Juli bin ich in Berlin, am 7. wieder zurück. Ich werde ein Stück aus dem Roman vorlesen, zusammen mit Herrn Bichsel aus der Schweiz in der Akademie der (schönen?) Künste.[4] Ich tus, weil es mir eine kostenlose Abwechslung verschafft, die ich von Zeit zu Zeit notwendig brauche. Am liebsten würde ich ja, wenn ich nicht schreiben müsste, dauernd herumfahren und überhaupt nichts tun. Das wäre meine einzige Vorliebe. Mich gehenlassen, dazu aber ist die Welt nicht gut genug … weil sie gut genug *wäre*.

Ich habe vergessen: ich fahre schon am 22. früh nach München, weil ich bei dem Geburtstagsessen für Wolfgang Koeppen, das Herr Breitbach in den Maximiliansstuben arrangiert, dabeisein will, ich glaube, es ist um 8 Uhr am Abend.[5]

Und es wird nicht möglich sein, Sie zu sehen?
Alle jemals geschriebenen Briefe sind, in dem tiefen Grunde der eigenen und der allgemeinen Anschauung der Welt usf. nichts als grausige Koketterien.
Und noch eine: der grösste Irrtum ist der, zu glauben, dass man nicht existiert, wenn man nicht schreibt.
Es ist jetzt, glaube ich, vier Wochen, seit ich Ihre Zeilen – bessere habe ich nicht erwarten können – bekommen habe. Mich zu bedanken fällt mir *schon wieder* schwer.
Herzlich Ihr
Thomas B.

P. S.: Wieland Schmied war da und hat mir aus einem Buch »Ein Flug mit Ben Nicholson und andere Impressionen« ein ausgezeichnetes, gescheites unterhaltsames Stück vorgelesen – wäre das nichts für die edition?

1 Th. B. wohnt während der Überarbeitung von *Frost* im Dezember 1962 sowie während der Buchmesse im Oktober des Jahres 1963 in der Frankfurter Pension Reschke, Oederweg 29.

2 Th. B. wird erst 1968 als Besitzer des Vierkanthofs in das Grundbuch eingetragen.

3 Am 18. Juni 1966 findet im Rahmen der Wiener Festwochen im Theater an der Wien in der Veranstaltungsreihe »Musiktheater im Nachtstudio« um 23 Uhr, wie das gedruckte Programm vermerkt, eine »Uraufführung« statt: »*desperato.* Text: Thomas Bernhard (2. Satz aus ›die rosen der einöde‹). Musik: Gerhard Lampersberg«. Es wirken mit: Hilde Zadek, Herbert Prikopa, das Kammerorchester des Österreichischen Rundfunks Wien, Choreinstudierung: Gottfried Preinfalk. Laut Programmheft bezeichnet Gerhard Lampersberg die 1958 entstandene Vertonung von *die rosen der einöde. fünf sätze für ballett, stimmen und orchester* (als Buch 1959 erschienen) als sein »Hauptwerk«. Text, Entstehungs- und Publikationsgeschichte von *rosen der einöde* finden sich in Th. B.: *Werke 15*, S. 10-51, sowie S. 428-434.

4 Die Veranstaltung in der Westberliner Akademie der Künste am 7. Juli 1966, 20.00 Uhr, trägt den Titel »Junge Generation«. Neben

Th. B. und Peter Bichsel lesen Rudolf Dederer und Bernward Vesper.
Am 22. Juni 1966, 20.00 Uhr, lädt Joseph Breitbach Freunde von Wolfgang Koeppen anläßlich dessen 60. Geburtstags zu einem Abendessen in die Münchner Maximilianstuben. Anwesend sind neben Th. B. u. a. Tankred Dorst, Christian Enzensberger und Werner Vordtriede. Am 23. Juni nimmt Th. B. am von Werner Vordtriede geleiteten Seminar *Kritisches Verständnis moderner Lyrik und Prosa* im Sommersemester 1966 (jeweils Donnerstags von 14.00 bis 16.00 Uhr) teil. Seinen Eindruck vom Seminar teilt Th. B. am 28. Juni 1966 in einem Brief Joseph Breitbach mit: »Leider hat sich mein Auftreten in der Universität zu einem kaum amüsanten entwickelt und die Lustlosigkeit, die Verachtung vielmehr für das Seziertum in den Operationssälen der Literatur hat sich wohl sofort auf die mir Gegenübersitzenden übertragen. [...] Die Generation nach mir, die zehn Jahre Jüngeren auf den Universitäten empfinde ich arm im Geiste und vergewaltigt im Weltspezialistentum; jeder einzelne ist nur ein kleiner Teil einer Zange (ohne Bewegungsmöglichkeit), eines Hammers (ohne Schlagvermögen) usf. ... Ich zweifle daran, dass ein Volk (wie das deutsche) eine Welt, wie die aus sich hinausentwickelnde, allein nur von Schlagwörtern leben kann. Die Deutsche Jugend (Deutschland) erschöpft sich in einem grauenerregenden abstossenden Feuilletonismus über die Berliner Mauer, das Nazitum und Randerscheinungen der Weltpolitik, wie Vietnam. Die Deutschen haben es nie verstanden, zu leben, und das von ihnen entfernteste Fremdwort ist für sie Die Noblesse.« (Siehe für das Zustandekommen der beiden Termine Fellinger, *Vorbereitungen zu einem Geburtstagsessen*.)

[25; Anschrift: Ohlsdorf]

Frankfurt am Main
28. Juni 1966

Lieber Herr Bernhard,
herzlichen Dank für Ihren freundlichen Brief vom 14. Juni. Er fiel in zwei sehr arbeitsreiche Wochen hinein: ich hatte für beide Verlage die Vertreter zu informieren, mußte ihnen

also meine Bücher für das zweite Halbjahr 1966 »verkaufen«. Das ist nun alles gutgegangen. Damit ist für mich auch schon irgendwie Weihnachten, und ich kann mich jetzt mit größerer Ruhe den kommenden Dingen zuwenden.
Ich freue mich, daß Sie mit dem Roman zu Rande kommen. Wenn ich Ihren Brief richtig zu lesen verstand, werden Sie im August hier sein. Es wäre natürlich ganz gut, wenn man vorher den Roman lesen könnte, oder brauchen Sie diese Augusttage in Frankfurt nochmals zu einer letzten Anregung?
Sicherlich habe ich einen Fehler gemacht, indem ich Sie nicht informierte, daß die edition suhrkamp sehr weit vorausplant, d. h., jetzt ist das Programm definitiv bis April 1967 abgeschlossen. Aber wir haben für Mai und Juni 67 noch einige Titel-Nummern frei. Ich würde sehr gern einen Erzählungsband von Ihnen machen. Kann man die Erzählungen sehen? Die Titelerzählung kennen wir ja aus einem Abdruck in »Wort in der Zeit«.[1]
Natürlich interessieren wir uns auch für Ihr neues Theaterstück, wie überhaupt für alles, was von Bernhard kommt. Dies soll ebenso allgemein wie speziell gemeint sein.
Alles Gute – ich hoffe, Sie bald zu sehen.
Mit herzlichen Grüßen
Ihr
[Siegfried Unseld]

1 Am linken Rand des Absatzes sind drei Sternchen getippt, die sich nach der Unterschrift von S. U. wiederholen. Der dazugehörige Text lautet: »hierüber hat Dr. U. heute gleich mit Herrn Busch [dem Redakteur der edition suhrkamp] telefoniert und den Titel ›Attaché an der französischen Botschaft‹ für Mai 67 festgelegt.« In der Zeitschrift *Wort in der Zeit* 10 (1965), H. 1-2, erscheint von Th. B. die Erzählung *Ein junger Schriftsteller*, die nicht in den Band *Prosa* aufgenommen wurde.

[26]

Ohlsdorf
4.9.66

Lieber Herr Dr. Unseld,
das abgeschriebene Stück eignet sich, glaube ich, gut für die Vorlesung im Haus meines Verlegers, weil es ein gutes Beispiel des Romans gibt, ich meine ein durchaus charakteristisches.
Ich verletze wahrscheinlich damit das Gastrecht nicht.
Meine Spannung ist die grösste, meine Reiselust auch, aber, nachdem ich mich nur kurz in Frankfurt aufhalten will, mache ich dann noch einen grossen ungefähr zweiwöchigen Bogen via Brüssel um Hessen herum, bis ich mich perlustrieren lasse.[1] Der Roman heisst »Die Ruhe« und ich wünsche den Titel nicht mehr zu ändern.[2]
Herzlich Ihr ergebener
Thomas Bernhard

P. S.: Ob Sie das Stück akzeptieren, möchte ich wissen und ich bitte um die kürzeste Formulierung in dieser Beziehung nach Ohlsdorf.

1 Th. B. schreibt in Brüssel (60, rue de la Croix) in der Wohnung des befreundeten Ehepaars von Uexküll zwischen dem 23. September und dem 1. November 1966 die *Verstörung* nieder (vgl. Th. B.: *Werke 2*, S. 213f.).

2 Der Brief trägt den handschriftlichen Vermerk eines Dritten: »Eilboten«.

[27; Anschrift: Ohlsdorf]

Frankfurt am Main
9. September 1966

Lieber Herr Bernhard,
ich habe jetzt »Moser versucht es zum dritten Mal« gelesen und bin überzeugt worden. Ich möchte Sie also bitten, beim Kritiker-Empfang den Text zu lesen. Einige Kleinigkeiten werden Sie vorher im Gespräch mit Frau Dr. Botond noch ändern können.[1] Der Empfang findet statt am Donnerstag, den 22. September, 17 Uhr, in der Klettenbergstraße 35. Bitte finden Sie sich pünktlich ein. Wir werden in der Zwischenzeit alles versuchen, die schwierige Frage der Unterkunft zu lösen.
Mit freundlichen Grüßen und auf Wiedersehen!
Ihr
Siegfried Unseld

1 S. U. lädt seit 1959 jährlich während der Buchmesse (sie fand 1966 zwischen dem 21. und 27. September statt) Literaturkritiker zu einem Empfang ins Haus des Verlegers. Dabei liest ein Autor aus einem Manuskript, das im folgenden Jahr als Buch erscheint. Anneliese Botond schreibt unter dem Datum des 9. September 1966 handschriftlich an Th. B.: »Das Stück, das Sie geschickt haben, ist gut. Aber gleichzeitig stelle ich fest – ich kann es nur registrieren –, daß es nicht die gleiche Faszination auf mich ausübt wie z. B. ›Amras‹.« Im Thomas-Bernhard-Archiv hat sich ein von Th. B. paginiertes und handschriftlich von ihm mit »Moser versucht es zum drittenmal« überschriebenes zwölfseitiges Manuskript erhalten (SL 10.17). Es handelt sich dabei um einen Auszug aus *Verstörung* in einer Vorstufenversion (die Druckfassung findet sich in Th. B.: *Werke 2*, S. 127-140).

[28]

[Ohlsdorf]
9. 12. 66

Lieber Herr Dr. Unseld,
ich möchte Sie gern treffen, wenn Sie, wie angekündigt, ins Gebirge reisen.
Ich freue mich, dass das neue Buch schon im Satz ist und die Fahnen in den nächsten Tagen kommen. Je mehr ich nachdenke, entdecke ich in »Verstörung« einen immer besseren Titel.
Mit Musulin will ich im Jänner ein halbstündiges Gespräch für das westdeutsche Fernsehen, das neue Buch betreffend, führen, das im März gesendet wird.[1]
Alles Propagandistische will ich wo und wie ich nur kann, unterstützen, es hat das ja auch seine Reize. Den Grossteil meiner Zeit bringe ich ab jetzt in Nathal abgeschlossen, abgeschirmt, zu mit einer neuen grossen Arbeit, solange, bis ein Ortswechsel, Brüssel oder London, dafür wieder notwendig wird.
Ich habe hier einen idealen Kerker als Arbeitshaus in der denkbar besten Umgebung.
Wahrscheinlich bin ich in der zweiten Jännerhälfte einmal auf ein paar Tage in Frankfurt.[2]
Herzlich Ihr
Thomas Bernhard

1 Der WDR sendet das knapp dreißigminütige Gespräch von Th. B. mit Janko von Musulin am 6. März 1967 in der Reihe *Selbstanzeige*.
2 Der Brief trägt die handschriftlichen Vermerke eines Dritten: »Eilboten« sowie: »Ohlsdorf, Oberösterreich«.

[29; Anschrift: Ohlsdorf]

Frankfurt am Main
13. Dezember 1966

Lieber Herr Bernhard,
ich danke Ihnen für Ihren Brief vom 9. Dezember. Frau Dr. Botond hat Ihnen ja hoffentlich in aller Deutlichkeit ausgedrückt, daß ich über den Titel »Verstörung« reichlich unglücklich bin, und noch unglücklicher bin ich über Ihre Intransigenz im Anhören unserer anderen Titelvorschläge.[1]
Machen Sie dem Verlag nie einen Vorwurf, wenn das Buch nicht den Erfolg hat, den es von seinem Text her verdient. Es ist ein vorzüglicher Text, und ich bin sehr froh, daß wir ihn herausgeben können, aber es ist äußerst bedauerlich, daß Ihr Buch einen Titel hat, der die Käufer abschrecken wird.
Ich werde vom 22. Dezember abends bis zum 3. Januar im Hotel Bellevue, St. Christoph/Arlberg, sein. Es wäre schön, wenn wir uns dann treffen könnten.
Danach fahre ich für 1-2 Tage zu Günter Eich nach Bayrisch Gmain.[2]
Mit den besten Grüßen
Ihr
Siegfried Unseld

1 Anneliese Botond schlägt zunächst als alternativen Titel »Der Fürst« vor, rät Th. B. dann, nachdem die Kollegen Braun und Busch *Verstörung* als »vorzüglich« beurteilen und typisch für Bernhard halten, bei diesem Titel zu bleiben.
2 In Bayerisch Gmain lebt Günter Eich.

1967

[30; Anschrift: ⟨Ohlsdorf⟩]

Frankfurt am Main
21. Februar 1967

Lieber Herr Bernhard,
vielleicht wissen Sie es schon durch Frau Botond, ich möchte es Ihnen aber in jedem Fall auch selber mitteilen: Wir haben die technischen Abteilungen der Verlage Insel und Suhrkamp etwas näher zusammengerückt. Ich habe mein Insel-Sekretariat in das Suhrkamp-Haus, Grüneburgweg 69, verlegt, wo nun ebenfalls die Lektoren von Suhrkamp und Insel, also auch Frau Dr. Botond, domizilieren. Sonst wird sich nichts ändern außer der Tatsache, daß ich hoffe, gerade in den technischen Abteilungen etwas effektiver zu werden. Sie erreichen die Lektoren, die Insel-Herstellung und mich also über die Adresse Grüneburgweg 69, Postfach 2446, Telefon 72 08 01.
Herzliche Grüße
Ihr
Siegfried Unseld

[31; Anschrift: ⟨Ohlsdorf⟩]

Frankfurt am Main
22. März 1967

Lieber Herr Bernhard,
von gut unterrichteter Seite im Hause höre ich, daß Sie von einer gut unterrichteten Stelle des Hauses bereits erste

Exemplare Ihres Romans erhalten haben, und ich vernahm auch schon, daß Ihnen das Äußere gefällt.[1] Nun, wir haben getan, was wir konnten, um die negative Wirkung des Titels durch einen attraktiven Umschlag zu neutralisieren. Ich habe vorgestern mit zwei intelligenten Buchhändlerinnen gesprochen, die das Buch schon gelesen haben. Ihre erste Reaktion: ein sehr schöner dichterischer Text, aber warum dieser Titel! In diesem Augenblick habe ich es doch wieder bedauert, nachgegeben zu haben. Nun, ich werde älter, der Starrsinn wird auch bei mir wachsen! Wir haben 4000 Exemplare gedruckt, also das 1. bis 4. Tausend, Ladenpreis DM 16,80. Ihr Honorar beträgt 10%, Ihre Freiexemplare 40 Stück. Bitte, verfügen Sie darüber.

Die erste sehr freundliche Besprechung von Günter Blökker im Rundfunk ist erschienen. Wenn es noch weitere solche kritische Stimmen geben wird, dann sollte dies dem Buch sehr helfen.[2]

Mit freundlichen Grüßen

Ihr

Siegfried Unseld

1 Anneliese Botond kündigt Th. B. in einem handschriftlichen Brief vom 10. März 1967 die Zusendung eines ersten Exemplars von *Verstörung* für eine Woche später an. Das Buch erscheint am 15. März 1967 im Insel Verlag.

2 Günter Blöcker stellt *Verstörung* am Sonntag, dem 12. März 1967, im Deutschlandfunk in der Sendereihe »Bücher im Gespräch« zwischen 15.45 und 16.00 Uhr vor. Der gesprochene Text ist die leicht gekürzte Fassung der in der *Frankfurter Allgemeinen Zeitung* am 25. März 1967 unter dem Titel *Geometrie der Leiden* gedruckten Rezension. Dort heißt es: »Über alle diese Verdienste hinaus aber ist als das Seltenste und Kostbarste an diesem sein tiefer Ernst zu rühmen. Hier wird, mit dichterischen Mitteln, das betrieben, was der Vater des Ich-Erzählers von der Medizin verlangt, nämlich ›Ursachenforschung‹. Weder soziologisch illuminierter Optimismus, der von nichts wissen will und sich deshalb gar für

besonders realistisch hält, noch Rückzug in einen Ästhetizismus, der die menschlichen Grundwahrheiten in ›schwarzen Humor‹ umwechselt, um sie auf solche Art wohlfeil zu erledigen, sondern das gelassene Ergründen dessen, was die Natur in uns ausgesät hat, und die Ehrfurcht davor.«

[32; Anschrift: ⟨Ohlsdorf⟩]

Frankfurt am Main
27. April 1967

Lieber Herr Bernhard,
ich komme heute mit einer Bitte zu Ihnen. Wir müssen etwas für die sammlung insel tun und hatten die Idee, einen Prospekt zu erarbeiten, in dem »Autoren von Rang« über die sammlung insel berichten. Wäre es möglich, daß Sie mir ein paar Zeilen über einen Band, über zwei Bände oder über das ganze Unternehmen oder seine Tendenz schreiben? Ich wäre Ihnen sehr dankbar.
Schönste Grüße
Ihr
Siegfried Unseld

[33; Anschrift: ⟨Ohlsdorf⟩]

Frankfurt am Main
8. Mai 1967

Lieber Herr Bernhard,
nur eine Zeile: Lassen Sie sich von den Kritiken nicht beirren, so wenig wie ich mir dies gestatte. Daß es Einwände gegenüber der »Verstörung« geben wird, war uns beiden ja klar, wenn ich auch das Ausmaß der Ablehnung von Reich-Ranicki und Eisenreich nicht ganz verständlich finde. Aber lassen wir den Kritikern ihren Übermut. Die

Hauptsache ist, daß Sie sich davon nicht beeindrucken lassen. |Mein Glaube an Sie als Autor ist unerschüttert.|[1]
Schönste Grüße
Ihr
Siegfried Unseld

1 In Marcel Reich-Ranickis Besprechung von *Verstörung* (*Konfessionen eines Besessenen*, in: *Die Zeit*, 28. April 1967) heißt es etwa: »Bernhard ist, ob er es will oder nicht, ein österreichischer Heimatdichter, den freilich weniger Liebe oder Innerlichkeit über das Le ben in Tirol oder in den Tälern der Steiermark schreiben lassen als Wut und Ekel, wenn nicht gar Haß. [...] Seine Einseitigkeit mutet bald kühn und bald simpel an. Sie ermöglicht zwar die Härte und die Besonderheit dieser Epik, aber leider setzt sie ihr auch enge Grenzen und bewirkt nicht selten ihre Monotonie. [...] Das neue Buch, der Roman ›Verstörung‹, läßt dies mit fast erschreckender Deutlichkeit erkennen.« Herbert Eisenreichs Rezension von *Verstörung* (*Irrsinn im Alpenland*, in: *Der Spiegel*, 1. Mai 1967, S. 164f.) enthält u. a. die Sätze: »Mit Thomas Bernhard ist inmitten der dezidiert urbanen Literatur wieder einmal der Urwald ausgebrochen. [...] Kurzum: Keine Handlung, keine Distanz, kein Kontrapunkt – das sind die drei Aspekte des einen Sachverhalts: keine Wahrheit. Eines Sachverhalts, der zwar der ganzen gegenstandslosen (und deshalb sich, irrtümlich, für modern haltenden) Literatur abzulesen ist, aber wirklich glaubhaft wird erst dort, wo ein Meister sich auf den Holzweg begibt – wie eben Thomas Bernhard in seiner ›Verstörung‹.«

[34]

Wien
18.5.67

Lieber Dr. Unseld,
in meinem Safe, der gar kein imaginärer ist, ist als Wichtigstes das Vertrauen meines Verlegers zu mir aufbewahrt, ein wunderbarer selbstverständlicher Schatz.

Ich finde, die Kritiker, ob dumm oder nicht, haben sich von meinem Buch aufregen lassen, das ist der Sinn eines solchen Buches. Wie Sie ja wahrscheinlich, sicher wissen, gibt es ja überhaupt nur dumme, darunter aber verheerend ganz dumme Kritiker. Ich weiss das und die Kost verdirbt mir nicht den Magen, wichtig ist nur, *wie* und in welchem Rahmen die Kritikerdummheit aufgetragen wird, das Besprechungsmenu, das auf eine Veröffentlichung folgt.
In 14 Tagen schicke ich das Theaterstück an Herrn Braun, es heisst »Ein Fest für Boris« – und im nächsten Jahr, im Herbst, werde ich meinen neuen Roman herausbringen, mein Verleger wird es tun und |ich| werde arbeiten, nichts als arbeiten und mein lebenslängliches Vergnügen daran haben.
Sie haben einen Autor, der nicht dumm ist und sich nicht irritieren lässt.
Sehr herzlich
Ihr
Thomas Bernhard

[35; Anschrift: ⟨Ohlsdorf⟩]

Frankfurt am Main
22. Mai 1967

Lieber Herr Bernhard,
Ihr Brief vom 18. Mai hat mich sehr gefreut. Ich bin beruhigt, daß Sie unabgelenkt an der Arbeit sind.
Ich war in früheren Jahren in Korrespondenz mit Hermann Hesse. Erst später habe ich ihm gestanden, daß ich eine Dissertation über ihn beabsichtige, und fragte aber doch ganz schüchtern an, ob er mir dies überhaupt gestatten würde. Er schrieb mir zurück, »von Schriften, die über mich geschrieben werden, darf ich mich nicht berühren lassen«. Das ist ein guter Satz, den wir beherzigen sollten.

Ich freue mich sehr auf das »Fest für Boris«. Ich werde es sogleich lesen und freue mich besonders, daß wir im nächsten Herbst ein neues Buch von Ihnen herausbringen dürfen.
Wann immer Ihre Reisepläne nördliche Gegenden berühren, lassen Sie mich dies wissen. Es wäre schön, wenn wir zusammenträfen. Ich habe die löbliche Absicht, den Sommer in Frankfurt zu verbringen.
Schönste Grüße
Ihr
Siegfried Unseld

[36, Anschrift: ⟨Ohlsdorf⟩; Briefbogen des Suhrkamp Verlags]

Frankfurt am Main
29. Mai 1967

Lieber Herr Bernhard,
in der edition suhrkamp erschienen als Band 213 Ihre Erzählungen. Ein Vertrag darüber liegt Ihnen vor. Sie haben ihn jedoch noch nicht zurückgeschickt. Bitte, holen Sie das doch jetzt nach. Die Bedingungen der Ausgabe sind darin genannt.
Ich kann nicht unterdrücken, daß ich den Titel »Prosa« für unglücklich halte. Leider hat mir Herr Busch diese Änderung nicht bekanntgegeben, ich hätte sonst sofort mit Ihnen Verbindung aufgenommen. Dieser Titel eignet sich nur für Klassifizierungen oder für Titulierungen von Nachlaßbänden, also für irgend etwas Abgeschlossenes, und Sie hoffe ich doch in schönster Entwicklung! Aber das ist nun so.[1]
Und gleich eine zweite kritische Anmerkung. Bitte, reagieren Sie in der Öffentlichkeit nicht auf die Kritik, die an Ihnen geübt wird. Ihr »Spiegel«-Brief könnte wie ein Bume-

rang auf Sie zurückschlagen. Man darf so nicht reagieren und muß seinen Übermut bezähmen können. Mir geht es ja auch nicht anders.[2]
Schönste Grüße
Ihr
Siegfried Unseld

1 Der im Mai 1967 erschienene Band *Prosa* enthält, statt der zunächst vorgesehenen neun Erzählungen, nur sieben. Kurz vor Drucklegung beginnt eine Diskussion um den Titel. Günther Busch schreibt deshalb am 6. März 1967 an Th. B.: »Was mir Kummer macht, ist der Titel des Bandes. Ich finde, daß die Geschichte vom Attaché nicht gerade die stärkste der Sammlung ist, und es wäre wohl besser, wenn wir das Glück des Buches nicht ausgerechnet und derart offenkundig auf eine, wie mir scheint, wenig gelungene Erzählung setzten.« Am 3. April 1967 antwortet Th. B.: »Lieber Herr Busch, ich habe die zwei gefährlichen Stücke ›Gestern Abend‹ und ›Attaché‹, stark korrigiert. ›Gestern Abend‹ als Titel ist gestrichen, es heisst jetzt: ›Ist es eine Komödie? Ist es eine Tragödie?‹ [...] Die Titelfrage lösen wir, stelle ich mir vor, indem wir bei ›Prosa‹ bleiben. Alles andre ist mir unverdaulich, daraus wird nichts als künftiger Ärger.« Auf die kritische Anmerkung von S. U. zum Titel reagiert Th. B. gegenüber Günther Busch im Brief vom 2. Juni 1967: »Wenn auch mein Verleger nicht begeistert ist über den Titel ›Prosa‹, so bin ich es.« Im selben Brief schlägt er Günther Busch die Publikation seines ersten Gedichtbandes *Auf der Erde und in der Hölle* in der edition suhrkamp vor. Begründung: »Es tut mir jetzt leid, dass die Gedichte, meine gelungensten, ganz vergessen und verschollen sind.«

2 S. U. bezieht sich auf einen Leserbrief von Th. B. (*Der Spiegel*, 29. Mai 1967, S. 23) zu der Rezension von *Verstörung* durch Herbert Eisenreich, der aus einem Satz besteht: »Mein nächstes Buch lassen Sie bitte gleich von einem natürlich auch in Oberösterreich geborenen oder ansässigen Schimpansen oder Maulaffen besprechen.«

[37; Anschrift: 〈Ohlsdorf〉]

Frankfurt am Main
4. August 1967

Lieber Herr Bernhard,
ich hoffe sehr, daß Ihre Genesung Fortschritte macht. Im übrigen versäumen Sie ja nicht viel in diesem überheißen Sommer, der ja nicht gerade zur Arbeit ermuntert.[1]
Die Kritiken Ihres Buches wachsen, und es ist durchaus auch so, daß gelegentlich ein Exemplar verkauft wird.
Dazu aber gibt es gerade eine Siegesmeldung: der New Yorker Verlag Alfred A. Knopf hat sich entschlossen, die »Verstörung« herauszugeben. Das ist nun nach Gallimard der zweite, sehr wichtige Abschluß, und ich möchte Sie und mich dazu sehr beglückwünschen.[2]
Alles Gute und herzliche Grüße
Ihr
Siegfried Unseld

1 Th. B. muß sich zwischen dem 12. Juni und 20. September 1967 im Wiener Krankenhaus Baumgartnerhöhe behandeln lassen. Kurz zuvor wird ein *morbus boeck* diagnostiziert und danach ein Tumor aus dem Brustraum operativ entfernt. Anneliese Botond unterrichtet S. U., wie sie Th. B. in einem Brief vom 24. Juni 1967 mitteilt, vom Krankenhausaufenthalt. Dieser Klinikaufenthalt erhält eine literarisierte Form in der 1982 erschienenen Erzählung *Wittgensteins Neffe* (siehe Th. B.: *Werke 13*, S. 209-229).

2 *Gargoyles* erscheint 1971, in der Übersetzung von Richard und Clara Winston, bei Alfred A. Knopf. *Perturbation* erscheint, in der Übersetzung von Guy Fritsch-Estrangin, 1971 bei Gallimard in der Reihe »Du monde entier«.

[38; Anschrift: ⟨Ohlsdorf⟩]

Frankfurt am Main
7. November 1967

Lieber Herr Bernhard,
Frau Botond gibt mir eine Notiz, die dreierlei enthält.[1] Einmal erfahre ich zu meiner Freude, daß Sie eine neue Erzählung fertig haben, sie jedoch erst im Herbst 1968 veröffentlicht wissen wollen. Das verstehe ich gut, doch erhebt sich die Frage, ob die Veröffentlichung dann vielleicht nicht doch besser im Rahmen der edition suhrkamp erfolgen soll. Wir werden mit Sicherheit 10.-12.000 Exemplare mit einer neuen Erzählung erreichen. Die Schwierigkeit liegt nur darin, daß wir uns jetzt, in den nächsten 14 Tagen, entscheiden müssen, denn wir legen dann das Programm für das nächste Jahr fest. Wie denken Sie darüber? Vielleicht könnten Sie uns dann doch den Text der Erzählung schikken?
Sie möchten gern nach Amerika und möchten eingeladen sein. Diese Sache ist ein bißchen schwierig, weil die Amerikaner zur Zeit ihre Einladungen stark gedrosselt haben. Die Einladung durch deutsche Kulturstellen hat bei Ihnen Schwierigkeiten, die in Ihrem österreichischen Paß begründet sind. Ich fahre nun diese Woche nach Bonn und spreche hier mit einigen Kulturleutchen der Regierung. Vielleicht kann ich etwas erreichen. Und das Dritte:
Ich erfahre, daß Sie den Vertrag über »Verstörung« noch nicht unterzeichnet haben, und zwar stoßen Sie sich an der Optionsklausel. Ich verstehe Sie durchaus, und ich habe nicht den geringsten Zweifel, daß Sie etwa nicht bereit sind, Ihre nächsten Manuskripte dem Insel Verlag anzubieten. Und ich weiß auch aus meiner großen Erfahrung in diesem Punkt, daß ein Zwang dieser Art in der Regel keine förderliche Wirkung hat. Doch bin ich mit meinen Autoren

immer so verblieben, daß ich sagte, es gibt eine gegenseitige Treue, und die bekundet sich darin, daß ich mich verpflichte, mich für die kommenden Bücher einzusetzen, und dem gegenüber steht auch dann die freiwillige Verpflichtung des Autors, das nächste Manuskript dem Verlag zu übergeben. Sie wissen, daß eine Option, die nicht mit einer Optionssumme unterbaut ist, keine einklagbare Kraft hat. Insofern sind Sie durchaus frei, und ich kann Ihnen noch folgendes versichern, daß es bisher keinen Fall gegeben hat, daß ein Autor, der wegwollte, von mir aus wegen einer solchen Optionsklausel nicht freigegeben worden wäre. Das hat es nie gegeben, und ich hoffe, es wird auch für die Zukunft so bleiben. Und, lieber Herr Bernhard, ich darf Sie erinnern, daß der Insel Verlag Ihnen gegenüber gewaltige Vorleistungen aufgebracht hat. Ich wäre ein schlechter Wahrer der Interessen des Hauses, wenn ich in diesem Ihrem speziellen Fall leicht darüber hinwegsehen könnte. Bitte haben Sie Verständnis dafür. Im übrigen kann ich nur immer wieder sagen, wie sehr ich mich freue, daß ich Sie verlegen kann, und Sie dürfen sicher sein, daß sich das ganze Haus auch sehr um die Verbreitung Ihres Werkes bemüht hat und bemühen wird.

Schönste Grüße
Ihr
Siegfried Unseld

1 Anneliese Botond hält in einer Aktennotiz vom 6. November 1967 fest: »Die Erzählung ist fertig, doch würde Bernhard sie lieber erst im Herbst 1968 veröffentlicht wissen (Veröffentlichungen nicht so rasch nacheinander), den Roman dann im Herbst 1969. Er glaubt, den Roman in diesem Sommer abschließen zu können. Bernhard möchte gern in der ersten Hälfte des kommenden Jahres für ein paar Monate nach Amerika. Er fragt, ob wir ihm zu einer Einladung verhelfen können (durch das Goethe-Haus, Victor Lange oder andere Germanisten in Amerika, Ford-Foundation?). Er will

den Vertrag über ›Verstörung‹ sofort unterzeichnen – aber ohne die Optionsklausel. Er will seine nächsten Bücher sowieso und auf jeden Fall dem Insel Verlag geben, aber aus freien Stück[en]. Der Zwang sei ihm schrecklich.« Der Vertragsentwurf für *Verstörung* hält im Paragraph 11 fest: »Der Autor räumt dem Verlag eine Option auf sein Werk ein.« Th. B. akzeptiert bei der Vertragsunterzeichnung am 22. November 1967 die Optionsklausel.

[39]

Ohlsdorf
14. 11. 67

Lieber Herr Dr. Unseld,
ich wünsche mir tatsächlich einen guten Frühherbsttermin für die Erzählung in der edition. Im Jahr darauf möchte ich dann meinen Roman publizieren. Es ist die Natur der Sache, die Ihnen meine Manuskripte in Zukunft zuführen wird, selbstverständlich. Manchmal habe ich in letzter Zeit gezweifelt, ob ich denn doch einen Verleger habe, denn es schien mir, als kümmerte sich gar keiner um mich. Dann aber habe ich gedacht, was denn ein wirklich guter Verleger eigentlich ist, und zwar heute ist, wie schaut er aus, und dann bin ich, möglicherweise sogar gegen meinen Willen, auf Sie gekommen. Sie blieben übrig, sonst niemand.
Ein Autor ist etwas ganz und gar erbärmliches und lächerliches und so betrachtet ist es ein Verleger auch. Aber ein Verleger ist letztenendes noch mehr mit dem Teufel im Bunde ein grösserer Anonymus und dadurch von nicht ganz einer solchen zierlichen Lächerlichkeit wie der Autor, der ganz und gar zierlich ist. Nichts ist wirklich unheimlich – und also ist es weder irgendein Autor noch irgendein Verleger.
Wenn ich es ehrlich bedenke, so sind meine Erzeugnisse unter Ihren Verlagszeichen doch am besten.

Ich habe meinen und Sie haben Ihren Stolz und beide sind wir angewiesen auf ein Poetisches in der Natur, in welcher wir leben, abwechselnd leben und existieren, und von dem wir beide nicht wissen, was es ist.
Ich empfinde mich durchaus glücklich und arbeite gut.
Sehr herzlich Ihr
Thomas Bernhard

[40; Anschrift: Ohlsdorf]

Frankfurt am Main
17. November 1967

Lieber Herr Bernhard,
um es in einem Wort zu sagen, ich habe mich über Ihren Brief sehr gefreut |!| Er wird für mich ein Markstein in unserer Beziehung bleiben, ich hoffe, wir wissen nun, was wir voneinander zu halten haben, und wissen dies nicht nur für heute, sondern auch für morgen und übermorgen.
Wir machen also Ihre Erzählung in der edition suhrkamp, und zwar zum besten Termin: im September 1968. Im Herbst 1969 werden wir dann mit wirklicher Intensität den Roman herausgeben.
Da wir die Ankündigung des editions-Programms bis einschließlich Oktober 1968 jetzt vorbereiten müssen, läge mir
a) an dem Titel der Erzählung und
b) müssen wir einen Text über die Erzählung produzieren können. Wollen Sie dazu eine Kleinigkeit schreiben? Wir würden das anonym veröffentlichen, oder können Sie mir für kurze Zeit die Erzählung in der jetzigen Form zuschikken?
Soviel zu Ihrem freundlichen Brief. Noch einmal: ich danke Ihnen sehr.
Herzliche Grüße
Ihr Siegfried Unseld

[41; Anschrift: Ohlsdorf; Telegrammnotiz]

Frankfurt am Main
28. November 1967

Lieber Herr Bernhard,
wir benötigen für die Ankündigung in der edition suhrkamp dringend Titel, Manuskript oder einen Kurztext über die Erzählung.[1]
Herzliche Grüße – Siegfried Unseld

1 Es handelt sich vermutlich um den Ankündigungstext zu *Ungenach*. Die Antwort von Th. B. hat sich nicht erhalten, in der *Vorschau* des Suhrkamp Verlags für das erste Halbjahr 1968 findet sich folgender Ankündigungstext, der auf Th. B. zurückgehen muß, da die gedruckte Erzählung beträchtlich von dem Angekündigten abweicht. Der Text lautet:
»279 Thomas Bernhard, Ungenach. Erzählung
Erstausgabe
Die neue Erzählung von Thomas Bernhard berichtet von einem Mann, der in ein oberösterreichisches Dorf, Ungenach, kommt, zu einem grauenhaften Begräbnis. Er kommt zu spät und bleibt so lange in dem Haus des Verstorbenen, bis er die Bewohner des Dorfes von der Beerdigung zurückkehren hört, Leute, die er nicht sieht, die er nicht sehen mag, weil er sie nicht ertragen kann. Die Erzählung beschreibt Ungenach während der Abwesenheit der Einwohner, die alle an dem Begräbnis teilnehmen, während Ungenach völlig leer und von allen Menschen, die Ungenach sind, verlassen ist.«

1968

[42; Anschrift: ⟨Ohlsdorf⟩]

Frankfurt am Main
19. Februar 1968

Lieber Herr Bernhard,
der Österreichische Staatspreis war für uns alle hier eine große Freude! Hoffentlich beflügelt er Sie zu Weiterem und Neuem.
Herzliche Grüße
Ihr
[Siegfried Unseld]

[43]

Ohlsdorf
16.3.68

Lieber Dr. Unseld,
ich bitte Sie ausdrücklich, folgende, für mein Land charakteristische Tatsachen publik zu machen, d. h., dort zu veröffentlichen, durch Ihr Pressebüro zu veröffentlichen, wo Sie es für richtig halten:
am 4., mittags, hat im Wiener Unterrichts- bzw. Kulturministerium die Verleihung der Staatspreise stattgefunden. Als einziger Schriftsteller, bin ich mehrmals aufgefordert worden, eine sogenannte Dankrede zu halten, die ich dann schliesslich abfasste und auch hielt. (Sie liegt in diesem Brief.) Kaum war ich mit dieser Rede fertig und wollte mich auf meinen Platz setzen, höre ich hinter mir, einen

alten Mann »masslose Frechheit!« ausrufen, worauf sofort, wie bei einem sinkenden Luxusdampfer der Hamburg-Amerikalinie, die Musikkapelle wie üblich öde Musik zu spielen anfing. Sofort nach dem letzten Ton sprang der Minister auf, ballte die Fäuste (tatsächlich) stürzte auf mich zu und rief: »Wir haben Sie nicht gerufen!« und »Wir sind trotzdem stolze Österreicher!«, nachdem er mich in seiner vorherigen »Laudatio« als einen »in Österreich lebenden Holländer, also Ausländer« bezeichnet und auch sonst nur Stumpfsinn geredet hatte, er stürzte zur Tür hinaus und schlug diese zu, dass die Fenster in dem Audienzsaal des Ministeriums, in dem die Feier stattfand, klirrten. Der Hausherr bekam schallenden Applaus. Niemand hatte, was ich gesagt hatte, verstanden. Eine denkwürdige, lächerliche Szene. Nun gut. (Eine Annäherungsschilderung einer hiesigen Zeitung liegt bei.) Das riesige Silberschüsselbuffet blieb leer, vier befrackte Oberkellner blieben arbeitslos, man rief »Dutschke!« und »Hundertwasser!«, und ich fragte mich, verblüfft in der Audienzsaalecke stehend, was ich damit zu tun habe. Eine Provinzprominenz führte sich so auf, wie ich sie ja, indirekt, aus philosophischer Natur heraus, gerade beschrieben hatte, lächerlich, chaotisch. Das beinahe unangetastete Buffet wanderte, wie alle derartige Überbleibsel, ins Armenhaus oder Altersheim Lainz.[1]
Der Herausgeber des »Forum«, der besten kulturpolitischen Zeitschrift, die wir haben, erbat sich die Rede und druckt sie als Ausgangspunkt, kommentierend, zu einer da beginnenden Artikel- und Aufsatzserie »50 Jahre Republik Österreich« im Maiheft ab.[2] Man kann dann sehen, worauf ein Minister *für Kultur*, die Kultur, die er nicht hat und die Beherrschung verliert usf. usf. ...
Am Abend des gleichen Tages bekam ich einen Anruf von seiten des Ministeriums, eine Warnung, meine Rede ja nicht zu veröffentlichen. Zustände in Diktaturen empfinde ich nicht so delikat.

Aber jetzt zu dem, was ich *unbedingt sofort* durch Ihr Büro publiziert haben will; publiziert haben *muss* und zwar, ich bitte Sie, an hervorragender Stelle:
gestern vormittag bekam ich einen eingeschriebenen Expressbrief der »Österreichischen Industriellenvereinigung«, die mir, noch im Geheimen, auf Vorschlag einer Jury, schon im Dezember, ihren »Anton Wildgans-Preis der österreichischen Industrie« zugesprochen hatte. Nicht, ohne mir noch vor Weihnachten [S] 20.000.– anzuweisen, und in diesem Brief steht: »Sehr geehrter Herr Bernhard, wir bedauern sehr, dass uns Anlass gegeben wurde, die für 21. März vorgesehene feierliche Überreichung des Anton Wildgans-Preises abzusagen. Wir haben in diesem Sinne den Herrn Bundesminister für Unterricht, die von uns eingeladenen Ehrengäste und unsere Präsidial- und Vorstandsmitglieder verständigt.
Wir werden uns gestatten, Ihnen in den nächsten Tagen den auf die Preissumme noch ausstehenden Betrag von S 10.000.– zu überweisen und die Urkunde übersenden. Mit vorzüglicher Hochachtung, Vereinigung österreichischer Industrieller.«
Also keine Feier, kein Fest! Basta! Man will den Preis jetzt, der sonst so viel Wirbel macht, vertuschen.
Ich spreche, völlig korrekt, ruhig, vorzüglich und unauffällig gekleidet, ohne geringste Erregung meine philosophische Meditation, um die man mich ausdrücklich gebeten, ja beschworen hatte, worauf ein Skandal folgt ... Worauf die Industriegesellschaft den Festakt, den sie vorgegeben hatte, *mir* zu geben, weil ein Minister stumpfsinnig ist, absagt, auf einen Text, den alle diese Leute missverstanden und nie wieder gesehen haben, den heute ausser mir, Ihnen und Herrn Kruntorad vom »Forum« niemand, kein Hirn kennt ... Grotesk! Grotesk! (Sie wissen, woher das kommt.)[3]

Ich bitte Sie ausdrücklich, diesen Vorgang an hervorragender Stelle (weil hier alles hoffnungslos ist) zu veröffentlichen. Die »Dankrede«, die die Industriellen bei mir vor Wochen bestellt haben und für die ich 14 Tage verschwendet habe, werde ich am 24. April in der Universität von Saarbrücken sprechen, wohin ich schon früher eingeladen worden bin,[4] es handelt sich ja wieder um Philosophisches, das ich *hier* nicht sprechen kann, wie ich, wie wir sehen. Grotesk.

Lächerlich, aber wahr, d. h. traurig.

Am 20. habe ich im Wiener Penclub, der mich bis jetzt noch nicht ausgeladen hat, eine Vorlesung, am nächsten Tag fahre ich sofort nach Jugoslawien, wohin ich »Ungenach« mitnehme, weil ihm das Meer sicher gut tut. Von dort aus schicke ich »Ungenach« nach Frankfurt, damit ich dann, wenn ich, möglicherweise bin ich am 26. 4. an der TH in Darmstadt, nach Frankfurt komme, schon zu hören bekommen kann. Mich reizt natürlich ein Gespräch mit meinem Verleger.

Der Roman ist mit Jahresende dann soweit, dass er Herbst 69 erscheinen kann.

Ich bin ein durchaus glücklicher Mensch, an sich wortkarg, aber bestimmt, Irritierungen dauern nur Stunden, nach solchen gehe ich ausser Haus, lese einen guten Satz, schaue mir das Bild eines deutschen oder anderseuropäischen Märtyrers als Philosophen an und bin wieder bei meiner Sache.

Ich fahre jetzt in zwei Stunden nach Wien und bin dort für eventuelle telefonische Auskünfte bis 21. zu erreichen. Ich bitte Sie auch um den Namen und Adresse meines jugoslawischen Übersetzers, damit ich mich bei ihm melden und ihm danken kann.[5] Meine Adresse bis etwa 18. April ist: Hotel Beograd, LOVRAN, Jugoslawien.

Ich fange jetzt erst an, ich wünschte mir noch minde-

stens zehn Jahre, ich bin einer neuen Gründlichkeit auf der Spur.
Herzlich Ihr
Thomas Bernhard

P. S.: Mein Roman verdient, glaube ich, gut vorbereitet zu werden.

[Anlage 1 und Anlage 2[6]]

1 Die Übergabe des »Österreichischen Staatspreises für Literatur« (dotiert mit 25 000 ÖS, etwa 3500 DM) an Th. B. nimmt am 4. März 1968 Unterrichtsminister Theodor Piffl-Perčević vor. Mit Staatspreisen werden neben Th. B. ausgezeichnet: die Bildhauer Josef Pillhofer und Alfred Hrdlicka, die Medailleurin Elfriede Rohr sowie die Komponisten Gerhard Wimberger und Josef Doppelbauer. In *Meine Preise* (S. 66-85) gibt Th. B. seine Sicht der Ereignisse während der Preisverleihung wieder.

2 Das *Neue Forum* (Mai 1968, S. 347-349) druckt die von Th. B. zur Übergabe des Anton Wildgans-Preises des Verbands der österreichischen Industrie 1968 geschriebene Rede – die nie gehalten wird, da die Übergabezeremonie abgesagt wird – und die zur Entgegennahme des Staatspreises unter der Überschrift *Der Wahrheit und dem Tod auf der Spur. Zwei Reden*. Dem Abdruck vorangestellt ist eine redaktionelle Anmerkung: »Mit Preisen und Auszeichnungen ehrt die Gesellschaft ihre Künstler; verpflichtet sie das, die Gesellschaft zu ehren, in der sie leben? Man kann für Auszeichnungen (und den damit verbundenen Geldbetrag) mit wohlgesetzten Worten danken, oder man kann, dem eigenen – preisgekrönten – Werk und der preiskrönenden Gesellschaft verpflichtet, als Dank sagen, was man für wahr hält. Wenn ein Autor vom Rang *Thomas Bernhards* Worte der Verzweiflung an seinem Vaterland äußert, ist das – im 50. Jahr der österreichischen Republik – Anlaß zum Bedenken.« Die erste Rede beginnt mit dem Satz: »Wenn wir der Wahrheit auf der Spur sind, ohne zu wissen, was diese Wahrheit ist, die mit der Wirklichkeit nichts als die Wahrheit, die wir nicht kennen, gemein hat, so ist es das Scheitern, es ist der Tod, dem wir auf der Spur sind.« Später heißt es dann: »[...] aber ich könnte, wie Sie sich vor-

stellen müssen, hier über den Staat sprechen, über Staatenbünde, Staatenverfall, über die Unmöglichkeit des Staates, und ich weiß, daß Sie froh darüber sind, daß ich darüber nicht spreche, Sie fürchten ständig, daß ich etwas ausspreche, das Sie fürchten und Sie sind im Grunde froh, daß ich hier über nichts *wirklich* spreche [...].« In der Rede zur Entgegennahme des Staatspreises heißt es: »Wir sind Österreicher, wir sind apathisch; wir sind das Leben als das gemeine Desinteresse am Leben, wir sind in dem Prozeß der Natur der Größenwahn-Sinn als Zukunft.« (Th. B.: *Meine Preise*, S. 121 f.)

3 »Grotesk« ist in *Verstörung* ein stilbildendes Element.

4 Th. B. liest am 24. April 1968 in der Universität von Saarbrücken auf Einladung des Saarländischen Rundfunks und Saarbrücker Studenten die Texte *Natur, Anarchie* (eine spätere Fassung von *Ein junger Schriftsteller*) sowie die beiden Erzählungen *Zwei Erzieher* und *Ist es eine Komödie? Ist es eine Tragödie?* aus dem Band *Prosa*.

5 Am 2. April 1968 teilt Anneliese Botond Th. B. die Adresse von Borivoj Grujic mit. Die serbokroatische Ausgabe von *Frost* (*Mraz*) ist 1967 im Belgrader Verlag Prosveta erschienen.

6 Bei Anlage 1 handelt es sich um das Original-Typoskript der Rede zur Entgegennahme des Staatspreises. Anlage 2 ist nicht erhalten; es handelt sich vermutlich um den Artikel von Hans Rochelt in den *Oberösterreichischen Nachrichten* vom 5. März (Titel: *Zerstörte Idylle*), der von der Preisübergabe berichtet.

[44; Anschrift: ⟨Wien⟩]

Frankfurt am Main
18. März 1968

Lieber Herr Bernhard,
Frau Botond hat mich am vergangenen Wochenende angerufen und mir von dem Wiener Skandal berichtet. Sie wissen ja, mein Herz schlägt ganz für Sie, und ich konnte mir die Situation gut vorstellen. Das haben auch andere Autoren durchstehen müssen, Frisch, als er einmal die Schweiz kritisierte, Enzensberger, als er in Nürnberg einen Preis an-

nahm und in der Laudatio verkündete, daß er das Geld denjenigen Leuten zur Verfügung stellen wolle, die bei den Gerichten der Bundesrepublik nicht zu ihrem Recht kommen.[1]
Nun habe ich heute Ihren Brief und den Text der Rede bekommen. Ich möchte Ihnen hierzu ganz offen schreiben. Sie erwarten ja von mir keine taktische Antwort, sondern mit Fug und Recht wollen Sie von mir hören, daß ich Sie in dieser schwierigen Lage unterstütze. Das tue ich auch und tue es gerne, aber, lieber Herr Bernhard, in anderem Sinne, als Sie erwarten. Ich möchte nämlich dafür plädieren, daß wir zunächst überhaupt keine Notiz von der Sache nehmen. Wenn Sie können, ziehen Sie am besten auch noch den Abdruck in der »Weltwoche« zurück.[2] Wir, die wir Sie kennen, finden diese Rede natürlich nicht skandalös, aber all die Leute, die Sie nicht kennen, die Ihre Bücher nicht gelesen haben, müssen, abermals mit Fug und Recht, Anstoß daran nehmen, und ich gehe sogar soweit, lieber Herr Bernhard, daß Sie ganz befangen und gebannt in Ihren Vorstellungen selber die Wirkung Ihrer Worte nicht abschätzen können. Sie haben in dieser Rede nicht Kritik geübt, sondern Sie haben sehr pauschal einem Land Sinn und Zukunft abgesprochen. Wie gesagt, das haben auch andere Autoren getan. Frisch hat einmal einen Vortrag über die Schweiz gehalten mit der Überschrift »Land ohne Zukunft«, aber, lieber Herr Bernhard, das lag alles in der Ebene der Kritik und der möglichen Änderungen. Bei Ihnen sieht alles definitiv, endgültig aus, und gegen Sätze wie »Wir sind auch nichts und wir verdienen nichts als das Chaos« müssen sich die Angesprochenen und Nichtangesprochenen Ihrer Landsleute wehren.[3] Und Sie, lieber Herr Bernhard, müssen einsehen und diese Reaktion ertragen können. Das ist schwer, und ich sehe, wie empfindlich Sie nun Ihrerseits reagieren. Wenn Ihnen die Leute keine Feier zubereiten

wollen, dann pfeifen Sie doch darauf, darauf kommt es nicht an. Und fast müssen Sie Verständnis für diese Leute haben. Was sollen sie eigentlich tun? Sie haben sie nicht nur provoziert, sondern sie fühlen sich von Ihnen in ein Nichts gestellt. Von wo aus fordern Sie dann noch, sie sollten für Sie eine Feier zubereiten? Ich würde das gar nicht verlangen. Ich sehe nur eine einzige mögliche Reaktion, und die ist die einer Akzeptierung dessen, was geschah. Das moralische Recht für Ihre Rede ist ganz auf Ihrer Seite, und ich stehe hier hinter Ihnen. Sie sollen aber nicht verkennen, daß Sie mit Ihrer Rede Gefühle anderer verletzt haben. Wie gesagt, das, was Sie gesagt haben, ist für uns Bernhard-Kenner und -Freunde nicht neu, nicht aufregend. Aber der Kreis, der Sie kennt, ist klein. Für mich ist das, was Ihnen eben jetzt zugestoßen ist, abermals höchst kennzeichnend und bereichert meine bisherige Erfahrung: der Schriftsteller ist nicht da, um zu reden und Thesen von sich zu geben, sondern um das, was er sagen will, in einem Werkzusammenhang zu sagen. Hier steht es dann nicht isoliert da, sondern in dem Gesamtzusammenhang eines Denkens und eines Bewußtseins, und dann ist es richtiger, stimmiger und provoziert nichts Äußeres, sondern Inneres.
Also, seien Sie stark, ziehen Sie sich auf sich selbst zurück, schreiben Sie das Buch. Alles andere ist unwichtig.[4]
Herzlich,
Ihr
Siegfried Unseld

1 Hans Magnus Enzensberger wird am 16. März 1967 der Nürnberger Literaturpreis verliehen. Er gibt seiner Dankrede den Titel *Rede vom Heizer Hieronymus*. Dieser Heizer, so fragt Enzensberger in Erinnerung an seine Kindheit in Nürnberg: »Hieß er wirklich Hieronymus, sein Vor- oder sein Zuname? Warum ist er verschwunden? Wann? War es 1935? 1937? Wurde er abgeholt? Was bedeutet das Wort ›Zelle‹, das irgend jemand fallenließ, als

die Wohnung des Heizers leerstand. [...] Und der Rechtsanwalt Hannover aus Bremen schreibt mir: ›Jährlich gibt es in der Bundesrepublik mindestens zehntausend Ermittlungsverfahren gegen politische Gesinnungstäter.‹ Daraus schließe ich: Der Heizer Hieronymus ist nicht spurlos verschwunden. Er ist wieder da, in anderen Kellern, unter anderem Namen [...]. Mit der Summe, die den Preis begleitet [6 000 DM], wird das Postscheckkonto 1312 eröffnet. [...] Unterstützt werden Leute, die wegen ihrer politischen Gesinnung in der Bundesrepublik vor Gericht gestellt worden sind, auch die Angehörigen der Verurteilten.« Darauf kommt im Bundestag der »Fall Enzensberger« am 13. April zur Sprache, in der *Süddeutschen Zeitung* polemisiert im selben Monat Günther Nollau, Vizepräsident des Bundesamts für Verfassungsschutz, gegen Enzensberger. (Dokumentiert sind Rede und Debatte in Enzensberger: *Staatsgefährdende Umtriebe*.)

2 In einem Artikel der *Weltwoche* vom 22. März 1968 unter dem Titel *Dank und Undank des Thomas Bernhard. Trauerspiel um eine österreichische Rede* wird die Rede von Th. B. gedruckt und über die Preisverleihung in einem Tenor berichtet, der dem des Briefes von Th. B. an S. U. entspricht.

3 Der vorletzte Satz der Rede zum Staatspreis lautet vollständig: »Wir brauchen uns nicht zu schämen, aber wir *sind* auch nichts und wir verdienen nichts als das Chaos.« (Th. B.: *Meine Preise*, S. 122)

4 In der *Frankfurter Allgemeinen Zeitung* vom 21. März 1968 erscheint ein Artikel von Karl Heinz Bohrer unter der Überschrift *Des Dichters Fluch*. Er enthält die vollständige Rede von Th. B. zum Staatspreis und ist in Kenntnis des Briefes von Th. B. an S. U. geschrieben – was Sätze belegen wie »Der Preisträger wurde mit ›Dutschke‹ und ›Hundertwasser‹ tituliert.« Abschließend urteilt Bohrer: »Wie weit – so stellt sich die Frage – ist dem Poeten die vielzitierte Narrenfreiheit gestattet? [...] In diesem besonderen Fall wird die Reaktion um so widersprüchlicher, als Bernhard keine eigentlich politische Rede gehalten hat, sondern eher sein existentielles Manifest, seine österreichische Trauer, seinen Umgang mit dem Tode Zuhörern zumutete, die sich offensichtlich auf das Buffet freuten.«

[45; Anschrift: Ohlsdorf]

Frankfurt am Main
9. Juli 1968

Lieber Herr Bernhard,
ich höre, daß wir wieder einmal Honorarschwierigkeiten miteinander haben. Wieso eigentlich? Ich denke, diese Dinge haben wir doch nicht ohne Großzügigkeit geregelt?
Ich schicke Ihnen anbei eine Kopie des Vertrages, den wir am 8. Mai /22. November 1967 für den Band »Prosa« in der edition suhrkamp geschlossen haben. Das scheint mir doch ein Muster zu sein, wie wir auch für den neuen Band »Ungenach« verfahren sollten.
Ich hätte mir sehr gewünscht, daß Ihnen daran liegt, mit diesem Honorar Ihr Darlehen abzutragen. Falls Sie aber auf diesen Betrag jetzt angewiesen sind, bin ich auch bereit, die DM 2.000,– Ihnen zur Hälfte bei Vertragsabschluß und zur Hälfte bei Erscheinen des Bandes zu überweisen. Ich bitte Sie sehr um Verständnis, daß höhere Honorare bei der edition suhrkamp nicht möglich sind.[1]
Sie wissen ja, daß als Erscheinungstermin für den Band September 1968 vorgesehen ist?
Schöne Grüße
Ihr
[Siegfried Unseld]

1 Günther Busch, als der für die edition suhrkamp Zuständige, unterbreitet S. U. den Wunsch von Th. B. nach einer Vorauszahlung in Höhe von 3000 DM. Anneliese Botond schreibt am 11. Juli 1968 an Th. B.: »Wie dieser Brief zu erklären ist? Wenn ich das wüsste. Sicher ist, dass U[nseld]. die 3.000,– bereits zugesagt hatte – nämlich Busch, der es mir sagte, die es Ihnen sagte. Und nun zieht er zurück, kränkt Sie, desavouiert mich. Was Sie zu tun haben, brauche ich Ihnen nicht zu sagen, und eigentlich kann das Match nur zu Ihren Gunsten ausgehen. [...] Ein kurzer Ohlsdorfer Don-

ner als Antwort auf den Blitz aus dem Frankfurter Himmel empfiehlt sich.«

[46]

Ohlsdorf
11.7.68

Lieber Dr. Unseld,
es hat mir leid getan, dass ich Sie in Frankfurt nicht gesehen habe; aber mit Ihrer Frau zusammen wars ein Vergnügen. Bitte, sagen Sie das.
Was die Honorarfrage betrifft, so sind wir tatsächlich anfangs grosszügig verfahren und ich habe geglaubt, wenn ich mich drei Jahre mit meinem Roman »Verstörung« herumschlage, dann ist ein grosser Teil meines Darlehens abgetragen. Dass ein so grosser und so guter Verlag wie der Ihre aber nicht mehr als tausendachthundert Exemplare verkaufen hat können, ist so absurd, dass das kein Mensch glaubt, wenn ich das sagte, denn selbst wenn ich ganz alleine mit meinem Rucksack durchs Land ginge, verkaufte ich in vier Wochen sicher mehr. Die Enttäuschung ist die grösste wie auch die grösste Unverständlichkeit, wenn man bedenkt, dass das Buch die allerbesten Kritiken, alles in allem den besten Wirbel gehabt hat usf. ... Ich rede nicht mehr weiter, sage aber doch, dass ich eine grosse Chance, wenigstens aber drei Jahre Arbeit verpulvert bekommen habe.
Alles das, abgesehen von der wunderschönen Ausgabe, die hervorragend gedruckt ist usf. Haben Sie nicht gedacht, dass sich der Verlag in Beziehung auf die »Verstörung« auch ein wenig schuldig gemacht hat? Ich weiss es nicht. Das Darlehen sollten Sie selbst ja abtragen.
Nun, genauso müssten Sie sich denken, dass ich ja auch von etwas leben muss. Schliesslich datiert das Darlehen vier

Jahre zurück, was für ein Narr könnte vier Jahre davon leben. Abgesehen also, ich brauche etwas zum Leben also, wenn ich nichts habe muss ich, wie jeder andre Mensch auch, arbeiten gehen. Dagegen habe ich nichts, im Gegenteil, holzhacken oder ähnliches ist mir [die] längste Zeit lieber als schreiben, aber dann kann ich auch nicht daran denken, den Roman, an dem ich arbeite weiter zu bringen und so fort. Wie stellen Sie sich vor, lebt ein Mensch mit einem Bauch? Man muss ihn füllen, ganz einfach.
Was »Ungenach« betrifft, so möchte ich doch noch einmal folgende Geschichte erzählen, obwohl ich kein Erzähler bin:

»Ungenach«, eine Geschichte (Von Thomas Bernhard)
Es war einmal ein Autor, der schrieb »Amras« und bekam [[dafür]] sage und schreibe *3.000.–* Mark dafür, dass sein »Amras« in der edition suhrkamp erschien. Der gleiche Autor schrieb zwei Jahre später einen Band Erzählungen, die er, so der Verleger, unglücklicherweise mit »Prosa« betitelte und bekam dafür aufeinmal nur 2.000.–. Dann schrieb er, weil er ja immer schreibt, weil er einfach schreibt usf., ein Buch mit dem Titel »Ungenach« und verlangte (wie ein Schuhmacher für ein Paar gemachte Schuhe) so wie er für »Amras« es oder sie, bekommen hat, wieder 3.000.– und es waren ihm (vom Verlag) einstimmig 3.000.– versprochen, was ganz in Ordnung ist und jetzt, man stelle sich vor, bekommt dieser gleiche Autor von seinem Verleger (jetzt mag der sein wie er will!) einen Vertrag (und eine Mahnung!) auf nur 2.000.– wobei sich auch die 2.000.– als ganz und gar ausserordentliche Grosszügigkeit anbieten … usf. … (Fragment und Ende der Geschichte).
Ich könnte jetzt wütend sein, bin es aber nicht, weil die Natur um mein schönes Haus herum die schönste, weil anzüglichste ist. Ich könnte auch noch andres sein, bin aber alles das nicht. Nur sage ich mir, dass sein Verleger (des Autors

Verleger also) doch auch jetzt, nachdem er sich doch eine Nachlässigkeit zuschulden kommen hat lassen, jetzt, vier Jahre nach der ersten Grosszügigkeit, einmal diesen grosszügigen Eindruck erhalten soll. Das wäre schön. Momentan glaube ich nicht an die Grosszügigkeit des Verlegers.
Aber warum so viel reden. Es ist ganz klar, es macht mir nichts, wenn ich mir mein Geld auf die simple Weise verdiene, wenigstens bin ich die Millionen von widerlichen Krämpfen los, die mit der Schreiberei verbunden sind.
Ihr Brief (vom 9. Juli) ist ungut.
Ich weiss nicht, was Sie denken. Sollten Sie das Darlehen aufeinmal haben wollen und mich damit überfallen, so töten Sie mich ja nicht, ich treibe das Geld auf und Sie haben es.
Es wäre das aber doch eine verrückte und bedauerliche Lösung, glaube ich.
Herzlich Ihr
Thomas Bernhard

P. S.: Und für was für einen jämmerlichen Schreiberling halten Sie mich?
P. S. 1: Es ist mir auch im Augenblick alles wurscht, wie Sie sich jetzt verhalten mögen, ich finde das alles viel zu lächerlich.
P. S. 2: Und wenn Sie an die verschiedenen Literaturpreise denken, so muss ich Ihnen doch einmal sagen, dass mich allein mein Spitalsaufenthalt S 60.000.– gekostet hat.
P. S. 3: Ich wünsche keinen Sentimentalismus.

[47; Anschrift: ⟨Ohlsdorf⟩]

Frankfurt am Main
15. Juli 1968

Lieber Herr Bernhard,
für was halte ich Sie, fragen Sie mich in Ihrem Brief vom 11. Juli. Nun, aufrichtig und ehrlich, für einen Schriftsteller großer Art, für einen Schriftsteller, der wichtige Arbeiten geleistet hat und bei dem ich sicher bin, daß er noch bedeutendere schreiben wird. Und ich halte Sie für einen sympathischen Menschen, dem ich selbst dann Recht zuspreche, wenn er sich mit seinen Argumenten offensichtlich ins Unrecht setzt.
Sie haben nämlich wirklich nicht recht, lieber Herr Bernhard. Der Verlag kann an Erfolg oder Mißerfolg der »Verstörung« nicht schuldig sein, und zwar in keiner Weise und nicht mit irgendeinem Gran. Und wenn wir tausend Anzeigen veröffentlicht hätten, und wenn Sie selbst als Vertreter gereist wären, ein überraschendes Mehr ist nicht möglich, und es ist nicht möglich bei der Struktur Ihrer Texte, das heißt von ihrer Sprachform wie den Inhalten Ihrer Arbeiten her. Im übrigen erinnere ich Sie an unsere Diskussion für den Titel. Ich habe mich ja bis zuletzt geweigert, den Titel »Verstörung« anzunehmen. Sie waren und blieben eigensinnig. Niemand hier im Hause hat für diesen Titel plädiert. Es war uns sonnenklar, daß ein solcher Titel zunächst vom Sortiment abgelehnt würde und dann von den Leuten (es sind 90% aller Bücherkäufer), die Bücher zu Geschenkzwecken kaufen. Diese Leute wollen eben keinen Titel, der »Verstörung« heißt. Wir alle wußten dies, aber Thomas Bernhard wies die Argumente seines Verlegers zurück, er wußte es besser, und nun haben wir die Quittung. Ich will damit nicht sagen, daß wir bei einem »positiveren« Titel wesentlich andere Ergebnisse erzielt hätten, aber etwas anders sähe die Sache wohl doch aus.

Und nun noch etwas. Sie wissen, daß im Suhrkamp Verlag Beckett als Nummer 1 aller Autoren rangiert und daß wir uns um ihn wirklich bemühen. Darf ich Ihnen einmal die Verkaufsziffern von Beckett nennen.

»Molloy« (1954 erschienen)	2.554 verk. Exemplare
»Malone« (1958 erschienen)	1.632 " "
»Der Namenlose« (1959 ersch.)	1.467 " "
»Wie es ist« (1961 erschienen)	873 " "
»Dramatische Dichtungen« 1 + 2 (1963 + 1964 ersch.)	1.366 + 1.176 verk. Ex.

Unsere elektronische Absatzstatistik ergibt einen Verkauf von etwa je 10 Exemplaren im Monat. Das ist, wenn man so will, ein vernichtendes Ergebnis. Aber wir haben sehr wenig Möglichkeiten, es zu ändern, obschon wir ständig den Versuch unternehmen. Beckett hat nicht ein einziges Mal wegen dieser Absätze geklagt, im Gegenteil, er sieht unser Bemühen und bedankt sich dafür. Und ein wenig kennen wir doch auch die Literaturgeschichte der Moderne. Denken Sie doch an einen Fall, mit dem Sie sich wirklich vergleichen dürfen, an Kafka. Von ihm sind von einem ersten Buch im ersten Jahr des Erscheinens nie mehr als 300 Exemplare verkauft worden.

Wir müssen Geduld haben, lieber Herr Bernhard. Anders geht es nicht. Sie müssen Vertrauen haben in die Arbeit der beiden Verlage, die Ihre Bücher bringen. Und Sie haben in beiden Verlagen Leute, die sich wirklich um Sie bemühen. Und in erster Linie möchte ich mich dazurechnen. Ich hatte bei meinem letzten Gespräch mit Ihnen durchaus den Eindruck, daß Sie die Situation richtig beurteilen. Aber kaum waren Sie aus meinem Zimmer heraus, schon beginnen Ihre Unsicherheiten wieder. Ich weiß, daß das so ist, und ich klage auch gar nicht darüber, aber ich meine, Sie bringen sich nur mit all diesen Mahnungen und Klagen um die Möglichkeit, neue Arbeiten zu schreiben, und nur diese können

Ihre Situation ändern. Wir sind keinesfalls mit Ihren Büchern bisher gescheitert. Sicherlich, die Absätze sind nicht sehr gut, aber Sie haben sich jetzt als Autor einen großen Namen geschaffen, die Kritik hat Sie in die erste Reihe der Prosaschreiber eingereiht, die Öffentlichkeit hat Ihre Arbeit auch durch Preise anerkannt. Was wir jetzt brauchen, ist ein neues großes und weit angelegtes Buch. Dann schaffen wir den Erfolg, den Sie mit Recht für sich fordern. Wir müssen uns nach den Realitäten richten. Ich habe Ihnen die Absatzziffern Ihrer Bücher in der edition suhrkamp gesagt. Sie können doch nicht von einem Verlag verlangen, daß er sich unrealistisch verhält, und daß wir großzügig waren, habe ich Ihnen bewiesen. Sie selber haben mir vor Jahresfrist gesagt, daß Sie so viel Einnahmen hätten, daß Sie davon leben könnten, und daß Sie alle weiteren Einnahmen, die Sie im Insel oder Suhrkamp Verlag haben, zur Abdeckung des Darlehens verwenden wollten. Nur so kann sich ja das Darlehen vermindern, es sei denn, es träfe das ein, was wir uns von kommenden Büchern erhoffen. Wie gesagt, wir müssen Geduld haben.
Herzliche Grüße
Ihr
Siegfried Unseld

[48]

Ohlsdorf
22. 7. 68

Lieber Herr Dr. Unseld,
Ihr Brief vom 15. ist voll Wahrheit, enthält aber eine Unrichtigkeit und ist im übrigen von einer mir sehr vertrauten agronomischen Schläue, der ich meine Bewunderung nicht entziehen kann.

Die Unrichtigkeit bezieht sich darauf, dass Sie mir »Mahnungen und Klagen« vorwerfen, die mich, Ihrer Ansicht nach »um dic Möglichkeit, neue Arbeiten zu schreiben, bringen«. Ich glaube, Sie finden kaum einen zweiten Autor Ihres Verlags oder beider Verlage, der Ihnen höchstens einmal oder allerhöchstens zweimal im Jahr schreibt, und das am kürzesten (der letzte Brief ausgenommen!), und also woraus schliessen Sie, dass ich andauernd mahne und klage. Das mag Ihnen so vorgekommen sein während der Konzeption Ihres Briefes, ist aber wie Sie sehen, nicht so.
Was Sie schreiben, ist alles sehr klar und ich brauche nicht mehr darauf eingehen. Es herrscht ja auch völliges Verständnis auf beiden Seiten vor.
Wenn ich Ihnen einmal sagte, dass ich alle Honorare (diese haben im Wort etwas mit einer Ehre zu tun) zur Abdekkung meines Darlehens verwenden will, so bezog sich das naturgemäss, wie ich auch gesagt habe auf die »grossen« Bücher, die ja die meisten Einnahmen versprechen, auch wenn die Welt sich verkehrt dreht, aber natürlich versuche ich doch, aus den »kleinen« Veröffentlichungen, einen Geldbetrag herauszubekommen, das werden Sie sicher einsehen, ja sogar verstehen. Dazu gehört auch, was ich in der edition herausgebe, meiner Lieblingsbuchherde, wenn ich von der Bibliothek absehe. Und der Beweis dieser meiner Vorstellung, ist ja allein daraus ersichtlich, dass Sie mir 1965 für »Amras« anstandslos ein ausgemachtes Honorar von DM 3.000.– überwiesen haben, ich habe die Bestätigung hier, es waren 3.000.– (dreitausend!!!) und sie wurden mir im Dezember 65 überwiesen. Eine glückliche Konstellation.
Was, frage ich, 1965 recht war, soll heute, 1968, nicht mehr recht sein? Für eine bessere Arbeit (da ich mich ja doch, wie Sie selber andeuten in Ihrem Brief, verbessert habe) soll ich, nachdem, wie Sie wissen, alles teurer geworden

ist, weniger bekommen? Das wäre eine unerträgliche Absurdität.
Weil Sie ja schreiben, man muss sich an die Realität halten. Ich halte mich an die Realität in einem höchstbegreiflichen Masse.
Ich bitte Sie also, mir *innerhalb dieser Woche*, die *drei*tausend für »Ungenach«, das höher einzuschätzen ist als »Amras« (weil das ja ein reiner Geschäftsbrief ist!) an meine hiesige Adresse zu überweisen. Den ganzen vollen Betrag ohne Steuerabzug, weil ich jetzt meine Steuern in Wien abzuführen verpflichtet bin. Wenn Sie nicht gewillt oder imstande sind, meinen Vorschlag zu akzeptieren, so *bin ich nicht gewillt und d. h. nicht imstande*, »Ungenach« in der edition herauszugeben, denn ob »Ungenach« erscheint oder nicht, ändert an meinem, wie Sie selbst in Ihrem Brief sagen, »grossen Namen« nichts.
Dies, weil Sie in Ihrem Brief vom 15., auf die akute Frage »Ungenach« überhaupt nicht eingegangen sind.
Ich möchte Sie noch erinnern, dass Sie selbst 3.000.– für »Ungenach« akzeptiert haben, wie ich weiss. Dann zogen Sie plötzlich zurück. Das empfand ich als beschämend etc.
Im übrigen arbeite ich gut und habe mich in meiner Arbeit noch niemals stören lassen.
Der Begriff der Geduld ist mir einer der vertrautesten.
Herzlich
Ihr Thomas Bernhard

[49; Anschrift: ⟨Ohlsdorf⟩]

Frankfurt am Main
24. Juli 1968

Lieber Herr Bernhard,
ich stelle mir vor, was künftige Adepten des Studiums von Literatur- und Verlagsgeschichte bei der Lektüre unseres Briefwechsels sagen werden. Suaviter in re, fortiter in modo.
Der Sinn meines letzten Briefes bezog sich lediglich auf einen einzigen Punkt, nämlich darauf, daß Sie den Insel Verlag für »schuldig« erklärten an dem schlechten Absatz des Buches. Nicht nur Autoren, auch ein Verleger hat Gefühle und Allergien, und meine erregen sich exakt an diesem Punkt. Deshalb meine Konzentration auf diesen einen Vorgang und deshalb die Nichterwähnung der Honorarprobleme »Ungenach«.
Es ist unwahr, daß ich Ihnen für die Übernahme von »Ungenach« in der edition suhrkamp DM 3.000.– angeboten hätte. Das stimmt einfach nicht, Sie können das, was Sie schreiben, nicht beweisen. Als diese Frage an mich herangetragen wurde, befragte ich die Statistik. Ich habe Ihnen mitgeteilt, wie wir die beiden Bände (»Amras« und »Prosa«) in der »es« bisher verkauft haben. Genau gesagt: von »Amras« wurden bis Ende April 4.816 Exemplare verkauft, bis jetzt werden es also rund gerechnet 5.000 Exemplare sein (pro Exemplar DM 0.20 = DM 1.000.–). Von »Prosa« verkauften wir bis Ende April 4.996, rund gerechnet bis jetzt 5.200 Exemplare (pro Exemplar DM 0,20 = DM 1.040.–). Von diesen Realien her muß ich mein Honorarangebot richten. Wie soll ich Unterschiede machen, ob der eine Text besser ist als der andere? Vielleicht Wittgenstein gegen Waldmann, Brecht gegen Hacks, Beckett gegen Christian Grote. Das geht also nicht, und deshalb das einheitliche Honorar.

Doch wir müssen uns jetzt entscheiden. »Ungenach« liegt in den Fahnen bei Ihnen. Es ist angekündigt und soll im September erscheinen. Da ich an dem Text hänge, seinen Verfasser hochschätze und unsere verschiedenen Meinungen lieber in den Akten der Verlagsablage als in der Öffentlichkeit ausgetragen sehe, füge ich mich Ihrer schön formulierten Pression: Sie werden für »Ungenach« DM 3.000.– erhalten

a) sofort nach Unterschrift unter den hier anliegenden Vertrag;
b) falls Sie den hier beiliegenden Antrag auf Freistellung von Steuerabzug unterschreiben, kann ich Ihnen den Betrag in Gänze zuleiten, falls Sie das nicht tun, bin ich nach unseren Gesetzen, denen ich nicht zuwiderhandeln kann, gezwungen, 25% Steuern abzuziehen. Meiner Ansicht nach können Sie diese Anlage aber ohne weiteres unterschreiben und auch den erwünschten Nachweis beibringen.

Ich hoffe, daß dann für Sie diese Frage geklärt ist. In Zukunft treffen wir solche Vereinbarungen, bevor wir das Manuskript in Satz geben; dann kommen wir nicht mehr in solche Situationen.

Ich wollte Ihnen noch eine freudige Mitteilung machen. Wir wollen die »Verstörung« in der BS bringen, und zwar im nächsten Programm, d. h. in einem der Monate von Mai-Oktober 1969. Ich weiß, daß ich damit einen Wunsch von Ihnen erfülle, und ich freue mich, daß Sie dann in der BS erscheinen.

Falls Sie einverstanden sind, wird der Insel Verlag dem Suhrkamp Verlag eine Lizenz für die Ausgabe in der BS geben, und zwar für die Dauer von fünf Jahren. Der Ladenpreis beträgt DM 6.80, das Honorar für alle Autoren 7,5%, also DM 0.51 pro Exemplar.

Laut unseren Abmachungen wird dieses Honorar zwi-

schen dem Insel Verlag und Ihnen 50 : 50 geteilt. Vorauszahlung DM 1.500.–. Ihr Lizenzanteil wird zur Abdeckung des Darlehens verwandt. Die Abrechnung erfolgt nach Verkauf.
»Wenn Sie nicht gewillt oder imstande sind, meinen Vorschlag zu akzeptieren, so bin ich nicht gewillt und d. h. nicht imstande«, die »Verstörung« in der BS herauszugeben.
Ich bitte Sie um Ihre Äußerung.
In Ihrem letzten Brief erwähnen Sie das Problem des Darlehens nicht mehr. Sollten wir das jetzt nicht regeln? Ich möchte Ihnen hierzu einen Vorschlag unterbreiten, freilich kann ich nicht umhin, Sie vor meiner »agronomischen Schläue« (die Sie bewundern, ich selber eher verachte, aber vielleicht ist das das gleiche) zu warnen: ich würde vorschlagen, daß wir die Hälfte des Betrages, also DM 20.000.–, als Optionsgebühren für kommende Bücher ansehen. Dieser Betrag wäre also nicht rückzahlbar und braucht durch Zahlungen nicht abgedeckt zu werden. Für die zweite Hälfte, also die weiteren DM 20.000.–, geben Sie uns eine Sicherung insofern, als Sie auf den Namen des Insel Verlages eine Hypothek auf Ihr Haus eintragen lassen. Ich erinnere Sie, daß dies Ihr eigener Vorschlag war, Sie wollten sogar den ganzen Betrag als Hypothek eintragen lassen. Im Maße der Rückzahlung bzw. des Anlaufs von Honoraren, die wir zur Abdeckung des Darlehens verwenden, verringert sich dann damit entsprechend die Darlehensschuld und die hypothekarische Sicherungsschuld.
»Wohl gesprochen«, erwiderte Candide. »Nun aber müssen wir unseren Garten bestellen.«
Herzlich
Ihr
Siegfried Unseld
Anlagen

[50]

Ohlsdorf
27. 7. 68

Lieber Herr Dr. Unseld,
heute gehen die Fahnen von »Ungenach« nach Frankfurt zurück, gleichzeitig, in diesem Kuvert, der Vertrag für den Band. Ich bin in Ohlsdorf, mein Finanzamt ist in Wien, ich kann also den »Antrag« nicht unterschrieben zurückschicken, Sie dürfen nicht gegen Ihr Gesetz zuwiderhandeln, also bitte ich Sie, mir die 75% von 3.000.– sofort an mich in Ohlsdorf zu überweisen, ich habe einen Installateur, einen Dachdecker und einen Zementlieferanten zu zahlen, mir aber die restlichen 25% zu reservieren, denn wenn ich in Wien bin, gehe ich sofort aufs Finanzamt usf.[1]
Ich freue mich im Grunde sehr auf das Buch.[2]
Dass die »Verstörung« in der Bibliothek herauskommt, ist auch eine gute Nachricht, also »ich bin gewillt und imstande« usf., die »Verstörung« betreffend. Natürlich.
Den Absatz über das Darlehen verstehe ich im Augenblick nicht, weil mich meine Arbeit am »Roman« so beschäftigt wahrscheinlich. Aber das Ganze schaut wie Vernunft aus.
Ich bin ja am 24. 9. in Darmstadt zu einer Lesung und werde vorher oder nachher in Frankfurt sein, wahrscheinlich sind Sie in Frankfurt und es gibt Gelegenheit, über alles ein kurzes Gespräch zu führen.
Neinnein, ich bin sehr glücklich, gut in Fahrt und ein Freund von Candide.
Herzlich
Ihr
Thomas Bernhard

1 Am Rand dieses Absatzes findet sich der handschriftliche Vermerk von dritter Seite »not[iert] Buchhaltung«.

2 Th. B. schreibt am selben Tag an Günther Busch: »Ihre Änderungen sind gut, ein paar habe ich noch gemacht, auch zwei, drei Kleinigkeiten ›rückgängig‹. Ich freue mich sehr auf das Buch und bitte, ist eins fertig, mir das gleich zu schicken. Ich habe eine besondere Bitte, das Biographische betreffend, das mir immer Magenweh verursacht. Ich wünsche mir, dass die Biographie nur enthält: ›Thomas Bernhard, geboren am 10. Februar 1931 in Heerlen / Holland, lebt in Ohlsdorf, Oberösterreich.‹ aus, fertig. Nichts von freier Schriftsteller (im »Prosa«-Band heißt es ›Schiftsteller‹) usf., das ist alles widerwärtig und uninteressant.«

[51; Anschrift: ⟨Ohlsdorf⟩]

Frankfurt am Main
29. Juli 1968

Lieber Herr Bernhard,
ich danke Ihnen für Ihren Brief vom 27. Juli und freue mich, daß wir, wenn wir auch nicht übereinstimmen, so doch die Unstimmigkeiten bereinigt haben.
Ich möchte wirklich die Angelegenheit mit dem Darlehen weiter klären. Habe ich mich so undeutlich ausgedrückt? Das Darlehen beläuft sich auf DM 40.000.–. Wir splitten es auf in

a) DM 20.000.– Darlehen, dafür geben Sie eine hypothekarische Sicherung. Diesen Betrag verpflichten Sie sich, zurückzuzahlen, sei es durch aufgelaufene Honorare oder wie auch immer;
b) DM 20.000.– sind Vorauszahlungen auf kommende Bücher. Gehen wir von dem Satz DM 3.000.– aus, so würde das bedeuten, daß wir Ihnen damit die Vorschußzahlungen für mindestens 6 Bücher geleistet haben. Praktisch würde das bedeuten, daß Sie keine Verpflichtungen mehr haben zur Rückzahlung dieses Betrages von DM 20.000.–, daß aber Ihre kommenden Bücher jeweils mit einem Honorar von DM 3.000.– belastet sind.

Die Buchmesse findet in diesem Jahr vom 19.-24. September statt. Wir können uns also vor dem 24. sicher sehen, wenn auch nur kurz und von meiner Seite aus in buchmessegestörter Verfassung. Nach dem 24. September gedenke ich, für vier oder fünf Tage in Urlaub zu fahren.
Mit freundlichen Grüßen und guten Wünschen für die Arbeit
Ihr
Siegfried Unseld

[52; Anschrift: ⟨Ohlsdorf⟩; Rundbrief an Autoren; Briefpapier des Suhrkamp Verlags]

Frankfurt am Main
24. August 1968

Liebe Freunde,
Günter Grass, Max Frisch und Peter Bichsel haben (in Anwesenheit von Pavel Kohout) den anliegenden Aufruf geschrieben. Sie bitten um Ihre Unterschrift. Wir wollen mit diesem Aufruf einen großen Kreis erreichen. Es ist daran gedacht, nach der Veröffentlichung des Aufrufs die Öffentlichkeit allgemein zur Unterschrift aufzufordern.
Bitte geben Sie Ihre Zustimmung zur Unterschrift spätestens bis Montagmorgen telefonisch oder telegraphisch.
Telefon: Frankfurt 0611 / 72 08 81 bis 83
Telegramm: Suhrkampverlag Frankfurtmain.
Die Veröffentlichung soll Dienstag erfolgen; wir geben dann auch an, wohin die Unterschriften geschickt werden sollen.
Mit freundlichen Grüßen
Dr. Siegfried Unseld

[Anlage[1]]

1 Die im Brief erwähnte Anlage hat sich im Fall von Th. B. nicht erhalten, Uwe Johnson hat sie aufbewahrt. Es handelt sich um einen Aufruf gegen den Einmarsch der Truppen des Warschauer Pakts (ohne Rumänien) am 20. August 1968 in die ČSSR. (Der Aufruf ist gedruckt in *Uwe Johnson–Siegfried Unseld. Der Briefwechsel*, S. 515ff.) Die Erklärung erscheint mit den Unterschriften von 35 Autoren in der *Zeit* vom 30. August 1968. Th. B. unterzeichnet ihn zusammen mit z. B. Theodor W. Adorno, Max Frisch, Uwe Johnson, Günter Grass und S. U.

[53; Anschrift: ⟨Ohlsdorf⟩]

Frankfurt am Main
3. September 1968

Lieber Herr Bernhard,
»Ungenach« ist erschienen. Ich freue mich darüber. Wir druckten eine Auflage von 7.000 Exemplaren, der Ladenpreis ist DM 3.–, Ihr Honorar DM –.20 pro Exemplar. Das Garantiehonorar für 15.000 Exemplare, also DM 3.000.–, haben Sie erhalten.[1]
Bitte verfügen Sie über 20 Freiexemplare. Ich sende Ihnen ein Exemplar vorab zu.
Mit freundlichen Grüßen
Ihr
Siegfried Unseld

1 *Ungenach* wird am 29. August 1968 als Band 279 der edition suhrkamp an den Buchhandel ausgeliefert. Mit der Publikation von *Ungenach* wird Th. B. Autor des Suhrkamp Verlags. Entsprechend tragen ab diesem Zeitpunkt die an ihn gerichteten Briefe von S. U. den Briefkopf des Suhrkamp Verlags. Ausnahmen sind vermerkt.

[54; Anschrift: ‹Ohlsdorf›]

Frankfurt am Main
21. Oktober 1968

Lieber Herr Bernhard,
ich fühle mich verpflichtet, Sie von Gesprächen zu unterrichten, die hier im Verlag stattgefunden haben. Bitte entschuldigen Sie also den Überfall mit diesen Papieren.
Mit freundlichen Grüßen
Ihr
Siegfried Unseld

[Anlagen[1]]

1 Der Brief enthält acht teils mehrseitige Anlagen: Briefe, Zeitungsmeldungen und Notizen über die »Lektorenrevolte« im Suhrkamp und Insel Verlag, die von dritter Hand numeriert sind. Sie steht im Kontext der teilweise gewaltsamen Auseinandersetzungen zwischen der Außerparlamentarischen Opposition (vor allem dem Sozialistischen Deutschen Studentenbund SDS) und der Messeleitung (die die Polizei zu Hilfe ruft) während der Frankfurter Buchmesse 1968 (19.-24. September). S. U. übernimmt die Rolle des Vermittlers zwischen den Fronten (die sich auch innerhalb des Börsenvereins des Deutschen Buchhandels auftun). Am 27. September 1968 schreiben neun Lektoren des Suhrkamp und Insel Verlags (darunter Anneliese Botond) einen Brief an S. U., in dem sie dessen Verhalten während der Messe als Ablehnung der in den Büchern der Verlage Suhrkamp und Insel vertretenen Thesen kritisieren. Sie schlagen deshalb eine Lektoratsverfassung vor (Anlage 1). Diese (verstanden als Vorstufe einer »auf demokratischem Weg zu beschließenden Betriebsverfassung«) sieht vor, daß das Verlagsprogramm per Mehrheitsentscheid (S. U. besitzt eine Stimme, nur bei Stimmgleichheit sollte seine Meinung den Ausschlag geben) verabschiedet wird (Anlage 2). Für den Nachmittag des 14. Oktober lädt S. U. zu einem Treffen von Autoren, Lektoren und anderen Verlagsmitarbeitern: Dessen Ergebnisse halten aus der Sicht der Lektoren ein Aide mémoire (Anlage 6) sowie eine Pressenotiz

(Anlage 4) fest. Sie erscheint in der *Frankfurter Allgemeinen Zeitung* am 16. Oktober (Anlage 5). S. U. bestreitet die adäquate Wiedergabe der Beschlüsse des 14. Oktober in einer Notiz zum Aide mémoire (Anhang 7). Schließlich bietet S. U. am 18. Oktober den Lektoren Walter Boehlich, Günther Busch und Karl Markus Michel an, sie bei Gründung eines eigenen Verlags zu unterstützen (Anhang 8). Die drei nehmen dieses Angebot nicht an. Nicht erhalten ist die Anlage 3: Es handelt sich, wie ein vergleichbarer Brief an Uwe Johnson nahelegt, um einen Artikel von Jürgen Serke mit der Überschrift *Welt größter Büchermarkt in letzter Minute gerettet.* Sämtliche Anlagen sind gedruckt in *Uwe Johnson–Siegfried Unseld. Der Briefwechsel*, S. 1137-1148. Zusätzlich liegt dem Brief die Kopie eines Briefes von S. U. an Ernst Bloch vom 21. Oktober 1968 bei, in dem er seine Haltung zur Lektorenrevolte darlegt (gedruckt in: *»Ich bitte um ein Wort ...«. Der Briefwechsel Wolfgang Koeppen–Siegfried Unseld*, S. 171-178). Ende 1968 scheiden die Lektoren Walter Boehlich, Klaus Reichert, Peter Urban und Urs Widmer aus dem Verlag aus. 1969 gründet Karlheinz Braun den Verlag der Autoren, Ende 1970 verläßt Anneliese Botond den Verlag.

[55]

Ohlsdorf
16. 12. 68

Lieber Siegfried Unseld, Doktor, Verleger,
ich kann nicht nach St. Anton und also auch nicht in Ihr feiertägiges Domizil kommen, weil mich mein Roman vollkommen in Anspruch nimmt, mein ganzes Interesse.
Ich höre, was mir nichts ausmacht, überhaupt nichts vom Verlag, ich weiss also gar nicht, mit was für welchen Gespenstern er augenblicklich beschäftigt ist, mit literarischen, politischen etc., dafür hat mir aber heute das Finanzamt eine Zahlungsaufforderung über 57.000.– österreichische Schilling geschickt, einzuzahlen bis 15. Januar 1969. Tatsächlich erschüttert mich diese Tatsache, weil ich ja in bester Form bin, nicht, aber ins Gefängnis kommen will ich

im Augenblick, da ich so gut beschäftigt bin in meiner eigenen Kerkerzelle, auch nicht. Und von Haus und Hof kommen auch nicht. Ich frage Sie also, was zu tun ist???
Die Tatsache, dass ich den Betrag einzuzahlen habe, ist nicht aus der Welt zu schaffen, durch nichts mehr.
Ich will aber auch nicht mehr einen neuen Vorschuss in Anspruch nehmen, d. h. auf meine »Poesien«.
Mein Vorschlag ist der, und er erscheint mir »angesichts« der Tatsache, dass ich doch ein aktiver Mensch bin, akzeptabel für Sie wie für mich: dass ich neun Monate, d. i. ein dreiviertel Jahr lang, eine Arbeit für Sie mache, in erträglichen Formen also lektoriere etc. für ein »Gehalt« von DM 1.000.– im Monat, das vorauszuzahlen ist.
Anders kann ich mir mein Ausmisten nicht vorstellen.
Ich erwarte in diesem Punkt Ihre eheste Antwort, weil ich sonst tatsächlich unruhig werde.
Unruhe aber kann ich mir jetzt nicht leisten, weil ich mit meiner Arbeit fertig werden muss, mit dem Roman im März oder April, mit den Erzählungen im Juni, Juli (wie mit Herrn Busch ausgemacht) etc.
Das Angebot, die »Verstörung« zu verfilmen, habe ich gestern endgültig scharf abgelehnt, und damit einen Haufen Geld, obwohl ein Drehbuch schon gemacht ist, Kameraleute engagiert sind, Schauplätze vorpräpariert usf., weil ich eine Verfilmung dieses Buches, das endgültig auf dem Papier steht, als Unsinn empfinde.
Unterstützen Sie also bitte meinen guten Charakter, nicht meinen schlechten.
Ich frage Herrn Braun, was mit meinem Theaterstück ist, die Bücher sollten vor einem Monat schon fertig sein, ich höre nichts, ich sehe nichts.
Ich weiss, dass »dichten« auch ein Unsinn ist, aber es ist und bleibt mir der liebste Unsinn.
Herzlich Ihr
Thomas Bernhard

[56; Anschrift: Ohlsdorf]

Frankfurt am Main
19. Dezember 1968

Lieber Herr Bernhard,
Sie haben den geschicktesten und raffiniertesten Brief geschrieben, den mir jemals ein Autor zugesandt hat. Mein Kompliment.
Ich habe mit einem Fachmann für österreichische Steuerverpflichtungen gesprochen. Keinesfalls kommen Sie in den Schuldturm, wenn Sie der Zahlungsaufforderung nicht nachkommen. Sie möchten sich bitte sogleich einen Steuerberater nehmen. Hatten Sie bisher keinen? Der soll den österreichischen Behörden klarmachen, daß Sie im Moment nicht in der Lage sind, die ganze Summe zu bezahlen, daß Sie sich jedoch für zahlungswillig im Prinzip erklären, d. h., daß Sie einen Teil der Summe am Fälligkeitsdatum überweisen. Den Rest in jeweils vierteljährlichen Abständen. Ein guter Steuerberater wird das durchbringen. Ich bin gerne bereit, Ihnen bis zum 15. Januar eine Summe von DM 2.000.– zu überweisen, damit Sie diese erste Zahlung leisten können, und zwar möchte ich Ihnen diese Summe überweisen a conto der Tantiemen für »Ein Fest für Boris«. Ich gebe dem Stück nämlich Chancen, nicht nur am Burgtheater, sondern anderswo, und wir werden uns kräftig dafür einsetzen.
Das Lektorieren ist ja so eine Sache für sich. Die Lektoren würden solche Konkurrenz mutmaßlich wenig gerne sehen.
Überschätzen Sie nicht ein wenig das Metier Film? In der Tat könnte man sich durchaus eine Verfilmung der »Verstörung« denken, und dies, ohne daß dem Werk auch nur der geringste Schaden angetan würde.
Übrigens hat die Theaterabteilung vorgestern die verviel-

fältigten Exemplare erhalten und sicherlich auch schon an Sie versandt. Ich bekam jedenfalls ein Exemplar, und wie ich Ihnen schrieb, halte ich »Ein Fest für Boris« für ein großes Stück, das Ihnen gelungen ist.

Herzliche Grüße
Ihr
Siegfried Unseld

1969

[57]

Ohlsdorf
2. 1. 69

Lieber Herr Dr. Unseld,
ich danke für Ihren Brief, dazu: ich habe seit Jahren den besten Steuerberater von Wien und tatsächlich hat der gute, ja ausgezeichnete Mann längst um eine Ratenzahlung meiner Steuer eingereicht, aber die Genehmigung lässt auf sich warten. Für den Fall, dass, was ich natürlich glaube, der Ratenzahlungsvorschlag genehmigt wird, sind aber für die erste Rate DM 2.000.– zu wenig, ich muss dann, *am 15.*, DM 3.000.– auf der Hand haben.
Ich glaube, Sie können sich ruhig zur Aufwertung meines Theaterstücks von zweitausend auf dreitausend entschliessen.
Ich bitte um Ihre Nachricht hierher.
Ich bitte Sie ausserdem, die Geldüberweisung so einzurichten, einrichten zu lassen etc., dass ich tatsächlich am 15. Januar 1969 den Betrag in Händen habe, sonst zahle ich eine hohe Strafe und die Kuckucksrufe vergällen mir meinen Hof.
Herzlichst
Ihr
Thomas Bernhard

[58; Anschrift: ⟨Ohlsdorf⟩]

Frankfurt am Main
8. Januar 1969

Lieber Herr Bernhard,
dreitausend Mark werden am 15. Januar bei Ihnen sein.[1]
Herzlich
Ihr
Siegfried Unseld

1 Auf der Verlagskopie des Briefs ist unter der Unterschrift der maschinenschriftliche Zusatz angebracht: »Die DM 3.000.– gelten als Vorschuß auf die Tantiemen des Stückes ›Ein Fest für Boris‹.« Auf der Rückseite des Originals findet sich in der Handschrift von Th. B. eine Aufstellung: »22. Köln / 23. Bielefeld / 24. Berlin / 25. Hannover / am 24. eine Flugkarte von Hannover nach Berlin – u. (25.) zurück! / 26. Hamburg etc.«

[59]

Ohlsdorf
12. 1. 69

Lieber Herr Dr. Unseld,
mein Dank für Ihre Initiative!
Im Oktober will ich nicht, wie mit Herrn Busch besprochen, einen Band mit unzusammenhängenden Erzählungen wie »Prosa«, sondern ein Prosastück für sich im Umfang von »Ungenach«, etwas darüber, mit dem Titel »Watten« (ein Kartenspiel) veröffentlichen. (edition).
Die Frage, ob es klug ist, den Roman, der meine augenblicklichen Kräfte in Anspruch nimmt, auch noch heuer herauszugeben, nachdem das Stück, die Erzählung und »Verstörung« in der BS, was mich besonders freut und natürlich freut mich alles, heuer kommen, muss ich für mich mit einem klaren Nein beantworten.

Bei dieser Gelegenheit muss ich sagen, dass ich einem alten Freund, »Phantastischer Realist« aus Wien, drei kurze Prosastücke, die wir im Verlag früher einmal ausgeschieden haben, für einen bibliophilen Band seiner Zeichnungen im Residenzverlag, gegeben habe, der, so hoffe ich, die geringste Beachtung finden wird, die er verdient.[1]
Ich bitte also um Reservierung des Oktobertermins für »Watten«, mich mit dem »Boris« nicht in der fürchterlichsten Unklarheit zu lassen, der »Verstörung« einen Ihrer schönen schwarzen Bauchgürtel zu geben und tatsächlich darüber nachzudenken und eine Debatte »abzuführen«, ob der Roman, den ich zweifellos, krepiere ich nicht plötzlich, im spätern Frühjahr fertig habe, nicht doch erst 70 erscheinen soll. Ich habe die Vision, meine Arbeiten fressen sich 69 gegenseitig auf und zurückbleibt ein stupider gelähmter Autor.
Herzlichst Ihr
Thomas Bernhard

P. S.: Was ist mit »Aus aufgeschriebnen Träumen«? Handelt es sich dabei um einen Ihnen gerade eingefallenen und schon wieder vergessenen Einfall, oder um eine grausame Realität?

1 1969 erscheint im Residenz Verlag von Th. B. der Band *An der Baumgrenze. Erzählungen. Zeichnungen von Anton Lehmden.* In ihm sind enthalten: *An der Baumgrenze*, die Titelerzählung, und *Der Kulterer* sowie *Der Italiener. Ein Fragment. An der Baumgrenze* ist zuerst publiziert in: *Jahresring 67/68*, Stuttgart, S. 46-52, *Der Kulterer* (unter dem Titel *Der Briefträger*) in: *Neunzehn deutsche Erzählungen*, München 1963, S. 65-87, *Der Italiener* im *Insel-Almanach auf das Jahr 1965*, S. 83-93. Th. B. schreibt S. U. bei einer Begegnung im August 1969 in Ohlsdorf als Widmung in dieses Buch: »ich gehe nicht mehr fremd!« (Siehe Abbildung 3.) Zu Text und Werkzusammenhang von *An der Baumgrenze* siehe Th. B.: *Werke 14*, S. 99-107, bzw. 543-556, zu *Der Kulterer* und *Der Italiener* Th. B.: *Werke 11*, S. 356-371.)

[60; Anschrift: Ohlsdorf]

Frankfurt am Main
23. Januar 1969

Lieber Herr Bernhard,
schönen Dank für Ihren Brief vom 12. Januar. Mich hält eine Rückfallgrippe in Bann und Bett, so kann ich die Welt aus der Perspektive eines visiologischen |diktiert: misologisch| Kranken ansehen ...
Wir reservieren gerne eine editions-Nummer für »Watten« (für November). Das Programm ist bis einschl. Oktober schon fixiert und angekündigt, das neue Programm beginnt November 1969. Ich freue mich sehr, daß wir in der edition diesen Text bringen können.
Aber, lieber Herr Bernhard, das sollte uns doch nicht abhalten, zu guten Zeiten im Herbst Ihren Roman herauszubringen. Wenn Sie ihn fertig haben, das ist freilich die wichtige Frage. Ich glaube nicht, daß hier eine abträgliche Kumulierung vorläge, im Gegenteil, und ich bitte Sie, meiner Erfahrung wenigstens einmal in diesem Punkte zu vertrauen. Die Dinge stützen sich gegenseitig gerade auch, wenn wir eine schöne Uraufführung für den »Boris« bis dahin erhalten, zumindest vereinbaren können. Vielleicht gelingt uns dann konzentriert der gewünschte Durchbruch.
Es gibt noch einen anderen Gesichtspunkt: *die beiden Romane*, die den Herbst markiert hätten, Romane von Johnson und Grass, werden aller Voraussicht nach nicht fertig.[1] Es wird kaum etwas geben. Sie stünden allein da, wenn Sie einen Roman vorlegen könnten. Das wäre eine unvergleichliche Situation. Überhaupt Ihre Situation, die eines produktiv Schreibenden, während Ihre Kollegen ja immer mehr in hypertropher Skepsis unproduktiv werden.
Ich traf neulich im Zuge den Regisseur Hans Hollmann und erzählte ihm von »Boris«. Er war gleich Feuer und

Flamme und möchte dringlich das Stück inszenieren. Wir wollen sehen, wie es sich realisiert.
Mit freundlichen Grüßen
|Ihr verstörter| Unseld

1 Der erste Band von Uwe Johnsons *Jahrestage* erscheint im September 1970.

[61; Anschrift: Ohlsdorf]

Frankfurt am Main
3. Februar 1969

Lieber Herr Bernhard,
die Nachricht, daß Herr Dr. Braun aus dem Suhrkamp Verlag ausscheidet, ist sicherlich zu Ihnen gedrungen. Ich habe von mir aus den wirklichen Versuch unternommen, Herrn Dr. Braun zum Hierbleiben zu bewegen, und mit mir haben dies auch in eingehenden Gesprächen Günther Busch, Karl Markus Michel und Martin Walser versucht. Doch Herr Dr. Braun blieb bei seiner Entscheidung, obschon er mir ausdrücklich bestätigte, daß er in all den verflossenen Jahren seine Arbeit vollkommen selbständig und ohne jegliche Behinderung meinerseits durchführen konnte.
Für mich entsteht dadurch eine schwierige Situation. Mein vollkommenes Vertrauen in die Arbeit von Herrn Dr. Braun und damit das Delegieren aller Aufgaben an ihn erweist sich nun als eine Art Bumerang, weil es so scheinen könnte, als läge mir wenig an der Entwicklung des Theaterverlages und wenig auch an den Beziehungen zu den Autoren des Theaterverlages. Das ist nicht der Fall, aber der Theaterverlag war eben die Domäne von Herrn Dr. Braun. Um so mehr möchte ich Ihnen jetzt sagen, daß ich die allergrößten Anstrengungen unternehmen werde, die Entwick-

lung des Theaterverlages Suhrkamp so fortzusetzen, wie dies in den letzten Jahren geschehen ist. Für den administrativen Fortgang wird Frau Bothe bürgen, die das Metier nun seit Jahren kennt. Martin Walser hat sich bereit erklärt, für eine Übergangszeit die dramaturgische Leitung zu übernehmen. Das ist eine Zwischenlösung, die dazu dienen soll, in Ruhe einen Nachfolger suchen zu können und diesem die Gelegenheit zu geben, sich einzuarbeiten. Es ist selbstverständlich, daß wir als definitiven Nachfolger für Herrn Dr. Braun nur einen Mann bestimmen werden, der das Vertrauen der Autoren des Verlages hat.
Lieber Herr Bernhard, das ist wiederum eine absurde Geschichte. Ich verstehe die Motive von Herrn Dr. Braun nicht. Doch Sie können sicher sein, daß wir alles daransetzen, die Arbeit ungestört fortzuführen, und für Ihr Stück und auch die hoffentlich folgenden werden wir alle und ich persönlich im besonderen uns mit großer Aktivität und Passion einsetzen.
Mit freundlichen Grüßen
Ihr
Siegfried Unseld

[62]

Ohlsdorf
5. 2. 69

Lieber Dr. Unseld,
ich bin in so guter Arbeitsverfassung, dass mich auch die grösste Absurdität nicht am Boden zerstören kann. Ich glaube, wenn ich überhaupt an irgendetwas glaube, wenn man in Betracht zieht, dass man an nichts mehr glauben kann, an den ruhigen Kopf.
In Deutschland ist die Kopflosigkeit ausgebrochen, eine Krankheit, die immer noch geheilt worden ist.

Durch Deutschland geht der Todernst, aber er ist lächerlich. Ich habe nicht die geringste Veranlassung, den Verlag, in welchem ich mich bis jetzt gegen die natürlichsten Widerstände habe immer durchsetzen können und auch in Zukunft durchsetzen werde, zu verlassen.
Allerdings, ich muss jetzt einen grösseren Renner machen
Ihr
Thomas Bernhard

[63; Anschrift: Ohlsdorf]

Frankfurt am Main
10. Februar 1969

Lieber Herr Bernhard,
ich bedanke mich für Ihren Brief vom 5. Februar. Am vergangenen Sonnabend haben einige Autoren des Theaterverlages (Handke, Sperr, Reinshagen, Ziem, Runge usw.) mit Dr. Braun sich entschlossen, einen neuen Theaterverlag Braun zu gründen. Wie das im einzelnen sein wird, weiß ich nicht. Aber viel anders wird der Verlag nicht gehen können, und ich glaube kaum, daß er seinen Autoren durch eine Gewinnbeteiligung mehr Geld zuführen wird. Ich fürchte eher das Gegenteil. Ich selbst verliere natürlich nur ungern die Aufführungsrechte von Handke. Er war bei mir und hat sich lange erklärt. Er selbst sieht die Sache als eine Art »Spiel« an, nun ja.[1]
Seien Sie fest überzeugt, daß wir uns sehr um »Boris« bemühen werden.
Mit freundlichen Grüßen
Ihr
Siegfried Unseld

1 *Der Spiegel* berichtet am 17. Februar 1969 unter der Überschrift *Verlag der Autoren. Gebrochenes Bein*: »Während der ersten Suhrkamp-Krise im vergangenen Herbst [siehe Brief 54;], als die Lektoren Boehlich, Widmer und Urban ausschieden [...], handelte Braun mit Unseld einen Kompromiß aus. Aber es zeigte sich, daß die neue ›Lektoratsversammlung‹, die alle wichtigen Verlagsentscheidungen demokratisieren sollte, de facto ohne die von den Reformern angestrebten Konsequenzen blieb. Als Unseld in einem Interview mit ›Christ und Welt‹ frohlockte, in seinem Verlag sei eigentlich alles beim alten geblieben, zog der enttäuschte Braun die Konsequenz: Er bat um Entlassung.« Am 8. Februar 1969 treffen sich in Frankfurt Peter Handke, Hartmut Lange, Gerlind Reinshagen, Martin Sperr, Dieter Waldmann, Konrad Wünsche, Joachim Ziem (ihre Theaterstücke werden bis dahin vom Suhrkamp Theaterverlag vertrieben) sowie Bazon Brock, Wolfgang Deichsel, Günter Herburger und Erika Runge und beschließen, den ersten deutschen Verlag auf genossenschaftlicher Basis zu gründen. Karlheinz Braun und Wolfgang Wiens formulieren eine »Verfassung des Verlags der Autoren«: »Der ›Verlag der Autoren‹ ist gegründet von seinen Autoren; er ist Eigentum seiner Mitglieder. Mitglieder sind die Autoren und die Angestellten des Verlages. Die Mitglieder bestimmen den Verlag. (Die Produzenten arbeiten in eigener Sache, in eigener Verantwortung und in die eigene Tasche.) Im Verlag der Autoren gibt es keinen ›Verleger‹. Die Geschäfte des Verlages führen ›Delegierte‹, die von den Mitgliedern auf jeweils drei Jahre gewählt werden. [...] Die Autoren erhalten wie in jedem anderen Verlag ihre Tantiemen; die Delegierten und die Angestellten ihre Gehälter. Darüber hinaus wird der Gewinn des Verlages auf seine Mitglieder verteilt.« (*Das Buch vom Verlag der Autoren*, S. 19ff.) Am 1. April 1969 nimmt der Verlag in der Form einer GmbH & Co KG seine Arbeit auf.

[64; Anschrift: Ohlsdorf; Telegramm]

Frankfurt am Main
14. März 1969

habe eben vertrag mit dem deutschen schauspielhaus unterzeichnet wünschen wir uns eine erfolgreiche bühnenrealisierung.[1]
herzliche grüsse ihr siegfried unseld

1 Auf der von Burgel Geisler niedergeschriebenen Telegrammnotiz findet sich von ihrer Hand die Anmerkung: »lt. Anruf der Nachforschungsstelle ist das Telegramm unzustellbar, da Th. B. für 3 Wochen verreist ist. 17. 3. 69«. Th. B. verbringt mit Hedwig Stavianicek die Zeit zwischen dem 13. und dem 24. März 1969 in Lovran.

[65]

Opatija/Jugoslawien
Hotel Atlantik
14. 3. 69

Lieber Dr. Unseld,
wie mir Frau Dr. Botond (hier wäre allerhand Grundsätzliches über die ungeheure Qualität dieser Frau als Institution anzuschliessen, was ich aber unterlasse, weil mir Loben in absoluten Wertkategorien das fürchterlichste ist, das es gibt) schreibt, hatten Sie die Absicht, mich um den 1. April in Ohlsdorf zu besuchen.[1] Da ich die Sache nicht als Aprilscherz sondern als ein ganz und gar ausserordentliches und mich aufs Idealste ermunterndes Ereignis betrachtete und auch anschaue, ist die Tatsache, dass ich zu diesem Zeitpunkt nicht in Ohlsdorf bin, fatal fürchterlich. Nicht ganz so allerdings, wenn Sie jetzt wissen, dass ich mit dem Roman auf dem Buckel ans Meer geflüchtet bin und die besten Voraussetzungen, das Buch weiter und zu

Ende zu bringen, hier im schlechtesten Wetter bei kahlen Felsen und in herrlicher Salzluft, gefunden habe.
Konkret: den Roman hoffe ich endgültig bis Ende Mai »umgebracht« zu haben. Es geht ja immer darum, ein Ungeheuer zu töten. Da liegt es dann. Dass mein »Boris« auf die Hamburger Bühne steigt, freut mich ganz pflanzlos. Ihnen wünsche ich Ruhe im Haus. Konzentration auf die Bücher.
Aber Sie fahren ja sicher bald wieder einmal in die Bayernberge und von dort ist es nur ein Katzensprung zu mir. Darauf freue ich mich.
Vielleicht finden Sie irgendeine gute Nachricht für mich und schreiben Sie mir die hierher, das wäre, glaube ich, eine gute Idee. Wenn es keine gute Nachricht für mich gibt, erfinden Sie bitte eine.
Herzlich Ihr
Thomas Bernhard

1 Anneliese Botond schreibt Th. B. am 1. März 1969: »[...] gestern haben wir Brauns Abschied gefeiert, er residiert schon nächste Woche in seinem eigenen Verlag. Sein letzter Abschluss war: ›Ein Fest für Boris‹, Uraufführung in Hamburg. [...] Unseld hat mir aufgetragen, Ihnen zu sagen, dass er um den 1. April nach Ohlsdorf könnte (möchte) und dass er dann am liebsten das Romanmanuskript mitnehmen möchte (kann?).«

[66; Anschrift: Opatija / Jugoslawien; Briefpapier des Insel Verlags]

Frankfurt am Main
21. März 1969

Lieber Herr Bernhard,
herzlichen Dank für Ihren Brief vom 14. März. Als ich am Freitag, dem 14. 3., den Vertrag mit Hamburg unterschrieb,

schickte ich Ihnen ein Telegramm, aber es kam als unzustellbar wieder zurück. Jetzt habe ich also Ihre Adresse, und ich wünsche Ihnen sehr, Sie möchten Ihre Arbeit gut weiterführen können. Ich hätte Sie natürlich gerne am 1. April gesehen. Aber es ist wirklich wichtiger, daß Sie arbeiten und schreiben können. Ohnehin scheint mir das ja das Wichtigste zu sein: Produktives zu schaffen. Lassen wir die anderen reden und schwätzen.
Ich kann es sicherlich auch einrichten, Sie im Juni oder Juli zu besuchen.
Die beste Nachricht: Thomas Bernhard arbeitet, und sein Verlag erwartet in aller Ruhe das Ergebnis, um es zu wirklichen Früchten zu bringen.
Herzliche Grüße
– und baden Sie fleißig –
Ihr
Siegfried Unseld

[67; Telegramm]

Wien
26. 3. 69

bin in wien = thomas bernhard

[68]

Ohlsdorf
9. 4. 69

Lieber Herr Dr. Unseld,
vor über *vierzehn* Tagen schrieb ich der Buchhaltung der Verlage, sie möchten mir umgehendst, d. h. sofort die Kontoauszüge für 68 schicken, da ich sie augenblicklich brauche,

sehr höflich, flehend – bis heute habe ich nicht einmal eine Antwort und ich muss Ihnen selber schreiben, weil mir der Steuerberater jetzt eine endgültige Frist bis 14. 4. gestellt hat, will ich nicht scheussliche Scherereien haben. Ich kann (mein Brief war ausserdem ein Expressbrief!) die Scheusslichkeit, mit der man mich im Stich lässt, nicht kommentieren. Genug, dass ich mich mit dem Finanzministerium herumschlage, das gleiche will ich nicht auch mit Ihrer Buchhaltung.

P. S. des Schriftstellers: ich bin mit dem Roman fertig, aber erscheinen wird er erst im nächsten Jahr, ich will mir nicht durch vorschnelle Verrücktheit im blödesten Augenblick alle Wasser abgraben, alle gleichzeitig nämlich. Mein Programm sieht folgendermassen aus und es wünscht die Akzeptation des Verlegers:

1. Im Oktober: »Watten«, Erzählung, Umfang etwa wie »Amras« in der edition
2. im Winter bitte ich den »Boris« in der edition zu drukken,
3. im nächsten Frühjahr, ebenfalls in der edition einen Band Prosastücke, vergleichbar dem Band »Prosa«.
4. kann dann, wenn das Stück ein Erfolg war oder durchgefallen ist, auf beides mache ich mich gefasst, beides trifft und stört mich nicht, ist auch dann vergessen, im Herbst 70 der Roman erscheinen. Das Manus liegt gut bei mir und ist bis Ende 69 tabu. Zu diesem Zeitpunkt kann es dann für Herbst 70 gut vorbereitet werden.

   Ich denke mit Schrecken an das völlige Verpuffen der »Verstörung«, Sie wissen ja, wie die völlig zu Unrecht, in der Versenkung verschwunden ist, mit allen ihren phantastischen Kritiken usf., weil das Augenmerk gefehlt hat.

   Das ist kein Vorwurf, und doch einer, aber nur in der Richtung meiner Schulden beim Verlag, die ich auf die

Art und Weise wie die »Verstörung« verschenkt worden ist, niemals abzahlen werde können. Was ich aber brauche, ist Unabhängigkeit finanzieller Natur, Abtragen der Schulden, dazu muss aber etwas getan werden, wenn ich nur arbeite und dann und wann um lächerlichen Vorschuss zu »betteln« gezwungen bin, ist jede Veröffentlichung für mich uninteressant. Für den schönen Augenblick allein ein gutgemachtes Buch in der Hand zu haben, der zwei drei Tage wenns glücklich zugeht, anhält, ist mir die grobe Arbeit meines Gehirns zu? hier fällt mir das passende Wort nicht ein. Aber, ist jemals einem Schriftsteller irgendwann einmal das passende Wort an der passenden Stelle eingefallen? Nein, keinem. Alle Wörter aller Schriftsteller sind falsch gesetzte, jedes einzelne Ausdruck ihrer (beider) totalen Verlegenheit.
Ich hüte mich, noch eine Phrase anzuhängen.
Ich grüsse Sie, ich bin glücklich
Ihr
Thomas Bernhard

[69; Anschrift: Ohlsdorf]

Frankfurt am Main
17. April 1969

Lieber Herr Bernhard,
Ihr Brief vom 9. April ist gestern, 16. 4., bei mir eingegangen. Ich weiß nicht, warum er so lange brauchte. Die Abrechnung erhalten Sie in dieser Woche, d. h., sie geht noch in dieser Woche hier ab. Vorher war es leider nicht zu schaffen. In der 2. Hälfte dieses Jahres wollen wir die Abrechnungen der Insel dann über die elektronische Datenverarbeitungsanlage laufen lassen. Ich hoffe, dann geht die Sache schneller.

Jedes Finanzamt der Welt würde in einem Fall wie dem Ihren zu Stunden- und Ratenzahlungen bereit sein. Das muß also möglich sein.
Wenn Sie nur einmal die Klagen wegen der »Verstörung« lassen könnten. Ich könnte ja auch immer sagen, weil Sie gegen meinen Widerstand diesen Titel bestimmt haben, kann dieses Buch kein Erfolg sein, kein »Markt«-Erfolg sein. Literarische Anerkennung haben Sie ja erhalten, und im übrigen kommt dann im August die Ausgabe in der BS. Mehr kann ich in diesem Falle nicht für Sie tun.
»Watten« ist in der »es« definitiv für November (Band 353) vorgesehen. »Ein Fest für Boris« konnten wir noch nicht fest in die Planung November 69-April 70 aufnehmen, weil der Aufführungsbeginn noch nicht feststeht und der Text ja keinesfalls vor der Aufführung erscheinen soll. Wir haben es so gemacht: wir haben das Stück für Mai 70 ins Programm aufgenommen (Band 390). Je nach Aufführungstermin können wir dann den Erscheinungstermin des Stückes vorziehen.
Ich nehme gerne zur Kenntnis, daß wir dann im Frühsommer einen weiteren Prosaband für die edition zur Verfügung haben. Ich mache das gerne. Den Roman wollen wir dann in Ruhe für Herbst 1970 vorbereiten. Es ist mir sehr angenehm, wenn wir das Manuskript im Januar oder Februar 70 haben werden.
Mit freundlichen Grüßen
Ihr
Siegfried Unseld

[70]

Ohlsdorf
11. 5. 69

Lieber Doktor Unseld,
ich bin in so guter Stimmung, dass ich Ihnen schreiben muss, forschen Sie nicht nach dem Grund, ich weiss es nicht. Und dann habe ich das Gefühl, möglicherweise habe ich Sie mit einem meiner Forderungsbriefe verstimmt. Verstimmung kann ich aber jetzt nicht brauchen.
Aber manchmal ist es einfach das Ordnungmachen, das die Maschine zur rüden Schrift degradiert.
Ich gehe mit einem Theaterstück im Kopf herum und schön wärs, wenn ich damit bis zur Premiere in Hamburg über die Runden käme, unbeeinflusst von den Gazettenaffen.
Auch haben Sie geäussert, Sie möchten einmal herkommen, ich lade Sie am herzlichsten ein, das ist alles.
Ich freue mich auf die Bibliothek. (»Verstörung«.)
Im Grunde bin ich kein Geldgieriger.
Aber das wissen Sie doch.
Überhaupt ist mir Geld wurscht, wenn ich das *notwendigste* habe. Mehr brauche ich nicht und ist mit tatsächlich lästig. Ruhe brauche ich, Ruhe habe ich. (Ein Greisen- und Kinderlied.) Ihr Verlag ist der schönste und er mag wieder ganz Verlag sein, wünsche ich.
Es ist so vieles unsinnig, zum heulen, aber ich heule nicht, verachte nur. Und spotte für mich.
Wenn es ausser dem ersten noch Georgforsterbände gibt, so hätte ich (den) die gern.
Und andre Bücher, ich bin der Unbescheidenste, wie Sie auch wissen.
Unser beider Fahrplan steht ja fest.
Wissen Sie, dass ich gern lebe, gern reise, gern gut esse und

nichts mehr liebe als die guten Schriftsteller. Darum habe ich so wenig Liebe in der Brust.
Begeistert bin ich vom Kropotkin gewesen!!![1] Es schreiben fast lauter Mäuse, Literatur wird geknabbert. Pfui Teufel.
Und ich weiss noch immer nicht, warum ich Ihnen heute schreibe. Es gibt keinen äusseren Grund.
Und nächstesmal schreiben Sie mir bitte wieder »herzlich« und nicht »mit freundlichen Grüssen«, die ich zutiefst verabscheue.
Ihr zutiefster
Thomas Bernhard

P. S. 1: Meine Lektorin A. B. ist der Pfahl, an den ich Schaf mich gern, meine ganze Schriftstellerei, anbinde.
P. S. 2: Unsere Literatur zum Grossteil und auch so vieles, das Sie machen, ist, ich hänge mich selber vor Ihnen ganz hoch auf, eine unendliche Leiche ohne Philosophie und ohne Poesie und ohne den geringsten Geschmack und Verstand.

(Das müssen Sie nicht unterschreiben!)

1 In der Bibliothek von Th. B. erhalten hat sich der 1969 im Insel Verlag erschienene Band Petr Kropotkin: *Memoiren eines Revolutionärs*. Autorisierte Übersetzung von Max Pannwitz (zuerst 1889 publiziert). Das Buch hat als Lektüre Konrads einen großen Auftritt im gerade entstehenden Roman *Das Kalkwerk*: 76mal schreibt Th. B. den Namen nieder – und ersetzt den von Lermontov (siehe Th. B.: *Werke 3*, vor allem S. 238ff.).

[71; Anschrift: Ohlsdorf]

Frankfurt am Main
21. Mai 1969

Lieber Herr Bernhard,
herzlichen Dank für Ihren Brief vom 11. Mai. Wie gerne würde ich jetzt zu Ihnen kommen, Sie besuchen und mit Ihnen reden und auch sonst noch schöne Dinge tun; durch den Bildschirm kenne ich ja nun die Besitzung. Doch komme ich im Moment nicht von meinem Schreibtisch weg. Für Anfang Juni stehen uns die Vertreter ins Haus, und wir sind über und über mit den Vorbereitungen dafür eingedeckt. Danach muß ich für einige Zeit verreisen, aber in der zweiten Junihälfte bin ich dann etwas freier. Vielleicht können wir uns im Sommer einmal sehen. Oder möchten Sie nach Frankfurt kommen? Falls Sie das reizt, so lassen Sie es mich wissen, damit wir einen uns beiden angenehmen Termin vereinbaren können. Von Georg Forster ist noch ein 2. Band erschienen, den lasse ich Ihnen gerne zugehen.[1] Sonst ist es mit Literatur, mit Philosophie und mit Poesie schlecht bestellt.
Herzliche Grüße
Ihr
Siegfried Unseld

1 Georg Forster: *Werke I-IV, Band 1: Reise um die Welt*, hg. von Gerhard Steiner, erscheint 1967, *Band II: Ansichten vom Niederrhein und andere Schriften* erscheint 1968 im Insel Verlag. Am Rande des Absatzes findet sich in der Verlagskopie des Briefs der handschriftliche Vermerk von Burgel Geisler »erl[edigt].«.

[72]

Ohlsdorf
23. 6. 69

Lieber Doktor Unseld,
einen Abstecher von zwei Tagen nach Frankfurt zu machen, weil ich glaube, dass ich einmal meinen Verleger wieder von Angesicht zu Angesicht sehen muss, sein neues Haus, die Lektoren etcetera, wäre mir vor dem 20. Juli recht, ich würde am 17. in Frankfurt ankommen und am 19. abends wieder wegfahren, vorausgesetzt, dass mich der Verlag tatsächlich *auf seine Kosten* fahren lässt, ich selbst habe kein Geld für einen derartigen Ausflug.
Ich halte es für besser, zu reden, als zu korrespondieren, denn in der Korrespondenz kreuzen sich seit Jahrtausenden die Missverständnisse, wie Sie wissen.
Was mit dem »Boris« ist et cetera und überhaupt.
Heute ist mir eingefallen, ob der Verlag nicht den toten »Frost« wiederauferstehen lassen könnte in einer nützlichen Form. Das Buch ist jahrelang eine Leiche, die es nicht verdient, etc. Ein junger Mann dissertiert heuer über meine Arbeit und ich habe eine wunderbare Arbeit von ihm über »Ungenach« bekommen, Grundlage, Ausgangspunkt seiner Dissertation, eine geglückte Seminararbeit.[1] Eine Doktorin in Wien dissertiert an der dortigen Uni über »Die Begriffe aus der Welt des Theaters in Th. B.s Verstörung«.[2]
Und gestern abend hörte ich eine einstündige Diskussion im Radio, das ich selten aufdrehe, in welcher beinahe nur über »Frost« geredet worden ist und mehrere Universitätsprofessoren schliesslich darüber stritten, ob Homer oder Th. B. mehr gewusst hat. |Unsinn.|
Das freut mich natürlich und es ist ganz gut, dabei hier zu sein und sich um nichts andres zu kümmern als über das mir am nächsten liegende Buch, nämlich »Watten«.

Ich werde »Watten« mitbringen.
Es ist unbedingt notwendig, dass ich nach Frankfurt komme, weil eine Reihe Unklarheiten geklärt werden müssen, soweit sie sich klären lassen.
Auch bitte ich Sie jetzt einmal endgültig darüber nachzudenken, ob ich gegen den Winter zu eine Amerikareise machen kann, die mich nichts kostet. November, Dezember wäre Zeit dazu.
Ich freue mich
herzlich
Thomas Bernhard

1 An Hedwig Stavianicek schreibt Th. B. am 17. Juni 1969: »Ein Herr Höller dissertiert über mich an der Salzburger Universität und hat ein Manus der Arbeit geschickt, die mir ausgezeichnet gefällt, in meinem Sinne ist, gescheit, poetisch, unbekümmert um den faulen widerwärtigen Zeitgeschmack.« Die Dissertation wird 1973 angenommen und 1979 unter dem Titel *Kritik einer literarischen Form. Versuch über Thomas Bernhard* veröffentlicht.
2 Inez Kykal: *Der Wortschatz aus dem Bereich des Theaters in Thomas Bernhards »Verstörung«*. Unpublizierte Seminararbeit der Universität Linz.

[73]

Ohlsdorf
1.7.69

Lieber Doktor Unseld,
ich bin in Schwung gekommen und eine Deutschlandreise kommt nicht in Frage, auch streiche ich den Wunsch, nach Amerika zu fahren, den ich in meinem letzten Brief angedeutet habe.
Wird Basel den »Boris« aufführen?[1]

Ich will mein neues Stück fertig haben, wenn das erste herauskommt.
Meine Kunst, dem Finanzamt gegenüber, habe ich ein halbes Jahr gut einsetzen können, jetzt aber ist sie am Ende und ich muss Sie bitten, mir 3.000.– Mark, mir fällt das Wort *express* schwer, aber, wenn es geht, noch diese Woche zu schicken!! (Dreitausend).
Sie schrieben, dass Sie im Sommer gern hierher eine Reise machten, Sie sind jederzeit willkommen, das wissen Sie.
Herzlich Ihr
Thomas Bernhard

P. S.: Wieder werden Sie auf die Probe gestellt, aber ich werde auch jeden Tag auf die Probe gestellt.[2]

1 An den Rand dieses Absatzes notiert S. U. handschriftlich: »übernächste Spielzeit, nach H[ambur]g evtl. S[tutt]gart. Mü[nchen].«
2 Unter das P. S. notiert S. U. handschriftlich: »Ms. Watten«.

[74; Anschrift: Ohlsdorf]

Frankfurt am Main
2. Juli 1969

Lieber Herr Bernhard,
Sie haben schon recht, man hat mit der Korrespondenz und ihrer Wortfixierung manchmal Schwierigkeiten. Doch ich sehe Sie wirklich gern, und ich finde, wir haben einiges zu bereden, Selbstverständliches und Darüberhinausgehendes.
Ich bin also gern damit einverstanden, daß Sie auf Kosten des Verlages am 17. Juli nach Frankfurt kommen. Wollen Sie bei uns übernachten? Ich selber fahre ebenfalls am

19. Juli weg, so daß diese beiden Tage 17. und 18. mir wirklich für das Gespräch willkommen sind.
Alles andere dann also mündlich.
Herzliche Grüße
Ihr
gez. Dr. Siegfried Unseld
nach Diktat verreist. i. A.
Burgel Geisler

[75; Anschrift: Ohlsdorf]

Frankfurt am Main
8. Juli 1969

Lieber Thomas Bernhard,
ich sitze über Ihrem Brief vom 1. Juli und denke über seinen Inhalt nach. Wann werden wir wohl aus unserer Korrespondenz und Beziehung die leidige Geldangelegenheit eliminieren? Es ist ja nicht ein Problem, das Sie mir stellen, sondern Sie wissen, daß auch Ziffern eine Sprache sprechen. Der Insel Verlag hat Ihnen ein Darlehen von DM 25.000.– geleistet. Er hat Ihnen Honorarvorauszahlungen in Höhe von DM 32.000.– gemacht; darauf erfolgten Gutschriften in Höhe von DM 24.000.–. Es verbleibt also eine Restsumme von DM 8.000.–.
Der Suhrkamp Verlag leistete Ihnen eine Vorauszahlung für den »Boris« in Höhe von DM 3.000.– und Garantiehonorar für »Ungenach« in Höhe von DM 2.000.–. Das ist eine Summe von rund DM 38.000.– und also wirklich nicht gering. Ich verdiene wirklich mehr Anerkennung als Ihren dauernden Tadel, den ich mir von Ihnen, Gott weiß warum, zuziehe.[1]
Sie wissen auch, daß ich Ihre Arbeiten schätze. Sie wissen freilich nicht, wie sehr ich Sie schätze. Wir werden uns

nach wie vor um die Verbreitung Ihrer Bücher bemühen. Das wird schwierig sein, aber wir geben den Versuch nicht und nie auf. Für die »Verstörung« haben wir uns etwas Besonderes ausgedacht. Es kommt eine Beilage hinein, die einen interessanten Spiegel der Kritik des Buches gibt, und diese Beilage werden wir auch sonst kräftig verbreiten. Wir planen ferner in der »es« einen Band »Über Thomas Bernhard«, den Frau Botond herausgeben wird. Er soll wichtige Arbeiten über Sie enthalten und schließlich auch eine Bibliographie. Auch damit, so hoffe ich, wird viel für Sie getan; und auch hier erscheinen Sie in guter Gesellschaft mit Frisch, Eich, Walser usw. Sie sehen, es geschieht einiges, und Sie sollten das auch wirklich anerkennen.
Nun aber zu Ihrer neuen Bitte: ich kann Ihnen a conto der Honorare Ihres neuen Buches DM 3.000.– zahlen, jedoch nicht auf einmal, sondern in monatlichen Summen von DM 1.000.–. Das hängt auch ein wenig mit unseren Finanzen zusammen, denen es gegenwärtig nicht sonderlich rosig geht. Finanzämter sind im übrigen schon glücklich, wenn überhaupt Zahlungen kommen.
Wann erhalten wir das Manuskript »Watten«? Wann, glauben Sie, können Sie das Manuskript für den neuen Roman fertigstellen? Ich habe dafür eine besondere Vorstellung, die ich Ihnen dann noch schreibe.
Schöne Grüße
Ihr
Siegfried Unseld

1 S. U. bezieht sich auf eine Aufstellung der Honorarbuchhaltung vom 4. Juli 1969: »Herr Thomas Bernhard erhielt 1962 bis 1968 folgende Beträge gezahlt bzw. gutgeschrieben«. Danach belaufen sich die Zahlungen des Insel Verlags bis zum 31. Dezember 1968 auf genau 32282 DM (24.000 DM als A-conto-Zahlungen, 7782 DM Zahlung für *Frost* sowie weitere 500 DM als Vorschuß für *Frost*), die Gutschriften aufgrund der Honorare auf 24208 DM (2078 DM

für *Amras*, 7041 DM für *Verstörung*, 14248 DM für *Frost*, 408 DM für *Prosa* und 433 DM für *Ungenach*. Beim Suhrkamp Verlag standen insgesamt 6035 DM offen (3000 DM Vorauszahlung für *Ein Fest für Boris*, 407 DM unverrechnete Vorauszahlung für *Prosa* sowie unverrechnete Garantiehonorare: 572 DM bei *Amras* und 2056 DM bei *Ungenach*).

[76; Telegramm]

Gmunden
24. 7. 69

erbitte die dreitausend nach ohlsdorf telegrafisch = herzlich bernhard

[77; Anschrift: ⟨Ohlsdorf⟩]

Frankfurt am Main
25. Juli 1969

Lieber Herr Bernhard,
Sie sind auf meine Vorschläge nicht eingegangen. Ich habe Ihnen also gestern auf Ihr Telegramm hin die DM 3.000.– telegraphisch zugehen lassen. Die vorangehenden Zahlungen sind Vorauszahlungen für den kommenden Roman, dessen Manuskript Sie uns Ende ds. Js. übergeben wollen. Die jetzigen DM 3.000.– sind dann Vorauszahlung für eine übernächste Arbeit.
Schöne Grüße
Ihr
Siegfried Unseld

[78]

Ohlsdorf
28.7.69

Lieber Herr Dr. Unseld,
Ihren Brief vom 25. verstehe ich überhaupt nicht und ich kenne mich genauso überhaupt nicht aus, was unser Finanzielles betrifft, das muss einmal mündlich und anhand von Papieren mit unseren Köpfen gemeinsam geklärt und dann aus der Welt geschafft werden, das hoffe ich, ich glaube auch daran, dass der Zeitpunkt nicht in aller weitester Ferne ist.
Ich danke Ihnen für die prompte Überweisung der 3.000.–, die mich beruhigt und vor einer widerlichen Handlung bewahrt haben. Mein Zweifel war also unberechtigt, alles ist gut.
Was ich immer wünsche, ist, alle dummen und dreisten, aber auch die verlockenden Angebote des Teufels abzuschlagen und weiterhin auf Aufforderungen der journalistischen gemeinen ebenso essaiistischen gemeineren Umwelt überhaupt nicht zu reagieren und mir meinen Platz am Schreibtisch für meine eigenen Gedanken fortwährend frei zu machen, eine lebenslängliche Reservation für mein perverses Vergnügen, das Schreiben, allein für mich, also, zu erhalten. Dieser Voraussetzung widme ich meine verirrten Anstrengungen. Und der Verleger soll auch glücklich sein, dass der Autor auf die falschen Töne pfeift.
Ein Verleger, dessen Namen ich Ihnen, wenn Sie es, aus Neugierde wünschen, auch schreiben kann, wollte mich in den letzten Wochen »in Bausch und Bogen« kaufen, alle meine Schulden zahlen und mir ein lebenslängliches Salär geben etc., aber ich habe das »Angebot« natürlich nicht angenommen, aus so vielen Gründen, die die bekanntesten sind. Ich bin nicht mein eigener Totengräber auf die plumpe

Weise, wenn, dann also auf die raffinierteste und das wird mir auch gelingen.
Ich widerstehe dem Geld, d. h., dass ich ab und zu in die Lage komme, einen wirklichen Hilferuf auszustossen, der Widerwärtigkeit, etwas fordern zu müssen, nachgebe. Aber Wörter sind auch da reine Verwesungsmittel.
Ist Ihnen nie aufgefallen, dass ich weder Artikel noch Essays etcetera veröffentliche, während es doch soviel Geld eintragen würde etcetera. Verwesungsmittel.
Nun setze ich mein Vergnügen fort, schicke bald »Watten« ab und Sie werden den Roman zeitgerecht bekommen, aber »erscheinen«, nicht in Form einer Lichtgestalt, wie man glaubt, sagt man erscheinen, ein blöder Ausdruck, darf das Buch erst im Herbst 70, lieber noch später. Und ich will es solange behalten als möglich, ich bin ein Mann des letzten Moments, ich bin ein Seiltänzer ohne Seil und der Abgrund ist nicht nur unten.
Wann bringt der Briefträger die Bibliothek-»Verstörung«?
Die Frage, ob Basel wirklich den »Boris« aufführt, ist auch noch unbeantwortet.
Die unbeantworteten Fragen sind allerdings immer die interessantesten. Antworten verblöden in jedem Falle die Fragen und verkleinern sie zu einem unbeschreiblichen Nichts.
Heute lese ich, dass Gombrowicz gestorben ist und ich kann den ganzen Tag nichts tun, Tausende Schriftsteller berührten mich nicht, wären sie gestorben, ja, ich nähme sogar einen perfekten Massenmord einer beinahe ganzen Schriftstellergeneration ohne Regung hin, aber dieser Tod macht mich traurig.[1]
Mir ist erzählt worden, wie Sie Tennis spielen. Eine gute Charakterisierung.
Aber jede Schilderung ruft eine völlig falsche Vorstellung hervor. So ist das Leben.
Herzlich Ihr
Thomas Bernhard

1 Witold Gombrowicz stirbt am 25. Juli 1969 im südfranzösischen Vence.

[79; Anschrift: Ohlsdorf]

Frankfurt am Main
30. Juli 1969

Lieber Herr Bernhard,
herzlichen Dank für Ihren Brief vom 28. Juli. Sie sagen, daß Sie meinen Brief vom 25. nicht ganz verstanden haben. Ich muß die Zahlungen, die ich Ihnen leiste, auf die verschiedenen Bücher bzw. Buchplanungen umlegen. Die bisherigen Vorauszahlungen, die wir geleistet haben, gelten für die Bücher einschließlich »Watten«. Die Ihnen zuletzt übersandten DM 3.000.– sind eine Zahlung à conto der Honorare des kommenden Romans, von dem Sie mir jetzt schreiben, Sie würden ihn mir »zeitgerecht« zuschicken. Im übrigen bin ich gerne bereit, mit Ihnen darüber mündlich zu sprechen. Sind Sie in der Woche vom 25.-30. August in Ohlsdorf? Ich möchte doch einmal zu Ihnen kommen. Bitte schreiben Sie mir zu diesem Punkt sehr rasch, ich möchte mich dann auch bei Günter Eich anmelden.

Bei diesem Gespräch können wir verschiedene Dinge klären, so etwa den Erscheinungstermin des Romans, den ich »ex gewissis causis«, wie mein Lateinlehrer sagte, gern zum 1. Juli 1970 veröffentlicht sähe.[1]

»Watten« erwarten wir gern und dringlich, ich freue mich auf die Lektüre.

Die »Verstörungs«-Ausgabe in der BS hat sich etwas verzögert, weil wir in alle Bände der BS und in alle einschlägigen Bände der »es« eine »Bernhard«-Beilage gemacht haben, die sehr hübsch geworden ist. Die ersten Exemplare erwarte ich am 4. August, Sie erhalten auf dem schnellsten Wege dann ebenfalls ein Exemplar.

Basel führt den »Boris« auf, sie konnten sich nur noch auf keinen Termin festlegen, aber das Faktum zählt.
Von Frau Botond haben Sie gehört, daß wir die Juli-1970-Bände der »es« den Autoren des Verlages widmen und dann Bände mit Sekundärliteratur machen, also Bände über Frisch, Eich, Weiss usw. und ebenfalls auch einen über Ihre Arbeiten. Ihren Band wird auf meinen Wunsch hin Frau Botond selber zusammenstellen.
Ja, ich spiele Tennis, auch Schach. Es gibt Leute, die meinen, ich sei ein Spielertypus. Wenn das stimmt, so beanspruche ich aber eine besondere Art, etwa so, daß ich die Spiele meist sehr ernst betreibe, indem ich gewinnen will, während ich die ernsteren Dinge eher versuche, spielerisch zu lösen.
Schöne Grüße
Ihr
Siegfried Unseld

1 Peter Suhrkamp gründet seinen eigenen Verlag am 1. Juli 1950, also genau 20 Jahre vorher.

[80; Anschrift: Ohlsdorf]

Frankfurt am Main
1. August 1969

Lieber Herr Bernhard,
möchten Sie nach Israel reisen, irgendwann einmal im nächsten Jahr, wenn Sie Ihren Roman fertiggeschrieben haben? Es gäbe dazu eine Möglichkeit.
Herzliche Grüße
Ihr
Siegfried Unseld

[81]

Ohlsdorf
2. 8. 69

Lieber Herr Dr. Unseld,
ich bin zwischen 25. und 30. in jedem Falle in Ohlsdorf und erwarte Sie.
Herzlich Ihr
Thomas Bernhard

[82; Anschrift: Ohlsdorf]

Frankfurt am Main
6. August 1969

Lieber Herr Bernhard,
also nehmen wir es uns fest vor, daß ich Sie in der Zeit zwischen dem 25. und 30. August in Ohlsdorf besuchen werde. Ich melde mich noch mit genauen Terminen.
Herzliche Grüße
Ihr
Siegfried Unseld

[83]

Ohlsdorf
6. 8. 69

Lieber Doktor Unseld,
gerade schreibt mir Frau Dr. Botond, dass sie gekündigt hat und den Verlag verlässt. Ich kann nicht glauben, dass Sie dieser Unsinnigkeit widerspruchslos stattgegeben, sie also ohne Widerspruch hingenommen haben und ich bitte Sie, alles zu überdenken und wenn noch möglich, alles zu tun,

um diese Frau, deren Bedeutung für den Verlag gar nicht abgeschätzt werden kann, zurückzuhalten, einen Schritt wirklich auszuführen, der zu den unsinnigsten zugezählt werden muss, den ich jemals Menschen habe gehen sehen.[1]
Herzlich Ihr
Thomas Bernhard

1 Anneliese Botond schreibt am 1. August 1969 an Th. B.: »Lieber Herr Bernhard, zwei Dinge beschäftigen mich, die mit Ihnen im Zusammenhang stehen. Das eine ist der es-Band ›Über Thomas Bernhard‹. [...] Unseld hat mir Ihren Band angetragen, und ich mache ihn natürlich gern, vorausgesetzt, dass Sie einverstanden sind, und vorausgesetzt, dass etwas Schönes dabei herauskommt. Nämlich einen Zweifel habe ich: es gibt zwar unendlich viel über Sie Geschriebenes, aber wieviel davon taugt für einen solchen Band? [...] Im übrigen hätte dieser Band gleichzeitig eine sehr schöne sentimentale Funktion als ›Abschiedsgeschenk‹. Es ist nämlich jetzt doch so gekommen, wie es kommen musste: ich habe Unseld gekündigt und werde nur noch ein paar Monate im Verlag sein. [...] Aber ich denke mir: im Verlag kann Ihnen nichts passieren. Unseld wird Ihnen seine Freundschaft antragen, wenn er im August nach Ohlsdorf kommt, und Sie werden, wenn mich nicht alles trügt, gut mit ihm auskommen. Ihre Bücher werden künftig bei Suhrkamp erscheinen, alle, und das ist sicher richtig.«

[84; Anschrift: Ohlsdorf; Briefpapier des Insel Verlags]

Frankfurt am Main
13. August 1969

Lieber Herr Bernhard,
schönen Dank für Ihren Brief vom 6. August. Ich hatte selbstverständlich ein ausführliches Gespräch mit Frau Dr. Botond. Es ergab sich aber für mich keine Möglichkeit mehr, Frau Botond von ihrem festen Entschluß abzubringen. Ich war sehr überrascht, daß sie schon Ende September ausscheiden will und nicht erst zum vertraglich vereinbar-

ten Ausscheidungstermin, dem 30. Juni 1970. Der Hauptgrund liegt in ihrem Isoliertsein ganz generell, bei den Mitarbeitern des Verlages und insbesondere auch bei ihren Lektoratskollegen. Und dann möchte sie auch keine Verantwortung übernehmen für die immer schwieriger werdende Situation der Insel; und die Situation wird, im Hinblick auf das Programm wie auch auf die materielle Lage, doch komplizierter. Sie hat keine Vorstellung, wie das weitergehen soll, und möchte deswegen auch nicht von irgendeiner Verantwortung belastet sein. Ich glaube, daß Ihre gravierenden Überlegungen gegen die Emotionen nicht ankommen können.

Wir werden darüber selbstverständlich sprechen, wenn ich bei Ihnen sein werde. Den genauen Termin schreibe ich Ihnen noch. Ich kann das heute noch nicht mitteilen, da Günter Eich im Krankenhaus ist.

Heute beerdigen wir Theodor W. Adorno. Merkwürdige Zeit der Morde, der Tode, der Beerdigungen und Prozesse.[1]

Herzliche Grüße

Ihr

Siegfried Unseld

1 Der am 6. August 1969 in Visp gestorbene Th. W. Adorno wird am 13. August auf dem Frankfurter Hauptfriedhof beerdigt. Am Tag der Beerdigung Adornos werden in Los Angeles die schwangere Schauspielerin Sharon Tate sowie vier weitere Personen von Mitgliedern der »Manson-Family« getötet.

[85; Anschrift: Ohlsdorf; Telegramm]

Frankfurt am Main
15. August 1969

erbitten dringend manuskript »watten« wegen des novembertermins. gruß unseld

[86; Anschrift: Ohlsdorf, Telegrammnotiz]

Frankfurt am Main
21. August 1969

Erbitte Ihren Anruf Verlag 74 02 31 oder privat 55 28 67.
Gruss Unseld[1]

1 S. U. trifft sich mit Th. B. in Ohlsdorf am 26. und 27. August 1969, danach besucht er den gerade aus dem Krankenhaus entlassenen Günter Eich im nahe bei Salzburg gelegenen Großgmain. Im *Reisebericht Österreich Montag, 25. August-Freitag, 29. August 1969* hält S. U. fest:
»Das Gespräch mit *Bernhard* war notwendig geworden. Es galt, wieder ein festes Fundament für die Beziehung von Bernhard zum Verlag herzustellen. Ich meine, daß das geglückt ist; jedenfalls ist dies mein fester Eindruck.
Zum Domizil und zur Landschaft:
Ohlsdorf liegt ganz in der Nähe einer herrlichen oberösterreichischen Seenlandschaft: Traunsee, Attersee, Mondsee, Wolfgangsee (man sah Wäscherinnen, die ihre Wäsche im reinen Seewasser wuschen). Bernhards Hof ist 8 Autominuten von Gmunden am Traunsee entfernt (es gibt keine Tankstelle auf dieser Strecke). Bernhard hat einen alten Viereck-Hof für seine Zwecke umgebaut, d. h., Stall- und Scheunentrakt wurden entrümpelt und weiß gekalkt; man könnte den ganzen Suhrkamp Verlag dort unterbringen. Der Wohntrakt ist spartanisch einfach eingerichtet mit einem luxuriösen Bad. Es ist zugig dort. Ablenkungen von der Arbeit finden nicht statt. Bernhard lebt dort ganz allein. In der Woche kommt einmal eine Putzfrau, gelegentlich kommt ein Bauer oder eine Bäuerin, um ihm Eier, Milch oder, wie bei meiner Anwesenheit, herrlichen selbstgebrannten Schnaps zu bringen.
Konkret haben wir über drei Dinge gesprochen:
I. *Finanzen*
Soweit ich Frau Roser [der Honorarbuchhalterin des Verlags] folgen konnte, hat Bernhard von uns ein Darlehen von DM 25.000.– und eine Differenz von Zahlungen und Gutschriften von je DM 16.000.– (wobei das 1. Halbjahr 1969 nur im Hinblick auf Zahlungen, nicht aber auf Gutschriften berücksichtigt ist).
Wir vereinbarten das Folgende:
1. Das Darlehen bleibt als Darlehen stehen.

2. Die Zahlungen von DM 16.000.– gehen einmal auf bisherige Werke, dann aber auch als Options-Zahlungen für die nächsten drei Werke Bernhards.
3. Bernhard unterschreibt eine Erklärung, wonach er im Falle seines Todes oder seiner Nichthandlungsfähigkeit alle Honorare an den Suhrkamp Verlag abtritt, und zwar so lange, bis die ganzen Zahlungen verrechnet sind. Ich bitte Herrn Nabbefeld [kaufmännischer Geschäftsführer der Verlage], zusammen mit Herrn Torz eine entsprechende Vereinbarung vorzubereiten.
4. Vom 1. September 1969 an und auf die Dauer von zwei Jahren erhält Thomas Bernhard monatlich DM 800.– a conto alter und neuer Bücher. Die Zahlungen sollen gehen auf die Bank für Oberösterreich und Salzburg, Gmunden / Oberösterreich, Konto Nr. 318.
   Darüber hinaus wird Thomas Bernhard bei uns zwei Jahre lang keine Honorare abrufen.
5. Sobald für beide Verlage die Abrechnung per 30. 6. klar ist, also Ende August / Anfang September, möchte ich Bernhard einmal eine klare ›Abrechnung‹ übergeben. Ich bitte Frau Roser, mir etwa Ende September den neuen Kontostand dann zu geben.

II. Ich besprach mit Bernhard seinen ›Übertritt‹ in den Suhrkamp Verlag. Diese Frage war leichter zu besprechen, weil auch Frau Botond ihm dies schon angeraten hatte [siehe Anm. 1 zu Brief 83]. Das Für und Wider wurde ausführlich diskutiert, und schließlich war Thomas Bernhard damit einverstanden. Sein neuer Roman, der im Grundriß und in einer Niederschrift fertig ist, wird im Juli-Programm 1970 im Suhrkamp Verlag erscheinen können. Wie wir die Honorarzahlungsverrechnungen zwischen beiden Verlagen machen, muß zwischen Dr. Haag [dem Steuerberater der Verlage], Herrn Nabbefeld und mir besprochen werden.

III. *Publikationen*

1. Das Manuskript ›Watten‹ habe er am Freitag vor meinem Besuch (22. 8. 69) per Eilboten an Frau Botond abgeschickt.
2. ›Ein Fest für Boris‹ soll in der 1. Hälfte 1970 in der »es« erscheinen.
3. Der neue Roman soll im Juli 1970 im Hauptprogramm Suhrkamp erscheinen. Das Ms. erhalten wir im Januar, spätestens Mitte Februar.
4. Bernhard war entzückt über die Ausgabe der ›Verstörung‹ in der

BS. Er möchte gerne mehr für diese Reihe schreiben. Ich hatte vor meinem Besuch bei ihm in den ›Akzenten‹ [16. Jg. 1969, S. 338-355] die Erzählung ›Midland in Stilfs‹ gelesen und konnte ihm von meiner Begeisterung berichten. Er wird noch zwei weitere Erzählungen ähnlicher Thematik und gleicher Struktur schreiben. Wir vereinbarten eine Herausgabe in der BS im Oktober 1970 (Band 258, ca. 120 Seiten).

5. Bernhard zeigte sich sehr interessiert für unsere Verlagsplanung. Er ist gern bereit, uns Hinweise und auch redaktionelle Hilfe zu geben. Im Gespräch zeigte sich Bernhard äußerst beschlagen auf dem Gebiet der modernen Literatur. Beim Gespräch über die BS fiel ihm das Fehlen von Trakl auf. Er möchte für die BS, und zwar für 1971, einen Band Trakl zusammenstellen. Einen Band, der auf 150-180 Seiten eine Essenz des Traklschen Werkes gäbe. Er ist auch befreundet mit dem jetzigen Herausgeber der kritischen Trakl-Ausgabe, so daß wir an die richtigen Texte herankommen können. Ur[heber]- und verlagsrechtlich ist Trakl ja frei.

IV. ›*Über Thomas Bernhard*‹

Er freut sich über den Band und freut sich auch, daß Frau Botond ihn zusammenstellen wird. Folgende Leute schreiben über ihn bzw. haben ihre Dissertationen beendet:

Hans Höller
A 4840 Vöcklabruck, Pestalozzi Straße 18
Dissertation.
Wendelin Schmidt-Dengler
A Wien, Universität. Germanistisches Institut
Dissertation.
Hans Rochelt
A Wien 1, Blumenstockgasse 5
Dr. Inez Kykal
A 4020 Linz, Wimhölzel Str. 2 / 13
Wissenschaftliche Arbeit

Im Seminar bei Prof. Vordtriede in München arbeitet ein Herr Zelinsky über ›Amras‹.

›Berliner Leute‹ haben an Bernhard geschrieben, daß sie für eine ›wissenschaftliche Zeitschrift‹ eine Bernhard-Bibliographie machen wollen. Bernhard suchte den Brief, fand ihn aber nicht. Frau Botond möchte hier noch nachfassen.

In den Band kann man folgende Texte aufnehmen:

Handke über ›Verstörung‹ – 1 oder 2 der großen Blöcker-Rezensionen – Zuckmayer über ›Frost‹ – Walter Jens habe sich ihm gegenüber äußerst positiv über ›Ungenach‹ geäußert. – Wir möchten Canetti fragen, der Bernhard erklärt hatte, über ihn schreiben zu wollen. – Martin Walser (ich habe mit ihm telefoniert; er ist bereit, etwa 3-5 Seiten über ›Ungenach‹ und ›Verstörung‹ zu schreiben).
Teil I des Bandes sollte ›biographische‹ Texte von Bernhard bringen:

1. seine Rede bei der Entgegennahme des Bremer Preises. Enthalten im ›Jahresring‹ 1966 [siehe Anm. 1 zu Brief 5].
2. seine Preisrede in Wien 1968. Veröffentlicht ›Monat‹ / August 1968 [die Rede zur Entgegennahme des Österreichischen Staatspreises ist zuerst gedruckt in der Wiener Zeitschrift *Neues Forum*; siehe Anm. 2 zu Brief 43].
3. seine nicht gehaltene Preisrede beim Wildgans-Preis, veröffentlicht in ›Neues Forum‹ 1968 [siehe Anm. 2 zu Brief 43].
4. Bernhard war hier skeptisch, aber ich wäre doch dafür: seine Äußerungen über ›Öffentliches Theater‹, die im Sonderheft ›Theater heute‹ veröffentlicht sind. Es handelt sich um einen Brief an Rischbieter [siehe Anm. 1 zu Brief 104]. Die im Brief erwähnte Kritik des Achtzehnjährigen hat Bernhard und könnte sie uns als Faksimile für den Band geben.
   Damit haben wir einen runden Band.

V. Nun aber doch das Überraschendste: ein Zufall, der jedoch den Nerv einer Haßliebe Bernhards zu Österreich traf, brachte das Gespräch auf die im Insel Verlag erschienene, von Hugo von Hofmannsthal 1915 begründete und herausgegebene ›Österreichische Bibliothek‹.
Wir haben zweimal sehr lange über die Anlage und die Chancen einer ›Neuen österreichischen Bibliothek‹ gesprochen und auch über Leute, die sie edieren bzw. denken sollten. Bernhard und ich haben uns sehr weit mit diesem Gedanken vertraut gemacht. Ich habe ihm gesagt, daß wir das hier im Hause und auch außerhalb diskutieren würden. Ich füge das Besprochene in einer Extra-Anlage hier bei, da ich diese Sache auch Handke vorlegen und seine Stellungnahme einholen möchte.«

[87; Anschrift: Ohlsdorf]

Frankfurt am Main
3. September 1969

Lieber Herr Bernhard,
wie angenehm war unser Zusammensein! Ich empfand dies jedenfalls so; mir ist, als hätten wir uns jetzt erst kennengelernt.
Ich habe unsere Gespräche sorgfältig festgehalten. Zum Thema Finanzen erhalten Sie noch einen näheren Brief von mir. Unsere Editionspläne haben wir fixiert.

»Watten« November 1969 in der edition suhrkamp.

»Ein Fest für Boris« im 1. Halbjahr 1970, ebenfalls edition suhrkamp.

Der neue Roman im 1. Juli-1970-Programm Suhrkamp.

Drei neue Erzählungen unter dem Titel »Midland in Stilfs« im Oktober 1970 (Band 258) in der BS.

Zu meiner großen Freude erklärten Sie sich bereit, für die BS 1971 einen Band Trakl zu edieren, und ebenfalls sprachen wir ausführlich über den Band »Über Thomas Bernhard«, den Frau Botond edieren wird und die Ihnen aufgrund unserer Abmachungen schreiben wird. Ich kann Ihnen noch zusätzlich sagen, daß ich in der Zwischenzeit mit Martin Walser telefonierte, er ist von der »Verstörung« ebenso angetan wie von »Ungenach«, und er möchte seine Eindrücke für diesen Band zu Papier bringen.
Anbei die Fixierung unseres Gesprächs über eine »Neue österreichische Bibliothek«. Stellen Sie sich vor, ich traf bei Eich / Aichinger Hilde Spiel und habe mit beiden Damen über dieses Unternehmen sprechen können. Beide waren sehr angetan. Aichinger will mitwirken, Hilde Spiel fehlte noch eine durchgehende Planungskomponente. Sie will sich das überlegen.
Ich schicke Ihnen von der Aufstellung ein paar Kopien, da-

mit Sie sie vielleicht an Freunde geben können. Wäre es Ihnen möglich, irgendwo Artmann aufzutreiben und mit ihm zu sprechen? Er wäre für das Programm wichtig. Ich diskutiere dann unsere Pläne hier im Hause und gebe Ihnen die Stellungnahmen bekannt.
Ich bedanke mich sehr für unser Zusammensein und hoffe, daß wir es bald einmal wiederholen können.
Herzliche Grüße
Ihr
gez. Dr. Siegfried Unseld
nach Diktat verreist
i. A. Burgel Geisler

Anlagen

[Anlage; Typoskript]

Gespräch mit Thomas Bernhard am 26./27. August 1969 über eine »Neue österreichische Bibliothek« im Insel Verlag
[Die erste Seite der schriftlichen Fixierung des Gesprächs zwischen Th. B. und S. U. ist die Photokopie der S. 612f. der *Bibliographie* des Insel Verlags, auf der die Bände der *Österreichischen Bibliothek* verzeichnet sind mit der Vorbemerkung: »Die Reihe – herausgegeben von Hugo von Hofmannsthal – erschien in den Jahren 1915 bis 1917. Zum Redaktionskomitee gehörten Leopold von Andrian, Richard von Kralik, Heinrich Friedjung, Max Mell, Anton Wildgans u. a. Die Prospekttexte hat Hofmannsthal verfaßt. (Abgedruckt in ›Prosa III‹, Frankfurt am Main 1952.) Bei gleichem Format wie die Insel-Bücherei waren die 26 Bände einheitlich mit gelbem Überzugspapier ausgestattet. Bei den Titelschildern waren bis Band 13 Aufdruck und Einfassung schwarz, bei den folgenden Bänden war die Einfas-

sung grün. Die Auflage betrug in den meisten Fällen zehntausend Exemplare. Von der nach dem Ersten Weltkrieg nicht fortgesetzten Reihe wurden einzelne Titel in die Insel-Bücherei übernommen.«]

Bernhard und ich gingen davon aus, daß sich in Österreich neue produktive Stimmen mehren, die etwas Eigenes darstellen und die nicht ohne weiteres im deutschen Bereich aufgehen sollten. Idee einer neuen Sammlung wäre nicht nur, zu zeigen, worüber Österreich verfügte und verfügt, sondern wie sich das Ganze im Kräftefeld des deutschsprachigen Raumes widerspiegelt, also es geht auch um Wechselbeziehungen.

Als mögliche Redakteure, d. h. Planer und Mit-Denker einer solchen Reihe, sind benannt: H. C. Artmann, Ernst Fischer, Barbara Frischmuth, Peter Handke, Alfred Kolleritsch, Leo Navratil, Hilde Spiel.

Die »Neue österreichische Bibliothek« sollte nicht direkt innerhalb der Insel-Bücherei erscheinen, aber der von uns geplanten »neuen« Insel-Bücherei im Format und im Äußeren angepaßt sein. Also: Format IB, Einband Ballacron, Umschlag gelb mit farbigem Aufdruck, Umfang 60-250 Seiten, variierender Preis.

Folgende Titel erscheinen Thomas Bernhard und mir möglich:

I. Serie, 6 Bände, Mai 1970:

1. Adalbert Stifter, »Sonnenfinsternis«. Nachwort von Peter Handke.
2. Ein Band aus der alten »Österreichischen Bibliothek«. Hier der Vorschlag entweder Band 1: »Grillparzers politisches Testament« mit der Einleitung von Hofmannsthal oder »Audienzen bei Kaiser Joseph«, ediert von Felix Braun, der vielleicht die Sache noch erweitern könnte, oder »Dokumente aus Österreichs Krieg gegen Napoleon«.

3. Wittgenstein. Ein Text oder Briefe zum österreichischen Gegenstand.
4. Karl Kraus, »Gedichte«. Ausgewählt von Peter Hamm (das für die BS vorgesehene Projekt würde hier eingebracht).
5. Walter Schmögner, »Das Plopp-Wu-U-Um-Whaa-asch«.
6. H. C. Artmann, »med ana schwoazzn dintn«, erweitert von Artmann, evtl. auch um die Villonschen Balladen auf wienerisch.

II. Serie, 6 Bände, September 1970:

7. Anthologie neue österreichische Literatur (ungedruckte Texte, herausgegeben von Kolleritsch).
8. Sigmund Freud.
9. Zur Sozialgeschichte Österreichs I (hier soll eine Sub-Reihe mit Faktographien entwickelt werden).
10. Adorno, »Alban Berg«.
11. Wieder ein Text aus der alten »Österreichischen Bibliothek«, z. B. »Schubert im Freundeskreis« oder Texte von und über Mozart, Haydn, Beethoven.
12. Thomas Bernhard, Erzählungen.

III. Vom November 1970 an sollten dann monatlich zwei Bände erscheinen: diese zwei Bände sollten aufeinander abgestimmt sein, z. B. Karl Kautsky, »Politische Schriften«, und Andrian, »Garten der Erkenntnis«. Oder Roth, »Legende vom heiligen Trinker«, und Hildesheimer, »Wer war Mozart?«.
Außer den bekannten und unbekannten österreichischen Klassikern müßte man auch an Leute denken wie Kürnberger oder Ferdinand Ebner oder Theodor Kramer (ediert von Guttenbrunner).
2. September 1969

Es sollten immer eine ältere, eine neuere Dichtung, ein Philosoph, ein Politiker, ein Maler und ein absoluter Narr zu Wort kommen, glaube ich. Zu dieser Auswahl haben wir dann die besten Leute zur Verfügung. Wieland Schmied könnte für die Bände der sogenannten Bildenden Kunst verantwortlich sein.

Zu den ersten sechs Bänden:

Meine Vorstellung: 1 »Sonnenfinsternis« (Handke)
2 Aus d. alten Bibliothek*
3 Wittgenstein
4 Ferdinand Ebner! (Hans Rochelt)
5 Karl Kraus »Gedichte« (Hamm)
6 Artmann

Ich möchte *zuerst* eine Sache wie den jungen Schmögner nicht veröffentlichen. Dafür ist der Artmann als heutiger Narr dabei. Im Grossen und Ganzen denke ich, sollte in einer solchen Bibliothek eine Art *österreichischer exempla classica* erscheinen, und man soll in jeder Lieferung ein neues Buch, ausdrücklich darauf hinweisend, dass das neu ist, heutig, erscheinen [lassen].

Ein Blick auf die erste Liste sagt mir: bitte schreiben Sie an Hans Rochelt, Wien I. Blumenstockgasse 5/4 p. A. David, wegen Ferdinand Ebner, den Philosophen, der in Deutschland nahezu gänzlich unbekannt ist und aus dem Sie wahrscheinlich etwas so aussergewöhnliches machen können wie aus dem Wittgenstein.

Tatsächlich bin ich von der Idee der Österr. Bibliothek mehr als berührt und ich kann jetzt, ohne noch aktiver zu sein, nur hoffen, dass etwas annähernd meinen Vorstellungen entsprechendes dabei heraus kommt. Dieses Land verdient eine solche Bibliothek überhaupt nicht, aber denen, aus welchen sie schliesslich gemacht wird, ist sie zweifellos zum posthumen Vergnügen, um nicht zu sagen zur Ehre, ein Begriff, der keine Ohrfeige mehr wert ist.

Ich bin begierig auf Information und ich danke und grüsse herzlich Ihr
Thomas Bernhard

* in ihr gibt es allerdings wenig Brauchbares für die Zukunft!!! Aber als Erstes ja, als Geste.

1 Das Wort ist von dritter Hand unterstrichen.

[89; Anschrift: ⟨Ohlsdorf⟩]

Frankfurt am Main
18. September 1969

Lieber Thomas Bernhard,
ich bedanke mich sehr herzlich für Ihren Brief vom 15. September. Ich kann auch nur von mir aus sagen, daß ich meinen Wagen gern wieder in Ihren Hof lenkte; und ich bin sicher, daß das im nächsten Jahr auch der Fall sein wird.
»Watten« werden wir Ihnen bereits umbrochen am 30. September zusenden. Wir haben der Dringlichkeit wegen die Fahnenkorrektur ausgelassen. Ich höre gerne, daß Sie gut am Roman arbeiten. Wenn er die Dichte des »Midlands« auch nur annähernd erreicht, so wird er ein großes Werk.
Zu unseren materiellen Vereinbarungen: die erste Zahlung wurde Ihnen etwas verspätet überwiesen, da die Leiterin unserer Buchhaltung in Urlaub war. Aber wir haben schon seit Tagen die Bestätigung unserer Bank für die Übersendung in Händen. Sie haben also das Geld schon inzwischen. In Zukunft werden Sie die Zahlungen pünktlich zum Monatsanfang haben.
Unser Plan der österreichischen Bibliothek schlägt Wellen. Martin Walser hat mich wegen dieses Planes ungemein beschimpft: er sei rückwärtsgewandt, museal, diene irgend-

wie der Annektierung Österreichs, und ich könne mir ja schließlich einen Hofratstitel kaufen (auch hier irrt er, denn wir wissen ja, daß dieser Titel eben nicht käuflich ist). Aber es gibt andere Stimmen. Peter Handke ist angetan und wird auch sehr gerne das Nachwort zu »Sonnenfinsternis« schreiben. Auch Barbara Frischmuth ist mit von der Partie. Sie möchte »Abraham a Sancta Clara« mit einem Nachwort edieren. Hilde Spiel begrüßt im wesentlichen den Plan. Ihr fehlt aber noch die tragende Komponente. Die neue Lektorin der Insel, Frau Dr. Shaked, steht dem Plan auch sehr positiv gegenüber und macht dazu einige sehr kluge Anmerkungen. Nach den Gesprächen mit Handke und Frischmuth sieht meine Überlegung so aus, daß man vielleicht die Reihe nicht allzu groß anlegen sollte. Ich lese dies auch aus Ihrem jetzigen Brief heraus, wenn Sie schreiben, daß man eine Art österreichischer exempla classica machen sollte. Wollen wir es nicht so machen, daß wir zunächst mal mit 6 Büchern beginnen, in einem Halbjahresabstand wieder 6 Bücher vorlegen und dann sehen, was wir damit erreichen? Eine weitere Überlegung zielt darauf ab, doch auf die alten Titel der alten Bibliothek zu verzichten. Damit böge man von vorneherein den Vorwurf des Rückgewandten ab. Wie denken Sie darüber?
Ihre Herausgebermannschaft leuchtet mir ein. Doch meine ich, Thomas Bernhard sollte auch dabeisein.
Nun zu den einzelnen Titeln: bei Ihrem neuen Vorschlag für 1, 4, 5 und 6 stimmen wir überein. Ich war kürzlich in London und sprach mit Rush Rhees, dem Wittgenstein-Herausgeber.[1] Es gibt nach seinem Urteil kein Manuskript in direkter Beziehung zu Österreich bzw. Wien. Das entscheidende Dokument wären seine Briefe an Ficker gewesen, die aber eben veröffentlicht wurden. Man könnte jedoch eins machen. Es gibt bei uns als Band 3 der »Schriften« von Wittgenstein »Wittgenstein und der Wiener Kreis.

Gespräche. Aufgezeichnet von Friedrich Waismann«. Ich könnte mir vorstellen, daß Ingeborg Bachmann aus diesem Buch ein Destillat gibt und das auch etwas kommentieren möchte. Wie denken Sie darüber?
Über Artmann müssen wir sprechen. Könnte man nicht eine Zusammenfassung seiner Wienerischen Dichtungen bringen? Das wäre dann doch etwas mehr als »med ana schwoazzn dintn«.
Ob man als Geste einen Band aus der alten Bibliothek bringen sollte, müßte man noch prüfen. Dann sollte es freilich ein von Hofmannsthal edierter Band sein, also etwa »Grillparzers politisches Vermächtnis«. Das sind Überlegungen. Wir wollen sie weiter bedenken.
Herzliche Grüße
Ihr
Siegfried Unseld

P. S.: Der hier beiliegende Prospekt wird in [einer] Auflage von 200 000 Exemplaren verteilt. Wir tun also was für die BS und ihre Autoren.[2]

1 S. U. hält sich am 14. und 15. September 1969 in London auf, wo er neben dem Sohn von Walter Benjamin, Stefan, auch Rush Rhees trifft.

2 Das Faltblatt trägt auf der ersten der vier Seiten die Überschrift »Thomas Bernhards Roman ›Verstörung‹« und wirbt mit einem Zitat von Peter Handke, dem Schlußsatz der Rezension *Als ich »Verstörung« von Thomas Bernhard las* (Erstdruck in: *Manuskripte* 21, X 67-II 68, S. 14f.; vgl. auch Th. B.: *Werke 2*, S. 225f.). Auf den beiden Innenseiten sind Auszüge aus Rezensionen zu *Verstörung* abgedruckt. Die vierte Seite enthält neben biographischen Angaben zum Autor eine Aufstellung seiner bisher bei Insel und Suhrkamp erschienenen Werke.

[90]

Ohlsdorf
20. 10. 69

Lieber Dr. Unseld,
bitte telefonieren Sie mit der Buchhaltung und sagen Sie, dass sie bis heute für Oktober noch immer nichts überwiesen hat und dass es wichtig ist, auch in Ordnung, mir den Betrag jedesmal zu Monats*anfang* zu überweisen.* Was macht unser Projekt?
Ich bin für ein paar Tage in Hamburg, um mit Wendt und Peymann zu sprechen, was mir nützlich erscheint.[1]
Herzlich
Thomas Bernhard

*Bitte dem Computer einfürallemal den Kopf waschen!

1 Über seine Treffen mit Ernst Wendt und Claus Peymann, die bei der Uraufführung von *Ein Fest für Boris* für Dramaturgie bzw. Regie zuständig sind, schreibt Th. B. am 14. Dezember 1969 an Ursula Bothe vom Suhrkamp Theaterverlag: »Mein Zusammentreffen mit Wendt in Hamburg und mit Peymann in Berlin hat auf mich den besten Eindruck gemacht. Mit den Herren kann ich reden und ich kann mir vorstellen, dass Peymann für den ›Boris‹ ein guter Mann ist. Selbst mische ich mich nicht in irgendeine Aufführung, werde auch zur Premiere [29. Juni 1970] nicht hinfahren, vielleicht dann zur 3. oder 4. Aufführung. Ein Autor auf dem Theater ist ein zersetzendes Ungeheuer, geradezu lächerlich. [...] Ein Autor kann ja nur wie beim Schach die Figuren aufs Brett werfen, die Regisseure stürzen sich dann darüber und setzen in jedem Falle alle Beteiligten matt. [...] Wie mit den Büchern, die erscheinen sollen, wenn man sie gerade fertig und weggeschoben hat, ist es mit den Schauspielen, die herauskommen sollen, wenn man sie gerade gemacht hat; dauert es zu lang, ist die Lust dahin und der Gedanke daran überzieht die Gehirninnenseite mit einem faulen Film«.

[91; Anschrift: Ohlsdorf]

Frankfurt am Main
20. Oktober 1969

Lieber Herr Bernhard,
Verträge, die mit Todesmöglichkeiten rechnen, sind immer komplizierter, als man es sich denkt. Wir mußten auch mit unserem Anwalt sprechen, und ich habe die Belehrung einstecken müssen, daß man Darlehen nicht unbegrenzt zinslos gewähren kann (denn sonst müßten Sie doch Steuern zahlen, weil dies eine gegen den wirtschaftlichen Usus gerichtete Vergünstigung wäre). Ich habe deshalb eine sehr milde Verzinsung eingesetzt (5%; der Verlag zahlt zur Zeit 8,1%). Ferner muß jedes Darlehen auch irgendwie befristet sein für die Rückzahlung, sonst stimmt der Vertrag nicht mehr.
Mein Anwalt hat sich da noch etwas anderes ausgedacht. Er meinte, ob wir Sie wohl nicht bitten könnten, zur Sicherung unserer Forderungen für einen überraschenden Fall der Fälle auch Ihre anderweitigen Honoraransprüche abzutreten. Mir ist dieser Punkt nicht sonderlich wichtig, aber ich habe ihn einmal aufgenommen. Wenn Ihnen das zu weit geht, dann streichen Sie § 7 und unterzeichnen den Vertrag so. Ich bin auch damit einverstanden.
Herzliche Grüße
Ihr
Siegfried Unseld

Anlage

[Anlage; Typoskript; Durchschlag]

Vertrag

Zwischen
Herrn Thomas Bernhard, A 4694 Ohlsdorf / Obernathal, Österreich
und
Herrn Dr. Siegfried Unseld als Komplementär der Verlage Insel und Suhrkamp, 6 Frankfurt / Main, Lindenstraße 29-35
wird folgende Vereinbarung getroffen:

I.

1.
Thomas Bernhard ist mit Dr. Unseld übereingekommen, daß alle Rechtsbeziehungen, die zwischen Thomas Bernhard und dem Insel Verlag und dem Suhrkamp Verlag bestehen, auf den Suhrkamp Verlag übertragen werden. Dies gilt rückwirkend auch für Darlehen und Zahlungen des Insel Verlages an Thomas Bernhard. Diese Regelung braucht nicht zu bedeuten, daß in Zukunft alle Bücher von Thomas Bernhard automatisch im Suhrkamp Verlag erscheinen, vielmehr bestimmen Thomas Bernhard und Dr. Unseld gemeinsam, in welchem Verlag und in welcher Publikationsform die künftigen Arbeiten erscheinen sollen.

2.
Die Verlage Suhrkamp und Insel haben, um Thomas Bernhard eine materielle Basis für seine schriftstellerischen Arbeiten zu sichern, Thomas Bernhard ein Darlehen und Honorarvorauszahlungen geleistet und erklären sich auch weiterhin zu solchen Honorarzahlungen bereit. Dieser Vertrag soll die Vereinbarungen der guten Ordnung halber schriftlich fixieren.

II.

1.
Die Verlage haben Thomas Bernhard ein Darlehen in Höhe von DM 24.289.10 gewährt. Dieses Darlehen ist bis zum 31.12.1969 unverzinslich gewährt, vom 1.1.1970 an mit 6% [sic] zu verzinsen. Nach dem 31.12.1974 kann es sowohl von Thomas Bernhard als auch vom Suhrkamp Verlag mit einer Frist von drei Monaten zum 30.6. oder 31.12. eines jeden Kalenderjahres gekündigt werden. Nach dem Kündigungszeitpunkt ist das Darlehen nebst Zinsen zur Rückzahlung fällig.

2.
Die Verlage haben aufgrund erfolgter Honorarabsprachen Zahlungen geleistet, die, mit den Verkaufserlösen per 31.8.1969 saldiert, insgesamt eine Vorauszahlung in Höhe von DM 15.428.31 ergeben.

3.
Der Suhrkamp Verlag verpflichtet sich, im Rahmen der Honorarzahlungen Insel / Suhrkamp in der Zeit vom 1.9.1969 bis zum 31.8.1971 an Thomas Bernhard einen Betrag von monatlich je DM 800.– zu zahlen. Die Zahlungen erfolgen auf das Konto Thomas Bernhard bei der Bank für Oberösterreich und Salzburg, Gmunden / Oberösterreich, Konto Nr. 318.
Thomas Bernhard verpflichtet sich, über die in II. 3. genannten Zahlungen hinaus auf die Dauer dieser Zahlungen keine weiteren Honorare abzurufen oder Honorarforderungen zu stellen.

4.
Die Thomas Bernhard zustehenden Honorare aus den z.Zt. durch den Insel Verlag und den Suhrkamp Verlag angenommenen und laufenden Werken sowie aus den gem. Ziffer II. 5. zu übertragenden Urheber-, Veröffentlichungs- und sonstigen Verbreitungsrechten sowie evtl.

weiteren durch die Verlage angenommenen Werken oder Veröffentlichungen sonstiger Art werden mit dem in Ziffer II. 2. genannten Saldo und den weiteren gem. Ziffer II. 3. erfolgenden Zahlungen verrechnet.

5.

Thomas Bernhard verpflichtet sich in Anerkennung der bisher von den Verlagen geleisteten Zahlungen, das Verlagsrecht sowie sämtliche etwaigen anderen Veröffentlichungs- und Verbreitungsrechte der nächsten von ihm fertiggestellten drei Werke an den Suhrkamp Verlag zu übertragen. Der Suhrkamp Verlag verpflichtet sich, sich ganz besonders um das Werk von Thomas Bernhard zu bemühen.

6.

Thomas Bernhard erklärt ausdrücklich, daß der Verlag berechtigt sein soll, für den Fall seines Todes oder seiner Handlungsunfähigkeit, mit den zu einem solchen Zeitpunkt bestehenden Forderungen gegen laufende und künftige Honorar-Forderungen von ihm oder seinen Erben, welche nach einem dieser Zeitpunkte entstehen, aufzurechnen; er tritt für diesen Fall die Honoraransprüche an den Suhrkamp Verlag ab.

7.

Zur Sicherung der dem Suhrkamp Verlag zustehenden Forderungen gegen Thomas Bernhard tritt dieser hiermit bereits jetzt für den Fall seines Todes oder für den Fall seiner Handlungsunfähigkeit sämtliche Honorar-Ansprüche, die ihm oder seinen Erben gegen die Verlage Suhrkamp und Insel sowie gegen dritte Verlage, gegen eine Firma oder eine öffentlich-rechtliche Institution aufgrund des Nachdrukkes seiner Werke oder einer sonstigen Veröffentlichung oder Verbreitung zustehen, an den Suhrkamp Verlag ab. Soweit und sobald diese Honorar-Ansprüche die Forderungen des Suhrkamp Verlages übersteigen, verpflichtet sich dieser, die an ihn abgetretenen Ansprüche an Thomas Bernhard oder dessen Erben zurückzuerstatten.

8.
Als Erfüllungsort und Gerichtsstand wird Frankfurt / Main vereinbart.

Ohlsdorf, den Frankfurt / Main, den

(Thomas Bernhard) (Dr. Siegfried Unseld)

[92; Anschrift: Ohlsdorf]

Frankfurt am Main
29. Oktober 1969

Lieber Herr Bernhard,
ich danke Ihnen für Ihren Brief vom 20. Oktober. In Zukunft werden die Überweisungen pünktlich am Monatsanfang erfolgen. Die Buchhaltung hat mir das bestätigt.
Das Projekt der österreichischen Bibliothek ist ins Wanken geraten. Auch die, die es anfänglich am meisten unterstützten (Handke und Barbara Frischmuth), sind kritisch geworden. Martin Walser nahm es mit dem Argument »alles für Bernhard, aber doch nichts für eine österreichische Reihe« stark unter Beschuß. Wenn ich Hofrat werden wolle, solle ich mir diesen Titel gefälligst kaufen. (Doch Walser irrt, wenn er glaubt, daß dieser Titel käuflich ist.) Wir werden das nächste Mal darüber reden.
Schöne Grüße
Ihr
Siegfried Unseld

[93]

Ohlsdorf
1. 11. 69

Lieber Herr Dr. Unseld,
Ihren Vertrag unterschreibe ich natürlich nicht. Dass der Verlag einen Juristen dazu bemüht hat, macht auch aus diesem Vertragsvorschlag eine Unverschämtheit. Was die in dem Vertrag angeführten Kontoziffern- und Zahlen betrifft, kann ich auch nicht glauben, dass sie stimmen, bei der mir bekannten Schlampigkeit der Buchhaltung des Verlages, aber ich habe mich damit abzufinden. Der Zustand zwischen mir und dem Suhrkamp-Inselverlag also bleibt wie er ist. Dazu kommt aber folgendes:
Ich werde dem Verlag kein neues Manuskript mehr schikken, solange der Verlag meine Schulden bei Inselsuhrkamp nicht komplett abgedeckt hat mit jenen meiner Arbeiten, die bis heute im Inselsuhrkampverlag erschienen sind, einschliesslich meines Schauspiels »Ein Fest für Boris«. Erst wenn ich völlig schuldenfrei bin, kann ich Ihnen wieder ein Manuskript in die Hand geben.
Dazu: tilgt der Verlag mit meinen an Suhrkampinsel festgebundenen bisherigen Arbeiten meine Schuld vollständig, so geht die Zusammenarbeit weiter. Tilgt der Verlag meine – relativ geringe! – Schuld nicht innerhalb von längstens zwei Jahren, so erscheint mein nächstes Buch nicht mehr bei Suhrkampinsel, sondern in einem anderen Verlag.
Der Suhrkampinselverlag kann aber, ist er nicht in der Lage, meine Schulden mit meinen im Verlag sich befindlichen Arbeiten in dem Zeitraum von zwei Jahren zu tilgen, die Schuld insgesamt von mir jederzeit zurückverlangen, womit ich dann vollkommen frei bin. Es ist mir jederzeit möglich, die Geldsumme zur Verfügung zu stellen.
Wenn ich Ihnen sage, dass ich mit meinem kurzen Buch

»An der Baumgrenze«, das im Residenzverlag, Salzburg, erschienen ist, von März 1969 bis heute mehr verdient habe, als mit allen meinen wichtigen Arbeiten zusammen bei Suhrkampinsel im Zeitraum von sechs Jahren, so glaube ich, dass in der Verlagspraxis des Suhrkampinselverlages etwas nicht stimmt. Ersparen Sie mir Details.
Auch bin ich vor den Kopf gestossen, erstaunt, abgestossen, dass der Verlag Jahresstipendien in der Höhe von zwölftausend Deutschen Mark vergibt und das überall herumpubliziert und dadurch landauf und landab den Anschein erweckt, er sei ein Förderer und grosszügiger Walter und Verwalter seiner Autoren und deren Arbeiten, wenn ich weiss, dass ich selber von diesem Verlag in vielen Jahren bis heute nicht einen Groschen »geschenkt« bekommen habe. Ersparen Sie mir aber wieder Details. Es ist unmöglich, dass ich ununterbrochen mehr oder weniger angestrengt und also schwer arbeite für eine Bezahlung, die haarsträubend ist (editionsband 2.000.– Mark pauschal etcetera!!) und auf die ich mich unter gar keinen Umständen mehr einlasse. Ich kann das lächerliche Angebot des Suhrkampinselverlages nicht einen Augenblick länger akzeptieren. Ich glaube aber, dass eine Korrespondenz über dieses ganze Thema sinnlos ist und dass nur ein Gespräch, das hier zu führen ist, Wert hat.
Ihr Besuch hier war erfrischend, Ihre komplette Inkonsequenz aber ist erstaunlich.
Herzlich Ihr
Thomas Bernhard

[94; Anschrift: Ohlsdorf]

Frankfurt am Main
6. November 1969

Lieber Herr Bernhard,
ich habe Ihren Brief vom 1. November sorgsam gelesen. Sie verhalten sich unvernünftig, ungerecht, unfair.
Was ist denn geschehen? Wir besprachen bei meinem Besuch, daß wir unter alle bisherigen Zahlungen eine Art Strich ziehen, d. h., die Verlage Insel und Suhrkamp werden sich in der Tat bemühen, durch auflaufende Honorare bisher übertragener Werke die bisher gezahlten Gelder abzudecken. Das war der Einsatz der Verlage. Dem gegenüber stand Ihr Einsatz, daß Sie, für den Fall, Ihnen würde etwas widerfahren, die Honorareinkommen an die Verlage übertragen. Ist das denn so kompliziert? Daß ich einen Juristen bemühte bei einem etwas schwierigen Vertrag, das sollten Sie doch einsehen, denn Sie müssen sich hierzu nicht nur verbal, sondern auch de jure Ihren Erben gegenüber verpflichten. Ich kann darin keine »Unverschämtheit« erblikken. Wir beide verpflichten uns zu etwas und müssen zu dieser Verpflichtung stehen.
Ich gehe jede Wette mit Ihnen ein: Sie irren sich, daß das Buch »An der Baumgrenze« im Residenz Verlag Ihnen mehr eingebracht hat als alle Arbeiten in den Verlagen Insel und Suhrkamp zusammen. Wenn Sie das wollen, tragen wir's ganz schnell miteinander aus, und Sie werden sehen, wie Sie sich irren. Außerdem, nach den Insel-Suhrkamp-Publikationen ist es für jeden Verlag leichter.
Und bitte seien Sie nicht empfindlich wegen des Suhrkamp-Dramatiker-Stipendiums. Das gilt jungen *unbekannten* Dramatikern, aber doch keinesfalls einem Mann von Ihrem Rang! Das wäre doch einfach ein Witz und Ihrer nicht würdig. Es ist auch nicht wahr, daß wir Ihnen nicht einen

»Groschen« geschenkt haben, wörtlich ja, aber im übertragenen Sinn stimmt es doch nicht. Warum anerkennen Sie nicht, daß der Insel Verlag Ihnen damals dieses Darlehen in Höhe von DM 40.000.– gegeben hat? Rechnen Sie doch bitte einmal, daß der Insel Verlag dafür jährlich DM 3.200.– an Zins aufbringen muß. Ich hätte nie davon gesprochen, aber Sie selber reagieren kleinlich und empfindlich.

Noch einmal: ziehen wir einen Strich unter die ganze Angelegenheit. Mir ist wichtig, daß Sie diese eine Erklärung rechtsverbindlich für Ihre Erben abgeben (für den Fall, Ihnen geschähe etwas, können wir zur Abdeckung der bisher gezahlten Gelder die Honorare verrechnen). Nur darum geht es. Im übrigen sprechen wir hier, da stimme ich ganz mit Ihnen überein, von einem kurzen Zeitraum von 2, 3 Jahren. Ich bin sicher.

Sie haben einen weiteren Punkt vergessen: wir haben vereinbart, daß Ihnen monatliche Zahlungen geleistet werden. Zwei dieser Zahlungen sind Ihnen zugegangen; die Ihnen überwiesenen Summen für Ihre Steuer und diese monatlichen Zahlungen sind klare Vorauszahlungen auf kommende Bücher. Bedenken Sie das bitte.

Im übrigen haben Sie ganz recht, wir sollten uns doch noch einmal zusammensetzen. Ich tue das sehr gern, weil ich unser letztes Gespräch in allerbester Erinnerung habe und meine, daß wir uns darin persönlich doch etwas nähergekommen sind. Also: wann sind Sie wieder in Wien? Wie wäre das Wochenende 15./16. November? Falls Ihnen dieser Wochenend-Termin angenehm ist, dürfte ich dann wegen meiner Dispositionen um ein Telegramm bitten? Sie sehen, mir ist das wichtig.

Soeben erhalten wir die ersten Exemplare von »Watten«. Ich schicke Ihnen mit getrennter Post ein Exemplar zu, weitere folgen. Insgesamt können Sie über 45 Freiexemplare

verfügen. Wir druckten eine erste Auflage von 9.000 Exemplaren. Zwei andere Titel in der edition werden neu aufgelegt; im Mai 1970 folgt »Boris« in der edition.
Herzlich
Ihr
Siegfried Unseld

[95; Telegramm]

Gmunden
10. 11. 69

erwarte sie wochenende ohlsdorf erbitte telegramm herzlich = bernhard

[96; Anschrift: Ohlsdorf; Telegramm]

Frankfurt am Main
12. November 1969

wien wäre mir doch lieber stopp wir könnten uns auch am wochenende 22./23. in wien treffen stopp bitte noch einmal um telegraphischen bescheid
gruß unseld

[97; Anschrift: Ohlsdorf]

Frankfurt am Main
14. November 1969

Lieber Herr Bernhard,
ich habe leider von Ihnen keine Nachricht mehr erhalten, vielleicht konnten Sie Ihre Dispositionen für das Wochenende 22./23. 11. noch nicht treffen. Ich habe meine Reise

deswegen verschoben; wenn ich eine Gelegenheit habe, Sie in der nächsten Woche zu treffen, könnte ich es einrichten. Lieb wäre mir aber wirklich, wenn wir uns in Wien treffen könnten. Sie sagten mir ja, daß Sie praktisch jede Woche einmal in Wien sind, und vielleicht können Sie es doch einrichten, daß wir uns dort sehen. Ohlsdorf bedeutet ja zwei Reisetage für mich.
Schöne Grüße
Ihr
Siegfried Unseld

[98; Telegramm]

Gmunden
18. 11. 69

samstag sonntag wien tel 3650842 herzlich = bernhard

[99; Anschrift: Ohlsdorf; Telegramm]

Frankfurt am Main
18. November 1969

komme sonnabend 22. november nach ohlsdorf stop erbitte ihren anruf donnerstag vormittag – gruß unseld

[100]

Ohlsdorf
16. 12. 69

Lieber Doktor Unseld,
eine gründliche Beruhigung geht noch heute von Ihrem Besuch aus, ich arbeite und denke ab und zu, wie gut dieser

Ihr Besuch sich auf meine ganze Konstitution ausgewirkt hat, dass ich jetzt rascher mit dem Buch vorwärts komme, andrerseits gibt mir jede Stunde die Gewissheit, dass das, was ich jetzt mache, alles nur der Anfang sein kann, von was, weiss ich nicht und es ist das beste, das und vor allem nichts zu wissen.[1] Wenn ich das Buch fertig habe, kommt ein Theaterstück, ist es auch mit den Aufführungen selbst immer eine zweite Komödie, vielleicht zu der zweiten, dass sich die Aufführung so lange bis zum Ekel hinauszögert, auch noch die dritte der Aufführung selbst und in Wahrheit löst wahrscheinlich jedes Stück fürs Theater eine unendliche Folge von Komödien aus, wie wir sehen, haben alle Tragödien bis heute immer eine Flut von Komödien ausgelöst. Für Ihren Besuch danke ich!
Die Winterintensität ist mir zur Arbeitsintensität geworden. Dass ich stündlich an allem zweifle, ist eine andere Frage. Es ist wahrscheinlich alles immer das Gleichgewicht von Kühnheit und Zweifel.
In »Watten« habe ich so viele Fehler entdecken müssen, die aber bei einer weitern Ausgabe alle ausgemerzt werden können. Kleinigkeiten könnten mich wahnsinnig machen, wüsste ich nicht, dass das Unsinn ist, für einen Buchstaben sich tagelang zu verzweifeln. Wenn Sie eine sogenannte Sammelausgabe machen, dann bitte ich, sich dabei auf die drei Prosastücke, »Amras«, »Ungenach«, »Watten« zu beschränken, das gibt einen stattlichen Band, der geschlossener ist als jede andere Möglichkeit.
Von »Boris« hätte ich gern die Fahnen, weil in dem Bühnenabzug noch Fehler enthalten sind.
Meine Vorstellung beinhaltet nach dem »Kalkwerk«, im nächsten Hintergrund, das Theaterstück, einen weiteren Roman, der zwei Jahre in Anspruch nehmen wird, den ich zur Gänze, alle Offenheit und das heisst mit allen Möglichkeiten des Phantastischen, im Kopf habe; dann eine grös-

sere Arbeit auf mehrere Jahre. Mehr weiss ich nicht. Das ist aber genug und fällt mir sicher ausser auf meinen Kopf noch viele Jahre mit der grössten Rücksichtslosigkeit auf die Nerven.
Für die geschenkten Bücher danke ich vorzüglich.
Mit Hölderlin aber geht es mir wie mit einem schönen kalten Jüngling, der immer tot gewesen ist.
Das kommende Jahr sage ich alle versprochenen Vorlesungen ab und nehme keinerlei Einladung für irgendetwas an.
Die Redereien und Selbstdarstellungen hasse ich.
Sie haben Ursache stolz zu sein.[2]
Herzlich Ihr
Thomas Bernhard

1 Der *Reisebericht* von S. U. über das Ohlsdorfer Treffen am 22. November lautet:
»Er hatte auf meinem Besuch bestanden, damit wir unsere Beziehung definitiv regeln; den vom Anwalt entworfenen Vertrag lehnte er kategorisch ab. Wir haben dann gemeinsam eine 12zeilige Vereinbarung entworfen und unterschrieben, die rechtsverbindlichen Charakter hat [siehe S. 152]. Daraus ergeben sich gewisse Konsequenzen, die zu besprechen sind.
Die nächsten Publikationspläne:
1. ›Ein Fest für Boris‹
in der e. s. zum Termin der Uraufführung, wahrscheinlich also Mai 1970.
2. Sein neuer Roman mit dem Titel ›Das Kalkwerk‹ liegt in der dritten Niederschrift vor. Er schreibt das noch einmal durch. Ende Februar 1970 erhalten wir das Manuskript. Erscheinungstermin: 3. Programm 1. Juli 1970.
3. BS-Band ›Midland in Stilfs‹ Oktober 1970.
Der Band enthält drei Texte:
1. ›Der Wetterfleck‹
2. ›Midland in Stilfs‹
3. ›Am Ortler‹.
Die Texte 1 & 3 erhalten wir im Juli 70, ›Midland in Stilfs‹ kann so gebracht werden wie in den ›Akzenten‹.

4. Neben allen Prosaarbeiten entsteht ein 2. Stück; er will es bis Ende 70 geschrieben haben.
5. Für 1971 können wir entweder als Band der Bücher der 19 [Zwischen 1954 und 1972 publiziert der Zusammenschluß von 19 Verlagen 209 preisgünstige Bände mit einer Auswahl aus dem Werk des Autors. Die Bücher sind mit einem eigenen Signet versehen.] oder als Suhrkamp-Hausbuch [Zwischen 1953 und 1975 erscheinen besonders preisgünstige, umfangreiche Bücher mit der Bezeichnung »Hausbuch«, um Taschenbuch- bzw. Buchklubausgaben Konkurrenz zu bieten.] eine Art ›Thomas Bernhard Reader‹ planen. Er enthält die Erzählungen ›Amras‹, ›Ungenach‹, ›Watten‹. Ein Opernlibretto (erschienen bei S. Fischer) [*die rosen der einöde*, 1959 publiziert]. Das Hörspiel ›Der Berg. Marionetten als Menschen‹ [siehe Anm. 1 zu Brief 117] u. a. Texte.

Er sei ›wütend‹ wegen der biographischen Angaben im es-Band ›Watten‹ (ließe Busch herzlich grüßen). Warum ausgerechnet nur die Preise vermerkt würden, die er hasse, und nicht die anderen auch. Entweder gar keinen Preis oder alle. Auf S. 57 sei ein bitterer Satzfehler (er ließe Herrn Busch herzlich grüßen). Ein Satz sei nicht zu Ende geführt: ›Jetzt, da er einwilligte ...‹ und statt ›Baracken‹ stünde ›Baracke‹. Er läßt Herrn Busch herzlich grüßen.

Thomas Bernhard erhält in Zukunft die »es« und BS vollständig (Fr. Kalow). An ihn sind ferner die letzten Bände der sammlung insel zu schicken sowie Schmögner, ›Drachenbuch‹ und ›Pluderlich‹; Joyce, ›Briefe‹ und ›Dubliner‹ (erl. ge[isler]. –«

Die im Reisebericht erwähnte, von Th. B. auf der eigenen Schreibmaschine getippte und von ihm wie S. U. unterzeichnete Vereinbarung hat den Wortlaut:

»Thomas Bernhard und Dr. Siegfried Unseld haben heute, 22. 11. 1969 in Ohlsdorf Folgendes vereinbart:

Alle an Thomas Bernhard bis 31. 8. geleisteten Zahlungen der Verlage Insel und Suhrkamp stehen für die Verlagsrechte an allen den Verlagen bisher übertragenen Werken auf die Dauer von drei Jahren (31. 8. 1972). Alle Erlöse aus diesen Werken gehen an die Verlage. Ist der Betrag nicht abgedeckt, so verfallen am 1. 9. 1972 die Ansprüche der Verlage auf den Restbetrag.

Im Falle des Todes von Thomas Bernhard überträgt dieser, rechtsverbindlich für seine Erben, dem Verlag die Verlagsrechte so lange, bis der Betrag abgegolten ist.

A conto kommender Arbeiten zahlt der Verlag an Thomas Bernhard vom 1. 9. 1969 an auf die Dauer von zwei Jahren einen monatlichen Betrag von DM 800. – (pünktlich zum Ersten eines Monats).
Unterschrieben zum Zeichen des Einverständnisses
Ohlsdorf, am 22. 11. 1969«

2 Der Brief trägt den handschriftlichen Vermerk von S. U. »St. Moritz aus geschr. erl.«.

[101; Anschrift: Ohlsdorf]

Frankfurt am Main
19. Dezember 1969

Lieber Herr Bernhard,
das Jahr 1969 brachte uns beiden, wie ich vermute, unsere »Begegnung«. Das Jahr 1970 soll aber ein dezidiertes Jahr Thomas Bernhard werden. Ich verspreche Ihnen dies.
In diesem Sinne grüße ich Sie herzlich.
Ihr
Siegfried Unseld

[102; handschriftlich auf Briefpapier des Hotel Belvédère Garni, 7500 St. Moritz]

St. Moritz
30. Dezember 1969

Lieber Herr Bernhard
ich danke Ihnen sehr herzlich für Ihren Brief vom 16. 12.
Ich wünsche Ihnen und mir, daß Ihnen das Geplante gelingen möge. Bleiben Sie 1970 so produktiv, wie Sie sind: alles andere wird sich dann finden und einstellen.
Ich fühle mich Ihnen sehr herzlich verbunden.
Ihr
Siegfried Unseld

1970

[103; Anschrift: Ohlsdorf]

Frankfurt am Main
13. Januar 1970

Lieber Herr Bernhard,
in den letzten Tagen ließ ich Ihnen die neuen Verzeichnisse Insel und Suhrkamp für das 1. Halbjahr zugehen sowie einen neuen Prospekt für die Bibliothek Suhrkamp. Bei den älteren Titeln war die »Verstörung« aufgeführt, und wenn Sie ins Preisausschreiben hineinsehen, so wird bei Punkt 2 nochmals auf Ihr Buch indirekt verwiesen. Wir machen also Musik.
Ich schicke Ihnen die Kopien meiner Briefe an Herrn Lietzau und seine Antwort. Wir versuchen, daß wir Hollmann zu einer Regie des Stückes in München bewegen können. Das wird sich aber dann in den nächsten Tagen entscheiden.
Herzliche Grüße
Ihr
Siegfried Unseld

Anlagen[1]

[Anlage 1; Brief von S. U. an Hans Lietzau]

Herrn Intendant Hans Lietzau
Deutsches Schauspielhaus
2 Hamburg 1
Kirchenallee 29-41

Frankfurt am Main
7. Januar 1970

Verehrter, lieber Herr Lietzau,
ich bedanke mich für Ihren Brief vom 23. Dezember. Da der Verlag bis zum 5. Januar geschlossen war, kann ich Ihnen erst heute antworten.
Wir haben hier als wirklich wichtigsten Vorgang die Situation des Uraufführungstermins für Thomas Bernhards »Ein Fest für Boris« erörtert. Es wurden Gespräche mit den Herren Everding und Hollmann geführt. Ich muß Sie insofern berichtigen, als wir von diesen Herren doch etwas andere Terminierungen hörten. Doch wie auch immer: der Suhrkamp Verlag möchte dem Deutschen Schauspielhaus Hamburg noch einmal definitiv die Uraufführung einräumen. Sie schreiben von Ende Juni als letztem Termin. Wir wollen diese Angelegenheit ganz präzise machen: der Uraufführungstermin muß spätestens der 30. Juni 1970 sein; wir sind frei, mit anderen Bühnen für Termine vom 1. Juli 1970 an zu verhandeln; wir versuchen durch eine Umdisposition in München noch eine Aufführung im Juli zu erreichen, doch das ist im Moment noch fraglich.
Ich möchte Sie, verehrter, lieber Herr Lietzau, sehr bitten, Ihr ganzes Augenmerk und das ganze Gewicht Ihres Hauses auf diese Uraufführung zu legen. Ich darf darauf aufmerksam machen, daß wir schon einmal im Hinblick auf die Aufführung bei Ihnen auf eine Aufführungsmöglichkeit in Basel durch Hollmann verzichtet haben. Uns ist wirklich wichtig, daß dieses Stück eines großen Autors in der bestmöglichen Form über die Bühne geht. Ich möchte Sie deshalb herzlich bitten, dem Stück alle Möglichkeiten zu geben.
Mit freundlichen Grüßen
Ihr
[Siegfried Unseld]

[Anlage 2; Brief von S. U. an Hans Lietzau]

Herrn Intendant Hans Lietzau
Deutsches Schauspielhaus
2 Hamburg 1
Kirchenallee 29-41

Frankfurt am Main
13. Januar 1970

Sehr verehrter Herr Lietzau,
ich bedanke mich für Ihren Brief vom 10. Januar. Ich hoffe mit Ihnen, daß Sie eine adäquate Aufführung des so wichtigen Stückes bringen können.
Ich werde mich bei meinem nächsten Hamburg-Besuch gerne bei Ihnen melden.
Mit freundlichen Grüßen
Ihr
[Siegfried Unseld]

1 Auf dem Durchschlag ist unter dieser Angabe von dritter Seite handschriftlich vermerkt: »Briefe Lietzau v. 23. 12. 69 u. 10. 1. 70 / Briefe Unseld v. 7. 1. u. 13. 1. 70«. Im Briefwechsel zwischen dem Intendanten des Deutschen Schauspielhauses in Hamburg und S. U. geht es um den Termin der Uraufführung von *Ein Fest für Boris*. Im März 1969 (siehe Anm. 1 zu Brief 65) ist mit dem Hamburger Theater ein Vertrag abgeschlossen worden ohne Nennung eines Datums für die Premiere. Zu Beginn des Dezember 1969 zeichnet sich ab, daß sie erst am Ende der Sommerspielzeit 1970 stattfinden kann. Deshalb verhandelt der Verlag mit Hans Hollmann und den Münchner Kammerspielen über eine mögliche Premiere im Mai 1970. Th. B. selbst schreibt am 14. Dezember 1969 an Ursula Bothe: »Mitte Juni ist der denkbar schlechteste Termin für eine erste Aufführung des ›Boris‹, andrerseits kann ich von hier aus überhaupt nichts unternehmen und ich muss alles gehen und kommen lassen, wie Sie es von Frankfurt aus dirigieren. [...] Hamburg wie München sind für mich und mein Stück von dem grössten vorstellbaren Reiz.« Am 18. Dezember 1969 trifft sich S. U. in Hamburg mit dem Chefdramaturgen Ernst Wendt. »Lietzau war

nicht in Hamburg. [. . .] Wendt wand sich förmlich für das Theater: es sei die einzige Uraufführung, und sie brauchten sie; er deutete an, daß Peymann wohl nicht inszenieren würde, wenn er nicht die Uraufführung hätte, was ich stark bezweifelte. Ich legte ihm die ›bayerische‹ Situation dar. Er sah ein, daß er rechtlich gegen einen Abschluß mit München nichts einwenden könnte. Doch hat er mir weder versichert, daß die Aufführung in jedem Fall kommt, noch gesagt, daß im anderen Fall die Aufführung in jedem Fall nicht stattfindet.« Daraufhin schreibt Hans Lietzau am 23. Dezember 1969 an S. U. und wirbt um Verständnis für eine Uraufführung Ende Juni 1970.

[104]

Ohlsdorf
25. 1. 70

Lieber Dr. Unseld,
ich schicke Ende Februar, klappt alles, wie ich es mir denke, den Roman hinaus. Vielleicht fahre ich selbst auf ein zwei Tage nach Frankfurt damit.
Die jetzige Arbeitsperiode geht aber auch nicht ohne Belästigung ab und ich habe gestern das beigelegte Papier (auch den Umschlag lege ich bei, wegen der interessanten Berufsbezeichnung) vom Kreisgericht Wels bekommen, das zu studieren ich Sie bitte. Die offensichtlich eingereichte Ehrenbeleidigungsklage bezieht sich wahrscheinlich auf den Passus meiner Notiz im »Theaterheute«-Heft vom August 69, das ich Sie bitte, besorgen zu lassen, der folgendermassen lautet: ». . . damals besten kulturpolitischen Zeitschrift Die Furche, die heute allerdings nurmehr noch als *eine Quadratur des perversen katholisch-nazistischen Stumpfsinns* herauskommt . . .« Ich besitze das Heft nicht, habe aber den Satz im Kopf, um den es sich zweifellos handelt. Bitte lassen Sie sich die Sache durch den Kopf gehen, Ehren-

beleidigung, wenn ich auch der Ansicht bin, dass kein Blatt der Welt auf die sogenannte Ehrenbeleidigung klagen kann, weil kein Blatt der Welt, welches auch immer, Ehre hat. Aber gut, klagen kann man, wen und was und warum man will. Mir ist das Ganze recht und, werde ich verurteilt, sieht man wenigstens wieder einmal, wo mein Kopf steht. Ich bin aber aufgeschmissen, wenn ich, Sie sehen, wenn Sie die Notiz in »Theaterheute« durchlesen, eine Provinzkomödie sich entwickeln, wenn ich völlig allein (wie vor 15 oder 20 Jahren schon) vor Gericht erscheine und vielleicht gehe ich gar nicht hin, formuliere nur etwas und lasse es verlesen, ich weiss das noch nicht, also, wenn ich keinen guten fortschrittlichen Anwalt habe, bin ich aufgeschmissen.[1] Und ich bitte Sie nachzudenken, ob Sie mir für die Sache einen solchen mit der Materie absolut vertrauten Anwalt nennen und schliesslich zur Verfügung stellen können. In Wien.

Das Abschreiben des Romans, des »Kalkwerks«, macht gute Fortschritte, wenn ich auch gerade dieses Abschreiben als das grösste Martyrium empfinde, das einem Menschen zustossen kann.[2]

Bitte lassen Sie mich in der Gerichtssache nicht im Stich, sagen Sie mir, was ich tun (oder nicht tun) soll, ich brauche jetzt meinen Kopf für ganz andere Sachen. Sie wissen, für welche.

Ich danke für das Zugeschickte, und bin herzlich

Ihr

Thomas B.

P. S. 1: ist es möglich, mir nach Abzügemachen das Original dieser Gerichtspapiere zurückzuschicken?[3]

P. S. 2: Stumpfsinn ist in jedem Falle immer als das Gegenteil von Scharfsinn zu verstehen, als sonst nichts.

1 In dem jährlich erscheinenden Sonderheft der Zeitschrift *Theater heute* schreibt Th. B. in der Sondernummer für das Jahr 1969 unter der Überschrift *In Österreich hat sich nichts geändert* (S. 144): »Vor zwanzig Jahren, ich bin nichts als achtzehn gewesen, ist mir vom damaligen Direktor des Salzburger Theaters vor einem Salzburger Gericht der Prozeß gemacht worden, weil ich als guthonorierter Theaterkritiker in der damals besten österreichischen kulturpolitischen Wochenschrift ›Die Furche‹, die heute allerdings nurmehr noch als eine Quadratur des perversen katholisch-nazistischen Stumpfsinns herauskommt, meine Eindrücke über das Salzburger Theater beschrieben habe. [...] bin ich vor zwanzig Jahren von einem österreichischen Richter [...] zu viertausend Schilling Strafe verurteilt worden. Viertausend Schilling waren damals, und für mich besonders, ungeheuer viel Geld. [...] heute, zwanzig Jahre später, muß ich sagen, daß sich das Theater in Österreich überhaupt nicht geändert hat, ja, ich muß sagen, es ist heute noch viel deprimierender als damals. Da ich aber nicht wieder zu einer hohen Geldstrafe (oder Gefängnis) verurteilt werden will, weil es unsinnig ist, dem nutzlosen Staat Geld in den Rachen zu schieben oder im Gefängnis zu sitzen, werde ich meine Eindrücke über unser Theater nicht schildern.«
Th. B. bezieht sich auf seinen Artikel aus dem Jahr 1955 in der Wochenzeitung *Die Furche* mit der Überschrift *Salzburg wartet auf ein Theaterstück* (Nr. 49, 4. Dezember, S. 9): »Wir warten noch immer darauf, daß das Salzburger Landestheater endlich einmal ein Theaterstück herausbringt, das in den Kulturspalten diskutabel ist. [...] Aber, so fragt man sich deutlich, kann es sich eine Stadt wie Salzburg, die jeden Sommer zu einem europäischen Musik- und Theaterzentrum ersten Ranges wird, leisten, ein landessubventioniertes Haus zu besitzen, das die restlichen zehn Monate auf das Niveau einer Bauernbühne herabsinkt? [...] Es ist, als fehlte – von oben herunter – jede Art von ›Bewußtsein‹, ganz zu schweigen von der Begeisterung.« Der im Artikel nicht namentlich genannte Intendant des Salzburger Landestheaters, Peter Stanchina, reicht am 12. Januar 1956 beim Strafbezirksgericht Wien eine »Privatanklage wegen Presseinhaltsdeliktes« ein. Ein erstes Urteil spricht Th. B., der bei der Verhandlung nicht anwesend ist, am 28. März 1956 vom Vorwurf der Ehrenbeleidigung frei. Nachdem Stanchina Einspruch erhebt, wird Th. B. am 11. März 1957 zu einer

Geldstrafe von 300 Schilling verurteilt, legt jedoch Berufung ein. Am 8. Juli 1959 zieht Stanchina die Klage zurück.

2 Bei der Reinschrift des Romans tippt Th. B. neunmal das Wort »Ehrenbeleidigung« bzw. dessen Komposita in seine Schreibmaschine, einsetzend am Romananfang: Auf S. 8 (*Werke 3*) ist die Rede davon, der Kalkwerkbesitzer Konrad habe 15 Vorstrafen, »größtenteils wegen sogenannter Ehrenbeleidigung und wegen sogenannter leichter und schwerer Körperverletzung«. Auf den S. 105, 106 (»Eine Welt hat er gesagt, in welcher man wegen sogenannter Ehrenbeleidigung vor Gericht kommen könne und die behaupte, sie habe Ehre, und in welcher behauptet werde, in ihr gebe es Ehre, wo es doch ganz offensichtlich keine Ehre mehr gebe, besser, niemals auch nur so etwas Ähnliches wie Ehre gegeben habe, sei nicht nur eine fürchterliche, furchterregende, sondern auch eine lächerliche [...]«) sowie S. 108 kulminiert die Auseinandersetzung mit der Klage.

3 Bei den »Gerichtspapieren« handelt es sich um einen Beschluß des Bezirksgerichts im oberösterreichischen Wels vom 22. Januar 1970. Der Beschluß hat den Wortlaut:

»Das Bezirksgericht Wels hat in der Strafsache gegen Thomas Bernhard, Journalist und Theaterkritiker, 4694 Ohlsdorf, wegen Presseehrenbeleidigung über Antrag der Privatankläger 1) Herold Druck- und Verlagsgesellschaft m. b. H., 2) Verein Herold und 3) Dr. Willy Lorenz, Chefredakteur, alle in 1081 Wien 8, Strozzigasse 8, sämtlich vertreten durch Dr. Max Vladimir Allmayer-Beck, Dr. Max Josef Allmayer-Beck, Rechtsanwälte in Wien 1, Parkring 2, den

Beschluß

gefaßt:

Die Strafsache wird gemäß § 52 Abs. 1 StPO. 1960 an das Strafbezirksgericht Wien abgetreten.

Begründung:

Die Privatanklage wurde unter Hinweis auf den Wohnort des Beschuldigten beim Bezirksgericht Wels erhoben. Die Privatkläger haben nunmehr gemäß § 51 Abs. 1 StPo 1960 die Abtretung an das Strafbezirksgericht Wien beantragt.

Mit Rücksicht auf den im Ausland liegenden Erscheinungs- und Druckort ist der Tatort der Ort, wo das Druckwerk verbreitet worden ist. Für eine Verbreitung im Sprengel des Bezirksgerichts Wels ist kein Hinweis vorhanden. Nach den in der Zeitschrift ent-

haltenen Angaben wird die Auslieferung von Wien aus besorgt. Dagegen bestehen, schon mit Rücksicht auf die spezielle Art der Zeitschrift, keine Bedenken. Auch ist das im Gegenstande verfügbare Exemplar der Privatanklage in Wien beigelegt worden. Als Tatort ist somit jedenfalls auch Wien anzusehen.
Über Verlangen der Privatankläger war daher die Strafsache gemäß § 52 Abs. 1 StPO 1960 dem Strafbezirksgericht Wien abzugeben.«
Der erwähnte Briefumschlag ist nicht erhalten.

[105; Anschrift: Ohlsdorf]

Frankfurt am Main
27. Januar 1970

Lieber Thomas Bernhard,
schönen Dank für Ihren Brief vom 25. Januar. Ich habe heute drei Briefe losgelassen mit der Bitte, mir den besten Anwalt in Wien zu nennen. Bitte gedulden Sie sich. Ich schreibe Ihnen in Kürze. Das Gerichtspapier schicke ich Ihnen wunschgemäß zurück.
Drei der Autoren für das Juli-Sonder-Jubiläumsprogramm werden mit ihrem Manuskript nicht fertig! Ich mußte deshalb die Idee des 3. Programms im Juli fallenlassen. Das würde bedeuten, daß »Das Kalkwerk« nicht im Juli, sondern Ende August ausgeliefert wird. Ich hoffe, das wird Sie nicht entmutigen. Sie dürfen unserer vollen Bemühung ja sicher sein.
Wo ich nur kann, empfehle ich »Ein Fest für Boris«. Es tun sich ja da immer wieder Möglichkeiten auf |: Hamburg definitiv Juni|
Soviel nur für heute als Zwischenbericht.
Herzlich
Ihr
Siegfried Unseld

Anlage

[Anlage; Brief von S. U. an Ferdinand Sieger]

Herrn Dr. Ferdinand Sieger
7 Stuttgart 0
Urbanstraße 4

Frankfurt am Main
27. Januar 1970

Lieber Herr Sieger,
ich erhalte eben einen Brief von Thomas Bernhard. Er ist in eine Strafrechtssache verwickelt. Er hat in der August-Nummer von »Theater heute« folgendes geschrieben: »... damals besten kulturpolitischen Zeitschrift Die Furche, die heute allerdings nurmehr noch als eine Quadratur des perversen katholisch-nazistischen Stumpfsinns herauskommt ...« Die Zeitschrift verklagt ihn jetzt in Wien. Er braucht dort einen Anwalt. Wüßten Sie irgend jemanden in Wien, und wie beurteilen Sie die Lage?
Herzliche Grüße
Ihr
[Siegfried Unseld]

[106; Anschrift: ⟨Ohlsdorf⟩]

Frankfurt am Main
3. Februar 1970

Lieber Herr Bernhard,
in der Angelegenheit eines möglichen Anwalts für Sie habe ich einige interessante Hinweise bekommen. Zunächst einen Brief meines Anwalts, den ich in Kopie beilege. Hilde Spiel nannte mir Herrn Rechtsanwalt Dr. Peter Stern, Wien 1, Elisabethstraße 2-6. Herr Stern ist ein jüngerer sehr agi-

ler Anwalt, der Alexander Lernet-Holenia oft in vergleichbaren Fällen vertreten hat. Sollte man ihn bitten?
Ich meine freilich, daß man zunächst noch einmal etwas Außergerichtliches versuchen soll.
Soviel für heute.
Schöne Grüße
Ihr
Siegfried Unseld

Anlage[1]

1 Ferdinand Sieger schreibt am 29. Januar 1970 an S. U.:
»Zu Ihrer Anfrage vom 27. Januar 1970: 1. Als mit Presse- und Verlagswesen bestens vertraute Wiener Anwälte kann ich empfehlen unsere dortigen Korrespondenzkollegen Dr. Fritz Psenicka, Dr. Walter Ender, Dr. Konrad Landau, Wien I, Rosenbursenstrasse 8. 2. Das Urteil, die Zeitschrift ›Die Furche« komme heute nur noch als eine ›Quadratur des perversen katholisch-nazistischen Stumpfsinns‹ heraus, scheint mir nach deutschen Gesetzen kaum strafbar zu sein. Es handelt sich dabei um ein nicht judizierbares Werturteil, während zu den strafrechtlich relevanten Äusserungen das Merkmal gehört, dass sie Tatsachenbehauptungen enthalten. Insofern dürfte es darauf ankommen, dass die Beurteilung ›des perversen katholisch-nazistischen Stumpfsinns‹ nicht auf einen bestimmten historischen Augenblick und bestimmten historischen Vorgang zielt, sondern eine Breviloquenz, ein zusammenfassendes Schlagwort für die Kreuzung bestimmter Geisteshaltungen darstellt. Zweitschrift zur Weitergabe an Thomas Bernhard füge ich zur Beschleunigung bei.« Die beigefügte Zweitschrift gibt Punkt 2 des Briefes von Ferdinand Sieger wieder.

[107]

Ohlsdorf
13. 2. 70

Lieber Dr. Unseld,
die Verhandlung gegen mich ist am 11. März um halbzehn Uhr vormittag im Strafbezirksgericht Wien VIII., Hernalser Gürtel 6-12 und ich bitte Sie für mich einen Anwalt in Wien zu bestimmen, Verbindung mit ihm aufzunehmen und ihn mit entsprechendem Material über mich versorgen zu lassen. Wahrscheinlich ist Herr Dr. Stern der beste.
Da ich mitten in der heiklen Abschreibearbeit bin, ein Vorgang, der möglichst ungestört zu vollziehen ist, wäre mir die Hilfe von seiten des Verlags wichtig, denn ich kann im Grunde nichts von hier aus tun, die ganze Sache ist auch nicht der Rede wert, aber desto lästiger. Bitte betätigen Sie die Verlagsapparatur für mich, die ungeheure, wunderbare Maschine.
Natürlich ist das Aussergerichtliche das angenehmste. Aber wie? Ich bin tatsächlich unfähig, einzugreifen.
Die Zeit bis zur Verhandlung ist auch nicht mehr die längste.
Ich danke sehr herzlich für alles
herzlich Ihr
Thomas Bernhard

[108; Anschrift: Ohlsdorf]

Frankfurt am Main
19. Februar 1970

Lieber Thomas Bernhard,
bitte schicken Sie sogleich die Unterlagen für die Prozeßverhandlung, die Sie noch haben, an
Herrn Rechtsanwalt Dr. Peter Stern
Elisabethstr. 2-6
Wien I.
Ich treffe mich mit Herrn Dr. Stern am Montag bzw. Dienstag der kommenden Woche in Wien. Ich möchte noch den Versuch machen, die Angelegenheit irgendwie außergerichtlich zu bereinigen. Dies in gebührender Kürze.[1]
Herzlich
Ihr
Siegfried Unseld

1 Während seines Wien-Aufenthalts trifft S. U. am 24. Februar Th. B. Der *Reisebericht Wien, 23.-25. Februar 1970* hält fest:
»Die Begegnung war schwierig, weil der Anwalt, den fünf Leute mir für Bernhard empfohlen hatten, in seinem Schreiben einen Fehler gemacht hat und Bernhard ihn deshalb nicht nehmen wollte. Wir unterhielten uns dann mit drei anderen Leuten in der ›Furche‹-Angelegenheit und beauftragten schließlich Dr. Schwager, die Interessen von Bernhard zu vertreten.
Ich versuchte bei dem Herausgeber der ›Furche‹, Herrn Lorenz, einen Vermittlungsversuch zu erreichen, der wurde abgelehnt. Die ›Furche‹-Leute wollen ganz offensichtlich eine Verurteilung Bernhards herbeiführen.
Dann hat sich Bernhard sehr skeptisch über unsere Presseabteilung geäußert, die wohl von zwei Rentnern gemacht würde. Man hätte ihm einen abgezogenen Brief geschickt, Besprechungen zugesandt, und die hätten aus einer großen Besprechung und einigen Titelabdrucken bestanden; die wichtigsten großen Besprechungen jedoch hätten gefehlt.
Dann wollte er nicht, daß das ›Kalkwerk‹ im 2. Halbjahr 70 er-

scheinen sollte. Hier habe ich nun doch heftig widersprochen und ihn in seiner Entscheidung soweit ändern können, daß ich ihm jetzt einen Brief schreibe, in dem ich noch einmal alle Argumente zusammenfasse. Er würde das Ms. für ›Kalkwerk‹ Ende März, spätestens zum 15. 4. abliefern. Der BS-Band ›Midland‹ würde in diesem Fall auf Januar 1971 verschoben.
Telefonat mit dem Burgtheater, Generalintendant Hoffmann. Die Burg kann leider ›Ein Fest für Boris‹ nicht ins Repertoire aufnehmen. Eine Studiobühne steht nicht zur Verfügung. Man verzichtet auf diesen Plan. Man muß das Frau van Witt, die nicht in Wien war, mitteilen.«

[109; Anschrift: Ohlsdorf]

Frankfurt am Main
26. Februar 1970

Lieber Herr Bernhard,
bei Frau Botond meldete sich weder gestern noch heute jemand am Telefon. Sie wird schon abgereist sein.[1]
Ich habe an den Anwalt geschrieben und ihm die Bücher geschickt. Anbei die Kopie meines Schreibens. Ich hoffe, die Angelegenheit wird in einer Weise erledigt, die Sie nicht auf die Dauer hin belastet.
Ich halte es doch für gut, wenn wir uns von Zeit zu Zeit sehen; jedenfalls freue ich mich immer, Ihnen zu begegnen, und ich glaube, wir zeigen uns, daß wir auch Divergenzen mannhaft besprechen können.
Ich habe hier im Hause noch einmal Ihre Bedenken zur Diskussion gestellt. Wir sind alle einer Meinung, daß Sie keine Kritik an einer »Überproduktion« fürchten sollten. Die Erzählungen »Ungenach« und »Watten« erschienen 1968 und 1969; der letzte Roman »Verstörung« 1967. Kein Vernünftiger wird Ihnen einen Vorwurf machen, wenn dann 1970 ein neuer Roman erscheint. Über Irre und Irra-

tionale läßt sich nichts vorhersagen, aber man soll sich nicht nach ihnen richten und sie schon gar nicht fürchten.
Aus mehreren Gründen läge uns an diesem Buch. Meine Hauptüberlegung zielt durchaus auf Ihre eigene Arbeitsweise. Wenn Sie den Text allzu lange liegen lassen, verlieren Sie die Lust an ihm. Und wie auch immer die Anlage des Textes sein mag, er ist datiert, und ich meine, daß dem Schriftsteller Bernhard nicht gedient wäre, wenn er dann wesentlich später nach der Niederschrift erschiene.
Wir selber möchten, wie ich Ihnen schon sagte, das gesamte Programm des 2. Halbjahres 1970 als Jubiläumsprogramm ansehen. Und hier läge uns besonders viel an Ihrem Roman und an der Tatsache, daß Thomas Bernhard hier vertreten ist. Es kommt hinzu, daß ich die Situation für das Erscheinen des Buches taktisch für besonders günstig halte, und ich glaube, daß wir Maximales und Optimales erreichen können.
Ich würde also noch einmal dafür plädieren, daß Sie uns bis spätestens Ende März das Manuskript zuschicken. Wir können uns dann in Ruhe mit ihm beschäftigen und die Edition vorbereiten.
»Midland in Stilfs« in der Bibliothek Suhrkamp bringen wir dann im Januar oder März 1971.
Ich wäre Ihnen dankbar, wenn Sie dieser Lösung zustimmen würden, damit die Unsicherheiten verschwinden und wir richtig planen können.
Hegel geht Ihnen zu.
Herzliche Grüße
Ihr
Siegfried Unseld

Anlage

[Anlage; Brief von S. U. an Nikolaus Siebenaller]

Herrn Rechtsanwalt
Nikolaus Siebenaller
Schottengasse 4
Wien 1

Frankfurt am Main
25. Februar 1970

Sehr geehrter Herr Dr. Siebenaller,
Thomas Bernhard hat mir gesagt, daß Sie ihn in der Prozeß-Sache »Die Furche« vertreten. Ich schicke Ihnen anbei die Stellungnahme meines Stuttgarter Anwalts in dieser Frage. Der Suhrkamp Verlag ist Ihnen sehr verbunden, daß Sie die Vertretung übernehmen. Für mich zählt Thomas Bernhard zu den wirklich Großen der zeitgenössischen Literatur. Wir sollten alles versuchen, daß ihm aus dieser Unmutsäußerung, die er ja sicherlich nicht wiederholen wird, kein Schaden erwächst.
Ich schicke Ihnen mit getrennter Post einige Bücher von Thomas Bernhard, damit Sie selber den Rang dieses Schriftstellers prüfen können. Ich weise Sie in diesem Zusammenhang auch auf den hier anliegenden Prospekt hin, in dem wir einige Stimmen von Kritikern angeführt haben.
Mit freundlichen Grüßen
Ihr sehr ergebener
[Dr. Siegfried Unseld]

Anlagen[2]

1 Anneliese Botond hält sich von 1970 bis 1974 in Lateinamerika auf.

2 Eine Anlage ist vermutlich identisch mit der Anlage zu Brief 105. Die zweite Anlage, der Prospekt, ist wahrscheinlich die in Brief 89 erwähnte.

[88]

Ohlsdorf
15. 9. 69

Lieber Dr. Unseld,
vielleicht fährt bald einmal wieder Ihr Wagen in meinen Hof herein, das freut mich dann!
Seit Tagen bin ich wieder intensiv mit dem Roman beschäftigt, warte auf die Fahnen von »Watten«, das, bitte, programmgemäss erscheinen soll und bin überhaupt in bester Konstellation.
Die Abschliessung hier ist mir, arbeite ich intensiv, am förderlichsten. Diese »Zustände« nütze ich aus.
Das Finanzielle betreffend, warte ich auf Ihren Brief, die Unterlagen, etc. Was die ab September beschlossenen Zahlungen betrifft, bitte ich, die Anweisung jeweils am Monatsanfang[1] zu machen. Die erste ist hier noch nicht angekommen.
Aber das Wichtigste ist vollkommen klar.
Über die Österreichische Bibliothek:
es ist das beste, möglichst Wenige mit der Sache zu betrauen, auch die wenigsten in das Ganze »hereinzuziehen«, glaube ich. Vor allem, solange nicht vollkommene Klarheit besteht über den Vollzug. Tatsächlich ist die Idee grossartig *und* realisierbar, was schon Begeisterung ist. Als Herausgeber stelle ich mir tatsächlich

Ernst Fischer
Artmann
Barbara Frischmuth
Peter Handke
Hilde Spiel
Leo Navratil

vor, das wäre in meinen Augen die beste Mannschaft. Kolleritsch weiss ich nicht.

[110]

Ohlsdorf
18. 3. 70

Lieber Siegfried Unseld,
ich werde das Manuskript des »Kalkwerks« Mitte April nach Frankfurt schicken und es kann dann im Herbst veröffentlicht werden, ich glaube, das ist der beste Zeitpunkt.
In Wien hat die »Furche« die Klage zurückgezogen während der Verhandlung, die dreiviertel Stunden gedauert hat.[1]
Mein Schwung ist der beste.
Im Mai bin ich zu einer Vorlesung in Hamburg, zu diesem Zeitpunkt wollten Sie auch in Hamburg sein, mit dem »Autor« plaudern.
Hoffen wir, dass wir im Schauspielhaus Glück haben, das bis jetzt immer Unglück gehabt hat, was vielleicht unser Glück ist.
»Midland« bitte im Januar.
Hegel steht schon neben Kant.[2]
Die Zukunft gehört niemandem.
Herzlich Ihr
Thomas Bernhard

P. S.: Ich bitte die Buchhaltung um Übersendung der Kontoauszüge für 69, auf Wunsch des Steuerberaters bitte das bewusste Darlehen auf gesondertem Blatt.[3]

1 Die Hauptverhandlung in Sachen *Furche* gegen Th. B. findet am 11. März 1970 statt und endet mit einem gerichtlichen Vergleich.

2 In der Bibliothek von Th. B. in Ohlsdorf finden sich die bis 1970 erschienenen 16 Bände der Hegelschen *Werke in zwanzig Bänden* sowie die ebenfalls im Suhrkamp Verlag 1968 erschienenen *Werke in zwanzig Bänden* von Kant.

3 Am Rand dieses Absatzes ist von dritter Hand vermerkt »erl[edigt]. 20. 3. 70«.

[111; Anschrift: Ohlsdorf]

Frankfurt am Main
24. März 1970

Lieber Herr Bernhard,
schönen Dank für Ihren Brief vom 18. März. Ich war einige Zeit verreist.[1] Meine Buchhaltung sagte mir, daß sie Ihnen inzwischen die Kontoauszüge geschickt hat. Ich hoffe, das ist bei Ihnen angekommen.
Steht Ihr Hamburger Vorlese-Termin im Mai bereits fest? Dann schreiben Sie ihn mir doch bitte, damit ich mich einrichten kann. Ich freue mich auf jede Gelegenheit, Ihnen zu begegnen.
Herzliche Grüße
Ihr
Siegfried Unseld
|»Midland«: BS 275 Januar|

1 S. U. hält sich zwischen dem 14. und 22. März 1970 in der Schweiz (auch zu Urlaubszwecken) und anläßlich der Tagung der Hölderlin-Gesellschaft in Stuttgart auf.

[112; Anschrift: Ohlsdorf]

Frankfurt am Main
16. April 1970

Lieber Herr Bernhard,
es wird jetzt dringlich mit den Vorbereitungen für das Programm des 2. Halbjahres 1970. Die Herstellung muß Vertretermuster machen. Wir selbst hier schmieden schon Texte und Ankündigungen. Wäre es Ihnen also jetzt möglich, uns das Manuskript einzuschicken? Bitte tun Sie es.
Heute habe ich vom Otto Müller Verlag die Nachricht erhalten, daß der Verlag selber eine Ausgabe des Ban-

des I der historisch-kritischen Ausgabe von Trakl plant. So schwimmt also unser Trakl-Plan weg.[1]
Schöne Grüße
Ihr
Siegfried Unseld

1 Entgegen den ursprünglichen Plänen einer Auswahl aus Trakls Werk (siehe Anm. 1 zu Brief 86) sucht Th. B. am 27. Februar 1970 in Salzburg Richard Moissl, den Lektor des Otto Müller Verlags, auf und überbringt ihm den Vorschlag von S. U., den Band I der historisch-kritischen Ausgabe von Trakl als Studienausgabe im Suhrkamp Verlag zu publizieren. Am 13. April 1970 informiert Richard Moissl S. U. über die Entscheidung des Otto Müller Verlags, eine eigene verbilligte Ausgabe zu veröffentlichen.

[113]

Ohlsdorf
28. 4. 70

Lieber Doktor Unseld,
in der Absicht, mit einem Freund nach Köln zu fahren und also in Frankfurt vorbeizuschauen, kommenden Dienstag oder Mittwoch, 5. oder 6. Mai, war es mir klar, das Manus mitzunehmen; jetzt ist aber plötzlich unsicher geworden, ob die Reise zustande kommt und es geschieht folgendes: entweder ich komme Dienstag oder Mittwoch nach Frankfurt, oder ich schicke Dienstag das Manus express an Sie ab. In der Zwischenzeit bringe ich etliche Korrekturen an, die besser im Manus als in den Fahnen vorgenommen werden. Das Ganze hat zweihundert Seiten schliesslich.
Ich schreibe mein zweites längeres Theaterstück und ich frage Sie, was Sie vom ersten hören, denn ich höre nichts.
Wie schaut Ihr Herbstprogramm endgültig aus?
Bei etlichen jungen Leuten, deren Schreibweise sehr stark

an die meinige erinnert, weiss ich nicht, soll ich mich freuen, oder das ganze schreibende Gesindel verfluchen![1]
Herzlich Ihr
Thomas B.

1 Der Brief trägt den Bleistiftvermerk von S. U.: »Kein Fröhlich«.

[114]

Ohlsdorf
5. 5. 70

Lieber Doktor Unseld,
das Manus geht zur gleichen Zeit ab an Sie wie diese Zeilen, vielleicht verfluchen Sie mich, ich kann es nicht ändern.
Die erste Juniwoche[1] bin ich in Hamburg, da wäre es gut, wenn wir miteinander redeten, wann genau ich die Vorlesung im Theater habe, weiss ich nicht. Augenblicklich schreibe ich an dem neuen Theaterstück und was das alte, den »Boris« betrifft, danke ich Ihnen und vor allem Burgel Geisler für die rasche Übersendung des gut zum »Boris« passenden roten Bandes.[2]
Ende Juni weiss ich, wissen wir, ob die Komödie ruiniert oder lebendig gemacht worden ist.
Sie sagten zweimal, ich könne nach Israel fahren, eine solche Reise wär mir recht, gleich wann.
Bitte grüssen Sie Herrn Busch von mir herzlich, dann auch Herrn Beckermann, der mir kurz geschrieben hat, den ich aber nicht kenne,[3] und vielleicht denken auch Sie, ich sollte einmal auf einen Tag in Frankfurt vorbei- und mir das neue Verlagshaus anschauen, vielleicht.
Herzlich Ihr
Thomas B.

1 Die Worte »erste Juniwoche« sind mit rotem Kugelschreiber unterstrichen und am Rand des Briefes durch zwei Striche markiert.

2 *Ein Fest für Boris* erscheint am 5. Mai 1970 als Band 440 der edition suhrkamp. Burgel Geisler sendet ein Vorausexemplar an Th. B. nach Ohlsdorf mit einem Begleitbrief. »[...] ein schönes rotes ›Fest für Boris‹ liegt mit dem ersten Exemplar auf dem Tisch, ich schicke es Ihnen zum Wochenende und bevor Herr Unseld Anfang nächster Woche aus Amerika, wohin es ihn geschäftlich gezogen hat, zurückkommt.«

3 Sowohl Günther Busch als auch Thomas Beckermann korrespondieren im April mit Th. B. über die definitive Auswahl der Beiträge zu *Über Thomas Bernhard*. Beckermann fragt am 30. April 1970 telegrafisch nach dem Manuskript von *Kalkwerk*. Am 13. April 1970 übersendet Thomas Beckermann Th. B. die Inhaltsübersicht für den von Anneliese Botond herausgegebenen Band *Über Thomas Bernhard*. Darauf erhält er am 6. Mai 1970 die Antwort: »[...] zwei Fragen: in der Aufstellung der Beiträger für den es-Band fehlt der ausgezeichnete Aufsatz von Hans Höller, den selbst Frau Botond seinerzeit als hervorragend bezeichnet hat. Warum? Auf der Liste steht ein Artikel von Herrn Schonauer, der von der billigsten Machart und zum Großteil wortwörtlich von einer Blöckerkritik abgeschrieben und damals in der ›Neuen Rundschau‹ erschienen ist [Franz Schonauer: *Thomas Bernhard »Verstörung«*]. Warum?« Am 16. Mai 1970 erklärt Th. B. Thomas Beckermann: »[...] die Wirkung der ›Rede‹ vor dem Minister [anläßlich der Verleihung des Staatspreises 1968; siehe Brief 43] wird durch die sogenannte ›Morgenandacht‹ aufgehoben, die ›Morgenandacht‹ ist also auf jeden Fall wegzulassen, das kann mit Vergnügen geschehen, weil es sich um ein stilistisch völlig missglücktes Stück handelt [Erstdruck in *Wort in der Zeit*, H. 1, 1966, S. 11-13].« Am 23. Mai schickt Th. B. eine von ihm selbst für den Band erstellte Vita (siehe *Über Thomas Bernhard*, S. 142f.) mit dem Kommentar: »Die meisten Beiträge sind mühelos und dumm, aber das ist nicht zu ändern, ebensowenig kann ich mich beherrschen. Vor allem hätte ich auf die Dummheit des Herrn Prießnitz verzichtet.« Nach Erhalt des ersten Exemplars konstatiert er am 5. Juli: »Lieber Herr Beckermann, gegen solche sich tödlich gegen das Opfer wendende Scherze wie den ›Über‹-Band, der gestern hier angekommen ist, heisst es sich mit grosser Raffinesse aus aller Bedrückung wehren.«

[115; Anschrift: ⟨Ohlsdorf⟩]

Frankfurt am Main
8. Mai 1970

Lieber Herr Bernhard,
ich danke Ihnen für Ihre beiden Briefe vom 28. April und 5. Mai. Insbesondere bedanke ich mich für Ihr Manuskript »Das Kalkwerk«, das eben eingetroffen ist. Auf diese Wochenend-Lektüre freue ich mich ungemein.
Wir haben vom 1. bis zum 5. Juni Klausur-Konferenzen mit den Vertretern der Verlage Insel und Suhrkamp. In diesen Tagen bin ich völlig unabkömmlich und kann deshalb auch leider nicht nach Hamburg kommen. In der 2. Juni-Woche, also vom 7. Juni an, wäre dies ohne weiteres möglich, doch wäre es nicht sinnvoller, wenn Sie in diesen Tagen nach Frankfurt kommen? Ich würde Sie gerne einladen; Sie könnten bei uns wohnen und auch in Ruhe das Verlagsgebäude besichtigen und mit den Ihnen noch unbekannten Lektoren sprechen. Bitte schreiben Sie mir doch, wie Sie darüber denken. Ich würde mich sehr freuen, wenn Sie kommen könnten.[1]
Anbei eine Übersicht über das Programm des 2. Halbjahres 1970. Sie sehen, es ist kein Fröhlich-Titel dabei![2]
Herzliche Grüße
Ihr
Siegfried Unseld

Anlage

[Anlage; Titelliste]

Suhrkamp 2. Halbjahr 1970
Celan, »Lichtzwang«. Gedichte.
Ernst Augustin, »Mamma«. Roman.

Jürgen Becker, »Umgebungen«.
Thomas Bernhard, »Das Kalkwerk«, Roman.
Günter Eich, »Ein Tibeter in meinem Büro«. »Maulwürfe 2«.
Uwe Johnson, »Jahrestage. Aus dem Leben der Gesine Cresspahl«. Aug. 67-Feb. 68.
Dieter Kühn, »N«.
Alf Poss, »Hinausgeschwommen«.
Beckett, »Watt«.
Christiane Rochefort, »Frühling für Anfänger«.
Werkausgabe Hermann Hesse in 12 Bänden.
Ödön von Horváth, »Gesammelte Werke«.
Joyce, »Briefe II«.
Bücher der 19, Dezember. »The Best of H. C. Artmann«. Eine Auswahl von Klaus Reichert.
Brecht, »Gedichte«, Band 10.
»Spectaculum 13« (Beckett, Bond, Hacks, Handke, Horváth, Michelsen, O'Casey, Fleißer).

1 Th. B. hält sich zwischen dem 5. und 7. Juni 1970, also drei Tage, in Hamburg auf wegen der Proben zu *Ein Fest für Boris*. In dieser Zeit kommt es zum Fernsehinterview *Drei Tage*. »Im Sommer 1970 hatte ich mich nach tagelangem, schließlich zu einer höchstpersönlichen Groteske gewordenem Suchen nach einem dafür geeigneten Schauplatz bedingungslos auf eine weißgestrichene Bank in einem Hamburger Vorortepark gesetzt, um, wie verabredet, vor dem Regisseur Ferry Radax eine Reihe mich betreffender Sätze zu sagen [...]. Die Tatsache aber, daß ein Film gemacht wird, in welchem meine Person fünfundfünfzig Minuten ununterbrochen zu keinem anderen Zweck auf einer weißgestrichenen Bank in einem Hamburger Vorortepark sitzt, um die ganze Zeit zu sagen (oder nicht zu sagen), was ihr gerade einfällt [...] und die Tatsache, daß der daraus gemachte Film schließlich zu akzeptieren gewesen ist, hat ganz unmittelbar zu der Idee geführt, [...] einen längeren und das heißt mindestens eineinhalb Stunden langen Film zu schreiben [...].« (Th. B.: *Werke 11*, S. 259; Erstveröffentlichung in: *Der Italiener*, 1971.)

Die Erstausstrahlung der *Drei Tage* erfolgt im Westdeutschen Fernsehen am 17. Oktober 1970, dem Tag der Verleihung des Georg-Büchner-Preises an Th. B. Der Wiedergabe des Wortlauts der Bernhardschen Äußerungen hat der WDR, Abteilung Kultur – Redaktion Literatur (*Thomas Bernhard. Drei Tage. Ein Porträt von Ferry Radax*, o. O., o. J.), Bemerkungen über den Film vorangestellt: »Die Regie sah es von vornherein als wichtigste Aufgabe an, die eine vorgegebene Situation (Thomas Bernhard, auf einer Bank sitzend, redend) wiederzugeben. Der jeweilige Abschnitt eines ›Monologs‹ wird in einer, unveränderten Einstellung wiedergegeben. Die Veränderung des Bildausschnitts markiert zunächst nur einen neuen gedanklichen Abschnitt; im Verlauf wird dann eine zweite Absicht erkennbar: der Versuch, die vorgegebene Situation durch ungewohnte, manchmal extreme Bildausschnitte nach und nach gleichsam in ihre möglichen Einzelaspekte zu zerlegen und sie so jeweils neu zu distanzieren. Ein zweites Gestaltungsmittel ist das allmähliche Sichtbarmachen der Gegensituation des Autors – der Seite der technischen Apparatur (Scheinwerfer, Tonbandgerät, Kamera, Videorecorder, das Aufnahmeteam). Auf diese Weise soll der Entstehungsprozeß des Films durchschaubar gemacht werden; gleichzeitig geht es darum, dem Zuschauer bewußt zu machen, daß die technisch ermöglichte Reproduktion scheinbar ›natürlicher‹ Situationen und Abläufe in Wahrheit ein Vorgang von äußerster Künstlichkeit ist – von einer Künstlichkeit, die auch die stereotypen Erzählhaltungen in der Prosa Thomas Bernhards auszeichnet.« (S. IIIf.) Der Regisseur erinnert sich: »Ich war natürlich frustriert, denn was wollen Sie mit einem Mann, der eine Stunde lang regungslos auf einer Bank vor laufender Kamera sitzt, für einen Film machen? [...] die Kamera am 1. Tag vormittags auf 150 bis 50 Meter Distanz. [...] Am 2. Tag zu Mittag auf 50 bis 20 Meter [...]. 3. Tag: Beginn Spätnachmittag, Distanz 10 Meter, nach Einbruch der Nacht Distanz 2 Meter bis 50 Zentimeter. Ich wollte einen Ablauf vom Tag in die Nacht für die Einheit der Zeit zur Einheit des Orts und der Person.« (Radax, *Thomas Bernhard und der Film*, S. 210)

Th. B. schreibt ein Filmdrehbuch auf der Basis der zuerst 1964 erschienenen Erzählung *Der Italiener* (das Drehbuch und die Erzählung sind publiziert in: Th. B.: *Werke 11*, S. 183-248). Ferry Radax dient sie als Grundlage eines gemeinsam mit seinem Kameramann

Gerard Vandenberg verfaßten Drehbuchs, das, als Auftragsarbeit des Westdeutschen Rundfunks, im Winter 1971 auf Schloß Wolfsegg nahe Ohlsdorf verfilmt wird u. a. mit Rosemarie Fendel, Kurt Jaggberg und Fabrizio Jovine. (Erstsendung: 18. Oktober 1971). 1972 erhält der Film drei Adolf-Grimme-Preise, einer davon geht an Th. B. für das Drehbuch (siehe zur Entstehung von Erzählung wie Film Th. B. *Werke 11*, S. 356-365). Zur Reaktion von Th. B. siehe Brief 151.

Auf dem Rückweg von Hamburg macht Th. B. am 9. Juni 1970 in Frankfurt Station. In einem Brief an Hedwig Stavianicek vom 11. Juni berichtet er: »Wie ich vorgestern mit der Bahn [...] durch Butzbach, kleine Ortschaft fuhr, dachte ich, also da ist *Büchner* eingesperrt gewesen [...] Und wie ich bei Unseld in seiner Wohnung zum Mittagessen ankam [...] redete er so herum, ob ich schon von der Akademie gehört hätte, ich wusste aber überhaupt nichts [...], plötzlich sagte er aber ganz einfach: die deutsche Akademie hat vor 2 Tagen den *Büchnerpreis* an Th. B. verliehen [...].« (Th. B.: *Werke 3*, S. 243.)

2 1971 erscheint im Suhrkamp Verlag von Hans J. Fröhlich der Roman *Engels Kopf*. Th. B. und Hans J. Fröhlich kennen sich, wie aus einem Brief Fröhlichs an Th. B. vom 7. August 1967 hervorgeht, seit 1967. »Herzlichen Dank, dass Sie vor Frau Botond so freundlich über mich gesprochen haben. Ohne Ihr Mitwirken würde mein Buch [der Roman *Tandelkeller*] vielleicht nicht mehr in diesem Herbst erschienen sein.«

[116; Anschrift: Ohlsdorf; Telegramm]

Frankfurt am Main
11. Mai 1970

lieber herr bernhard,
»kalkwerk« ist großartig. ich bin begeistert. glückwunsch für uns beide. stop. mir erscheint der text satzreif. ich möchte ihn sogleich in die herstellung geben. stop. eine bitte: die unterstrichenen stellen sollen nicht kursiv gesetzt werden. das wäre zuviel. wären sie damit einverstanden, wenn wir alles normal setzen?

noch einmal meinen glückwunsch und meine bewunderung.
ihr siegfried unseld

[117; Telegramm]

Ohlsdorf
12. 5. 70

alles normal setzen = bernhard[1]

1 Th. B. revidiert seine Entscheidung und fügt die Unterstreichungen, die im Druck in kursiver Schrift erscheinen, wieder ein, weshalb ihm Thomas Beckermann am 16. Juni 1970 neben dem ersten Teil des Umbruchs des *Kalkwerks* das Manuskript zuschickt.
Am 19. Juni 1970 besucht S. U. Th. B. in Ohlsdorf und schildert das Treffen im *Reisebericht Schweiz–Österreich, 14.-21. Juni 1970*: »Ich besprach mit ihm den Vertrag für ›Das Kalkwerk‹. Unstimmigkeiten wurden bereinigt, auch einige Änderungen angebracht. Aber Thomas Bernhard konnte sich noch nicht zur Unterschrift entschließen. Er will das jedoch nachholen. Die früheren Verträge wird er nicht unterschreiben. Er glaubt, sie seien in unser neues Agreement mit einzubeziehen, und ich stimme dem zu.
Sein großer Wunsch ist, ›Das Kalkwerk‹ möge in einer Auflage von 10000 Exemplaren erscheinen. Ich sagte ihm, daß ich das im Verlag besprechen müßte. Die Verleihung des Büchner-Preises wird am 17. Oktober in Darmstadt stattfinden. Bernhard will eine kurze Rede halten. Ich meine, wir sollten die Situation des Büchner-Preises für eine Werbung ausnützen. Sicherlich in jedem Fall in Darmstadt. Vielleicht kann man die Arbeitsgemeinschaft der Darmstädter Buchhändler zu einer größeren Postwurfsendung oder ähnlichem bewegen. Frage an Fräulein Weimar: Wie ist die Situation der Übersetzungen Thomas Bernhards? Vielleicht sollte man im Hinblick auf den Büchner-Preis und den neuen Prospekt, den wir machen mit Eindruck Büchner-Preis, noch einmal für Übersetzungen werben. Thomas Bernhard ist bereit, zur Buchmesse nach Frankfurt zu kommen und bei den Veranstaltungen mitzuwirken. Er ist jedoch, was die erste Septemberwoche be-

trifft, gegen Doppellesungen. Wenn wir Augustin [Ernst Augustins Roman *Mamma* wird wie *Das Kalkwerk* am 1. September 1970 ausgeliefert] und ihn vorstellen wollen, so soll dies an zwei Abenden geschehen, d. h. an einem Abend Thomas Bernhard und am anderen Abend Ernst Augustin. Was Horváth betrifft, so regt Thomas Bernhard an, ich möge Herrn Heer schreiben und ihm eine Matinee im Akademie-Theater aus Anlaß der Ausgabe vorschlagen. Ich will das gerne tun. Zwei Empfehlungen von Thomas Bernhard für die Bibliothek Suhrkamp: Canetti, eine Auswahl aus ›Masse und Macht‹, eventuell das Ganze prüfen. Fräulein Geisler bitte ein Exemplar bestellen. Ferner würde Thomas Bernhard gerne eine Auswahl der Gedichte von Trakl für die Bibliothek Suhrkamp vornehmen.
Die beiden letzten Erzählungen für den BS-Band ›Midland in Stilfs‹ erhalten wir im August. Wir können uns dann immer noch überlegen, ob wir den Band vorziehen oder ihn wie vorgesehen im März 1971 veröffentlichen wollen. Im übrigen arbeitet Thomas Bernhard an zwei Dingen. Einmal an einem neuen Stück, einer ›Komödie der Idioten‹, und an einem neuen Roman, der in einer Papiermühle spielen soll. Insgesamt war es eine sehr gelungene Begegnung. Der Kontakt zu Bernhard ist weiterhin gefestigt und vertieft. Er fuhr dann am nächsten Tag mit zu Günter Eich. *Nachtrag noch zu Thomas Bernhard*: in der Juni-Nummer der Zeitschrift ›Literatur und Kritik‹ ist eine Pantomime von Thomas Bernhard, ›Der Berg‹, veröffentlicht. Wir könnten das in den Theaterverlag übernehmen. Ein österreichisches Theater wird eine Uraufführung machen. Es gibt noch einmal eine solche frühe Fassung eines Stückes von Thomas Bernhard. Er wünscht sich natürlich eine Veröffentlichung in der edition suhrkamp.«
Der Berg. Ein Spiel für Marionetten als Menschen oder Menschen als Marionetten ist 1957 entstanden. Erstdruck in *Literatur und Kritik*, H. 46, 1970, S. 330-352. Das Österreichische Fernsehen strahlt am 7. April 1970 eine Inszenierung des Stücks aus. Siehe zu Text und Entstehung des Stücks Th. B.: *Werke 15*, S. 89-136, sowie S. 446ff.
Wie sich aus einer *Beispiel eines Reisetags. Freitag 19. Juni* überschriebenen Notiz der *Chronik* von S. U. ergibt, ist S. U. in Begleitung von Jürgen Becker und dessen Frau Rango Bohne mit dem Auto vom Schweizerischen Poschiavo (wo die Hildesheimers woh-

nen) über Kirchbichl bei Kufstein (wo die Augustins sich aufhalten) nach Ohlsdorf gefahren. Über den *Reisebericht* hinaus ist hier zu erfahren: »Es gibt für das ›Kalkwerk‹ ein klares Vorbild, nämlich ein Kalkwerk am Traunsee. Thomas Bernhard zeigte mir das später.«

[118; Anschrift: Ohlsdorf; Telegramm]

Hamburg
29. Juni [1970]

überwältigender erfolg des stückes wie der aufführung. gratuliere herzlichst. siegfried unseld

[119; Anschrift: ⟨Ohlsdorf⟩]

Frankfurt am Main
1. Juli 1970

Lieber Thomas Bernhard,
es war genau so, wie mein Telegramm es beschrieb. Im Anfang kamen noch Buhrufe auf offener Szene, die aber dann gleich erstickt wurden durch mehrfachen Applaus bei offener Szene. Zum Schluß steigerte sich das, und man kann den Applaus wirklich orkanartig nennen, für Hamburg ganz und gar ungewöhnlich.
Ich glaube, daß Ihrem Stück ein vollkommener Ausdruck gegeben wurde. Gut, ich hätte vielleicht doch den einen oder anderen Strich gemacht. Aber diese Überlegung ist irrelevant. Die große Resonanz war überzeugend.
Peymann hat hervorragende Arbeit geleistet. Vollkommen war Boris, über Judith Holzmeister als »Die Gute« kann man geteilter Meinung sein. Sie hat einen Zungenschlag, der mir nicht angenehm war. Andererseits liegt in der Rolle

ja etwas Exaltiertes. Die szenische Anlage schien mir vorzüglich. Insofern ist diese Aufführung wirklich ein Modell. Sie wissen, daß die Proben und der angesetzte Aufführungstermin immer weiter hinausgeschoben wurden. Das Theater hat sich schließlich mit einer Flucht nach vorn gerettet, d. h., es hat die Premiere am letzten Theatertag angesetzt. Danach wurde das Theater geschlossen und ging in die Sommerferien. Für das Schauspielhaus bedeutet der Erfolg von »Boris« den Höhepunkt der Saison, und Lietzau hat mir versichert, daß das Stück eine eminente Rolle in der nächsten Saison spielen werde. Darauf werden wir nun sehr dringen.[1]
Ich schicke Ihnen die Kritiken, die heute bei uns eingetroffen sind. Weitere Kritiken gehen Ihnen in den nächsten Tagen zu.
Ich beglückwünsche Sie, lieber Herr Bernhard. Ich beglückwünsche uns beide, und ich schreibe das gerne am Tage des zwanzigjährigen Suhrkampjubiläums.
Herzlich Ihr
Siegfried Unseld

Anlagen[2]

1 Bei der Uraufführung von *Ein Fest für Boris* am 29. Juni 1970 am Deutschen Schauspielhaus Hamburg in der Regie von Claus Peymann spielen Judith Holzmeister (Die Gute), Angela Schmid (Johanna), Wolf R. Redl (Boris) und Heinz Schubert (der älteste Krüppel). Bühnenbild: Karl-Ernst Herrmann, Kostüme: Moidele Bickel. Th. B. ist bei der Uraufführung nicht anwesend. Am 5. Juli 1970 schreibt er an Ursula Bothe im Suhrkamp Theaterverlag: »[...] unser Hamburger Erfolg war für mich, der ich am 29. den ganzen Abend in nervöser Spannung fortwährend auf- und abgegangen bin, bis ich mich dieser Unerträglichkeit durch Einnahme von einem Haufen Schlafpulver aufs wunderbarste entzogen habe, der unvorhergesehenste, unerwartetste. Von Peymann wusste ich gleich bei der ersten Begegnung, dass das der richtige Mann für

›Boris‹ ist. Es brauchte nicht viel Herumrederei. Auf dem Höhepunkt der Neugierde habe ich mir aber gesagt, es ist besser, das Theater allein zu lassen. Im Herbst schaue ich mir eine der ersten Vorstellungen an.« Nach der Uraufführung, die zugleich die einzige Aufführung der Spielzeit 1969/1970 ist, wird das Stück am 30. September 1970 wieder in den Spielplan aufgenommen und erlebt elf Aufführungen bis Dezember 1970.

2 Auf dem Durchschlag des Briefes ist am unteren Rand mit Schreibmaschine vermerkt:
»Hamburger Abendblatt« 30. 6.
»Welt« 1. 7.
»FAZ« 1. 7.
»SZ« 1. 7.
Im *Hamburger Abendblatt* schreibt Paul Theodor Hoffmann unter der Überschrift *Den Tod vor Augen das Leben lieben*: »Das Deutsche Schauspielhaus hat die absoluten Höhepunkte seiner Saison im Finale erreicht. Nach Hans Lietzaus meisterhafter ›Kirschgarten‹-Inszenierung [...] verhalf Claus Peymann dem österreichischen Lyriker und Prosaautor Thomas Bernhard gestern zu einem wahrhaft tollen Theaterdebut. [...] Das eigentliche Fest für Boris (sein Geburtstag) ist ein Endspiel. [...] im Endspiel wies der Peter-Handke-Senkrechtstarter Peymann (›Publikumsbeschimpfung‹) seinen Regie-Stil aufreizend vor: Chor, Kanon und Wortfetzerei, virtuoser pantomimischer Ausdruck, Realität im Absurden.« In der *Welt* bemerkt Manfred Leier (*Gastmahl im Schandhaus*): »Ein Ekeldrama also. Ein Stück über die tiefste Erniedrigung, die dadurch gewiß nicht erträglicher wird, daß die Erniedrigten sich kaum noch menschlich gebaren. Ein Ekeldrama aber, das auf Beckett verweist. Archaisches wabert durch das Stück. Die ganze Krankengesellschaft wird zum Inbild der Krankheit schlechthin. Modergeruch steigt aus den Leibern. Bestattung zu Lebzeiten.« Rolf Michaelis (*Elegie für fünfzehn Rollstühle*) urteilt in der *Frankfurter Allgemeinen Zeitung*: »Hier steht einer nicht nur mit einem Fuß im Grab. Alles, was dieser Autor schreibt, sind Memoiren aus dem Grab. [...] Vor der Spannungs- und Einfallslosigkeit monotoner Jammerlieder auf dem Leierkasten des geistfeindlichen Menschenverächters bewahrt Bernhard sein Werk durch grotesken Humor. [...] Zwar großer Daseinsjammer, aber doch unter ›fürchterlichem Gelächter‹. Tränen, aber von einem

Clown vergossen.« Hellmuth Karasek meint in der *Süddeutschen Zeitung* (*Stiefel für Beinlose*): »In den gewaltigen Scheußlichkeiten des letzten Bildes [...] hält Peymann mit Bernhard unserer schönen heilen Welt die Fratze dessen vor, was wir ins Asyl verdrängen und was Bernhard aus dem Asyl als Ensor-Visionen wieder auf uns loslassen will. Natürlich hat dergleichen für den Zuschauer etwas pervertiert Kulinarisches.«

[120; Anschrift: ⟨Ohlsdorf⟩; handschriftlich]

Frankfurt am Main
3. Juli [1970]

Lieber Herr Bernhard,
anbei weitere Kritiken und auch ein Exemplar des »Theater-Sonderdienstes«, mit dem wir versuchen, neue Aufführungen zu erreichen.[1]
Herzlich Ihr
Siegfried Unseld

1 Die Anlagen haben sich nicht erhalten. Am 3. Juli 1970 erscheint in der *Zeit* eine Besprechung von Henning Rischbieter, überschrieben mit *Beifall für Bernhards Boris*: »Wenige Buhrufe von hinten deckte der anhaltende Beifall zu: der Beifall für Judith Holzmeister, Burgschauspielerin, Dame, Salonschlange und Heroine [...]; der Beifall für Angela Schmid [...]; der Beifall für Wolf R. Redl, der als Boris [...] vermochte, aus einer zagen und müden Kopfwendung eine große, menschliche Geste zu machen [...]. Beifall schließlich für den Regisseur Claus Peymann. [...] Beifall auch für den Autor? Der Büchner-Preisträger dieses Jahres erschien nicht auf der Bühne. Es sind ihm also Premieren unerträglich? Diese war keine Verhöhnung seiner Kunst [...].« Am 2. Juli 1970 schreibt Botho Strauß in der *Frankfurter Rundschau*: »In seinem ersten Theaterstück ›Ein Fest für Boris‹ ist der Doppelcharakter zwischen künstlich arrangierter, gestischer Sprache und der scheinbar realistischen Entfaltung eines abgesonderten, krankhaft abnormen, in allen menschlichen und gesellschaftlichen Zusammenhängen dissoziierten Milieus zunächst zu Eindeutigkeit hin

entschieden. [...] Dabei versucht Bernhard, ein grundlegendes Gebot des Theaters zugleich zu erfüllen wie zerstörerisch zu überschreiten: Anders als seine Prosa, läßt dieses Theaterstück noch konkrete menschliche Beziehungen zwischen den grotesk reduzierten Personen [...] zu [...].«

[121]

Ohlsdorf
5. 7. 70

Lieber Doktor Unseld,
Telegramm, Brief und Besprechungen haben aus mir eine sehr gehobene Stimmung gemacht in den letzten Tagen, die ich aber durch wiederaufgenommene Arbeit wieder zeitgerecht abgebrochen habe. Dass Peymann ein ganz aussergewöhnlich guter Mann für mein Stück ist, war mir von allem Anfang an klar und es brauchte dadurch zwischen ihm und mir nicht viele Worte, aber doch völlig unklar war mir, wie das doch kühle nordische Publikum auf den »Boris« reagieren wird, mein Skeptizismus hat sich nicht bestätigt – und ich bin natürlich sehr glücklich darüber.
Im Herbst schaue ich mir eine der ersten, nicht die erste, Aufführungen an, anschliessend fahre ich ein bisschen nach Norden. Nachdem ich mehrere kurze Szenenausschnitte im Fernsehen gesehen habe, mit einem ungeheuerlichen Schlusslachen der Holzmeister, habe ich mir gedacht, dass das ganze Stück wahrscheinlich von hervorragenden englischen Schauspielern gespielt werden müsste, von einer englischen Theatertruppe.
Für die Holzmeister ist die Leistung tatsächlich eine ungeheuere, wenn ich bedenke, worin diese Frau zwei Jahrzehnte steckengeblieben war.
Ich bin froh, dass alles so gut vorbei ist,
herzlich Ihr Thomas Bernhard

Darf ich Sie um ein Geschenk bitten: alles von Ernst Bloch!, Sie brauchen das ja nicht den »Kollegen« ausplaudern!
P. S. 2: Kommen Sie bald wieder![1]

1 Siehe Anm. 1 zu Brief 117.

[122; Anschrift: Ohlsdorf]

Frankfurt am Main
13. Juli 1970

Lieber Thomas Bernhard,
herzlichen Dank für Ihren Brief vom 5. Juli. Sie können sich denken, Ihre Freude ist ganz die meine. Ein wenig hat der Theaterverlag Suhrkamp ja an diesem Erfolg seinen Anteil, denn wir haben Claus Peymann auf das Stück aufmerksam gemacht und es ihm sehr ans Herz gelegt und auch Inszenierungs- und Aufführungsmöglichkeit in Hamburg ausgeheckt. Ich bin sehr glücklich, daß alles so gut ausgegangen ist. Natürlich werden wir weiterhin trommeln, um weitere Aufführungen zu erreichen. Ich habe schon unsere Vertreterin in London darauf aufmerksam gemacht, daß sich das Stück wirklich eignet, von guten Schauspielern gespielt zu werden.
Ihre Bitte um »alles von Ernst Bloch« bringt mich in eine gewisse Verlegenheit. Sie wissen, das Werk von Bloch erscheint in einer Gesamtausgabe. Von einigen Bänden haben wir aber nur noch wenige Exemplare zur Verfügung, die wir kostbar hüten müssen. Können wir es so machen, daß wir Ihnen den größeren Teil ohne Berechnung zuschicken, einige Bände, von denen es nur noch wenige gibt, zum Autorenpreis (35% Nachlaß) berechnen.[1]
Ihre Einladung, bald wieder zu Ihnen zu kommen, hat mich sehr gefreut. Ich sinne auf ein Motiv und auf eine Zeit-

möglichkeit. Wie geht es mit den Arbeiten an »Midland in Stilfs«, und was haben Sie danach vor? Die Komödie oder den in der Papierfabrik handelnden Roman?[2]
Herzliche Grüße
Ihr
Siegfried Unseld

1 Th. B. erhält die 16bändige Werkausgabe von Ernst Bloch zu einem Rabatt von 50%.
2 Am unteren Briefrand notiert Th. B. eine Telefonnummer in Gmunden sowie die damalige Vorwahl für Deutschland und für Frankfurt.

[123; Anschrift: ⟨Ohlsdorf⟩]

Frankfurt am Main
21. Juli 1970

Lieber Herr Bernhard,
in der neuesten Ausgabe des »Rheinischen Merkurs«, Köln, las ich eine sehr schöne Darstellung des »Fest für Boris« aus der Feder von Heinz Beckmann. Ich schicke Ihnen eine Kopie dieser Seite zu. Sie sehen daran, die Diskussion um das Stück geht weiter.
Ich hoffe, das gibt Ihnen neuen Auftrieb.
Herzliche Grüße
Ihr
Siegfried Unseld

Anlage[1]

1 Die Anlage hat sich nicht erhalten. Es handelt sich vermutlich um Heinz Beckmanns Artikel mit dem Titel *Ein unerträgliches Examen*, in: *Rheinischer Merkur*, 10. Juli 1970.

[124; Anschrift: ⟨Ohlsdorf⟩]

Frankfurt am Main
24. Juli 1970

Lieber Herr Bernhard,
könnten Sie sich Mittwoch, den 2. September, für eine Lesung in Hamburg reservieren? Sie schreiben ja, daß Sie ohnehin gen Norden fahren wollten. Ich hoffe also, daß das mit Ihren Plänen in Einklang zu bringen ist. Es handelt sich um eine Suhrkamp-Veranstaltung, bei der Sie und Ernst Augustin lesen sollen.
Bitte bestätigen Sie mir den Termin. Wir müssen die Werbetrommel rühren.
Schöne Grüße
Ihr
[Siegfried Unseld]

[125]

Ohlsdorf
28. 7. 70

Lieber Doktor Unseld,
ich habe vor, in der zweiten Septemberhälfte nach Hamburg zu fahren, nicht aber schon in der ersten und von mir aus bin ich also niemals am 2. in Hamburg. Sollten Sie aber besonderen Wert darauf legen, dass ich mich am 2. 9. in Hamburg einfinde, um eine Vorlesung zu machen, so können Sie über mich verfügen.
Andererseits gebe ich zu bedenken, dass ich eine von seiten des Schauspielhauses vor der »Boris«-Premiere vorgeschlagene Lesung im Hause Lietzaus abgelehnt habe, es vielleicht aber jetzt, nach der Premiere, gar nicht schlecht wäre, wenn ich im Schauspielhaus eine Lesung machen würde.

Im September, nach Anlauf der nächsten Aufführungen des Stückes.
Bitte überlegen Sie und kommen Sie auf das Klügste, im Falle einer Vorlesung im Schauspielhaus, setzen Sie sich bitte mit der Dramaturgie, Herrn Wendt, in Verbindung.
Gern wüsste ich, was mit Ihrem Filmschlösschen bei Frankfurt geworden ist. (Datum!)
Mein Stück ist bald fertig, ich habe aber jedem, der danach gefragt hat, gesagt, ich weiss nicht, wann es fertig ist.
Den »Midland«-Text bringe ich dann mit nach Deutschland.
Selbstverständlich, hoffe ich, sind Sie in Darmstadt mit mir zusammen.
Ich werde meine Tante mitnehmen, sonst niemand.
Zuerst habe ich geglaubt, es sei gut, keine Rede zu halten, jetzt aber sehe ich, dass das dumm und feige wäre. Also werde ich doch vor der Akademie sprechen. Das Einfache ist auf die Dauer das Entsetzliche.
Zum Schluss bitte ich, mein Konto aussertourlich um zweitausend Mark belasten zu dürfen, hier ist etwas Entsetzliches (nichts Umwerfendes, aber doch Unumgängliches) eingetreten und ich habe einen Wechsel unterschrieben, den ich möglichst sofort wieder einlösen möchte. Wenn Sie mir helfen, bitte ich um telegrafische Überweisung.[1]
Herzlich
Thomas Bernhard

1 Am Rand dieses Briefabsatzes findet sich der handschriftliche Vermerk von Burgel Geisler »am 31. 7. telegraf[isch]. überwiesen«.

[126; Anschrift: ⟨Ohlsdorf⟩]

Frankfurt am Main
31. Juli 1970

Lieber Thomas Bernhard,
besten Dank für Ihren Brief vom 28. Juli.
Ich habe mir die Hamburger Veranstaltung hin und her überlegt. Ich gebe Ihnen recht, wahrscheinlich ist es besser, Sie machen eine Lesung allein für sich und im Rahmen des Schauspielhauses. Ich habe deshalb die Suhrkamp-Veranstaltung gestrichen.
Wir versuchen, die Idee des Filmschlößchens Wilhelmsbad zu realisieren. Alles sieht so aus, als wäre dies am Freitag, dem 25. 9., möglich. Eine gewisse Unsicherheit besteht nur darin, daß niemand die Filme kennt, die wir vorführen wollen.[1]
Den »Midland«-Text erwarte ich sehr gerne, und sehr neugierig bin ich natürlich auf das neue Stück.
Selbstverständlich werde ich nach Darmstadt kommen. Ich hielte es doch für richtig, daß Sie eine kurze Rede halten.
Sie werden die DM 2.000.– inzwischen erhalten haben. Gerade unter Freunden sollte man in Gelddingen präzise sein. Wir haben eine Verabredung und haben uns beiderseitig verpflichtet, sie einzuhalten. Ich würde deshalb vorschlagen, daß wir diese außertourlichen DM 2.000.– als ein Darlehen ansehen.
Sonst stehen die Dinge hier gut. Nach unserem Telefonat wird das »Kalkwerk« jetzt gedruckt.[2]
Herzliche Grüße
Ihr
Siegfried Unseld

P. S.: Wir erhalten eben eine Anfrage einer Buchhandlung aus Wiesbaden, ob Sie evtl. während der Messe, oder wenn Sie im Oktober in Darmstadt sind, lesen wollen. Bitte schreiben Sie mir darüber.

1 Bei seinem Besuch bei Th. B. am 19. Juni 1970 (siehe Anm. 1 zu Brief 117) in Begleitung von Rango Bohne und Jürgen Becker wird, wie dem *Reisebericht Schweiz–Österreich, 14.-21. Juni 1970* zu entnehmen ist, über eine Veranstaltung während der Frankfurter Buchmesse diskutiert: »Ein Abend in Wilhelmsbad, in dem Theater, das der Hessische Rundfunk dort neu eingerichtet hat. Es umfaßt etwa 120 Plätze. Es wäre also ein Abend für Buchhändler. Er könnte so aussehen: Empfang für Buchhändler, laufender Empfang mit Getränken und Imbißmöglichkeiten, jeder Gast hat die Möglichkeit, entweder zu bleiben und zu trinken oder in das Theater hineinzugehen, in dem folgendes Programm laufen würde. Jürgen Becker liest aus ›Umgebungen‹, ein Film, Dauer 10 Minuten. Dann läse, sozusagen live, Ernst Augustin, danach der Film ›Vitus Bering‹, danach der Film ›Thomas Bernhard‹ [Konrad Bayers Roman *Der Kopf des Vitus Bering* erscheint 1970 als Band 258 der Bibliothek Suhrkamp; im selben Jahr dreht Ferry Radax einen gleichnamigen 25minütigen Film. Zu *Drei Tage* siehe Anm. 1 zu Brief 115], danach könnte diesmal gleich Uwe Johnson lesen.« Der Plan wird nicht realisiert.

2 Vermutlich haben S. U. und Th. B. am selben Tag oder kurz davor miteinander telefoniert, um die von Thomas Beckermann in einem Brief vom 22. Juli 1970 an Th. B. gerichteten Fragen zum Umbruch von *Das Kalkwerk* zu klären – auf dem Durchschlag des Briefes finden sich Anmerkungen in der Handschrift von S. U.

[127; Anschrift: Ohlsdorf]

Frankfurt am Main
3. September 1970

Lieber Herr Bernhard,
ich halte das erste Exemplar Ihres Buches »Das Kalkwerk« in Händen, ich bin ganz sicher, es ist Ihr bestes Buch, und wenn mit einem Buch Ihr Durchbruch bei einem größeren Kreis gelingen kann, dann hier und jetzt. Wir sind jedenfalls auf eine intensive Werbung eingestellt; der Büchner-Preis wird das Seine dazu tun.
Der Ladenpreis beträgt DM 18.–, Ihr Honorar für das 1.-10. Tausend 10%, also DM 1.80 pro Exemplar; der Abrechnungsmodus ist Ihnen ja bekannt.
Jetzt kann ich nur hoffen, daß Ihnen das Äußere des Buches gefällt. Wie viele Freiexemplare wollen Sie in Ohlsdorf haben?
Und wie sind Ihre Reisetermine? Kommen Sie zur Buchmesse? Wenn ja – und wie es ja wohl auch verabredet war –, wäre es schön, wenn Sie sich in jedem Fall auf Samstag, den 26. September, einrichten könnten. Um 18.00 h ist ein kleiner Buchhändler-Kreis bei mir in der Klettenbergstraße, es wäre schön, wenn Sie vor diesem Kreis eine kurze Passage lesen könnten.[1] Aber Sie brauchen deswegen nicht eigens nach Frankfurt zu kommen, nur – wenn es Sie lockt, und dann sind Sie freilich sehr herzlich willkommen. Bitte schreiben Sie mir bald, ich bin sehr neugierig und gespannt, wie Ihnen das Buch gefällt.
Herzliche Grüße
Ihr
Siegfried Unseld

Anlage: »Kalkwerk«

1 Th. B. nimmt nicht am Buchhändlerabend während der Buchmesse (24.-29. September) teil. Statt dessen liest Max Frisch aus dem *Tagebuch 1966-1971*, das 1972 erscheint.

[128]

Ohlsdorf
7.9.70

Lieber Dr. Unseld,
ich habe grosse Freude mit dem sauber gedruckten und originell eingeschlagenen Buch und es ist klar, dass ich ihm den höchstmöglichen Erfolg wünsche, darin sind wir uns einig. Nach Hamburg fahre ich wahrscheinlich doch erst nach Darmstadt, dann gehts in einem.[1]
Dass ich jetzt noch wochenlang Zeit für mein Stück, meine Komödie, habe, macht mich froh.
Die Himmels- und Höllenkörper kreisen günstig.
Sehr, sehr herzlich Ihr
Thomas B.

P.S.: Im Herbst 71 (September) könnte in der »es« ein Band mit dem Titel »Atzbach« (Untertitel »Vorschriften«), erscheinen. Wollen Sie das notieren!?!

1 Th. B. liest eine Woche nach der Verleihung des Büchner-Preises am 24. Oktober 1970 um 23 Uhr im Deutschen Schauspielhaus Hamburg in der Reihe »Extra 6« 45 Minuten aus *Kalkwerk* im Anschluß an eine Vorstellung von *Ein Fest für Boris*. Die *Hamburger Morgenpost* berichtet in einem Artikel vom 26. Oktober 1970 unter der Überschrift *Extra 6 für Bernhardiner*: »Obschon der Österreicher kein Vortragskünstler ist (› ... das deutsche Publikum ist so ernst, daß man ihm nichts Ernstes vorlesen darf‹), ist's aufregend, ihm zu lauschen. Die erzählerische Tonlosigkeit seiner Sprache – hier im scheinbar kunstlosen Hörensagen-Konjunktiv – ist von ahnungsvoller und morbider Wirkung auf den Zuhörer.«

[129; Anschrift: Ohlsdorf]

Frankfurt am Main
11. September 1970

Lieber Thomas Bernhard,
ich freue mich über Ihre große Freude. Haben Sie also herzlichen Dank für Ihren Brief vom 7. September.
Ich nehme gerne zur Kenntnis, daß Sie jetzt nicht nach Hamburg fahren, sondern erst im Anschluß an die Darmstädter Verleihung. Ich habe festgehalten, daß wir uns im Anschluß an Ihre Darmstädter Termine (der letzte wird ein Mittagessen am Sonntag, dem 18., sein) zusammen nach Frankfurt begeben; Sie können dann bei uns übernachten, wenn Ihnen dies angenehm ist.
Und denken Sie bitte daran, daß Sie »Midland in Stilfs« mitbringen wollen.
Ich bin sehr glücklich über die weiteren Nachrichten, einmal daß Sie jetzt produktiv am Stück, an der Komödie arbeiten können und daß die Himmels- und Höllenkörper für Sie günstig kreisen und daß wir für den September 1971 einen e. s.-Band mit dem ungemein treffenden Bernhard-Titel »Atzbach. Vorschriften« bringen können. Wir planen das fest ein.
Soeben erhalte ich die Mitteilung, daß die 2. Auflage von »Watten« erschienen ist (10.-14. Tsd.). Ich lasse Ihnen ein Belegexemplar zugehen.
Herzliche Grüße und Wünsche
Ihr
Siegfried Unseld

[130; Anschrift: ⟨Ohlsdorf⟩]

Frankfurt am Main
23. September 1970

Lieber Herr Bernhard,
aus Wien meldet sich ein Dr. Walter Brandau. Er möchte »Das Gastmahl des Boris« (so schreibt er) verfilmen. Der Mann ist noch unbekannt und hat sich bisher nur im kommerziellen Werbefilm einen Namen gemacht. Aber er ist fasziniert von dem Stück und möchte es versuchen.
Wie denken Sie prinzipiell darüber? Vielleicht überlegen Sie sich die Sache, und wir reden dann während Ihres Hierseins über den Vorgang.
Schöne Grüße
Ihr
[Siegfried Unseld]

Ad Buchmesse
Ich habe eben die schwedischen Rechte am »Kalkwerk« vergeben können (Norstedts Förlag).

[131; Anschrift: Ohlsdorf]

Frankfurt am Main
20. Oktober 1970

Lieber Herr Bernhard,
ich fand es sehr angenehm, daß wir etwas länger zusammensein konnten, und wir sollten solche Treffen von Zeit zu Zeit wiederholen.
Die Wirkung des Büchner-Preises ist nach wie vor sehr schön. Der Buchabsatz hat sich belebt. Wir werden in Kürze eine zweite Auflage des »Kalkwerks« drucken.[1]
Nun darf ich Sie noch einmal an »Midland« erinnern. Ich wäre froh, wenn ich die Texte bald erhielte.

Anbei erhalten Sie die in Frankfurt unterschriebenen Verträge sowie eine Tantiemenabrechnung.
Mit freundlichen Grüßen
Ihr
Siegfried Unseld

1 Die Überreichung des Georg-Büchner-Preises der Akademie für Sprache und Dichtung in Darmstadt an Th. B. findet am 17. Oktober 1970 statt. Die Verleihungsurkunde trägt den Text: »Den unablässigen Vorgang der Zerstörung individuellen Lebens hat er in einer anscheinend beruhigten Prosa aufgespürt und als Roman und Erzählung in den Zusammenhang der latenten Krankheiten unserer Zeit gebracht.« In seiner Laudatio (abgedruckt in: *Jahrbuch 1970* der Akademie) erklärt Günter Blöcker: »[...] Wenn ich mit einem einzigen kurzen Satz sagen sollte, wodurch Thomas Bernhard uns [...] wichtig, ja unentbehrlich ist, so hätte dieser Satz zu lauten: er stört uns in unserer falschen Sicherheit.« Die Dankrede von Th. B. setzt so ein: »Verehrte Anwesende, wovon wir reden, ist unerforscht, wir leben nicht, vermuten und existieren aber als Heuchler, vor den Kopf Gestoßene in dem fatalen, letzten Endes letalen Mißverständnis der Natur, in welchem wir heute durch Wissenschaft verloren sind [...].« (Th. B.: *Meine Preise*, S. 123; seine Wahrnehmung der Preisverleihung findet sich im selben Band S. 109-114.)
Die auf den 21. Oktober 1970 datierte Notiz von S. U. *Gespräch mit Thomas Bernhard aus Anlaß seines Besuches in Frankfurt im Anschluß an die Entgegennahme des Büchner-Preises* vermerkt:
»Thomas Bernhard besuchte Darmstadt und Frankfurt zur Entgegennahme des Büchner-Preises gemeinsam mit seiner Tante, Frau Stavianicek. Die Dame hatte am 18. Oktober ihren 74. Geburtstag und wurde beim Mittagessen, das die Stadt für den Büchner-Preisträger gab, mit einem Rosenstrauß geehrt.
Zu seinen eigenen Plänen äußerte sich Thomas Bernhard so: ›Midland in Stilfs‹ – Erzählungen – sind fertig; er wird sie uns Ende November schicken.
Dann arbeitet er ausschließlich an seinem neuen Stück, einer Komödie, deren Titel noch nicht feststünde; er will sie im Winter abschließen.
Daran anschließend arbeitet er an dem für die e. s. vorgesehenen

Band ›Atzbach. Vorschriften‹. Atzbach ist der von Bernhard ausgedachte Name eines Irrenasyls, in dem Leute nach Vorschriften geatzt werden.
Im Anschluß an diesen Text, der auch schon ziemlich weit vorliegt, schreibt Thomas Bernhard seinen nächsten Roman, den er bis April 1971 abgeschlossen haben möchte; es ist jener Roman, der in einer österreichischen Papierfabrik spielt.«

[132; Anschrift: ⟨Ohlsdorf⟩]

Frankfurt am Main
26. Oktober 1970

Lieber Herr Bernhard,
eben erschien bei Knopf die englische Übertragung der »Verstörung« unter dem Titel »Gargoyles«. Das ist ein sehr schönes Buch geworden. Wir schicken Ihnen die sechs Belegexemplare zu. Hoffen wir, daß wir auch bald Abschlüsse mit dem »Kalkwerk« verzeichnen können.
Schöne Grüße
Ihr
Siegfried Unseld

[133]

Ohlsdorf
27. 10. 70

Lieber Herr Dr. Unseld,
die eingehende Lektüre des »Kalkwerk«-Vertrages, den ich in Frankfurt unterschrieben habe, lässt mich die Unterschrift unter diesen Vertrag mit sofortiger Wirkung zurückziehen. Es sind Sätze in dem Vertrag enthalten, die ich unter keinen Umständen akzeptieren kann und ich bitte Sie, meine Unterschrift unter den Vertrag als nicht geleistet

zu betrachten und mir das unterschriebene Exemplar des »Kalkwerk«-Vertrages nach Ohlsdorf zu schicken. Dasselbe gilt für den »Watten«-Vertrag.
Meine Deutschlandfahrt kann, alles in allem, als eine deprimierende Bestandsaufnahme aller Zustände betrachtet werden, mit welchen ich zwischen Passau und Lübeck konfrontiert worden bin. Der Unsinn und die mit dem Unsinn gemeinsame Sache machende Dummheit, mit welcher noch nie soviel Staat zu machen gewesen ist wie heute, ist erschreckend in Deutschland. Die Oberfläche ist eine enervierend-gemeine, unter welcher sich eine ungeheuere Körper- und Geisteskatastrophe anzukündigen scheint. Der Verrat ist in allen Köpfen und in allem, worauf diese Köpfe sich zu existieren getrauen, ein vollkommener.
Die Revolutionäre als Intelligenzler oder Intelligenzler als Revolutionäre (das alles ist nichts als zum speien!) überfressen sich in den chinesischen und jugoslawischen und italienischen Restaurants. Das ganze ist abstossend, weil es in Deutschland ist.
Mit sehr herzlichen Grüssen Ihr
Thomas B.

Bitte lassen Sie Anfragen, ob ich irgendwo vorlese, gleich wo, damit beantworten, dass ich das Vorlesen hasse und nicht mehr vorlese.

|P. S.| In den »Kalkwerks«-Vertrag wie in alle andern Verträge, *alle* bisherigen, muss ein Passus hinein, dass sie mit sofortiger Wirkung ihre Gültigkeit verlieren, wenn der Verlag nicht mehr von Ihnen persönlich geleitet wird oder wenn er in andere Hände übergeht. Insoferne sind *sämtliche* Verträge abzuändern, möglicherweise ist das durch die Post zu machen, sonst muss ich Sie bitten, mit mir einmal irgendwo, wann es Ihnen leicht fällt, im Gebirge zusammenzukommen.

[134; Anschrift: Ohlsdorf]

Frankfurt am Main
3. November 1970

Lieber Herr Bernhard,
ich bestätige Ihren Brief vom 27. Oktober. Welche Erfahrungen müssen Sie auf dieser Deutschlandreise gemacht haben! Hat Sie Hamburg so enttäuscht? Ich hatte nicht den Eindruck, daß die Vorgänge in Darmstadt oder Frankfurt Sie zu solchen Erfahrungen bringen könnten.[1]
Nun zu der Vertragsfrage: ich würde gerne bald mit Ihnen darüber sprechen, aber es ist zeitlich einfach unmöglich. Ich bin sicher, daß ich Sie, lieber Herr Bernhard, in einem ruhigen Gespräch von der Richtigkeit der Vertragspunkte überzeugen könnte, für jetzt sollte doch gelten, daß wir diesen Vertrag haben, dessen Bedingungen wir *gemeinsam* sinnvoll anwenden werden. Außerdem sind die Bücher »Watten« und »Kalkwerk« ja erschienen, sie machen ihren Weg in der Öffentlichkeit ganz unabhängig von dem, was wir in die Verträge aufgenommen haben. Bitte, haben Sie also Vertrauen. Wir machen nach unseren Kräften das Beste daraus.
Wenn wir uns das nächste Mal treffen und wenn wir wieder einen Vertrag miteinander machen werden, können wir gerne über eine solche Klausel sprechen, daß die Verträge an mich persönlich gebunden sind.
Wann darf ich die Manuskripte »Midland« erwarten? Allmählich wird es ja doch dringlich.
Wie ich Ihnen schon schrieb, ist die Nachfrage nach dem »Kalkwerk« gut und anhaltend. Wir drucken jetzt eine 2. Auflage. Ich hoffe, daß Sie das freut.
Schöne Grüße
Ihr
Siegfried Unseld

1 Die Verleihung des Büchner-Preises an Th. B. stößt z. B. in der *Zeit* auf Kritik. Gleich zwei Artikel auf einer Seite (23. Oktober 1970, S. 25) gehen auf die Preisübergabe ein: Rudolf Walter Leonhardt (leo) urteilt in *Anmerkungen zur Integrität*: »Gewiß hat Thomas Bernhard sein Recht auf seine Meinung. So aberwitzig verdreht seine Ansichten denen erscheinen mögen, welche Wörter mit all ihrer Fragwürdigkeit zu schätzen wissen als, trotz allem, Medium der Kommunikation, der Information, des Menschenmöglichen – Thomas Bernhard treffe kein Vorwurf. Aber was ficht die mißbrauchten Mißbraucher an, im Namen der deutschen Sprache und Dichtung feierlich zu erklären: Preis sei Thomas Bernhard?« Dieter E. Zimmer überschreibt seine Kritik an Autor wie Akademie mit *Hurra, wir gehen unter! Wie Verzweiflung durch Beifall unglaubwürdig wird*: »Eine Preisvergabe an Thomas Bernhard aber bringt zwei völlig inkommensurable Systeme zusammen. Thomas Bernhard feiern heißt ihn verachten oder zeigen, daß man ihn nicht verstanden hat. Es heißt: so ernst kann er es nicht gemeint haben. Und daß ein Autor wie Bernhard das Spiel mitspielt, heißt: so ernst habe ich es nicht gemeint. – Daß wir alle erbärmlich, unzurechnungsfähig, verrückt seien, und nichts anderes sagt Bernhard in seinem Werk immer wieder, nichts anderes sagte er auch in seiner Darmstädter Dankesrede – das ist eine vielleicht nur zu wahre Erkenntnis, aber eine, die sich schlechterdings nicht beklatschen oder auszeichnen läßt. Und wenn sie Applaus bekommt und Applaus duldet, so nimmt sie sich selber zurück und hat folglich keinen Applaus verdient.«

[135]

Ohlsdorf
4.11.70

Lieber Dr. Unseld,
Sie haben meinen in der Vorwoche an Sie abgeschickten Brief noch nicht beantwortet, die Schwierigkeit ist mir klar, wahrscheinlich habe ich Sie vor den Kopf gestossen; eine merkwürdige Deprimation, die ganz und gar politisch ist, hat sich mir nach meiner Rückkehr, aber schon in Ham-

burg bemächtigt gehabt, alles restlos zu verschweigen, ist mir nicht gelungen, so haben Sie eine unangenehme Lektüre aus Österreich gehabt. Was unser Zusammentreffen angeht, erinnere ich mich gern und vor allem Ihrer Frau will ich heute für ihre vielen Aufmerksamkeiten mir und meiner Tante gegenüber danken, es war ja mehr eine Geburtstagsreise einer alten Dame, als die Fahrt eines unnachgiebigen Schriftstellers durch ein Deutschland der Missverständnisse.

Der Kopf ist klar, die Gedanken haben in die Zahnräder ihrer Umwelt eingreifen können, die Arbeit geht weiter und sie macht mir, das ist das Unsinnigste, weil sie sich durch mehr und mehr Vereinfachung mehr und mehr kompliziert, das Vergnügen des beinahe Vierzigjährigen, der einen neuen Anlauf genommen hat, es ist das Vergnügen des Kunstgehirns.

Was unsere Verträge anbelangt, ist absolut eine ruhige Durchsicht aller Papiere erforderlich, das geht nicht zwischen zwei Zügen, mit Recht ist mir die Spontaneität dabei verdächtig.

Am »Midland« mache ich Korrekturen, wenige, die aber der Sache nützlich sind, wir wollen ja ein einwandfreies, von uns aus einwandfreies Buch herausgeben.

Ende November haben Sie das Ganze in der Hand.

In den nächsten Tagen schicke ich eine Inhaltsangabe für »Atzbach« an Günther Busch.[1]

Die Papierfabrik wird ausgeleuchtet, es wird ein komisches Buch, nicht weniger schwierig.

Die Wut und die Brutalität gegen alles kann durchaus von einer Stunde auf die andere in alle Gegenteile umschlagen.

Dass die Kritiker an Verblödung leiden, ist kein Grund, den Schritt in der eingeschlagenen Richtung, gleich in welcher Richtung, zu verlangsamen.

Die englische, amerikanische »Verstörung« ist ein herrliches Buch und macht Freude.
Wieviel »Kalkwerke« haben Sie bis heute verkauft?
Herzlich Ihr
Thomas B.

1 Am 14. November 1970 sendet Th. B. seinen Vorschautext für *Atzbach. Vorschriften* an Thomas Beckermann:
»Nach und nach und mit seiner Lebens- und Sterbensgeschwindigkeit intensiver beweist sich der in das Arbeitshaus Atzbach neueingewiesene Handlanger und Gewohnheitsverbrecher Schmöll an Hand aller Vorkommnisse mit der grössten Genauigkeit, dass die Welt und in jedem Falle immer die unmittelbare Umwelt des einzelnen, nicht allein aus Natur- und Begriffsmaterie, sondern für jeden Denkenden, sich folgerichtig zu denken Getrauenden am Ende doch nur aus Vorschriften, aus einer beschämenden und erschütternden Unendlichkeit menschlicher und also unmenschlicher und also menschenunwürdiger Vorschriften und aus solchen menschenunwürdigen Vorschriften von Vorschriften besteht. Für Schmöll ist die Welt eine Vorschriftswelt und die Menschen sind Vorschriftsmenschen, alles in ihr und alles in ihnen ist Vorschrift. Schnöll sagt nicht (weil er sich das Sagen abgewöhnt hat), denkt aber: alles ist Vorschrift und denkt damit: alles ist unerträglich.« Im Begleitbrief heißt es: »[...] hoffentlich genügt Ihnen diese kurze Notiz. Es ist mir aber unmöglich, mehr zu sagen. Was ihr fehlt, ist die Tatsache, dass ›Atzbach‹ aus lauter Unerträglichkeit komisch ist.«

[136; Anschrift: ⟨Ohlsdorf⟩]

Frankfurt am Main
6. November 1970

Lieber Thomas Bernhard,
ich bedanke mich sehr herzlich für Ihren Brief vom 4. November, ich freue mich, daß Sie diesen Brief noch nachgereicht haben. Ich bin mir sicher, daß wir uns im Grunde

verstehen, wir werden bei nächster Gelegenheit in Ruhe diese Dinge durchsprechen.
Ich verstehe gut, daß Sie irritiert worden sind. Unsere politische Landschaft ist im Augenblick alles andere als einladend oder gar hoffnungsvoll. Man hat manchmal den Eindruck, als bahne sich unterirdisch irgendeine Katastrophe an. Nun, wir werden sehen. Das einzige, was wir tun können, ist, unsere Arbeit so gut wie nur möglich zu leisten.
Deshalb freut es mich auch, daß Sie mit guter Intensität beim Schreiben sind. Über das »Vergnügen des beinahe Vierzigjährigen« müssen wir uns einmal unterhalten. Wo werden Sie übrigens am 9. 2. 1971 sein?
»Midland« erwarte ich also Ende dieses Monats.
Ich grüße Sie herzlich,
Ihr
Siegfried Unseld

P. S.: Ich schrieb Ihnen ja schon, daß die erste Auflage des »Kalkwerks« (es waren 3000 Exemplare) vergriffen ist, eine zweite wird am 13. Dezember ausgeliefert.

[137; Anschrift: Ohlsdorf]

Frankfurt am Main
10. November 1970

Lieber Thomas Bernhard,
ich war das Wochenende über in Stockholm, um mit Peter Weiss und einigen Freunden Gespräche zu führen. Ich sprach auch mit Bengt Holmqvist, der wahrscheinlich der einflußreichste Literaturkritiker Schwedens ist. Er hat mir von seiner Faszination nach der Lektüre des »Kalkwerks« gesprochen: »Thomas Bernhard ist für mich der einzige

deutschsprachige Autor mit einer sicheren Anwartschaft auf den Nobelpreis.« Bengt Holmqvist hat das Buch auch dem schwedischen Verlag Norstedt empfohlen, der es inzwischen auch schon angenommen hat. Wahrscheinlich wird Frau Holmqvist das Buch übersetzen.[1]

Zurückgekehrt sprach ich mit Dr. Karl Korn von der »FAZ«; ganz spontan sagte er mir, er hätte in den letzten Jahren keinen Roman gelesen, der ihn so fasziniert hätte wie das »Kalkwerk«. Er sei so begeistert von diesem Buch, daß er fast daran gedacht hätte, es im nachhinein noch in der Zeitung abzudrucken, aber seine Kollegen hätten ihn dann wieder zurückgepfiffen.

Ich übermittele Ihnen diese beiden ja nicht unwichtigen Stimmen. Wir werden vom Verlag aus alles tun, dem Buch weite Verbreitung zu geben.

Herzliche Grüße

Ihr

Siegfried Unseld

1 S. U. ist vom 7. bis 9. November 1970 in Stockholm und trifft Peter Weiss und seine Frau Gunilla Palmstierna-Weiss, den Literaturkritiker von *Dagens Nyheter* und Mitverwalter der Rechte am Werk von Nelly Sachs, Bengt Holmqvist, und dessen Frau Margaretha sowie Olof Lagercrantz. Die schwedische Übersetzung des *Kalkwerks, Kalkbruket*, erscheint 1972 in der Übersetzung von Margaretha Holmqvist bei Norstedts.

[138; Anschrift: ⟨Ohlsdorf⟩]

Frankfurt am Main
11. November 1970

Lieber Thomas Bernhard,
noch ein Nachtrag. Anbei die »suhrkamp information« Nr. 2. Bitte beachten Sie die Innenseiten. Sie sind wirklich Äußerung des Inneren. |(i. e. meiner Bewunderung!)|
Herzlich
Ihr
Siegfried Unseld

Anlage[1]

1 Die *suhrkamp information* ersetzt ab 1970 als neues, zweimal pro Jahr erscheinendes Werbemittel des Verlags die in die Jahre und in die Kritik geratene *Jahresschau Dichten und Trachten* (erstes Heft 1953). Auf den Seiten 16-18 der *suhrkamp information*, 2. Heft / 1970, finden sich ein Szenenfoto aus der Hamburger Uraufführung von *Ein Fest für Boris*, die Dankesrede von Th. B. bei der Entgegennahme des Georg-Büchner-Preises sowie ein Verzeichnis seiner im Suhrkamp und Insel Verlag erschienenen Bücher.

[139]

Ohlsdorf
30. 11. 70

Lieber Doktor Unseld,
die Reihenfolge der Prosastücke wie im Kuvert:
»Midland in Stilfs«
»Der Wetterfleck«
»Am Ortler«.
Meine Vorstellung ist die eines übersichtlichen Satzspiegels, also eine möglichst grosse Druckschrift.

Wann ist es Ihnen möglich, mich zu treffen?
Herzlich Ihr
Thomas B.

[140; Anschrift: Ohlsdorf]

Frankfurt am Main
8. Dezember 1970

Lieber Herr Bernhard,
ich war ein paar Tage verreist und kann deshalb erst heute den Eingang Ihres Briefes vom 30. November und des sehr erwarteten Manuskriptes bestätigen. Es wird meine nächste Lektüre sein. Ich freue mich schon darauf.
Ich schreibe Ihnen jetzt aber so schnell, weil Sie mich baten, Ihnen einen Termin für ein Treffen zu nennen. Ich bin in diesen Tagen sehr angespannt. Doch kann ich eine Möglichkeit nennen, die vielleicht auch für Sie angenehm wäre. Könnten wir uns am Sonntag, dem 13. Dezember, in München treffen? Das wäre doch, was unsere Wegedistanz betrifft, halbe halbe. Sagen Sie mir doch, ob das möglich ist. Ich würde dann vorschlagen, daß wir uns am Nachmittag um 16.00 Uhr im Hotel Bayerischer Hof träfen. Ich würde mich sehr freuen. Bitte, schicken Sie mir doch ein Telegramm, oder rufen Sie an.[1]
Herzliche Grüße
Ihr
[Siegfried Unseld]

1 Anlaß für den Aufenthalt von S. U. in München am 13./14. Dezember 1970: Gespräche mit unabhängigen Verlegern, Besuch bei Koeppen, der wieder einmal die Fertigstellung eines Romans in Aussicht stellt.

[141]

Ohlsdorf
15.12.70

Lieber Doktor Unseld,
durch den Tod meines Onkels in der vergangenen Woche, ist es mir nicht möglich gewesen, nach München zu kommen, der Versuch, zu telefonieren, schlug fehl.[1]
Sicher machen Sie aber bald wieder einmal eine Reise in meine Nähe und dann könnten wir uns treffen.
Wann glauben Sie, werde ich die Fahnen von »Midland« bekommen können?
Ich arbeite gut und es steht alles am besten.
Herzlich Ihr
Thomas B.

P. S.: In der »Frankfurter Zeitung« habe ich eine Notiz von Ihnen betreffend die Amerikanerin Barnes gelesen, die so ausgezeichnet ist wie die Djuna Barnes selbst gross; hoffentlich vertragen Sie dieses Lob, wie es mir schwer fällt. (Es wird lange keins mehr folgen!!!)[2]

1 Am 8. Dezember 1970 stirbt Rudolf Freumbichler, der 1910 geborene jüngere Bruder der Mutter von Th. B., die Beisetzung findet am 15. Dezember in Salzburg statt.

2 S. U. reagiert in der *Frankfurter Allgemeinen Zeitung* vom 7. Dezember 1970 mit dem Artikel *Eine Ehrengabe als Rente* auf einen von Rolf Hochhuth in derselben Zeitung veröffentlichten Artikel (*Die abgeschriebenen Schriftsteller*, 25. November 1970), in dem Hochhuth die These vertritt, die »alten Schriftsteller« würden von den Verlagen unterdrückt, und berichtet zu Beginn von einem Besuch bei Djuna Barnes: »Vor wenigen Wochen begegnete ich in New York Djuna Barnes; sie warnte mich vor ihrer Behausung: ›I live here like a rat in a hell.‹ An der Türe von Patchin Place 5 gibt es keine Namensschilder und keine Glocke. Djuna Barnes wohnt im ersten Stock, den sie nur verläßt, um einmal

in der Woche ihr Hauptnahrungsmittel einzukaufen: Ice-Cream (sonst trinkt sie Tee) oder um das Krankenhaus aufzusuchen, unabweisbar geplagt von Leukämie, Arthritis, Asthma. Der einzige Raum dieser Wohnung besteht fast nur aus Büchern, einem mit Papieren überfüllten Tisch, einem Bett; ein Mininebenraum, eine Kochnische, in der man sich nicht umdrehen kann. Die Fenster schließen nicht dicht, das Haus scheint jahrzehntelang keinen Handwerker gesehen zu haben, Reparaturen finden nicht statt. Der Hauswirt kann sie nach dem New Yorker Mietgesetz nicht kündigen, solange sie lebt und solange sie 49 Dollar Miete bezahlt, eine gewiß bescheidene Summe für ein ›Appartement‹ in New York, aber 49 Dollar sind 49 Dollar, und Djuna Barnes, Amerikas größte lebende Dichterin, verdient diese 49 Dollar nicht.«

[142; Anschrift: Ohlsdorf]

Frankfurt am Main
21. Dezember 1970

Lieber Thomas Bernhard,
herzlichen Dank für Ihren Brief vom 15. Dezember. Ihr Lob meiner Djuna-Barnes-Notiz floß mir natürlich honigsüß durch die Kehle wie feinste Spätlese! Auf diesem Ohr bin ich besonders empfindlich, und so haben Sie mir noch das schönste Geschenk zum Jahreswechsel gemacht. Schönen Dank.
Die Fahnen von »Midland« werden Sie spätestens Anfang Februar bekommen. Ich freue mich, daß Sie gut arbeiten und daß alles zum Besten steht.
Ich werde in den Tagen vom 19.-26. Januar wahrscheinlich in München sein. Ich will es mir dann so einrichten, daß wir uns entweder in München sehen können oder daß ich nach Salzburg komme. Würde Ihnen ein Tag in diesem Zeitraum angenehm sein?
Ich wünsche Ihnen erträgliche Festtage, einen guten Jah-

reswechsel und für das Jahr 1971 das Wichtigste, was es gibt: Produktivität.
Sehr herzlich, Ihr
Unseld

P. S.: Wenn Sie in Wien sind, vergessen Sie bitte nicht, Frau Stavianicek sehr herzlich von mir und meiner Frau zu grüßen.

1971

[143; Anschrift: Ohlsdorf]

Frankfurt am Main
6. Januar 1971

Lieber Thomas Bernhard,
mit getrennter Post schicke ich Ihnen die Programme der Verlage Insel und Suhrkamp für das 1. Halbjahr 1971. Ich hoffe, Sie erhalten einen guten Eindruck von unserer kommenden Verlagsarbeit.
Für mich sind Ihre beiden Bücher »Midland in Stilfs« und »Atzbach« wichtig. Sie wissen, die Bibliothek Suhrkamp scheint für mich das beste Forum für Ihre Arbeiten zu sein. |In der edition s.| gaben wir Ihnen die Position des Jubiläums-Bandes 500. Bitte, sehen Sie darin abermals, wie sehr wir uns hier im Hause um Ihre Arbeiten bemühen.[1]
Ich hatte in den letzten Tagen des Jahres verschiedene Gespräche mit dem Hamburger Schauspielhaus. Sie sind ja wahrscheinlich orientiert über die Entwicklung dort. Ich habe erreicht, daß die neue Leitung noch einmal versuchen wird, »Ein Fest für Boris« aufzunehmen. Das hängt jetzt an Schauspielerdispositionen.[2]
Am 25. Dezember führte ich ein Gespräch mit Harry Buckwitz. Die Situation für »Ein Fest für Boris«: Frau Bothe hat ihm eine definitive Option gegeben. Freilich, eine Option, die man so auslegen kann, daß sie für das normale Programm und nicht für das Nachtprogramm gedacht war. Leider hatte ich keine Möglichkeit mehr, ihm dieses Stück wegzunehmen und es dem Theater am Hechtplatz zu geben, und zwar aus einem doppelten Grund. Einmal hat er

»Ein Fest für Boris« schon angekündigt, und es wäre ungut, wenn das Zürcher Schauspielhaus es ankündigte und wenn es dann woanders erschiene. Zum zweiten aber: Agnes Fink, eine ideale Schauspielerin, lernt bereits die Rolle und bereitet sich so auf die Aufführung vor! Ich meine, eine bessere Schauspielerin können wir in Zürich gar nicht bekommen. Von dort her mußte ich dann doch Buckwitz die definitive Zusage lassen.[3] Ich handelte jedoch heraus, daß er bei einem Erfolg der Aufführung im »Nachtprogramm« auch normale Aufführungen bringen wird. Im übrigen weiß ich, nicht nur von ihm, sondern auch von meinen Zürcher Freunden, daß gerade die Nachtaufführung des Zürcher Schauspielhauses bei jungen Leuten sehr beliebt ist. Diese Aufführungen sind immer total ausverkauft. Es handelt sich hier natürlich um sehr billige Preise, aber immerhin auch um tausend Besucher pro Abend. *Buckwitz möchte Sie dringlich zu einer Lesung einladen.* Sind Sie damit einverstanden? Bitte schreiben Sie mir doch eine Zeile.[4]
Ich freue mich, lieber Thomas Bernhard, daß wir gleich im neuen Jahr wieder Gelegenheit für ein produktives Zusammenwirken haben. Produktivität ist und bleibt das Wichtigste.
Herzliche Grüße
Ihr
Siegfried Unseld

P. S.: In den Theaterverlag ist jetzt Herr Dr. Rach eingetreten. Er arbeitet sich in die Leitung des Verlages ein, die Sache sieht sehr hoffnungsvoll aus. Frau Bothe wollte mit Herrn Dr. Rach nicht zusammenarbeiten und schied deshalb zum 31. 12. 1970 aus. Die Arbeiten laufen aber normal auch auf der administrativen Ebene weiter. Mit Hamburg sind wir in ständiger Telefonverbindung.

1 *Midland in Stilfs* erscheint Mitte März 1971 als Band 272 der Bibliothek Suhrkamp. Das Umbruch-Exemplar der Erzählungen wird Th. B., wie einem Schreiben von Burgel Geisler an den Autor vom 21. Januar 1971 zu entnehmen ist, am selben Tag mit der Bitte um möglichst rasche Korrektur zugesendet.
Atzbach ist als Jubiläums-Band 500 der edition suhrkamp für den Oktober 1971 geplant, wird aber unter diesem Titel nie realisiert (siehe Anm. 1 zu Brief 215). Im Nachlaß findet sich der Name »Atzbach« in verschiedenen Konvoluten. (Atzbach ist ein Ort im oberösterreichischen Bezirk Vöcklabruck, unweit von Wolfsegg bzw. Ottnang.) Neben dem Typoskript des Vorschautextes (ergänzt durch handschriftliche Notizen, z. B.: »Als ich meine Arbeit über Händel ... etc. Beginn Atzbach«, NLTB, SL 2.9 / 2) liegt im Thomas-Bernhard-Archiv u. a. ein titelloses, fünf Blätter umfassendes Typoskriptfragment vor (NLTB, SL 1.16 / 4 / 2), das dem Vorschautext entspricht, insofern diese Seiten eine Abfolge von Vorschriften enthalten. Ort der Handlung ist Atzbach, bei dem es sich offensichtlich um ein Gefangenenhaus handelt. Daneben hat sich ein an die 20 Blatt umfassender »Atzbach-Komplex« in einem insgesamt 88 Blatt umfassenden Konvolut erhalten, das eine Vorstufe von *Gehen* darstellt. Th. B. hat aber weder diesen Erzählstrang, in dem u. a. Briefe an einen Professor Justin in Kapstadt eine wichtige Rolle spielen sollten, in die Endversion von *Gehen* aufgenommen noch eine eigene *Atzbach*-Erzählung daraus gemacht. Der Name allerdings taucht im Werk von Th. B. später noch einmal auf, im *Theatermacher*, der ursprünglich in Atzbach spielen sollte (vgl. NLTB, W 66 / 2, Bl. 2), woraus Utzbach wird.

2 *Ein Fest für Boris* wird im Jahr 1971 in Hamburg nicht mehr gespielt.

3 Die Schweizer Erstaufführung von *Ein Fest für Boris* ist zunächst für Juni 1971 vorgesehen, findet wegen einer Erkrankung von Agnes Fink, die die Johanna spielen soll, allerdings erst am 28. November 1971 im Nachtstudio des Schauspielhauses Zürich statt. Siehe auch Brief 178.

4 Am Tag der Schweizer Erstaufführung von *Ein Fest für Boris*, am 28. November 1971, liest Th. B. in einer Matinee die beiden Erzählungen *Zwei Erzieher* und *Attaché an der französischen Botschaft* aus *Prosa*.

[144; Anschrift: ‹Ohlsdorf›]

Frankfurt am Main
14. Januar 1971

Lieber Herr Bernhard,
ich höre, Sie lesen Anfang Februar in Stuttgart. Wäre es da nicht möglich, daß wir uns träfen? Bitte, schreiben Sie mir doch einen genauen Termin.[1]
Und sagen Sie mir auch, wo Sie am 9. Februar sein werden. Es wäre natürlich besonders schön, wenn wir an diesem Tage zusammenkommen könnten.
Um Sie froh und heiter zu stimmen, darf ich Ihnen mitteilen, daß wir von der Bibliothek-Suhrkamp-Ausgabe der »Verstörung« jetzt eine zweite Auflage gedruckt haben. Wir waren vorsichtig und druckten nur 2 000 Exemplare, also das 4. und 5. Tsd., aber wir können ja jederzeit nachdrucken. Wir müssen bei dieser Reihe sehen, daß wir keine Fehler bei Nachdrucken machen. Aber ich freue mich natürlich sehr, daß das Buch in der Bibliothek Suhrkamp weitere Leser gewinnt.
Herzliche Grüße.
Ihr
Siegfried Unseld

P. S.: 5 Belege lasse ich Ihnen mit gesonderter Post zugehen.

1 S. U. bezieht sich hier möglicherweise auf eine Anfrage von Horst Albert Glaser vom Lehrstuhl für Neuere Deutsche Philologie der Universität Stuttgart, der in einem Brief vom 7. Januar 1971 Th. B. für Anfang Februar zu einer Lesung in Stuttgart im Rahmen eines Seminars einlädt.

[145; handschriftlich auf Briefpapier des Hotels Krone, Winterthur][1]

[Winterthur]
25.1.71

Lieber Doktor Unseld,
ich bin auf dem Weg nach Brüssel u. will am
12.2. (Freitag)
in Frankfurt sein – mit Ihnen zusammen um alle Fragen zu klären, alle Probleme zu lösen.
Bitte steigen Sie in ein Flugzeug u. landen Sie für den 9. in Brüssel – das freute mich ungemein – an Kühnheit mangelts Ihnen ja nicht.
Der 40. Geburtstag ist der Anfang des Satyrspiels. Heute schaue ich im Zürcher Schauspielhaus vorbei.
Das Jahr hat mit größter Intensität angefangen – in Belgien gehe ich wieder an »Atzbach«.
Wir müssen diskutieren! Bitte schreiben Sie mir sofort an:

Th. B.
c/o UEXKÜLL
RUE DA LA CROIX 60
B BRUXELLES 5

dorthin erbitte ich auch *express* ein Umbruchexemplar »MIDLAND«.[2]
herzlich Ihr
Th. Bernhard

P. S.: von einer »Lesung« in Stuttgart weiß ich nichts u. lese dort auch nicht.

1 Th. B. befindet sich auf einer Lesereise, in deren Rahmen er vor der Literarischen Vereinigung Winterthur aus *Das Kalkwerk* liest.
2 Darunter steht in Klammern die handschriftliche Notiz von Bur-

gel Geisler: »erl. 26. 1. 71 / Ge«. In einem Schreiben vom 26. Januar 1971 teilt Burgel Geisler Th. B. mit, daß ein Umbruchexemplar von *Midland* per Eilboten an ihn abgegangen sei. Darüber hinaus kündigt sie an, ihm ein Belegexemplar der zweiten Auflage des Bandes *Über Thomas Bernhard* zu schicken.

[146; Anschrift: c/o Uexküll, Brüssel]

Frankfurt am Main
5. Februar 1971

Lieber Herr Bernhard,
meine Frau und ich kommen also zum 9. Februar. Wir werden am späteren Vormittag in Brüssel eintreffen. Wäre es möglich, daß wir uns, etwa um 13.00 Uhr, in unserem Hotel ALBERT I., Place Rogier, träfen? Falls Sie einen anderen Treffpunkt wünschen, so geben Sie uns doch bitte Nachricht ins Hotel.
Schöne Grüße
Ihr
gez. Siegfried Unseld
i. A.
(Karin Derpa, Sekretärin)

[147; Anschrift: ⟨Ohlsdorf⟩]

Frankfurt am Main
23. Februar 1971

Lieber Thomas Bernhard,
es war sehr angenehm in Brüssel, und ich meine fast, man sollte des öfteren Tage der vierzigsten Geburt haben. Ich hoffe, Sie fühlen sich auch im nachhinein wohl, das heißt, ich hoffe, Sie sind bei den neuen Arbeiten.[1]

Ich möchte Ihnen heute einmal eine Übersicht geben im großen und ganzen ohne buchhalterisches Detail, das Ihnen, falls erwünscht, selbstverständlich auch zur Verfügung steht.
Wir haben hier die Konten Thomas Bernhard Insel und Suhrkamp Verlag jetzt einfach einmal zusammengelegt und zwei Konten angelegt:

Konto A »Alte Werke« (»Amras«, »Frost«, »Verstörung«, »Boris«, »Watten«, »Prosa«, »Ungenach«). Wir hatten am 22.11.1969 unsere ungewöhnliche Vereinbarung darüber getroffen. Dieses Konto wird zum 31.8.1972 abgeschlossen. Heute sieht es so aus, daß wir gegenüber der Schuld von ca. DM 32.000.– Honorarverrechnungen von ca. DM 21.000.– verbuchen konnten, so daß der Sollsaldo jetzt nur noch ca. DM 11.000.– beträgt. Sie haben bis zum 31.8.1972 noch Zeit, diesen Sollsaldo abzutragen.

Konto B Hier sind die »Kommenden Arbeiten« erwähnt (»Das Kalkwerk«, »Midland in Stilfs«, »Atzbach« und andere). Wir hatten hier 24 Monatsraten à DM 800.– vereinbart. Bis zum 31.8. werden diese Raten einen Betrag von DM 19.280.– ergeben.

Dagegen stehen dann folgende Beträge:

Die »Kalkwerk«-Abrechnung 1970 ca. DM 9.000.–
»Midland in Stilfs« und »Atzbach«
bis zum 31.8.1971 geschätzt DM 7.000.–
Nebenrechte »Midland in Stilfs«
und »Atzbach« bis zum 31.8.1971 DM 2.000.–
»Kalkwerk« bis 31.8.1971 DM 2.000.–

so daß sich hier insgesamt eine Summe von ca. DM 20.000.– ergeben wird, so daß am 31.8.1971 auch das Konto B ausgeglichen sein wird.

Daneben steht nun das neue Darlehen in Höhe von DM 15.000.–. Den Scheck habe ich Ihnen in Brüssel übergeben. Diesen Betrag behandeln wir, wie Sie es in Brüssel gewünscht haben, zunächst als Darlehen; ich würde vorschlagen bis zum 31. 8. 1972. Zu diesem Zeitpunkt (beziehungsweise rechtzeitig vorher) werden wir ja dann eine neue Vereinbarung treffen können.
Insgesamt sieht die Rechnung also doch ganz optimistisch aus.
»Midland in Stilfs« wird Anfang März erscheinen. Die Manuskripte »Atzbach« erwarten wir jetzt. Mit dem Deutschen Taschenbuchverlag und Rowohlt sprechen wir wegen einer Lizenz »Frost«.
Ich habe mit meinen Mitarbeitern in der Theaterabteilung gesprochen. Es wäre uns sehr angenehm, wenn wir – sagen wir – zu einem guten Sommertermin den Text des neuen Stückes haben könnten.
Soviel für heute. Alles Gute und herzliche Grüße für Sie
Ihr
[Siegfried Unseld]

1 Im *Reisebericht Köln–Düsseldorf–Brüssel–Aachen, 8.-10. Februar 1971* schreibt S. U.:
»Er war heiter und gelassen an seinem 40. Geburtstag und hat sich über das Kommen und die Grüße, die ich ihm überbrachte, und auch über das Geschenk [zwei silberne Kerzenständer, die S. U. am selben Tag im Antiquitätenladen Stuart in Brüssel kauft] sehr gefreut. Gelegenheit zu ausführlichen Gesprächen.
Mit dem Manuskript ›Atzbach‹ können wir wie vorgesehen rechnen.
Dann erhalten wir im Herbst d[iese]s. J[ahre]s. den Text des zweiten Stückes. Er hat es praktisch jetzt schon fertig, möchte es aber ruhen lassen und dann im Sommer noch einmal eine Niederschrift vornehmen.
Parallel dazu entsteht dann der nächste Roman, der noch ›intensiver als »Kalkwerk« sein wird‹. Nach dem Stück und dem Roman

kämen dann wieder einige kleinere Arbeiten für die edition oder für die Bibliothek. Er sieht diese Arbeiten als ›Ausruhe-Punkte‹ zwischen den großen Arbeiten an.
In ein paar Jahren will er dann an sein Opus magnum gehen, eine große Prosa-Arbeit, an der er Jahre schreiben will. Das Problem ist dann freilich, ob die bisherigen Arbeiten ihm das dann materiell ermöglichen.
Er hat im übrigen unsere materiellen Vereinbarungen sehr genau im Kopf und nimmt sie auch sehr ernst. Die neue Zahlung, die wir ihm leisteten, wollen wir als Darlehen behandeln.
Bernhards Freunde in Brüssel sind Beamte bei der Brüsseler Kommission. Einer von ihnen, Herr Dr. Franz Froschmaier, ist der stellvertretende Kabinettschef des deutschen Mitglieds. Als ich in Brüssel ankam, fiel bei den europäischen Behörden die Entscheidung für den nächsten Schritt in Richtung der Währungs- und Wirtschaftsunion Europa.«

[148; handschriftlich; Ansichtskarte: »Il Canale e la Chiesa Sant' Antonio. Triest – Der Kanal und die St. Antoniuskirche«]

[Triest]
27. 2. 71

Via Trieste nach Beograd[1] – viel Glück im Juni mit JOICE.[2]
Sie können baden!
herzlich
Thomas Bernhard

1 Im Rahmen des »Literaturjahres 1971« organisiert das österreichische Bundesministerium für Unterricht und Kunst in Zusammenarbeit mit dem Österreichischen Kulturinstitut in Rom und der Österreichischen Lesehalle in Zagreb eine Lesereise, die Th. B. im Februar und März 1971 nach Görz, Triest, Zagreb, Novi Sad, Belgrad, Rom, Bozen und Meran führt.
2 S. U. soll am 16. Juni 1971, dem Bloomsday, an einer Joyce-Konferenz in Triest teilnehmen, sagt aber wegen großer Arbeitsbelastung ab.

[149; handschriftlich; Ansichtskarte »GOMAGOI–Strada Stelvio–Gr. Ortles/Ortlergebiet–Stilfserjochstraße«]

[Gomagoi]
16. 3. 71

»Nachricht aus GOMAGOI«
am Ortler. Ich freue mich auf das Buch[1], bin ab 19. 3. wieder in Ohlsdorf.
Herzlich
Thomas Bernhard

1 *Am Ortler. Nachricht aus Gomagoi* ist der Titel der Schlußerzählung von *Midland in Stilfs*.

[150; Anschrift: 〈Ohlsdorf〉]

Frankfurt am Main
18. März 1971

Lieber Thomas Bernhard,
»Midland in Stilfs« ist jetzt fertig gebunden worden, in diesen Tagen gehen die Exemplare an den Buchhandel. Ich freue mich sehr über dieses Buch. Ich bin sicher, es wird für die Dauer zu meinen Lieblingsstücken der Bibliothek Suhrkamp zählen.
Verfügen Sie über Ihre fünfzig Freiexemplare? Wir haben eine Auflage von 5.000 Exemplaren gebracht. Der Ladenpreis beträgt DM 5.80, Ihr Honorar 7,5%. Dreißig Freiexemplare sind schon in getrennten Sendungen an Sie unterwegs.
Gefällt Ihnen der Einband und der Umschlag?
Herzliche Grüße
Ihr
Siegfried Unseld

[151]

Ohlsdorf
31. 3. 71

Lieber Doktor Unseld,
»Midland« ist aussen und innen ein sehr gutes Buch geworden, an dem ich tagelang nach meiner Rückkehr die grösste Freude gehabt habe.
Jetzt bin ich an die endgültige Fassung von »Atzbach« gegangen, das ich im Mai abliefern werde.
Diese Prosa ist grösste Kopfanspannung und grösstes Vergnügen zugleich für mich.
Meine Situation ist »Die Einsamkeit des Langstreckenläufers«, diesen Titel habe ich meiner gegenwärtigen Existenz gegeben.
Gomagoi, wo ich gewesen bin, entspricht ganz und gar der Erzählung in »Midland«, diese Prosa ist von den drei Stükken die beste.
Im Sommer habe ich das »Schauspiel« abgeschlossen.
Was »Boris« betrifft, bitte ich um genaue Informationen von seiten der Theaterabteilung.
Hier ist in diesen Tagen, in meiner Abwesenheit, ein Film nach einem Buch von mir fertig gemacht, -gedreht worden, der absolute Behutsamkeit verlangt. Es ist ein Film nach einer Prosaskizze von mir, die mit »Der Italiener« betitelt ist, aus der »Baumgrenze«, die Hauptperson, der Italiener, ist ein echter Italiener, Herr Jovine aus Rom, ein Mann mit ausgezeichnetem Profil, der mehrere Sätze von Hegel zu sprechen hat in dem Film.[1]
Zwei Monate im ganzen bin ich weg gewesen und es hat die schönsten und unsinnigsten Augenblicke gegeben zwischen Waterloo und Gomagoi, zwischen Brüssel und Belgrad, zwischen Novi Sad und Rom, alles Zündstoff für meinen Schreibtisch.

Jetzt habe ich nicht mehr die Absicht, auch nur für kurze Zeit wegzufahren und meine Verachtung für Vorlesungen ist die grösste.
Es gibt nichts widerwärtigeres und sinnloseres als vorzulesen, aber ich habe ja nur ein paarmal vorgelesen, das letztemal allerdings alles in allem mit grösstem Widerwillen nur zwanzig Minuten, was den Leuten tatsächlich aufgefallen ist.
Und jetzt lese ich nicht mehr vor, gleich wo, auch in Zürich nicht, nirgends mehr.
Die so elegant punzierten Kerzenleuchter aus Brüssel aus dem Hause Stuart haben den gebührenden Platz. Wann kommen Sie, um sich diese markanten Prunkstücke anzuschauen?
Herzlich Ihr
Thomas Bernhard

P. S.: Wir sollten es wieder einmal auf eine Muschelpartie ankommen lassen!

1 Ferry Radax, den Th. B. bei den Dreharbeiten zu *Drei Tage* kennenlernt, verfilmt die Erzählung *Der Italiener* (siehe Anm. 1 zu Brief 115).

[152; Anschrift: ⟨Ohlsdorf⟩]

Frankfurt am Main
6. April 1971

Lieber Herr Bernhard,
über Ihren Brief vom 31. März 1971 habe ich mich sehr gefreut. »Midland« zählt zu meinen Lieblingsbüchern, und die »Nachricht aus Gomagoi« ist sicherlich die schönste. Ich habe Ihre Karte erhalten und hebe sie mir an einem bevorzugten Platz auf. Herzlichen Dank.

Ich höre gerne, daß wir die endgültige Fassung von »Atzbach« im Mai erhalten werden und daß Sie dann im Sommer das Schauspiel abschließen werden. Bis dahin werden wir uns ganz bestimmt sehen, irgendwie treffen wir uns ja im Juni, entweder in Triest oder in Ohlsdorf. Ich habe den dringenden Wunsch, die beiden Kerzenleuchter bald einmal im Hause zu sehen.

»Fest für Boris«: Die Züricher Aufführung wird im Mai stattfinden. Die Gespräche mit dem Wiener Burgtheater laufen, und nun hat sich auch eine Grazer Bühne gemeldet, aber es gibt noch nichts Definitives.[1] Ich melde mich wieder und schicke Ihnen jetzt nur einmal schönen Dank für Ihren Brief und

herzliche Grüße und Wünsche

Ihr

[Siegfried Unseld]

1 Zur Züricher *Boris*-Aufführung siehe Brief 178;. Die österreichische Erstaufführung von *Ein Fest für Boris* findet am 20. Oktober 1971 im Rahmen des Steirischen Herbstes in der Regie von Axel Corti in Graz statt. Zur Formulierung seines Briefes hat S. U. mit Bleistift auf der Rückseite des Briefes notiert: »Mai in Zürich/Graz + Wien, Burgtheater«.

[153; Anschrift: Ohlsdorf; Telegramm]

Frankfurt am Main
1. Juni 1971

erbitte anruf am mittwoch vormittag
gruß siegfried unseld

[154; handschriftlich; Postkarte]

Ohlsdorf
7.6.71

Lieber Doktor Unseld
ich habe auf dem Flughafen Rhein-Main am *Freitag 3* Stunden Aufenthalt bis ich nach Köln weiterfliege – wenn wir miteinander NACHTMAHLEN können (ankomme *17.50 h*) telegrafieren Sie bitte nach Ohlsdorf – ich freue mich sehr auf Sie[1]
herzlich
Ihr
Thomas Bernhard

1 Die Postkarte trägt einen Eilboten-Aufkleber.

[155; Anschrift: Ohlsdorf; Telegrammnotiz]

Frankfurt am Main
8. Juni 1971

Freitag, 18.30 Halle Airport-Hotel, freue mich sehr.[1]
Herzlich – Siegfried Unseld

1 Burgel Geisler vermerkt handschriftlich auf der Telegrammnotiz »12.45«, offenbar den Aufgabezeitpunkt.

[156; Anschrift: Ohlsdorf; per Eilboten]

Frankfurt am Main
18. Juni 1971

Lieber Thomas Bernhard,
das Haus hier ist wirklich glücklich über unsere Entscheidung, unsere Entscheidung im Hinblick auf die Taschenbü-

cher.[1] Nur die Herstellung jammert wegen des Termins. Wäre es nicht doch möglich, daß Sie das Manuskript früher, als wir es großzügig vereinbart hatten (30. Juni), uns zuschicken könnten? Dies auch deshalb, weil wir doch einen Ankündigungstext schreiben müssen und das wohl kaum tun können ohne Lektüre.
Und noch eine Bitte: gibt es von Ihnen ein Bild, auf dem Sie *gehen*? Das wäre besonders angenehm.
Dies nur kurz für heute, demnächst dann wieder mehr.
Schöne Grüße
Ihr
Siegfried Unseld

1 Beim Treffen am 11. Juni 1971 macht Th. B. S. U. offenbar zum Vorwurf, er sei mit keinem Buch unter den ersten vierzig Bänden der im Oktober 1971 startenden neuen Taschenbuchreihe des Verlags, der suhrkamp taschenbücher, vertreten. Die 40 ersten Titel der Taschenbuchreihe sind am 4. Juni 1971 in Frankfurt der Öffentlichkeit vorgestellt worden, die Medien – etwa am 7. Juni *Der Spiegel* – berichteten ausführlich darüber. Th. B. und S. U. vereinbaren, *Gehen* als Band 5 der suhrkamp taschenbücher zu publizieren. Der in der Programmvorschau mit dieser Nummer versehene Band von Jürgen Becker, *Eine Zeit ohne Wörter*, erhält die Reihennummer 20.

[157]

Ohlsdorf
22. 6. 71

Lieber Doktor Unseld,
ich brauche mindestens noch zwei Wochen, bis ich das Manuskript abliefern kann, an der Präzision meines Arbeitsvorgangs werden Sie hoffentlich nicht zweifeln; die Herstellung muss also bis etwa 6. / 7. Juli auf das endgültige Manuskript warten, die Zeit ist aber so weit fortgeschrit-

ten, dass das Unmögliche möglich geworden ist, beinahe in jeder Sache, wie wir wissen und was uns stark und stolz zugleich machen sollte.
Das Nachtmahl mit den Bodenseefelchen auf dem Flugplatz in Frankfurt mit seinen Jumbojetsaugnäpfen sollten wir an einem andern Ort und zu anderer Unterhaltung in nicht entfernter Zukunft wiederholen.
Der Film ist ausgezeichnet geworden und ich bin glücklich darüber. Der Verleger der Rechte des »Italieners« in Salzburg bringt zum Oktober ein Bilderbuch mit einer Menge Fotografien von den Filmaufnahmen und den Text dazu und die ursprüngliche Erzählung »Der Italiener« etcetera; das Buch (wenn Sie ein solches überhaupt gemacht hätten) wäre bei Suhrkamp erschienen, wenn ich nicht 68 mit den drei Erzählungen einen Ausflug nach Salzburg gemacht hätte infolge unserer aufeinmal so locker gewordenen Bindungen damals.[1]
Ich bin jetzt auf einem Berg, nicht in Ohlsdorf, weil mir die Konzentration wichtig ist und der Briefträger geht mir auf die Nerven, die Post bringt nichts als nur Lächerlichkeiten ins Haus, die verärgern, Haufen von dummbedrucktem Papier, als handelte es sich bei dem Empfänger um einen Idioten. Können Sie mir die Frage beantworten, warum Verleger alles, was ganz junge Leute in ganz kurzer Zeit ganz ohne Anstrengung ganz ohne Genie ganz blödsinnig schreiben ganz schnell drucken?
Sehr herzlich, Ihr Schwerarbeiter
Thomas Bernhard

1 1969 erscheint im Salzburger Residenz Verlag der Band *An der Baumgrenze* mit der Titelerzählung und den Erzählungen *Der Kulterer* und *Der Italiener*. 1971 bringt Wolfgang Schafflers Verlag den Band *Der Italiener*, der neben dem frühen Erzählfragment die gleichnamige Filmerzählung, den Monolog *Drei Tage*, eine *Notiz* und Standfotos aus der *Italiener*-Verfilmung enthält. Siehe zur

Entwicklung des für Th. B. so wichtigen Stoffes (*Auslöschung*) und zur Publikationsgeschichte: Th. B.: *Werke 11*, S. 356ff.

[158; Anschrift: Ohlsdorf]

Frankfurt am Main
24. Juni 1971

Lieber Herr Bernhard,
schönen Dank für Ihren Brief vom 22. Juni. Wenn wir uns fest auf den Termin 6./7. Juli verlassen können, wird alles in Ordnung gehen. Noch einmal können wir uns nach diesem neuen Termin richten, doch lassen Sie mich bitte nicht im Stich. Ich habe hier durch die Umdisposition schon erhebliche Schwierigkeiten, doch das Wichtigste ist natürlich, daß wir einen zuverlässigen Text erhalten; ich freue mich schon sehr darauf.
Unser Zusammentreffen werden wir bald wiederholen können. Bitte, lassen Sie mich nicht im Stich!
Alles Gute und schöne Grüße
Ihr
Siegfried Unseld

P. S.: Ich habe mich freilich für Dienstag, 29. Juni, schon festgelegt und muß also in Ihre Gegend. Sollte sich bei Ihnen irgend etwas ändern: ich bin am 29. Juni nachmittags zu erreichen
c / o Hildegard Unseld, Klinik Dr. Hausdorf, 8183 Rottach-Egern, Oberach Weg 8, Telefon 08022 / 6314. Ich könnte am 30. bei Ihnen sein.

[159]

Wien
7.7.71

Lieber Doktor Unseld,
Erschöpfung und Freude sind gleich gross in dem Gedanken, mit dem Ihnen versprochenen Manuskript fertig zu sein.
Da ich nur dieses einzige besitze und heute der Post anvertraue, bitte ich, eine Fotokopie zu machen und sie mir umgehend zu schicken.
Im Sommer bin ich mit dem Theater beschäftigt.
Da sich zeigt, wieder zeigt, dass es so viele nicht beantwortete Fragen unseres Verhältnisses gibt und beispielsweise der Termin der letzten Zahlung des Suhrkampverlags an mich vor der Tür steht (August), ist es notwendig, dass wir uns bald sehen.
Ist es für Sie aus irgendeinem Grund unmöglich oder auch nur peinlich, »Gehen« in der neuen Bücherreihe herauszubringen, wie ich konstatiere, haben Sie ja schon eine fixe Einteilung vorgenommen und auch die Nummer 3, so hat es den Anschein, endgültig besetzt, so veröffentlichen Sie »Gehen« im Herbst in einer Ihrer beiden anderen Reihen.[1]
Es soll niemand verletzt werden, wenn es mir auch gleichgültig ist, etwas zu stören.[2]
Viele herzliche Grüße Ihnen, Busch und den Andern
Ihr
Thomas Bernhard

1 Laut der auf der Pressekonferenz am 4. Juni 1971 vorgelegten Programmvorschau ist Band 3 der suhrkamp taschenbücher Peter Handkes Filmbuch *Chronik der laufenden Ereignisse*.

2 Der Brief ist am linken Rand von S. U. mit der handschriftlichen Notiz versehen:
»Brief v. 23. 2. 71

Konto B ›kommende Arbeiten‹
31.8.
à 800.–
3 7 21
105
3.150«

S. U. nimmt damit Bezug auf die Vereinbarung zwischen Th. B. und S. U. vom Oktober 1969 (siehe Anm. 1 zu Brief 86), die u. a. monatliche Zahlungen des Verlags in Höhe von 800 DM an den Autor vorsieht, sowie auf den Brief 147 vom 23. Februar 1971. Die Rechnung bezieht sich auf das Honorarangebot an Th. B. für *Gehen*; siehe Brief 161.

[160; Anschrift: Ohlsdorf]

Frankfurt am Main
13. Juli 1971

Lieber Thomas Bernhard,
schönen Dank für Ihren Brief vom 7. Juli. Das Manuskript ist gut eingetroffen! Leider erst gestern, Montag, und nicht schon am Wochenende. Ich lasse das Manuskript jetzt fotokopieren und schicke Ihnen mit getrennter Post eine Kopie wieder zu. Ich nehme an, daß ich heute im Laufe des Tages zur Lektüre komme, und berichte Ihnen dann von meinem Eindruck. »Gehen« ist fest geplant für die ersten 10 Bände der neuen suhrkamp taschenbücher, die am 1. Oktober in den Buchhandlungen ausliegen werden. Die Änderungen gingen ohne Schwierigkeiten vor sich, weil Jürgen Becker mit seinem Manuskript nicht rechtzeitig fertig geworden ist. Dies nur für heute.
Herzliche Grüße
Ihr
Siegfried Unseld

P. S.: Ich fragte Sie neulich schon einmal: gibt es von Ihnen ein Foto, das Sie im Gehen zeigt? Es wäre sehr gut. Und wenn es so etwas gibt: bitte senden Sie es uns zu.

[161; Anschrift: Ohlsdorf]

Frankfurt am Main
15. Juli 1971

Lieber Thomas Bernhard,
»Gehen« ist von großer Art. Ein ganzer Bernhard. Freilich der radikalste, entschlossenste, konsequenteste. Die Geschichte hat mich von Anfang bis zum Schluß fasziniert. Ich konnte nicht mit der Lektüre aufhören, und erst bei der zweiten Lektüre war ich dann zu gewissen Überlegungen bereit. Ich beglückwünsche Sie zu diesem Text. Er wird Ihnen zwar manchen Ärger, aber auf die Dauer weiteren Bernhardschen Ruhm einbringen.
Es entspricht dem eruptiven Wurf dieses Textes, daß einige Flüchtigkeitsfehler, meistens auch Tippfehler, Ihnen unterlaufen sind. Das haben wir stillschweigend verbessert. Schwieriger war die Frage zu entscheiden, wann bestimmte Adjektiva groß zu schreiben sind. Etwas Gemeines, etwas Niedriges, etwas Unverschämtes, etwas ungeheuer Trostloses – das müßte man doch wohl groß schreiben, denn sonst versteht man das nicht.
Auf Seite 3 sind unklar die Zeilen 11/12, der Satz also: »... weil er am Montag wie am Mittwoch viel langsamer, am Montag viel schneller geht«.
Das sollten Sie für die Korrektur bedenken.
Auf Seite 5 heißt es: »... daß wir ... nur immer noch in eine größere Deprimation hineinkommen, als wir schon sind.«
Das muß wohl heißen: »... als die, in der wir schon sind.«

Wollen Sie sich das für die Korrektur überlegen?
Manchmal fehlt in Ihrem Text – so etwa auf Seite 18 in der 12. Zeile von oben – ein Reflexivum: »... daß gerade die außerordentlichen Köpfe ... umbringen«.
Das muß wohl heißen: »... sich umbringen«.
Ich sehe nicht richtig die Funktionen der Überschrift Seite 30: »Oehler zu Scherrer« und Seite 56: »Oehler sagt:«.
Ich meine, auf diese Gliederung könnte man bei der durchgängigen Stringenz dieses Textes doch auch noch verzichten.
Bei der Korrektur sollten Sie auch noch einmal die verwandten Superlative bedenken. Es gehört zum Duktus der Sprache und dem des Textes, daß er über das Ziel hinausschießt. Ein Zeichen für mich sind dafür die verwandten Superlative. Ich habe hier große Schwierigkeiten, für mich gibt es total, aber keine »totalste« Weise; für mich gibt es eine vollkommene Untätigkeit, aber keine »vollkommenste« Untätigkeit; schlimm wird es dann für mich, wenn an einer Stelle von »epochemachendsten Gedanken« die Rede ist. Epochemachend läßt sich in dieser Weise nicht mehr steigern, eher noch könnte man sagen: »epochalste Gedanken«, aber die Steigerung des Verbs »machen« in dieser Verbindung ist grammatikalisch nicht stimmig.
Wie im Manuskript des »Kalkwerk« stört mich ganz empfindlich die Unterstreichung, die Sie wohl in Kursiv stehen haben wollen. Wir haben schon beim Manuskript des »Kalkwerk« darüber gesprochen, und Sie hatten Verständnis gehabt, daß wir das reduzierten. Die Sprache Ihres Textes, Ihre Stringenz, Ihr, wenn ich das so sagen darf, Preis, also die Schubkraft der Sprache, ist so herrlich und stark, daß Sie das nicht mehr nötig haben! Solche äußeren typographischen Dinge deuten ja eher auf eine Schwäche des Stils. Ich würde meinen, daß Sie das bei der Korrektur noch einmal genau überlegen sollten.[1]

Nun aber zu dem für mich einzigen, wichtigen Einwand: ich verstehe völlig, was Sie im Zusammenhang Ihres Textes vom Unsinn des Kindermachens schrieben. Das so zu sehen ist nicht nur Ihr volles Recht, sondern es ist stringent und überzeugend. Ich habe aber einen gravierenden Einwand gegen eine Konsequenz, so, wenn Oehler sagt (ich sehe wohl, es ist nicht das Ich des Autors und das Ich der Erzähler, sondern eben die »Kunstfigur« Oehler), daß es Aufgabe der Parlamente wäre, Gesetze gegen das kopflose Kindermachen zu beschließen (hier mache ich durchaus noch mit). Aber man soll ein Gesetz machen, das für kopfloses Kindermachen eine Höchststrafe feststelle (auch hier könnte man noch mitmachen). Dann folgt der Satz: »Als solche bezeichnet man bekannterweise die Todesstrafe, sagte Oehler, einzuführen und anzuwenden.«
Das ist nun ein Punkt, gegen den ich persönlich ganz grundsätzlich bin. Ich halte es für richtig, daß die Todesstrafe abgesetzt wurde, und zwar aus einem einzigen Grund: ich will nicht, daß ein Staat, sei's mit rechten oder linken Vorzeichen, das Recht hat, sich als Henker zu betätigen. Er mag meinetwegen sonst alle Rechte haben, aber die Bestimmung über das Leben des Menschen soll nach meinem Dafürhalten nicht mehr in die Hände eines Staates gelegt sein. Dies wie auch immer. – Gestern sah ich im Fernsehen Bilder von der Erschießung in Marokko.[2] Ich mußte daran denken, welche Konsequenz diese Ihre Feststellung haben kann. Ich möchte Sie sehr bitten, diese Stelle noch einmal in aller Konsequenz zu bedenken. Lassen Sie den Text stehen bis zum Wort »Höchststrafe«, aber streichen Sie bitte den sich anschließenden Nebensatz. Es ist für mich die einzige Stelle in dem Text, in der er die sonstige bedeutende moralische und philosophische Höhe verläßt.
Wollen Sie sich das überlegen? Und bitte, seien Sie mir nicht böse, daß ich in diesem Punkt dringlich werde. Im übrigen

wollen Sie überzeugt sein, diese Frage entscheiden Sie, nicht ich. Getreu nach jenem ungeschriebenen Gesetz hier im Hause, wonach der Autor das letzte Wort hat. Bis zu diesem Wort aber möchte ich kämpfen mit Ihnen.

Das Manuskript ist, nachdem ich es durchgesehen habe, sogleich in Satz gegangen. Aus Zeitgründen können wir keine Fahnen herstellen, sondern umbrechen gleich den Text. Der Umbruch ist uns für Freitag, den 30. Juli, zugesichert worden. Das heißt, daß Sie ihn wohl Montag oder Dienstag, 2./3. August 1971, erhalten werden. Wo sind Sie da? Geht also der Umbruch nach Ohlsdorf oder nach Wien? Wir müssen das, bitte schön, ganz genau timen, und ich möchte Sie auch bitten, die Korrektur dann möglichst innerhalb von 3-4 Tagen wieder zurückzuschicken, denn sonst kommen wir in der Planung vollkommen durcheinander, und da der Band ja innerhalb einer Gruppe von 10 anderen Bänden steht, können wir keinerlei Terminverschiebung berücksichtigen. Aber ich glaube auch, daß an diesem Text nichts mehr zu ändern sein wird. Doch bitte, lassen Sie mich wissen, wo Sie sein werden.

Ich möchte Sie gerne bald sehen, nicht nur, um mit Ihnen zu argumentieren, sondern um mit Ihnen zu gehen. Das wird sicherlich irgendwann einmal möglich sein. Morgen muß ich aus »dienstlichen« Gründen zu Ingeborg Bachmann fahren. Sie hat ein Haus am Meer für den Monat Juli zur Verfügung gestellt bekommen, Villa Calamandrei, Ronchi / Prov. di Massa. Angeblich hätte dieses Haus sehr viele Schlafzimmer. Ihr Besuch wäre sicherlich erwünscht. Ich werde wahrscheinlich bis Donnerstag, 22. Juli, dort sein und muß spätestens Freitag früh wieder zurückfliegen. Ich weiß nicht, welche Abstecher Sie planen.[3]

Danach bin ich in Klausur mit Uwe Johnson wegen seines nächsten »Jahrestage«-Bandes und danach mit Martin Walser. Zweite Hälfte August bin ich wieder freier.

Was unsere materiellen Vereinbarungen betrifft, so nehmen Sie bitte meinen Brief vom 23. Februar 1971 zur Hand. Dort ist von einem Konto B., »kommende Arbeiten«, die Rede. Die monatlichen Zahlungen, die wir dort vereinbart haben in Höhe von DM 800.–, enden am 31. August 1971. Wenn Sie damit einverstanden sind, verlängern wir diese Vereinbarung bis zum 31. August 1972 (mündlich können wir dann ja immer noch etwas anderes vereinbaren). »Gehen« erscheint in den suhrkamp taschenbüchern, Ladenpreis DM 3.–, Honorar 7%, Auflage 15.000 Exemplare, also wird das insgesamt ein Honorar von DM 3.150.– ergeben, d. h., praktisch sind damit schon wieder vier Monatsraten abgedeckt.

Lieber Herr Bernhard, noch einmal meinen Glückwunsch zu »Gehen«. Gehen wir also.

Herzliche Grüße

Ihr

Unseld

1 Siehe Briefe 116 und 117; auch hier behält Th. B. die Kursivierungen bei.

2 Am 10. Juli 1971 putschen Militärs unter der Leitung von Mohammed Medbouh und Oberst Ababou gegen den marokkanischen Herrscher Hassan II. Am 13. Juli ist der Schießplatz in Temara (südlich von Rabat) Schauplatz einer Massenhinrichtung. An Pfähle gebunden, werden die für den Umsturzversuch Verantwortlichen füsiliert. König Hassan II. wohnt der Exekution in Begleitung des jordanischen Herrschers Hussein bei, der ihm zu diesem Zweck einen Blitzbesuch abstattet.

3 Zwischen dem 16. und dem 23. Juli 1971 trifft S. U. Ingeborg Bachmann in Ronchi, am 24. und 25. ist Uwe Johnson in Frankfurt, zwischen dem 29. Juli und 5. August ist S. U. in Süddeutschland und besucht Martin Walser in Nußdorf am Bodensee.

[162] Ohlsdorf
21. 7. 71

Lieber Doktor Unseld,
ich erwarte den Umbruch von »Gehen« in Ohlsdorf, wo ich den ganzen Sommer bleibe.[1]
Auch in »Gehen« werde ich die Todesstrafe abschaffen, denn die darin gemeinte Höchststrafe ist eine viel höhere.[2]
Ihr Brief hat in mir eine sehr angenehme Stimmung verursacht, von der ich glaube, dass sie noch mehrere Tage anhalten wird, in dieser Zeit bin ich mit Gehen und Denken oder Denken und Gehen beschäftigt.
Dann müssen wir uns aber unbedingt sehen.
Herzlich(st)!
Ihr Thomas Bernhard

1 Thomas Beckermann schickt Th. B. am 4. August den Umbruch von *Gehen* zu, verbunden mit der Bitte, das von ihm korrigierte Exemplar möge am 11. August wieder im Verlag sein, da die ersten zehn Titel der suhrkamp taschenbücher Ende September ausgeliefert würden.
2 Der geänderte Satz lautet im Druck: »Aufgabe des Parlaments und der Parlamente wäre es, Gesetze gegen das kopflose Kindermachen zu beschließen und durchzusetzen und für kopfloses Kindermachen die Höchststrafe, und jeder hat seine eigene Höchststrafe, sagt Oehler, einzuführen und anzuwenden.« (Th. B.: *Werke 12*, S. 153.)

[163; Anschrift: Ohlsdorf]

Frankfurt am Main
26. Juli 1971

Lieber Thomas Bernhard,
sehr herzlichen Dank für den Brief vom 21. Juli. Er hat nun mich wieder in angenehme, d. h. produktive Stimmung ver-

setzt. Ich bin sicher, wir sehen uns bald. Ich stecke mit Haut und Haaren in der Vorbereitung der Texte für das zweite Halbjahr.
Demnächst dann mehr.
Herzlich und alle guten Wünsche für Sie,
Ihr Siegfried Unseld

[164]

Ohlsdorf
15. 8. 71

Lieber Doktor Unseld,
es ist Mitte August und ich erwarte Sie hier.[1]
Herzlich Ihr
Thomas Bernhard

1 Der Brief ist mit der handschriftlichen Notiz von S. U. versehen: »Donn[erstag] 2. 9.«

[165; Anschrift: Ohlsdorf]

Frankfurt am Main
23. August 1971

Lieber Thomas Bernhard,
wie wäre es, wenn der Prophet zum Berg käme? Mein Vorschlag: kommen Sie am Donnerstag, dem 2. September, auf Kosten des Verlages nach Frankfurt. Ich würde mich sehr freuen.
Herzlich
Ihr
Siegfried Unseld

[166; Telegramm]

Wien
30. August 1971

ankomme mittwoch zwoelf uhr rheinmain erbitte hotelzimmer auf donnerstag[1]
= herzlich bernhard

1 Das Telegramm trägt die handschriftliche Notiz von Burgel Zeeh: »LH [Lufthansa] 253 aus Wien«, in der – möglicherweise in Hinsicht auf eine geplante Abholung – die Nummer des Flugs von Th. B. nach Frankfurt festgehalten wird.

[167; Anschrift: Ohlsdorf]

Frankfurt am Main
8. September 1971

Lieber Herr Bernhard,
ich schicke Ihnen unseren »Theaterdienst« Nr. 6. An erster Stelle steht also »Der Ignorant und der Wahnsinnige«.[1] Ich hoffe, Sie können mir das Stück bald schicken. Ich freue mich sehr, es zu lesen.
Unsere Tage waren nicht ohne Härte, aber Klarheit verlangt manchmal Härte, und dafür haben wir aber in rechtlicher Hinsicht das Gelände für die nächsten zwei Jahre bereinigt. Ich hoffe, Sie sehen das auch so.[2]
Ich bin mit herzlichen Grüßen
Ihr
Siegfried Unseld

|P. S.: unser Vertrag ging heute nach Salzburg|

1 Im Verlag hat sich ein Durchschlag der im »Suhrkamp-Theaterdienst« veröffentlichten Ankündigung des Stücks erhalten. Ein Entwurf dazu ist auf der Schreibmaschine von S. U. getippt und

beruht wahrscheinlich auf Angaben von Th. B.: »Thomas Bernhard hat ein neues Stück abgeschlossen. Das neue Schauspiel trägt den Titel ›Der Ignorant und der Wahnsinnige‹. Das Stück ist in zwei Teilen angelegt (Teil I: ›In der Oper‹; Teil II: ›Bei den »Drei Husaren«‹), seine drei Hauptpersonen sind eine Diva, die ›Königin der Nacht‹, ein Industrieller und ein Psychiater. Die Uraufführung wird in der Regie von Claus Peymann und in großer Besetzung bei den Salzburger Festspielen 1972 stattfinden. Eine ausführliche Ankündigung des Stücks erfolgt im nächsten ›Theaterdienst‹. Die Textbücher liegen Mitte November vor.«

2 S. U. hält den Besuch von Th. B. am 1. und 2. September 1970 in Frankfurt mit für beide Seiten schwierigen Gesprächen in seiner *Chronik* fest. Unter dem Datum des 1. September heißt es:
»Thomas Bernhard in Frankfurt. Das Gespräch begann mit einem ernsten Tief. Ich legte Thomas Bernhard die Meldung aus der SDZ [*Süddeutsche Zeitung*, 1. September] von heute vor, wonach er den Salzburger Festspielen 1972 die Uraufführung seines nächsten Stückes ›Der Ignorant und der Wahnsinnige‹ (in der Pressemeldung fälschlicherweise mit ›Der Intrigant und der Wahnsinnige‹ angegeben) übertragen habe. Ich sagte Thomas Bernhard, daß ich damit nicht einverstanden sei, wir hätten eine klare Absprache und die Rechte gehörten dem Suhrkamp Verlag, nur der Suhrkamp Verlag könne darüber verfügen, und wenn er handle, so nur gemeinsam mit dem Suhrkamp Verlag. Das Gespräch geriet in ein bedenkliches Tief, weil ich nicht nachgeben wollte, schließlich lenkte er ein und sicherte uns zu, daß wir den Vertrag machen könnten und daß wir auch unseren Verlagsanteil bekämen.
Danach wurde eine Reihe von Fragen besprochen, Verlagsverträge für neuere Werke, sein erneuter Darlehenswunsch auf DM 20.000.–, seine Forderung, eine Kündigungsregelung bei meinem Tod.
Wir gingen in den Verlag, dort Gespräche mit Dr. Rach, Ritzerfeld, Roser, den Lektoren Busch und Beckermann. Anschließend unterzeichnete Thomas Bernhard fünf Verträge, damit ist die kontraktliche Situation sicherlich bis Mitte 1972 geregelt.
Am Abend war er müde und zerschlagen und kehrte frühzeitig in sein Hotel zurück.
Die Rechte von Thomas Bernhard sind damit für immer für den Verlag gesichert. Wir müssen ihm auch das Gefühl geben, daß er hier im Verlag seine Heimat hat, dann wird dieser ungewöhnliche Autor weiterhin produktiv bleiben.«

Bei den fünf Verträgen handelt es sich neben dem Vertrag für *Der Ignorant und der Wahnsinnige* um zwei Darlehensverträge (ein nachträglich ausgestellter Vertrag für das in Brüssel am 40. Geburtstag von Th. B. gewährte zinslose Darlehen über 15 000 DM, siehe Brief 147, sowie ein weiteres zinsloses Darlehen in Höhe von 20 000 DM), einen Vertrag über monatliche Zahlungen an den Autor (die Regelung vom Oktober 1969, siehe Brief 91, mit monatlichen Zahlungen in Höhe von 800 DM wird bis zum 31. August 1973 beibehalten) und einen »Zusatzvertrag«, der für den Fall des Ausscheidens von S. U. aus der Leitung des Verlags Th. B. unter gewissen Bedingungen die Möglichkeit der Kündigung sämtlicher Verträge einräumt. Unter dem Datum des 2. September fährt S. U. in der *Chronik* fort:
»Thomas Bernhard kam am 2. September noch einmal in den Verlag, wie vereinbart. Er sagte mir, er müsse über einen Vertragspunkt des ›Ignoranten‹-Vertrages sprechen, er hätte den Vertrag jedoch nicht mitgebracht, ich hätte aber sicherlich das Original da. Ich holte es bei Frl. Ritzerfeld, und er riß mir das Exemplar aus den Händen, strich § 3 [im Verlagsvertrag für *Der Ignorant und der Wahnsinnige*. Dieser Paragraph lautet: »Der Autor hat den Salzburger Festspielen die Uraufführung des Stücks zugestanden. Der Verlag wird in seinem Aufführungsvertrag mit dem Theater die künstlerischen und finanziellen Bedingungen regeln, die der Autor vereinbart hat. Der Verlag erhält den ihm nach diesem Vertrag zustehenden Honoraranteil.«] durch. Das empörte nun mich, und zum ersten Mal wurde ich energisch und verbat mir das und sagte ihm, ich würde gern mit ihm sprechen, aber eine einseitige Streichung eines Vertragsparagraphen sei unmöglich, und wenn er das wolle, so seien alle unsere Absprachen hinfällig. Es war ein ausgesprochenes Tief. Doch er lenkte ein, da der Strich mit einem Kugelschreiber gemacht wurde, also nicht zu radieren war, vermerkten wir, daß er nicht gelte. Später schrieben wir die Seite neu aus und unterschrieben noch einmal. Er war sehr getroffen wegen dieser Vertragsdinge.
Am Morgen fand ich in der dtv-Produktion Thomas Bernhard ›An der Baumgrenze, Erzählungen.‹ Ich bat ihn um eine Widmung. Er schrieb: ›für S. U. herzlich in schwerer Stunde, Thomas B.‹«

[168]

Ohlsdorf
10. 9. 71

Lieber Herr Doktor Unseld,
meinen Besuch in Frankfurt in der Vorwoche habe ich nicht in bester Erinnerung und ich möchte einen solchen Besuch unter den Umständen, wie ich Sie in Frankfurt angetroffen habe, nicht mehr wiederholen.
Was den Vertrag über mein neues Schauspiel betrifft, den ich mit dem Theaterverlag gemacht habe, und nur auf diesen Vertrag beziehe ich mich, so ist Ihnen doch klar gewesen, dass ich etwas unterschrieben habe, was ich, nach reiflicher Überlegung, nicht unterschreiben habe wollen und dass Sie mir in der uns beiden noch deutlich gegenwärtigen Weise als Szene die Möglichkeit verweigert haben, in dem Vertrag nachträglich zu ändern, was ich geändert haben wollte, gehindert haben also am Gebrauch eines Rechtes, das bekannt ist: gleich von was für einem Vertrag kann jede juristische Person auf der ganzen Welt innerhalb vierundzwanzig Stunden zurücktreten.
Nach meiner Rückkehr aus Frankfurt habe ich Ihnen einen längeren Brief geschrieben, den ich aber nicht abgeschickt habe, weil ich es für besser hielt, nichts mehr zu sagen und die Dinge sich von selbst entwickeln zu lassen.[1] Jetzt höre ich aber aus Salzburg, dass mich der Verlag (Wer? Der Theaterverlag?) als »verwirrten Künstler« bezeichnet und dass »selbstverständlich« der Verlag den Vertrag mit den Festspielen mache undsoweiter.
Weder auf »verwirrt« noch auf »Künstler« noch auf »verwirrter Künstler« und schon gar nicht auf »selbstverständlich«, alles Ausdrücke, die wenigstens nicht diplomatisch, schon gar nicht vertrauenerweckend sind, möchte ich näher eingehen, aber schon scheint eingetreten zu sein in der Ver-

handlung zwischen Frankfurt und Salzburg, was ich zu Recht befürchtete: eine Art von Interpretation des Verhältnisses zwischen mir und dem Verlag, die mir zuwider ist.
Was Salzburg betrifft, noch einmal präzise: der Verlag macht einen Vertrag unter gänzlicher Berücksichtigung dessen, was ich persönlich mit Salzburg abgesprochen habe, das betrifft naturgemäss auch das Honorar, das für die vier oder fünf Aufführungen in Salzburg dreissigtausend Mark ausmacht und die zur Gänze von Salzburg an mich zu überweisen sind.
Was die Fernsehaufzeichnung des Stückes betrifft, über diese ist, wie ich höre, bereits eine Korrespondenz zwischen Köln und Wien und Salzburg in Gang, verhandelt der Verlag laut Vertrag, aber bitte, möchte ich dem Theaterverlag sagen, verschleudern Sie mich nicht.
Ab den Salzburger Aufführungen habe ich mich vertraglich an den Theaterverlag gebunden, ganz bewusst gebunden, das alles ist ordnungsgemäß zu akzeptieren.
Von der Fernsehaufzeichnung ist mein Darlehen zu tilgen.
Das Stück werde ich solange zurückhalten als notwendig und dadurch den Intrigen und der Geschwätzigkeit und der dramatischen Gemeinheit der Theaterleute entziehen.
Frankfurt ist für mich kein guter Boden, es ist ein leerer Raum und ein luftleerer Raum.
Was ich in Frankfurt nicht gesagt habe, jetzt: dass ich um Durchschriften der gesamten Korrespondenz des Theaterverlages, meine Stücke und dadurch unmittelbar meine Person betreffend, bitten muss, damit ich im Bild bin.
Es geht einfach nicht, dass mich betreffende Vorgänge (wie Kammerspiele München zum Beispiel) mir selbst nicht bekannt sind, weil sie mir vom Verlag einfach nicht bekannt gemacht werden. Das ist eine Absurdität, die ich mir nicht leisten, nicht gestatten will.
Sollten Sie einmal die Möglichkeit haben, mit mir in Ruhe

und weit im Hintergrund einer mir unerträglichen Hektik und im Grunde gigantischen dilettantischen Geschäftigkeit, wie sie das heutige Deutschland für mich darstellt, zu reden, wozu Sie einmal Lust hatten, mit mir zu gehen, freue ich mich natürlich. Die Zukunft wird schwierig sein.
Herzlich Ihr
Thomas Bernhard

1 Dieser nicht abgeschickte und mit Ohlsdorf, 3. September 1971 datierte Brief hat sich im Nachlaß erhalten (NLTB, B 613 / 1 / 2; zu diesem Brief existiert eine undatierte Vorstufe):
»Lieber Herr Doktor Unseld,
wieder zuhause, denke ich, dass es besser gewesen wäre, ich hätte Ihrer Einladung, nach Frankfurt zu kommen, nicht Folge geleistet, die Erinnerung drückt jetzt so schwer auf dem Verhältnis zwischen mir und Ihnen und Ihrem Verlag, dass ich sagen muss, dieses Verhältnis hat sich durch die Eindrücke, die ich während unseres Zusammenseins gehabt habe und die mir jetzt nachdem ich der Szene entkommen bin, erst deutlich erscheinen, verfinstert.
Als wäre ich, freiwillig, in eine brutale Maschine hineingegangen, die mit mir gemacht hat, was Maschinen mit Menschen machen, die Individualität und die Art und Weise eines Menschen wie ich, nicht kennen, weil sie, diese Maschinen, ganz einfach so konstruiert sind, wie ich sie erlebt habe, als Sensibilitätszermalmer- und Ignorierer.
Sie sollen nicht glauben, dass mit mir auch die totale Fürchterlichkeit meines Erlebnisses aus Frankfurt abgereist ist, und dass sich auslöschen lässt, was auszulöschen zu wünschen gewesen ist, vor allem jener von einer doch grauenhaften Dämonie getriebene Augenblick, in welchem ich mir zu gestatten getraute, eine Änderung des letzten Passus in dem am Vortag von mir unterschriebenen, mir heute ominös vorkommenden Vertrag, das neue Stück betreffend, anzubringen. Juristisch ist es ein Recht, innerhalb vierundzwanzig Stunden von gleich welchem Vertrage zurückzutreten, umso mehr wäre es moralisch etcetera selbstverständlich gewesen, dass Sie mich wenigstens anhören, umso mehr, als ich an diesem Vormittag (im Gegensatz zum Vortag) in Ruhe und ohne Ermüdung aller Sinne bereit gewesen bin zu allen Erklärungen. So aber haben

Sie durch Ihre Handlungsweise blitzartig beinahe alles zerstört. Und mich in eine Rolle gedrängt, die ich nicht spiele.
Ich will aber nicht mehr auf die Sache eingehen und die Verträge sind, wie sie sind und sie bleiben so, wie sie sind. Mag daraus kommen, was will.
Was Salzburg betrifft, muss aber festgestellt werden, das ist meine Sache, die durch keinerlei Aktionen von seiten des Verlages gestört werden darf; diese Disposition ist die meinige und sie ist aus der Erfahrung, die ich gemacht habe. Was über Salzburg hinaus geschieht, ist mir gleichgültig, ich bin niemals heikel meinen abgestossenen Erzeugnissen, sagen wir ruhig, erdachten und aufgeschriebenen Kindern gegenüber.
Was die Finanzen betrifft, so glaube ich nicht, dass Sie tatsächlich fundamental oder auch nennenswert riskieren. Meine Arbeit in der Abgeschlossenheit mit der ganzen Last ihrer Erscheinungen, die viel härter ist, als es sich die heutige stumpfsinnige Massengesellschaft mit ihrer allesumfassen- und alles integrierenwollenden soziologischen und philosophischen und pseudopolitischen Heuchelei vorstellt, ist mir durch ihr durchaus rücksichtsloses Gewicht bekannt und mein Einsatz ist zweifellos der grösste.
Es hat keinen Sinn zu schweigen, wo man sich zu erklären hat. Der nächste Schritt, als Fortschritt zu verstehen, wird absolut schwierig sein.
Herzliche Grüsse Ihr
Thomas Bernhard«

[169; Anschrift: ⟨Ohlsdorf⟩]

Frankfurt am Main
15. September 1971

Lieber Herr Bernhard,
ich danke Ihnen für Ihren Brief vom 10. September. Es tut mir leid, daß Sie Ihren Besuch in Frankfurt nicht in bester Erinnerung haben – auch ich muß Ihnen dies spikken.
Denken Sie bitte daran, daß eine Beziehung immer zweisei-

tig sein und von beiden Seiten gespeist werden muß, sonst geht das nicht. Ich wollte eigentlich schriftlich auf jenen Morgen im Verlag nicht mehr eingehen, aber da Sie es tun, muß ich es auch, der Ordnung – aber auch der späteren Geschichte wegen. Es ist einfach unmöglich, daß Sie einseitig Verträge ändern können. Wir haben uns vertraglich gebunden, und diese vertragliche Bindung bedeutet nicht nur Rechte, sondern auch Verpflichtungen. Denken Sie bitte daran, daß ich wieder bereit war, Ihnen ein vergleichsweise hohes Darlehen zu geben; daß ich darauf achten muß, daß der Verlag seinen vertraglich vereinbarten Anteil erhält, ist doch wohl selbstverständlich. Ich kann die ökonomische Basis des Verlages nicht vernachlässigen. Ich will es auch gar nicht. Mir muß es darauf ankommen, das Schiff in guter Fahrt halten zu können. Dies, damit wir die Bücher machen, auf die es uns ankommt.

Wir werden gegenüber Salzburg so verfahren, wie es vertraglich vereinbart ist. Ein Vertrag ist am Montag an die Salzburger Festspiele geschickt worden; wie jeder Vertrag regelt er, daß der Betrag auf die Konten des Verlages überwiesen werden muß.

Unser Vertrag regelt auch exakt, wie diese Beträge mit Ihnen zu verrechnen sind. Doch mache ich Ihnen den Vorschlag, daß wir, eben weil Sie die Höhe dieser Summe vereinbart haben, Ihnen diesen Betrag abzüglich unseres Verlagsanteils sogleich nach Eingang des Geldes bei uns überweisen. Ich bin sicher, daß dies in Ihrem Sinne ist.

Sie schreiben, daß das Darlehen in Höhe von DM 20.000.–, das wir am 1. September 1971 vereinbart haben, von dem Honorar der Fernsehaufzeichnung zu tilgen ist. In unserem Darlehensvertrag vom 1. September 1971 steht der Passus:

> Die Rückzahlung dieses Darlehens soll aus den Autorenanteilen der Theatertantiemen, Fernseh- und Rund-

funkeinnahmen des Schauspiels »Der Ignorant und der Wahnsinnige« erfolgen.

Wir haben also in diesem Vertrag die Tilgung des Darlehens eindeutig vereinbart. Ich erkläre mich jedoch bereit, wiederum angesichts der besonderen Situation und um Ihnen zu zeigen, daß ich mich nicht unvernünftig insistent verhalte, auf Ihren Vorschlag einzugehen, d. h.: wir werden die Einnahmen aus der Fernsehaufzeichnung zur Tilgung des Darlehens heranziehen und Tantiemen *späterer* Theateraufführungen nur dann heranziehen, wenn sich aus irgendeinem Grund die Fernsehaufzeichnung zerschlagen sollte, doch ist ja das letztere nicht anzunehmen.

Ich würde mir sehr wünschen, daß wir darüber ein klares Einverständnis erzielen, und sehen Sie wieder meinen guten Willen, diese Angelegenheit, von der ich ja weiß, daß sie für Sie ein inneres Problem darstellt, sinnvoll und fair zu regeln.

Ich habe sogleich mit Herrn Dr. Rach gesprochen wegen jener Äußerungen, die Sie aus Salzburg vernahmen. Wir können das nur ganz entschieden dementieren. Herr Dr. Rach hat ein kurzes Telefonat mit Herrn Professor Haeusserman geführt, und im Rahmen dieses Telefonats sind von seiten des Suhrkamp Verlages aus – ich kann Ihnen das ehrenwörtlich versichern – solche Vokabeln nicht gefallen. Sie müßten selbst Schlüsse ziehen, wer sie erfand.

Ich habe Herrn Dr. Rach gebeten, Sie genauestens zu informieren und auch die gewünschten Durchschriften jener Briefe zu schicken, die sich mit Ihren Stücken befassen. Ich lege großen Wert darauf, daß Sie eine genaue Information erhalten.

Ich kann auch nicht umhin, noch einmal auf Ihre Bemerkung über Frankfurt und auf die »gigantische dilettantische Geschäftigkeit, wie sie das heutige Deutschland für mich darstellt«, einzugehen. Ich respektiere Ihren Eindruck; was jedoch Ihren Hinweis auf die Verlagsarbeit betrifft, so kann ich das nur zurückweisen. Jedes Haus hat seinen eigenen Stil, und es hat sich gezeigt, daß der unsere nicht ohne Wirkung und nicht ohne Erfolg ist. Und zumindest ist es doch uns auch gelungen, Ihre Arbeiten durchzusetzen. Ich darf Sie daran erinnern, wie sehr wir uns bemüht haben, daß Sie etwa die große öffentliche Auszeichnung des Büchner-Preises bekamen. Sicherlich ist das der Bedeutung und Kraft Ihrer Arbeiten zu verdanken, aber daß wir daran mitgewirkt haben, kann von niemandem übersehen werden. Und ich darf noch einmal auf zwei Vorgänge unserer Frankfurter Besprechung aufmerksam machen: Sie hatten zwei für Sie sehr wichtige Wünsche, der eine bezog sich auf eine Ausgabe Ihres neuen Schauspiels im Rahmen der Bibliothek Suhrkamp; Sie wissen, daß es für dieses Stück im gesamten deutschsprachigen Bereich kein besseres Publikationsboot gibt als diese Bibliothek. Ich habe Ihnen Ihren Wunsch erfüllt, er entsprach ja vollkommen dem meinen. Sollten wir darüber nicht doch so etwas wie eine Genugtuung empfinden? Und das zweite: Sie baten um eine Regelung Ihrer Vertragsbeziehung für den Fall meines Ausscheidens aus der Verlagsleitung. Auch hier habe ich Ihnen Ihren Wunsch erfüllt und, wie Sie wissen, keine Gegenbedingung geknüpft. Das war wiederum ein Vertrauensakt, und, lieber Herr Bernhard, ich meine doch, wir sollten uns jetzt wieder dieser Phase der vertrauensvollen Zusammenarbeit zuwenden. Die Zukunft mag schwierig sein, so wie jede Zukunft dies ist. Aber die Zukunft unserer Beziehung hängt nicht vom numinosen Schicksal ab, sondern nur von uns beiden.

Ich meine, wir sollten jetzt einige Zeit verstreichen lassen, bis wir beide den unangenehm notwendigen Teil der Besprechungen überwunden haben. Dann läge mir in der Tat sehr viel daran, Sie in Ohlsdorf oder sonstwo zu besu-

chen und mit Ihnen zu sprechen, zu gehen, zu trinken, zu schwimmen, zu essen, zu sprechen.
Herzlich
Ihr
Siegfried Unseld

[170; Anschrift: Ohlsdorf]

Frankfurt am Main
21. September 1971

Lieber Herr Bernhard,
ich halte das erste Exemplar von »Gehen« in Händen. Es ist doch recht schön geworden. Ich freue mich, daß wir dieses Buch bei unserem Flughafengespräch vereinbart haben; ich bin wirklich glücklich darüber, es unter den ersten 10 Titeln der neuen Reihe, die ja für den Verlag so wichtig ist, bringen zu können.
Wir druckten eine Auflage von 15 000 Exemplaren; der Ladenpreis beträgt DM 3.–; Honorar 7%, also DM –,21 pro Exemplar. Ihnen stehen 75 Freiexemplare zur Verfügung; 20 Exemplare schicken wir Ihnen mit gleicher Post zu. Bitte, verfügen Sie über die anderen.
Schöne Grüße
Ihr
Siegfried Unseld

[171; Anschrift: Ohlsdorf]

Frankfurt am Main
4. Oktober 1971

Lieber Herr Bernhard,
aus gegebenem Anlaß die Frage: wann schicken Sie mir das Manuskript »Der Ignorant und der Wahnsinnige«? Die Sache ist wichtig aus doppeltem Grund – einmal möchte ich das Stück natürlich sehr gerne kennenlernen – zum anderen bereiten die Theater jetzt ihre Programme und die Schauspielerdisposition für 1972 vor. Die Herren Lietzau und Wendt haben mir kürzlich erklärt, daß sie aus Gründen der Schauspielerdisposition jetzt den Text bald kennenlernen müssen. Dieselbe Frage stellt sich ja auch für die anderen Theater. Können Sie sich jetzt nicht doch von diesem Text trennen? Ich möchte dies sehr erwarten und Sie sehr darum bitten.
Wie gefällt Ihnen »Gehen« in der Ausstattung der Taschenbücher? Die Reihe findet ein gutes Echo.
Mit freundlichen Grüßen
Ihr
Siegfried Unseld

[172; Anschrift: Ohlsdorf]

Frankfurt am Main
26. Oktober 1971

Lieber Herr Bernhard,
ich höre nichts mehr von Ihnen und weiß nicht, wie ich's deuten soll.
Wir bereiten einige Wiener Aktivitäten vor; ich halte am Montag, den 8. November, abends um 20 Uhr bei der Österreichischen Gesellschaft für Literatur einen Vortrag

»Hermann Hesse heute«. Am nächsten Tag veranstaltet der Verlag um 11.00 h im Palais Palffy, Josefsplatz 6, Beethovensaal eine Pressekonferenz mit anschließendem Empfang. Wenn es möglich wäre, daß Sie nach Wien kommen, würde ich mich freuen, wenn Sie daran teilnehmen könnten. Ich meine natürlich nicht so sehr meinen Vortrag als vielmehr die Pressekonferenz des Verlages am 9. November; es wäre mir sehr wichtig, daß hier auch Autoren des Verlages anwesend wären. Bitte, lassen Sie doch von sich hören.

Herzlich

Ihr

Siegfried Unseld

[173]

Ohlsdorf

1.11.71

Lieber Doktor Unseld,

mit Herrn Rach habe ich mich ausgezeichnet verstanden und mir ist klar, dass wir es mit einem guten Mann zu tun haben; es gab zwei nützliche Tage.

Die Abmachung, die ich mit Rach getroffen habe, das Stück bis zur Salzburger Aufführung mehr oder weniger in totalem Verschluss zu halten, ist grundlegend.[1]

Meine Zuversicht ist die beste, wenn ich an ein Maximum an Anstrengung denke.

Ich bin nicht in Wien, habe meine Vorlesung abgesagt und bleibe in Ohlsdorf, grossen Wert legte ich, zusammen mit grosser Freude natürlich auf einen Besuch Ihrerseits hier, vielleicht lassen sich dann Blöcke, die wir uns in den Weg gelegt haben inzwischen, wegräumen.

Ich hoffe sehr auf Ihren Abstecher nach Ohlsdorf.

Das mit Rach besprochene wird er Ihnen ja vortragen.
»Gehen« ist, aussen, sehr gelungen, aber es strotzt vor Fehlern unter anderem heisst es an einer Stelle »niemals« statt »nochmals« oder umgekehrt etcetera.
Sie sehen, es gibt immer einen Stoff für ein Zusammentreffen.
Ich denke auch an den Rotwein.[2]
Herzlich Ihr
Thomas Bernhard

P. S.: Ich bin von den »freundlichen Grüssen« |Ihrerseits| wieder abgekommen.
P. S. I.: Morgen mit Peymann nach Salzburg.

1 Rudolf Rach besucht Th. B. am 30. Oktober 1971 in Ohlsdorf. Er kündigt sich mit einem Telegramm folgenden Inhalts an: »Lieber Herr Bernhard, brauchen wegen intensiver Spielplangespräche 1972/73 unbedingt Manuskript ›Der Ignorant und der Wahnsinnige‹. Komme am Samstagnachmittag nach Ohlsdorf, um es abzuholen.« Nach seiner Rückkehr schreibt er am 4. November 1971 an Th. B.: »War Ihr Besuch in Salzburg erfolgreich? Hat man Peymanns Honorarwünsche akzeptiert? Und ist man einer Klärung der Besetzungsfrage nähergekommen? [. . .] Ich schwanke, ob ich noch einmal meine Vorstellungen von einem geänderten Schluß vorbringen soll. Vielleicht sollte ich es. Mir scheint, daß der Schluß verwaschener sein müßte. So wie er jetzt ist, stellt er eine eindeutige Willenserklärung zum Weitermachen dar. Die Diva hat in einer hysterischen Laune beschlossen, nicht zu fahren, jetzt hat sie sich besonnen und fährt. Könnte die Entscheidung hierüber nicht von ihrer Umwelt getroffen werden? Beispielsweise durch ein Wort des Doktors, um so deutlich zu machen, daß die Entscheidung hierüber ihr gar nicht allein obliegt. Ich jedenfalls würde einen offeneren, wenn man so will auch verwascheneren Schluß vorziehen. Es scheint mir, als ob hier das vorgeformte Handlungsklischee stärker ist als sein Einbezug in die eigentliche Intention des Stücks.« Th. B. antwortet mit Brief vom 17. November 1971: »[. . .] tatsächlich wirkt die geringfügige Änderung am Schluss

des Stückes und die unmittelbare Anregung, den Ausgang der Szene gleich nach Ihrer Abreise zu kontrollieren, gaben Sie. Aus Salzburg höre ich, dass Peymann ›erste Vorschläge übermittelt hat‹. Von ihm selbst weiss ich nichts, ich habe auch seine Adresse nicht, vielleicht schreiben Sie sie mir kurz. [...] Schon im Frühherbst hat es geheissen, ich könne über das Geld [das Honorar für die Aufführung von *Der Ignorant und der Wahnsinnige* in Salzburg] verfügen, jetzt will ich aber nicht den Autorenrevolver anlegen. Sie verstehen. Andererseits benötige ich das Geld, hier brennt es überall. Am 27. bin ich in Zürich, bis 1. Dezember und werde Buckwitz das Stück zum lesen geben [siehe Anm. 1 zu Brief 178]. Bitte sagen Sie Unseld, dass das düstere Wetter der grösste Vorteil für die Prosa ist, vielleicht bin ich mit dem Buch früher als geplant fertig. Ihr Besuch ist wiederholbar, das wissen Sie.« Th. B. ändert den Schluß. In einer Vorfassung (NLTB W 54 /1, Bl. 78) fragt die Königin den Kellner Winter, ob er, wie von ihr verlangt, die Telegramme mit den Absagen all ihrer Verpflichtungen abgeschickt habe. Winter antwortet: »Natürlich nicht [sic] gnädige Frau«, worauf die Königin antwortet: »Das ist gut / dass Sie die Telegramme nicht abgeschickt haben / das beruhigt mich [...].« Der Doktor hat hier das allerletzte Wort: »Erschöpfung / nichts als Erschöpfung.« In der Endversion (Th. B.: *Werke 15*, S. 328) fragt die Königin der Nacht Winter: »Haben Sie die Telegramme abgeschickt / die Telegramme nach Stockholm / nach Kopenhagen«, worauf Winter antwortet: »Natürlich gnädige Frau«. Daraufhin der Doktor: »Das ist gut / daß Sie die Telegramme abgeschickt haben / das beruhigt mich / Ich bin beruhigt / ich bin ganz beruhigt«. Das Schlußwort hat die Königin: »Erschöpfung / nichts als Erschöpfung« (siehe auch Th. B.: *Werke 15*, S. 467ff.).

2 Der Brief trägt rechts oben den handschriftlichen Vermerk von S. U.: »mündl[ich]. erl[edigt].«, was sich wohl auf die Festlegung eines Treffens bezieht.

[174; Anschrift: Ohlsdorf; Telegrammnotiz]

Frankfurt am Main
2. November 1971

Erbitte Anruf wegen Treffen 10. November – Gruß Unseld
Suhrkamp Verlag

[175; Anschrift: Ohlsdorf]

Frankfurt am Main
11. November 1971

Lieber Herr Bernhard,
Sie sehen, ich sitze wieder an meinem Schreibtisch. Mit einigen Schwierigkeiten habe ich es also doch noch geschafft, um 20.00 h in Frankfurt zu sein; Willy Fleckhaus erwartete mich, wir konnten unser Gespräch noch führen.
Ich bin sehr froh über die Salzburger Begegnung, das Besprochene wird in jedem Detail bedacht und ausgeführt werden. Mit Herrn Rach sprach ich schon, wir lassen jetzt Ihr Stück fotokopieren, es geht Ihnen Anfang nächster Woche wieder zu.
Und ebenfalls folgen die beiden Bände »Deutsche Erzähler«.[1]
Nun aber das Wichtigste: mir scheint, das Stück ist Ihnen gelungen. Es braucht natürlich die schauspielerische Ausfüllung, aber es ist mehr als eine Partitur, ein strenger, harter, karger, dramatischer Körper, der mit Sicherheit auf der Bühne jene Mitte zwischen Ergötzen und Entsetzen, Verzweiflung und Glück auslösen wird. Meinen Glückwunsch.[2]
Herzlich
Ihr
Siegfried Unseld

1 1971 erscheint im Insel Verlag der Band 2 der *Deutschen Erzähler* (ausgewählt und eingeleitet von Marie Luise Kaschnitz), zusammen mit dem zuerst 1912 publizierten Band *Deutsche Erzähler* (ausgewählt und eingeleitet von Hugo von Hofmannsthal).

2 S.U. schreibt in seinem *Reisebericht Wien–Salzburg, 7.-10. November 1971*:

»Das war so ziemlich meine anstrengendste Reise. [...]

Zugfahrt nach Salzburg [10. November] zum Gespräch mit *Thomas Bernhard*.

Dies war ein sehr freundschaftliches Gespräch. Er gab mir den Text seines neuen Stückes mit und legte es damit durchaus in die Hände des Verlages.

Das Datum der Premiere bei den Salzburger Festspielen für sein Stück ›Der Ignorant und der Wahnsinnige‹ steht nun fest: 29. Juli 1972. Peymann inszeniert, die Hauptrollen müssen noch besetzt werden.

Er hat ein Manuskript dieses Stückes auch an Herrn Wendt gegeben, der seinerseits mit Lietzau und mit Nagel sprechen will. Wendt wird auch im Almanach der Salzburger Festspiele über das Stück schreiben.

Das Österreichische Fernsehen möchte das Stück in der Festspiel-Inszenierung aufzeichnen. Bernhard hat aber eindeutig gesagt, daß dies mit uns abzustimmen sei. Wir müssen das sehr sorgfältig im Hinblick auf österreichische und deutsche Aufführungen überlegen. Bernhard erwartet, daß wir bei den Bedingungen sehr ›hart‹ sind.

Es wird jetzt auch ein ›Frost‹-Film kommen. Regie: Ferry Radax. In dieser Woche sollen Gespräche in Wien abgeschlossen werden, das will das österreichische Fernsehen gemeinsam mit dem WDR machen. Bernhard hat darauf hingewiesen, daß die Filmrechte bei uns liegen, seine Forderung beträgt DM 20.000.–. Den Verlagsanteil müssen wir zusätzlich vereinbaren. Ich sagte Bernhard, daß ich diese DM 20.000.– eher für zu niedrig einschätzen würde.

Er moniert nun schon zum zweiten Mal seinen biographischen Text in der edition wie im Taschenbuch: die Erwähnung des Anton Wildgans-Preises mache ihn ›irrsinnig‹. Am liebsten hätte er nur das Geburtsdatum, die Angabe in Ohlsdorf lebend und die Aufzählung der Werke.

Er ist sehr glücklich über den Umschlag von ›Gehen‹, das gefiele

ihm ganz ausgezeichnet, aber es hätten sich sehr viele Druckfehler eingeschlichen. Ich bat ihn um eine Korrektur und versprach ihm, bei einer zweiten Auflage die Fehler zu bereinigen.
Er sagte mir auch, daß die Korrekturen von zwei verschiedenen Korrektoren gelesen waren, die untereinander in der Korrektur nicht einig waren.
Er legt noch einmal größten Wert darauf, daß Interpunktion und Orthographie so erfolgt, wie er dies angegeben habe.
Dann beklagt er sich auch über die ›Unordnung‹ des Verlages. Er liebt es nicht, wenn viele Abteilungen des Verlages direkt an ihn schreiben. Ich hielte es für das beste, wenn wir die Sendungen an Thomas Bernhard über Frau Zeeh laufen lassen könnten.
Aber all diese Reklamationen wurden diesmal in sehr freundlichem, ja freundschaftlichem Ton vorgetragen, wir hatten eine angenehme Unterhaltung.
Weniger angenehm war freilich die Tatsache, daß der Nebel keine Landung und keinen Start auf dem Flughafen von Salzburg zuließ. So wurden die Passagiere in einem Bus und in einer ausgesprochenen Nacht-und-Nebel-Fahrt nach München verfrachtet.«
Der im Reisebericht angesprochene Beitrag von Ernst Wendt erscheint unter dem Titel *Krankheit als musikalisches Problem* 1972 im *Almanach der Salzburger Festspiele*, S. 162-164; in diesem Almanach findet sich darüber hinaus ein Beitrag von Rudolf Rach zu *Der Ignorant und der Wahnsinnige* mit dem Titel *Seziertes Singen*, S. 157-159.

[176]

Ohlsdorf
11. 11. 71

Lieber Doktor Unseld,
auf ein Vorhaben, einen Vorstoss meinerseits habe ich in Salzburg zuerst absichtlich, dann unabsichtlich vergessen, will ihn aber heute sofort nachholen.
Ich bitte den Verlag (wenn wir unser seinerzeitiges Abkommen in Betracht ziehen), mir das Salzburghonorar von

30.000.– DM vorzustrecken und mir so bald als möglich auf mein Konto 318 der Bank für Oberösterreich und Salzburg in Gmunden zu überweisen. Abzüglich des Verlagsanteils selbstverständlich. In Salzburg war mir gesagt worden, ich könne jederzeit über den Betrag »verfügen«. Ich glaube nicht, dass Sie mir den Wunsch abschlagen werden und hier wird ein Chaos verhindert.
Das trübe Wetter, die finstere Umwelt, haben gestern nicht verhindert, dass ich während Ihres ganzen Besuchs in guter Stimmung gewesen bin.
Und wahrscheinlich war auch nicht schlecht, dass Sie plötzlich ein paar Stunden allein gewesen sind auf dem Weg nach Frankfurt.
Hier ist alles unheimlich, gerade recht für meine Arbeit.
Herzlich Ihr
Thomas Bernhard

[177; Anschrift: Ohlsdorf]

Frankfurt am Main
26. November 1971

Lieber Herr Bernhard,
ich war einige Tage verreist,[1] und jetzt stehen die Vertreter vor mir, die ich in mehrtägigen Besprechungen für das Programm 1. Halbjahr 1972 ausrüsten muß! Darunter befindet sich ja auch ein Stück namens »Der Ignorant und der Wahnsinnige«.
Schade, daß Sie damals in Salzburg diese Frage nicht erwähnt haben, aber andererseits wollten Sie ja auch die Atmosphäre schonen. Ich verstehe das gut und danke Ihnen dafür auch.
Ich kann Ihnen jetzt nur kurz schreiben, weil ich wirklich mitten in der Arbeit stehe; der Vertrag ist uns von Salzburg

noch nicht zugeschickt worden. Wir mahnen dringlich, daß wir diesen Vertrag erhalten. Sie müssen verstehen, daß ich vor Erhalt dieses Vertrages keine Vorauszahlung machen kann. Und dann noch etwas anderes: der Betrag von DM 30.000.– ist sehr hoch! Ich muß diesen Betrag in die Finanzplanung des Verlages einsetzen können. Könnten wir es nicht so machen, daß ich Ihnen – immer den Eingang des Vertrages aus Salzburg vorausgesetzt – im Dezember DM 10.000.– und dann im März DM 10.000.– und die letzte Rate im Mai überweise? Sollte Salzburg den Betrag vorher uns schicken, worum wir uns selbstverständlich bemühen werden, würden Sie diesen Betrag sofort erhalten. Ich hoffe, daß Sie damit einverstanden sind.
Mit freundlichen Grüßen
Ihr
Siegfried Unseld

1 S. U. hält sich am 16. November 1971 in München, am 17. November in Berlin anläßlich der Totenfeier für Peter Szondi auf.

[178]

Ohlsdorf
2.12.71

Lieber Doktor Unseld,
der Zürcher »Boris« ist ein überwältigender Erfolg für alle gewesen, die Agnes Fink ist eine grosse Künstlerin, die Menschen im Theater waren so, wie man sie sich nur wünschen kann und so natürlich war die ganze Schweiz für mich die drei Tage eine spannende Atmosphäre.
Das Schauspielhaus hat schon lang keinen solchen Erfolg gehabt und »Der Ignorant und der Wahnsinnige« kommt in Zürich am Beginn der nächsten Saison heraus, habe ich

mit Buckwitz abgemacht, die Dramaturgie ist von dem Stück begeistert.[1]
Bei meiner Rückkehr finde ich von Wendt einen Brief, in dem er schreibt, er sei von meiner neuen Arbeit »fasziniert« und das Schillertheater möchte das Stück auch am Beginn der nächsten (ersten lietzauischen) Spielzeit herausbringen, ob ich einverstanden bin. Wir werden Ja sagen, glaube ich.
Mit Ihrem Finanzvorschlag bin ich einverstanden, brauche aber *dringend* die ersten Zehntausend; dass Salzburg den Vertrag noch nicht unterschrieben und geschickt hat, verstehe ich nicht, oder doch bei den Wahnsinnigen, wenn das Geld aus der scheusslichen »schönen« Stadt angewiesen wird (ein Nachdruck schadet auch nicht, denke ich) bitte ich um sofortige Überweisung der ganzen mir zustehenden Summe.
Das Stück hat in Zürich ausgezeichnete Kritiken, haben Sie Lust und Zeit, gehen Sie ins Zürcher Theater.
Herzlich Ihr
Thomas Bernhard
|Grüßen Sie den Paul Nizon *sehr herzlich* von mir bitte!|

1 Die Schweizer Erstaufführung von *Ein Fest für Boris* findet am 28. November 1971 im Nachtstudio des Schauspielhauses Zürich statt. Unter der Regie von Karl Fruchtmann spielt Agnes Fink die Gute, Anneliese Betschart Johanna und Hermann Schlögl Boris. Th. B. ist bei der Aufführung zugegen. In der Sonntagsmatinee des Schauspiels liest er die zwei Erzählungen *Zwei Erzieher* und *Attaché an der französischen Botschaft*. Positive Besprechungen erscheinen u. a. in der *Neuen Zürcher Zeitung* (vom 1. Dezember 1971). Die Schweizer Erstaufführung von *Der Ignorant und der Wahnsinnige* findet am 5. November 1972 statt, ebenfalls im Schauspielhaus Zürich.

[179; Telegramm]

Ohlsdorf
7. 12. 71

erbitte dringend zehntausend[1]
herzlich = bernhard

1 Burgel Zeeh-Geisler bestätigt Th. B. am 8. Dezember 1971 das Eintreffen seines Briefes und Telegramms. S. U. sei verreist, der gewünschte Betrag sei aber schon auf das Konto von Th. B. im deutschen Freilassing unterwegs. In einem Vermerk für S. U. hält sie fest, Dr. Rach habe mit Salzburg gesprochen und sich dafür »verbürgt«, daß der Vertrag in den nächsten Tagen einginge. Frau Roser habe die DM 10.000.– am 8. Dezember an Bernhard überwiesen. Handschriftlich ist auf diesem Blatt festgehalten, daß Th. B. den Betrag dort selbst abgeholt hat.

1972

[180; Anschrift: Ohlsdorf]

Frankfurt am Main
24. Januar 1972

Lieber Thomas Bernhard,
ich war bei Hohl in Genf. Er würde sich sehr freuen, wenn Sie ein Nachwort zu dem Bibliothek Suhrkamp-Band »Vom Erreichbaren und vom Unerreichbaren« schrieben. Er bittet Sie freilich um Verständnis, daß er vor der Drucklegung Ihren Text sehen müßte. Das scheint mir aber klar zu sein; Sie würden es ja auch nicht anders wollen, da es sich ja um eine wichtige Ausgabe handelt.[1]
Wie geht es Ihnen?
Herzlich
Ihr
Unseld

1 Ludwig Hohl und S. U. treffen sich am 20. Januar 1972 in Genf. Im *Reisebericht Paris–Genf–Fribourg, 18.-22. Januar 1972* hält S. U. fest: »Seine Hauptsorge ist nun die Vorbereitung des BS-Bandes ›Vom Erreichbaren und vom Unerreichbaren‹. Er hat hier sehr präzise typographische Vorstellungen, die er genau vorbereitet hat und bis ins einzelne mit mir durchsprach. [...] Im Impressum soll vermerkt werden: ›Die Texte dieses Buches sind 1934 bis 1936 entstanden. Erste Veröffentlichung in «Die Notizen oder Von der unvoreiligen Versöhnung». Erster Band, Zürich 1947.‹ Mit einem Nachwort von Thomas Bernhard ist er einverstanden. Aber er bittet um Verständnis, daß er das vor der Drucklegung sehen möchte.«

[181]

Ohlsdorf
3. 2. 72

Lieber Siegfried Unseld,
vor zwei Monaten habe ich Ihnen einen Brief geschrieben, der blieb unbeantwortet.
Zu Ihren letzten Zeilen: ich werde nicht über Hohl schreiben.[1]
Hier und speziell in meinem Kopf hat sich viel gegen die haarsträubende Kopflosigkeit der Korrespondenzen Ihrer Mitarbeiter mich betreffend angesammelt, darüber am liebsten oder *nur* mündlich.
Wenn »Frost« neu gedruckt wird, bitte ich um Sorgfalt und um absolute Genauigkeit gegenüber der ersten Inselausgabe und doch um einen konzentrierten Menschen (wenn es einen solchen in Ihrer Umgebung noch gibt), damit nicht eine Druckfehlerüberschwemmung ins Haus kommt. Damit macht mir niemand Freude, das Ganze ist dann zwecklos und also, wenn nicht genauestens, lieber gar nicht.[2]
Ich selbst habe für Vergleichszwecke keinerlei Zeit.
Ich bin in bester Verfassung,
herzlich Ihr
Thomas Bernhard

P. S.: In den letzten Tagen habe ich viermal die gleiche Drucksache bekommen, fein aufgepickt eine Dreizeilenmeldung über die Tatsache, dass das neue Stück in Salzburg aufgeführt wird (solche Meldungen hat es Hunderte gegeben)[3] und im »Pressedienst 1« stand zu lesen, ich bekäme den Grimme-Preis für den »Italiener« (das Drehbuch) *nach dem gleichnamigen Roman*.[4]

1 *Vom Erreichbaren und vom Unerreichbaren* erscheint am 9. Oktober 1972 als Band 323 der Bibliothek Suhrkamp ohne Nachwort.
2 *Frost* wird in den suhrkamp taschenbüchern als Band 47 am 26. April 1972 ausgeliefert (siehe Brief 191).
3 Die Uraufführung von *Der Ignorant und der Wahnsinnige* in der Regie von Claus Peymann findet am 29. Juli 1972 bei den Salzburger Festspielen statt.
4 Der von Th. B. angesprochene *Pressedienst* des Suhrkamp Theaterverlags vom 28. Januar 1972 hat sich in seinem Nachlaß erhalten (vgl. NLTB, TBA, B 584/2/3b); Th. B. hat auf dem entsprechenden Blatt handschriftlich das Wort »Roman« mit einer Wellenlinie und einem Fragezeichen versehen und am Rand mit »zu blöd!« kommentiert, da es sich um eine Erzählung handelt. Zum Film *Der Italiener* siehe Anm. 1 zu Brief 151.

[182]

Ohlsdorf
11. 2. 72

Lieber Doktor Unseld,
gerade lese ich eine Besprechung im »Nouvel Observateur« vom 31. Januar |»Verstörung«|, die ich zur Lektüre empfehle.[1]
Herrn Rach habe ich vor einer halben Stunde über alles mögliche das neue Stück betreffend, geschrieben, bitte unterhalten Sie sich mit ihm.[2]
Die Salzburger Aufführung wird aufgezeichnet und ich bitte Sie, in der Abmachung mit dem Fernsehen unsere Absprache, das Honorar hat in Höhe meiner gesamten Verlagsschulden zu lauten, nicht zu vergessen.
»Frost« wird nächsten Winter gedreht, mit allerneuesten Apparaturen, ein Jahr Vorbereitung, darauf drängte ich. Der Vertrag wird aber in Kürze unterschrieben.[3]
Der Grimmepreis hat hier viel geebnet.

»Der Italiener« aber ist, glaube ich, vor einiger Zeit schon an den Deutschen Taschenbuchverlag in Lizenz gegeben worden. Was soll ich dazu sagen?
Ich empfinde es als unsinnig und doch auch mehr als kurzsichtig, dass Sie sich monatelang nicht melden.
Andererseits bin ich allein am besten.
Mehr und mehr stellt sich mir der Verlag als eine anonyme gegnerische Macht dar. Entkräften Sie diesen Eindruck.
Die meiste Zeit bin ich wütend, wenn ich nur an Suhrkamp denke.
Vielleicht sollten wir einmal wieder zusammensitzen.
Oder auch nicht.
Die Gleichgültigkeit hilft mir über alle Berge von Unrat.
Man kann nicht genug Gegner sein.
Der Pegel des Stumpfsinns steigt.
Der Verlag ist dumm, wenn er glaubt, den Grillparzerpreis, den er für sein eigenes Produkt (»Boris«) von der Akademie der Wissenschaften zu Wien bekommen hat, ignorieren zu können. Hochmut oder etcetera.[4]
Antworten Sie auf diese Sätze nur, wenn Sie gerade in einer Phase mit Humor sind.
Der blödsinnige Grimmepreis, kann ich nur sagen.[5]
Zuletzt noch ein ernster Satz: ich erbitte sofort die erst im März fällige Rate von zehntausend auf mein Gmundner Konto.
Es wäre so vieles noch anzumerken, dass es unsinnig ist, noch eine einzige Anmerkung zu machen.
Wir stehen alle auf einer Eisdecke von Missverständnissen.
Rühren wir uns also besser nicht, sonst brechen wir ein.
Mir wäre recht, wenn Sie mir gleich antworteten.
Nehmen Sie alles, wie Sie wollen.
Ihr
Thomas Bernhard

|P. S.: Vielleicht ist in Frankfurt HOPFEN u. MALZ verloren?!|

1 Siehe Michel Cournot: *Le mal du Prince. »Perturbation« par Thomas Bernhard*, in: *Le Nouvel Observateur*, 31. Januar 1972.

2 In seinem Brief an Rudolf Rach vom 11. Februar 1972 bezeichnet Th. B. »die Tatsache, dass Ganz den Doktor spielt und dass Herrmann und Bickel mitarbeiten in Salzburg [...] als die glücklichste«. »Ich denke, es müsste sich alles zum besten entwickeln lassen mit dem Stück, indem es nach Salzburg die Hamburger in der Premierenbesetzung übernehmen, und es dann gleichzeitig in Zürich und Berlin gespielt wird. Darauf soll alles seinen Lauf nehmen, aber zuerst in Zürich und Berlin nach der Hamburger Übernahme, empfinde ich als folgerichtig. Selbstverständlich sollen Sie einem Mann Ihres Vertrauens ›den Wahnsinnigen und Ignoranten‹ zum Lesen geben, aber im allgemeinen bin ich dafür, dass wir nicht die ganze scheussliche Theaterwelt mit unserem Stück vertraut machen, dass wir nicht selbst schuld sind, wenn im Sommer alle mein Schauspiel kennen und ihr Urteil noch bevor der Vorhang aufgegangen ist, gebildet haben. Dieser übliche Weg ist der grauenhafteste. Warum soll es nicht in Nürnberg aufgeführt werden, warum nicht einmal in einem Siechenhaus oder in einem Kindergarten, dagegen habe ich nichts, aber zuerst gehört nichts verpatzt. Im Übrigen war der ›Boris‹ in Zürich doch ein sehr grosser Erfolg und diesen Samstag, morgen, lese ich, wird es noch einmal gespielt [siehe Brief 178]. [...] Zum Schluss: sollten wir nicht einmal zusammenkommen in Kürze und einen genauen Schlachtplan in letzter Minute [[zu]] entwerfen, der dann durchzuführen ist???? Damit wir nicht Fehler machen, Unterlassungen begehen, die dann ein Jahr aus Ärger bringen, sonst nichts??? Deutschland als Kegelbahn, die Theater die Kegel – wir haben die Kugel in der Hand. Was mit der Kugel tun?« Zu einem solchen Treffen kommt es am 19. und 20. Februar in Ohlsdorf und Gmunden. Einem Brief Rudolf Rachs an Th. B. vom 3. März 1972 ist zu entnehmen, daß gemeinsam ein »10-Punkte-Katalog« erarbeitet wurde. Zu diesem Katalog gehört der Versuch, die bereits vertraglich fixierte Aufführung von *Ein Fest für Boris* mit Judith Holzmeister am Wiener Burgtheater abzusagen. Siehe auch Karl Ignaz Hennetmair: *Ein Jahr mit Thomas Bernhard*, S. 133ff. Das Akademietheater (das zweite Haus des Burg-

theaters) bringt die österreichische Erstaufführung von *Ein Fest für Boris* am 2. Februar 1973: Regie Erwin Axer, Judith Holzmeister spielt Die Gute.

3 Am 4. Dezember 1971 bittet Th. B. brieflich Helene Ritzerfeld, einen Vertrag mit dem ORF für die Verfilmung von *Frost* auszustellen. Regisseur soll Ferry Radax sein, die Dreharbeiten sollen im Winter 1971/1972 stattfinden.

4 Die Überreichung des mit 30 000 ÖS dotierten Grillparzer-Preises an Th. B. für *Ein Fest für Boris* findet am 21. Januar 1972 im Rahmen der Grillparzer-Gedenkfeier der Wiener Akademie der Wissenschaften zu dessen 100. Todestag statt. Die Übergabe des Preises nimmt der Vizepräsident der Akademie, Herbert Hunger, vor. In der Laudatio heißt es: »Das Preisgericht hat [...] Ihnen diesen nur alle drei Jahre zu vergebenden Preis für Ihr Schauspiel ›Ein Fest für Boris‹ zugesprochen [...]. [...] Das Preisgericht begründete seinen Entschluß damit, daß Ihr Schauspiel ›Ein Fest für Boris‹ für unsere Zeit von exemplarischer Bedeutung sei. Ihr Drama, das von manchen Kritikern mit Büchner, mit Beckett oder Ionesco verglichen wurde, sei sprachlich von einer drängenden, in dauernd sich steigernden oder ironisierenden Wiederholungen pulsierenden Gewalt.« (Archiv der Österreichischen Akademie der Wissenschaften, No. 3079/1972) Th. B. schildert seine Version der Preisverleihung in *Meine Preise*, S. 7-19, sowie in *Wittgensteins Neffe* (siehe Th. B.: *Werke 13*, S. 270-276).

5 Siehe Anm. 1 zu Brief 115.

[183; Anschrift: Ohlsdorf]

Frankfurt am Main
15. Februar 1972

Lieber Thomas Bernhard,
ich war acht Tage verreist – erhielt deshalb erst heute Ihren Brief vom 3. Februar, der nun gleichzeitig mit Ihrem zweiten Brief vom 11. Februar hier eintraf.[1] Schönen Dank für Ihre Schreiben.
Zuvörderst eine Antwort auf Ihren Vorwurf, ich hätte Ih-

ren Brief vom 2. 12. nicht beantwortet. Ich darf darauf hinweisen, daß Frau Zeeh am 8. Dezember diesen Brief bestätigt hat. Sie schrieb Ihnen darin, daß ich verreist sei, und sie bestätigte auch die Erfüllung Ihres Überweisungswunsches. Dieser Brief war also von der Sache doch beantwortet.[2]

Nun aber zu Ihren neuen Schreiben. Dr. Rach kam zu mir und zeigte mir Ihren an ihn gerichteten Brief. Wir beide beratschlagten, wer wohl in erster Linie mit Ihnen sprechen sollte, und ich meine, von der Sache her ist es richtiger, wenn Dr. Rach zu Ihnen kommt. Er kann dies sehr bald tun. Was meine Person betrifft, so wissen Sie, daß ich für dringende Fälle immer zur Verfügung stehe, andererseits darf ich Sie auf unsere Vereinbarung hinweisen: in meinem Kalender steht unter dem Datum des 29. Juli »Salzburg« und anschließend »Wandertage mit Thomas Bernhard«. Meinen Sie nicht, daß wir alle über-, ober- und unterirdischen Probleme dann wandernd besprechen können? Ich bin überzeugt, daß Sie danach den Verlag nicht mehr als eine anonyme gegnerische Kraft sehen, sondern als eine Potenz, die für Sie und für Ihre Arbeiten eintritt, und zwar so intensiv, wie dies kein anderer Verlag vermöchte. Und bitte denken Sie daran, daß »Der Ignorant und der Wahnsinnige« in der Bibliothek Suhrkamp erscheint. Sie gaben das Äußerste, und ich gab das Meine.

Dr. Rach wird von sich aus die dringlichsten Fragen klären können. Von mir aus noch soviel: ich bedaure, daß der »Italiener« bereits an dtv vergeben worden ist. Sie erhalten hier ja nur einen Anteil am Lizenzhonorar, während wir unsere Taschenbuchhonorare ungeteilt an die Autoren überweisen. Doch wenn hier schon ein Vertrag geschlossen ist, können Sie nichts mehr machen. Nur in Zukunft würde ich dritten Verlagen keine Taschenbuchrechte mehr übergeben.

»Frost« setzen wir nach der alten Insel-Ausgabe. Ich habe

einen Korrektor noch einmal beauftragt, den Text durchzusehen.
Dr. Rach wird mit Ihnen auch über die Salzburger Zahlungen sprechen. Wir müssen vor weiteren Überweisungen jetzt doch erst einmal Geld aus Salzburg bekommen, doch das will Dr. Rach ernsthaft anfordern.
In Frankfurt ist keineswegs »Hopfen und Malz« verloren – ganz im Gegenteil, beide gedeihen eher gut.
Schreiben Sie mir auch ein Wort über die »Papierfabrik«? Ich nehme an, das Manuskript liegt längst fertig in Ihrer Schublade und Sie warten nur auf den Zeitpunkt, an dem ich Ihnen das Manuskript (nachdem Sie durch Genuß ungarischen Weines schwach geworden sind) entreiße. Wenn dem so ist, so komme ich schon heute abend![3]
Herzliche Grüße
Ihr
Siegfried Unseld

P. S.: Ihre »herzlichen Grüße an Paul Nizon« leite ich gern weiter.

1 S. U. hält sich eine »Ferienwoche« lang (zwischen dem 7. und 11. Februar) in St. Moritz auf.
2 Siehe Anm. 1 zu Brief 179.
3 *Papierfabrik* ist der Titel eines geplanten, aber nicht realisierten Romans, der erstmals in einem Reisebericht von S. U. vom Juni 1970 erwähnt wird (siehe Brief 131 sowie den Kommentar zu Th. B.: *Werke 4*, S. 322).

[184]

Ohlsdorf
24. 2. 72

Lieber Siegfried Unseld (Doktor),
inzwischen haben Sie Herrn Rachs Bericht, ich hoffe er ist vollständig und von Rach, mit dem ich mich ausgezeichnet verstanden habe, so vorgebracht worden, wie ich es mir wünsche.
Zur Ergänzung als Bekräftigung: bitte versuchen Sie unter allen Umständen eine Aufführung meines »Boris« am Wiener Burgtheater zu unterbinden, ich befürchte das Schlimmste und in das Schlimmste will ich mich nicht einlassen. Ziehen Sie alle Zusagen, wenn sie nicht schriftlich gemacht worden sind, zurück, auch wenn sie schriftlich gemacht worden sind, so weit als möglich.
Ich lege keinerlei Wert [darauf], auf diesem Theater unter den derzeitigen Umständen gespielt zu werden. Die Zeit, meine Schauspiele im Wiener Burgtheater (und überhaupt in Wien) zu spielen, ist noch nicht da. Wer weiss, ob sie überhaupt kommt. Nur der Gedanke, ich werde in Wien überhaupt nicht gespielt, beruhigt mich.
Morgen fange ich, nach Unfall und Grippe, wieder zu arbeiten an.[1]
Sie sehen, ich bin wieder in meinem Element.
Wenn Sie nur ein einzigesmal konkret auf einen meiner brieflichen Punkte antworten würden!
Ihre Briefe sind charmant und zum verzweifeln.
Herzlich Ihr
Thomas B.

1 Am 7. Januar 1972 hat Th. B. bei Waldarbeiten in der Nähe seines im März 1971 erworbenen Hauses auf dem Grasberg (»Krucka«, Gemeinde Altmünster) einen Unfall, bei dem er sich mit einer Kettensäge eine Wunde oberhalb des linken Knies zufügt. Siehe Karl Ignaz Hennetmair: *Ein Jahr mit Thomas Bernhard*, S. 28ff.

[185; Anschrift: Ohlsdorf]

Frankfurt am Main
24. Februar 1972

Lieber Thomas Bernhard,
ich mag Sie halt sehr! – Dieser Satz wird für die Verlagskopien gestrichen, er geht außer uns schließlich niemand etwas an.
Dr. Rach hat mir berichtet. Ich bin sehr glücklich, daß Sie wieder Dialoge für ein Stück schreiben können, und Sie sehen mich in großer Neugier und Spannung, und ich meine auch, daß der Titel »Alles Glück dieser Welt« im Hinblick auf den Verfasser Thomas Bernhard besonders glücklich ist.
Über den Erscheinungstermin des Romans möchte ich doch noch mit Ihnen sprechen dürfen. Mir schiene es nach allen Erfahrungen richtiger, wenn man ein wichtiges Buch im Frühjahr schon zu präsentieren beginnt.
Ich lasse jetzt einmal eine Bilanz der Erlöse und Zahlungen aufstellen. Wie diese auch ausfällt; ich erfülle Ihren Wunsch und erhöhe die monatlichen Zahlungen vom 1. April an, wie Sie dies wünschen, auf DM 1.000.–.
Zu den laufenden Dingen wird Ihnen sicherlich Dr. Rach noch schreiben.[1] Ich stelle mich dann vorläufig auf die Wandertage mit Ihnen im Salzburgischen ein.
Herzliche Grüße
Ihr
Unseld

1 Siehe Anm. 2 zu Brief 182.

[186; Anschrift: Ohlsdorf]

Frankfurt am Main
29. Februar 1972

Lieber Thomas Bernhard,
es hat sich ergeben, daß ich in der Zeit vom 25.-27. Mai in Wien sein muß. Sollten Sie zu diesen Daten ebenfalls dort sein, würde ich mich über ein Treffen natürlich sehr freuen. Ich melde Ihnen meine Anwesenheit in Wien also pflichtgemäß.
Herzlich
Ihr
Unseld

[187; Anschrift: Ohlsdorf]

Frankfurt am Main
6. März 1972

Lieber Thomas Bernhard,
Dr. Rach berichtete mir, daß Ihr Freund, der Architekt Hufnagl, nicht allzu schlecht über mich denkt. Könnte ich die Adresse von Hufnagl haben? Ich sollte ihn in einer Wiener Bauangelegenheit etwas fragen.
Herzliche Grüße
Ihr
Siegfried Unseld

[188; Anschrift: Ohlsdorf]

Frankfurt am Main
28. März 1972

Lieber Thomas Bernhard,
nur der Ordnung halber danke ich Ihnen für Ihren Brief vom 24. 2. In der Sache haben Sie ja Verbindung mit Dr. Rach.
Welchen Unfall mußten Sie durchstehen? Ich schreibe sehr gerne an Sie und lese auch gerne, wenn Sie mir freundliche Briefe schreiben. Im übrigen, sollten wir uns nicht doch im Mai sehen? Sei es in Wien, wo ich vom 22.-24. sein werde, oder am Freitag, dem 26. Mai, vormittags in Salzburg, von wo ich nachmittags um 15 h. mit dem Flugzeug gen Frankfurt zurückzufliegen gedenke. Sie sehen dauernde Annäherungsversuche einer Zuneigung. Wappnen Sie sich.
Herzlich
Ihr
Siegfried Unseld

[189]

Ohlsdorf
24. 4. 72

Lieber Doktor Unseld,
ich erwarte Sie mit offenen Armen im Mai in Salzburg.
Meine Mitteilungen beschränken sich auf folgende Punkte:

1. Ablieferung des Romans (Titel: »Korrektur«)
   Ende November / Anfang Dezember,
   Erscheinungstermin Frühjahr 73

   und

2. ein neues Schauspiel zum Jahresende.

Die Bitte um sämtliche Bände der TS-Reihe an Rach ist bis heute konsequent unerfüllt geblieben. Ich besitze alles bis Band 10, darüber nichts, aber gerade ab da wäre es dann doch recht interessant. Überlegen Sie also bitte![1]
Haben Sie »Le Monde« vom 14. AVRIL gelesen?[2] und damals den »Observateur«?[3]
Ich träume ständig von einer Weltreise, aber die gibt es nicht mehr, wie Sie wissen.[4]
Herzlich
Thomas B.

1 Th. B. meint die suhrkamp taschenbücher.
2 In *Le Monde* vom 14. April 1972 erscheinen zwei Artikel zur französischen Übersetzung von *Verstörung*: Christoph Schwerin: *Une œuvre avec laquelle il faudra désormais compter*, und René Wintzen: *›Perturbation‹ ou le jeu de la folie et de la mort*.
3 Siehe Anm. 1 zu Brief 182.
4 Der Brief trägt rechts oben die handschriftliche Notiz »bis 13^{h}«, was sich auf den Zeitrahmen des Salzburger Treffens bezieht.

[190; Anschrift: Ohlsdorf]

Frankfurt am Main
27. April 1972

Lieber Thomas Bernhard,
schönen Dank für Ihren Brief vom 24. April. Das ist ein herrliches Gefühl, von Ihnen »mit offenen Armen« erwartet zu werden. Wie und wo wollen wir uns treffen? Könnten Sie mir einen Salzburger Ort nennen, an dem wir uns nach Ihrem Belieben um 10, 11 oder 12 h treffen könnten? Mein Flugzeug geht dann um 15 h von Salzburg nach Frankfurt, falls die Glücksgötter es zulassen.
Wenn sich Ihre Mitteilungen in der Tat auf die beiden Punkte, die Sie genannt haben, beschränken, so werden Sie ein

ziemlich schweigsamer Partner sein. Ich weiß ja, wieviel Sie von zukünftigen opera so zu erzählen pflegen, aber vielleicht kann ich Ihnen dann das Neueste von Wien und Alpbach berichten.

Frau Zeeh wird Ihre suhrkamp taschenbuch-Fortsetzung notieren, wir hatten das nicht erfahren. Also: von Band 11 an erhalten Sie alles und von nun an regelmäßig.[1]

»Le Monde« vom 14. April habe ich nicht gelesen, doch damals den »Observateur«.

Wieso gibt es keine Weltreise mehr?

Herzlich

Ihr

Siegfried U.

1 Am 8. Mai weist Burgel Zeeh die Verlagsauslieferung an, die Bände 11 bis 49 der suhrkamp taschenbücher an Th. B. nach Ohlsdorf zu senden.

[191; Anschrift: Ohlsdorf]

Frankfurt am Main
28. April 1972

Lieber Thomas Bernhard,

»Frost« ist im Taschenbuch erschienen.[1] Ich freue mich sehr darüber, und ich kann nur hoffen, daß auch Ihnen der schöne blaue Umschlag gefällt. Wir druckten eine Auflage von 15 000. Dies nur als kurze Ankündigung. Der Band geht Ihnen mit gleicher Post zu. 20 Belegexemplare folgen.

Herzlich

Ihr

Siegfried U.

1 Siehe Brief 181.

[192; Anschrift: Ohlsdorf]

Frankfurt am Main
12. Mai 1972

Lieber Thomas Bernhard,
ganz in Vorfreude auf unser Treffen am 26. Mai in Salzburg möchte ich Ihnen vorschlagen, daß wir uns bereits um 10.00 h sehen. Geht das? Und könnten wir als Treffpunkt ausmachen: Salzburg, Porschestraße 7?
Ich werde gegen 10.00 h bei der Hertz-Autovermietung einen Leihwagen, den ich mir für die Fahrt Salzburg – Alpbach und zurück nehme, abliefern und stehe Ihnen ab da zur Verfügung.[1] Das tägliche Flugzeug von Salzburg nach Frankfurt startet im Mai bereits um 12.55 h, so daß wir von 10.00 h bis zum Abflug der Maschine Zeit für unser Gespräch hätten.
Wie gesagt, ich freue mich schon sehr, Sie zu sehen.
Herzliche Grüße
Ihr
Siegfried Unseld

1 S. U. hält am 26. Mai 1972 beim vom Verleger Fritz Molden veranstalteten Alpbacher Buchgespräch vor Buchhändlern einen Vortrag über die Aufgaben eines literarischen Verlegers.

[193; Telegramm]

Ohlsdorf
23. 5. 72

freitag 10 uhr porschestrasse
bernhard

[194; Anschrift: Ohlsdorf]

Frankfurt am Main
5. Juni 1972

Lieber Thomas Bernhard,
ach, war Salzburg angenehm![1] Warum treffen wir uns nicht des öfteren dort? Ich schicke Ihnen heute von Gerhard Roth »die autobiographie des albert einstein«; wir hatten darüber gesprochen. Ich schicke es Ihnen aber auch wegen der Umschlagsfarbe. Es stellt sich heraus, daß es schwierig ist, in einem dunkleren Blau den metallischen Glanz, den wir uns wünschen, zu erreichen. Schauen Sie sich bitte die Rückseite des Umschlags an, also dort, wo die schwarze Schrift aufgedruckt ist. Reicht Ihnen das aus? *Bitte, sagen Sie mir rasch Bescheid.*
Herzliche Grüße
Ihr
Unseld

1 Im *Reisebericht Wien–Salzburg–Alpbach, 22.-27. Mai 1972* schreibt S. U. über das Salzburger Treffen:
»Es war sicherlich das angenehmste Zusammensein. Bernhard war in bester erzählerischer Stimmung und erzählte mir – ganz offensichtlich von der Salzburger Atmosphäre bestimmt – von seiner Jugend und Kindheit.
Wir haben folgendes Konkrete besprochen:
Publikationsplan:
Juli – BS: ›Der Ignorant und der Wahnsinnige‹
1. November: Ablieferung eines neuen Romans ›Korrektur‹ (ohne Artikel) Erscheinungstermin 1. Halbjahr 1973
Ende Dezember 1972 erhalten wir das Manuskript seines neuen Schauspiels. Darüber darf jetzt aber von niemandem von unserer Seite aus gesprochen werden, da wir erst den ›Ignoranten‹ zur Wirkung bringen müssen. Das Stück wird für die Saison 73/74 eine Rolle spielen.

Er arbeitet auch wieder an dem es-Band 500 ›Atzbach. Vorschriften‹. Am liebsten habe er eine Ausgabe seiner Erzählungen ›Watten‹ und ›Ungenach‹ in der BS, aber hier zögerte ich doch sehr. Mir scheint es wichtiger, diese Bände einzeln in der e. s. weiter zu bringen.
Wir diskutierten dann sehr ausführlich einen Bernhard-Reader nach der Art Artmann [*The Best of H. C. Artmann*, 1972] – Handke [*Prosa Gedichte Theaterstücke Hörspiel*, 1969] – Hildesheimer.
Es ergibt sich folgender Publikationsplan:

Juli 1972	›Der Ignorant und der Wahnsinnige‹ in der BS
1. Halbjahr 1973	›Korrektur‹
2. Halbjahr 1973	es-Band 500: ›Atzbach‹
	st 131: ›Kalkwerk‹
1. Halbjahr 1974	Bernhard-Reader

Ist Vorsorge getroffen, daß die Salzburger, und auch vielleicht andere wichtige österreichische Buchhandlungen, mit dem BS-Band ›Ignorant‹ vorzeitig beliefert werden? Die Premiere ist Ende Juli 1972. Die zweite Aufführung findet ja am 1. September in Berlin statt. Sollte man eine Bauchbinde umlegen mit dem Hinweis auf die beiden wichtigen Aufführungen? Vielleicht könnte man sich auch ein Plakat vorstellen nach der Art des Handke-›Tormann‹-Plakates. Ein entsprechendes Bild liegt uns ja vor.«
In einer weiteren Notiz, *Gespräch mit Thomas Bernhard am Freitag, dem 26. Mai in Salzburg*, hält S. U. fest:
»Bernhard war direkt aufgekratzt. Er freute sich, daß ich ›extra seinetwegen‹ von Alpbach nach Salzburg gekommen bin.
Wir schlenderten durch die Straßen von Salzburg, beredeten dann einige konkrete Dinge und Publikationspläne, hauptsächlich erzählte er aber, von mir provoziert und immer wieder im Erzählfluß gehalten, von seiner Kindheit und Jugend in Salzburg. Er ging davon aus, daß Carl Zuckmayer in der ›Henndorfer Pastorale‹ [Die Erinnerungen von Carl Zuckmayer an seine Jahre in Henndorf erschienen 1972 im Residenz Verlag; das Zitat findet sich dort auf S. 43.] von seiner unglücklichen Jugend geschrieben habe, im Text des Buches heißt es aber von einer ›eher beschatteten Jugend‹. ›Sicher war es 30 Jahre lang gräuslich.‹ Sicher war alles ein Chaos, aber direkte Not zu leiden hatte Thomas Bernhard nie. Seinen Vater hatte er nie kennengelernt, wohl aber seinen Stiefvater. Früher

Tod der Mutter. Er wuchs dann bei seinem Großvater, dem, wie Zuckmayer schrieb, ›immer noch unbekannten Epiker Johannes Freumbichler‹ [a. a. O., S. 42] auf. Die Familie wollte ihn zu einem bürgerlichen Studium zwingen. Die Juristerei stand obenan. Aber Bernhard schlug immer wieder aus, da er schon immer im Kirchenchor sang, wollte er Sänger werden, und durch die Vermittlung von Frau Zuckmayer sang er auch einmal den Salzburger Operngewaltigen vor. Aber im wahrsten Sinne des Wortes blieb ihm beim Vorsingen der Ton in der Kehle stecken. Die Sache scheiterte [siehe auch Anm. 1 zu Brief 441]. Er hatte schon immer für sich geschrieben, seitdem er 15 Jahre alt war, gelegentlich auch die Familie mit Vorlesen geplagt. Entscheidend war aber seine Verbindung mit Herrn Kaut, dem jetzigen Präsidenten der Salzburger Festspiele. Er war damals Redakteur des ›Demokratischen Volksblattes‹, das es heute noch gibt. Er ermutigte Bernhard zum Abfassen von Prozeßberichten, die dann auch im ›Demokratischen Volksblatt‹ erschienen sind. Kaut ist überhaupt derjenige, der Bernhard dann ermutigte und bestärkte, Schriftsteller zu werden.
Nach seiner Beziehung zu Frauen gefragt, wich er immer auf Floskeln aus, aber sogleich erzählte er das Erlebnis seiner Großmutter. Sie sei mit einem hochansehnlichen Mann verheiratet worden, als 18jährige, die Hochzeitsreise führte nach München. In der Nacht sei aber die Großmutter dem Bräutigam ausgerissen, weil er Forderungen an sie stellte, von denen sie noch nie etwas gehört hatte.
Jetzt ist mir auch klargeworden, warum Bernhard seine Forderung an das Salzburger Festkomitee gestellt hatte, sie möchten sein neues Stück ›Der Ignorant und der Wahnsinnige‹, ohne eine Zeile gelesen zu haben, [annehmen] und ihm DM 30.000.– zahlen. Kaut hatte ihm den ›Boris‹, den Thomas Bernhard ihm eigentlich gewidmet haben wollte, zurückgeschickt, das Manuskript abgelehnt und es als völlig bühnenunwirksam bezeichnet [siehe Anm. 2 zu Brief 18].
Verständlicherweise wollte er über den neuen Roman ›Korrektur‹ nicht sprechen. Auf mein Drängen sagte er nur so viel: Es ist die Geschichte eines 40jährigen, der sieht, daß er etwas falsch gemacht habe, im Leben, das korrigiert werden muß. Er muß die Dinge seiner Umwelt schärfer sehen.«
Aus dieser mündlichen Erzählung entsteht der Plan zu autobiographischen Aufzeichnungen, die zunächst unter dem Titel *Erinnern* zwischen Th. B. und S. U. besprochen werden.

[195; Telegramm]

Steyrermühl
8. 6. 72

einsteinblau sehr gut[1]
herzlichst bernhard

1 Die Umschlagfarbe des im Frühjahr 1972 erschienenen Romans von Gerhard Roth ist metallic. Die Erstausgabe von *Der Ignorant und der Wahnsinnige* hat, in Abweichung zu den vom Umschlaggestalter der Bibliothek Suhrkamp, Willy Fleckhaus, festgelegten Farbtönen, einen metallicfarbenen Umschlag.

[196]

Ohlsdorf
28. 6. 72

Lieber Doktor Unseld,
das höchste Glück ist das Glück im Unglück, zurück bleibt ein durchaus philosophischer Zustand.
Der Gegenstand unseres Nachdenkens ist die Verwunderung über unser Glück im Unglück.
Ein Un-Fall ist, mit allen seinen Möglichkeiten, unschätzbar, wenn wir Glück gehabt haben.
Keine Meditationen!
Meine Grüsse der Frau Zeeh, die mich also nicht erschrekken, sondern froh werden hat lassen, weil ja alles schon gut überstanden war.[1] Unser Thema: in Salzburg probiert Herr Ganz, mit dem ich gestern zum erstenmal zusammengekommen bin, was eine grosse Faszination für mich bedeutete. Wenn dieser Mann zu seiner hohen Kunst auch noch Glück hat, bekommen wir ein herrliches Schauspiel zu sehen. Es gibt keinen besseren im Augenblick für meine Sätze. Man muss ihn sprechen und sich bewegen und über beides philosophieren sehen.

Wahrscheinlich ist die Intensität, mit welcher jetzt geprobt werden muss, der kurze fürchterliche Termin, das beste. Wir erreichen immer nur alles durch Überkonzentration. Indem wir zum Äussersten gezwungen sind aus Angst und Leidenschaft für das, was wir können. Weil wir gegen die Gesellschaft *alles* tun müssen!
Wenn das Buch noch nicht fertig ist, wünsche ich zwei komplette Umbruchexemplare sofort.
Die Spannung zwischen der »Korrektur«, die mich vollkommen abschliesst, und der Arbeit in Salzburg, ist die nützlichste.
Wann werden Sie kommen? Wieviel Tage? Hier haben wir einen eiskalten, erfrischenden See, wie Sie wissen.
Von Gmunden nach Salzburg ins Theater zu fahren und wieder zurück wäre das idealste. Was sagen Sie?
Herzlich
Ihr Thomas B.

1 Th. B. spielt auf einen Autounfall von S. U. an, über den ihn Burgel Zeeh in einem Brief vom 22. Juni unterrichtet hat. Darin heißt es: »[...] jetzt, da der größte Schreck vorbei ist, möchte ich Ihnen doch sagen, daß Herr Dr. Unseld letzte Woche auf der Autobahn einen Unfall hatte und im Heilbronner Krankenhaus liegt. Es deutet alles darauf hin, daß er mit einem Schlüsselbeinbruch (und keinen sonstigen Verletzungen) am Montag nach Frankfurt zurückkommt. Er hatte sehr viel Glück, und wir sind alle froh, daß es so glimpflich ausgegangen ist.«

[197; Telegramm]

Salzburg
21. 7. 72

bs ignorant voll unverantwortlicher peinlicher fehler ploetzlich vor allem medizinischer woerter erschreckend[1]
bernhard

1 *Der Ignorant und der Wahnsinnige* erscheint im Juli als Band 317 der Bibliothek Suhrkamp.

[198; Anschrift: Ohlsdorf; Telegrammnotiz]

Frankfurt am Main
25. Juli 72

Ankomme Freitag, 28. Juli 11.30 Flughafen. Hotel Hohenstauffen Salzburg Stauffenstrasse 18. Können wir uns treffen?
Herzlich Siegfried Unseld

[199; Anschrift: Ohlsdorf]

Frankfurt am Main
2. August 1972

Lieber Thomas Bernhard,
unsere Begegnung war wiederum sehr angenehm, und sie ist es in doppelter Weise durch die durchweg guten Reaktionen auf das Stück.[1] Die Salzburger Aufführung war fraglos ein Erfolg, und ich meine auch, daß sie gut war, wenn ich auch nicht ganz so begeistert sein kann und doch Schwächen sehe. Im übrigen ist das nur gut, denn gegen eine perfekte Aufführung anzugehen haben Theater ja immer große Scheu.
In diesem Zusammenhang noch eine Überlegung: ich halte es doch nicht für gut, die 2. Auflage Bruno Ganz zu widmen. Stellen Sie sich vor: jeder Schauspieler, der diese schöne, aber doch auch schwierige Rolle sich erarbeitet, muß dann immer gegen das von Ihnen angesehene Vorbild – nämlich Bruno Ganz – ankämpfen. Doch entscheiden Sie, wie Sie es für richtig befinden.

Wichtig wäre auch, daß wir bald die Korrekturen der Satzfehler erhalten. Und denken Sie bitte auch an das Auftreten von Frau Vargo.
Sie dürfen sicher sein, daß wir mit großer Energie den Bühnen, Fernsehanstalten und auch den Buchhändlern das Stück ans Herz legen.
Ich freue mich, daß wir konkrete Termine für die Ablieferung neuer Werke haben. Anfang November wollen wir uns hier in Frankfurt treffen, und Sie übergeben mir das Manuskript der »Korrektur«, und Ende des Jahres erhalten wir dann das Manuskript des neuen Stücks. Es wäre wichtig, daß über dieses neue Stück nicht gesprochen wird. Ich werde das auch Dr. Rach noch einmal sagen.
Also, die Dinge stehen gut.[2]
Herzliche Grüße
Ihr
Siegfried Unseld

1 Im *Reisebericht Salzburg–München, 28. Juli-1. August 1972* hält S. U. fest:
»Besuch bei *Thomas Bernhard* und Uraufführung seines Stückes ›Der Ignorant und der Wahnsinnige‹ im Landestheater Salzburg während der Salzburger Festspiele. [29. Juli, 19.30 Uhr: Regie: Claus Peymann, Bühnenbild: Karl-Ernst Herrmann, Königin der Nacht: Angela Schmid, Vater: Ulrich Wildgruber, Doktor: Bruno Ganz, Frau Vargo: Maria Singer, Kellner: Otto Sander] Siehe hierzu Kritiken von Joachim Kaiser und Hilde Spiel. [Hilde Spiel: *Der Mensch – ein Präparat. Uraufführung von Bernhards »Der Ignorant und der Wahnsinnige«*, in: *Frankfurter Allgemeine Zeitung*, 31. Juli 1972; Joachim Kaiser: *Ein Fest für die Königin der Nacht*, in: *Süddeutsche Zeitung*, 31. Juli 1972]
Mit Bernhard ergab sich wiederum ein sehr angenehmes Gespräch. Er bestätigte abermals, daß er in den ersten Novembertagen von Brüssel kommend in Frankfurt das Manuskript seines neuen Romans ›Korrektur‹ mir übergeben werde. Das neue Stück wird gegen Ende des Jahres abgeschlossen sein und dann dem Theaterverlag übergeben.

Bernhard arbeitet an neuen erzählerischen Texten, die er für die BS vorsehen möchte. Wir besprachen für den September 1973 einen ersten Band mit dem Titel ›Erinnern‹. Diesem Buch werden dann in Jahresabständen ›Erinnern 2‹ und ›Erinnern 3‹ folgen.
Über die materiellen Gespräche gibt es einen ausführlichen Brief vom 2. August.«

2 Der Briefdurchschlag trägt rechts oben die handschriftliche Notiz: »cc Dr. Rach«.

[200; Anschrift: Ohlsdorf]

Frankfurt am Main
2. August 1972

Lieber Thomas Bernhard,
die finanzielle Geschichte schreibe ich in einem gesonderten Brief. Meine Bitte vorab: lesen Sie die Darlegungen und Ziffern in kühler Ruhe durch. Insgesamt kann auch hierfür gelten, daß die Dinge gut stehen, das heißt: trotz der Belastungen, die sich aus den Ziffern ergeben, bin ich guten Mutes.
Wir stehen ja vor der Frage, daß – von den zweimaligen Zahlungen zum Stück »Der Ignorant und der Wahnsinnige« von je DM 20.000.– – also DM 40.000.– – abgesehen, folgende Posten offenstehen:

Das Darlehen, das Sie am 9. Februar 1971 erhielten in Höhe von	DM 15.000.–
Ein offener Posten aus den *laufenden* Zahlungen (bis August 1972)	DM 15.000.–
Monatliche Zahlungen bis April 1973	DM 12.000.–
Nun wünschen Sie eine weitere Vorauszahlung in Höhe von	DM 20.000.–
Das ist ein Betrag von insgesamt	DM 62.000.–

Wir müssen also sehen, wie wir diesen Betrag von DM 62.000.– nun verrechnen. Ich mache Ihnen hierzu einen *Vorschlag* und bitte um Ihre Stellungnahme.

I. Unsere berühmte Absprache, die »Alten Werke« betreffend, hat sich erfüllt. Das Konto ist durch die Gutschriften und durch die Vorauszahlung für »Frost«-suhrkamp taschenbuch 47 abgedeckt.
Nun haben Sie selbst angeregt, daß wir vielleicht eine neue Vereinbarung ähnlicher Art treffen sollten. Ich mache Ihnen folgenden Vorschlag:
Das Darlehen vom 9. Februar 1971 in Höhe von DM 15.000.– (über dessen Rückzahlung wir im August 1972 verhandeln sollten) rechnen wir nun mit dem Konto »Alte Werke« ab und zählen zu diesem Konto auch »Kalkwerk« und »Midland«. Also: »Alte Werke« hieße die Publikationen ausschließlich »Der Ignorant und der Wahnsinnige«. Mit dieser Regelung hätten Sie also gewissermaßen dieses Darlehen von DM 15.000.– für sich aus der Welt geschafft.

II. Sie erhielten für das Stück »Der Ignorant und der Wahnsinnige« zwei Zahlungen:
1. am 1.9.1971 DM 20.000.–
2. a conto der Salzburger Honorare zweimal DM 10.000.–, also DM 20.000.–
Die zweite Zahlung von DM 20.000.– können wir vergessen, da sie durch die Salzburger Einnahmen gedeckt ist. Eventuelle Überschüsse aus Salzburg gehen Ihnen, unserer Absprache gemäß, *direkt zu*.
Zur Deckung der ersten Zahlung von DM 20.000.– verwenden wir die Erlöse aus dem österreichischen Fernsehen und aus zu erwartenden deutschen Fernsehabschlüssen und – falls erforderlich – die deutschen Theatertantiemen. Die Überschüsse gehen dann selbstverständlich zur Verrechnung auf das Konto »Neue Werke« (siehe IV.). Danach wäre auch die Zahlung von DM 40.000.– ›erledigt‹.

III. Gegenüber der von Ihnen jetzt geforderten Zahlung

von DM 20.000.– verrechnen wir Vorauszahlungen folgender neuer, von Ihnen genannter Arbeiten:
1. Bibliothek Suhrkamp: »Der Ignorant und der Wahnsinnige«
2. Bibliothek Suhrkamp: »Erinnern«
3. Den Roman »Korrektur«
4. edition suhrkamp-Band 500: »Atzbach«
Die Summe von DM 20.000.– dürfte sich ungefähr mit den Vorauszahlungen aus diesen Werken decken, so daß Sie auch gewissermaßen dann diese Zahlung von DM 20.000.– aus Ihrem Gedächtnis streichen können. Erlöse über 20.000.– werden dem Konto »Neue Werke« (siehe IV.) gutgebracht.

IV. Konto »Neue Werke«
Dieses Konto ist jetzt belastet mit folgenden Zahlungen:

1. den Abrechnungen und Zahlungen bis zum 31. 8. 1972 von ca.	DM 15.000.–
2. den künftigen monatlichen Zahlungen, die das Konto bis zum 31. 8. 1973 belasten werden mit	DM 12.000.–
Insgesamt	DM 27.000.–.

Gegen diese DM 27.000.– könnten verrechnet werden:
1. Alle überschüssigen Erlöse aus der Regelung II. und III.
2. Eine Vorauszahlung auf das neue Stück.
3. Sonstige Erlöse aus den Verträgen.

Ich finde diese Lösung für Sie wie für uns akzeptabel und fair. Sie brauchen sich dann nicht mit großen Überlegungen herumzuschlagen, wir haben sowohl das alte Darlehen von DM 15.000.– wie die neue Zahlung von DM 20.000.– untergebracht, und die monatlichen Zahlungen, die wir bis zum 31. August 1973 leisten, können ebenfalls durch kommende Erlöse abgedeckt werden.

Insgesamt also stehen die Dinge gut. Für Sie ergibt sich freilich ein Problem: das Ihrer Steuer, das Sie bitte nicht vergessen dürfen.
Sind Sie mit diesen Vorschlägen einverstanden? Falls Sie Änderungswünsche haben, so lassen Sie mich diese wissen. Hoffentlich sehen Sie, daß ich mir Mühe gab, diese finanziellen Dinge auch im Hinblick auf Ihre eigenen Vorstellungen zu durchdenken. Bitte, schreiben Sie mir schnell, damit ich auch die Überweisung der gewünschten DM 20.000.– in die Wege leiten kann.
Mit freundlichen Grüßen
Ihr
[Siegfried Unseld]

[201]

Ohlsdorf
8. 8. 72

Lieber Doktor Unseld,
Ihren Besuch in Ohlsdorf sollten Sie bald einmal wiederholen, vor allem, wenn die Atmosphäre eine beruhigte und ohne Theater und ohne Menschen ist, die im Gehen und Laufen und Schwimmen nicht mithalten.
Unsere Salzburger Unternehmung ist geglückt. Dass es zu einem, wie Sie inzwischen wissen, Abbruch der Vorstellungen gekommen ist, ist bedauerlich, aber doch konsequent und schadet auf keinen Fall. Tatsächlich ist Peymann vollkommen im Recht und wenn es sein muss, wird ein Gericht das Urteil über Salzburg fällen, diesem Urteil können Peymann und seine Leute ruhig entgegensehen, mir ist der Sachverhalt klar, die Schuld eine eindeutige auf seiten der Festspieldirektion. Nur muss alles jetzt mit klarem Kopf geklärt werden, Peymann, der nicht immer vernünftig ist,

habe ich strikte Empfehlungen gegeben, meine Gerichtspraxis kommt mir jetzt wieder einmal zu gute und mein Instinkt, doch meine Unbestechlichkeit in Rechtsdingen.[1]
Dass die Einmaligkeit der Aufführung für mich einen besonderen Reiz hat, brauche ich Ihnen nicht extra zu betonen.
Wahrscheinlich spielt das ganze Ensemble in Hamburg oder an der Berliner Schaubühne das Stück weiter. Doch diese Fragen müssen erst geklärt werden.
Unser Vertrag besteht und kann nicht geändert werden.
Die Aufzeichnung kommt jedenfalls zustande, wenn nicht mit den scheusslichen Wienern, so mit den Deutschen.
Der Boden für das Stück ist gut bereitet, glaube ich.
Ihren Vorschlag, Bruno Ganz nicht unter den Titel zu drukken, muss ich als guten bezeichnen und halte mich daran, jedenfalls vorläufig, solange unser Stück noch andere Aufführungen findet. Dann kann die Widmung ja geschehen.[2]
Über das neue Stück herrscht absolutes Stillschweigen, das soll auf allen Seiten eingehalten sein.
Nocheinmal Peymann: er hat unglaubliches Glück gehabt. Mehr nicht darüber, dadurch haben wir auch Glück gehabt.
Die Vorgänge in Salzburg passen mir genau in meine »Korrektur«-Arbeit, als hätte ich sie für den letzten Schliff gebraucht. Das Buch hat mich ganz in der Hand, wie umgekehrt.
Darf ich bitten, mich über alle auch nur halbwegs interessanten Vorgänge und Aussichten, unser Stück betreffend, zu informieren und mich nicht ohne Nachrichten zu lassen, besser zuviel als gar keine.
Meine Periode ist die beste, dass ich gute Nerven habe, ist ein grosser Vorteil. Andere haben sie nicht.
Denken Sie daran, dass es hier herrliche Spaziergänge und überall hinter den Bäumen Telefone gibt, über die Sie Frau Zeeh erreichen kann. Vielleicht einen Herbstbesuch, Spät-

sommerbesuch?, wenn ich, etwa in vier fünf Wochen, die »Korrektur« wieder ganz in Ruhe lasse.
Zum Finanzbrief: mir ist nicht alles klar, aber, wenn es Ihnen klar gewesen ist, will ich das Ganze naturgemäss akzeptieren. Ich bitte Sie, mir die neuen 20tausend so bald als möglich auf mein Gmundner Konto zu überweisen, es haben sich eine MENGE Rechnungen gestapelt etcetera. Dann, nach der Aushändigung der »Korrektur«, sollten wir einmal wieder ein klares, bindendes Gespräch führen.
Bitte grüssen Sie Rach und Busch und die Anderen.
Thomas Bernhard

Mein korrigiertes Stückexemplar mit Frau Vargos Auftritt in Kürze.[3]
P. S. 2: In Salzburg sind wir in die Hölle gegangen, aber ohne Verbrennung wieder heraus, härter, klarer als vorher.

1 Der »Sachverhalt«, um den es hier geht, ist als sogenannter »Notlichtskandal« in die Theatergeschichte eingegangen. (Siehe Th. B.: *Werke 15*, S. 470ff.) Entgegen einer Zusage bleiben die Notlichter bei der Uraufführung von *Der Ignorant und der Wahnsinnige* im Salzburger Landestheater in der Schlußszene – die Regieanweisung lautet: »Die Bühne ist vollkommen finster« – eingeschaltet; daraufhin kommt es – abgesehen von der bereits vorher vereinbarten Fernsehaufzeichnung – zu keiner weiteren Aufführung. Hilde Spiel resümiert den Skandal: »Zwei Minuten völliger Finsternis fordern Regisseur und Autor für den Schluß des Stücks, in dem, als Sinnbild eines totalen Kataklysmus, auf der Bühne ein Tischtuch hochgezogen und seiner Teller, Gläser, Flaschen entledigt wird. [...] Brennt die Notbeleuchtung, dann wird der Vorgang von Augen, die sich rasch an die Verdunkelung gewöhnen, mit angesehen. Die Feuerpolizei, sich berufend auf eine Verordnung aus dem Jahre 1884, als in Wien das Ringtheater brannte, besteht auf ihrem Scheinen. Der Festspielpräsident wird herbeigerufen. Gemäß der Aussage des Peymann-Teams verspricht er, die Notlichter auf seine Verantwortung ausschalten zu lassen. Im Protokollbuch wird's vermerkt. [...] Man probt mit Hilfe einer Stafette von vier

Personen, die im gegebenen Moment das Signal zur absoluten Verfinsterung treppabwärts zum Schaltkasten trägt. So geschehen auf der – nicht öffentlichen – Generalprobe vor nahezu hundert Zuschauern im Auditorium. Am Abend der Premiere bleiben wider alles Erwarten und ohne jede Vorwarnung die Notlichter eingeschaltet; Peymann, hinunterrasend, findet den Kasten versperrt. Angela Schmid verliert die Nerven, führt die vorgeschriebene Aktion nicht aus, sondern wirft sich vornüber auf den Tisch: ein mattes Klirren statt des geplanten großen Effektes.« Hierauf erklärt Peymann, »›man werde die nächsten Aufführungen nur spielen, wenn – gemäß der bereits erteilten Zusage – die Notbeleuchtung ausgeschaltet wird‹ [...]. Am Abend der ersten Reprise dann der Aufruhr. [...] Man bietet in letzter Minute einen Kompromiß an. Die Notlichter [...] sollen ›händisch‹ abgedeckt werden. Das hält Peymann, gewiß mit Recht, nicht für praktikabel. Andere Lösungen werden nicht angeboten. Ein Vorschlag des Autors, den Schluß ganz wegzulassen, kommt zu spät. Man hat das Publikum bereits nach Hause geschickt.« (Hilde Spiel: *Schatten auf Salzburg. Fazit der Festspiele und das Ende einer Affäre*, in: *Frankfurter Allgemeine Zeitung*, 4. September 1972) Th. B. telegrafiert daraufhin am 2. August Josef Kaut, dem Präsidenten der Salzburger Festspiele: »EINE GESELLSCHAFT DIE ZWEI MINUTEN FINSTERNIS NICHT VERTRAEGT KOMMT OHNE MEIN SCHAUSPIEL AUS STOP MEIN VERTRAUEN IN REGISSEUR UND DARSTELLER IST HUNDERTPROZENTIG STOP. SIE FAELLEN DIE SELBSTVERSTAENDLICH KOMPROMISSLOSE ENTSCHEIDUNG FUER KUENFTIGE AUFFUEHRUNGEN«. (Siehe das Faksimile des Telegramms in *Thomas Bernhard und Salzburg*, S. 221.)

2 Th. B. widmet das in der Folge geschriebene Theaterstück *Die Jagdgesellschaft* dem Schauspieler Bruno Ganz.

3 Th. B. reagiert mit dieser Bemerkung auf einen Hinweis von Rudolf Rach im Brief an Th. B. vom 21. April 1972 (die Seitenzahlen beziehen sich auf die Ausgabe in der Bibliothek Suhrkamp): »Auf Seite 22 tritt Frau Vargo auf und wieder ab. Auf Seite 32 sagt sie die Ouvertüre, und auf Seite 33 tritt sie erst wieder auf. Ist nun gemeint, daß sie die Ouvertüre hineinruft, also aus dem Off spricht? Oder soll sie noch einmal zwischendurch hereinkommen, um ein Kleidungsstück oder etwas anderes zu bringen?« Th. B. korrigiert diese Ungereimtheit in der Regieanweisung nicht.

[202; Anschrift: ⟨Ohlsdorf⟩]

Frankfurt am Main
9. August 1972

Lieber Thomas Bernhard,
das Fehlen eines Telefons macht sich nun doch schlecht bemerkbar!
Wir müssen in dieser Sache kommunizieren. Wie Sie sehen, kommen nun auch wir in diese Angelegenheit hinein. Unsere Position entnehmen Sie bitte der beiliegenden Kopie. Wichtig ist, daß Sie gewissermaßen moralisch und publizistisch Peymann »unterstützt« haben, nicht jedoch expressis verbis eine Legitimation zur Unterbindung der Aufführung aus Ihrem Persönlichkeitsrecht heraus – wie es die Juristen formulieren – erteilt haben. Sonst wären wir nämlich verloren, d. h., Salzburg wäre im Recht, die Tantiemen nicht zu zahlen.
Herzlich
Ihr
Siegfried Unseld

2 Anlagen

[Anlage 1; Brief von Josef Kaut an den Suhrkamp Verlag][1]

[Anlage 2; Brief von S. U. an Josef Kaut]

Frankfurt am Main
9. August 1972

EINSCHREIBEN
Sehr geehrter Herr Präsident Kaut,
ich bestätige den Eingang Ihres Briefes vom 7. August. Ich muß Ihnen eindeutig sagen, daß ich Ihren Ausführungen nicht folgen kann. Die Situation stellt sich so dar:
Sie haben mit dem Suhrkamp Verlag – und nur mit dem

Suhrkamp Verlag, nicht etwa mit dem Autor Thomas Bernhard – einen Aufführungsvertrag abgeschlossen. Dieser Aufführungsvertrag sieht eine pauschale Summe von DM 30.000.– für die Tantiemen vor, und zwar unabhängig von der Anzahl der Aufführungen. Danach ist ganz klar, daß dieser Betrag von DM 30.000.– fällig ist, so wie der Vertrag es vorsieht, unabhängig von Ihrer Entscheidung, weitere Aufführungen nicht zu unternehmen.

Wir sind überhaupt sehr verwundert darüber, daß Sie diese Entscheidung getroffen haben, ohne Ihren Vertragspartner, den Suhrkamp Verlag, unterrichtet und mit ihm überhaupt die Situation besprochen zu haben. Sie wußten, daß ich mich selbst während der Premiere und auch an den folgenden Tagen in Salzburg aufhielt. Wir hätten die Situation an Ort und Stelle besprechen können.

Nach unserem Vertrag ist die Restsumme von DM 20.000.– am 15. August 1972 fällig. Ich möchte Sie bitten, zu erklären, daß Sie uns den Restbetrag von DM 20.000.– bis zum 15. August 1972 überweisen. Sollte die Erklärung bzw. der Betrag am 20. August 1972 nicht bei uns eingegangen sein, sehen wir uns gezwungen, den Betrag auf juristischer Basis sofort einzufordern. Dabei ist es von entscheidender Bedeutung, daß Vertragsbeziehungen zum Regisseur und zu den Schauspielern nur von seiten der Salzburger Festspiele aus bestehen, nicht aber vom Suhrkamp Verlag (und schon gar nicht vom Autor) aus. Maßnahmen des Regisseurs und der Schauspieler fallen in die Vertragskompetenz der Salzburger Festspiele, da diese Regisseur und Schauspieler beauftragt haben. Diese Rechtslage würde auch dann nicht geändert, wenn Thomas Bernhard, wie Sie schreiben, den Regisseur »unterstützt« haben sollte. Das Recht zur Aufführung wurde den Salzburger Festspielen vom Suhrkamp Verlag – und nur vom Suhrkamp Verlag – übertragen. Der Verlag allein ist Partner für diesen Vertrag. Ein Autor könn-

te allenfalls aus seinem Persönlichkeitsrecht heraus zu einem Verlangen auf Unterlassung legitimiert sein; das hat Thomas Bernhard nicht geltend gemacht. Wir wiederholen deshalb unsere Forderung auf sofortige Zahlung der Restsumme von DM 20.000.– und bitten auch, die Verhandlungen für weitere Aufführungen nicht abbrechen zu lassen.
Wir behalten uns weiterhin vor, Schadenersatzforderungen gegenüber den Salzburger Festspielen zu erheben, für den Fall, daß die vorgesehene Fernsehaufzeichnung durch den ORF nicht vorgenommen werden kann. Diese Aufzeichnung war vereinbart, und Verhandlungen über Sendungen auch bei deutschen Fernsehanstalten sind geführt. Das Ausmaß dieser Schadenersatzforderungen können Sie sich selber ausrechnen.
Ich bedauere außerordentlich diesen Vorgang, nicht nur des großen materiellen Verlustes wegen, den alle Beteiligten, auch die Salzburger Festspiele, erleiden. Noch größer scheint mir der immaterielle Verlust zu sein, indem durch diese Entscheidung die Verbreitung eines so bedeutenden Stückes in einer so bedeutenden Aufführung verhindert wird. Ich persönlich bin auch der Meinung, daß sich im Gespräch mit den Beteiligten ein Weg hätte finden lassen. Leider gaben Sie dem Suhrkamp Verlag keine Möglichkeit, in dieser Sache zu vermitteln. Ich bin nach wie vor und zu jeder Zeit zu dieser Vermittlung bereit.

Mit freundlichen Grüßen
Dr. Siegfried Unseld

1 Am 7. August 1972 schreibt Josef Kaut auf dem Briefpapier des Präsidenten der Salzburger Festspiele »recommandé« an den Suhrkamp Verlag:
»Sehr geehrte Herren!
Wie Sie wohl bereits der Presse entnommen haben werden, hat

Herr Peymann, unterstützt von Herrn Thomas Bernhard, die zweite Aufführung von ›Der Ignorant und der Wahnsinnige‹ verhindert. Ich darf darauf verweisen, daß sich schon während der Probenzeit mit Herrn Peymann die größten Schwierigkeiten ergeben haben und daß unser technisches Bühnenpersonal sogar in Streik getreten ist, nachdem es von Herrn Peymann als ›Arbeitergesindel‹ angesprochen worden war. Nachträglich können wir es nur bedauern, daß wir dem Wunsch von Herrn Thomas Bernhard und Ihres Verlages gefolgt sind und Herrn Peymann als Regisseur verpflichtet haben.
Wir haben nunmehr durch unseren Rechtsvertreter den Vertragsbruch des Herrn Peymann und von vier Mitwirkenden feststellen lassen, womit die Verträge aufgelöst und weitere Vorstellungen nicht mehr möglich sind. Die Rolle von Thomas Bernhard bei der Verhinderung weiterer Aufführungen wird derzeit von unserem Rechtsvertreter anhand der Telegramme und öffentlichen Äußerungen des Herrn Thomas Bernhard geprüft. Sie werden dafür Verständnis haben, daß wir weitere Honorarzahlungen nicht leisten werden, bis der Tatbestand geklärt sein wird.
Wir bedauern es besonders, daß unsere aufrichtige Bemühung um das Werk Thomas Bernhards vom Autor selbst und seinen Freunden so wenig anerkannt worden ist, und ich glaube, daß die Herren dem zeitgenössischen Schauspiel in Salzburg einen sehr schlechten Dienst erwiesen haben.«

[203; Anschrift: Ohlsdorf]

Frankfurt am Main
10. August 1972

Lieber Thomas Bernhard,
haben Sie herzlichen Dank für Ihren Brief vom 8. August. Ich habe es ganz so empfunden wie Sie und spüre das Besondere des Falles einer einmaligen Aufführung. Aber unsere Zeit ist nicht dafür geschaffen, solche Triumphe öffentlich zu feiern. Wir sollten sie für uns behalten, wissend, daß sie dann erst recht weiterwirken werden.

In der Zwischenzeit hat Sie die Kopie meines Briefes an Herrn Kaut erreicht. Ich bin sicher, daß wir in der Haltung übereinstimmen. In der Tat könnte der Vertrag gefährdet sein, wenn Sie bei Ihren Interventionen Ihr »Persönlichkeitsrecht« expressis verbis geltend gemacht hätten. Das haben Sie aber nicht. Insofern besteht der Vertrag, und Salzburg muß zahlen. Aber, es wird eine gerichtliche Auseinandersetzung geben, und hier, in diesem einen Punkt, bin ich anderer Meinung als Sie: ich glaube, Peymann wird verlieren. Doch, wie dem auch sei, wir müssen vielleicht gelegentlich getrennt taktieren, aber doch Gemeinsames denken.
Ich danke Ihnen für Ihr Einverständnis zu meinem Brief vom 2. August 1972. Sie dürfen sicher sein, daß auch diese Rechnungen aufgehen werden. Die vereinbarten DM 20.000.– schicke ich Ihnen auf der Basis dieses Briefes jetzt an Ihr Gmundener Konto.
Wir werden mit Salzburg weiterkämpfen und hoffen natürlich sehr, daß Salzburg uns den Restbetrag noch zahlen muß.
Bitte, schicken Sie bald Ihr korrigiertes Stück-Exemplar zu; wir werden für die Buchausgabe jetzt intensiv werben. Es liegt ja auf der Hand, daß die Nachfrage nach dem Text jetzt größer sein muß.
Sie haben recht, wir sollten bald zusammentreffen, und ich bin dazu auch gerne bereit. Ich spürte ja bei meinem letzten Besuch, daß Sie meinen Aufenthalt nicht länger ausgedehnt sehen wollten, da Sie ja mit anderem beschäftigt waren. Wir holen das also nach mit Gehen und Laufen und Schwimmen.
Sehr herzliche Grüße
Ihr
Siegfried Unseld

P. S.: Wir haben hier zusammengestellt, was in der Presse über die Salzburger Geschichte veröffentlicht wurde. Das geht Ihnen mit getrennter Post noch heute zu.

[204]

Ohlsdorf
11. 8. 72

Lieber Doktor Unseld,
Ihr Brief vom 9. an Herrn Kaut ist ein Meisterstück in Bestimmtheit und Klarheit. Er entspricht in allem meinem Standpunkt Salzburg gegenüber. Zu Kauts Brief: ich selbst habe niemals Peymann darin unterstützt, die Aufführung des Schauspiels am 4. zu verhindern, im Gegenteil, habe ich alles mir Mögliche versucht, die Aufführung stattfinden zu lassen, in diesem Bemühen bin ich aber, wie Sie wissen, vollkommen gescheitert. Vor aller Öffentlichkeit und also vor Hunderten von Zeugen habe ich persönlich im Theater den Versuch gemacht, die Vorstellung stattfinden zu lassen. Diesen Tatbestand haben auch eine Reihe von Zeitungen bestätigt.
Die Bemerkung Kauts ist also eine vollkommen falsche Angabe.
Andererseits habe ich mich, alle Tatsachen klar sehend, selbstverständlich was die Moral und die Wahrheit betrifft, auf die Seite Peymanns und seiner Schauspieler stellen müssen, zuletzt tatsächlich durch das skandalöse wahrheitswidrige Verhalten Kauts und der Salzburger Festspieldirektion in naturgemäss ungewöhnlicher Schärfe durch mein schliesslich überall, auch in der FAZ (zu Ihrer Information) abgedrucktes Telegramm[1]. Für Peymann und die Schauspieler, die betrogen worden sind, habe ich mich in die vorderste Linie stellen müssen. Diese meine Äusserungen

in dem letzten umfangreichen Telegramm entsprechen voll und ganz meinem Empfinden.
Ich habe also Peymann »nur moralisch und publizistisch« unterstützt, soweit als mir möglich.
Ein Unterbinden der Aufführung ist mir nie in den Kopf gekommen, im Gegenteil. Aber dass ich die Konsequenz des Regisseurs und seiner Schauspieler tatsächlich mit grösstem Respekt bewundere, ist klar.
Soweit ich also sehe, ist Salzburg verpflichtet, alle Tantiemen zu bezahlen und für alle durch das Verhalten der Festspieldirektion entstandenen Schäden zu haften. Natürlich auch für eine unter Umständen nicht mögliche Fernsehaufzeichnung.
Ich selbst bin ausserordentlich bestraft durch die Tatsache, dass ich mein Stück überhaupt nicht mehr sehen konnte und meine Erinnerung daran sich auf meinen Eindruck in der ersten Hauptprobe beschränken muss.
Es erübrigt sich, auf weitere Details Ihres Briefes, überhaupt auf solche, einzugehen, weil sie in jedem Punkte so ausgezeichnet sind, dass es nur immer das Eingeständnis sein kann, dass Sie alles so gut formuliert haben.
Kauts Brief enthält unwahre Angaben und ist in jedem Satze schwach auf den Beinen.
Peymanns Bemerkung »Arbeitergesindel« war ironisch gemeint und hat unter allgemeinem Gelächter aller Zeugen der Bemerkung stattgefunden zum Beispiel, was, wer weiss, wer Peymann ist, auf der Hand liegt.
Was mich betrifft, habe ich mit meinem letzten Telegramm eindeutig Stellung genommen und werde mich jetzt nicht mehr öffentlich äussern, gleich, was eventuell noch kommt.
In nichts, auch nicht in diesem Telegramm, in welchem ich ja ausdrücklich auf den Vorstellungen bestehe, habe ich gegen eine Aufführung meines Stückes Stellung bezogen. Das wäre mir nie in den Sinn gekommen.

Ich bitte Sie aber, mich nicht ohne Nachrichten über die weitere Entwicklung mit den Salzburgern zu lassen.
Selbstverständlich dachte ich, hat sich die Festspieldirektion gleich zu Anfang des Konflikts mit Ihnen in Verbindung gesetzt, dass das nicht geschehen ist, ist mir unbegreiflich. Was Peymann und die Schauspieler betrifft, müssten sie sich durch eine sofort einzubringende Klage gegen die Festspiele gegen Salzburg schützen. Aber ich habe mit Peymann augenblicklich überhaupt keinen Kontakt und ich weiss nicht, was er tut und ich kann ihm nur Klarheit, Klugheit und Vernunft wünschen.
Im Übrigen kann uns gar nichts geschehen, auch wenn es jetzt Unannehmlichkeiten gibt. Die Sache ist eindeutig.
Hoffen wir auf die Berliner Aufführung am 5. September, zu der ich wahrscheinlich nicht kommen werde, weil ich an der »Korrektur« arbeiten muss, die »Korrektur« korrigieren. Und andere Aufführungen!?
Ich kann mir aber nicht vorstellen, dass die Inszenierung nicht aufgezeichnet wird, wenn sie schon nicht mehr an einem Theater gespielt wird, was ich auch nicht glaube, zu solchem Jammer bin ich nicht bereit.
Ich habe jetzt nocheinmal Ihren Brief an Kaut mit dem grössten Respekt, um nicht sagen zu müssen, mit Bewunderung, durchgelesen.
Herzlich Ihr
Thomas B.

P. S.: Vielleicht ist ein Gespräch zwischen Rach und mir in einer Woche oder in etwa zehn Tagen *hier* nützlich, die nächste Zukunft des Stückes und alles was damit zusammenhängt betreffend?!!!
P. S. 2: ich bin im Augenblick in einem Waldstück in den Bergen.[2]

1 Die *Frankfurter Allgemeine Zeitung* druckt am 9. August auf Seite 2 unter der Überschrift *Bernhard protestiert. Vertragsbruch vorgeworfen* das lange, von der Nachrichtenagentur AP verbreitete Telegramm von Th. B. an Josef Kaut: »Mit kühlem Kopf muß ich heute die von der Festspieldirektion veröffentlichte Argumentation gegen Claus Peymann und sein Ensemble als Infamie und die Tatsachen ... umkehrend bezeichnen. Sie, die Festspieldirektion, werfen Peymann und seinem Ensemble Vertragsbruch vor und haben selbst die Verträge mit Peymann und seinem Ensemble gebrochen, indem Sie erstens die auf der Generalprobe gegebene Zusage – gleiche Realität in der Premiere wie in der Generalprobe – im letzten Augenblick und tatsächlich hinterhältig gebrochen und damit die ganze Premiere in Gefahr gebracht und den Schluß des Schauspiels durch Ihren skandalösen Eingriff verfälscht haben. Sie selbst haben nach der Premiere in einer Unterredung mit mir zugegeben, Peymann hereingelegt zu haben, um die Premiere zu sichern. Durch Ihren Eingriff aus dem Hinterhalt, einem Vertrauensbruch ohne Beispiel gegen das Ensemble, sind Sie, abgesehen auch davon, daß der Bühnenbildner Karl-Ernst Herrmann hinter der Bühne von Unbekannten zusammengeschlagen worden ist, eine kriminelle Handlung, von der Sie sich bis jetzt noch nicht distanziert haben, absolut vertrauens- und durch Ihre arrogante Absage der künftigen Vorstellungen vertragsbrüchig geworden. Der Vertragsbruch liegt voll und ganz auf Ihrer Seite und nicht auf der Seite des Ensembles, dem ich empfehle, auf den künftigen Vorstellungen im Landestheater zu bestehen, hier geht es um die Strenge und um die Unbestechlichkeit einer nervenanspannenden Kunst und um ihr Prinzip und nicht um die Gemeinheit eines unappetitlichen Tagesfeuilletonismus. Sollten Sie die Vorstellungen tatsächlich absagen, sind Sie, und das heißt die Festspieldirektion, vertragsbrüchig und für alle – auch die bereits eingetretenen – Schädigungen verantwortlich. Nicht das Ensemble, sondern Sie sind für das Narren des Publikums verantwortlich. Unter diesen befürchteten Umständen ist naturgemäß von seiten des Regisseurs und der gefoppten Darsteller Klage gegen die Festspieldirektion einzubringen, denn Peymann und seine Schauspieler, zu welchen ich hundertprozentig stehe, sind absolut im Recht, welches Sie selbst durch falsche und, ich muß noch einmal sagen, infame Angaben listig zu hintergehen trachten.«

2 Vermutlich meint Th. B. sein Haus »Krucka« in Gmunden.

[205; Anschrift: ⟨Ohlsdorf⟩]

Frankfurt am Main
17. August 1972

Lieber Thomas Bernhard,
über Ihren Brief vom 11. August habe ich mich sehr gefreut. Ich bin vor allem glücklich, daß wir in unserer Haltung übereinstimmen. So soll es weiterhin sein.
Nun kommen zwei gute Nachrichten: ganz offensichtlich unter dem Eindruck des Briefes schrieb Herr Präsident Kaut am 14. August: »Ihr Schreiben vom 9. 8. haben wir erhalten und haben nach Prüfung der Rechtslage durch unseren Anwalt Auftrag gegeben, Ihrem Verlag die Restsumme des Tantiemenpauschales von DM 20.000.– zu überweisen.«
Dieser Punkt ist erledigt.
Er murrt noch etwas, daß »nach österreichischem Recht der Urheber eines Werkes verpflichtet ist, alle Veröffentlichungen zu unterlassen, die den Interessen des Bühnenunternehmers zuwiderlaufen«, aber auf diese Bemerkung hin kann er keinen Prozeß gegen Sie oder gegen den Verlag bauen.
Und die zweite Nachricht: ich erhalte eben von der UE die Nachricht, daß die Fernsehaufzeichnung am 23. und 24. August in Salzburg stattfinden wird.[1] Herr Kaut hat mir bestätigt, daß das Theater seinen Vertrag mit dem ORF ausführen wird, und wir hören jetzt auch vom ORF, daß die Aufzeichnung stattfinden soll. Diese Nachricht deckt sich auch mit dem, was Peymann am Abend der Premiere zu Dr. Rach sagte, nämlich daß in jedem Fall die Fernsehaufzeichnung stattfinden sollte; hier sind natürlich Interessen berührt.
Die Sache ist also so, wie Sie schreiben: eindeutig.
Wir haben im Moment keine Nachrichten über Peymann

und die Schauspieler. Herr Rach wird Ihnen jedoch Näheres mitteilen, sobald wir Informationen haben. Ein Gespräch mit Dr. Rach und Ihnen wird in den nächsten Wochen kaum möglich sein, und zwar einfach deswegen, weil er jetzt zu Beginn der Theatersaison und beim Anlaufen der vielen Premieren über und über mit aktuellen und akuten Arbeiten beschäftigt ist, außerdem wirft die Buchmesse schon lange Schatten. Ich hoffe aber, daß das Gespräch noch Anfang November sinnvoll sein wird.
Ich habe Max Frisch von unseren Gesprächen über die Österreichische Bibliothek benachrichtigt, weil ich ja mit ihm den parallelen Plan der Schweizer Bibliothek diskutiere. Ich glaube, diese beiden Unternehmungen würden sich in schöner Weise ergänzen. Darüber dann gelegentlich noch mehr.[2]
Herzliche Grüße
Ihr
Siegfried Unseld

P. S.: Sie haben kein Wort zu dem Plakat gesagt, das wir für Salzburg, für den österr. Buchhandel und natürlich auch für die deutschen Buchhändler in zwei Ausfertigungen (für Österreich und für unsere Buchhandlungen) gemacht haben. Ich weiß nicht, ob die Plakate Sie erreicht haben, ich schicke sie Ihnen in jedem Fall noch einmal zu (mit getrennter Post).[3]

1 Der Wiener Musik- und Bühnenverlag Universal Edition vertritt zu diesem Zeitpunkt die Rechte an den Theaterstücken des Suhrkamp Verlags in Österreich. Die Erstsendung der Fernsehaufzeichnung findet am 8. November 1972 im ORF statt.

2 Siehe Anm. 1 zu Brief 86 zum schon 1969 erörterten Projekt einer *Neuen Österreichischen Bibliothek* im Insel Verlag. Die Pläne für eine Schweizer Bibliothek münden Ende 1973 in die Gründung des Suhrkamp Verlags Zürich.

3 S. U. bezieht sich hier auf ein Plakat zur Ausgabe von *Der Ignorant und der Wahnsinnige* in der Bibliothek Suhrkamp.

[206]

Ohlsdorf
19. 8. 72

Lieber Doktor Unseld,
hier vergeht kein Tag, an welchem nicht, vierzehn Tage nach dem Salzburger Zwischenfall, zum Teil in Leitartikeln auf den ersten Seiten diese ganze schauerliche Provinzpresse von Österreich ihren faulen Bottich voll Gemeinheit und Niedertracht, Heuchelei und Erbärmlichkeit über mich und meine Schauspieler und Peymann ausschüttet; was mir vor Augen und in die Ohren kommt, sammle ich und so entsteht langsam eine infame Geistesgeschichte des österreichischen nationalen katholisch-nazistischen Stumpfsinns. Ganz einfach der Hass gegen die Bewegung in der Natur, um es kurz zu fassen, hat aufeinmal ein Ventil. Tatsächlich ist dieser Vorgang als Beispiel für andere, unterdrückte, ein ungeheuerlicher und nicht einfach hinzunehmen.
Ich möchte Sie bitten, von einem jungen Mann eine Dokumentation aus allen diesen Merkwürdigkeiten in der Presse machen und gut kommentiert, in einer Ihrer Taschenbuchreihen erscheinen zu lassen.
Diese Woche wird die Aufzeichnung in Salzburg gemacht. Peymann und die Schauspieler habe ich mit dem besten Anwalt in diesem Land in Verbindung gebracht, der schon arbeitet und klug ist: Dr. Michael Stern in Wien.[1]
Wenn es notwendig ist, werde ich natürlich sofort zu der ganzen Sache wieder Stellung beziehen, im Augenblick habe ich aber alles Wichtige gesagt und bin nicht von dem Vorgang irritiert, was meine Arbeit betrifft.

Hesses »Eigensinn«[2] ist mir in unserer verlogenen Zeit eine durch und durch nützliche Lektüre.[3]
Herzlich Ihr
Thomas B.

1 Karl Ignaz Hennetmair schickt am 17. August S. U. einen Brief von ihm an Rechtsanwalt Michael Stern »zur gefälligen Kenntnisnahme«. Daraus geht u. a. hervor, daß Th. B. und er Peymann gebeten hätten, »sich in dieser Sache« an Stern zu wenden.

2 Hermann Hesse: *Eigensinn. Autobiographische Schriften.* Auswahl und Nachwort Siegfried Unseld, erscheint am 16. August 1972 als Band 353 der Bibliothek Suhrkamp.

3 Der Brief trägt rechts oben die handschriftliche Notiz von S. U. »ô An U (Berlin viell.)«, was zu lesen ist als: »Keine Antwort, vielleicht nach der Aufführung von *Der Ignorant und der Wahnsinnige* in Berlin«.

[207; Anschrift ⟨Ohlsdorf⟩; Karte]

[ohne Ortsangabe]
im August 1972

AN DIE FREUNDE
Ich möchte herzlich danken für die Bekundungen des Anteilnehmens, die ich im Krankenhaus erhielt.
Mein Unfall hätte leicht anders verlaufen können ... Ich weiß also, daß ich meine Schutzengel diesmal strapaziert habe. Ich habe Erfahrungen gemacht: Gesundsein und die Freude, arbeiten zu können, werden gerade in der sozialen Welt des Krankenhauses als Werte deutlich.
In der Zeit meines Krankenaufenthaltes habe ich eine Einleitung, ein Nachwort und einen Redetext geschrieben, die ich zum Zeichen meines Dankes an die verschicke, die mir ihre Grüße, Wünsche, Gaben zukommen ließen. Auch das ist eine Erfahrung: es ist wirklich schön, Freunde zu haben.

Wie sagte Nestroy: »Am besten ist's halt doch, wenn man g'sund ist und recht viel Geld hat, denn was hat schon der Arme von seiner Krankheit.«[1]
Herzlichst grüßt
Siegfried Unseld

1 Diese Karte hat sich weder im Verlag noch im Thomas-Bernhard-Archiv erhalten. S. U. hat jedoch einen Ordner mit allen Briefen an ihn zu seinem Unfall anlegen lassen, in dem sich auch der Brief von Th. B. (siehe Brief 196) befindet, so daß Th. B. diese Karte erhalten haben muß.

[208; Anschrift: Ohlsdorf; Telegramm]

Frankfurt am Main
7. September 1972

berliner aufführung mit großem erfolg über die bühne gegangen[1]
herzliche grüße siegfried unseld

1 Am 6. September 1972 findet die deutsche Erstaufführung von *Der Ignorant und der Wahnsinnige* im Berliner Schloßpark-Theater in der Regie von Dieter Dorn statt (Bühnenbild Bernd Kister). Stefan Wigger spielt den Doktor, Lieselotte Rau die Königin der Nacht. Das Notlicht über den Ausgängen bleibt während der Vorführung eingeschaltet.

[209; Anschrift: Ohlsdorf]

Frankfurt am Main
9. Oktober 1972

Lieber Herr Bernhard,
die Buchmesse liegt hinter mir, und nun gehe ich für 8 Tage noch zum Schwimmen in ein südliches Gewässer.[1]
Sie wollten Anfang November nach Frankfurt kommen, um mir dann das Manuskript »Korrektur« zu übergeben. Ich bin in Frankfurt am 1. und 2. November, dann wieder am 4. und 5.; nicht also an den Tagen 3., 6. und 8. November. Und nun noch eine Bitte: wir haben vereinbart, daß wir in der Bibliothek Suhrkamp im September 1973 einen Band »Erinnern« ankündigen. Das Manuskript wollten Sie mir freilich erst im Frühjahr geben, doch ich muß einige erklärende Zeilen für unsere Ankündigung haben. Ich weiß, daß diese Zeilen eine Pein für Sie sind, aber irgendeinen Anhaltspunkt sollten wir doch haben. Vielleicht schreiben Sie mir in einem Brief, woran Sie bei diesem ganzen Unternehmen »Erinnern« 1, 2, 3 denken. Wir machen dann einen Text daraus. Ich hoffe, es geht Ihnen gut.
Herzlich Ihr
– Herr Dr. Unseld ist nach dem Diktat verreist –
i. A. Renate Steinsiek

1 S. U. ist zwischen dem 8. und dem 17. Oktober auf Capri.

[210]

Ohlsdorf
18. 10. 72[1]

Lieber Herr Doktor Unseld,
wenn ich den Grad der Vernachlässigung, dem meine schriftstellerische Arbeit seit längerer Zeit im Suhrkampverlag ausgesetzt ist, bestimmen soll, muss ich sagen, er ist der grösste; zurückgenommen ausgedrückt, ist es eine mir schmerzliche, allzu unübersehbare Nichtbeachtung (Nichtachtung will ich nicht sagen, weil mir der Begriff der Achtung kein gestatteter ist), während ich doch wenigstens Beachtung erwarten kann.
Ich möchte hier ein paar Punkte aufzeigen, auf die Ihre Antwort, oder wenigstens Ihre Reaktion unerlässlich ist.
Zuerst das mir im Augenblick am wichtigsten erscheinende: die »Korrektur«, ein Manuskript, in welchem ich die grösste Anstrengung mit dem grösstmöglichen Glücksfall einer ununterbrochenen Angespanntheit habe vereinigen können, will ich nicht im Frühjahr, sondern im Herbst 1973 erscheinen lassen. Es gibt verschiedene, alle schwerwiegende Gründe, der Hauptgrund ist aber der, dass ich dieses Buch, das mir |als| das wichtigste aus meinem Kopfe erscheint, nicht einfach unter anderm wie beinahe immer lieblos (das das unwiderlegliche Schicksal meiner Schriften bei Suhrkamp) einfach in einem normalen Frühjahrsprogramm vorübergehen lassen will. Dieses Buch will ich ausgereift vorbereitet und als ein mir in vieler Hinsicht überwichtiges in einem Herbstprogramm »erscheinen« sehen, an erster Stelle. Und einmal möchte ich wirklich die ganze Obsorge und das ganze charakterliche Gewicht des Verlages auf mein Buch konzentriert sehen, was ich noch nicht erlebt habe, denn ausgezeichnetes, wirklich Gewichtiges im Hinblick auf den Absprung eines meiner »grösseren«

Bücher in die gehirnkläffende scheussliche, mir *auf* die Nerven, aber nicht *in* die Nerven hineingehende Welt, habe ich bis jetzt noch nicht erlebt. Tatsächlich hat es keiner meiner sogenannten Romane bis heute auch nur zu einem Einzelinserat in einer der wichtigsten Zeitungen gebracht, beispielsweise, mir ist es zuwider, davon zu sprechen, aber es gibt unerlässliche Gründe, etwas auszusprechen. Nur dürfen Sie nicht vergessen, dass ich, obwohl weit entfernt, doch aufs Äusserste mit der Materie des Verlags, des Geschäftes und des gemachten Erfolges oder Mißerfolges vertraut bin, nicht länger gedenke [[ich]] mich einer doch nur liebenswürdigen Beiläufigkeit eines Apparates wie des Verlages in Frankfurt als ein Opfer der Routine zu empfinden. Entweder mein Buch zieht auf sich *die grösstmögliche Konzentration im nächsten Herbst*, oder *es kommt ganz einfach nicht heraus*. Mir fehlen zahmere Wörter.
Dieser Entschluss bedeutet die Verschiebung von »Erinnern« auf das Frühjahr 1974.[2]
In diesem Augenblick fällt mir ein, dass Sie im letzten Frühjahr auf einem Spaziergang die Eigenerfindung gehabt haben (eine recht liebenswürdige), einen Band zusammenzustellen, in welchem ein radikaler Schnitt durch meine literarischen Körper gezogen wird. Die Idee hat mein Interesse, meinen lauten Beifall gefunden. Dann habe ich nichts mehr gehört. Das Buch war für Frühjahr 73 geplant gewesen.
Zugleich fällt mir ein, dass ich Ihnen vor etwa drei Monaten den Vorschlag gemacht habe, über die Salzburger Vorfälle eine Dokumentation herauszubringen, mein Vorschlag ist klar und gründlich, wenn auch kurz formuliert gewesen, denn dass sich in Salzburg eine Ungeheuerlichkeit begeben hat, ist unbestreitbar. Es handelt sich um einen revolutionären Stoff, allerdings um einen solchen in unserer unmittelbarsten Umgebung, besser noch: in uns. Wenn Sie aber die-

ses Buch nicht machen wollen, so sagen Sie deutlich *nein*, aber ignorieren Sie nicht, was ich vorschlage. Die Ignoration muss ich verachten, gleich von welcher Seite. Ich kann mir vorstellen, dass Sie den Begriff der *Un*diplomatie vor Augen haben, wenn Sie daran denken, ein solches Buch zu machen. Aber sagen Sie dann wirklich: es ist (wäre) undiplomatisch. Zu schweigen in einem solchen Falle wirkt auf mich *in Gedanken*. Zu überflüssigen.

Das Thema Salzburg ist nicht erschöpft: wie kann der Verlag eine Neuauflage des »Ignoranten« machen mit allen vorherigen Druckfehlern, mit Druckfehlern, die entscheidend abstossend, sinnentstellend und das ganze Buch in Frage stellend, sind. Man hätte doch die Zeit haben müssen, mich nocheinmal etwa in Form eines Expressbriefes, einer telegrafischen gefährlichen Drohung etcetera, an das Zuschicken der Korrektur zu erinnern. Der Vorgang ist so haarsträubend, wie die Auflage abstossend für mich. Entschuldigt kann hier nichts werden.

Hier bin ich bei einem weiteren Punkt: es geht nicht, dass ich nicht verständigt bin, überhaupt nicht, wenn im »Spectaculum« ein Stück von mir abgedruckt wird, wenn auch aus dem eigenen Verlag, hier geschieht einfach etwas über meinen Kopf, der nicht alles widerspruchslos hinnimmt, was ein grösserer und kräftigerer und dadurch mächtigerer Apparat ohne zu fragen beschliesst. Und dieser »Boris« im »Spectaculum« strotzt vor neuerlichen Druckfehlern und ist wiederum nichts als abstossend.[3]

Aber ich muss überhaupt sagen, dass Rach mich in einer Weise enttäuscht, die nicht zu formulieren ist. Keinerlei Nachricht ist etwas, was ich mir nicht gestatten lassen darf, wenn es sich vor allem um Theater handelt. Aus dem Büro Rach kommt nichts, ausser ein paar nichtssagende Agenturmeldungen, dummen Rezensionsausschnitten. Beispiel: dummes Zeug aus Kleinblättern über die Berliner

Aufführung, aber kein Wort aus der FAZ etcetera. Das Kaffeehaus ist meine Rettung. Wäre ich auf den Verlag angewiesen, müsste ich glauben, ich sei einer der erfolglosesten, gerade noch geduldeten Schriftsteller, das ist eine absurde Verzerrung.

Wozu existiert ein Büro, wie das von Rach, wenn ich nichts erfahre, was mich betrifft, nichts über Proben, Besetzung in Zürich, Wien, Berlin, München. Hier sind die Apparate sinnlose Apparate. Es wäre doch das Natürlichste, mich laufend über alles, was meine Theaterarbeit betrifft, zu unterrichten. Ich erfahre aus eigenem Hundertmal mehr, und Unumgängliches, als aus dem Verlag, von dem ich soviel wie nichts erfahre. Ich habe, was die Stücke betrifft, nicht den geringsten Rückhalt im Verlag. Dass die Theater meine Stücke spielen, ist, glaube ich, doch tatsächlich nur mein »Verdienst«, das muss ich leider offen sagen. Denn soviel ist mir klargeworden, im Suhrkampverlag habe ich keine Potenz, die für mich da ist, für mich eintritt, das Wort Zusammenarbeit ist ein Hohnwort. Anonyme Sekretärinnen schicken dumme Agenturmeldungen. Rach ist für mich Desinteresse, nichts sonst.

Von Hilde Spiel hörte ich gestern, dass Sie in mich gedrungen wären, den sogenannten Csokorpreis doch anzunehmen.[4] Aber ich habe mit Ihnen niemals den geringsten Kontakt, diesen Preis betreffend, gehabt. Und Sie haben einen solchen Kontakt mit mir niemals aufgenommen gehabt. Was stimmt also?

Was mein neues Theaterstück, besser Schauspiel, betrifft, muss ich wohl wieder alles im Alleingang unternehmen. Dem Zufall und der Gleichgültigkeit ausliefern, will ich mich nicht mehr.

Diese Gedanken könnten fortgeführt werden, aber ich sehe heute keine Notwendigkeit dazu. Wenn wir miteinander reden könnten, wäre es das beste. Ich kenne keinen Menschen, der auf dem sogenannten Literaturmarkt zurückhaltender ist. Aber Sache des Verlags wäre es doch, das seine zu tun.

Darf ich Sie abschliessend um eine vollkommen genaue detaillierte Aufstellung meiner Verlagsfinanzen bitten und zwar innerhalb einer Woche, also sehr dringend, um alle Details der Geldbewegungen mich betreffend nach Darlehen und »Normales« getrennt, ab Salzburger Festspiele und Fernsehaufzeichnung des »Ignoranten«. Diese Papiere brauche ich im Grunde sofort.[5]

Mit herzlichen Grüßen Ihr
Thomas Bernhard

1 Der Brief von Th. B. trägt irrtümlich das Datum »18. 11. 72«; das Original im Verlagsarchiv trägt durch die Korrektur von 11 zu 10 das Datum »18. 10. 1972«.

2 Daraus wird dann der erste Band der autobiographischen Erzählungen *Die Ursache. Eine Andeutung*, der 1975 beim Salzburger Residenz Verlag erscheint. Siehe zur Entstehungs- und Publikationsgeschichte den Kommentar zu Th. B.: *Werke 10*, S. 516ff.

3 *Ein Fest für Boris* erscheint in *Spectaculum 17*, S. 7-64.

4 Der nach dem österreichischen Schriftsteller Franz Theodor Csokor benannte und von Richard Weininger gestiftete Preis wird vom österreichischen PEN-Club, dessen Präsident Csokor von 1947-1969 war, verliehen. Th. B. erhält den mit 15 000 Schilling dotierten Preis für *Der Ignorant und der Wahnsinnige*. Die Überreichung findet am 16. Oktober in den Räumen des PEN-Clubs, in der Wiener Bankgasse 8, durch Piero Rismondo statt. Th. B. stiftet das Preisgeld der Häftlingsfürsorge in Stein (siehe die Darstellung der Preisübergabe durch Th. B. in *Meine Preise*, S. 93-101).

5 Im Nachlaß von Th. B. hat sich dazu unter dem Datum des »18. 11.« [das ist »18.10«] 1972 ein Briefentwurf erhalten, der eine Vorfassung zu diesem Brief darstellt:
»Lieber Herr Doktor Unseld,
die Fragen dieses Briefes bitte ich Sie, mir so bald als möglich zu beantworten, zu den Feststellungen, ehestmöglich Stellung zu nehmen. Zuerst bitte ich, innerhalb einer Woche, also sehr dringend, um eine genaue detaillierte Aufstellung meiner Finanzen

nach den Salzburger Festspielen und der Fernsehaufzeichnung meines Stückes. Und zwar eine insgesamte Aufstellung aller mich betreffenden Geldbewegungen, geteilt in Darlehen und ›Normales‹.

Um bei dem Theater zu bleiben: ich empfinde den rücksichtslosen Nachdruck des ›Ignoranten‹ mit allen seinen Druckfehlern, diesen ganz und gar sinnentstellenden, entscheidenden, peinlichen, als ein nicht gerade zumutbares Vordenkopfstossen meiner Person. Wie kann passieren, was passiert ist? Eine neue Auflage zu machen im Bewusstsein, alle fürchterlichen Druckfehler aus der ersten alten Ausgabe zu übernehmen. Das zu kommentieren muss ich Sie selbst bitten. Aber was das Theater betrifft, habe ich im Verlag, wie ich von hier aus feststellen muss, nicht den geringsten Rückhalt, und es vollzieht sich alles in der bedenklichsten Weise ohne mich. Beispielsweise höre ich von den verschiedenen Vorbereitungen an den Bühnen in Zürich, München oder Wien vom Verlag überhaupt nichts, und das Natürlichste und tatsächlich zu fordernde wäre ja, dass ich doch laufend darüber, über die entscheidenden Vorgänge jedenfalls, Besetzungen, etcetera, unterrichtet werde. Nichts. Ich kann Herrn Rach sein Desinteresse an meiner Produktion und Person nicht verschweigen. Ich erfahre aus eigenem Hundertmal mehr, als aus dem Verlag, von dem ich soviel wie nichts erfahre. Bekomme ich irgendwann eine Nachricht, ist es eine unbedeutende, lächerliche, die ich längst weiss, und die die billigste ist. Von den Rezensionen werden mir die dümmsten Agenturmeldungen geschickt (siehe Berliner Aufführungen), keine einzige grössere, zum Beispiel aus der FAZ, die ich im Kaffeehaus finde. Wenn ich auf den Verlag angewiesen bin, was Rezensionen, Nachrichten etcetera betrifft, so bin ich doch auf dem Stand des erfolglosesten Schriftstellers gehalten. Ich kann beim besten Willen nicht sagen, dass für mich wirklich etwas getan wird, denn dass ein paar Bühnen, die ausserordentlichsten allerdings, mein Theater spielen, ist doch rein mein Verdienst, das müssen Sie sich leider offen sagen lassen und nicht das Verdienst des Verlags. Denn soviel sehe ich schon: dass ich im Verlag keine Potenz habe, die für mich da ist und eintreten kann, eintreten will nicht einmal und dass ich auch mit dem nächsten Stück den Alleingang machen muss. Wozu aber habe ich dann einen Verlag im ›Hintergrund‹? Ausser anonyme Sekretärinnen, die mir von Fall zu Fall lächerliche Zei-

tungsausschnitte schicken, auf die ich verzichten kann, höre und sehe ich nichts.
Rach ist sein Desinteresse an dem, was ich mache, auch ohne seine Post, in welcher kein klares, mutiges, oder auch nur sachliches Wort steht, abzulesen.
Und Sie selbst lassen monatelang auch nichts hören und beantworten nicht einmal entscheidende Fragen, wie die von mir vor beinahe drei Monaten an Sie gerichtete: eine Dokumentation zu machen über die Salzburger Vorfälle. Wenn Sie einen solchen Band nicht wollen, dann schreiben Sie es mir doch, aber ignorieren Sie meine Frage nicht.
Von Hilde Spiel hörte ich gestern, dass Sie ihr gesagt haben, Sie hätten mich zur Annahme des Csokorpreises überredet, die Wahrheit ist aber doch, dass wir über diesen Preis nicht ein einziges Wort verloren haben und ich Ihnen ja auch nichts von dem Preis geschrieben habe. Ob Sie darüber irgendwo gelesen haben, weiss ich nicht, nehme ich aber an. Also, haben Sie etwas zu Hilde Spiel gesagt? und was?
Zum Beispiel ist mein ›Boris‹ mit einer Menge neuer Druckfehler, in ›Spectaculum‹ abgedruckt, ich wusste nichts davon. Ich glaube, so geht das alles nicht, jedenfalls will ich alles das nicht so. Und es gäbe noch viel über die ganze Kopflosigkeit des Verlagsapparates zu sagen.
Ich möchte sagen, auf dieser Basis der Schlamperei und der Kopflosigkeit und der Gleichgültigkeit will ich nicht mit dem Verlag weitermachen. Meine Sache ist die Sache der Flüchtigkeit und der absoluten Ungenauigkeit und der Kopflosigkeit nicht.
Über alle diese, nicht gerade mit grösster Lust vorgebrachte Feststellungen wäre aber natürlich auch einmal zu reden, doch will ich selbst keinen Termin nennen und es liegt ganz an Ihnen, sich einmal zu treffen.«

[211; Anschrift: Ohlsdorf; Telegrammnotiz]

Frankfurt am Main
20. Oktober 1972

Lieber Herr Bernhard – Sie wollten doch Anfang November nach Frankfurt kommen. Ich habe mich darauf eingerichtet. Könnten Sie mich Montagvormittag zwischen 10-12 Uhr im Verlag anrufen?
Herzlich
Ihr Siegfried Unseld

[212; Anschrift: Ohlsdorf; Telegramm]

Frankfurt am Main
25. Oktober 1972

erbitte telegraphische nachricht ob besuch am sonnabend in ohlsdorf möglich ist
gruß rach und unseld suhrkamp verlag

[213; Telegramm]

Steyrermühl
25. 10. 72

samstag ja
bernhard

[214; Anschrift: Ohlsdorf]

Frankfurt am Main
27. Oktober 1972

Lieber Thomas Bernhard,
ich konnte zu diesem Termin nicht nach Ohlsdorf kommen, da ich ein dringliches Gespräch in Zürich habe. Ich stehe dort jedoch telefonisch zur Verfügung (Hotel »Atlantis«, Zürich: 35.00.00).
Ich bemühe mich, die in Ihrem Brief vom 18.10.1972 erwähnten Vorgänge sachlich zu beschreiben.
Von einer »unübersehbaren Nichtbeachtung« kann ernsthaft nicht die Rede sein. Wir haben Ihre Manuskripte ins Buch verwandelt und sind für Ihre Bücher eingetreten. Ich persönlich von allem Anfang an, das wissen Sie, und ebenso die Mitarbeiter des Verlages, die Sie als bedeutenden Autor schätzen. Wir haben uns insbesondere für Ihre jüngsten Arbeiten eingesetzt, für Ihr letztes Stück, für das wir, wie Sie wissen, ein Plakat hergestellt haben.
Daß die 2. Auflage mit Fehlern gedruckt wurde, ist bedauerlich, ich habe Sie jedoch schon beim ersten Mal gebeten, mir ein korrigiertes Exemplar der Buch-Ausgabe zu schikken; Sie haben das bis heute nicht getan. Bitte, tun Sie es jetzt, damit wir bei einer 3. Auflage die Fehler bereinigen können.
Meine erste dienstliche Reise nach meinem Krankenhaus-Aufenthalt führte mich zu Ihnen und nach Salzburg. Wir haben dort klare Termine für Ihre weiteren Arbeiten besprochen. Wir haben insbesondere davon gesprochen, daß Sie einen Teil des Monats Oktober in Brüssel verbringen und Anfang November nach Frankfurt zur Übergabe des Manuskripts kommen wollten. Es waren ebenfalls klare Termine für die Ablieferung der Manuskripte für »Erinnern 1« und, zum Ende des Jahres, für das neue Stück.

Auf diese Arbeiten hin habe ich Ihnen, wie in meinem Brief vom 2. August 1972 erklärt, eine Optionsvorauszahlung[1] in Höhe von DM 20.000.– geleistet. Meinen Brief haben Sie bestätigt und auch die Tatsache, wie angenehm unser Gespräch und unser Zusammensein in Salzburg war.
Auf mich warteten nach dem längeren Kranksein Berge akuter Verpflichtungen. Dann kam die Buchmesse. Ich wußte, daß Sie nicht erreichbar waren, eine Brüsseler Adresse hatte ich nicht, ich wartete nur auf Ihr Kommen und schrieb Ihnen deshalb am 9. Oktober noch einmal nach Ohlsdorf.
Aber nicht Sie kamen, sondern Ihr Brief vom 18., der nichthaltbare Vorwürfe enthält.
Wir haben damals in Salzburg bzw. Ohlsdorf aus sehr genauen und real bedachten Argumenten heraus den Entschluß gefaßt, die »Korrektur« im Frühjahr, »Erinnern 1« im September herauszugeben. Für 1973 waren das neue Stück und, abermals im September, »Erinnern 2« vorgesehen. Im 1. oder 2. Halbjahr 1974 sollte dann der von Ihnen so sehr geschätzte Plan einer Auswahl aus Ihrem Werk von mir als Herausgeber realisiert werden. Wenn Sie meine Planungslisten einsehen könnten, so fänden Sie diesen Reader als feste Planung dort vor.
Ich halte diese Pläne für vernünftig, für richtig und vor allem für die Effizienz optimal. Mit Ihrer Entscheidung, jetzt die »Korrektur« nicht im Frühjahr 1973 veröffentlichen lassen zu wollen, bringen Sie nicht nur diese durchdachte Planung durcheinander, Sie schaden der Wirkung Ihres Werkes.
Aus meiner Erfahrung weiß ich, daß ein neuer Roman von Ihnen, dessen Bedeutung ich ohne weiteres voraussetze, besser im Frühjahr als im Herbst erscheinen soll. Im Herbst sind alle Buchhandlungen und leider auch die Kritik zu sehr auf die rein merkantilen Objekte des Buch-

markts ausgerichtet. Ein wichtiges literarisches Buch wird vom Buchhandel wie von der Kritik in der ersten Hälfte des Jahres weit intensiver zur Kenntnis genommen, als dies im zweiten Halbjahr bei der Überfülle neu erscheinender Titel prinzipiell möglich ist. Wir haben für wichtige und gutgehende Titel geradezu die Strategie, sie im Frühjahr erscheinen und sie dann im Herbst als bekannte und renommierte Bücher vollends entfalten zu lassen. Ich erinnere Sie an die Beispiele Bachmann, »Malina«, und in diesem Jahr an Max Frischs »Tagebuch«, an Handkes »Der kurze Brief zum langen Abschied« und an Martin Walsers »Gallistl'sche Krankheit«. Alle diese Bücher erschienen im Frühjahr und hatten gerade deswegen ihre größten Verkäufe im Herbst, und wenn Sie die Anzeigen des Verlages aufmerksam studieren, so sehen Sie, daß wir etwa in der laufenden Nummer der »Zeit« nicht für die Bücher des Herbstes, sondern eben für Bücher des 1. Halbjahres 1972 werben. Für mich ist es ganz klar: Ihr Buch kommt zur größeren Wirkung, wenn wir es im Frühjahr herausgeben. Wenn Sie anders entscheiden, so ist das Ihre Sache. Ich muß Ihnen das in aller Deutlichkeit sagen.
Zu den anderen Punkten brauche ich nur kurz Stellung zu nehmen. Eine Dokumentation zu den Vorgängen im Salzburger Landestheater möchte ich nicht veröffentlichen; die subjektiven Merkmale dieses Vorganges lassen sich nicht klar objektivieren.
Über das neue Stück wollten Sie während Ihres Frankfurter Hierseins Anfang November mit Dr. Rach und mir sprechen. Ich nehme an, daß dieses Gespräch jetzt mit Dr. Rach stattfinden kann.
Mit Hilde Spiel sprach ich kurz während der Büchner-Preisverleihung an Canetti. Sie trug mir die Idee des österreichischen Preises für Sie vor, und ich sagte ihr, daß ich, sobald ich Sie Anfang November sehe, mit Ihnen darüber sprechen würde.

Es tut mir leid, daß wir Sie von der Aufnahme des »Boris« in »Spectaculum« nicht informiert haben; das ist ein Fehler, wenn ich auch annehmen mußte, daß Ihnen eine Aufnahme (selbstverständlich eines richtigen Textes) nur lieb sein mußte. Wir wollen im übernächsten »Spectaculum«, also für Nr. 19 im Herbst 1973, den »Ignoranten« aufnehmen.
Über den Auswahl-Band schrieb ich Ihnen bereits. Ich würde vorschlagen, ihn, wie damals mit Ihnen vereinbart, entweder im 1. oder im 2. Halbjahr 1974 herauszugeben.
Gerne gebe ich Ihnen eine Übersicht über die materielle Kontenlage, dies um so mehr, als Sie daraus doch auch das Engagement des Verlages für den Autor Thomas Bernhard entnehmen können. Die Aufstellung entspricht in den Punkten exakt denen meines Briefes vom 2. August 1972.
Ich würde mich freuen, wenn es bei unserer Absprache über die Ablieferungstermine der Manuskripte bliebe. Noch einmal: für die »Korrektur« ist das Frühjahr der bessere Erscheinungstermin. Um das von uns aus möglich zu machen, muß jedoch Herr Dr. Rach das Manuskript mitbringen. Sollte dies nicht der Fall sein, kann und darf dann das Manuskript im 1. Halbjahr 1973 nicht mehr erscheinen, da wir dann die Ankündigung abgeschlossen und die Akzente des Programms gesetzt haben. Wenn Sie Herrn Dr. Rach das Manuskript »Korrektur« übergeben, so sollen Sie die Gewißheit haben, daß wir uns mit Leidenschaft und Vehemenz für dieses Buch einsetzen werden. Auch ich bin besessen von der Idee, dieses Buch an einen größten Käufer- und Leserkreis heranzuführen. Aber dafür brauche ich die optimalen Bedingungen, also den Start im Frühjahr und das Manuskript jetzt und sofort.
Ich baue auf Ihre persönliche Vernunft und bin mit herzlichen Grüßen
Ihr alter
Siegfried Unseld

Anlage: Kontenaufstellung vom 24. 10. 72

THOMAS BERNHARD

	Zahlungen	Guthaben	insgesamt
I. Konto ALTE WERKE			
»Amras«, »Frost«, »Verstörung«, »Boris«, »Watten«, »Prosa«, »Ungenach«, »Kalkwerk«, »Midland«			
Saldo nach Gutschrift von 11 000 Ex. der st-Ausgabe »Frost«		195.44	
Darlehen 9. 2. 1971	15.000.–		
Saldo	14.804.56		14.804.56
II. Konto »IGNORANT«			
a) Salzburg unsere Zahlungen			
a conto	20.000.–		
Tantieme Abrechnung 6/72		7.500.–	
Tantieme Abrechnung 9/72		15.000.–	
Saldo		2.500.–	am 23. 10. 72 gezahlt
b) FS und Theater			
Darlehen 1. 9. 1971	20.000,–		
Tantieme Abrechnung 9/72 ORF u. FS		3.936.26	
Saldo	16.063.74		16.063.74
III. Konto VORAUS- UND OPTIONSZAHLUNGEN AUF KÜNFTIGE PUBLIKATIONEN			
Zahlung 16. 8. 1972 für BS-»Ignorant«, BS-»Erinnern«, Roman »Korrektur«, es-»Atzbach«, Neues Stück		20.000.–	20.000.–

		Zahlungen	Guthaben	insgesamt
IV.	Konto NEUE WERKE			
	»Gehen«			
	Saldo	15.919.67		
	(hinzu kommen laufende monatliche Zahlungen bis 31.8.73/11 × 1.000,–)	(11.000.–)		15.919.67
				DM 66.787.97

24.10.1972
dr. u. / ze.-

1 Th. B. unterstreicht mit Bleistift »eine Optionsvorauszahlung« und setzt an den Rand ein Fragezeichen.

[215; Anschrift: Ohlsdorf]

Frankfurt am Main
3. November 1972

Lieber Thomas Bernhard,
Sie haben mir auf meinen Brief vom 27. Oktober, den ich Dr. Rach mitgab, nicht geantwortet. Ich nehme also an, daß der Bericht, den Dr. Rach mir von der Begegnung mit Ihnen gab, diese Antwort darstellt.[1] Wir beide hätten viel miteinander zu besprechen, doch ich beschränke mich in diesem Brief auf die Darstellung der Finanzsituation.
Eine Angelegenheit muß ich von vornherein aus der Welt schaffen: Sie erklärten Dr. Rach, daß Sie meinen Brief vom 2. August zwar gelesen, jedoch nicht voll und ganz verstanden hätten. Ich rufe Ihnen jedoch in Erinnerung:

1. Sie baten bei meinem letzten Besuch in Salzburg am 29./30. Juli um eine weitere Zahlung von DM 20.000.–. Ich sicherte Ihnen mein Überlegen und eine rasche Antwort zu. Dies geschah im Brief vom 2. August; hier gab ich die Darstellung Ihrer Finanzsituation und machte einen

Vorschlag, von dessen Akzeptieren ich die Überweisung der DM 20.000.– abhängig machte.

2. Sie haben meinen Brief vom 2. August ausdrücklich bestätigt, meinen Besuch als angenehm empfunden und zum Modus für die Überweisung der DM 20.000.– als Voraus- und Optionszahlung für drei künftige Publikationen geschrieben, daß Sie »das Ganze naturgemäß akzeptieren«. Aufgrund dieses Akzeptierens habe ich Ihnen dann die Summe von DM 20.000.– überwiesen.

Dies zur Klärung des Vorgangs.
Sie haben jetzt Dr. Rach gegenüber argumentiert, Ihre Finanzsituation hätte sich nach den Erlösen aus Ihrem Stück »Der Ignorant und der Wahnsinnige« nicht geändert. Die Grundsituation konnte sich in der Kürze der Zeit auch gar nicht ändern, da wir Ihnen zweimal Zahlungen in Höhe von DM 20.000.–, also DM 40.000.–, im Hinblick auf die Erlöse dieses Stückes auf Ihren dringlichen Wunsch hin schon im voraus geleistet haben. Ich bin überzeugt, daß das Stück mehr als DM 40.000.– einbringen wird, aber das wird dauern. Nur im jetzigen Augenblick kann sich aufgrund dieser beiden Vorauszahlungen die Situation nicht verändert haben.
Wenn Dr. Rach Sie recht verstand, so wollten Sie, mit Ausnahme der monatlichen Zahlungen, alle anderen Zahlungen gegenüber Ihrem Fernsehkonto »Der Ignorant und der Wahnsinnige« verrechnet wissen. Konkret ausgedrückt hieße das, daß Sie etwa DM 50.000.– gegen die Fernseherlöse dieses einen Stücks verrechnet wissen wollten. Das ist dem Verlag nicht möglich.
Ich habe über Ihre Situation nachgedacht; sie läßt mich, wie Sie ja wissen, durchaus nicht gleichgültig. Ich mache Ihnen deshalb von mir aus zwei Vorschläge, und ich bitte Sie, diese kühl zu bedenken.

1. Vorschlag: Bitte, nehmen Sie sich noch einmal die Finanzübersicht vom 24. Oktober vor. Ich lege sie hier noch einmal an. Der erste Vorschlag läuft darauf hinaus, die Konten 1 und 2 zusammenzuziehen, d. h., ich wäre von mir aus bereit, das Darlehen vom 9. 2. 1971 in Höhe von DM 15.000.– auf das Konto »Der Ignorant und der Wahnsinnige« zu übertragen. Wir rechnen dann mit diesem Stück getrennt ab. Sollten die Erlöse DM 55.000.– nicht erreichen, ist dies unser Schaden. Sollten die Erlöse über DM 55.000.– hinausgehen, werden sie dann wieder, und zwar auf dem Konto 4, verrechnet.

Bei dieser Lösung bleiben die Konten 3 und 4 wie verzeichnet bestehen.

2. Vorschlag: Ich kenne Ihre Vorliebe für großzügig veranschlagte, langfristige Lösungen. Deshalb der Vorschlag: wir schließen vom 1. Januar 1973 an einen 5-Jahres-Vertrag zu folgenden Bedingungen.

1) Ihr Konto ist jetzt gemäß der Übersicht vom 24. 10. mit einem Betrag von ca. DM 66.000,– belastet.
2) Wir zahlen Ihnen, beginnend vom 1. Januar 1973, monatlich DM 1.400,– (vierzehnhundert). Das ergibt am 31. 12. 1977 eine Summe von DM 84.000.–. Insgesamt hat der Verlag dann an Sie DM 150.000.– gezahlt.
3) Zu den bisher bei uns liegenden Verlags- und Aufführungsrechten geben Sie uns an einem Ihnen genehmen Zeitpunkt der Jahre 1973 oder 74 drei neue Manuskripte: Den Roman »Korrektur«.

Ihr neues dramatisches Stück.
Den Band »Erinnern 2« für die Bibliothek Suhrkamp.
Sie übertragen uns bei diesen drei Manuskripten sämtliche Rechte, also auch Aufführungs-, Sende-, Film- und Fernsehrechte.
Gegen den Betrag von DM 150.000.– stehen alle Erlöse, die wir aus Ihren bisherigen Werken und aus den drei neuen Manuskripten erreichen.

4) Wir rechnen in dem 5-Jahres-Zeitraum *nicht* miteinander ab; die Abrechnungen werden nur von der Buchhaltung des Verlages intern nach den Honorarsätzen der Verträge erstellt. Am 31. Dezember 1977 machen wir einen Strich unter dieses Gesamtkonto und beginnen am 1. Januar 1978 neu, egal, wie die intern geführte Abrechnung aussieht.
5) Sie verpflichten sich in diesem Zeitraum, vom Verlag keine weiteren Zahlungen anzufordern mit folgender Ausnahme: Sie werden in diesem 5-Jahres-Zeitraum, wie ich hoffe und wie es Sinn dieser Vereinbarung ist, weitere Werke schreiben. Diese Manuskripte und Rechte, die in diesem Zeitraum entstehen werden, bieten Sie dem Suhrkamp Verlag an. Für diese Werke werden wir dann gemeinsam sinnvolle Vorauszahlungen vereinbaren (die dann zusätzlich zu den monatlichen Zahlungen geleistet werden). Kommen Sie der Angebotspflicht nicht nach, bedeutet dies die

Kündigung dieser Vereinbarung von Ihrer Seite. Dann entfallen sofort die monatlichen Zahlungen. Honorarzahlungen an Sie erfolgen erst dann, wenn der Gesamtsaldo durch Honorare/Tantiemen-Erlöse gedeckt ist.

Ich bitte Sie herzlich, dieses Angebot genau durchzurechnen. Das Angebot befreit Sie nämlich von der Befürchtung größerer Verschuldung. Die Zahlungen, die wir Ihnen leisten, sind keine Vorauszahlungen, sondern Garantiezahlungen. Ob wir die DM 150.000.– Honorare mit den uns überlassenen Werken bis zum 31. 12. 1977 abdecken können, ist unsere Sache, wir müssen (und wollen) uns in jedem Fall besonders anstrengen. Andrerseits können Sie die Erlöse vorausberechnen, um abzuwägen, wieweit Ihnen diese Garantiezahlung adäquat erscheint. Mein Vorschlag und die Summe von DM 150.000.– bezieht sich auf die 5-Jahres-Erlöse Ihres bisher geschriebenen Werkes, wobei ich mit bedacht habe, daß Sie den Roman, das neue Stück und »Erinnern 1« in diesem Sinne ja abgeschlossen haben. Sinn dieser Vereinbarung ist es, Ihnen durch die (wie Sie sicher bemerkt haben) erhöhten monatlichen Zahlungen die materielle Basis für Ihr weiteres Schreiben zu geben, uns von diesen ja nicht angenehmen Fragen zu entlasten und unser Gespräch produktiven Bereichen vorzubehalten.

Dieses Angebot unterbreite ich Ihnen einmalig. Sie werden das verstehen. Wie Sie auch die Motive dieses Angebots verstehen: die große Achtung, die der Verlag Ihnen als seinem bedeutenden Autor schuldet, und meine persönliche Verehrung für Sie.

Ich bin also zu diesem Einsatz bereit. Und Sie? Ich warte auf Ihre Nachricht.[2]

Schöne Grüße

Ihr

Siegfried Unseld

1 In seinem *Reisebericht Ohlsdorf, 28. und 29. Oktober 1972* über sein Treffen mit Th. B. in Ohlsdorf schreibt Rudolf Rach: »Der Empfang durch Thomas Bernhard war durchaus herzlich. Er machte Tee, und wir begannen unsere Diskussion.
Zuerst übermittelte ich ihm den Brief von Herrn Unseld [Brief 214]. Der Brief sei keine Antwort auf seinen Brief, meinte er unwillig. Er reagierte völlig emotional, und es bedurfte einiger Zeit, ehe es möglich wurde, die einzelnen Punkte direkt anzusprechen. Es kam jedoch auch dann nicht zu einer wirklich rational geführten Diskussion. Sein Beleidigtsein überschattete alles und erlaubte es nur in zwei Punkten, wirklich konkret zu werden.
Korrektur werde nicht im Frühjahr nächsten Jahres erscheinen können. Das sei ihm jetzt zu schnell, und im übrigen habe das Manuskript Zeit. Entweder im Herbst nächsten oder im Frühjahr übernächsten Jahres glaube er das Manuskript richtig plaziert.
Aber all das war eher für ihn Nebensache. Entscheidende Aufmerksamkeit widmete er vor allem dem Finanzbericht. Die Zahlen brachten ihn tatsächlich aus der Fassung. Es war nur mit größter Mühe möglich, ihm die einzelnen Positionen zu erklären. Aber auch das änderte nichts daran, daß er letztlich beschied, die Zahlen seien alle falsch, sie könnten nicht stimmen, weil er vor Salzburg [Vertrag über die Uraufführung von *Der Ignorant und der Wahnsinnige*] ähnlich hohe Schulden gehabt habe wie jetzt. Das könne nicht mit rechten Dingen zugehen. Er habe Herrn Unseld und Frau Ritzerfeld eindeutig erklärt, daß die Salzburger Fernsehaufzeichnung von *Der Ignorant und der Wahnsinnige* nur unter der Voraussetzung stattfinden könne, daß die Einnahmen die bisherigen Vorauszahlungen, mit Ausnahme der monatlichen Zahlungen, abdeckten. Ich habe ihm deutlich zu machen versucht, welch eine Unmöglichkeit das gewesen wäre. Nicht nur, daß die Aufzeichnung an einem seidenen Faden hing. Die etwa zu fordernden 50.000.– DM wären dem ORF als völlig unakzeptabel erschienen, und man hätte sicherlich das Projekt wegen weiterer Bernhardscher bzw. Verlags-Pressionen fallengelassen. Auf dieses Argument hin meinte Bernhard nur, das sei ihm dann auch egal gewesen, er verschleudere sich nicht, und im übrigen hätte er ja dann ein anderes Projekt, das ihm Geld gebracht hätte, in Angriff nehmen können. Er vergaß dabei, daß die Vorauszahlungen dann einen noch höheren Betrag ausmachen würden.

Aber jedweder Ansatz zu sinnvoller Diskussion endete seinerseits mit irrationalen Ausflüchten. Auch mein Bericht über die Aufführungspläne seiner Stücke wurde von ihm keineswegs mit Freude entgegengenommen, obwohl hierzu eigentlich Grund bestände. In der kommenden Spielzeit werden nicht weniger als neun Theater seine beiden Stücke spielen. Das interessiere ihn nicht, sagte er, denn nur eine einzige gute Aufführung sei für ihn wichtig. Was interessiere ihn Essen, Krefeld, das sei doch im Grunde alles überflüssig. Ich fragte ihn, ob er eigentlich nur für sich selbst schreibe. Und erstaunlicherweise bejahte er das. Kühl, aber ohne sich vermutlich über die Widersprüche seiner Haltung im klaren zu sein. Auch der Residenz Verlag kam ins Spiel. Warum sei es dort möglich gewesen, 5 000 Exemplare von *Der Italiener* [siehe Anm. 1 zu Brief 157] zu verkaufen, wir aber mit unseren Verkaufszahlen hinterherhinkten? Der Verlag erscheine ihm wie ein Konsumverein, und er habe nicht das geringste Interesse, sich in die Reihe der Vereinsmitglieder einzureihen. Im Klartext: er erwartet eine Sonderbehandlung.
Schließlich brachen wir die Diskussion ab und verbrachten den Abend bei Freunden.
Für den nächsten Morgen waren wir erneut verabredet. Drei Punkte waren es, die er noch einmal zur Sprache brachte. *Korrektur* wird in keinem Fall im Frühjahr nächsten Jahres erscheinen. Zweitens fordert er uns auf, sämtliche Vorauszahlungen, die wir bisher an ihn geleistet haben – mit Ausnahme der monatlichen Zahlungen –, mit den Einkünften aus der Fernsehaufzeichnung von *Der Ignorant und der Wahnsinnige* zu verrechnen. Mit anderen Worten: wir müßten den gesamten Betrag minus der Vorauszahlung durch Einkünfte aus der Fernsehaufzeichnung von *Der Ignorant und der Wahnsinnige* erwirtschaften. Akzeptieren wir diese Forderung nicht, so meinte er ultimativ, dann werde der Suhrkamp Verlag von ihm kein Manuskript mehr erhalten.
Drittens vereinbarten wir, daß er wegen des neuen Stückes keine Alleingänge unternimmt. Es ist fest ausgemacht, daß er das Manuskript uns zukommen läßt, sobald er damit fertig geworden ist. Er denkt an etwa Anfang Januar. Mit Peymann hat er bereits erste Kontakte aufgenommen, um ihn für eine erneute Regie zu gewinnen. Auch Karl-Ernst Herrmann und Moidele Bickel sind offenbar bereit, erneut für ihn zu arbeiten. Als Uraufführungshäuser kommen Hamburg und Berlin in Frage.

Vor meiner Abreise habe ich ihn noch einmal wegen des *Atzbach*-Manuskriptes gefragt. Er glaube nicht, daß sich das realisieren lasse. Wir müssen also damit rechnen, daß daraus nun endgültig nichts wird.
Gegen Mittag schieden wir. Da er gemerkt hatte, daß seine Forderungen nicht ohne Wirkung geblieben waren, bemühte er sich um Klimaverbesserung. So etwas wie Optimismus kam auf.
Wir müssen ihm ein Angebot machen.«

2 Der dreiseitige Brief von S. U. wird von Th. B. auf den ersten beiden Seiten – offenbar zur Vorbereitung einer Antwort – mit vielen handschriftlichen Notizen versehen. Siehe Abb. S. 829ff.

[216]

Ohlsdorf
6. 11. 72

Lieber Herr Dr. Unseld,
ich bestätige Ihren Brief vom 3. November.
Wie ich schon Herrn Dr. Rach sagte, brauche ich eine »vollkommene detaillierte« Honorarabrechnung des Jahres 1971, die mir von Rach, dann jetzt von Ihnen übermittelte kann ich nicht akzeptieren.
Bitte schicken Sie mir eine solche Abrechnung in allen Details, enthaltend alle, sämtliche »Posten«, wie Theateroptionen, Nachdrucke, Rundfunksendungen, Üebersetzungsrechte Gallimard, Schweden etcetera, »Spectaculum«, Taschenbuchausgaben etcetera, binnen einer Woche. Ihre »Abrechnung« enthält keines dieser Details.
Ohne eine solche genaueste Abrechnung kann ich keinerlei Entschluss, unsere weitere Zusammenarbeit betreffend, fällen. Erst nach einer solchen genauesten Aufstellung in allen, auch den unbedeutendsten Punkten, kann ich auf Ihre Vorschläge eingehen.
Herzlich Ihr
Thomas Bernhard

[217]

Ohlsdorf
7. 11. 72

Lieber Herr Dr. Unseld,
meinen gestrigen Brief ergänzend, bitte ich selbstverständlich um eine genaueste Abrechnung meines Kontos nicht nur für 1971, sondern über das ganze Jahr 71[1] bis heute.
Darüber hinaus ersuche ich um die genauen Vertragsbedingungen, zu welchen Sie mit dem ORF-Fernsehen, »Der Ignorant und der Wahnsinnige« betreffend, abgeschlossen haben, sowie um die Kopien der vollständigen Korrespondenz des Verlags mit dem ORF in diesem Punkt.
Herzlich
Thomas Bernhard

1 Th. B. meint wohl das Jahr 1972.

[218; Anschrift: Ohlsdorf]

Frankfurt am Main
16. November 1972

Lieber Herr Bernhard,
ich bestätige Ihren Brief vom 7. 11. Die Abrechnungen des Kontos wird Ihnen Frau Roser geben,[1] die Vertragsbedingungen mit dem ORF-Fernsehen sind von der Universaledition definiert worden: Sie wissen ja, in welcher Eile dies letztere gehen mußte. Im übrigen trennen wir uns vom nächsten Jahr an von der Universaledition und vertreten unsere Rechte in Österreich selber.
Es ist schade, daß ich Sie am Dienstag in Salzburg nicht

treffen konnte. Man hätte doch bei dieser Gelegenheit einiges besprechen können.
Schöne Grüße
Ihr
(Herr Dr. Unseld ist nach dem Diktat zur PEN-Tagung geflogen)[2]
i. A.
Renate Steinsiek

1 Am 17. November 1972 schickt Lina Roser Th. B. diese Kontoaufstellungen.

[219]

Ohlsdorf
22. 11. 72

BRIEF EINS
Lieber Doktor Unseld,
am letzten Dienstag ist es mir unmöglich gewesen, nach Salzburg zu fahren und Sie zu treffen, eine solche Begegnung ist überfällig aus allen Gründen und ich wünsche im Augenblick nichts mehr, als mit Ihnen aufundabgehend unklare Gedanken zu klären, Verwirrendes zu entwirren und das Selbstverständliche und das Notwendige im Hinblick auf unser beider Zukunft als Zusammenarbeit wieder einmal auf längere Zeit mit Offenheit, Ehrlichkeit und Bedachtsamkeit zu fixieren.
Die Unruhe und die Zweifel und der oft überraschend eintretende scheinbare Zerfall eines Verhältnisses schaden nicht, wenn dadurch zeitgemässere Gedanken ausgelöst, neue Geleise gelegt werden können. Auch sind wir, glaube ich, an einem Punkt angelangt, an welchem ein radikaler Strich zwischen Vergangenheit und Zukunft gezogen wer-

den muss. Eine Vielzahl von absoluten Unwichtigkeiten im Detail, die das Konzept auf das widerwärtigste stören, gehören ausgeräumt, der Kleinlichkeit, Lächerlichkeit, gebührt keine Aufmerksamkeit.
Die grössere Linie ist zu deutlich, als dass ich mich von vergangenen Lästigkeiten, vielleicht auch Enttäuschungen (auf beiden Seiten), die aber alle nicht umwerfend sind, von jetzt an noch irritieren lasse und ich denke, das ist auch Ihr Gedanke und ich glaube der Aufenthalt auf den kleinen und kleinsten Stationen gehört gestrichen, damit unser Zug, wenn auch nicht mit der kopflosen Höchstgeschwindigkeit, so doch mit entsprechender und mit grösstmöglicher Sicherheit sein Ziel erreicht. Dieser Satz in Kenntnis der Tatsache, dass keinerlei Ziel erreichbar ist.
In diesem Brief gehe ich auf das einzige nennenswerte Problem, das zwischen uns existiert, das Finanzproblem, nicht ein, das Finanzproblem ist Inhalt von Brief zwei, der diesem Brief eins angeschlossen ist, diese Zeilen müssen, will ich, von dem Finanzproblem getrennt sein. Es ist aber notwendig, dass das Thema Finanzen jedenfalls wieder auf zwei Jahre endgültig gelöst ist und ich hoffe, noch in diesem Jahr.
Über allen Tatsachen dürfen wir nicht vergessen, dass es doch solche sind, die letztenendes zu fundamentaler Erschütterung keinerlei Anlass sind.
In Brief zwei mache ich Ihnen einen, wie ich nach reiflicher Überlegung glaube, nicht mehr durch den juristischen Satz vom »besten Wissen und Gewissen« zu beschwerenden für uns beide akzeptablen Vorschlag 3, nachdem ich mich mit Ihren beiden Vorschlägen eins und zwei vom 3. November nicht einverstanden erklären kann, denn diese Vorschläge sind tatsächlich, wenn auch nicht in unguter Absicht, das ist selbstverständlich, in Unkenntnis meiner Person gemacht. Aber es dürfte klar sein, dass ich ein Gegner von

Rentenempfang und von Leibeigenschaft bin. Sie kennen mich zu gut als kämpferischen Individualisten. Die Freiheit meiner Person muss unangetastet bleiben und eine Bindung kann nur eine solche sein, die meine Existenz und also meine Arbeit fördert, nicht eine solche, die meine Existenz und Arbeit einschränkt, ja lähmt. Das ist klar.

Ich lese jetzt viel im Voltaire.

Darf ich Sie, weil dieser Anlass zu bedeutend ist, um ihn, wie die meisten andern, neunundneunzig Prozent also, zu übergehen, zu dieser Wahl der Deutschen am Wochenende beglückwünschen. Es kommt mir vor, als habe dieses für uns alle so wichtige, aber am Ende, wie wir wissen, immer für das ganze darauf ausgerichtete Europa in so unglücklich katastrophalem Masse schädliche Land, an diesem Wochenende endlich als ein neues, erfreuliches, Geburtstag gehabt. Dieser Geburtstag Ihres neuen Landes freut mich, macht mich glücklich![1]

Bitte wenden Sie jetzt Ihre ganze Aufmerksamkeit dem Brief zwei zu und kommentieren Sie mir meinen Vorschlag so bald es Ihnen möglich ist.

Herzlich Ihr

Thomas Bernhard

1 Die vorgezogene Bundestagswahl am 19. November 1972 endet mit einem Sieg für die SPD unter dem Bundeskanzler Willy Brandt; die SPD wird erstmals stärkste Bundestagsfraktion.

[220]

Ohlsdorf
22. 11. 72

BRIEF ZWEI
Sehr geehrter Herr Doktor Unseld,
es besteht gar kein Zweifel, das bestätigen die Kontoauszüge, die ich gestern von Frau Roser bekommen habe, dass ich selbst der weitaus bessere Anwalt meiner Arbeiten gegenüber den sogenannten Kulturkonzernen, das sind vor allem die Rundfunkanstalten und die Theater, bin, als der Verlag, der infolge seiner Grösse in den Verhandlungen mit diesen Riesenkulturkonsumvereinen auf den einzelnen Autor weniger Rücksicht nehmen kann und, das muss offen ausgesprochen sein, wie in meinem Falle, dem Autor mehr schadet, als nützt – ab einem gewissen Zeitpunkt. Ich persönlich kann mir eine solche Tatsache aber nicht leisten und ich sehe auch gar nicht ein, warum ich nur aus dem einen Grunde der eigenen Nachlässigkeit, und gleichgültig kann mir naturgemäss die Sache nicht sein, auf mehr oder minder für mich doch ungemein hohe Beträge verzichten soll. Das verstehen Sie selbst am besten. Die Kontoauszüge beweisen, dass *die hohen* Beträge, die eingegangen sind, Ausdruck meiner eigenen Initiative sind, zwei Beispiele erbringen diesen Beweis: das erste betrifft meinen »Boris«, bei welchem ich seinerzeit selbst die Honorarsumme, die der ORF zu zahlen gehabt hat und die dem Verlag damals als eine utopische erschienen ist, ohne die geringste Schwierigkeit bestimmt und erreicht habe, das zweite Beispiel betrifft »Der Ignorant und der Wahnsinnige« (ein nicht unwichtiger Titel in diesem Brief), wo ich selbst, auf eigene Faust die Verhandlung in Salzburg geführt und mein Honorar ausgehandelt habe. Ohne den geringsten Widerstand, muss ich sagen in einer Höhe, die wiederum dem Verlag als

doppelt utopisch erschienen war. Abgesehen von dem grossen Erfolg und von der hohen Qualität der Aufführung, die letztenendes doch auf meine umsichtigen Besetzungsvorschläge zurückzuführen sind, hätte ich dann, wäre ich selbst der Verhandlungspartner des ORF gewesen, tatsächlich mindestens nocheinmal dreissigtausend Mark, ja wahrscheinlich, wie ich weiss, was Sie aber nicht wissen können, vierzigtausend für die Aufzeichnungsrechte erhalten, wäre ich vom Verlag verständigt gewesen über die Schwierigkeiten, die er mit seinen ORF-Partnern hat. Ich hätte ganz andere, die (oder den) wichtigsten gehabt. So musste ich einen Verlust von mindestens dreissigtausend hinnehmen. Das ist für mich eine umso schmerzhaftere Tatsache, als ich mit diesem Betrag, wie ja auch gegenüber dem Verlag, wie Sie sich erinnern, ausgesprochen, gerechnet habe. Hier ist es doch eine Unaufmerksamkeit des Verlages, die mich im Augenblick, nach einer Reihe von Finanzpressionen, denen ich hier ausgesetzt war und bin, in eine bedrängende Lage gebracht hat. Unter anderm erpresste mich mein Nachbar (aus verständlichen Gründen) mit dem Bau einer Schweinemastanstalt vor meinen Fenstern, Kostenpunkt der Abwehr an die 200.000 Schilling, wovor mich kein noch so heuchlerisches Umweltschutzgesetz schützt,[1] eine einmal übernommene, jetzt fällige Bürgschaft etcetera ... Ich will mir und Ihnen Details ersparen. Aber diese Dinge wären, so unangenehm sie sind, doch nach meinem Konzept, das niemanden geschädigt hätte, aus dem Weg geräumt.

Sie selbst wissen genau, dass ich mit meiner Prosaarbeit, die ich nach wie vor als die wichtigste meiner Arbeiten einschätze, und mit welcher ich jahraus, jahrein beschäftigt bin, nicht einmal die Lohnhöhe meines Nachbarn, der als Hilfsarbeiter in der Schottergrube arbeitet, erreiche, ein Umstand, mit dem ich mich abgefunden habe, mir ist meine Arbeit zu wichtig, ja lebenswichtig, aber dass ich gegenüber

Riesenunternehmungen, staatlichen Verdummungsanstalten wie Rundfunk und Theater, die in ihrer ganzen Struktur nichts anderes als ausbeuterische Monumentalunternehmen der allgemeinen Geistesschwäche sind, gigantische Bollwerke der Geschmacklosigkeit, die jährlich Milliarden zum Fenster hinauswerfen zu dem einzigen Zweck, die Völker Europas und die andern zu betrügen, dass ich mich also diesen verlogenen Kulturmammutunternehmungen, also Rundfunk und Theatern gegenüber in einer Art unseligen perversen, durch nichts zu rechtfertigenden und zu entschuldigenden Autorenohnmacht befinde, dulde ich nicht länger, das ist mir unerträglich und damit finde ich mich naturgemäss nicht ab. Bevor ich einem einzigen Theater oder einem einzigen Rundfunk auch nur einen Schilling schenke, diesen mondänen und monumentalen Kulturrechtsbrechern zwischen Stavanger und Brindisi, mache ich völlig kostenlos hundert Vorlesungen, verbunden mit den abscheulichsten aller Grimassenschneidereien, nämlich des sogenannten freien Schriftstellers in allen nur möglichen Strafanstalten, Irrenhäusern, Altenheimen und Kindergärten und habe mein Vergnügen daran. Das zur Zurechtrükkung des Ganzen. Ich empfinde es abstossend, dass das Schauspielhaus Hamburg für die Uraufführung meines »Boris« ganze DM 1.341.01 verrechnet (nulleins wohlgemerkt), diese Tatsache ist, das sagt mein in der Mathematik unverdorbener Kopf, eine Gemeinheit, hinter welcher, mit vorgehaltener Hand (die des Theaterdirektors und aller Kultursenatoren) die Niedertracht steht. Diese Liste der Niedertracht und der von ihr hervorgerufenen Abscheu lässt sich fortsetzen nach Belieben: Schauspielhaus Zürich, »Boris« DM 605.97, Schauspielhaus Graz DM 570.34 etcetera. Ganz abgesehen von den Nebenrechten in Prosa, die genau in dieses Charakterbild der Kulturwelt passen. Mit dieser Kulturwelt habe ich aber nichts zu tun. Mich interes-

siert nicht, dass an hundert Theatern meine Arbeit um ein Butterbrot verhunzt und meine Ideen verniedlicht, verzerrt und in den Intendanten- und Schauspielerdreck gezogen werden landauf-landab, daraus entsteht für mich nichts als Ärger, ich konzentriere mich nur auf ein, oder auf zwei hervorragende Ensembles, mit welchen ich annähernd verwirklichen kann, was ich denke und wo ich dann auch das Geld bekomme, das entsprechend ist. Das betrifft meine Stücke. Was die Prosa betrifft, bin ich nur daran interessiert, dass sie in korrekten, fehlerfreien, mir dadurch Freude machenden Ausgaben im Suhrkampverlag erscheinen; es liegt mir nichts daran, ob der und der Rundfunk daraus etwas auf unerträgliche Weise in die Welt hinauskräht für DM 22.87 oder ob die oder die Zeitung daraus etwas für ihre blödsinnigen Leser für DM 13.74 abdruckt. Meine Ansicht ist die, dass mein Name nicht selten genug in Zeitungen und Rundfunk genannt werden kann. Höre ich meinen Namen aus dem Rundfunk, sehe ich mich im Dreck liegen, lese ich meinen Namen in der Zeitung, glaube ich, ich bin in einer Kloake.
Zurück zu den Kontoauszügen, für die ich mich bei Frau Roser sehr herzlich bedanke. Sie sind korrekt geführt, meine Bewunderung. Aber ich würde es nicht wagen, diese Kontoauszüge auch nur einem einzigen Menschen meiner Umgebung, die alle vollkommen »normal« sind, ausgestattet mit der sogenannten natürlichen Empfindung und mit anerkennenswerten Fähigkeiten in ihrem Beruf, zu zeigen, alle diese Leute würden mich für verrückt halten. Und ich selbst greife mir auch auf den Kopf und schliesse mit diesem Aufdenkopfgreifen diese Einleitung zu Vorschlag 3, den ich Ihnen hier unterbreite und in grösstmöglicher Kürze abzufassen versuche, ohne Abschweifung; dieser Vorschlag, vergangene und zukünftige Zusammenarbeit betreffend, lautet:

1. werden alle bis heute bestehenden verschiedenen Konten auf ein einziges Konto ALTE WERKE zusammengezogen, damit ist klar, dass ich, aus was für Gründen immer (und über diese Gründe wird von jetzt an nicht mehr gesprochen) einen effektiven Schuldenstand von DM 66.787.97 gegenüber dem Verlag habe. Dieser Schuldenstand wird aus dem jetzt entstandenen alleinigen neuen Konto ALTE WERKE abgebaut. Diese Abdekkung ist, vor allem aus allen künftigen Einnahmen von »Der Ignorant und der Wahnsinnige« gesichert.
2. bleiben alle bestehenden Verträge aller *bis heute im Verlag erschienenen* Werke einschliesslich »Der Ignorant und der Wahnsinnige« mit Stichtag 1.1.73 vollinhaltlich in Gültigkeit.
3. wird mit Stichtag 1.1.73 ein neues Konto NEUE WERKE angelegt. Einzubringen in dieses Konto sind innerhalb des ersten Halbjahres 1973 zuerst die von mir jetzt abgeschlossenen Arbeiten

   »Korrektur« (Roman)
   »Erinnern 1«
   Das dritte Theaterstück.

   Was die beiden Prosaarbeiten betrifft, hat der Verlag das Recht, sie in unbeschränkter Auflage herauszubringen. Die Nebenrechte bleiben sämtlich bei mir. Im Falle von Einkünften aus Nebenrechten hat der Verlag jedoch in jedem Falle einen Anteil von 25 Prozent.

   Was das Theaterstück betrifft, so will ich, im Einvernehmen mit dem Verlag, selbst den Ort der ersten Aufführung und das mir dafür angemessen erscheinende Honorar bestimmen. Auch in diesem Falle bleiben die Nebenrechte bei mir, sind aus solchen bei mir bleibenden Nebenrechten Einkünfte, erhält der Verlag in jedem Falle 25 Prozent. Die Auswahl der Bühnen, die mein Stück nachspielen wollen, treffe ich im Einvernehmen mit dem Verlag. Der Verlag kann eine Buchausgabe des Stücks in unbeschränkter Auflage herausbringen.

4. werden ab 1. 1. 73 vom Verlag an mich monatliche Zahlungen in der Höhe von DM 1000.– geleistet, diese Zahlungen werden auf einen Zeitraum von 2 Jahren beschränkt und auf dem neuen Konto NEUE WERKE verrechnet.
5. leistet der Verlag bis zum 15. Januar 1973 eine einmalige Vorauszahlung in Höhe von 40.000.–, die auf dem Konto NEUE WERKE gebucht werden.
6. ist das von mir mit dem ORF ausgehandelte Honorar in Höhe von DM 20.000.– für die Verfilmung von »Frost« bei Vertragsunterzeichnung mit dem ORF an mich zu überweisen. (Die Einwilligung zur Verfilmung habe ich gestern gegeben.)[2]

Ich hoffe sehr, Sie gehen auf meinen Vorschlag ein, er nützt beiden Vertragspartnern in angemessener Weise und in viel höherem Masse, als alles was wir bisher gehandhabt haben.

Im Vertrauen auf Sie
Ihr
Thomas Bernhard

1 Laut Karl Ignaz Hennetmair zahlt Th. B. an den Ohlsdorfer Nachbarn Johann Maxwald für dessen Verzicht auf den Bau einer Schweinemastanstalt direkt neben seinem Haus – nachdem Versuche, den Bau wegen Verstoßes gegen den Naturschutz zu unterbinden, scheitern – 100000 Schilling, also etwa 8000 Euro (Hennetmair, *Ein Jahr mit Thomas Bernhard*, S. 456f.). Th. B. erwähnt nicht, daß er am 18. November seine Unterschrift unter einen Kaufvertrag für ein Haus in Niederpuchheim, Gemeinde Ottnang, gesetzt hat. Kaufpreis: 315000 Schilling, ca. 25000 Euro.

2 Ebenfalls am 22. November 1972 schreibt Th. B. an Helene Ritzerfeld, nachdem er sie am 21. August 1972 brieflich gebeten hat, den ersten Vertragsentwurf zurückzuziehen:

»Liebe Frau Ritzerfeld,
ich habe heute Herrn Radax mein Einverständnis gegeben, ›Frost‹ zu einem Film zu machen. Das unter der Voraussetzung, dass er während der Arbeit am Film eng mit mir zusammenarbeitet und meine Wünsche hinsichtlich seines Drehbuchs voll und ganz berücksichtigt. Bitte schicken Sie den wahrscheinlich noch im Konzept vorhandenen Vertrag nach Wien.
Wie Sie wissen, habe ich persönlich, unabhängig von den Forderungen des Verlags, ein Honorar von DM 20.000.– verlangt, was akzeptiert worden ist, denn nur auf dieser Grundlage habe ich seinerzeit mit Radax verhandelt.
Darf ich Sie bitten, mir eine Vertragskopie zuzuschicken.
Herzlich Ihr
Thomas Bernhard«
Eine Verfilmung von *Frost* kommt nicht zustande.

[221; Anschrift: Ohlsdorf; Telegramm]

Frankfurt am Main
5. Dezember 1972

antwort auf brief 22. 11. geht heute ab
grüße siegfried unseld

[222; Anschrift: Ohlsdorf]

Frankfurt am Main
5. Dezember 1972

Lieber Thomas Bernhard,
ich danke Ihnen für Ihre beiden Briefe vom 22. November. Ich ließ sie nach guter Art einige Tage liegen, um meine Antwort gründlich bedenken zu können. Wir beide wissen, was auf dem Spiel steht.
Ich gehe jetzt nicht mehr ein auf die Hintergründe unserer

Überlegungen, dem »Kleinlichen und Lächerlichen« sollten wir, wie Sie schreiben, keine große Aufmerksamkeit schenken. Lassen Sie uns rasch zum Finanzproblem kommen.

Zuvor jedoch zwei Anmerkungen:

a) Ich habe nie daran gedacht, Sie in die Situation von »Rentenempfang und Leibeigenschaft« zu bringen. Wenn Sie meinen Vorschlag genau bedenken, so macht dieser Vorschlag Sie frei von konkreten Abrechnungen, das größere Risiko läge beim Verlag, im Ganzen liegt dieser Vorschlag jedoch auf einer Waage der Sympathie und Fairness. Ich meine, er ist immer noch der beste aller Vorschläge, und vielleicht lassen Sie ihn sich noch einmal durch den Kopf gehen.

b) Sie schaffen Ihr Werk, Sie tun dies so, wie Sie dies zu tun vermögen. Nichts anderes gilt vom Verlag, von meiner persönlichen Arbeit wie von der meiner Mitarbeiter. Es mag sein, daß im extremen Fall einem österreichischen Autor von den österreichischen Medien-Instituten mehr zugestanden wird als einem Verlag. Auf die Dauer gesehen entscheidet die Wirkung der Verlagsarbeit im Ganzen. Sie aber müssen wir ausführen können, das eben ist unsere Aufgabe. Es gibt also sogenannte »essentials«, von denen wir – mit welcher Konsequenz auch immer – nicht abgehen können.

Doch nun zu meiner Stellungnahme zu Ihren Vorschlägen. Zu der Ziffer von DM 66.787.97 wollen Sie noch bitte drei Monatsraten Oktober / November / Dezember hinzuzählen, es handelt sich also dann um einen Betrag von ca. 70.000.–. Von diesem Betrag sollten wir ausgehen.

1. Ich bin damit einverstanden, daß wir die Konten I, II, IV zu einem Konto »Alte Werke« zusammenziehen. Dieses Konto behielte einen Betrag von DM 50.000.–, es wäre der Betrag von DM 70.000.– minus der Optionsvoraus-

zahlung in Höhe von DM 20.000.–, die wir unter Punkt III aufgeführt haben.
Die Abrechnung erfolgt wie üblich, d. h., alle Erlöse aus den Werken bis einschließlich »Der Ignorant und der Wahnsinnige« und »Gehen« werden mit diesem Betrag verrechnet.

2. Wir legen mit Stichtag vom 1. 1. 1973 ein neues Konto »Neue Werke« an. Diesem Konto wird die Optionszahlung in Höhe von DM 20.000.– belastet.
3. Wir zahlen Ihnen die monatlichen Zahlungen in Höhe von DM 1.000.– weiterhin zunächst auf einen Zeitraum von 2 Jahren.
4. Nach Ablieferung des Romans leistet der Verlag Ihnen eine einmalige Vorauszahlung in Höhe von DM 20.000.–, die auf dem Konto »Neue Werke« verbucht wird.

Dieses Konto »Neue Werke« wird (wenn wir die Honorarerlöse der Übersicht wegen zunächst nicht berücksichtigen) am 31. 12. 1974 mit folgenden Beträgen belastet sein:

a) Optionszahlung DM 20.000.–	20.000.–
b) Zahlung bei Ablieferung »Korrektur« DM 20.000.–	20.000.–
c) laufende Zahlungen in 2 Jahren DM 24.000.–	24.000.–
insgesamt DM	64.000.–.

Zu diesem Betrag tritt noch hinzu die Zahlung, die wir Ihnen nach Punkt 6.) versprochen haben (nach dem Salzburger Modell würde das bedeuten, daß Ihnen 75% von DM 30.000.–, also DM 22.500.– bezahlt werden müssen. In diesem Fall würde sich also der Kontostand auf einen Betrag von DM 86.500.– erhöhen.).
Lieber Thomas Bernhard, das ist eine Summe, die ziemlich unvergleichlich ist. Sie verstehen aber auch, daß der

Verlag deswegen die Erlöse aus Nebenrechten haben muß, damit die Ziffer realiter abgebaut werden kann, auch wenn es sich um kleine Beträge handelt.

5. Nach Zahlung des ORF-Honorars für die Verfilmung »Frost« werden wir Ihren Anteil in Höhe von DM 20.000.– sogleich an Sie überweisen.
6. Unter der Voraussetzung, daß Sie – oder der Verlag – für die Uraufführung des neuen Stückes einen höheren Betrag als üblich aushandeln, ist der Verlag bereit, Ihren Anteil (also 75%) Ihnen sogleich auszubezahlen, also nicht dem Konto »Neue Werke« zu verrechnen.
7. Sie übergeben uns im Zeitraum 1973 die Manuskripte der drei Werke »Korrektur«, »Erinnern« und das dritte Theaterstück.
   Bei den beiden Prosaarbeiten übernehmen wir Rechte und Nebenrechte, wir sind jedoch gerne bereit, Ihre Anweisungen im Falle der Nebenrechte zu beachten, d. h., wir könnten z. B. hier sämtliche Vor- und Nachdrucke sperren, doch müßte es dafür zu einer klaren Lösung kommen. Schon auch deshalb, weil Sie sonst mit Anfragen überfallen würden und das Ganze lächerliche Dimensionen annähme.
8. Was das neue, dritte Stück betrifft, so akzeptieren wir, Ihre Vorstellungen berücksichtigend, folgende Bedingungen:
   a) Sie bestimmen – im Einvernehmen mit dem Verlag – in der Bundesrepublik, der Schweiz und Österreich jeweils die Orte der Ur- bzw. Erstaufführungen in diesen Ländern, Besetzung und Honorar. Der Vertrag wird in jedem Fall durch uns geschlossen. Alle weiteren Verhandlungen muß der Theaterverlag führen können, er kann seiner ganzen Arbeitsstruktur nach nicht anders.

b) Es ist selbstverständlich, daß Abschlüsse für Film und Fernsehen nur mit Ihrer Zustimmung vorgenommen werden können.

Bitte, bedenken Sie nun Ihrerseits diese Vorschläge, ihre materielle Auswirkung liegt ja auf der Hand. Daß ich die Optionsvorauszahlung in Höhe von DM 20.000.– auf das Konto »Neue Werke« buchen muß, entspricht unserer Vereinbarung, an die wir uns ja bisher ständig gehalten haben; es ist auch so, daß wir durch diese Optionszahlung ein Verlagsrecht für den neuen Roman, »Erinnern« und das dritte Stück de jure erworben haben, und ich meine, daß dieses Faktum auch in unserer internen Buchung vermerkt werden sollte.

Und denken Sie auch daran, daß es von der Gesamtheit Ihres Werkes aus wesentlich ist, daß es eine Stelle gibt, die dieses Werk betreut, alles andere würde sich letztlich zum Schaden Ihres Werkes herausstellen. Und ich meine auch, daß es Ihre Sache ist, Ihre Arbeiten zu schreiben und für die ersten, weil wesentlichen Placierungen zu sorgen, dann aber sollte die weitere Betreuung, auch zu Ihrem Schutz und zu Ihrem Ansehen, unsere Sache sein. Und denken Sie bitte auch daran, daß es jenseits der materiellen Erlöse wichtig sein kann, daß ein Leser, ein Mensch in Graz, Zürich oder Hamburg von einem Wort von Ihnen getroffen sein kann und daß sich so ein Humus bildet, auf dem die Wirkung des Werkes von Thomas Bernhard auf die Dauer wächst.

Schöne Grüße
Ihr
[Siegfried Unseld]

[223]

Ohlsdorf
15. 12. 72

Lieber Doktor Unseld,
Ihr Brief vom 5. Dezember ist eine sehr gute Grundlage für den weiteren Weg, den Ihr Verlag und ich zusammen gehen wollen, das Wollen will ich mit grösster Deutlichkeit betonen, und ich empfinde diesen Brief tatsächlich als einen Vertrag, gültig ab 1. 1. 73, den wir miteinander geschlossen haben; in allen künftigen Zweifeln, soll dieser Brief in Erinnerung gerufen werden, dann, glaube ich, gibt es keine Schwierigkeit. Im Einzelnen ist dann alles immer so zu formulieren, dass es dem Inhalt dieses Briefes entspricht. Tatsächlich gibt es meinerseits keinerlei Abstrich.
Jetzt liegt es ausschliesslich an mir, die Arbeit abzustossen, mich von den Manuskripten zu trennen. Das stellt sich mir so dar: Mitte Jänner bekommen Sie das Theaterstück, Mitte März den Roman und im Laufe des Frühlings auch noch »Erinnern«. Mir ist es, wie Sie wissen, immer ein guter Gedanke, eine Notwendigkeit, aus allen Gründen zusammen, ein Manuskript solange zu behalten, bis ich es ohne unerträglichen Angst- und Furchtzustand (Sie lesen richtig!) aus der Hand geben kann. Jetzt steht auch längst der Titel des Theaterstücks fest, er lautet »Die Jagdgesellschaft«, unsere (und nicht nur unsere) Zeit, Epoche etcetera, ist eine einzige Jagdgesellschaft. Aber den Inhalt erfahren Sie aus dem Manuskript. Sogleich habe ich auch wieder einen Wunsch: dass das Stück wieder in der BS erscheint, Sie wissen, diese Buchreihe liebe ich, aus allen verständlichen, ruhmreichen Gründen. Und wenn ich denke, dass das Stück im Winter 73/74 (wo, will ich jetzt erforschen) gespielt wird, sollte es dann zu diesem Zeitpunkt erscheinen. Dies, weil Sie ja Ihren berühmten immergegenwär-

tigen Taschenplan rechtzeitig genug heranziehen müssen. Bitte entfalten Sie Ihr wichtigstes Papier und schreiben Sie an einer Stelle, die die günstigste ist »Die Jagdgesellschaft« hinein, vielleicht auch noch nicht ohne Abscheu (nach diesem Finanzdiskurs) meinen Namen.
Im Stück kommt ein Schriftsteller vor, der einmal zu allem Anfang Bruno Ganz sein soll, von dieser Vorstellung gehe ich jetzt aus und in dieser Richtung werde ich alles versuchen.
Ganz treffe ich Mitte Jänner in Wien.
Einen längeren Brief will ich gar nicht schreiben, weil ich doch glaube, dass wir uns einmal sehen und miteinander reden. Diese Frage, schon früher gestellt, haben Sie nicht beantwortet. Vielleicht fliegen Sie einmal auf ein paar Stunden nach Salzburg und zurück.
Ich bin jetzt beruhigt und empfinde mich nicht ohne Glück
herzlich
Thomas B.

[224; Anschrift: Ohlsdorf]

Frankfurt am Main
21. Dezember 1972

Lieber Thomas Bernhard,
Ihr Brief vom 15. 12. ist mir die wichtigste Sache. Wir stimmen überein bei gegenseitiger Wahrung unserer Positionen. Frau Ninon Hesse hat mir einmal gesagt, daß sich Freunde in Gelddingen behandeln müssen, als ob sie Feinde wären. Wir werden uns an meinen Brief vom 5. Dezember und an Ihre Antwort vom 15. 12. halten. Ich meine, es wird dann keine Mißverständnisse geben, und wenn es solche gibt, so tragen wir diese männlich aus.
Ihre Termine für die neuen Manuskripte habe ich zur

Kenntnis genommen. Die »Jagdgesellschaft« (ein herrlicher Titel!) wird in der Bibliothek Suhrkamp erscheinen, und zwar zum Datum der ersten Aufführung. Dieses Datum werden wir ja mutmaßlich im 1. Vierteljahr 1973 erfahren, und danach können wir die Publikation einplanen. Für »Erinnern«, das ja ein »Erinnern 1« ist, steht schon ein bestimmter Platz in der Bibliothek Suhrkamp fest.
Ich werde Ihnen von mir aus einen Vorschlag machen, wann wir uns sehen. Auch mir liegt daran, daß wir bald miteinander sprechen können.
Nun wünsche ich Ihnen sehr die Vollendung Ihrer Arbeiten. Nehmen Sie dazu meine besten Wünsche!
Herzliche Grüße
und das Saisonübliche
Ihr
Siegfried Unseld

1973

[225; Anschrift: Ohlsdorf]

Frankfurt am Main
19. Februar[1] 1973

Lieber Thomas Bernhard,
mein erster Brief im neuen Jahr an Sie soll ein herzlicher Gruß sein!
Ich möchte die Hoffnung ausdrücken, daß wir die Pläne, die wir uns für dieses Jahr vorgenommen haben, auf einer guten, gelungenen Ebene ausführen können (nachdem wir doch die Finanzgebirge durchstiegen haben). Ich war in den letzten Tagen des Jahres und in der ersten Januarwoche sehr okkupiert mit den Problemen, die der Tod von Günter Eich aufwarf. Ich war auch kurz in Großgmain, wollte Sie aber nicht verständigen, weil meine Reise zu abrupt war und ich keinen vernünftigen Termin vorher mit Ihnen hätte vereinbaren können. Und ich möchte Sie ja auch nicht im Nebenhinein besuchen, sondern wirklich einmal zentral und eigens für Sie. Wir werden eine Feier für Eich hier in Frankfurt machen. Mit Ilse Aichinger wurden die Autoren benannt, die aus dem Werk Eichs lesen sollten; bei einem »südlicheren« Leseort hätten wir Sie bedrängt, mit von der Partie zu sein, aber Frankfurt schien uns zu weit.[2] Außerdem hoffte ich, Sie vielleicht noch zu anderem Anlaß nach Frankfurt zu locken: zu unserer Brecht-Feier am 10. Februar.[3]
Doch ich kann mir vorstellen, daß Sie erst die Reaktion auf den Wiener »Boris« abwarten wollen. Wie sind Ihre Eindrücke von den Vorbereitungen?[4]

Sie wollten Claus Peymann in Wien treffen, um mit ihm über die »Jagdgesellschaft« zu sprechen. Bitte, informieren Sie uns, wenn sich Konkretes ergeben hat. Ich freue mich sehr auf dieses Stück, das die Theatersaison 1973 auf 74 zentral bestimmen soll.[5]

Schöne Grüße

Ihr

Dr. Siegfried Unseld

– nach Diktat verreist –

i. A.

Renate Steinsiek

1 »Februar« ist eine Verschreibung. Th. B. unterstreicht »Februar« mit einer Wellenlinie und setzt ein Fragezeichen darunter, daneben merkt er an: »Jänner!« Auf der Verlagskopie wird nachträglich handschriftlich »Februar« zu »Januar« korrigiert.

2 Günter Eich stirbt am 20. Dezember 1972 in einem Salzburger Krankenhaus. S. U. trifft Ilse Aichinger und den Sohn Clemens Eich an Günter Eichs letztem Wohnort in Großgmain. Bei der Veranstaltung »Günter Eich zu ehren«, die am 1. Februar 1973 – dem 66. Geburtstag des Autors – im Großen Sendesaal des Hessischen Rundfunks in Frankfurt am Main stattfindet, lesen u. a.: Peter Bichsel, Heinrich Böll, Günter Grass, Peter Handke, Wolfgang Hildesheimer, Walter Höllerer, Peter Huchel, Uwe Johnson.

3 Zum 75. Geburtstag von Bertolt Brecht am 10. Februar 1972 veranstaltet der Suhrkamp Verlag in Kooperation mit dem Schauspiel Frankfurt einen Brecht-Abend, an dem u. a. Lotte Lenya, Hanne Hiob, Anja Silja, Peter Roggisch, Milva, Ernst Schröder und Gisela May auftreten. Th. B. ist nicht anwesend.

4 Die österreichische Erstaufführung von *Ein Fest für Boris* findet am Wiener Akademietheater statt; siehe Anm. 2 zu Brief 182.

5 Am unteren linken Briefrand findet sich handschriftlich die Nummer »060611«, wobei es sich um die damalige Telefonvorwahl für die Bundesrepublik Deutschland (06) bzw. für Frankfurt am Main (0611) handelt.

[226; Anschrift: Ohlsdorf; Telegramm]

Frankfurt am Main
23. Januar 1973

komme zur premiere nach wien, wenn ich sie samstag oder sonntag in wien treffen kann. erbitte anruf[1]
herzlich siegfried unseld

1 Th. B. meldet sich daraufhin telefonisch bei Burgel Zeeh, wie aus deren Notiz vom 25. Januar 1973 hervorgeht:
»Ihm war ausgerichtet worden, daß ich heute beim Postamt nachfragte, ob das Telegramm eingetroffen sei. Das Telegramm hat er bekommen, er hat auch angerufen, allerdings heute morgen um 8.00, als noch niemand im Büro war.
Die Premiere ist verschoben, auf Freitag, den 2. Februar. Er wird in Wien sein und fände es wichtig, wenn Sie auch dorthin kommen könnten.
Das neue Stück ›Die Jagdgesellschaft‹ hat er gestern per Express an uns abgeschickt. In Wien hat er mit Klingenberg und Bruno Ganz gesprochen, von dem er möchte, daß er im neuen Stück die Hauptrolle spielt.
[...] Wir haben [...] fest verabredet, daß wir ihn am Dienstag, 30. Januar, morgens 8.00 h beim Postamt in Ohlsdorf anrufen, d. h., er möchte gern mit Ihnen sprechen.
Er war sehr aufgeräumt, guter Dinge, erkundigte sich nach unserem Wohlergehen usw. [...]
Er fliegt am 3. bis Ende Februar nach Brüssel. Als ich ihn fragte, ob er auf diesem Hin- oder Rückweg nicht einmal nach Frankfurt kommen wollte, lachte er: ›Mal sehen.‹
Sehr herzliche Grüße läßt er Ihnen sagen.«

[227]

Ohlsdorf
25. 1. 73

Lieber Doktor Unseld,
ich hoffe sehr, Sie haben morgen das Manuskript der »Jagdgesellschaft«.
Ich bin ein paar Tage nicht in Ohlsdorf gewesen, bei meiner Rückkehr gestern Abend, Ihr Telegramm. Inzwischen wird Ihnen bekannt sein, dass die Wiener Premiere auf den 2. Feber verschoben ist.
Ich bin an diesem Tag in Wien und wenn es auf die unerkannte Weise möglich ist, gehe ich in die Vorstellung.
Vorher, ab mittag, wäre es schön und zweckmässig mit Ihnen zusammen zu sein.[1]
Anschliessend bin ich den Rest des Feber in Brüssel.
Herzlich
Thomas B.

Eine Wichtigkeit! Bitte lassen Sie Kopien des Manuskripts machen und schicken Sie je eine *sofort* an Peymann in Berlin und an Klingenberg in Wien. Mit beiden habe ich gesprochen. Auch mit Bruno Ganz, mein Wunsch ist, dass er den Schriftsteller spielt. Alle haben ihr Wort gegeben, nichts über die Sache zu reden.

1 Das geplante Treffen findet nicht statt.

[228; Anschrift: Ohlsdorf; Telegrammnotiz]

Frankfurt am Main
31. Januar 1973

Fasziniert von der »Jagdgesellschaft«. Solche Gedanken können nur einem Thomas Bernhard kommen.
Herzlich – Ihr Siegfried Unseld

[229]

Brüssel
14. 2. 73

Lieber Doktor Unseld,
ich muss morgen zurück nach Österreich, schade, dass wir uns hier nicht getroffen haben.
Inzwischen ist klar, dass die »Jagdgesellschaft« zuerst an der Burg und dann am Schillertheater gespielt wird.[1]
Ich habe mich hier, in dem idealen Haus, mit der »Korrektur« beschäftigen können.[2] Zuhause schreibe ich das Manuskript endgültig ab, sodass Sie es, wie versprochen, Ende März haben.
Wahrscheinlich gehe ich im April längere Zeit nach Brüssel zurück. Es ist ein Zentrum und sein Mechanismus fasziniert mich. Bei meiner Rückkehr nach Ohlsdorf muss ich ein finanzielles Problem, von dem Sie wissen, lösen.[3] Ich bitte Sie, unseren sogenannten »Vertragsbrief« vor Augen, um eine a conto-Zahlung von DM 30.000.– für das neue Stück und von DM 20.000.– für das Manuskript der »Korrektur«, insgesamt also um fünfzigtausend Mark, die sicher gedeckt sind. Auf mein Konto der Bayerischen Hypothek- und Wechselbank in Freilassing. In Anbetracht der Dringlichkeit, bitte ich Sie um Nachricht nach Ohlsdorf, ob ich mit einer Überweisung in den nächsten Tagen rechnen kann.

Vielleicht machen Sie Ihr Versprechen einmal wahr und kommen nach Ohlsdorf, damit wir beim Erlauer[4] miteinander reden können.
Herzlich Ihr
Thomas B.

1 Am 10. Februar hat Th. B. an Rudolf Rach geschrieben: »Lieber Rudolf Rach, von Wendt und Dorn kam ein Telegramm, dass sie die ›Jagdgesellschaft‹ erst-aufführen wollen in Deutschland. Bitte geben Sie sofort die Zusage. Es ist den Herren bekannt, dass das Stück im Schillertheater, also im grossen Berliner Haus, aufgeführt werden muss. Aber diesen Passus und ›Nach der Uraufführung in Wien‹ unbedingt in den Vertrag. Dazu mindestens zehntausend Garantiehonorar. Diese Konstruktion, Burgtheater/Schillertheater, macht mich glücklich. Von Ganz habe ich noch gehört (er hat das Stück inzwischen gelesen und spielt es) dass er vielleicht doch schon *im Dezember* zur Verfügung steht. [...] Von Ganz kam während des gemeinsamen Frühstücks der herrliche Vorschlag, die Generalin von Paula Wessely spielen zu lassen. Mir ist das Wichtigste, dass wir zwei gute Aufführungen, also eine in Wien und eine in Berlin herausbringen, die bestmöglichsten, naturgemäss die wichtigsten. [...] Mich interessiert keine weitere Aufführung!!!« Der Brief trägt den handschriftlichen Vermerk »Copie an Unseld«. Die Uraufführung der *Jagdgesellschaft* findet am 4. Mai 1974 am Wiener Burgtheater statt; Regie führt Claus Peymann, den Schriftsteller spielt Joachim Bißmeier, die Generalin Judith Holzmeister, den General Werner Hinz. Die deutsche Erstaufführung folgt am 15. Mai 1974 am Berliner Schiller Theater; Regie führt Dieter Dorn, den Schriftsteller spielt Rolf Boysen, die Generalin Marianne Hoppe, den General Bernhard Minetti.

2 Th. B. ist einmal mehr Gast bei der Familie Uexküll in der Rue de la Croix.

3 Siehe Anm. 1 zu Brief 220.

4 »Erlauer Stierblut« ist ein ungarischer Rotwein.

[230; Telegramm]

Brüssel
14. 2. 73

bin ab morgen wieder in ohlsdorf
herzlich
bernhard

[231; Anschrift: Ohlsdorf]

Frankfurt am Main
23. Februar 1973

Lieber Thomas Bernhard,
ich bin sehr froh über die sich anbietenden Möglichkeiten an den Theatern. Dr. Rach wird Ihnen einen Vorschlag unterbreiten, den ich für optimal halte. Wichtig wäre für Ihre Interessen, daß wir den Vertrag mit der Burg sofort unter Dach und Fach bringen. Im Grunde genommen müßte das Ziel sein:
1. Uraufführung Burg unter optimaler Besetzung.
2. Zweite Aufführung in Berlin; dritte Aufführung möglichst in Hamburg mit Peymann und Ganz.
Wenn Sie mit dieser Reihenfolge einverstanden sind, so werden Sie in künstlerischer, kritischer und materieller Hinsicht mit der »Jagdgesellschaft« mehr erreichen als mit den vorangegangenen Stücken.
In unserer Korrespondenz taucht das Manuskript für »Erinnern« nicht mehr auf. Es ist bei mir mit einem Erscheinungstermin Oktober 1973 fixiert. Das würde bedeuten, daß wir am 1. Juni das Manuskript haben müssen. Ist das möglich?
Sie schreiben von einem April-Besuch in Brüssel. Könnten Sie nicht schon am 24./25. März dort sein? Ich könnte Sie

dann bequem besuchen, und Brüssel wäre eine gute Gesprächsplattform für den Thomas Bernhard-Sammelband, den wir doch gemeinsam planen und für 1974 realisieren wollen. Falls der März-Termin Ihnen jedoch nicht möglich ist, würde sich auch ein Treffen in der zweiten Hälfte April realisieren lassen.
Herzliche Grüße
Ihr
Siegfried Unseld

[232; Anschrift: Ohlsdorf]

Frankfurt am Main
23. Februar 1973

Lieber Thomas Bernhard,
Rudolf Rach wird Sie in München sehen und mit Ihnen auch über diesen Brief sprechen können. Ich habe unseren »Vertragsbrief« wohl vor Augen. Sie sahen in ihm eine »gute Grundlage für den weiteren Weg«, und ich meine, daran sollten wir uns halten.
Dieser Vertrag sieht vor, daß wir Ihnen bei der Aushandlung eines Sonderhonorars Ihren Honoraranteil (also 75%) »sogleich nach der Regelung ausbezahlen«. Ich bestätige Ihnen, daß wir Ihnen den Betrag von DM 22.500.– sogleich überweisen, sobald der Vertrag mit der Burg unterschrieben ist.
Mit Berlin werden wir eine Lösung erkämpfen, die das Garantiehonorar von DM 10.000.– erbringt. Das wären dann abermals DM 7.500.–; ich bin bereit, Ihnen diese DM 7.500.– sofort auszuzahlen, sobald der Vertrag mit Berlin perfekt ist. Bitte, bedenken Sie bei diesen Zahlungsangeboten, daß wir hier deutlich in Vorlage treten. Wir werden das Geld von den Theatern erst viel später erhalten.

Eine frühere Zahlung von seiten der Theater ist unzumutbar, aber, wie gesagt, wir treten in Vorlage, und Sie erhalten dann diese Summen, sobald die Verträge perfekt sind.
Was die DM 20.000.– für die »Korrektur« betrifft, so haben wir vereinbart, daß Sie diesen Betrag sofort nach Eingang des Manuskripts erhalten. Daran wollen wir doch festhalten. Ich sichere Ihnen zu, daß Sie die DM 20.000.– fünf Tage nach Eingang des Manuskripts erhalten.
Im übrigen wird dieser Brief Ihnen Garantie und Sicherheit gegenüber einer Bank geben. Ich bin fest überzeugt, daß Sie auf der Basis dieses Briefes jederzeit DM 50.000.– von einer Bank geliehen bekommen.
Mit freundlichen Grüßen
Siegfried Unseld

[233; Anschrift: Ohlsdorf]

Frankfurt am Main
27. Februar 1973

Lieber Thomas Bernhard,
ich muß jetzt das Programm für die Bibliothek Suhrkamp für Oktober 73 bis März 74 festlegen. Für Oktober habe ich einen Platz freigehalten für »Erinnern«. Wir wissen ja, daß es eigentlich »Erinnern I« heißen sollte, aber ich glaube, es wäre richtig, das jetzt noch nicht anzugeben. Die Wiederholung wollen wir erst beim zweiten Band bekanntgeben. Ich sollte ein paar Zeilen über diesen Text haben, damit ich ihn ankündigen kann. Wäre es Ihnen möglich, mir diese paar Zeilen zu geben? Es können ja Umschreibungen sein, Sie sind da wirklich nicht festgelegt.
»Die Jagdgesellschaft« erhält die Band-Nr. 376 für Februar

1974. Wir können diesen Band dann aber, wenn er einmal einen Platz und eine Band-Nummer hat, jederzeit vorziehen und ihn zum Datum der ersten Aufführung herausgeben; hierfür brauche ich ja keine weiteren Unterlagen. Sie wissen ja, daß wir auf der Rückseite eines Bibliothek Suhrkamp-Umschlages immer aus dem Buch zitieren. Falls Sie hier einen Vorschlag oder Wunsch haben, so lassen Sie mich dies bitte wissen.
Schöne Grüße
Ihr
[Siegfried Unseld]

[234; Anschrift: Ohlsdorf]

Frankfurt am Main
16. März 1973

Lieber Thomas Bernhard,
Rudolf Rach hat Ihnen heute am Telefon gesagt, daß wir Ihnen den Betrag von DM 42.500.– jetzt, d. h. heute, überweisen. Mit der Unterschrift unter diesen Brief ist auch der Überweisungsauftrag unterschrieben. Der Betrag von DM 42.500.– setzt sich zusammen aus Ihrem Anteil an der Wiener Erstaufführungssumme, die DM 30.000.– beträgt (Ihr Anteil also DM 22.000.–), und der vereinbarten Vorauszahlung auf den Roman »Korrektur«. Sie wissen, daß wir bei den Zahlungen Vorleistungen erbringen. Die Burg überweist uns erst ein Drittel des Betrages; das zweite Drittel bei Beginn der Proben und das dritte Drittel am Tage der Aufführung. Die Zahlung der DM 20.000.– für den Roman »Korrektur« haben wir an sich in unserer Vereinbarung für den Tag der Ablieferung des Manuskripts ausgemacht, aber ich habe Ihr Wort, daß sich diese Ablieferung nicht verzögert und daß wir das Manuskript, wie vorgesehen, noch in

diesem Monat erhalten. Diese Zahlungen, lieber Thomas Bernhard, dienen zu Ihrer Beruhigung, zur Sicherung einer Existenzbasis, auf der Sie in der Ihnen eigenen großen Intensität arbeiten können.

Durch unsere laufenden monatlichen Zahlungen und nun wieder durch diese beiden Zahlungen bestätigen wir noch einmal die Bedingungen unserer Verträge und jene spezifisch definierten Modifikationen, die wir für die »Jagdgesellschaft« und für »Korrektur« in meinem Brief vom 5. Dezember 1972 getroffen haben. Sie haben in Ihrem Brief vom 15. 12. diese Bedingungen abstrichlos gutgeheißen.

Ich bestätige Ihnen noch einmal, daß die »Jagdgesellschaft« in der Bibliothek Suhrkamp erscheinen wird. Wir haben als Nummer 376 festgelegt. Der Erscheinungstermin richtet sich nach dem Datum der ersten Aufführung.

Ich wäre Ihnen sehr dankbar, wenn Sie auf meine verschiedenen Briefe, die bei Ihnen liegen, eingehen und mir schreiben würden.

Ich hoffe, daß wir diese sachlichen Dinge dann damit geklärt haben und daß damit die Möglichkeit frei ist für ein unknirschendes, freies, produktives, die Zukunft einschließendes Gespräch.

Schöne Grüße
Ihr
[Siegfried Unseld]

[235]

Ohlsdorf
21.3.73

Lieber Siegfried Unseld,
Sie selbst lieben die Kürze, keine langen Erklärungen, darum auch nichts darüber, warum ich längere Zeit keinen Ihrer kurzen Briefe beantwortet habe; die Tatsache als solche ist in jedem Fall die einzige Erklärung für alles.
Die wichtigen Punkte:

1. »Die Jagdgesellschaft« wird zuerst in Wien gespielt, in Deutschland zuerst am Schillertheater. Dann denke ich nurmehr noch an Hamburg, wo die Intendanz schwachköpfig und an München, wo sie garantiert stumpfsinnig ist. Über die Spielwilligkeit anderer, kleinerer Theater, was einfach doch kleinere Schauspieler bedeutet, bitte ich, mit mir zu sprechen. Sie selbst wissen, dass es keinen Sinn hat, Kinder in allen Häusern abzulegen, wo sie verkommen.
   Was die finanzielle Seite in Bezug auf die Theater betrifft, so habe ich weder Lust noch die dazu nötige Dummheit, für tausendzweihundert Mark (»Boris«) »ein Hamburger Schauspielhaus über Jahre zu prägen« (Nagel), noch »eine jahrelange Theatermisere zu beenden« (»Süddeutsche Zeitung«, München betreffend) um 500 Mark. Eine Schweizerische Erstaufführung für 600 Mark spare ich mir als Ohrfeige, ebenso den Steirischen Herbst für 550.[1] Diese Dinge müssen nocheinmal ausgesprochen werden. Der Geldgierige bin nicht ich. Die Verbrecher sind eindeutig die (Staats-)Theater. Die Höhe der Schuld der Verleger, ihren Anteil an diesen Verbrechen, können Sie selbst bestimmen.
2. habe ich den Roman fertig, aber ich fahre Anfang April auf drei oder vier Wochen nach Jugoslawien, Fortset-

zung einer zwanzigjährigen Tradition, wie Sie wissen, und nehme das Manuskript mit. So am Fenster vor einer weissen Wand mit dem Meer im Rücken, kann ich dann noch ein paar Beistriche streichen oder den sechsten Finger eines Philosophischen abschneiden. Der Kopf darf eben nicht zu kurz kommen.

3. habe ich auch »Erinnern« dann mit und im Augenblick bin ich damit beschäftigt, ein paar Sätze darüber für Ihren Prospekt zusammenzudenken. (Denken aus allen Richtungen auf einen Punkt, der der Treffpunkt ist.) Dazu ist zu sagen, dass mir die Idee gefällt, »Erinnern« in Ihrer Bibliothek erscheinen zu lassen, wie auch die »Jagdgesellschaft«. Punkt

4. ist ein recht heikler Punkt: soviele Bücher, die ich aufmache, beweisen mir, wieviele Schriftsteller meine Prosa gelesen haben. Andauernd kommen [[mir]] lauter Enkel und mit diesen Enkeln verwandte Enkel meiner Figuren auf mich zu. Wirkung ist letztenendes etwas Furchtbares. Im Augenblick ist es noch nicht so weit, dass, wenn ein Theatervorhang aufgeht, mir meine Figuren (oder jedenfalls andere Figuren in meinen Fetzen / oder königlichem Geschirr) entgegenkommen. Jedenfalls gehe ich ja überhaupt nicht ins Theater, deshalb keine Angst! Ich ziehe die Furchen, die andern ernten die Kartoffel! Diese Bemerkungen Über das Schädliche nur damit Sie nicht glauben, ich bemerkte nichts. Punkt

5. ist ein Nebenpunkt. Beckermann hat mir eine »Kalkwerk«-Ausgabe geschickt, damit ich sie durchsehe nach Fehlern für die Taschenbuchausgabe. Dazu habe ich einfach keine Zeit und keine Lust, weil ich keine Zeit habe. Diese fürchterliche Arbeit kann ich nicht machen. Ein »Unbefangener« muss das tun, sauber, korrekt, aus. (Bitte!) Bitte grüssen Sie Beckermann sehr herzlich! Punkt

6. wäre eine Menge Erfreuliches. Darüber schreibe ich aber nichts.
7. bin ich froh, dass »Korrektur« nicht jetzt im Frühjahr herauskommt, denn es kommt ja ein ganzer Haufen von Romanen heraus. Das wäre wohl das denkbar Unsinnigste gewesen. Daran »knüpfe« ich die Frage, ob »Korrektur« im kommenden Herbst oder im Frühjahr 74 [erscheint]. Das Manus hält jede Verschiebung, auch um zehn Jahre, aus. Punkt
8. erinnert an die Ironie, mit welcher wir gut zusammen sind und mit welcher ich allein auch gut bin.
9. frage ich Sie, wann und wo wir uns das nächstemal sehen, da ich ja anstatt in Brüssel, im April an der adriatischen Küste bin. Ich habe meine »Sehnsucht« ins Gegenteil verkehrt. Ein Punkt
10. betrifft die Härte und die Einsamkeit die ich liebe.

Herzlich Ihr
Thomas B.

1 Im Rahmen des »Steirischen Herbsts« kommt es am 15. Oktober 1971 im Grazer Schauspielhaus zur österreichischen Erstaufführung des Stücks in der Regie von Axel Corti. Es spielen Heidemarie Theobald (Die Gute), Elmar Schulte (Boris) und Maria Christina Müller (Johanna).

[236; Anschrift: Ohlsdorf]

Frankfurt am Main
3. April 1973

Lieber Thomas Bernhard,
ich freue mich sehr, daß ich wieder einen ausführlichen Brief von Ihnen erhielt, der nun auf meine Fragen eingeht. In diesem Sinne also schönen Dank für Ihren Brief vom 21. März.

Wiederum haben wir in einigen Punkten sehr große Übereinstimmung. Dagegen ist in einem anderen Punkt doch ein klarer Dissens da. Sie sehen die Wirkungen Ihrer Theaterstücke bei kleineren Bühnen ausschließlich in der Höhe der sich für Sie ergebenden Tantiemen. Das ist einfach falsch. Ich schrieb Ihnen schon einmal, daß mir das Wichtigste ist, Ihre Arbeiten an den individuellen Leser bzw. Zuschauer heranzuführen. Ein Mann oder eine Frau, die auf einer kleinen Bühne von Ihrem Wort getroffen sind und ihr Dasein von Ihrer Aussage prägen lassen, bedeuten für die Wirkungsgeschichte Ihres Werkes mehr als ein Honorar, das sich eben nicht in Tausendern ausdrückt. Doch haben wir darüber ja eine klare Vereinbarung erzielt. In den Erstaufführungen haben wir ja schon Ihre Vorstellungen berücksichtigt, und bei weiteren Aufführungen müssen wir so verfahren, wie wir es für richtig halten. Im übrigen stimme ich Ihnen in einem Punkt natürlich zu: es ist ziemlich skandalös, welch niedrige Tantiemen sich bei solchen Aufführungen ergeben, doch wird die Theatersituation, zumindest in der Bundesrepublik, immer schwieriger, selbst so große Bühnen wie hier in Frankfurt stehen vor der Frage einer erheblichen Reduzierung, wenn nicht gar Streichung ihrer Subvention. Man kann also hier nur einen individuellen Kampf ausfechten: es muß immer wieder der Versuch gemacht werden, eine möglichst beste szenische Realisierung und ein möglichst hohes Honorar zu erreichen.
Ich bin natürlich betrübt darüber, daß Sie Ihre Vereinbarung, die wir im Hinblick auf die Ablieferung der »Korrektur« getroffen haben und die Sie kürzlich Dr. Rach gegenüber am Telefon bestätigten, nicht einhalten wollen. Ich finde es bei unserer Verbindung auch nicht angebracht, daß Sie einerseits darauf drängten, den für den Zeitpunkt bei Ablieferung des Manuskripts vereinbarten Betrag von DM 20.000.– vorher zu erhalten, und sich dann Ihrerseits

an den vereinbarten Ablieferungstermin, den Sie kürzlich ja noch bestätigten, nicht zu halten. Für mich bedeutet das eine schwierige Disposition. Sie wissen aus vorangegangenen Briefen und auch aus meiner Frage aus Anlaß eines Ankündigungstextes für »Erinnern«, daß wir die Redaktion unseres Programmes abschließen müssen. Ich hatte angenommen, das Manuskript Ende März zu haben und dann selber einen Ankündigungstext für die »Korrektur« schreiben zu können. Das ist jetzt gar nicht möglich, und andrerseits deuten Sie ja auch an, den Ablieferungstermin noch weiter herausschieben zu wollen. Ich sehe also, daß wir die »Korrektur« doch nicht mehr in diesem Herbst herausgeben können. Das bedaure ich sehr, die Verkaufsmöglichkeiten sind im Herbst größer. Andrerseits hat im Frühjahr die Kritik mehr und intensivere Möglichkeiten, sich mit dem Text zu befassen.

Ich werde mit Herrn Beckermann sprechen, »Kalkwerk« soll dann noch einmal von einem unserer Korrektoren durchgesehen werden.

Ich war darauf eingestellt, daß wir uns im April sehen und sprechen können. Das ist nun nicht möglich. Im Mai werde ich nun wieder viel unterwegs sein, aber sollten wir uns nicht für Juni an einem Ihrer Seen verabreden? Dann hat der Urlauberstrom ja noch nicht seine volle Höhe erreicht, und man kann doch schon schwimmen. Oder wollten Sie lieber in städtische Gefilde reisen?

Schöne Grüße
und vor allem die besten Wünsche für die Adria
Ihr
[Siegfried Unseld]

[237]

Ohlsdorf
12. 4. 73

Lieber Herr Doktor Unseld,
am Montag habe ich in den Münchner Kammerspielen die hundsgemeine Hinschlachtung eines meiner Theaterstücke erleben müssen, gerade den brutalen stumpfsinnigen Mord an jener Arbeit, die sich »Der Ignorant und der Wahnsinnige« betitelt und zu den schwierigsten Stücken auf dem Theater überhaupt zu zählen ist; und gerade dieses Kunststück hat der Verlag völlig bedenkenlos einer Bühne zur Aufführung gegeben, die niemals die Voraussetzungen hat, eines meiner Stücke auch nur akzeptabel herauszubringen, einem Dramaturgenteam, das aus Idioten, tatsächlich aus ordinären Provinzidioten besteht und einer Schauspielergarnitur, die in Sankt Pölten oder in der Kurstadt Baden bei Wien sich austoben kann an einer Lehároperette, nicht aber und niemals auf eine meiner Arbeiten losgelassen werden hätte dürfen.[1] Einem Regisseur hat der Verlag mein Stück »anvertraut«, der noch niemals in seinem Leben vorher eine Regie gemacht hat, wo es für meine Theaterstücke die besten, diese Handvoll erstklassiger Regisseure schon schwer haben und sich wahrscheinlich gut überlegen werden, ob sie sich mit meiner Arbeit beschäftigen. Der Vorhang ist aufgegangen und die darauf folgende Katastrophe ist mir klar gewesen. So müsste es, wäre es möglich gewesen, Beethoven empfunden haben, wäre er unversehens in die Aufführung seiner Neunten oder Siebten in den Wiener Musikverein hineingeraten, in welchem eine unterbesetzte Polizeimusikkapelle spielt. Die Münchner Vorstellung hatte nicht einmal den Rang einer Maturaaufführung und wäre es nicht gegen das betrogene und zwar hundsgemein betrogene Publikum gewesen, wäre ich auf die Büh-

ne und hätte diese niederträchtigen Lemuren von grössenwahnsinnigen Schauspielern eigenhändig umgebracht, nicht ohne vorher dem sogenannten Regisseur tödliche Ohrfeigen versetzt zu haben. Dieses deutsche Theater, lieber Doktor Unseld, nimmt doch das Maul bis zur Ungeheuerlichkeit voll, während es doch nicht das geringste Hirn hat. Für mich hatte diese Aufführung, nach welcher ich wie vom Stumpfsinn getroffen nachhause gefahren bin, aber einen entscheidenden Vorteil: mit grösstem Recht verlange ich ab sofort den Abbruch der Praktik, mit welcher der Verlag meine Theaterarbeit behandelt. Und das heisst konsequent folgendes: der Verlag hat keiner einzigen, gleich welcher Bühne ab sofort mehr das Recht zur Aufführung eines meiner Stücke zu geben. Es haben ab sofort überhaupt keine Verhandlungen mehr, meine Stücke betreffend, mit Theatern oder mit Theaterleuten [[mehr]] stattzufinden. Bis wir beide, wenn überhaupt noch möglich, eine neue und für mich mögliche Basis gefunden haben, ruht meine Theaterarbeit im Suhrkampverlag. Und diese Forderung meinerseits bitte ich wörtlich zu nehmen, sie ist mir vollkommen ernst und ich verwahre mich schon jetzt gegen eine andere als die wörtliche Auslegung dieser Forderung. Die Begründung ist, dass der Verlag völlig bedenkenlos, wie ich annehmen muss nur aus finanziellen Gründen, gleich welchen Theaterunternehmungen meine Arbeit zur Ausschlachtung überlässt. Diese Münchner Aufführung ist ein Beweis. Hier hat der Verlag einem Anfänger als vollkommenem Dilettanten mein Stück überlassen, einem miserablen Theater und einem provinziellen Team, das nicht einen einzigen meiner Sätze verstehen kann. Er hat sich um diese Aufführung überhaupt nicht gekümmert und Schuld an dieser Katastrophe. Diese Münchner Aufführung ist für mich Signal für den Schlusspunkt unter das Kapitel, das Sie von Doktor Rach schreiben lassen, ein Mann, der nicht das geringste Verständnis für meine Arbeit hat, ja nicht haben kann, weil er es nicht verstehen kann und nicht verstehen will. Und ich überlasse nicht einen Augenblick länger meine Arbeit einem solchen Mann, dem meine Arbeit gleichgültig ist und der weiss was im Kopf hat, nur nicht das geringste geistige oder künstlerische Verhältnis für mein Theater. Hier könnte ich tatsächlich Hunderte von Beweisen für die Interesselosigkeit und die Unfähigkeit des Dr. Rach anführen, wenn das nicht zu weit gehen und schliesslich zu keinem Nutzen führen würde. Aber kurz gesagt, ist mir meine Arbeit zu wichtig in meinem ganzen Leben, als dass ich sie, wenn sie fertig ist, an eine Fabrik schicke, in welcher sie vervielfältigt und an alle verschleudert wird. Das hat ein Ende. Dies ist nicht die erste unappetitliche Katastrophe mit meinen Stücken, ich erinnere nur an Zürich, an Krefeld, an den »Boris« in München.[2] Und dabei bin ich bei einer Bemerkung in Ihrem letzten Brief, die im Grunde eine Verleumdung meinerseits darstellt, in dem Sie schreiben, ich hätte, meine Stücke betreffend, nur die Tausender im Kopf, nicht aber, dass von meiner Arbeit, »von einem meiner Wörter« ein Mensch »getroffen« werden könne. Hier liegt ein entscheidender Irrtum vor, der nur dadurch entstehen hat können, dass Sie meinen Brief an dieser Stelle nicht deutlich genug oder absichtlich falsch gelesen haben. Ich schrieb, kleine Theater bedeuteten kleine Schauspieler, und das ganze Theater empfinde ich als heillosen Dilettantismus, deshalb wehre ich mich, meine Stücke überall aufführen zu lassen. Erstens, muss ich sagen, ist es mir nicht nur vollkommen gleich, sondern nichts als widerlich, wenn irgendein Herr Maier oder eine Hubersche Hausfrau in Flensburg oder in Ingolstadt oder in Düsseldorf oder München oder Hamburg (lauter Provinzen, lieber Doktor Unseld) von einem meiner Wörter getroffen werden sollte, denn das hiesse ja, nichts von meiner Arbeit,

aber auch schon gar nichts von meiner Arbeit kapieren. Nicht getroffen soll irgendein Mensch von meiner Arbeit sein, sondern meine Arbeit soll völlig unbillig als Kunstwerk erkannt werden. Was wohl nur an einer erstklassigen Bühne mit ganz und gar erstklassigen Leuten möglich ist. Darüber zu diskutieren hiesse Butter aus Erdäpfeln machen wollen. Auf diese Beschäftigung haben sich aber leider die Deutschen allzusehr spezialisiert. Das muss man sagen.
Aber zurück zum Kernpunkt des Briefes: Dr. Rach ist nicht mein Mann und der Verlag, wie er sich mir gegenüber darstellt, ist nicht mein Verlag. Aber um das in seiner ganzen Deutlichkeit sagen zu können, müssten wir das alles unter vier Augen besprechen und zwar ohne Nebel. Wie es jetzt ausschaut, ist mein Verhältnis zum Verlag wohl zertrümmert. Dazu haben Sie selbst mit Ihrem fortgesetzten Misstrauen mir gegenüber, was ein Wahnsinn gegenüber den sichtbaren Tatsachen (den finanziellen meine ich) ist und mit Ihrer, woraus resultierenden? Kleinlichkeit, auch Ihren Anteil. Gestatten Sie mir diese Worte, denn sonst kommen wir überhaupt nicht mehr zusammen. Dazu nur ein Beispiel: obwohl Ihnen das Geld aus Wien (und wenn ich allein Berlin mit mindestens dreissig Aufführungen im Schillertheater,[3] auch die »Jagdgesellschaft« betreffend) sicher ist, haben Sie mich vier Monate im wörtlichsten Sinne vor Ihrer Frankfurter Haustür um die Vorauszahlung dieses Betrages betteln lassen, obwohl ich Sie nicht im Unklaren gelassen habe über die Dringlichkeit, mit welcher ich hier verschiedenen Pressionen ausgesetzt gewesen bin.[4] Und mit diesem mir dann doch mit Ach und Krach überwiesenen Betrag (im Grunde ja schon mein Geld, lieber Doktor Unseld), vermengten Sie dann immer wieder die Rechte auf das Herausbringen der »Korrektur«, obwohl Ihre Aussenstände, mich betreffend, allein durch das Theater gedeckt sind. Andauernd setzten Sie Fussangeln in dem

Gestrüpp, durch welches mit blinden Augen gehend Sie mich vermuten. Das ist aber nicht so. Mein Verstand ist klar und meine Empfindungen sind die natürlichen. Da Sie also finanziell auf keinen Fall Schaden erleiden mit mir, muss ich nocheinmal ein Resümee machen meiner Forderung: *Keinerlei Verhandlungen mit gleich welchem Theater*, meine gesamte Theaterarbeit betreffend. Davon ausgenommen sind nur das Wiener Burgtheater, mit welchem ein Vertrag besteht und mit welchem ich selbst am besten verhandle und das Berliner Schillertheater, mit welchem noch für die »Jagdgesellschaft« abzuschliessen ist und wo sich die Verhältnisse ebenso darstellen wie in Wien, denn auch mit dem Schillertheater bin ich selbst der beste Verhandlungspartner. Alles andere ist gestoppt. Und ich bitte Sie um die strikte Einhaltung meiner Forderung. Was die Prosa betrifft, so mache ich im Jahr 73 keine Veröffentlichung, auch »Erinnern« nicht.

Lieber Dr. Unseld, für meine fortgesetzte, folgerichtige Arbeit, brauche ich den Rücken frei und solange ich nicht die Sicherheit habe, dass mit meiner Arbeit geschieht, was ich will, und nur andauernd alles gegen meine Intentionen gehandhabt wird, muss ich unser Verlagsverhältnis ruhen lassen. Was der Verlag macht, und schon längere Zeit, und, wie mir scheint, seit Dr. Rachs Arbeit, ist gegen mich und schadet mir. Das will ich aber nicht, denn es deprimiert mich nur und erzeugt eine Unruhe in meinem Kopf, die ich mir nicht leisten will.

Das alles, wenn wir also vorläufig alles ruhen lassen, ist unberührt von den Finanzen. Denn finanziell sind Sie absolut gedeckt.

Ich könnte noch viel schreiben, aber es nähme doch die Ausmasse einer generellen Anklage an. Das verweigere ich mir aber. Und es nützt nichts. Mir wäre es recht, wenn wir Ende Juni zu einem Gespräch zusammenkommen kön-

nen. An einem neutralen Ort hier im Umkreis. Vielleicht haben wir noch die Möglichkeit neu anzufangen. Das Alte ist tot und ich will damit nichts mehr zu tun haben.
Dieser Brief fällt mir natürlich nicht leicht, aber er musste geschrieben werden. Er bezeichnet einen Endpunkt. Den Anfang müssten Sie machen.
Herzlich Ihr
Thomas Bernhard

P. S.: »Wir werden uns an meinen Brief vom 5. Dezember und an Ihre Antwort vom 15. 12. halten. Ich meine, es wird dann keine Missverständnisse geben, und wenn es solche gibt, so tragen wir diese männlich aus.« Siegfried Unseld am 21. 12. 72.[5]

1 Th. B. besucht am 9. April 1973 die Premiere von *Der Ignorant und der Wahnsinnige* im Werkraumtheater der Münchner Kammerspiele. Regie führt Jens Pesel, den Doktor spielt Wolfgang Gasser (der 1988 in der *Heldenplatz*-Uraufführung die Rolle von Professor Josef Schuster übernehmen wird; siehe Anm. 2 zu Brief 522), den Vater Wolfgang Büttner, die Sängerin Krista Keller, Frau Vargo Maria Singer und den Kellner Jörg Schleicher. Schon am 4. April schreibt Th. B. im Postskriptum eines Briefs an Rudolf Rach: »In den Münchner Kammerspielen steht uns, wie ich höre, ein verspäteter Aprilscherz als Chaos bevor. Sie werden mir bald recht geben, dass die Vorsicht fast alles ist.« In auffälligem Kontrast zum Brief von Th. B. an S. U. steht ein Schreiben von Peter Mertz, Chefdramaturg des Bayerischen Staatsschauspiels, an Rudolf Rach vom 13. April 1973, in dem dieser berichtet, Th. B. sei anläßlich der *Ignoranten*-Aufführung in München gewesen und »ganz damit einverstanden«, daß sie in der nächsten Spielzeit die *Jagdgesellschaft* aufführen wollten.

2 Zur Aufführung von *Ein Fest für Boris* im Schauspielhaus Zürich siehe Brief 178; in München hat das Stück am 18. Februar 1973 Premiere in der Regie von Jürgen Flimm im Couvillié-Theater mit Lola Müthel (Die Gute), Dieter Kirchlechner (Boris) und Gertrud Kückelmann (Johanna).

3 Hier fehlt das Verb, möglich wäre z. B. »rechne«.
4 Siehe Anm. 1 zu Brief 220.
5 Siehe Brief 224.

[238; Anschrift: ⟨Ohlsdorf⟩; Telegrammnotiz]

Frankfurt am Main
17. April 1973

Lieber Thomas Bernhard,
kann ich Sie am 28. oder 29. April an einem Ihnen angenehmen Ort in der Nähe Salzburgs sprechen?
Herzlich S. U.

[239; Telegramm]

Gmunden
20. 4. 73

ist ihnen samstag 28. zwoelf uhr cafe tomaselli salzburg moeglich
bernhard

[240; Anschrift: Ohlsdorf; Telegramm]

Frankfurt am Main
25. April 1973

lieber thomas bernhard flugzeugankunft 11.50 in salzburg stop treffen tomaselli 12.30 uhr möglich vorschlag wegen möglicher unsicherheit der ankunftszeit treffen am flughafen
grüße unseld

[241; Anschrift: Ohlsdorf; Telegrammnotiz]

Frankfurt am Main
25. April 1973

Wegen Ausfall der Vormittagsmaschine neuer Terminvorschlag: Sonntag, 29. 4. 12 Uhr Tomaselli.
Gruß Siegfried Unseld

[242; Telegramm]

Ohlsdorf
27. 4. 73

sonntag tomaselli
bernhard

[243; Anschrift: Ohlsdorf; Telegrammnotiz]

Frankfurt am Main
2. Mai 1973

Sie fuhren wohl im Gewitter nach Hause, ich bei strahlendem Himmel stop Berliner Termin für die »Jagdgesellschaft« vorläufig noch nicht festgelegt bis spätestens 31. 5. Telegramm an Ganz ging ab stop Brief und Überweisung unterwegs.
Herzlich Ihr
Siegfried Unseld

[244; Anschrift: Ohlsdorf]

Frankfurt am Main
2. Mai 1973

Lieber Thomas Bernhard,
aufgrund Ihres Briefes vom 12. April führten wir am Sonntag, dem 29. April, in Salzburg ein Gespräch, das ich, was die sachlich konkreten Punkte betrifft, doch schriftlich festhalten möchte zu unserer eigenen Orientierung und für unser Gedächtnis.[1] Ich meine, dieses Gespräch hat Maßstäbe gesetzt, Maßstäbe für eine künftige angenehme, freundliche, vor allem aber produktive Zusammenarbeit.
Ich möchte auf die einzelnen Punkte Ihrer »Anklage« jetzt brieflich nicht mehr eingehen. Wir haben darüber gesprochen. Die fiktionale Überlegung über den Schock Beethovens beim Anhören einer Aufführung der Neunten Symphonie durch ein Polizeiorchester wird sich nicht mehr wiederholen. Zu anderen Punkten mußte ich Ihnen den Standpunkt des Verlages und auch mein persönliches Urteil vortragen. Wichtig ist für Gegenwart und Zukunft, daß wir eine neue Übereinstimmung bei der Verlagsarbeit für Ihre Theaterstücke gefunden haben. Ich konnte Ihnen mein »Umdenken« mitteilen, also meine innere Bereitschaft, Ihnen bei Ihrer Vorstellung von nur wenigen, dafür Spitzenaufführungen Ihrer Stücke, zu folgen. Wir wollen das an der »Jagdgesellschaft« praktizieren. Auf meinem Notizblatt stehen ja bei der Zeile »Thomas Bernhard übernimmt alle Konsequenz« die drei Ausrufezeichen von Ihnen und die Initialen Th. B.
Im konkreten wird das heißen: fest vereinbart sind bei der »Jagdgesellschaft« die Aufführungen in Wien und in Berlin. Die weiteren Verhandlungen werden durch Sie geführt. In München schweben Verhandlungen, die Sie weiter führen. Was Basel betrifft, so werden wir Ihnen die Modalitä-

ten unterbreiten bzw. Herrn Nils Peter Rudolf bitten, sich mit Ihnen in Verbindung zu setzen. Vielleicht sollten Sie also einen Brief aus Basel öffnen und ihn nicht gleich in den Müllkorb werfen. Eine mögliche fünfte Aufführung soll von Bruno Ganz abhängen. Ich habe ihm ein Telegramm geschickt. Ich nehme an, ich werde in dieser Woche mit ihm kommunizieren.[2] Ich halte Sie dann auf dem laufenden. Nochmals meine dringliche Bitte: ich würde das Buch nicht Bruno Ganz widmen, diese Widmung ist eine Art Belastung für jeden anderen Schauspieler; diese sind, wie Sie ja wissen, empfindlich, ja, am empfindlichsten. Sie können ja ein Exemplar handschriftlich Bruno Ganz widmen, ja, ihm dann sagen, daß Sie für ihn oder auf ihn hin das Stück geschrieben haben. Das wird ihm Genüge tun und wird der Sache nicht schaden.

DM 20.000.– sind überwiesen. Wir verrechneten DM 15.000.– a conto der Tantiemen für die »Jagdgesellschaft«; DM 5.000.– abermals zu den Honoraren für die »Korrektur«.

Wir haben, was die Publikationen betrifft, folgende Manuskriptablieferungs- und Erscheinungstermine vereinbart:

»Korrektur«: Manuskript spätestens 31.10.1973, Erscheinungstermin 3. (am 2. ist Sonntag) April 1974.

»Erinnern«: Manuskript spätestens 15.3.1974, Erscheinungstermin September 74.

»Jagdgesellschaft«: Erscheinungstermin zur ersten Uraufführung, mutmaßlich Februar 74.

»Reader Thomas Bernhard«: Erscheinungstermin September 1974. Wir werden Anfang des Jahres 74 gemeinsam das Manuskript erarbeiten.

Wir werden innerhalb des Verlages eine andere Organisation schaffen; Sie werden von einer Stelle aus die Sendungen erhalten, vielleicht weniger als bisher, dafür aber dann hoffentlich konzentrierter.

Wegen der »Stern«-Fahrt gebe ich Ihnen im Laufe der nächsten Woche Nachricht.
In einem weiteren wesentlichen, ja wesentlichsten Punkt bestätige ich handschriftlich das Besprochene. Hierbei ist wesentlich, daß Herr K. zu größtem Stillschweigen verpflichtet wird.[3]
Das wäre nach meinem Wissen und Gewissen das Gesagte, das, was zwischen unseren Worten stand, zu beschreiben, fehlt mir das Wortvermögen, doch vielleicht schreiben Sie das.
Sehr herzlich
und in guter Hoffnung
Ihr
[Siegfried Unseld]

|P. S.: Von Ihrem neuen Stück-Plan – der mich sehr faszinierte – sollen nur Sie, K. und ich wissen. Ich bin sicher, Sie werden es schaffen!
Im Oktober liefern Sie das Manuskript an K. Bibliothek Suhrkamp zur Aufführung im Juli 1975. – Sie verhandeln, wir schließen Vertrag mit K. (womöglich DM 10.000.– mehr!)
Ich spinne meine Idee eines Suhrkamp-Tournee-Theaters mit diesem Ihrem Stück als Hochpunkt weiter. Wichtig ist jetzt: wir haben eine klare, überschaubare Zukunftsperspektive.
Das Zukünftige ist das Wichtige.
Herzlich
Ihr
Siegfried Unseld|

1 S. U. hält das Salzburger Treffen am 29. April in seinem *Reisebericht Salzburg, Sonntag, 29. April 1973* fest:
»Grund und Motiv für diese Salzburger Begegnung war *Thomas Bernhards* Brief an mich vom 12. April. Aus Anlaß der ›hunds-

gemeinen Hinschlachtung eines meiner Theaterstücke‹ an den Münchner Kammerspielen wollte Thomas Bernhard einen ›Endpunkt‹ seiner Beziehung zum Verlag setzen. Das mehrstündige Gespräch klärte die Positionen. Ich mußte manche Punkte seiner ›Anklage‹ akzeptieren, ebenso viele lehnte ich entschieden und in der Sache auch sehr hart ab. Ich glaube, daß dieses Gespräch als ein Anfangspunkt einer geänderten Fortsetzung unserer Beziehung gelten kann, wobei ich mir im klaren bin, daß in Thomas Bernhard Sensibilität, Empfindlichkeit, Neurose eine Spitze erreicht haben, der auf die Dauer zu begegnen nicht leicht sein wird. Kurz bevor ich ihn traf, las ich in der Wochenendausgabe der ›Süddeutschen Zeitung‹ den Aufsatz von Joachim Kaiser, in dem er erwähnt, daß Thomas Bernhard die Geisteskrankheit als Zeichen modernen Bewußtseins ›für Literatur entdeckt‹ habe [Joachim Kaiser: *Der Einzelne – und das »Haus mit Telephonen«. Zwischen billigem Heroenkult und wohlfeilem Gerede von der Personalisierung*, in: *Süddeutsche Zeitung*, 28./29. April 1973]. Ich entdeckte meinerseits, nicht ohne Bewunderung, wie es Bernhard gelingt, seine Neurose beim Schreiben und beim materiellen Einsatz für sein Werk zu neutralisieren; der Preis dafür ist hoch; und auch wir müssen einen Teil daran bezahlen – und dies im wörtlichen Sinn.

Ich halte hier in Stichworten die Ergebnisse fest:

1. *Arbeit mit seinen Stücken.* Hier tritt eine grundlegende Änderung ein. Auf Wunsch von Thomas Bernhard sollen von der ›Jagdgesellschaft‹ nur Spitzenaufführungen stattfinden. Dies werden wir nach Abklärung der laufenden Verhandlungen auch der Öffentlichkeit bekanntgeben. Fest stehen die Aufführungen in Wien und Berlin. Bei beiden Bühnen führt Bernhard weiter die Verhandlungen. Von einer Verhandlung mit Basel weiß Thomas Bernhard nichts. Ich würde vorschlagen, daß Herr Nils Peter Rudolf sich sogleich mit Bernhard ins Benehmen setzt. Bernhard möchte dann noch seinerseits mit dem Residenz-Theater verhandeln, unter bestimmten Bedingungen wird er hier noch zustimmen. Dann handelt es sich also um vier Aufführungen; als eine einzige fünfte Aufführung käme jene hinzu, in der Bruno Ganz die Hauptrolle spielt. Bernhard hat mich gebeten, im Streit Ganz / Peymann / Bernhard zu vermitteln. Ganz soll sich innerhalb einer Frist entscheiden, ob er das Stück spielen

möchte; Bernhard ist dann mit jeder Bedingung für diese Aufführung einverstanden. Als Fernsehaufzeichnung sollte dann auch die Aufführung mit Ganz gewählt werden, auch hier wäre dann Bernhard mit Verhandlungen einverstanden. Nach der Klärung mit Ganz müssen wir dann eine Pressenotiz vorbereiten, deren Text mit Bernhard abgestimmt werden sollte.

Bernhard war sehr gereizt, daß der Theaterverlag eine vervielfältigte Version der ›Jagdgesellschaft‹ an die Theater verschickte, bei der Fehler bei der Vervielfältigung vorgekommen sind, unter anderem fehlte eine ganze Zeile: ›Der Verlag hat mein Stück verstümmelt verschickt.‹ Bernhard hat jetzt noch einmal den Text durchgesehen und mir eine korrigierte Vervielfältigung mitgegeben. Ich habe mir diesen Text angesehen; es kann sein, daß die Aufregung von Bernhard daher rührte, daß in der Tat beim Fotokopieren des Manuskripts die letzten Zeilen schlecht lesbar geraten sind. Bernhard wird an dieser Fassung mit Sicherheit nichts mehr ändern. Mein Vorschlag wäre also, den Text sogleich für die Bibliothek Suhrkamp zu setzen und den paar Bühnen dann provisorisch gedruckte Exemplare zur Verfügung zu stellen. Dr. Rach möchte sich bitte deswegen mit Herrn Staudt in Verbindung setzen. Typographie entsprechend ›Der Ignorant und der Wahnsinnige‹.

Mir ist klar, daß diese Haltung, die der Theaterverlag Suhrkamp bei diesem Stück einnehmen wird, größtes Aufsehen erregen wird, doch wir müssen nach dem Wunsch des Autors handeln, und Dr. Sieger hat mir auf meinen Wunsch hin ausdrücklich recherchiert, daß wir in keinen Rechteabgabezwang gegenüber den Theatern geraten können. Thomas Bernhard übernimmt die Konsequenz seiner Haltung.

2. Er erbat aufgrund seiner Situation noch einmal DM 20.000.–. Dieser Betrag geht ihm zu. DM 15.000.– a conto der ›Jagdgesellschaft‹, DM 5.000.– a conto des Romans ›Korrektur‹. Die Überweisung ist sogleich auf sein Konto Freilassing zu tätigen.
3. *Publikationen*: ›Jagdgesellschaft‹ in der Bibliothek Suhrkamp, Erscheinungstermin zur ersten Aufführung, wahrscheinlich Februar 1974.

   ›Korrektur‹ – Erscheinungstermin 3. April 1974. Das Manuskript erhalten wir am 31. Oktober.

   ›Erinnern‹ – Erscheinungstermin in der Bibliothek Suhrkamp

September 1974, das Manuskript erhalten wir am 15. März 1974. Ein Thomas Bernhard-Reader, herausgegeben von mir, soll im September 74 erscheinen. Ich werde Anfang 74 mit Thomas Bernhard für eine längere Zeit dafür in Klausur gehen.

4. Thomas Bernhard regt sich immer darüber auf, daß er vom Verlag falsche Sendungen erhielte. So hat ihm jetzt der Theaterverlag Rezensionen für Sylvanus zugeschickt. Ich meine, wir können diese Frage nur regeln, wenn wir von den einzelnen Verlagsabteilungen, sowohl von der Presse wie von der Werbung, Vertrieb und Theaterverlag nichts mehr an Thomas Bernhard schicken. Alle Sendungen an Thomas Bernhard bei Frau Zeeh abgeben; Frau Zeeh prüft die Sendung; das gilt auch für die Freiexemplare, die er erhält. Wir können ihm keine Pakete schicken. Pakete und auch Päckchen sind neuerdings in Österreich durch Zoll belastet, er weigert sich, diesen Zoll zu bezahlen. Wenn wir ihm Bücher zuschicken, so also nur einzeln als noch mögliche Drucksache; auch das müßte Frau Zeeh in die Hand nehmen.

Schwierig war das Gespräch im Hinblick auf die für Thomas Bernhard durch uns durchzuführende Revision des Textes für die Taschenbuchausgabe ›Kalkwerk‹. Ich hatte Herrn Beckermann gebeten, die von Herrn Ballert nach korrekten orthodox orthographischen Regeln vorgenommene Revision durchzusehen und nur die wirklichen Unklarheiten vorzutragen. Glücklicherweise habe ich vor der Begegnung mit Bernhard die Seiten noch einmal gelesen und die Hälfte der Stellen von mir aus geklärt. Ich verstehe nicht, warum man das nicht vorher hätte machen können, aber auch die anderen Stellen wurden von Bernhard nur unwillig und unter sanftem Zwang meinerseits durchgesehen. Eine einzige Stelle konnten wir nicht klären. Er wollte das schriftlich tun.

Ich fasse zusammen: Thomas Bernhard ist gerne bereit, mit dem Verlag weiter in Verbindung zu sein. Nur möchte er mit dem Verlag nicht mehr jene Erlebnisse haben, die Beethoven gehabt haben könnte, wenn er eine Aufführung der Neunten Symphonie durch ein Polizeiorchester hätte erleben müssen. Bernhard schätzt den Verlag, seine Mitarbeiter, seinen Verleger. Er anerkennt, daß es neben ihm noch andere Autoren gibt, ja, er sieht, daß der Verlag die breite Basis diversifikatorisch braucht, um bestehen zu können. Aber er erwartet von uns auch die Anerkennung seines Werkes, seiner besonderen Bedingungen. Ich meine, unsere Bemühung steht dafür.«

2 Laut einer Telegrammnotiz sendet S. U. am 2. Mai 1973 ein Telegramm an Bruno Ganz, Schaubühne am Halleschen Ufer: »Nach meinem Besuch bei Thomas Bernhard möchte ich Sie gerne sprechen stop Könnte dies am Freitag 4. Mai 17 Uhr in Berlin sein, wenn ja, bestimmen Sie den Ort stop Wenn nein, würden Sie die Liebenswürdigkeit haben mich Montag 7. Mai tagsüber im Verlag 74 02 31 oder abends zu Hause 55 28 67 anzurufen stop Schöne Grüße Siegfried Unseld.«

3 Der »wesentlichste Punkt« wie die »›Stern‹-Fahrt« werden von S. U. angesprochen in seinem für die *Chronik* verfaßten *Reisebericht Salzburg, Sonntag, 29. April 1973*

»Komödie in Moll – Tragödie in Dur – so könnte man das Gespräch, das ich am 29. April mit Thomas Bernhard in Salzburg führte, beschreiben. Er wollte wissen, wie und wann ich hierhergekommen sei. Es ist mir geglückt, nicht sagen zu müssen, daß ich den Nachmittag und Abend zuvor bei Ilse Aichinger war. Ihn hätte das gekränkt, denn er hatte sich zurechtgelegt, daß ich in der Frühe von Frankfurt nach München und von München nach Salzburg geflogen war. [...] Von 13-15 Uhr, durch kleine Essensgänge unterbrochen, behandelten wir unser Problem. Wir diskutierten seine ›Anklagen‹, die großen Vernachlässigungen, wie er das sah, etwa die ›Hinschlachtung‹ seines Stückes in München. Ich erklärte ihm, daß kein Theaterverlag so etwas verhindern kann und daß er ja ausdrücklich von Rach auf Regisseur und Schauspieler hingewiesen wurde, er hätte dem nicht widersprochen. Doch das sei nicht seine Sache, der Verlag hätte die Katastrophe verhindern müssen. Überhaupt war seine ganz entschiedene Devise ›verhindern‹ und ›verbieten‹. Es gelang mir das, was ich hauptsächlich befürchtete und was auch er vorhatte, meinerseits zu verhindern, nämlich seine Verweigerung einer Zusammenarbeit mit Dr. Rach. Wir wollen diese Zusammenarbeit etwas mehr in Watte packen, er war auch nicht unzufrieden, daß ich den Brief Dr. Rach nicht in seiner vollen Wahrheit gezeigt habe. Es ging dann um die Theaterarbeit, Geld und Publikationen. Es war gut, daß ich ihm erklärte, daß in mir ein Denkprozeß stattgefunden habe, der mich auf seine Seite schlüge, insofern als ich einsehe, daß wir seine Stücke nur in wenigen Spitzenaufführungen freigeben sollten. In der Geldsache

brachte ich ihn so in Verlegenheit, weil ich ihn immer wieder darauf hinwies, daß wir eine klare Vereinbarung hatten, die er nicht eingehalten habe. Ich sagte zu ihm, er spreche immer absolut die Wahrheit, doch wenn er meine Wahrheit höre, wolle er diese nicht hören. Er wurde an einer Stelle rot vor Ärger, als ich ihm sagte, daß ich in Gelddingen konkrete Abmachungen und deren Einhaltung schätze und davon auch nicht abgehen werde. Ich zwang ihn förmlich, einzusehen, daß er in dieser Sache mir gegenüber einen Fehler begangen hätte. So glichen sich dann die Fehler aus, und ich erfüllte, nachdem ich sein großes Geheimnis erfahren habe, seinen Wunsch nach neuen DM 20.000.–. Die Frage der Publikationen wurde relativ rasch gelöst. Es herrschte Übereinstimmung. Seine Bitte, daß der Suhrkamp Verlag im Frühjahr nur die ›Korrektur‹ und keine anderen Romane herausbringen sollte, lehnte ich freilich ab.
Sein großes Geheimnis: während in Wien der Prozeß zwischen den Salzburger Festspielen und Peymann und den Schauspielern vorbereitet wird [wegen der Weigerung von Claus Peymann, *Der Ignorant und der Wahnsinnige* bei den Festspielen mehr als einmal zu spielen, wenn nicht am Ende alle Lichter gelöscht seien, verklagt die Festspieldirektion Peymann und die Schauspieler; siehe Anm. 1 zu Brief 201], während der Anwalt von Peymann, Dr. Stern, ›von den Honoraren große Autos fahrend‹ zum Prozeß schürt, während alle Welt die große Zerstrittenheit zwischen Bernhard und dem Präsidenten der Salzburger Festspiele, Kaut, [kennt] (Bernhard hatte ihn in einem Telegramm, das veröffentlicht wurde, mehr oder weniger als unzurechnungsfähig bezeichnet [siehe ebenfalls Anm. 1 zu Brief 201]), verbanden und verbinden sich in aller Ruhe Herr Kaut und Thomas Bernhard für die Festspiele 1975. Thomas Bernhard wird für die Salzburger Festspiele 1975 ein neues Stück schreiben. Darauf ist er jetzt ganz versessen. Er denkt an ein Märchen mit großen komödiantischen Einlagen. Ihn fasziniert Strawinsky/Ramuz, ›Die Geschichte vom Soldaten‹. Er möchte das Poetische wieder stärker betonen. Ganz einfach soll sein Stück sein, ein Kabinettstück mit wenigen Figuren. Das neue Stück soll im Juli 1975 in der Bibliothek Suhrkamp erscheinen. Kaut sei einverstanden, schon deswegen, weil in diesem Jahr wieder eine Katastrophe sich anbahne, im Jahre 1974 würde ein neues Stück von Zuckmayer aufgeführt werden, das sicherlich ebenfalls eine Katastrophe würde, deswegen möchte Kaut gerne wieder für das Jahr

1975 etwas Innovatorisches haben. Und nun die Volte: Während Kaut ihm sagte, er möchte doch den Vertrag direkt schließen und das Geld ganz für sich einkassieren, legte Thomas Bernhard Wert darauf, daß wir diesen Vertrag schlössen, zu denselben Bedingungen, vielleicht DM 10.000.– mehr, das wären also DM 40.000. –. Wie gesagt, Thomas Bernhard ist ganz versessen und besessen von diesem Plan, und dann kam meine Gegenidee: ich schlug ihm vor, mit Kaut eine Vereinbarung zu schließen, wonach die Salzburger Besetzung auf Tournee gehen sollte, und zwar auf eine erste Tournee einer Suhrkamp Tournee-Agentur. Das leuchtete ihm sehr ein, einmal, weil es seinen Vorstellungen der Qualität und des Besonderen entspricht und weil natürlich Geld herauskommen kann. [...]
Dann sagte er mir, er wolle nach Wladiwostok fahren, und zwar im November. Er hoffte nämlich, so auch seine Abmachung mit Kaut, bis zum Oktober 1973 das Manuskript abgeschlossen zu haben, und danach wolle er in eine ganz andere Richtung fahren, nach Wladiwostok mit dem Zug und dann mit dem Schiff zurück über Japan und den Indischen Ozean. Das in zwei Monaten November / Dezember 73. Ich versprach ihm, beim ›Stern‹ nachzufragen, ob diese Reise etwa als ›Stern‹-Fahrt für Autoren möglich ist. Ich treffe ja Herrn Nannen am Freitag abend oder am Samstag in Düsseldorf und will mit ihm darüber sprechen.
So endete diese Unterredung, die mit mißlichen Vorzeichen begann, in heiterer, gelöster, fast freundschaftlicher Atmosphäre. Als wir uns verabschiedeten, zog ein Gewitter sich über dem Flughafen zusammen, das vom Westen in Richtung Osten rollte. Innerhalb kurzer Zeit wurde es dunkel. Als Bernhard nach Ohlsdorf fuhr, mußte ihn das Gewitter begleitet haben. Als ich gen Westen flog, flog ich in einen blauen Himmel hinein.«

[245; Anschrift: Ohlsdorf; Telegrammnotiz]

Frankfurt am Main

8. Mai 1973

Der »Ignorant« wird Freitag, Samstag in Berlin gespielt. Gespräch mit Bruno Ganz in unserem Sinne verlaufen.
Herzlich Siegfried Unseld

[246; Anschrift: Ohlsdorf]

Frankfurt am Main
15. Mai 1973

Lieber Thomas Bernhard,
hier einige Nachrichten, die Sie vermutlich interessieren werden. Zunächst hat uns der ORF mitgeteilt, daß die Fernsehproduktion von »Frost« »nicht zustande kommen wird«. Eine Kopie des Briefes liegt hier an. Wir sollten uns damit nicht zufriedengeben. Wollen Sie weiterkämpfen?[1]
Wie ich Ihnen telegraphierte, hatte ich ein sehr aufschlußreiches Telefonat mit Bruno Ganz. Er weiß von Wiener Prozeßverhandlungen überhaupt nichts, und er teilte mir auch mit, daß Peymann in dieser Sache müde geworden sei. Jedenfalls, er hätte keine große Lust, die Sache weiterzuverfolgen, und ich deutete ihm an, daß das Ihnen angenehm sei. Im übrigen stimmt er mit mir überein, innerhalb von vier Wochen will er sich überlegen, ob und in welchem Theater er die Hauptrolle der »Jagdgesellschaft« spielen wird; ich habe ihm auch die Fernsehmöglichkeit nahegelegt.
Ich möchte Ihnen auch mitteilen, daß Dr. Rach seine Beziehung zum Suhrkamp Verlag gekündigt hat, er wird als Dramaturg am Düsseldorfer Theater arbeiten. Dies mutmaßlich vom 1. Januar an.
Ich hatte irgendwie den Eindruck, Sie schreiben und schreiben, und das ist gut so.
Herzlich
Ihr
[Siegfried Unseld]

1 Die Anlage hat sich nicht erhalten.

[247; Anschrift: Ohlsdorf]

Frankfurt am Main
22. Mai 1973

Lieber Thomas Bernhard,
ich werde diesen Brief nicht unterzeichnen können, da ich zu einer Auslandsreise aufbrechen muß.[1]
Mich hat Peymann angerufen und mich von den Berliner Vorgängen informiert. Ich nehme an, daß Sie mir dazu noch schreiben werden. Ich werde in den nächsten Wochen verreist sein, bin immer wieder für den einen oder anderen Tag in Frankfurt zurück, jedoch im Grunde genommen bis zum 25. Juni verschwunden. (USA!) Dann, so meine ich, sollten wir uns vielleicht irgendwo treffen. Was schlagen Sie vor?
Wie ich Ihnen schon schrieb, hat Dr. Rach gekündigt. Er möchte in relativ kurzer Zeit hier ausscheiden, um am Theater »praktisch« zu arbeiten. Da ich sehr kurzfristig disponieren mußte, kam ich mit Jürgen Becker überein, daß er für zwei Übergangsjahre die Leitung des Theaterverlages übernehmen wird. Er schätzt Ihre Arbeiten außerordentlich und ist, als eine der wenigen Ausnahmen, in der Lage, zwischen den eigenen Intentionen und den Qualitäten anderer zu unterscheiden.
Wenn wir uns treffen, sollte vielleicht auch ein Gespräch mit Herrn Kaut möglich sein. Je länger ich mir unser Gespräch überlege, um so klarer wird mir eine mögliche Kombination seiner und unserer neuen Interessen.
Ich hoffe, Sie können arbeiten.[2]
Schöne Grüße
Ihr
Dr. Siegfried Unseld
i. A.
Renate Steinsiek

1 S. U. bricht am 21. Mai 1973 nach London auf, fliegt von dort nach Zürich, ist am 28./29. Mai in Berlin und hält sich zwischen dem 9. und 26. Juni zu Verlagsgesprächen in den USA auf.

2 Auf dem Brief notiert Th. B. handschriftlich zwei Telefonnummern; links unten mit grünem Kugelschreiber »07612/4185«, am linken Rand »03584/2426«. Bei ersterer handelt es sich um die Telefonnummer des Rathauscafés Brandl in Gmunden. Bei der zweiten um jene des Hotels Landsitz Pichlschloß in Mariahof bei Neumarkt in der Steiermark, wo Hedwig Stavianicek lange Jahre mehrere Sommerwochen verbringt, wobei Th. B. sie jedesmal hinbegleitet und wieder abholt.

[248; Anschrift: Ohlsdorf]

Frankfurt am Main
4. Juni 1973

Lieber Thomas Bernhard,
die Buchmesse findet diesmal in der Zeit vom 11.-16. Oktober statt. Traditionell beginnt für uns die Messe mit einem Empfang für Kritiker am Donnerstagnachmittag, 17 Uhr, in der Klettenbergstraße. Hier werden die wichtigsten Leute, Autoren, Kritiker, anwesend sein. Jedesmal liest auf diesem Empfang ein Autor aus einem Werk, das nicht im laufenden Jahr erscheint, sondern ein Jahr später erscheinen wird. Die Idee ist nicht so sehr, dem Verkauf zu huldigen, sondern einen Einblick in die Werkstatt zu geben.
In diesem Jahr wäre es besonders schön, wenn Sie aus der »Korrektur« lesen würden. Es wäre eine gute Gelegenheit, auf diesen Roman hinzuweisen, und Sie hätten hier ein ideales intellektuelles Publikum. Freilich, die Lesung sollte nicht länger als 15 oder 20 Minuten sein, und zweitens: Sie müßten fest versprechen, zu diesem Termin nach Frankfurt zu kommen. Eine Änderung wäre ungemein peinlich, da wir die Leute dann zu dieser Lesung einladen und ein Ersatz so kurzfristig als Lückenbüßer genommen und abge-

wertet werden könnte. Möchten Sie also kommen? Ich würde mich sehr freuen. Vielleicht könnten Sie mir noch bis zum Freitag, dem 8. Juni, Nachricht geben; danach werde ich für eine USA-Reise für 15 Tage nicht in Frankfurt anwesend sein.
Ich richte diese Anfrage jetzt an Sie, weil ich nicht genau weiß, wie Ihre Reisetermine sind, doch vielleicht sind Sie im Oktober in Wladiwostok oder schwimmen auf dem Indischen Ozean.
Schöne Grüße
Ihr
Siegfried Unseld

[249; Anschrift: Ohlsdorf]

Frankfurt am Main
9. Juni 1973

Lieber Herr Bernhard,
ich hoffte sehr, von Ihnen noch vor meiner Abreise in die USA zu hören, doch ich deute Ihr Schweigen durchaus freundlich.
Ich werde am 26. Juni wieder hier sein, muß dann jedoch bald wieder zu einer Schweizer Reise aufbrechen; im Juli bin ich wieder regelmäßig in Frankfurt. Bis dahin werde ich wohl von Ihnen gehört haben.
Ich hoffe, Ihnen ist die Nachricht angenehm, daß wir im nächsten »Spectaculum« Ihr Stück »Der Ignorant und der Wahnsinnige« aufnehmen. Das wird diesem Stück wieder eine neue Verbreitung geben.[1]
Schöne Grüße
Ihr
Siegfried Unseld

1 *Der Ignorant und der Wahnsinnige* ist enthalten in *Spectaculum 19*, S. 7-82.

[250; Anschrift: Ohlsdorf]

Frankfurt am Main
12. Juli 1973

Lieber Thomas Bernhard,
ich bin von verschiedenen Reisen wieder zurück und arbeite wieder an meinem Frankfurter Schreibtisch. Wie geht es Ihnen? Wie entwickeln sich die Arbeiten? Wie gestalten sich die Vorhaben? Wann sehen wir uns? Lauter Fragen.
Ich habe sicherlich bis Ende Juli dringlich hier zu tun, wäre jedoch in der ersten Hälfte August freier. Kommen Sie einmal in nördlichere bzw. westlichere Zonen, so daß wir uns auf halbem Wege treffen könnten? Das Fliegen ist gegenwärtig in den deutschen Breiten ja nicht sehr angenehm.[1]
Mit allen guten Wünschen für Sie und herzlichen Grüßen
Ihr
Siegfried Unseld

1 Am 11. Juli 1973 sterben bei einem Flugzeugunglück auf dem Pariser Flughafen Orly 123 Personen.

[251; Anschrift: Ohlsdorf]

Frankfurt am Main
23. Juli 1973

Lieber Thomas Bernhard,
ich höre nichts von Ihnen, also arbeiten Sie! Oder?
Ich hoffe, mein letzter Brief hat Sie erreicht; es wäre schön, wenn wir uns in der ersten Augusthälfte irgendwo sehen könnten. Bitte, nennen Sie mir Ihre Möglichkeiten.
In der »Zeitwende« las ich einen Essay von Heinz Beckmann »Die Welt des Thomas Bernhard«. Ich schicke Ihnen

diesen Text zu, weil ich annehme, daß Sie die Zeitschrift nicht kennen.
Schöne Grüße
und auf bald
Ihr
Siegfried Unseld

Anlage[1]

1 Heinz Beckmann: *Die Welt des Thomas Bernhard*, in: *Zeitwende* 1973, S. 264-274. Es handelt sich um den Text eines Vortrags an der Akademie Rabanus Maurus im Jahr 1971.

[252; Anschrift: Ohlsdorf; Telegramm]

Frankfurt am Main
27. Juli 1973

möchte sie gerne dienstagabend 7. oder mittwoch 8. august in ohlsdorf, salzburg oder anderswo treffen bitte geben sie mir bescheid
herzlich ihr
siegfried unseld

[253; Telegramm]

[Ohlsdorf]
[zwischen 27. und 31. Juli 1973]

erwarte sie dienstag ohlsdorf erbitte nachricht wann
herzlich bernhard

[254; Anschrift: Ohlsdorf; Telegramm]

Frankfurt am Main
31. Juli 1973

ankomme dienstag, 7. 8. 19 uhr ohlsdorf – rückflug mittwoch nachmittag
herzlich unseld

[255; Anschrift: ⟨Ohlsdorf⟩]

Frankfurt am Main
1. August 1973

Lieber Thomas Bernhard,
bei unserem Gespräch möchte ich Ihnen folgende Bitte unterbreiten: wir wollen ein Gedächtnisbuch für Günter Eich realisieren. Für dieses Buch liegen uns eindrucksvolle Aufzeichnungen von Jürgen Eggebrecht, Max Frisch, Wolfgang Hildesheimer, Uwe Johnson, Joachim Kaiser usw. vor. Wir möchten das Buch gern zum Todestag Eichs vorliegen haben, es sollte also zum 1. Dezember erscheinen. Der Redaktionsschluß für den Band, und der wirklich allerletzte Termin für die Ablieferung eines Beitrags, ist der 1. September. Sie, lieber Thomas Bernhard, sollten doch an diesem Gedenkbuch teilhaben. Ich möchte Sie herzlich darum bitten. Die Form der Beiträge ist offen: Betrachtung, Erinnerung, Portrait, Aufzeichnung einer Begegnung, Briefe an oder von Eich, eine Szene, ein Prosastück, ein Gedicht. Bitte, schreiben Sie doch zu diesem wesentlichen Anlaß.
Nach Möglichkeit wollen wir auch ein Foto mit Ihnen und Günter Eich bringen. Gibt es ein solches Foto, und könnten Sie es uns überlassen?[1]
Bis bald!
Mit freundlichen Grüßen
Siegfried Unseld

1 Th. B. zählt nicht zu den Beiträgern von *Günter Eich zum Gedächtnis*, herausgegeben von S. U., das am 6. Dezember 1973 erscheint.

[256; Anschrift: Ohlsdorf; Telegrammnotiz]

Frankfurt am Main
9. August 1973

Lieber Thomas Bernhard,
telefonisch nicht durchgekommen. Erbitte dringlich Anruf heute nachmittag.[1]
Gruß Siegfried Unseld

1 Möglicherweise soll es in diesem Telefonat um die Vereinbarung eines neuerlichen Treffens mit Th. B. gehen, jedenfalls legt der Schluß des *Reiseberichts Venedig–Zürich–Großgmain–Ohlsdorf–Salzburg, 4.-8. August 1973* von S. U. dies nahe:
»Meine diesmalige Begegnung mit *Thomas Bernhard* zeichne ich noch getrennt auf, sie war zu ungewöhnlich, oder ganz und gar typisch für Bernhard. Ich kann die Fakten hier nicht bekanntgeben, weil bis Ende August darüber absolutes Stillschweigen herrschen muß. Nur soviel: Thomas Bernhard hat ein neues Stück fertig, das auch 1974 aufgeführt werden wird. Wir werden in diesem Jahr 1974 also ein besonderes Thomas Bernhard-Jahr haben, die ›Jagdgesellschaft‹ an der Burg und an weiteren drei Theatern, dann das neue Stück.
In der Bibliothek Suhrkamp erscheinen 1974 drei Einzelausgaben (das ist nicht ideal, aber die Ausnahme rechtfertigt sich), die ›Jagdgesellschaft‹, das neue Stück – jeweils zu den Aufführungsterminen – und im September 1974 ›Erinnern‹. Das Manuskript für den Roman ›Korrektur‹ erhalten wir so rechtzeitig, daß wir diesen Roman noch im Dezember drucken und Lese-Exemplare Ende Dezember verschicken können. Erscheinungstermin dann 15. März 1974.
Wegen der überraschenden Entscheidungen im Hinblick auf dieses neue Stück muß ich noch einmal in den nächsten Tagen nach Salzburg / Ohlsdorf fahren.«
Die angesprochene getrennte Aufzeichnung erfolgt im *Bericht*

Thomas Bernhard, Besuch in Ohlsdorf, Dienstag, 7. August 1973, den S. U. für die *Chronik* verfaßt:
»Ich kam eine halbe Stunde früher als vorgesehen, mein Leihwagen ließ mich die Distanz Großgmain [S. U. besucht dort die Witwe von Günter Eich, Ilse Aichinger] – Ohlsdorf rascher überbrücken. Er hörte den Wagen nicht in den Hof einfahren und war überrascht, als ich am Fenster klopfte. Soeben hatte er mein Bett gerichtet und hatte zwei Bügel in der Hand. Er sagte gleich zwei Dinge: Ich käme im entscheidenden Augenblick, jedoch sei er krank, habe 39 Fieber, sei angeschlagen, und er sei erst jetzt aus dem Bett aufgestanden.
Ich sagte ihm sofort, worin ich den entscheidenden Moment sähe: das Zuckmayer-Stück wird mit Sicherheit nicht fertig für die Salzburger Festspiele 1974, und ich nahm an, daß zur Debatte stünde, sein neues Stück zu den Festspielen des nächsten Jahres zu bringen. [Von Carl Zuckmayer wird kein Theaterstück bei den Salzburger Festspielen aufgeführt. *Der Rattenfänger. Eine Fabel*, seine letzte Arbeit für die Bühne, wird 1975 im Schauspielhaus Zürich uraufgeführt.] Genau so war es.
Er las in den ›Salzburger Nachrichten‹, daß das Zuckmayer-Stück auf 1975 verschoben sei. Das war ja aber sein Datum. Er wurde sofort, wie er sagte, ›wütend‹. Am Tage nach meinem Besuch hatte er eine Lesung im Rahmen der Salzburger Festspiele, von ihm aus als eine Art Versöhnung gedacht. Diese Lesung wollte er absagen, und er tat dies durch Herrn Schaffler vom Residenz Verlag. Dieser rief bei Herrn Kaut, dem Präsidenten der Festspiele, an, und dieser entwickelte verständlicherweise sofort die Idee, Bernhards Stück schon 1974 zu bringen. Ihm, Kaut, konnte das ja nur angenehm sein. Soweit die Vorgänge beim Eintreffen in Ohlsdorf. Bernhard sagte mir, daß er am nächsten Tag ein Mittagessen mit Kaut habe, bei dem die Entscheidung nun fallen müßte. Wir diskutierten sehr ausführlich das Für und Wider dieser Aufführung. Vom Stück selbst erzählte mir Bernhard sehr wenig, es sei eine Komödie, ein Märchen nach der Art von Strawinskys ›Soldaten‹, mit drei männlichen Hauptfiguren, dabei ein Regisseur, der seine eigene Inszenierung spielt, das Werk hätte sehr viel musikalische Elemente, es müßte also von einem Regisseur inszeniert sein, der vom Musiktheater eine Ahnung hätte. Der Titel stünde fest: ›Kopfstück‹. Ich sagte sofort, daß ich diesen Titel nicht gut fände. Er war über-

rascht über meine spontane Reaktion, seine Alternative: ›Quintett‹ schien mir freilich nicht besser. Wir diskutierten dann mögliche Regisseure. Außer den paar Namen, die einem ja immer wieder einfallen und die für das Stück und auch für Bernhard nicht in Frage kommen, nannte ich Everding, der für Bernhard zu alt war, dann Jan Groszmann aus Prag, der für Bernhard zu populär war, und schließlich Hans Hollmann, der ja immerhin Horváth, Hofmannsthal und Nestroy glänzend inszeniert habe. Gegen Hollmann reagierte er sofort spontan, er lehnte ihn ab. ›Er ist mir zu nah, er stammt aus Gmunden.‹ Es ist uns allen klar, daß die frühzeitige Aufführung des neuen Stückes alle an der Aufführung der ›Jagdgesellschaft‹ Beteiligten in Schwierigkeiten bringt; die Burg wird es sicherlich nicht gerne sehen, daß sie Ende April/Anfang Mai die ›Jagdgesellschaft‹ uraufführt, und im Juli ist schon das neue Stück da, von Peymann zu schweigen: mit seinem Ärger ist sicher zu rechnen, schon von der Tatsache her, daß Bernhard sich so schnell mit Kaut wieder verbrüdert hat, nachdem Peymann-Ganz, aber auch Thomas Bernhard sich solidarisierten, um dem juristischen Angriff der Festspiele gemeinsam zu begegnen. Schließlich erwogen wir zu nächtlicher Stunde, ob es nicht doch noch möglich sei, eine Flucht nach vorne anzutreten, d. h., die Theater einschließlich Peymann zu bewegen, die ›Jagdgesellschaft‹ doch noch 1973 aufzuführen.

Was die Publikation betrifft, so hatte Bernhard auch hier wieder dezidierte Meinungen, wie ja überhaupt: er denkt an nichts anderes als an sein Werk, Tag und Nacht, und dies ausschließlich. Er weiß genau, was er will, und versucht dies durchzusetzen. Und seiner Umwelt seinen Willen aufzuzwingen.

Er möchte natürlich auch, daß das neue Stück im Rahmen der BS herausgegeben wird. Ich hielt ihm entgegen, daß drei Titel in einem Jahr in der BS einfach zuviel seien, und außerdem wolle er ja das neue Stück ohnehin nur als eine ›österreichische‹ Theaterangelegenheit sehen, denn es war ja seine Idee, dieses Stück für die deutschen Theater nicht freizugeben, jedoch für eine Theater-Tournee, die sich an die Festspiele anschließen könne. Doch er bat dringlich um Aufnahme auch dieses Stückes in die BS.

1974 werden also folgende Titel von Bernhard in der ›Bibliothek Suhrkamp‹ als Erst-Ausgaben erscheinen:

im April: ›Die Jagdgesellschaft‹

im Juli: Das neue Stück
im September: ›Erinnern I‹
Weil ich ihm diese Zusage nun machte, erzwang ich gewissermaßen auch eine frühere Herausgabe des Manuskripts von ›Korrektur‹. Er will uns das Manuskript so rechtzeitig geben, daß wir unverzüglich den Satz unternehmen, die Bogen im Dezember drucken und Ende des Jahres Vorab-Exemplare an ausgewählte Buchhändler und ausgewählte Kritiker verschicken können. Erscheinungstermin dann Mitte März 1974. Dieser Bitte stimmte er zu.
Wir überlegten uns dann auch sein Auftreten zur Buchmesse. Zunächst hat er es verworfen, dann aber wollte er sich's doch überlegen, evtl. gemeinsam mit Uwe Johnson [der dritte Band der *Jahrestage* erscheint im Oktober 1973] aufzutreten, aber schließlich sagte er das ab.
Ich fuhr am nächsten Morgen früh nach Salzburg, um ein Treffen mit Strehler auszumachen, denn mit ihm wollte ich eine evtl. Inszenierung des Bernhard-Stückes besprechen. Ich sollte Strehler dann um 11.30 h treffen. Pünktlich um 10.30 h traf ich Bernhard im Café Tomaselli. Noch einmal eine Rekapitulation des Für und Wider, schließlich meinten wir, daß doch mehr für den 1974er Termin spräche. Mit Strehler konnte ich ihm keine Hoffnung machen, weil ich ja wußte, daß er im Jahre 1974 die ›Zauberflöte‹ inszenieren müsse und wolle.
Über das Gespräch mit Kaut berichtete mir Bernhard dann am Telefon einen Tag später. Es sei alles nach Wunsch verlaufen, d. h., Kaut wolle seine Wünsche erfüllen. Nach dem Essen mußte er sich wegen einer Schwäche hinlegen, er hätte Fieberzustände gehabt, und in solcher Exaltation sei ihm der Titel des Stückes eingefallen: ›Macht der Gewohnheit‹. In der Tat, ein ausgezeichneter Titel, der auch sofort plausibel ist, ja, man meint, es müsse ihn schon gegeben haben, aber es gibt nur die ›Macht der Finsternis‹. Mit Kaut wurden dann mögliche Darsteller diskutiert. Kaut schlug offenbar drei Namen vor, die Bernhard sehr angenehm waren: Leopold Rudolf, Otto Schenk und Bruno Dallansky, Regie (zu meiner Überraschung nun doch) Hans Hollmann.
Bernhard wird das Stück Ende Dezember abliefern, ich weiß aber, daß er es schon Ende Oktober fertig haben will. Die Tatsache der Aufführung dieses Stückes mit dem Titel wird Kaut Ende August bekanntgeben.

Nun überließ es Bernhard mir, mit Kaut Gespräche zu führen
a) um die Honorierung (er verlangt gegenüber den DM 30.000.– von 1972 einen Betrag von DM 40.000.–) und
b) soll die Frage der Tournee geregelt werden. Das in der Tat hätte Thomas Bernhard sehr gerne gesehen: keine deutsche Aufführung, dafür aber eine größtmögliche Aufführungsdichte des Tournee-Unternehmens.
Am Telefon erzählte mir Bernhard auch etwas verwirrt, daß auf ihn eben ein Anschlag verübt worden sei, jemand wolle sein Leben bedrohen.
Solchen Spannungen ist dieses Dasein Thomas Bernhard ausgesetzt, es ist ein dauerndes Alles oder Nichts, es ist die Rücksichtslosigkeit selbst, wenn es um das Durchsetzen seiner Sache geht, und es ist eine höchste Sensibilisierung und Empfindlichkeit, wenn ihm etwas fehlt. Leicht erkältet, wie er sei, wagte er es nicht, an die frische Luft zu gehen, mich schickte er in den Keller zum Mostholen, kam aber dann doch mit, um nachzusehen, daß ich nicht allzu lange bliebe. Wir gingen früh zu Bett, ich bat ihn um die Lektüre eines Teils der ›Korrektur‹, auch das wollte er nicht, er könnte nicht mehr schlafen, wenn er wisse, unter seinem Dach würde ich dieses noch nicht fertige neue Manuskript lesen. Er teilt ein wenig die Welt auch ein nach dem Prinzip: wer nicht für mich ist, ist gegen mich, doch hat er aber auch hier sehr gesunde Ansichten, so sagte er im Hinblick auf Peymann, wenn dieser sich jetzt rasch ärgere, so sei der Ärger auch rasch verflogen. Je eher also, je besser.«

[257]

[Ohlsdorf]
20. 8. 73

Lieber Doktor Unseld,
am letzten Sonntag habe ich auf dem Marktplatz von Mondsee[1] auf Sie gewartet, bis acht Uhr, hinundhergehend wie Elisabeth Schwarzkopf, die solange neben mir hinundhergegangen ist, bis sie mich in dem Sinne angesprochen hat: so ist das, wenn man etwas ausmacht – und um acht

ist, wen sie erwartete, endlich gekommen, Paula Wessely, aber der Doktor aus Frankfurt nicht. So also in das »Königsbad«, wo mir gesagt worden ist, der Doktor ist krank etcetera. Heimfahrt, mit der ganzen Melancholie des Rekonvaleszentrikers.[2]

Die Ohlsdorfer Bazillen haben in Frankfurt ihre Wirkung getan, ich bin sicher, es sind solche gewesen. Ich selbst bin wieder, sagen wir halt, gesund, besser beisammen als vorher, aber es brauchte doch zwei ganze Wochen. Vielleicht ist es der Kunst der Frankfurter Ärzte gelungen, Sie rascher und sicherer auf die neuen Beine zu bringen, als ich mich selbst. Als ich gesund war, kam mein Bruder, der Internist, und sagte, mit einer Sommergrippe sei nicht zu spielen!

Aber was soll ich zu der ganzen Sache sagen? Im Bett liegend sind mir, wie den meisten Kranken, die besten Gedanken gekommen. Und jetzt bin ich ganz bei der »Macht der Gewohnheit« und will nicht eher Ruhe geben, als bis sie fertig ist. Ein guter Stoff, eine richtige Komödie, vielleicht sogar ein Lustspiel. Werden sehen.

Ich bin zwei Tage im Wald gewesen,[3] als ich heute heimkomme, war ein Zettel von Bruno Ganz an der Tür: habe hier übernachtet ... Jetzt bin [ich] wieder melancholisch, wie sich denken lässt. Der Mann ist weg, ich weiss nicht wohin.

Am Freitag kommt Kaut auf Besuch nach Ohlsdorf (er hat ein paarhundert Meter weiter seine Kindheit verbracht), da werden wir alles Notwendige besprechen.

Sie selbst hatten mir versprochen, Peymann und Klingenberg von meiner Komödie in Salzburg das Notwendigste zu sagen, ich hoffe, das ist geschehen, bevor Kaut »Meldung macht«.

Ich müsste bester Laune sein.

Aber nur soviel: bitte machen Sie dann, wenn alles perfekt ist, den Vertrag mit Salzburg und nur persönlich. Der Inhalt ist der gleiche wie 71, nur die Tournee muss hinein. Über die bitte ich Sie, sich den Kopf tatsächlich zu zerbrechen, die Idee ist »klassisch« (Nestroy), und muss intensivst verfolgt werden als Tatsache.[4]

Ob es mit Hollmann klappt, erfahre ich sicher Freitag von Kaut.

Ein paar Bücher kamen an, ich muss hohen Zoll zahlen, die Welt ist verrückt, pervers, vernichtend.

Ich denke, Sie werden doch noch nach Salzburg kommen und sich den Haufen shakespearischer Könige in der Felsenreitschule anschauen, die sich dort wie die dummen Hunde balgen mit ihrem ungefährlichen Gekläff.[5]

Denken Sie an das hohe Kapital einer kurzen, intensiven Krankheit und verfluchen Sie mich nicht.

Ich selbst bin wieder da, wo ich hingehöre. Inzwischen Sie auch – wahrscheinlich.

Geben Sie mir ein Lebenszeichen.[6]

Herzlich Ihr
Thomas B.

1 Der Ort Mondsee liegt am gleichnamigen See im oberösterreichischen Salzkammergut, etwa auf halber Strecke zwischen Salzburg und Obernathal.

2 Ein Telegramm Burgel Zeehs vom 11. und ein Brief vom 13. August nach Ohlsdorf dürften Th. B. demnach nicht bzw. erst zu spät erreicht haben. In der Telegrammnotiz in der Handschrift von S. U. heißt es:
»Dr. Unseld ist leider erkrankt mutmaßlich mit Ohlsdorfer Bazillen stop Sein Arzt verbietet Reise stop Gespräch mit Kaut also später [...].«
Und im Brief:
»Lieber Herr Bernhard,
die ›Ohlsdorfer Bazillen‹ sind doch ganz schön stark! Jedenfalls so stark, dass Herr Unseld heute und voraussichtlich auch morgen nicht in den Verlag kommen wird. Ihm selbst tat es sehr leid, die Reise absagen zu müssen, doch letztlich musste er sich dem Rat des Arztes beugen.«

3 Im November erwirbt Th. B. in Ottnang am Hausruck ein am Wald gelegenes Haus.
4 Zu einer Theatertournee mit *Die Macht der Gewohnheit* kommt es 1975 (siehe Anm. 1 zu Brief 283).
5 Th. B. spielt hier auf Giorgio Strehlers *Spiel der Mächtigen* an, eine Bearbeitung von William Shakespeares *Heinrich VI.* mit einer Gesamtlänge von sechs Stunden.
6 Der Brief trägt rechts oben die handschriftliche Notiz von S. U.: »tel.[efonisch] erl[edigt]«

[258; Telegramm]

Wolfsegg
29. 8. 73

nozkaut gestern hier salzburg perfekt regie dorn bild minks vertrakdogst herzlieaifo
bernhard

[259; Anschrift: Ohlsdorf]

Frankfurt am Main
29. August 1973

Lieber Herr Bernhard,
mit der Ortsangabe »Wolfsegg« kam ein eher verstümmeltes Telegramm hier an. Die Verabredung mit Herrn Kaut sei perfekt, Regie Dorn, Bild Minks, danach war aber alles verstümmelt.
Die wichtigste Frage: haben Sie mit Kaut über eine Tantiemenpauschale gesprochen? Fiel der Betrag von DM 40.000.–, oder soll ich versuchen, ihn noch höher anzusetzen? Bitte, schreiben Sie mir, rufen Sie mich an, oder schicken Sie mir ein Telegramm. Ich setze mich danach sofort mit ihm in Verbindung.[1]

Ich nehme Ihre Absage für eine Frankfurter Lesung während der Buchmesse also definitiv, doch in einem Punkt möchte ich insistent bleiben: es wäre eine optimale Angelegenheit, wenn wir zu Weihnachten ausgesuchten Buchhändlern und einem ganz kleinen Kreis sicherer Bernhard-Freunde unter den Rezensenten die »Korrektur« als Vorexemplar übergeben könnten. Um das möglich zu machen, brauchen wir bis zum 15. September den Text. Geht das?[2]

Schöne Grüße

Ihr

[Siegfried Unseld]

1 Am 29. August schreibt Josef Kaut an den Suhrkamp Verlag: »Gestern hatte ich ein ausführliches Gespräch mit Herrn Thomas Bernhard, das die Uraufführung seiner Komödie ›Die Macht der Gewohnheit‹ bei den Salzburger Festspielen betraf. Herr Bernhard hat erklärt, daß er bei diesem Stück an das Salzburger Landestheater und die Salzburger Festspiele gedacht habe und daß es sein größter Wunsch ist, daß dieses neue Werk bei uns aufgeführt wird.« S. U. antwortet unter dem Datum des 31. August: »Auch ich bin wie Sie erfreut, daß Thomas Bernhard die Uraufführung seiner Komödie ›Die Macht der Gewohnheit‹ den Salzburger Festspielen anvertrauen möchte. Sie haben sicherlich gelesen, daß in der Kritikerumfrage von ›Theater heute‹ ›Der Ignorant und der Wahnsinnige‹ als das ›wichtigste Stück der Spielzeit 72/73 bewertet wurde. [...] Gerne schließen wir mit Ihnen einen Vertrag über die Aufführung. [...] Nun zu der anderen Frage im Zusammenhang dieses Stückes. Ich gehe davon aus, daß Thomas Bernhard Sie über unser Vorhaben, das Stück in der Regie und Besetzung der Salzburger Festspiele im Anschluß an die Aufführungen in Salzburg auf Tournee gehen zu lassen, informiert hat. Müssen wir darüber nicht bald ein detailliertes Gespräch führen, da das Engagement der Schauspieler durch diesen Plan ja deutlich beeinflußt wird?«

2 Die Verlagskopie des Briefs trägt über der Anschrift den handschriftlichen Vermerk »Eilboten«.

[260; Anschrift: ⟨Ohlsdorf⟩]

Frankfurt am Main
31. August 1973

Lieber Thomas Bernhard,
ich wurde gebeten, mich öffentlich zur Frage der Rechtschreibreform zu äußern; die westdeutschen Kultusminister denken ja an eine generelle Einführung der Kleinschreibung bei der deutschen Sprache. Wie beurteilen Sie diese Änderung? Bei mir wehrt sich alles gegen die Kleinschreibung. Das ideologische Moment, die Erlernung der deutschen Sprache sei für Wenigerprivilegierte dadurch leichter, kann ich nicht gelten lassen. Zur Aufklärung gehört eben doch ein Maß einer Bemühung, wenn nicht schon die Anstrengung, das groß zu schreiben, was als Substantiv gedacht ist.
Mich würde Ihre Meinung zu dieser Frage interessieren. Etwa die Beantwortung der Fragen:

a) Sehen Sie in einer generellen Kleinschreibung einen Fortschritt in der Demokratisierung gesellschaftlicher Verhältnisse?
b) Könnten Sie sich vorstellen, unsere Klassiker in neuen Editionen mit kleingeschriebener Schrift lesen zu können, Goethe und Marx in Kleinschreibung also?
c) Würden Sie sich selbst im Falle des Beschlusses der Kultusministerkonferenz dazu motivieren lassen, in Zukunft nur noch kleine Buchstaben zu verwenden?
d) Könnten Sie sich in der Reform einen Kompromiß vorstellen: es werden außer den Namen alle klar erkennbaren Substantive und substantivierten Verben groß geschrieben, alle Zweifelsfälle jedoch klein. Als weiteren Kompromiß könnte man sich vorstellen, daß man jedoch in der Rechtschreibung, nicht aber in der Groß- und Kleinschreibung Noten gibt.

Ich wäre Ihnen für eine Stellungnahme sehr dankbar.[1]
Mit freundlichen Grüßen
Ihr
Siegfried Unseld

1 S. U. sendet diesen Brief an 60 Autoren des Verlags: etwa an Uwe Johnson (siehe *Der Briefwechsel*, S. 799f.) und Wolfgang Koeppen (*»Ich bitte um ein Wort...«*, S. 255f.), und erhält 45 Antworten auf die gestellten Fragen. Der Anlaß war eine Bitte des PEN-Clubs Deutschland um eine Stellungnahme zur Rechtschreibreform. S. U. hält am 5. Oktober in Frankfurt am Main auf dem von der Gewerkschaft Erziehung und Wissenschaft veranstalteten Kongreß mit dem Titel *vernünftiger schreiben. Reform der Rechtschreibung* eine Rede, in der er aus den ihm zugesandten Antworten der Autoren zitiert. Zur Reaktion von Th. B. siehe Anm. 1 zu Brief 280.

[261]

[Ohlsdorf]
13.9.73

Lieber Siegfried Unseld,
es wird sich nicht umgehen lassen, dass wir uns in Kürze wieder treffen, ich bitte Sie, nach Salzburg zu kommen, wann es nur möglich ist, aber es muss ein Zeitpunkt sein, zu welchem Herr Kaut wieder von seinem Urlaub zurück ist; ich glaube, er ist weggefahren. Das lässt sich aber alles leicht von Frankfurt aus eruieren.
Die Theater, die von dem nutzlosesten Gesindel bevölkert sind, das ich jemals kennengelernt habe, schicken mir neuerdings ständig Telegramme und glauben, dass ich wie ein Affe fortwährend zum Telefon renne oder gar telegrafisch Entscheidungen geben kann. Auf alle diese Bequemlichkeitsformeln kann ich überhaupt nicht reagieren. In der Zwischenzeit haben sich mehrere »Fälle« angesammelt,

die zu besprechen sind. Leider kann ich mich nicht damit einverstanden erklären, dass mit meinen Arbeiten jeder machen kann was er will zu allen nur möglichen Bedingungen, das geht nicht und darum muss wenigstens gesprochen werden. Was ich nicht kenne, muss ich ablehnen.[1]

Was mich interessiert, ist nichts als eine gute Arbeit, nicht einmal die Menschen interessieren mich momentan und es kann lang dauern, bis sich das ändert.

Die Komödie habe ich Ende Oktober soweit, dass ich mit dem Regisseur darüber reden kann. Ich sehe nur Peymann als den besten, muss ich einen Kompromiss machen, so wird das gut zu überlegen sein, auf alle Fälle darf es nicht leicht zur Entscheidung sein. Was Sie persönlich mit allen Mitteln verhindern sollen, ist, dass, bevor ganz klar ist, dass Peymann den Salzburgern nicht tragbar ist, kein anderer Mann gebunden wird. Jeder dieser Regisseure ist, für meinen Kopf, nicht der beste. Aber mit Kaut will ich mich nicht wegen dieser Erkenntnis einfürallemal überwerfen. Mir geht es darum, in dieser Stadt noch einiges zu machen, auf den Kopf zu stellen, ganz einfach, da, wo ich her bin, als mein Kopf zu sein.

Burgtheater, Schillertheater, Residenztheater habe ich heute aufgefordert, aus dem Sommerschlaf zu erwachen und sich der Frage nach ihrer jeweiligen Disposition zu stellen. Müde Vereine, das alles, stumpfsinnige Kreaturen in allen Intendantenzimmern. Mich graust ganz davor.

Das Wichtigste ist eine optimale »Jagdgesellschaft« in Hamburg mit Peymann und Ganz und das gleiche als ein erstes Prinzip in Salzburg im nächsten Jahr.

Und einen »vorzüglich« ausgestatteten Roman im Frühjahr, den Sie aber erst später bekommen, weil ich ganz im Theater bin, und weil mich die Kritiker überhaupt nicht, und die berühmtesten am allerwenigsten interessieren.

Herzlich Ihr
Thomas B.

P. S.: Aus »Theater heute« hat mir Ihr Sekretariat nur die eine, die weniger genussreiche Seite zugeschickt, nicht die ausschlaggebendere. Aber das macht nix, ich kenne auch die andere.[2]

1 Nach diesem Satz findet sich ein handschriftliches »x«, das am oberen Rand des Blattes als »Staatstheater Hannover« aufgelöst wird. Es dauert bis zum Jahr 1984, bis *Die Jagdgesellschaft* im Niedersächsischen Staatstheater in Hannover aufgeführt wird.

2 S. 8 des *Sonderhefts der Zeitschrift Theater heute, Theater 1973*, enthält die Meldung, daß 16 von 35 befragten Theaterkritikern Bruno Ganz in seiner Rolle als Doktor in der *Ignorant und der Wahnsinnige* als »eindrucksvollsten Schauspieler« bezeichneten. S. 9 gibt eine Umfrage unter diesen Kritikern über das »wichtigste neue Stück« wieder: *Der Ignorant und der Wahnsinnige* erfährt die häufigste Nennung (8 Stimmen).

[262; Anschrift: Ohlsdorf; Telegrammnotiz]

Frankfurt am Main
14. September 1973

Kaut bis Anfang nächster Woche im Urlaub. Nachricht frühestens Mittwoch möglich.
Gruß
Siegfried Unseld

[263; Anschrift: Ohlsdorf]

Frankfurt am Main
19. September 1973

Lieber Thomas Bernhard,
ich bedanke mich für Ihren Brief vom 13. September, der etwas verspätet hier eintraf.
In der Zwischenzeit habe ich mit Herrn Kaut am Telefon gesprochen, sehr eingehend. Ich übergehe Details, auf die

wir ja immer wieder zurückkommen müssen, und berichte Ihnen die Hauptsache: Es ist mir gelungen, bei Kaut Peymann nachdrücklich ins Überlegungsspiel einzuführen. Kaut schien erst erschreckt, er hielt die Lösung für inakzeptabel wegen »höherer« Festspielmeinungen, wegen der Lokalpresse, vor allem aber wegen der Mitarbeiter des Landestheaters, die sich weigern würden, mit Peymann zusammenzuarbeiten.[1] Doch nach längerem Austausch von Argumenten war er bereit, diese Frage dringlich zu untersuchen. Er braucht hierfür aber einfach Zeit, weil er sich Rückendeckungen verschaffen muß. Wir sind so verblieben, daß er diese Frage dringlich entscheidet und mir dann wieder Bescheid gibt. Das kann aber nicht vor 14 Tagen sein, da ich in der Zeit vom 27.9.-4.10. verreist bin, ist ein neuerliches Telefonat für Freitag, den 5.10., vereinbart worden.

Auch für den Tournee-Gedanken konnte ich Kaut erwärmen. Freilich, hier stellen sich doppelte Schwierigkeiten. Die erste: er kann Schauspieler definitiv erst dann bestellen, wenn er den Text, zumindest einen Teil des Textes, kennt. Dann müssen die Schauspieler gesucht werden nach der doppelten Möglichkeit, sowohl in Salzburg als auch auf der Tournee spielen zu können. Da wir von Ihnen vorläufig mit einem Text ja nicht rechnen können, kann diese Frage wohl frühestens in der 2. Oktoberhälfte geklärt werden, oder? Diese Frage hängt von Ihnen ab, wann Sie uns das Ganze oder ein Stück für diese Frage nur geben können.

Ich meine, daß auch erst danach ein Gespräch zwischen uns sinnvoll wird.

Was die Theater-Tournee selbst betrifft, so sind wir von der Idee geradezu euphorisiert. Das kann eine sehr interessante Sache werden, für Ihr Stück, für Honorarerlöse, für Salzburg und für den Suhrkamp Verlag.

So ist und bleibt das Wichtigste, lieber Thomas Bernhard, daß Sie in Ruhe an diesem Stück arbeiten können. Lassen Sie doch einmal alle Telegramme und Anfragen an sich herabgleiten. Ich würde einfach nichts mehr beantworten, auf nichts mehr reagieren und jetzt nur noch an das Stück und seine Vervollkommnung denken.
Peymann ist zur Zeit hier in Frankfurt, wo er Edward Bonds »Die See« probt. Ich bin mit ihm in Kontakt, er freut sich ungemein auf die Aussicht, »Die Jagdgesellschaft« inszenieren zu können. Und natürlich hofft er jetzt auf Salzburg. Ich tue es auch.
Herzliche Grüße
Ihr
[Siegfried Unseld]

1 Siehe Anm. 1 zu Brief 202.

[264; Anschrift: Ohlsdorf]

Frankfurt am Main
26. September 1973

Lieber Thomas Bernhard,
ich hätte mir gewünscht, daß ich Ihnen diese Nachricht nicht brieflich, sondern mündlich hätte übermitteln können, aber die Salzburg-Reise wird erst etwa Mitte Oktober stattfinden können. Um Sie aber zu informieren, möchte ich Ihnen doch heute schreiben und diese Nachricht nicht bis zu meinem Besuch aufheben.
Rudolf Rach wird nicht nach Düsseldorf gehen! Er sah ein, daß dieser Schritt für ihn vielleicht doch nicht ganz der richtige gewesen wäre, und ich bin froh, daß ich ihn überzeugen konnte, hierzubleiben und hier eine neue Aufgabe zu übernehmen. Wir wollen innerhalb des Suhrkamp Ver-

lages eine neue Abteilung gründen, einen sogenannten SUHRKAMP-MEDIEN-VERLAG, dem drei Abteilungen angeschlossen sind: der Theaterverlag – unter Leitung von Jürgen Becker –; eine Theater-Produktions-Gesellschaft und auch ein Filmverlag (der letztere faßt zunächst nur die Verfilmungsrechte des Verlages zusammen, um diese besser ausüben und kontrollieren zu können).

Entscheidend ist, daß Rudolf Rach bereit ist, die Suhrkamp-Theater-Tournee aufzubauen und zu leiten. Entscheidend für diese Gründung war die Möglichkeit der Realisierung einer Theater-Tournee für Ihr neues Stück »Die Macht der Gewohnheit«. Im Prozeß der Überlegungen der Realisierung einer solchen Tournee kamen Rach und ich auf die Idee der Gründung einer solchen Gesellschaft, an der der Suhrkamp Verlag und Dr. Rach beteiligt sind. Es ist keine Frage, daß wir für die Realisierung einer Tournee eine ganz präzise Organisation brauchen, die wir hier nicht haben, die jedoch Rach aufbauen wird.

Ungeachtet dieser Überlegungen wird am 1. November Jürgen Becker in den Verlag eintreten und die Aufgaben des Theaterverlagsleiters übernehmen. Meine herzliche Bitte zielt dahin, Sie möchten in diesem Bereich die Arbeit mit Rudolf Rach wieder aufnehmen. Sie dürfen nicht vergessen, daß Rudolf Rach ohne größere praktische Erfahrung hierhergekommen ist. Ich bin sicher, daß er hier einen Lernprozeß durchgemacht hat, daß er durch die Erfahrungen ein anderer geworden ist und daß er insbesondere auch im Hinblick auf Ihre Stücke und die Arbeit mit Ihnen diese neuen Erfahrungen sammelte. Ich möchte also sehr dafür plädieren, daß Sie ihm Ihr Vertrauen schenken.[1]

Ungeachtet dieser Frage werde ich die Verhandlungen mit Kaut persönlich weiterführen und Sie über alles auf dem Laufenden halten.

Ich verschwinde jetzt für acht Tage, um die Brandung

vor Setubal zu sehen und vielleicht in ihr zu schwimmen. Donnerstag, den 4. Oktober, werde ich zurückkommen. Bis dahin sehen wir dann klarer wegen der Regie in Salzburg.
Herzlich
Ihr
Siegfried Unseld

1 Rudolf Rach schreibt in einem Brief vom 27. September 1973 an Th. B.: »Nun wollen es die Umstände, daß die Suhrkamp-Theater-Produktion mit einem Stück von Ihnen ihr eigentliches Leben beginnen will. Das heißt, daß wir möglichst bald in Koordination mit den Schritten, die Herr Unseld bereits unternommen hat und noch unternehmen will, über das ganze Projekt sprechen müßten. Ich möchte nicht drängen: schön wäre, wenn Sie einen Termin für ein Gespräch vorschlügen.«

[265]

Ohlsdorf
8. 10. 73

Lieber Siegfried Unseld,
ich nehme an, Sie haben mit Kaut telefoniert, der mir geschrieben hat, dass schliesslich Dorn die Regie in Salzburg machen wird.[1] Diese Entscheidung ist mir auch recht, weil ich nicht länger in dem Zustand der Spekulation existieren kann und meine Kräfte für meine Arbeit brauche. Das heisst, dass sich jetzt alles auf Dorn und seine Leute zu konzentrieren hat. Dorn kommt wahrscheinlich zu Allerheiligen nach Ohlsdorf, Rach sollte dabei sein, ihm habe ich heute geschrieben.[2]
Dorn ist jedenfalls eine gute Lösung, wenn ich ihn nicht mehr aus der Hand lasse und ihn mit meinem Kopf vertraut mache, denn mit diesem ist er nicht vertraut – wie die

Schlossparktheateraufführung[3] bewiesen hat. Aber er ist ein junger, intelligenter Mensch.
Für den Tourneestart in Berlin, ist die Tatsache, dass Dorn die Regie macht, von grossem Vorteil.
Leider ist auf die beiden Genies, ich meine Peymann und Ganz, ja sehr wenig Verlass. Sie sind mir die liebsten, aber in diesem Fall sind sie es ganz einfach nicht.
Sie sollen eine geniale »Jagdgesellschaft« in Hamburg machen, dann kann ich auch glücklich sein. Und sie[4] auch.
Es wäre dann, wenn Rach hier war, zwischen Anfang und Mitte November, ein grosser Vorteil, wenn Sie hier einen Besuch machten. Wir müssen den *doppelten* Scharfsinn haben, wollen wir die Schlacht gewinnen.
Von Herrn Schaffler bekam ich vorgestern einen Brief, in welchem eine Bemerkung enthalten ist, die Ihnen, wie mir, doch Freude machen und auch nützlich sein wird, Herr Schaffler schreibt u. a. ich zitiere: »übrigens bekam ich gerade einen Brief von Carl Zuckmayer, in dem er schreibt: ›Übrigens gab mir Marianne Hoppe, die uns hier besuchte, ein neues Stück von Thomas Bernhard, das sie in Hamburg spielen soll. Es ist ein grandioses Stück. Seit Strindbergs Kammerspielen habe ich nichts mehr von ähnlicher dramatischer Dichte und Bannkraft gelesen. Und von einem Theatersinn ohnegleichen. Selbst ein Mann, der nur im Ofen Holz nachlegt, wird darin eine Rolle, um die sich die Schauspieler schlagen müssten. Das Stück heisst ›Die Jagdgesellschaft‹«.[5] (Ende des Zitats). (Die Unterstreichung ist Zitat) Ich habe mich, vorgestern Samstag, sehr über diese Bemerkung Zuckmayers gefreut, war ein paar Stunden glücklich und durch dieses Glück in meiner Arbeit unterbrochen. Ich hätte diese Bemerkung für mich behalten sollen, aber es ist mir nicht möglich. Der Mensch hat eben einen schwachen Kopf. Ich bin in etwa zwei Wochen mit der Komödie für Salzburg fertig und habe dann die ganze

komplette Grundlage für alle weiteren Dispositionen. Ich warte sehr auf Nachricht von Ihnen.
Herzlich
Thomas B.

P. S.: (Wichtigkeit verbürgt)! Ist es möglich, mir zwanzigtausend Mark auf mein Freilassinger Konto zu überweisen? Ich hoffe sehr, dass es möglich ist.

1 Der Brief Kauts an Th. B. datiert vom 1. Oktober: »Der Regisseur Dieter Dorn hat grundsätzlich zugesagt, die Inszenierung Ihres Werks ›Die Macht der Gewohnheit‹ bei den Salzburger Festspielen 1974 zu inszenieren.« (*Thomas Bernhard und Salzburg*, S. 235)
2 Th. B. schreibt an Rudolf Rach:
»Lieber Rudolf Rach,
an Dieter Dorn, der meine Komödie in Salzburg inszenieren wird, wahrscheinlich, habe ich geschrieben, er soll am ersten und zweiten November in Ohlsdorf sein, damit alles wichtige besprochen werden kann. Bitte telegrafieren Sie, ob Sie, vielleicht, was der grössere Vorteil ist, schon am 31. Oktober hier sein können, denn wir haben doch Wichtiges zu besprechen und wollen so wenig als möglich dem stumpfsinnigen Zufall überlassen. [...] Ich bin ganz mit der Salzburger Komödie beschäftigt und kann Ihnen die Arbeit (wie vor zwei Jahren zum gleichen Zeitpunkt den ›Ignoranten‹) wenn Sie wollen in dem Wirtshaus oben auf dem Berg, wo wir eine echte Groteske gespielt und auch durchgehalten haben, geben.«
Am 10. Oktober sagt Rudolf Rach seine Anwesenheit in Ohlsdorf für den 31. Oktober telegraphisch zu.
3 Dieter Dorn führte Regie bei der deutschen Erstaufführung von *Der Ignorant und der Wahnsinnige* vom 16. September 1972 im Berliner Schloßparktheater; siehe Anm. 1 zu Brief 208.
4 Th. B. ergänzt daneben handschriftlich: »die beiden«.
5 Der Brief hat sich nicht erhalten.

[266; Anschrift: ⟨Ohlsdorf⟩]

Frankfurt am Main
11. Oktober 1973

Lieber Thomas Bernhard,
die DM 20.000.– sollen Sie haben. Aus verschiedenen Gründen würde ich Ihnen raten, ein neues Konto dafür zu gründen, ich schicke Ihnen den Betrag dann von der Schweiz aus. Wenn Ihnen das aber zu lästig ist, so lasse ich Ihnen den Betrag von der Schweiz aus auch auf das Freilassinger Konto zugehen. Aber lassen Sie sich die Sache durch den Kopf gehen. Sie wissen, was dahinter steht; wir reden dann darüber.
Schöne Grüße
Ihr
[Siegfried Unseld]

[267; Anschrift: Ohlsdorf]

Frankfurt am Main
11. Oktober 1973

Lieber Thomas Bernhard,
schönen Dank für Ihren Brief vom 8. Oktober. Ich verstehe gut, daß Sie sich mit der Beantwortung meines Briefes Zeit ließen, d. h., Ihre Zeit muß ganz dem neuen Stück gehören. Wir stimmen rundum überein. Rach wird Ihnen inzwischen auch schon geschrieben haben, er kommt gern zu dem von Ihnen gewünschten Zeitpunkt, ich bin in Telefonkontakt mit Herrn Kaut. Sie sprechen davon, daß Sie mich Anfang November sehen wollten. Ich schlage Ihnen und danach auch Herrn Kaut den 8. November vor. Am 9. muß ich wieder in Frankfurt sein. Ist Ihnen das recht?
Schöne Grüße
Ihr
[Siegfried Unseld]

P. S.: Ich habe inzwischen mit Herrn Kaut gesprochen. Meine Reisepläne sehen so aus:
Donnerstag, 8. November, 11.55 h Ankunft Salzburg. Könnten Sie mich am Flughafen abholen? Ich würde dann mit Ihnen nach Ohlsdorf fahren.
Freitag, 9. November, 10.00 h Salzburger Festspiele, Herr Kaut. Am Nachmittag fliege ich nach Frankfurt zurück.

[268]

Ohlsdorf
23. 10. 73

Lieber Siegfried Unseld,
ich hole Sie am 8. November um 11.15 h auf dem Salzburger Flugplatz ab. Zu mittag sollen Sie bei Herrn Schaffler sein und mit ihm essen. Aber das wird sich alles zeigen.
Am Nachmittag fahren wir nach Ohlsdorf und am 9. zurück nach Salzburg, wo Sie um zehn mit Kaut verabredet sind.
Oder wir bleiben in Salzburg übernacht.
Ich erwarte Rach am 31. hier in Ohlsdorf.
Das Stück ist fertig.
Herzlich
Thomas B.

[269; Anschrift: Ohlsdorf]

Frankfurt am Main
29. Oktober 1973

Lieber Thomas Bernhard,
schönen Dank für Ihren Brief vom 23. 10. Die von Ihnen genannten Termine gehen in Ordnung. Ich werde am 8. No-

vember um 11.50 h (nicht 11.15 h) auf dem Salzburger Flughafen eintreffen und freue mich sehr, daß Sie mich abholen. Was die Termine und Verabredungen betrifft, so bin ich ganz in Ihren Händen.
Ich freue mich, daß es Ihnen gelungen ist, das Stück abzuschließen.
Ich bin sehr gespannt auf die Lektüre.
Herzlich
Ihr
Siegfried Unseld

[270; Telegramm]

Gmunden
30. 10. 73

salzburger verhandlungen wie verabredet ausschliesslich zwischen ihnen kaut und mir und keinesfalls mit rach[1]
bernhard

1 Möglicherweise ist das Telegramm eine Reaktion auf einen Brief von Rudolf Rach an Th. B. vom 26. Oktober, in dem es heißt: »Haben Sie Verbindung mit Kaut? Ich möchte ihn nach unserem Gespräch treffen, um vor allem die mit der anschließenden Gastspielreise zusammenhängenden Fragen zu besprechen.«

[271; Anschrift: Ohlsdorf]

Frankfurt am Main
12. November 1973

Lieber Thomas Bernhard,
über den weiteren Fortgang der Salzburger Sache werden wir uns ja laufend informieren. Ich möchte hier noch einmal der Ordnung halber gravierende Gesichtspunkte unseres Gesprächs festhalten.[1]

Sie haben entschieden, daß der Roman »Korrektur« nicht in diesem Frühjahr, sondern erst Mitte August erscheinen soll. Ich sagte Ihnen unumwunden, daß ich diese Entscheidung für falsch halte, und ich bin noch jetzt dieser Meinung; aber ich konnte Sie nicht umstimmen und muß deshalb also diesen August-Termin akzeptieren. Ich bitte Sie um Ablieferung des Manuskriptes bis zum 15. März 1974, ein weiteres Verschieben ist dann nicht mehr möglich, weil sonst unsere Finanzrechnung in Unordnung gerät, d. h., der große Saldo nicht abgedeckt sein kann, den wir bis zum 31. 12. 1974 abdecken wollten.

Wir haben folgendes Publikationsprogramm besprochen:

»Die Jagdgesellschaft«, Bibliothek Suhrkamp, April 1974;

»Macht der Gewohnheit«, Bibliothek Suhrkamp, Juli 1974;

»Korrektur«, Leinen-Ausgabe, Mitte August;

»Erinnern«, Bibliothek Suhrkamp, April 1975;

»Bernhard Reader«, April 1975.

Für 1975 oder 1976 haben wir dann im Rahmen der suhrkamp taschenbücher einen Band »Salzburger Stücke« vorgesehen; dann wären die Einzelausgaben in der Bibliothek Suhrkamp ausgelaufen.

Über eine erneute Publikation von »Amras« möchte ich nachdenken dürfen; das hängt ein wenig auch mit der Konzeption des Readers zusammen.

Was die Textausgabe für den »Kulterer« betrifft, so beansprucht hier Herr Schaffler vom Residenz Verlag die Rechte; er hat mir außerdem gesagt, Sie hätten ihm ein »kleines Büchlein« versprochen. Dieses Versprechen betrübt mich, denn einmal haben Sie mir davon nichts gesagt, und zum anderen ist es der Sinn unserer Zahlungen und vor allem der weiteren monatlichen Zahlungen, daß wir eine generelle Option auf all das ausüben, was Sie schreiben. Ich bin aber einverstanden, wenn Sie Herrn Schaffler das Recht geben, eine »Kulterer«-Ausgabe zu machen, irgendwie neben dem »Italiener« wäre das ja sinnvoll;[2] Sie deuteten an, daß Sie ein Ballett-Libretto schreiben wollen, dieses, meine ich, sollte vielleicht dem Reader vorbehalten sein; ich wäre aber auch damit einverstanden, daß Sie es als Einzelausgabe Herrn Schaffler überlassen, damit Sie Ihr Versprechen erfüllen können.

Unter der Voraussetzung dieses Publikationsprogramms und auch auf der Basis der Aufführungsrechte für Ihre Stücke und für die »Jagdgesellschaft« haben wir folgende materielle Vereinbarung getroffen:

Am 31. 12. 1973 beträgt unser Saldo DM 94.500.–.

DM 20.000.– bleiben als ständige Optionszahlungen stehen, so daß sich dann noch ein Betrag von DM 74.500.– ergibt. Dieser Betrag von DM 74.500.– soll bis zum 31. 12. 1974 abgegolten sein; wird durch Honorarabrechnungen Ihrer Werke und die sich ergebenden Tantiemen der Betrag nicht erreicht, so verfällt er mit Wirkung vom 31. 12. 1974; wenn sich größere Honorarerlöse ergeben haben, werden diese Ihnen gutgeschrieben.

Wir vereinbarten dann die Erhöhung der Monatszahlung vom 1. Januar 74 an von DM 1.000.– auf DM 1.250.–. Bitte, stellen Sie in Rechnung, daß diese zwölf Zahlungen 1974 dann immerhin auch einen Betrag von DM 15.000.– ergeben.

Ich hoffe, ich habe die Dinge so dargestellt, wie wir sie besprochen haben. Ihre Satz- und Farb- und Widmungswünsche für die beiden Stücke sind festgehalten.

Auch sonst habe ich vieles fest in mir verankert. Die Begegnung mit Ihnen war wiederum ungewöhnlich, einprägsam, mit Untertönen der Freundschaft, des Vertrauens und des Mißtrauens. Im ganzen, meine ich, haben wir uns verstanden. Wenn dieser Brief nicht ganz in Dur gehalten ist, so nur deshalb, weil ich über Ihre falsche Entscheidung

im Hinblick auf den Erscheinungstermin der »Korrektur« nicht hinwegkomme.
Schöne Grüße
Ihr
Siegfried Unseld

P. S.: Sehr gutes Gespräch mit Schaffler; wir treffen uns im Winter einmal zum näheren Kennenlernen beim Skifahren.

1 Für die *Chronik* hat S. U. einen *Bericht Thomas Bernhard, 8./9. November 1974 Salzburg* geschrieben (die Jahreszahl ist eine Fehldatierung):
»Rudolf Rach begleitete mich zum Flughafen, er berichtete mir über den jüngsten Stand der Lage: Bernhards Stück ›Die Macht der Gewohnheit‹ soll in Salzburg uraufgeführt werden und danach von der neuen Suhrkamp-Theater-Produktions-Gesellschaft auf Gastspielreise gesandt werden. Das Recht erwirbt die Suhrkamp AG Zürich von Bernhard direkt und gibt es an Frankfurt; am Morgen des 8. November war die erste Überweisung der Suhrkamp AG Zürich getätigt: DM 20.000.– von Zürich an Thomas Bernhard.
Rach erzählte mir, der Regisseur Dorn hätte ihm erklärt, zwar die Uraufführung inszenieren zu können, aber keine Schauspieler zu finden, die in der Lage seien, anschließend sechs Wochen oder gar zwei oder drei Monate zu reisen.
Mit diesem Bescheid stieg ich ins Flugzeug. Meine Fluglektüre war der Text ›Die Macht der Gewohnheit‹, das neue Stück von Thomas Bernhard. Der Text, ein ganzer Bernhard. Thema: Sinn und Unsinn des Künstlerischen in einer zu Ende gehenden Welt, die ja nur von Kranken und Krüppeln regiert wird. Bernhard handelt sein Thema klar und hart ab, und doch ist es ihm gelungen, es leicht, fast heiter, als eine Komödie umzusetzen. Es gibt selbstverständlich keine ›Geschichte‹, fünf Personen, ein 60jähriger Zirkusdirektor, der versucht, mit einer Gruppe, seiner ihm ergebenen 20jährigen Enkelin, einem Jongleur, einem Dompteur und einem Spaßmacher, das ›Forellenquintett‹ einzustudieren. Nie gelingt eine Probe, nie schaffen sie die Perfektion, immer kommt irgend etwas dazwischen; der Jongleur erhält ein großes Angebot vom

Zirkus ›Sarrasani‹ (›selbst das Genie / wird noch einmal größenwahnsinnig / wenn es ums Geld geht‹); dem Dompteur wird von dem Löwen Max ein Stück Fleisch ausgerissen, er muß aber weiter am Klavier Schubert spielen, schließlich zertrümmert er das Kla vier; der Jongleur ist der intellektuelle Gegenpartner, eine Art Super-Thomas Bernhard, der Spaßmacher versucht intrikate Scherze. Am Schluß zerstört der Spaßmacher das Klavier, wiederum gelingt die Probe des ›Forellenquintetts‹ nicht, alles bricht zusammen, erschöpft lehnt sich am Schluß der Zirkusdirektor in seinem Stuhl zurück, öffnet zur Erholung das Radio, und hier kommen vollkommene Töne aus dem ›Forellenquintett‹ heraus.

Die Sprache ist ein völliges Stakkato, keine durchgehenden Sätze, alles Ausrufesätze, sehr pointiert. Der Spaßmacher, ›er hat nicht zu lachen. Er hat nichts zu lachen.‹

Ein Stück, das Bernhard – sicherlich in irgendeiner Art Anlehnung an Strawinskys ›Geschichte vom Soldaten‹ – für den Zirkus der Salzburger Festspiele geschrieben hat, und er will es auch als Wanderzirkus durch die deutschen Lande schicken, ein Theater soll dieses Stück nicht aufführen; ich kann mir vorstellen, daß dieses Stück, artistisch gut gemacht, vielleicht das erfolgreichste Stück von Thomas Bernhard werden kann.

Er holte mich in Salzburg ab, gut gelaunt; wir übernachteten im ›Österreichischen Hof‹, aßen gut zu Mittag, tranken reichlich Wein und waren dann bis 17 Uhr zusammen. Er war reizend, liebenswürdig, lud mich ein; um 15 Uhr gingen wir dann auf mein Zimmer und pirschten uns an die ›heiklen Themen‹ heran: an seinen Saldo von DM 94.500.– (ohne die Zürcher Zahlung von DM 20.000.–); dann wollte er die Erhöhung seiner monatlichen Zahlungen; er war sehr froh, daß ich ihm melden konnte, daß das Konto I [siehe Brief 215], also seine Werke bis hin zu ›Ignorant‹ und ›Gehen‹, ausgeglichen war! Dies nach Jahren. Wir hätten von nun an die Sache streichen müssen. Eben solch eine Vereinbarung traf ich mit ihm im Hinblick auf die DM 74.500.–; DM 20.000.– bleiben als Option stehen, die DM 74.500.– sind am 31.12.1974 entweder ausgeglichen (überschüssiges Honorar wird ihm überwiesen) oder verfallen zu unseren Ungunsten. Ich kann mir aber vorstellen, daß wir diese DM 74.500.– durch Publikationen, vor allem aber durch die Aufführungsrechte ›Jagdgesellschaft‹ und anschließende Fernsehrechte hereinbekommen. Er wollte dann die

monatliche Zahlung erhöht sehen auf DM 1.500.–, das lehnte ich ab, ich sagte, daß ich bereit sei, ab 1. 1. 1974 einen monatlichen Betrag von DM 1.250.– zu zahlen. Er sah das zunächst ein. Ziemlich hart wurden dann die Auseinandersetzungen im Hinblick auf den Erscheinungstermin der ›Korrektur‹. Der Roman ist fertig, er will ihn jetzt aber nicht herausgeben. Einmal möchte er keine ›Massierung‹ von zwei Stücken und dem Roman, zum anderen aber habe ich den Eindruck, daß er jetzt (nachdem er ein kurzes Ballett-Libretto geschrieben hat) einen längeren Roman schreiben möchte und er dazu die nächsten Monate benötigt. Erst wenn sein neuer Roman fertig ist, wird er dann die ›Korrektur‹ uns übergeben.
Schließlich das Thema ›Die Macht der Gewohnheit‹: die Honorierung für Salzburg und die Tournee. Er wollte, daß ich mit dem Festspielpräsidenten Kaut über einen Betrag von DM 50.000.– verhandeln sollte. Das lehnte ich ab. Für vier Aufführungen sei dieser Betrag einfach unzumutbar. Ich sagte ihm, daß ich DM 40.000.– verlangen wollte, und holte seine Zustimmung ein, diese DM 40.000.– als unsere letzte Bedingung anzugeben. Die Tournee wollte Bernhard unbedingt haben. [. . .] Wir machten dann einen langen Spaziergang durch Salzburg, immer wieder unsere Probleme erörternd, gingen Abendessen, er wollte sich eigentlich danach zurückziehen, aber wohl der angenehme Meraner Rotwein verführte ihn zum Erzählen. Ich verbrachte zwei geradezu wunderbare Stunden mit ihm, er erzählte mir von seinem Herkommen, von seinem Aufwachsen, von seiner ganz und gar unmöglichen Familie, in der alles durcheinanderlief, nichts stimmte, Inzucht und Verbrechen waren an der Ordnung. Er begann zu schreiben als Theater- und Prozeßberichter; schließlich, aus Verehrung für Thomas Wolfe und Faulkner, begann er zu schreiben. Im Jahr 1960 hat er ein Manuskript ›Der Wald auf der Straße‹ an den Suhrkamp Verlag eingeschickt. Er bekam es zurückgesandt mit einer vervielfältigten Karte [siehe Anm. 3 zu Brief 1]. Heute ist er froh, daß Suhrkamp das Manuskript abgelehnt hat; es gibt auch ein zweites Manuskript ›Schwarzach St. Veit‹, das die Verlage nicht genommen hätten. Auch darüber ist er froh. Die beiden Manuskripte hat er noch. Er will sie mir vielleicht zeigen für den Reader. Überhaupt war er sehr froh, daß ich den Reader für ihn herausgeben sollte. Er würde mich dann auf ein Manuskript hinweisen, das er für sehr

interessant hielte: ›Die Irren und die Häftlinge‹ sind in einer Klagenfurter Zeitung abgedruckt worden. [*Die Irren. Die Häftlinge* erschienen erstmals 1962 als Privatdruck im Klagenfurter Verlag Ferdinand Kleinmayr.]
Dann verabredeten wir uns für den nächsten Morgen 9 Uhr. Als ich in den Frühstückssaal kam, war Bernhard schon zwei Stunden unterwegs gewesen, er hatte schlecht geschlafen, alles tat ihm leid, was wir gesprochen hatten, er verlangte DM 1.500.– monatlich, was ich ablehnte; die paar Korrekturen oder Korrekturvorschläge, die ich ihm im Hinblick auf den Text ›Die Macht der Gewohnheit‹ gemacht habe, lehnte er ab, was er gestern als Fehler im Abschreiben bezeichnet habe, sah er jetzt als gut und richtig an, er wollte keinen Punkt, kein Komma, kein Wort, keine Zeile verändern. Wieder erneute Ausfälle gegen Rach, so laut, daß die Mitfrühstükker überrascht aufsahen. Ich konnte ihn kaum beruhigen. Er war hochgradig nervös, er muß eine üble Nacht gehabt haben.
Er begleitete mich dann zum Festspielhaus, dann verabschiedete er sich und fuhr nach Wien.
Mein Gespräch mit Herrn Kaut war freundlich. Ich sagte ihm, daß Bernhard DM 50.000.– für die Aufführung erwarte, aber er sagte, das würde für ihn bedeuten, die Sache sofort abzusetzen, und zwar könne die Entscheidung dann sofort fallen. Ich sagte ihm meine Meinung: DM 40.000.–, das lehnte er nicht rundweg ab. Doch die Bedingung, die Uraufführung an die Tournee zu knüpfen, mußte er ablehnen. Er bestätigte mir abermals, daß Dorn ihm gegenüber nicht erwähnt habe, die Durchführung der Tournee sei unmöglich. Die DM 40.000.– wollte er evtl. aufbringen, aber andererseits würde dann seine Forderung für Inszenierung und Bühnenbild gegenüber der Theater-Produktion höher werden. DM 40.000.– gegen DM 40.000.–; dann sparen wir die Überweisungskosten.
Wir verblieben so, daß wir den Versuch noch einmal machen wollten, bis zum Freitag, dem 23. November, müßte alles entschieden sein, dann gebe er sein Programm in Druck.«

2 *Der Kulterer. Eine Filmgeschichte* erscheint 1974 im Residenz Verlag (siehe Anm. 1 zu Brief 332).

[272; Anschrift: Ohlsdorf]

Frankfurt am Main
28. November 1973

Lieber Thomas Bernhard,
anbei der Verlagsvertrag für die »Jagdgesellschaft«. Bitte, lesen Sie insbesondere § 3: »Der Verlag wird Aufführungen der ›Jagdgesellschaft‹ nur mit Zustimmung des Autors vergeben«. Ich glaube, dieser Satz ist ganz eindeutig. Bitte, schicken Sie die beiden Vertragsformulare, mit Ihrer Unterschrift versehen, zurück. Ein Exemplar mit meiner Unterschrift geht Ihnen dann wieder zu.
Dies nur als Zwischenmeldung. Über die anderen Dinge werden Sie getrennt informiert.
Schöne Grüße
Ihr
Siegfried Unseld

Anlage

[273; Anschrift: 〈Ohlsdorf〉]

Frankfurt am Main
3. Dezember 1973

Lieber Thomas Bernhard,
ich habe für acht Tage die Frankfurter Szenerie verlassen, um mit meiner Frau in Arosa einen kurzen Skiurlaub zu unternehmen. Ich kann Ihnen wiederum nur einen Zwischenbescheid schicken; unser Aufführungsvertrag, der die Bedingung von DM 40.000.– enthielt, ist an Herrn Präsident Kaut abgegangen, ein Begleitbrief hielt die Offerte bis zum 4. Dezember aufrecht. Sollte bis zu diesem Datum der Vertrag nicht unterschrieben sein oder keine Reaktion

vorliegen, werden wir noch einmal mahnen. Im übrigen ist das Festspielpräsidium fleißig mit den Verträgen für den Regisseur und die Schauspieler beschäftigt; diese Angelegenheit wird in Ordnung gehen.
In der Rolle des Hauptdarstellers gab es nun doch noch eine Änderung: anstelle von Martin Benrath wird Bernhard Minetti die Hauptrolle übernehmen, er ist sehr angetan von der Rolle, ja fasziniert und freut sich, sie zu spielen. Sobald wir die Unterschrift oder die definitive Reaktion von Kaut vorliegen haben, schließen wir die Verträge mit den Schauspielern für die Tournee. Es sieht jetzt so aus, daß diese Januar, Februar, März stattfinden kann. Die Dinge stehen also gut.
Dies, wie gesagt, als Zwischenbescheid. Ich melde mich wieder, wenn nach meiner Rückkehr Neues zu berichten ist.
Herzliche Grüße
Ihr
gez. [Dr. Siegfried Unseld]
– nach Diktat verreist –
i. A.
Burgel Zeeh, Sekretärin

P. S.: Eben, 12.15 h, trifft ein Telex aus Salzburg ein:
»Absenden im Sinne Ihres Schreibens vom 20. 11. den unterzeichneten Aufführungsvertrag über Bernhard-Stück nachdem die Probenfrage mit Dieter Dorn nun geklärt werden konnte. Brief über Besetzung und andere Fragen folgt.«

[274; Anschrift: ⟨Ohlsdorf⟩]

Frankfurt am Main
10. Dezember 1973

Lieber Thomas Bernhard,
ich habe heute den Vertrag mit Salzburg im Hinblick auf die Uraufführung der »Macht der Gewohnheit« unterzeichnet; Herr Kaut wollte noch eine Forderung einbringen, wonach der Verlag zur Rückzahlung verpflichtet ist, wenn die Aufführungen »durch Verschulden oder Aufforderung des Autors« nicht zustande kommen. Ich habe diese Klausel abgelehnt, doch habe ich Herrn Kaut dargelegt, daß der Suhrkamp Verlag Vertragspartner ist und daß wir – d. h. der Verlag – gegebenenfalls Aufführungen verbieten können. Ich hoffe, das war in dieser Weise in Ihrem Sinne.
Schreiben Sie mir eine Zeile, wo Sie sich »während des Jahres« befinden werden? Ich bin jetzt noch ein paar Tage verreist und kann deshalb diesen Brief nicht unterschreiben.[1]
Vom Wochenende an bin ich für den freilich kurzen Rest des Jahres ganz in Frankfurt.
Dann naht ja schon das Jahr 1974 heran, das Jahr von Thomas Bernhard.
Herzlich
Ihr
gez. Dr. Siegfried Unseld
i. A.
Burgel Zeeh, Sekretärin

1 S. U. ist zwischen dem 10. und 13. Dezember in Zürich, Winterthur und Venedig.

[275; Anschrift: Ohlsdorf]

Frankfurt am Main
17. Dezember 1973

Lieber Thomas Bernhard,
Sie wollten unseren Vertrag mit dem Festspielhaus sehen. Hier ist er. Es gibt da gar keine Geheimnisse. Zur Zeit korrespondieren wir noch wegen einer Klausel, die jedoch keinen Vertragscharakter hat. Kaut wollte sich absichern, daß Autor und Verlag keine Absetzung verlangen oder keine Verhinderung unternehmen. Das kann man wohl tun; jedoch müssen wir natürlich darauf sehen, daß die Qualität der Aufführung befolgt wird.[1]
Schöne Grüße
Ihr
Siegfried Unseld

1 Der Aufführungsvertrag für *Die Macht der Gewohnheit* enthält in § 14 folgende »Besondere Vereinbarungen«:
»Der Verlag sichert den Salzburger Festspielen das Recht zur Uraufführung des obgenannten Stückes bis zum 10. August 1974 zu.
Die Salzburger Festspiele zahlen als Urhebervergütung eine einmalige Summe von DM 40.000.– (vierzigtausend). Diese Summe ist unabhängig von der Tatsache der Aufführung und der Anzahl der Aufführungen zu leisten. Die Zahlung erfolgt mit DM 20.000.– bei Vertragsabschluß, durch die der Vertrag erst Rechtskraft erhält, und den verbleibenden DM 20.000.– per 1. Juli 1974.
Sollte das Stück nicht im Rahmen der Salzburger Festspiele zur Aufführung gelangen, so sind geleistete Zahlungen nicht zurückzuzahlen und noch geschuldete Zahlungen zu leisten.
Die Salzburger Festspiele werden als Regisseur der Uraufführung Herrn Dieter Dorn verpflichten. Sollte dies nicht möglich sein, bedarf die Verpflichtung eines anderen Regisseurs des Einverständnisses des Verlages. Auch der Besetzung muß der Verlag ausdrücklich zustimmen.
Die Probenzeit beträgt mindestens sechs Wochen.«

[276; Anschrift: Ohlsdorf]

Frankfurt am Main
18. Dezember 1973

Lieber Thomas Bernhard,
eine Eilsache, ich brauche in diesem Jahr noch den unterzeichneten Vertrag für »Die Macht der Gewohnheit«, sonst wird meine Abmachung mit Salzburg ungültig.
Ich habe den Vertrag mit der Suhrkamp AG Zürich[1] absichtlich etwas vage gehalten, die Einzelheiten können wir später auffüllen, sie entsprechen ohnehin dem zwischen uns Vereinbarten; die Hauptpunkte sind festgehalten.
Bitte, lassen Sie mir beide Exemplare umgehend wieder hierher zugehen.
Herzliche Grüße
Ihr
[Siegfried Unseld]

2 Anlagen

1 Die Verträge zur Gründung der Suhrkamp Verlag AG Zürich, einer Tochter des Suhrkamp Verlags Frankfurt am Main, werden am 27. Dezember 1973 unterzeichnet.

[277; Telegramm]

Gmunden
21. 12. 73

mir eilt es nicht keine weitere aktion vor neuer unterredung[1]
herzlichst bernhard

1 Am selben Tag schreibt Th. B. in einem Brief an Rudolf Rach: »Von Unseld kam ein ›vage gehaltener‹ Vertrag ›Die Macht der Gewohnheit‹ betreffend, aber ›vage‹ Verträge unterschreibe ich nicht. Ich

unterschreibe nichts, bevor ich nicht wieder mit Unseld gesprochen und alles bis zu dem grösstmöglichen Punkt geklärt habe.« Im selben Brief reagiert er auf eine Anfrage des ORF nach einer Live-Übertragung von *Die Macht der Gewohnheit*: »eine Live-Übertragung aus dem Landestheater ist etwas so faszinierendes, dass ich unter gar keinen Umständen darauf verzichten will. [...] Der Verlag soll oder muss also der Live-Übertragung meiner Komödie zustimmen. Die finanziellen Bedingungen stehen fest, es ist ein Schleuderpreis.«

[278]

Ohlsdorf
27. 12. 73

Lieber Siegfried Unseld,
während ich eine gute Musik höre, um sechs Uhr früh, denke ich, dass wir nicht voneinander zu trennen sind und etwas machen, was andere nicht machen können.
Wir sollten nicht vergessen, dass es sich um einen Glücksfall handelt und gibt es Schwierigkeiten, Voraussetzung immer wieder für eine solche erstaunliche Kunstgeschichte, die durch ein Gespräch, das in nicht zu langen Abständen sich regelmässig zu wiederholen hätte, aus dem Kopf drängen. Das Jahr geht zuende, das ist ein Grund, diesen *einen* Brief zu schreiben. Ein paar Zeilen des Inhalts: *mit größter Aufmerksamkeit*, mit allen Möglichkeiten, gehe ich gern mit Ihnen.
Ihr
Thomas Bernhard

P. S.: Ich warte auf den *Umbruch* der »Jagdgesellschaft«.

1974

[279; Anschrift: Ohlsdorf; Telegramm]

Frankfurt am Main
3. Januar 1974

dank für den dezemberschlußbrief stop müssen uns dringlich treffen stop vorschlag 11. 12. jan. in zürich oder als letzten termin 20. jan. in münchen oder jederzeit in frankfurt gruß siegfried unseld

[280; Anschrift: Ohlsdorf; Telegrammnotiz]

Frankfurt am Main
7. Januar 1974

Erbitte dringlich Anruf.[1]
Gruß Siegfried Unseld

1 Ein Telefongespräch zwischen S. U. und Th. B. kommt noch im Laufe des 7. Januar zustande. Über dessen Inhalt liegen zwei Gesprächsnotizen von S. U. vom 10. Januar 1974 vor. Die erste bezieht sich auf die Rundfrage von S. U. zur Groß- und Kleinschreibung [siehe Brief 260]:
»Er bestätigte mir, daß er entschieden gegen die Kleinschreibung ist und das im Grunde alles für einen Quatsch hält.«
Die zweite lautet:
»Er sagte mir am Telefon, daß er keine Korrekturen mehr für die ›Jagdgesellschaft‹ habe, wir könnten so setzen, als seien die in sein Exemplar eingetragenen Korrekturen die einzigen. Er erwartet dringlich den Umbruch, am liebsten würde ich den am 16. Januar mit nach Salzburg nehmen.«

[281; Anschrift: Ohlsdorf]

Frankfurt am Main
17. Januar 1974

Lieber Thomas Bernhard,
ich melde Ihnen nur kurz meine gute Wiederkehr nach Frankfurt. Die beiden Salzburger Stunden waren sachlich-intensiv und angenehm, harmonisch. Ich leite alles Besprochene in die Wege.
Klingenberg war heute nicht mehr zu erreichen, ich rufe ihn morgen früh an. – Mainz schweigt vorläufig noch.
Was die Januar-Überweisung betrifft, so haben wir diese bereits am 27. Dezember 1973 geleistet. Anbei finden Sie eine Kopie unseres Auftrages; dies, damit Sie gegebenenfalls bei der Bank protestieren können. Der Betrag muß dagewesen sein! Im übrigen geschieht diese Überweisung mit Dauerauftrag.
Ich bin über alles Besprochene hocherfreut: über das Dramatische wie vor allem über die Aussicht, »Korrektur« bald lesen zu können; es sind also nur noch acht Wochen.
Herzlich
|und mit präsidentialen Wünschen|[1]
Ihr
Siegfried Unseld

Anlage[2]

1 Siehe Anm. 1 zu Brief 283.
2 Die Anlage – die Kopie des Überweisungsauftrages – hat sich nicht erhalten.

[282; Telegramm]

Ohlsdorf
18. 1. 74

gute begegnung monatsueberweisung und umbruch »jagdgesellschaft« eingelangt
herzlichst bernhard

[283; Anschrift: Ohlsdorf]

Frankfurt am Main
24. Januar 1974

Lieber Thomas Bernhard,
schönen Dank für Ihr Telegramm. Sie wissen ja inzwischen, daß auch ich unsere Begegnung[1] als angenehm empfunden habe.
Anbei der Vertrag mit dem alten Datum. Ich brauche jetzt die Unterschrift dringlich. Über die Details haben wir gesprochen, und es gilt die Ihnen vorliegende Notiz vom 17. Januar 1974 – dr. u. / ze. –.[2]
Den anliegenden Brief heben Sie für sich auf. Sie wissen, warum er geschrieben wurde.
Mit Klingenberg habe ich telefoniert, ich schreibe ihm einen Vertragsbrief an seine Privatadresse. Er hat mir fest versprochen, daß er dichthalten werde.
Soviel nur für heute –
herzlich
Ihr
Siegfried

2 Anlagen[3]

[Anlage; Brief von S. U. an Th. B.; Anschrift: Ohlsdorf]

Frankfurt am Main
24. Januar 1974

Lieber Thomas Bernhard,
ich komme auf unser Gespräch in Salzburg zurück. Wir haben dabei verabredet, daß wir die Salzburger Erlöse zur Abdeckung Ihrer früheren Schuld benützen. Damit wird dann der Schuldenstand früherer Jahre ausgeglichen sein. Ich nehme an, das ist Ihnen so angenehm.
Mit freundlichen Grüßen
Ihr
Siegfried Unseld

1 S. U. hält seine Begegnung in der *Chronik* fest:
»Salzburg, 17. Januar 1974
Ich hatte mit Thomas Bernhard dringlich zu sprechen. Es ging um seine Komödie ›Die Macht der Gewohnheit‹ und Probleme des Vertrages und auch um seine Forderung in bezug auf die geplante Tournee und die geplanten Fernsehaufzeichnungen. Beide hatten wir Manschetten vor dieser Unterredung. Mir war klar, daß er Forderungen stellen würde (nicht umsonst schrieb er ja in ›Macht der Gewohnheit‹: ›Selbst das Genie / wird noch einmal größenwahnsinnig / wenn es ums Geld geht‹ [Th. B.: *Werke 16*, S. 47]), und mir mußte klar sein, bei welchem Punkt oder bei welcher Summe ich mein ›nein‹ zu sprechen hatte.
Die Unterredung verlief nun in ganz anderer Weise, als wir beide sie befürchtet hatten. Bernhard machte auf mich einen sehr merkwürdigen Eindruck; er war eher ruhig, still, freundlich, und er hörte auf Argumente, was bei ihm sonst in harten Verhandlungen nicht der Fall ist. Sein Haar war kurz geschoren, er machte mir einen asketischen Eindruck, nur seine Augen flimmerten glänzend und flackerten unstet, ich meinte fast, daß er irgendwelche Drogen eingenommen hatte.
Wir hatten beim Verhandlungsort Flughafen Salzburg nur zwei Stunden und gingen deshalb sogleich in medias res. Wir besprachen seine Beteiligung bei der Tournee der Suhrkamp-Theater-Produktions-Gesellschaft. Ich legte ihm dar, daß eine Gewinnbeteiligung für ihn nur Nachteile haben könnte, denn diese erste Tournee kann nicht mit irgendeinem Gewinn abschließen. Dafür

sind die Anfangskosten zu hoch. Ich erklärte ihm auch, daß wir um seines Stückes willen den Versuch machen wollen, die Tournee in große Theater zu bringen; diese großen Theater zahlen aber andererseits nun wieder keine Garantie, sondern man partizipiert hier an den Abendeinnahmen. Schließlich war er damit einverstanden, daß wir ihm einen Garantiebetrag von DM 20.000.– zahlen; dieser Betrag gilt bis 40 Aufführungen, von der 41. Vorstellung an DM 500.– pro Vorstellung. Der Verlagsanteil beträgt 10%, d. h., er bekommt also DM 18.000.– garantiert.
Er blieb bei seiner Meinung, daß dieses Stück für Salzburg geschrieben sei und außer Salzburg und der Tournee nicht aufgeführt werden sollte. Insofern waren hier keine weiteren Beschlüsse zu fassen. [...] Was die Fernsehbedingungen betrifft, so wünscht Bernhard eine Live-Ausstrahlung zumindest in Österreich; das wichtigste aber ist, daß sowohl ZDF als auch ORF je DM 35.000.– zahlen sollen. Diese Bedingung habe er bei der ›Jagdgesellschaft‹ gestellt, und sie gelte auch für ›Die Macht der Gewohnheit‹. Er ist sich im klaren, daß das ein Vabanque-Spiel ist und es zu keiner Sendung kommen kann; immerhin ließ ich mir Vollmachten geben für ein Gespräch mit Herrn Holzammer persönlich.
Wir legten dann die Publikationstermine fest: am 15. März übergibt er mir das Manuskript ›Korrektur‹. Zum ersten Mal erzählte er mir etwas von diesem Buch. Bei der Hauptfigur habe ihm Wittgenstein vorgeschwebt. Ein Mann, der in einer Art Exil – jedenfalls nicht in seinem eigenen Land – ein Buch geschrieben hat, das gesetzt wurde, und der nun zurückkehrt, die Fahnen des Buches in den Händen hält und wie sich nun für ihn der Text verändert hat und er die Fahnen umschreibt und Wirklichkeit umschreibt. Das Buch soll dann Ende August erscheinen.
Im Januar / Februar 1975 erscheint in der BS der Band ›Erinnern‹. Bei den anderen Erscheinungsterminen bleibt es: ›Jagdgesellschaft‹ – April; ›Die Macht der Gewohnheit‹ – Juni.
Erst allmählich rückte Thomas Bernhard mit einer Überraschung heraus, von der mir klar wurde, daß sie es war, die ihn in dieser Freundlichkeit hielt. Er hat mit dem Intendant Klingenberg vom Burgtheater in Wien vereinbart, für die Mai-Festspiele 1975 ein neues Stück schreiben zu wollen. Klingenberg hätte blind gebucht. Das Manuskript würde im November fertig. Ich soll am besten gleich einen Vertrag machen. Und wieder DM 40.000.– verlangen.

Ich fragte ihn nach dem Inhalt. Darauf wollte er nicht antworten. Dann fragte ich nach dem Titel, und da antwortete er: ›Der Präsident‹ – und plötzlich kam mir eine Ahnung, ich drehte mich nach links, zeigte nach Salzburg, Richtung Festspielhaus – und Bernhard lachte und meinte ›Ja, da hat Ihre Ahnung recht.‹ Es ist eine Satire auf den Theaterbetrieb. Bernhard will sie aber so schreiben, daß sie nicht alle und jeden vor den Kopf stößt, also Bernhard hat schon wieder ein Stück. Er arbeitet an ihm wie besessen, und dies alles bringt ihn in eine Stimmung, die der Arbeit sicherlich gedeihlich ist. Angesichts der rasch aufeinanderfolgenden Stücke in der BS und des Erscheinens des Stückes ›Präsident‹ im Mai 1975 in der BS wollen wir den vorgesehenen Bernhard-Reader auf das 2. Halbjahr 1975 verschieben. Bis Mai 1975 können aber dann die anderen Stücke in der BS auslaufen, und wir können im st einen Band ›Salzburger Stücke‹ bringen, der das dramatische Werk ausschließlich ›Präsident‹ zusammenfaßt.
Die Tatsache des neuen Stückes muß höchst geheim bleiben, denn wenn sie bekannt würde, würde das sicherlich die Wirkung der beiden anderen Stücke beeinträchtigen.
Angesichts dieser Produktivität und der damit verbundenen Erlös-Hoffnungen war seine Bitte nach einem Betrag von DM 30.000.– nicht sehr überraschend, und vielleicht überraschte es auch ihn dann nicht mehr, daß ich ihm auch sogleich zustimmte.
Danach wurde unsere Unterredung nicht nur angenehm, sondern, gemessen an früheren, irgendwie euphorisch; wir bekundeten die gemeinsame Zusammenarbeit, das gemeinsame Zusammenwirken, das allein diese Produktivität wie die Erlöse erzielen würde. Vielleicht ist alles falsch, meinte er dann noch zweifelnd beim Abschied, aber als ich nach Frankfurt kam, lag dann schon ein Telegramm da [siehe Brief 282], das bestätigte, daß die ›Begegnung gut‹ war.«

2 Der *Reisebericht Salzburg, 17. Januar 1974* hält fest:
»Gespräch mit *Thomas Bernhard* in Salzburg.
Thomas Bernhard hat die Rechte an seiner neuen Komödie ›Macht der Gewohnheit‹ im vergangenen Jahr an den Suhrkamp Verlag Zürich gegeben. Er gab diesem Verlag die Auflage, die in der BRD auszuwertenden Rechte an den Suhrkamp Verlag Frankfurt zu geben, falls dieser bereit ist, in die Angebote der anderen Verlage einzutreten.

Bei all unseren Verhandlungen, die wir hier im Hinblick auf dieses Stück führen, müssen wir also diesen Rechtsvorgang sehr genau im Auge haben. Die Fernsehforderung von Thomas Bernhard beläuft sich auf DM 35.000.–.
Was die Publikationen betrifft, so gibt es folgenden Fahrplan:
April 1974 – ›Jagdgesellschaft‹, BS
Juni 1974 – ›Die Macht der Gewohnheit‹, BS
Das Manuskript ›Korrektur‹ erhalten wir am 15. März; Erscheinungstermin: August 1974.
Im Sommer erhalten wir das Manuskript ›Erinnern‹; Erscheinungstermin: Januar / Februar 1975.
Für Mai 1975 ist ein neuer Band Bernhard für die BS zu planen.
Für die suhrkamp taschenbücher:
Im Programm Mai-Oktober 1975, am besten schon im Mai, kann ein Band ›Salzburger Stücke‹ geplant werden. Er enthält alle bisher vorliegenden dramatischen Werke von Thomas Bernhard.
Der für das 1. Halbjahr 1975 vorgesehene Bernhard-Reader wird auf das 2. Halbjahr 1975 verschoben.«

3 Anlage 1 hat sich nicht erhalten, es handelt sich vermutlich um den Vertrag für *Die Macht der Gewohnheit*.

[284; Anschrift: Ohlsdorf; Telegrammnotiz]

Frankfurt am Main
25. Januar 1974

Herzliche Bitte um baldige Rücksendung des durchgesehenen Umbruchs »Jagdgesellschaft« – Wir müssen nächste Woche drucken –
Ihr S. U.
freundlich grüßend

[285; Anschrift: Ohlsdorf; Telegrammnotiz]

Frankfurt am Main
8. Februar 1974

Zum Ersten – herzlichen Glückwunsch[1]
Zum Zweiten – gute Wünsche für Gelingen der Pläne
Zum Dritten – dringliche Rücksendung der Verträge erbeten.
Herzlich – Ihr Siegfried Unseld

1 Th. B. feiert am 9. Februar 1974 seinen 43. Geburtstag.

[286; Anschrift: Ohlsdorf]

Frankfurt am Main
18. März 1974

Lieber Thomas Bernhard,
der 15. März ist vergangen, ich wartete mit Spannung auf das Manuskript »Korrektur«. Haben Sie es schon abgesandt? Bitte, schicken Sie mir doch ein beruhigendes Telegramm.
Falls Sie Hemmungen haben, es der Post anzuvertrauen, so gibt es die Möglichkeit einer Übermittlung durch Herrn Schaffler: er fliegt am Freitag, dem 29. März, von Salzburg nach Frankfurt,[1] und ich werde ihn hier abholen. Doch bitte, lassen Sie mich wissen, welchen Weg Sie wählen wollen.
Schöne Grüße
Ihr
[Siegfried Unseld]

1 Bei einem gemeinsamen Aufenthalt in St. Moritz beschließen Wolfgang und Gudrun Schaffler sowie S. U., am 29. März in Frankfurt über eine Kooperation zwischen Residenz und Suhr-

kamp in Österreich (einschließlich der Gründung eines Suhrkamp-Residenz-Verlags) zu verhandeln.

[287]

Ohlsdorf
25.3.74

Lieber Siegfried Unseld,
die »Jagdgesellschaft« ist ein Buch geworden, das mich freut und dafür heute meinen Dank[1] und wenn alles am Burgtheater sich nach dem gefährlichen Muster einer Fieberkrankheit entwickelt mit allen Krämpfen, Schüttelfrösten und Schmerzzuständen, mit allen mimischen Schauerlichkeiten, wie sie gerade an einem so grossen Theater notwendig sind, kommen wir, weil wir einen jungen kräftigen, rücksichtslosen, in vielen Beziehungen und Augenblikken genialen Doktor aus Bremen in dem riesigen Kreissaal der Burg haben, vielleicht auch noch zu einer guten Aufführung. Es sollte ja eine Todeskomödie sein. Wir werden sehen.[2]
Nun zu dem Punkt, der Ihnen wahrscheinlich der wichtigste ist: wie ich schon Rach bei seinem Besuch in Attnang-Puchheim (auf der berühmten Bahnstation also)[3] gesagt habe, arbeite ich seit Monaten *an der vierten* Dimension der »Korrektur«. Und wie ich sehe, bin ich damit nicht vor Ende April fertig. Das ist vollkommen klar. Es kann also nicht die Rede davon sein, dass Sie jetzt das Manuskript bekommen. Auch nicht auf dem Weg einer Perversität, indem Wolfgang Schaffler das Manus mit nach Frankfurt nimmt, wie Sie selbst, als phantasievoller Verleger, sich das vorgestellt haben. In aller Ruhe: die »Korrektur« wird seit Monaten einer nochmaligen Korrektur unterzogen. Es muss das Gesellschaftsgleichgewicht hergestellt

werden, das der Natur der Gesellschaft in höchstem Masse entspricht. Es ist die inzwischen gemachte Erfahrung, die mich gezwungen hat, den schon einmal, wie ich glaubte, perfekten Körper des Manuskripts, ein zweitesmal zu zerlegen. Ich bin glücklich, dazu die Zeit zu haben und ich bitte Sie, sich vorzustellen, dass auch Sie an diesem Glück Anteil haben. Es ist ein Glück um acht Ecken, über hundert Berge, in der entferntesten Ferne. Sie verstehen.

Die Tatsache ist die, dass ich nicht vor Ende April mit dem Manus fertig bin und ich sehe, wie ich Ihnen das Buch im Hotel Sacher in Wien, wohin Sie ja, wie ich hoffe, zur »Jagdgesellschaft« kommen werden, in die Hand gebe. Diese Bemerkung selbst im Hinblick darauf, dass die Übergabe von Manuskripten einen Akt von Lächerlichkeit in allerhöchstem Grade darstellt. Wir werden es aber mit bewusstem Kopf und bei einem guten Essen (vielleicht Tafelspitz! ?) ertragen können. An dieser Stelle fällt mir ein, dass es Zeit ist, dass wir uns bald wieder sehen und dazu bietet Wien, das nachösterliche, die beste Gelegenheit.

Ein Osterspaziergang schadet Ihnen nicht als Abwechslung von Ihren fortwährenden Friedhofsausflügen. Schade um Ihre Ohren, die dauernd Leichenreden anhören müssen. Aber Sie werden sehen, die Leichenreden nehmen mit dem Alter zu – wie auch die Gleichgültigkeit vor den offenen Gräbern.[4]

Nocheins: die »Korrektur« ist eine mathematische Aufgabe und wird dann erst, wenn sie perfekt gelöst ist, zur Schönen Literatur. Andererseits hat das alles nichts mit Astrologie zu tun.

Also: Ende April (den 30.) Hotel Sacher, »Korrektur«.

In Wien kann alles besprochen werden.

Herzlich

Thomas B.

1 *Die Jagdgesellschaft* erscheint als Band 376 der Bibliothek Suhrkamp am 8. April 1974.
2 Der Regisseur der Premiere der *Jagdgesellschaft* am Burgtheater, Claus Peymann, ist in Bremen geboren.
3 Rudolf Rach besucht Th. B. in Oberösterreich am 25. Februar 1974.
4 Am 1. bzw. 3. Februar 1974 sterben die Verlagsautoren Marieluise Fleißer bzw. Erhart Kästner.

[288; Anschrift: Ohlsdorf]

Frankfurt am Main
27. März 1974

Lieber Thomas Bernhard,
Ihr Brief vom 25. März hat mich bei aller Freundlichkeit ratlos gemacht. Ich verstehe gut, daß Sie, in einem neuen Korrekturgang befindlich, das Manuskript nicht abgeben können, aber meine Vorbereitungen für das Buch müssen mir ebenso wichtig sein wie die Ihren für die letzte Fassung. Der Ablieferungstermin Ende April kommt für die Herstellung des Buches durchaus zurecht, nicht jedoch für die Vorbereitung der Edition im Hause. Am 23. April sind die Vertreter im Haus, und ich muß ihnen etwas vom Buch erzählen können. Sie gehen anschließend ja auf Reisen und sollen das Buch verkaufen. Unsere Ankündigung des Programms für die zweite Hälfte 74 geht dann ebenfalls in Satz und Druck. Ihr Buch nicht anzukündigen wäre ein klarer Nachteil, der sich auswirken würde. Wenn Sie also auf dem 30. April als Ablieferungstermin bestehen, so muß ich darauf bestehen, daß Sie sich die Ihnen lästige Mühe machen, ein paar Sätze über die »Korrektur« zu schreiben. Ich muß das haben. Das Buch nicht in diesem Jahr herauszubringen bedeutete einen wirklichen Schaden für uns alle. Es wird in einem außerordentlich günstigen

Moment erscheinen, da rundum nichts Vergleichbares vorliegen wird.
Also bitte, machen Sie sich die Ihnen peinliche Mühe, schreiben Sie etwas vom vordergründigen Gang der Dinge, Namen, Umstände; vielleicht ist auch eine Passage doch so fertig, daß Sie sie aus der Hand geben können, damit man wenigstens ein kurzes Stück den Vertretern vorlesen kann. Bitte, das muß sein. Lassen Sie mich nicht im Stich![1]
Ich habe fest vor, am 30. April nach Wien zu kommen. Immerhin habe ich noch die Hoffnung, daß ich bis dahin den Text oder ein gutes Stück kenne.
Schöne Grüße
Ihr
[Siegfried Unseld]

1 Rudolf Rach reist am 30. und 31. März auf Wunsch von Th. B. nach Berlin, wo der Autor im Schiller-Theater über die deutsche Erstaufführung von *Die Jagdgesellschaft* Gespräche führt. Am 1. April 1974 hält Rudolf Rach in einer Notiz für S. U. fest:
»Thomas Bernhard hat mir in Berlin einiges über ›Korrektur‹ erzählt. Ich habe mir Notizen gemacht und mit ihm vereinbart, daß ich einen *Ankündigungstext* schreibe, den ich ihm noch einmal zur Kontrolle zusende. Das, was er mir erzählt hat, klingt aufregend. Umfang ca. 200 Seiten, etwa wie ›Kalkwerk‹ oder ›Verstörung‹. Natürlich wünscht er sich eine besondere Herausstellung des Buches, aber wenn der Text hält, was das Konzept verspricht, dann schiene mir das erwägenswert.«
Im Brief von Th. B. an Rudolf Rach vom 8. April 1974 heißt es: »Lieber Doktor Rach, ich habe den sogenannten Ankündigungstext umgestellt und versucht, möglichst genau zu sein, ohne zuviel zu sagen. Das ganze kommt mir recht kriminalistisch vor. Andererseits muss alles klar sein. Ich schicke meinen Text mit dieser Post.« Die im Suhrkamp Verlag aufbewahrte Kopie des so entstandenen Ankündigungstextes trägt den handschriftlichen Vermerk »Bernhards eigener Text«. Er ist vollständig abgedruckt in Th. B.: *Werke 4*, S. 336-338. Die dort gegebene Beschreibung des Romans weicht vor allem im Hinblick auf die Erzählsituation von der

Druckfassung ab: Im Bernhardschen Ankündigungstext heißt es: »Jetzt im Schlafwagen London – Paris, auf dem Weg zum Begräbnis seiner Schwester, in dem Gedanken, ob es falsch gewesen war, ihr den Kegel zu bauen, und, wie er selbst sagt, noch auf der britischen Insel ›unter den gigantischen Geräuschen des Hafenbekkens von Dover‹, geht Roithamer an die Korrektur der Fahnen des Buches, das er, während der letzten acht Monate, seit seiner Rückkehr nach Cambridge und unter dem Eindruck der ›fürchterlichen Reaktion seiner Schwester über den Anblick des Kegels‹ über Altensam und über alles, was mit Altensam zusammenhängt, geschrieben hat [...].« Im Buch ordnet und sichtet ein Freund in der »höllerschen Dachkammer« an der Aurachengstelle in Oberösterreich den Nachlaß Roithamers.

[289; Anschrift: Ohlsdorf]

Frankfurt am Main
18. April 1974

Lieber Herr Bernhard,
die Terminverschiebung werden Sie vernommen haben; meine Frau und ich kommen am Sonnabend, dem 4. Mai, nachmittags nach Wien. Könnten wir uns am Sonntag vormittag, vielleicht ab 10.00 h, treffen? Wir wohnen im Hotel »Sacher«, so daß sich ein Treffen dort empfiehlt, aber ich folge auch gerne einem Vorschlag von Ihnen. Ich denke mir ein ausführliches Gespräch unter vier Augen, im Anschluß daran ein Mittagessen mit meiner Frau.
Bitte, schreiben Sie mir doch kurz eine Zeile.
Herzliche Grüße
Ihr
[Siegfried Unseld]

[290; Anschrift: Ohlsdorf; Telegrammnotiz]

Frankfurt am Main
25. April 1974

Gratuliere zum Prix Séguier. Man möchte Sie zur Preisverleihung am 28. April nach Paris einladen. Falls Sie fahren wollen, rufen Sie bitte in Paris Herrn Christoph Schwerin an. Telefon Paris 222-9388 er gibt gerne Auskunft.[1]
Herzlichst – Ihr Siegfried Unseld

1 Helene Ritzerfeld informiert S. U. in einer Notiz mit dem Vermerk »eilt« am 25. April 1974:
»Anruf Christoph Schwerin aus Paris.
Thomas Bernhard hat den Prix Séguier erhalten, der am 28. April erstmals verliehen wird. Man möchte Thomas Bernhard einladen. Schwerin erbat von mir Telephonnummer bzw. Adresse von Bernhard, die ich aber nicht gab. Ich versprach sofortige Weitergabe an Sie. Schwerin bittet, daß Sie sich mit ihm über die Angelegenheit abstimmen. Seine Telefonnummer in Paris ist: 2229388.
(Erval hätte Sie übrigens schon über diese wahrscheinliche Preisverleihung unterrichtet? Die Entscheidung wird gefällt von 5 Literaturkritikern und fünf Schriftstellern, und zwar für ein ausländisches Werk, das noch nicht *die* Beachtung gefunden hat.)«

[291; Anschrift: Ohlsdorf; Telegramm]

Frankfurt am Main
8. Mai 1974

ist die ihnen übersandte fahnenkorrektur »macht der gewohnheit« gut zum druck? erwarten dringend antwort. es war schön, sie zu treffen.[1]
gruß siegfried unseld

1 Im *Reisebericht Wien, 4.-7. Mai 1974* schreibt S. U. über dieses Treffen:
»Uraufführung Thomas Bernhard, ›Die Jagdgesellschaft‹ an der

Burg in der Regie von Claus Peymann. [4. Mai; Bühnenbild: Karl-Ernst Herrmann, Schriftsteller: Joachim Bißmeier, Generalin: Judith Holzmeister, General: Werner Hinz] Vollbesetztes Haus, 1400 Leute, es war doch ein Ereignis; Thomas Bernhard, von vielen als der bedeutendste, aber doch als der umstrittenste Autor Österreichs angesehen, nun zum ersten Mal an der traditionsreichen Stätte die Uraufführung eines Stückes erlebend. Er selber war auch ganz schön aufgeregt. Die Generalprobe sei, so meinte er, hervorragend verlaufen; die Premiere hinge, wieder nach seinem Urteil, durch. Er verließ nach dem zweiten Akt das Theater, und als er in der Garderobe seinen Mantel abholte, sagte der Garderobenmann zu ihm: ›Gefällt Ihnen das Stück auch nicht?‹
Die Inszenierung fand ich mustergültig, choreographisch streng aufs Wort angelegt. Es war schade, daß wegen eindeutig akustischer Schwierigkeiten der zweite Akt deutlich durchhing, langsam wirkte, und die bohrende Monotonie manchmal doch auch in Langeweile umschlug. Das Publikum wurde unruhig, ein erster Zwischenrufer, dann aber kam die Steigerung zum dritten Akt und der wirklich großartige Schluß. Die Geister schieden sich am Stück, die Hälfte des Publikums verließ mit dem Fallen des Vorhangs den Raum, die andere Hälfte drückte eine wachsende Zustimmung aus.
Anschließend Gespräche mit *Klingenberg*, *Peymann*, *Hilde Spiel*, in der Nacht noch eine kleine Party bei der Frau des österreichischen Parlamentspräsidenten *Maleta*, die wohl das Urbild der Generalin ist (ihr Mann, kurze Zeit interimistisch österreichisches Staatsoberhaupt, lieh sicherlich auch dem General einige Züge).
Der Sonntag war dem Gespräch mit Thomas Bernhard und mit österreichischen Verlagen vorbehalten.
Thomas Bernhard: er war wie immer. Natürlich erleichterte und erlöste ihn die Reaktion auf die Aufführung, aber im Grunde genommen war sie für ihn schon ›vergessen‹, und er war wieder derjenige, der in vollkommener Besessenheit auf Gegenwärtiges und Zukünftiges, auf Geld und Arbeit eingestellt ist. In der ersten Minute fiel das Stichwort Geld, er wünsche sich wieder eine größere Summe und schien äußerst erleichtert, als ich sie zusagen konnte. Aufgrund dieser Zusage unterließ er jene Sottisen, die er mir in der Nacht angekündigt hatte (dort hatte ich freilich den Fehler gemacht, daß ich in einem einminütigen 17-und-4-Kartenspiel, das

in der ›Jagdgesellschaft‹ ja eine Rolle spielte, 2:1 gegen ihn gewann). In einem Barsortimentskatalog, den er freilich nicht mehr dem Namen nach wußte, seien sein Name und seine Titel falsch angegeben. Seit wann ihm der Theaterverlag ›Spectaculum‹-Honorare überweise? Das Zugeständnis Wiesbaden sei dem Kollegen Jürgen Becker zuliebe erfolgt, selbstverständlich bedeute dies keine generelle Freigabe. [Th. B. erklärt in einem Brief vom 21. April an Jürgen Becker seine Zusage zu einer Aufführung der *Jagdgesellschaft* am Staatstheater Wiesbaden. Sie findet am 8. September 1974 statt.] Hier habe ich nun heftig widersprochen. Nach Wiesbaden seien andere Theater kaum zu halten. Dann wechselte er über zu dem einerseits-andererseits-Brief von Dr. Rach zu den Pariser Aufführungen: wenn nichts gut sei, soll man nichts autorisieren. Nach Lage der Dinge, so meine ich, sollte man Voisins Rat folgen, der doch Erfahrungen auf dem französischen Gebiet hat [Rudolf Rach erwägt im Brief an Th. B. vom 25. April 1974 Möglichkeiten einer französischen Aufführung von *Der Ignorant und der Wahnsinnige*: »Eine dritte Möglichkeit wäre natürlich die, gar keine Aufführung zu autorisieren, denn sowohl Voisin als auch ich sind der Auffassung, daß beide Möglichkeiten als nicht ideal angesehen werden können. Andererseits werden die Pläne [...] auf keinen Fall vor der Spielzeit 75/76 realisiert werden können.«].
Das Manuskript der ›Korrektur‹ wird Bernhard spätestens Ende Mai fertigstellen, wir können damit sicher rechnen. Er erwähnte auch, daß ›Amras‹ nun lange fehle, ich deutete ihm aber an, daß wir Pläne mit SLZ (welche ihm sehr einleuchtete) haben. [Die erste Nummer der vor allem für Schüler gedachten *Suhrkamp-Literatur-Zeitung* erscheint im Januar 1975. Im April 1976 wird dort nicht *Amras*, sondern *Verstörung* publiziert.]«

[292]

Ohlsdorf
8.5.74

Lieber Doktor Unseld,
bevor ich die Fahnen der »Macht der Gewohnheit« nicht durchgesehen habe, kann das Buch nicht gemacht wer-

den; ich schicke das kontrollierte Paket morgen nach Frankfurt.
Nach meiner Rückkehr sehe ich, dass ich den von mir genannten Betrag unbedingt innerhalb von vierzehn Tagen auf meinem Freilassinger Konto stehen haben müsste, will ich nicht unnötig eine horrende Zinssumme an meine Bank zahlen. Ich glaube, Sie verstehen, dass ich auf die Überweisung drängen und Sie bitten muss, meinem Wunsch nach dieser *möglichst baldigen* Überweisung des Betrages in voller Höhe auf das Konto in Freilassing bitten muss.[1]
Wien ist gut vorübergegangen, jetzt hat sich alles auf Salzburg zu konzentrieren.
Die »Korrektur« wird abgetippt und geht, bin ich fertig, an Sie ab. Vielleicht mache ich mit dem Manus mit dem Flugzeug in Frankfurt Station und wir sprechen dort kurz über tatsächlich Offenes.
Herzlich Ihr
Thomas Bernhard

1 Statt mit der von Th. B. übersehenen Wiederholung von »bitten muß« könnte der Satz z. B. mit »zu entsprechen« oder »nachzukommen« enden.

[293]

Ohlsdorf
30. 5. 74

Lieber Doktor Unseld,
ich habe noch heute den unterschriebenen Vertrag an Herrn Zbinden nach Zürich geschickt; es nicht zu tun, besteht keine Veranlassung.[1]
Unser Telefonat war mehr oder weniger das unerfreulichste, aber wahrscheinlich müssen solche Telefonate sein.

Wir missverstehen uns gründlich.
Was die »Korrektur« betrifft, so treffe ich jetzt keine Entscheidung. Es ist richtig, dass ich sozusagen bestimmt habe, dass das Buch also jetzt erscheint, aber ich empfinde es jetzt nicht richtig, dass es erscheint.
Zuerst will ich die Überweisung aus der Schweiz abwarten und dann vierzehn Tage das Inland mit dem Ausland wechseln und in der Zwischenzeit wird es sich zeigen, was geschieht.
Ich bin gut in dem neuen Stück und weit entfernt von den alten, aber wenn ich mit Ihnen telefoniere, zwingen Sie mich auf den längst verlassenen Ort.
Meine Unabhängigkeit ist die grösste, daraus erklärt sich meine Gleichgültigkeit, die alltäglichen Lebensmittel betreffend.
Ich könnte durchaus meinen Weg vollkommen allein gehen.[2]
Herzlich Ihr
Thomas B.

1 Es handelt sich um den Aufführungsvertrag für *Die Macht der Gewohnheit* zwischen Th. B. und der Suhrkamp Verlag Zürich AG.
2 Rechts oben trägt der Brief die handschriftliche Anmerkung von S. U.: »Mittels Telegr[amm]. erl[edigt].« Siehe Brief 295.

[294; Anschrift: Ohlsdorf]

Frankfurt am Main
31. Mai 1974

Lieber Thomas Bernhard,
ich möchte Ihnen noch einmal wegen des Termins der »Korrektur« schreiben. Sicher, die beiden Uraufführungen neuer Stücke folgen rasch und bedeuten eine Kumulierung, doch was gewinnen wir bei einem Verschieben ins Jahr

75? Im Mai haben wir dann an der Burg die neue Uraufführung, und also würden Erscheinungsdaten wieder zusammenfallen. Und denken Sie doch bitte auch an Ihren Plan »Erinnern« für die Bibliothek Suhrkamp, den wir spätestens 1975 realisieren sollten.
Doch noch einmal zur Situation des Bernhard-Jahres 1974. Bitte, trauen Sie meiner Erfahrung. Die Rezeption eines Romanes erfolgt unter ganz anderen Gesichtspunkten als die eines Theaterstückes. Die Kritiker sind andere, und der Buchhandel reagiert auf einen Roman anders, umfangreicher, interessierter als auf Ausgaben von Stücken, selbst wenn diese, was doch der beste Platz ist, in der Bibliothek Suhrkamp erscheinen. Das sind wirklich ganz verschiedene Sachen.
Und ich habe noch ein ganz anderes Argument: Übelwollende könnten Ihnen vorwerfen, Sie verengten Ihr Haupt-Thema für die Bühne. Der Roman »Korrektur« zeigt den großen epischen Gegenentwurf. Ich kann mir vorstellen, daß Sie am Ende dieses Jahres 74 mit den beiden Stücken und mit »Korrektur« als erster großer bedeutender Autor des deutschsprachigen Raums angesehen werden. Das ist das eine.
Und das andere: wir haben jetzt die Möglichkeit, daraus auch einen ökonomischen Erfolg zu machen und die Bücher sehr gut zu verkaufen. Auch das müssen wir ausnützen. Das ist sicherlich weniger Ihr Interesse als das meine, aber so ganz sind unsere Interessen in diesem Punkt ja auch nicht getrennt.
Ich schicke Ihnen in der Anlage das Verzeichnis Neue Bücher 2. Halbjahr 74. Ich schicke es Ihnen mit Zögern und Vorbehalt, weil ich ja weiß, daß Sie auf manche Publikationen des Verlages allergisch reagieren. Aber, lieber Thomas Bernhard, Sie sind hier an sichtbarer und erster Stelle genannt. Wenn das Buch in diesem Halbjahr nicht erscheint,

so ist das ein wirklicher Schaden für Sie als Autor (man würde Sie für nicht mehr potent genug halten, das abschließen zu können) und für uns als Verlag, der ein Buch anzeigt – und es an hervorragender Stelle als bedeutendstes Buch anzeigt –, das dann nicht erscheint.[1]

Ich möchte Sie auch noch einmal an unsere finanziellen Vereinbarungen erinnern. Diese Vereinbarungen sehen vor, daß dem Verlag zur Endabrechnung die Erlöse aus der »Korrektur« zur Verfügung stehen müssen. Wenn »Korrektur« 1974 nicht erscheint, hängt unsere ganze finanzielle Vereinbarung in der Luft. Und wir kommen nicht zu jenem Schlußstrich, den wir uns doch beide wirklich vorgenommen haben.

Lieber Thomas Bernhard, jenseits alles Ökonomischen und Taktischen: bitte, vertrauen Sie in dieser Sache meinem Urteil. Es ist absolut richtig, wenn »Korrektur« im 2. Halbjahr erscheint und im Herbst vorliegen wird. Ich bitte Sie dringlich, das noch einmal zu bedenken.

Mit herzlichen Grüßen
– wie immer –
Ihr
Siegfried Unseld

1 In der Programmvorschau des Suhrkamp Verlags für das zweite Halbjahr 1974 ist *Korrektur* auf S. 2 angekündigt.

[295; handschriftliche Telegrammnotiz]

Frankfurt am Main
5. Juni 1974

Überweisung läuft stop bitte nochmals dringlich um Manuskript »Korrektur«. Soll ich am 16. Juni nach Salzburg zu einem Treff am Flughafen kommen.

Herzlich SU

[296; Telegramm]

Ohlsdorf
7. Juni 1974

mit herbsttermin einverstanden bringe manus via frankfurt persoenlich letzte juniwoche
herzlich thomas bernhard

[297; Anschrift: Ohlsdorf]

Frankfurt am Main
10. Juni 1974

Lieber Thomas Bernhard,
ich bedanke mich sehr herzlich für das Telegramm, das für mich eine große Erleichterung bedeutet und für unsere gemeinsame Sache die einzig richtige Entscheidung gewesen ist. Ich freue mich also sehr, Sie in der letzten Juni-Woche hier zu sehen. Mein Vorschlag wäre: Mittwoch, Donnerstag, Freitag, also 26., 27. und 28. Juni. Am 26. abends bin ich freilich für die Oper gebucht. Anja Silja singt Schönbergs »Erwartung«. Der Titel trifft durchaus meine Situation. Wollen Sie nicht mit in die Oper gehen?
Herzlich
Ihr
Siegfried Unseld

[298]

[Ohlsdorf]
2.7.74

Lieber Siegfried Unseld,
diese folgenden Zeilen sind eine Andeutung meiner augenblicklichen Lebensweise.
Vor drei Wochen habe ich mich in bester Stimmung mit dem Teewasser derartig (dritten Grades, so der Kommentar meiner Ärztin) verbrüht, dass an eine Weiterarbeit nicht mehr zu denken gewesen ist; ich benützte die Gelegenheit und fuhr und flog in die Gegend. Auf dem Rückweg schaute ich mit meiner offenen Gespensterhand in das Schillertheater hinein. Ich sah nichts Schlechtes.[1] Da die Luft gut für Heilung ist, bin ich jetzt so weit, dass ich das Abtippen der »Korrektur« fortsetzen kann. Diese ganze Verbrühung mit ihren für mich also gar nicht üblen, sogar notwendigen Auswirkungen, kühler Norden, neue Menschen, Turbulenz, absolutes Gehenlassen in guten Hotels ist meinem Kopf so gut bekommen, dass ich von Glück reden kann. Wenn ich Ihnen sage, dass ich an dem Tag, genau in der Stunde, in welcher ich mich verbrüht habe, ein Termintelegramm bekommen habe aus Wien für ein sogenanntes Statement über Ingeborg Bachmann, glauben Sie an den zaghaften Aufbau einer Komödie. Die Welt ist als Kuriosum eingerichtet und von lauter verderblichen Gegenständen bevölkert.[2]
Mit dieser Bemerkung Schluss in dem Gegenstand. Es heisst also jetzt für mich, die Arbeit weiterzumachen und sie ist fertig, wann sie fertig ist, mehr kann ich nicht sagen, die Chronologie ist aber abzusehen. Ich fühle nichts in meinem Rücken.
3 Punkte noch: nach den Angriffen, die Klingenberg in Wien parieren hat müssen und den nicht gerade schmeichel-

haften Kritiken der lieben Wiener,[3] habe ich Klingenberg den Vorschlag gemacht, dass wir den Vertrag für das nächste Stück liquidieren, also ich habe ihm die Tür aufgemacht und gesagt, er muss nichts mehr spielen und kann von mir (und uns) aus, ungeschoren gehn. Das tut er nicht, im Gegenteil, schrieb er mir einen nicht unbedeutenden Brief, in welchem er mir versichert, dass es kein Wenn und Aber, sondern nur die Uraufführung am Burgtheater im kommenden Frühjahr geben wird. Er bekommt also mein nächstes Stück (zu treuen Händen). Er versicherte mir, dass ich alle Wünsche anmelden kann und alle diese Wünsche werden von ihm aus (vom Burgtheater) erfüllt. Der Grossteil des Burgtheaters ist gegen mich und gegen das, was ich mache, das ist gerade ein hervorragendes Fundament. Dass ich Klingenberg mit der Bemerkung (»Der Verlag fügt sich sicher meiner Entscheidung!«) aus unserem Geheimvertrag habe entlassen wollen, er uns aber nicht entlässt, ist eine gute Position, sie kann nicht besser sein, darüber froh zu sein ist keine Kunst.
2. Punkt: gestern habe ich in Salzburg die Schauspieler gesehen, zum erstenmal im Kostüm und zum erstenmal auf dem Wohnwagen.[4] Mein Eindruck von allen war, ohne dass das Spiel schon begonnen hätte, so, dass ich denke, aus diesen Instrumenten könnte etwas ganz herrliches werden. Das sehen wir dann ja Ende Juli, darauf freue ich mich und wie Sie sich denken können, auf die Wiederbegegnung mit meinem Verleger.
Punkt 3 betrifft einen Brief von Peter Hall aus London, der vorgestern angekommen ist und in welchem mich Hall (inständig) bittet, dass er »Die Macht der Gewohnheit« im nächsten Jahr neueröffneten National-Theater selbst inszenieren kann, der Verlag gibt ihm die Rechte nicht, wie er schreibt und handelt korrekt. Hall will das Stück in dem dritten neuen Nationaltheater, das vierhundert Plätze hat,

aufführen und der Gedanke ist doch herrlich, weil durch Hall ein englisches Kabinettstück herauskommen könnte. Eine solche *englische* Aufführung stört unsere Reisetruppe nicht und bringt uns wahrscheinlich Glück. Ich wollte keine Entscheidung ohne Sie. Ich bitte Sie aber, dass wir Hall das Stück geben und dass Sie Hall (persönlich) telegrafieren, dass ich nichts dagegen habe.[5]
Es gibt noch mehrere Punkte, aber besser ist, ich schreibe, dass der Sommer genau die Zeit ist, in welcher die Möglichkeiten, an vielen, vielen Stunden die Arbeit liegen zu lassen und baden (Ihre Lieblingsbeschäftigung!) zu gehen oder im Schatten zu liegen ohne Gedanken an Kunst etcetera, an die Verstümmelung der Natur durch den Übereifer des Menschenunrates. Wie die Dinge liegen, müssen sie liegen. Und schreiben Sie mir keinen ernsten Brief, sonst verfluche ich *alle* Deutsche!
Herzlich Ihr
Thomas B.

P. S.: Schade, dass ich mit Ihnen nicht zu Anja Silja habe gehen können, aber ich habe die »Erwartung« schon einmal (in Darmstadt) gehört. Vor achtzehn oder neunzehn Jahren, wer weiss![6]

1 Th. B. besucht wahrscheinlich eine Aufführung der *Jagdgesellschaft*, deren Erstaufführung in Deutschland am 15. Mai 1974 in der Regie von Dieter Dorn (Bühnenbild: Wilfried Minks, Generalin: Marianne Hoppe, Schriftsteller: Rolf Boysen, General: Bernhard Minetti) am Berliner Schiller-Theater stattfindet.
2 Ingeborg Bachmann stirbt ein Jahr zuvor an den Folgen eines Brandunfalls.
3 Die Wiener *Wochenpresse* vom 29. Mai 1974 berichtet: »Jene ›Leute, die in der Pause weggehen‹, werden von den geschockten Billeteuren nämlich keineswegs als Einzelerscheinungen geschildert, son-

dern auf ›einige Hundert‹ oder ein ›Drittel der Besucher‹ geschätzt. [...] Die Borkenkäfer [...] haben zwar des Burgtheaters Stammgäste kräftig gebissen, daß der neue Bernhard jedoch ein Stück ist, das vom Burgtheater zur Diskussion gestellt werden mußte [...], wollen auch Burgchef Gerhard Klingenbergs erbittertste Gegner im eigenen Haus keineswegs bestreiten.« (D[uglore]. P[izzini]: *Vom Käfer gebissen. Publikumsflucht bei »Die Jagdgesellschaft« von Thomas Bernhard*)

4 *Die Macht der Gewohnheit* spielt in einem Wohnwagen.

5 Rudolf Rach schreibt Th. B. dazu in seinem Brief vom 4. Juli 1974: »Sie werden in der Zwischenzeit den Brief von Peter Hall erhalten haben, in dem er sein Interesse an der ›Macht der Gewohnheit‹ kundtut. Das von ihm vorgeschlagene Verfahren, zuerst einen Regisseur zu benennen, ist natürlich das einzig richtige, für den Fall, daß Sie überhaupt einer Aufführung zustimmen wollen. Natürlich denke ich auch immer noch an die Möglichkeit eines Gastspiels, aber beides brauchte sich nicht auszuschließen, da ich aus London höre, daß man eine Produktion der ›Macht der Gewohnheit‹ für das Frühjahr 1976 plant.«

6 Unterhalb des Postskriptums findet sich die handschriftliche Erläuterung von Th. B.: »alles mit rechter Hand!«, wobei er das »rechter« nochmals in Versalien wiederholt.
Rechts oben auf der ersten Seite des Briefes notiert S. U.: »bei meinem Besuch bespr[echen].«.

[299; Anschrift: Ohlsdorf]

Frankfurt am Main
17. Juli 1974

Lieber Thomas Bernhard,
ich warte täglich auf einen reitenden Boten! Doch nehme ich an, daß Sie mir das Manuskript doch persönlich übergeben wollen. Dazu möchte ich Ihnen folgenden Vorschlag machen: meine Frau und ich kommen am Donnerstag, dem 25. Juli, nach Salzburg und wohnen im Hotel Seehof. Sollten wir uns nicht abends um 20 Uhr dort treffen? Dr.

Rach wird Ihnen auch einen Terminvorschlag machen, der zu dem von mir genannten paßt.[1]
Herzliche Grüße
Ihr
Siegfried Unseld

1 Rudolf Rach schreibt zum geplanten Salzburg-Besuch in seinem Brief an Th. B. vom 17. Juli 1974:
»[...] werde jetzt erst am 24. Juli morgens anreisen. Mit mir kommt die Fotografin Digne Meller Marcowicz, die die Endproben fotografieren wird, da wir das Programmheft [für die Tournee von *Die Macht der Gewohnheit*] [...] vornehmlich mit Fotos gestalten möchten. Neben den Fotos für das Programmheft möchten wir jedoch auch Aufnahmen von Ihnen machen, da Johannes Schütz, der Assistent von Minks [dem Bühnenbildner der Aufführung], der das Plakat entwerfen soll, mit einem Foto von Ihnen operieren möchte. Für diese Aufnahmen gäbe es, soweit ich sehe, zwei Möglichkeiten. Entweder kämen Frau Meller Marcowicz und ich am Nachmittag des 25. Juli nach Ohlsdorf, oder aber Sie kommen am Morgen des 25. nach Salzburg zur Probe, damit wir die Aufnahmen in Salzburg selbst machen können. Bitte lassen Sie mich wissen, welcher Termin Ihnen genehm ist.« Das Programmheft, zwölf Seiten stark, hat neben dem Titelblatt sieben Schwarzweißaufnahmen von Digne Meller Marcowicz.
S. U. trifft Th. B. anläßlich der Uraufführung von *Die Macht der Gewohnheit* bei den Salzburger Festspielen am 27. Juli 1974; Regie: Dieter Dorn, Bühnenbild: Wilfried Minks, Caribaldi: Bernhard Minetti, Enkelin: Anita Lochner, Jongleur: Fritz Lichtenhahn, Dompteur: Hans Peter Hallwachs, Spaßmacher: Bruno Dallansky. S. U. schreibt in seinem *Reisebericht Salzburg–Ohlsdorf–Großgmain, 25.-29. Juli 1974*:
»Im übrigen drehte sich in diesen Tagen, trotz der verunglückten Karajan / Strehlerschen ›Zauberflöte‹, alles um *Thomas Bernhard*. Die Uraufführung des neuen Stückes ›Die Macht der Gewohnheit‹ war wieder von Schwierigkeiten umwittert, und es war sicher so, wie ein Kritiker schrieb: ›An diesem Abend wurde alles auf eine Karte gesetzt, und die Karte stach.‹ Ein hervorragendes Ensemble, gut geführt von Dorn, ein Stück mit großen Schwierigkeiten, auch Längen. Aber es kam an, wenn auch in Form einer Gratwanderung,

ja, es wurde ein Erfolg. Bernhard war bei der Generalprobe, nicht jedoch bei der Premiere anwesend. Der Beifall war groß, aber es waren auch einige Buhrufer da, die den Regisseur Dorn mit Bernhard verwechselten. [...]
Mit Bernhard war ich zweimal ausführlich zusammen. Große Enttäuschung! Er will sein Manuskript zum jetzigen Zeitpunkt nicht herausrücken. Es ist fertig, aber nicht vollkommen, es hat noch nicht die letzte Präzision, die er sich wünscht. Er sagte zwar noch ›vielleicht in drei Wochen‹, und dazu gibt es eine gewisse Chance, da er ja unbedingt die Monate September und Oktober für die Niederschrift seines nächsten Stückes verwenden möchte. Es wird darauf ankommen, ob ihm die letzte Perfektion jetzt gelingt oder ob er die Arbeit wieder noch länger liegenlassen wird. An seiner Haltung ist kaum etwas zu ändern, er ist stark und starrsinnig, macht das, was er will – nur Geld, nur von Geld läßt er sich bewegen, aber davon braucht diesmal ja nicht die Rede zu sein.
Er hat Ohlsdorf weiter ausgebaut und sich dann zusätzlich in der Nähe von Gmunden auf einem abwegigen Areal ein neues Grundstück mit Haus gekauft; dieses Haus kann man nur zu Fuß oder mit einem Traktor erreichen.
Er war natürlich erleichtert über die Wirkung und den Erfolg der Aufführung. Mißtrauisch, wie er gegenüber allen und allem ist, gab er sich befriedigt über die Leistung und war auch durchaus angetan von unserem Tournee-Vorhaben. Er will keine andere Inszenierung zulassen! Und das verstehe ich völlig, wenn die Schauspieler auch nur eine Klasse weniger gut spielen, ist das Stück nicht über die Bühne zu bringen.
Jedenfalls war für uns diese Uraufführung die wichtigste seit langem. Sie ist Signal und Beginn für das Unternehmen unserer Produktionsgesellschaft. Sie wird nicht immer mit solchen Ungewöhnlichkeiten rechnen können, aber vielleicht kann das für den normalen Theatergänger Normale ungewöhnlich dargeboten werden.«
In einer Ergänzung zu diesem Reisebericht hält S. U. in einer *Chronik*-Notiz fest:
»Was ich nicht in den Reisebericht schrieb: natürlich ist er der alte, der mißtrauische. Wir trafen uns zusammen mit Rach in meinem Hotel ›Seehof‹ am Mondsee. Wir gingen zum Abendessen, alles war gut, harmonisch, doch wir vermieden die neuralgischen Punk-

te. Dazwischen dann die Aufführung, die ja nicht ohne Erfolg war. Am nächsten Tag besuchte ich ihn in Gmunden, wir besprachen zwei Stunden die Situation, dann fuhren wir zu Maletas zum Mittagessen, anschließend nahm er uns auf seinen neuen Grundbesitz, den sogenannten ›Grasberg‹ bei Gmunden, mit, ein Grundstück, das 50 000 qm umfaßt, links und rechts von einem Bach begrenzt ist, der eine trägt den Namen ›Frauengraben‹, der andere hat keinen Namen, es ist eine große Geländewölbung, auf deren Kuppe ein Haus steht, das sehr beachtlich ist in seinen Ausmaßen, das Bernhard nun umbauen läßt, ein Haus, das man wirklich nur auf dem Fußweg oder mit jenem Traktor erreichen kann, den Bernhard sich zugelegt hat und der in Ohlsdorf steht. Ich hatte sehr eingehende Gespräche mit ihm im Hinblick auf die ›Korrektur‹. Der Text sei fertig. Aber er sei nicht vollkommen, ihm fehle die letzte Perfektion. Sicher, es seien Kleinigkeiten, aber auf Kleinigkeiten käme es eben an. Er würde mir das Manuskript schicken in drei Wochen, drei Monaten oder drei Jahren. Bernhard ist unheimlich intransigent, er macht das, was er will, und läßt sich nicht beeinflußen, nur durch Geld. Darauf werden wir uns einzustellen haben. In seinem Stück ›Die Macht der Gewohnheit‹ heißt es ja: ›Selbst das Genie / wird noch einmal wahnsinnig / wenn es ums Geld geht.‹ [Siehe Th. B.: *Werke 16*, S. 47.] Bernhard muß man wirklich auf einer doppelten Ebene behandeln, einmal indem man ihm seinen großen Drang zur Perfektion nachsieht, d. h., das versteht. Andererseits können wir Termine und Versprechungen von ihm nur erhalten, wenn wir Geld-Zuflüsse damit koordinieren. Er ist hart, er ist auch in seiner Weise autark, er ist unabhängig. Er hat sich dieses neue Besitztum, das ungeheuer kompliziert ist und das ich persönlich nie besitzen wollte, zugelegt, weil es für ihn eine Herausforderung und eine Arbeit ist. Und er braucht eine Arbeit, die produktiv und positiv ist. ›Man kann ja nicht immer schreiben, dann würde man ja wahnsinnig.‹ Der Einzelgänger Bernhard hat sich mit diesem neuen Besitztum eine wirkliche Aufgabe geschaffen, die ihn fordert, die auch auf ihn zugeschnitten ist. Das Grundstück ist vollkommen ungewöhnlich, weil abseitig, abwegig. Als wir weggingen, spazierten drei einsame Wanderer von oben in das Grundstück ein. Bernhard befiel eine solche Wut; hätte er ein Gewehr gehabt, so hätte er sie abgeschossen. Eine merkwürdige Welt. Wir mußten uns der Schnaken erwehren, die uns heftig stachen. Aber Schnaken sind bekanntlich nur dort, wo die Natur heil ist.«

[300; Anschrift: Ohlsdorf; Telegrammnotiz]

Frankfurt am Main
1. August 1974

Rufe Sie Sonnabend 9 Uhr Post Ohlsdorf an. Falls nicht möglich, rufen Sie mich bitte in Frankfurt an: 55 28 67. Gute Nachrichten.[1]
Gruß Siegfried Unseld

1 S. U. fragt laut *Chronik* Th. B., ob er mit einer Aufführung von *Die Macht der Gewohnheit* in Paris, Cardin-Theater, einverstanden sei, in der Curd Jürgens die Rolle des Caribaldi spielt. Th. B. ist einverstanden.

[301; Telegramm]

Lisboa
12.8.74

komme freitag gegen drei uhr in den verlag[1]
herzlich bernhard

1 In der *Chronik* von S. U. heißt es dazu unter dem Datum des 16. August 1974:
»Merkwürdige Begegnung mit Thomas Bernhard. Er hatte sich durch ein Telegramm angemeldet, er war in Frankfurt als Zwischenaufenthalt auf seinem Flug von Lissabon nach Linz. Ich schaute sein mitgebrachtes Gepäck an, aber darin waren Süßigkeiten für meine Frau und Frau Zeeh. Kein Manuskript ›Korrektur‹. Das bedrückte meine Stimmungslage, und so war die Stunde, die wir im Verlag verbrachten, eher krampfhaft. Wir kamen zum Punkt Finanzen: ich hatte ihm auf zwei Blättern in meiner Handschrift die Endziffern dargelegt; das machte ihm Eindruck. ›Wenn der Verleger das selbst schreibt, so stimmt es.‹ Die Zahlungen waren ja auch imponierend. [Auf dem ersten Blatt fixiert S. U. Erlöse für Aufführungen von *Die Macht der Gewohnheit* in Höhe von 76000 DM, die die an Th. B. geleisteten Zahlungen übersteigen,

sowie die Vorauszahlung, siehe Brief 283 für *Der Präsident*; auf dem zweiten Blatt Honorarguthaben für Th. B. in Höhe von ca. 100 000 DM.] [...]
Dann gingen wir in die Klettenbergstraße, tranken Tee, er erzählte von Lissabon, dann fragte er nach Wein, wir tranken eine, dann zwei Flaschen, und sichtlich löste sich die Stimmung. Er berichtete von seinem neuen Stück ›Der Präsident‹, das an der Burg und in Österreich einen Skandal auslösen würde. Das Thema hat sich nun verschoben; es ist nicht mehr der Präsident der Salzburger Festspiele, sondern es ist der österreichische Bundespräsident bzw. Bernhard gestaltet jene konkreten Details, die er von Herrn Dr. Maleta gehört hat, als dieser, zweiter Vizepräsident des österreichischen Parlaments, eine Zeitlang österreichisches Staatsoberhaupt in Vertretung des erkrankten Bundespräsidenten Jonas war. Das Stück soll 4 Akte haben. Im 1. Akt das Aufwachen des Präsidentenpaares in kleinbürgerlicher mieser Umgebung. In diese Atmosphäre dringt dann eine Stafette; in Unterhosen unterschreibt der Präsident ein Gnadengesuch. Der 2. Akt soll den Präsidenten in hohler Staatspose bei seinen Repräsentationspflichten zeigen. Der 3. Akt: mit einem Flittchen ist der Präsident inkognito nach Lissabon gefahren und treibt dort im Casino Estoril so große Späße, daß er daran stirbt. 4. Akt: pompöse Aufbahrung; das Volk zieht ergriffen am Sarg vorbei, voran die Gemahlin, die Kinder, die Minister etc. Wenn Bernhard dieses Stück gelingt, so ist es das erste Stück, mit dem er aus seiner monologischen Struktur ausbricht. Man muß wirklich gespannt sein.
Er will am 28. September kommen und dann, vielleicht, das Manuskript mitbringen.«
Am 28. September 1974 feiert S. U. seinen 50. Geburtstag in Kronberg bei Frankfurt am Main. Th. B. nimmt an der Feier teil.

[302; Anschrift: Ohlsdorf]

Frankfurt am Main
13. August 1974

Lieber Herr Bernhard,
anbei schicke ich Ihnen den Briefwechsel mit dem Augsburger Oberbürgermeister. Wollen Sie nach Augsburg fahren? Dort wird ja wohl keine Lynch-Justiz mehr vorherrschen. Für den Fall einer publizistischen Ausweitung noch die Frage: waren Sie jemals in Augsburg? Was reizt Sie gerade an der Namensmetapher Augsburg, vielleicht ihr berühmter Sohn?
Schöne Grüße
Ihr
[Siegfried Unseld]

Anlage[1]

[Anlage; Brief von S. U. an Hans Breuer]

Frankfurt am Main
9. August 1974

Verehrter Herr Oberbürgermeister,
vielen Dank für Ihren Brief vom 7. August 1974. Ich respektiere durchaus, daß Sie sich für das Ansehen, die Interessen und Belange der Stadt Augsburg und ihrer Bürger einsetzen, doch all dies ist durch Thomas Bernhard und sein Stück »Die Macht der Gewohnheit« ganz und gar nicht in Frage gestellt. Es handelt sich um eine Komödie, und das heißt auch, daß alles, was darin über Augsburg oder andere Städte gesagt wird, Äußerungen theatralischer Figuren sind. Thomas Bernhard hat nicht, weder in einem Interview noch in einem Artikel, seine persönliche Meinung über die Stadt Augsburg veröffentlicht, sondern eine Figur seines Stückes, der Zirkusdirektor Caribaldi, hat in be-

stimmten dramatischen Momenten voller Erregung und Zuspitzung sich über eine Stadt geäußert, die rein zufällig die nächste Station seiner Tournee ist. Es könnte dies jede andere Stadt sein; der Name Augsburg hat dabei wirklich nichts mit der Realität Ihrer Stadt zu tun.
Bitte vollziehen nicht auch Sie dieses Mißverständnis, unter dem die dramatische Literatur so oft hat leiden müssen – ein Mißverständnis, das immer eintritt, wenn man den Autor für die Äußerungen seiner Figuren zur Rechenschaft ziehen möchte. Ein Theaterstück besteht aus Konflikten und Kontroversen, Widersprüchen und Dialogen, und in der Herstellung dieser Zusammenhänge ist der Autor genötigt, seinen Figuren so viel Selbständigkeit und eigenes Leben zu gestatten, daß sie auf der Bühne auch alle Verantwortung für ihr Tun und Lassen zu tragen haben. Auf diese Weise entstehen dann Ereignisse und Äußerungen, die nicht unbedingt im Sinne des Autors liegen, sondern alleine die Autonomie seiner Figuren beweisen. Oder würden Sie glauben, daß der von Ihnen zitierte Bertolt Brecht die Machenschaften seines Mackie Messer billigen würde und damit auch verantworten müßte?
Und denken Sie doch bitte an die Beispiele, die uns die Literaturgeschichte bietet. Beispiele viel vehementerer und böserer Art, in denen Autoren sich mit ihrer Heimatstadt auseinandersetzen. Wenn man das historisch betrachtet, so haben diese Äußerungen ja wirklich den Städten nicht geschadet. Litt Göttingen darunter, daß Heine sie als eine Stadt bezeichnete, die man am schönsten mit dem Rücken betrachtet? Glauben Sie, daß der Haßgesang von James Joyce auf Dublin die Liebenswürdigkeit dieser Stadt beeinträchtigt hätte? Ist letztlich Lübeck nicht durch kritische Äußerungen von Thomas Mann geadelt worden? Oder denken Sie an einen Ihnen benachbarten Fall: ein Leben lang hatte Marieluise Fleißer unter den Ingolstädtern zu

leiden. Jetzt wird sie von ihnen geehrt, mit Recht, sie hat die Stadt aus ihrer Provinzialität herausgeführt.
Verehrter Herr Oberbürgermeister, ich nehme Ihre Besorgnis überaus ernst, aber ich hoffe auch, daß ich Sie überzeugen konnte. Ihre großzügige Einladung gebe ich gerne an Thomas Bernhard weiter, er ist gegenwärtig im Ausland. Meinerseits darf ich Ihnen ein Exemplar der Buchausgabe des Stückes zusenden, damit Sie Gelegenheit haben, diese Äußerungen im Kontext des Ganzen kennenzulernen. Ich glaube, Sie erhalten dann doch einen anderen Eindruck als durch die von der Presse aus dem Zusammenhang gerissenen Zitate. Die letzte Aufführung der »Macht der Gewohnheit« in Salzburg wird am 21. August stattfinden. Ich bin gerne bereit, zwei Karten für Sie reservieren zu lassen, damit Sie sich selbst von meinen Argumenten überzeugen können.
Nach Ihrem Brief bedaure ich besonders, daß das Augsburger Theater das Gastspielangebot für Bernhards Stück nicht angenommen hat. Ich könnte mir vorstellen, daß die Bürger dieser Stadt Bernhards Komödie als Komödie aufnähmen, daß sie den Lech sehen, wie er ist, und daß sie sich nicht diffamiert fühlten.
Mit einem freundlichen Gruß
bin ich Ihr
Dr. Siegfried Unseld

1 In *Die Macht der Gewohnheit* fragt der unter rheumatischen Schmerzen leidende Zirkusdirektor Caribaldi (Th. B.: *Werke 16*, S. 102). »Gibt es denn in Augsburg / überhaupt einen Arzt / einen Rheumaspezialisten / in diesem muffigen verabscheuungswürdigen Nest / In dieser Lechkloake«. Unter anderem auf diese Passage reagiert Hans Breuer, der Oberbürgermeister der Stadt Augsburg, in einem Brief an S. U. vom 7. August 1974:
»Sehr geehrter Herr Unseld! Wie abstrakt oder wie konkret ist das Gemeinwesen Stadt? Hat eine Stadt als lebendige Gemeinschaft

ihrer Bürger auch eine Ehre, die verletzt werden kann? Werden Ansehen und Geschäfte einer Stadt geschädigt, wenn ihr im öffentlichen Rampenlicht unwahr und diffamierend Übles nachgeredet wird? Das sind sicher sehr interessante Fragen für Publizisten und Juristen und derzeit auch für unser städtisches Rechtsamt. Zuvörderst aber möchte ich bei Ihnen vorstellig werden, um Interessen der Stadt Augsburg und Belange der Bürger zu wahren.
Dies ist der Grund meines Schreibens: In Ihrem Verlag, sehr geehrter Herr Unseld, ist das Stück ›Die Macht der Gewohnheit‹ von Thomas Bernhard erschienen, das soeben in Salzburg uraufgeführt wurde. In diesem Stück wird – wenn Presse und Rundfunk aus der Aufführung richtig zitieren – die Stadt Augsburg als muffiges und verabscheuungswürdiges Nest diffamiert, und es werden die Augsburger als die am schlimmsten abstoßend riechenden unter allen Zirkuszuschauern beschimpft. Das scheinen mir selbst für eine Komödie doch allzu bitterböse Worte, die Herr Bernhard auch mit dem Hinweis auf die Freiheit eines Autors nicht rechtfertigen könnte.
Nicht einmal der Dichter Bert Brecht hat behauptet, daß Augsburg eine Lechkloake sei, und Brecht war kritisch und hat Augsburg gekannt. Er wurde an einem Augsburger Lechkanal geboren und ist nahe am Stadtgraben aufgewachsen. Ich muß annehmen, daß Herr Thomas Bernhard unser Augsburg überhaupt nicht kennt.
Deshalb möchte ich Herrn Bernhard einladen, doch bald einmal nach Augsburg zu kommen und hier drei Tage lang unser Gast zu sein. Die Stadt Augsburg wird die Kosten seines Aufenthaltes tragen, und wir werden ihm auch gerne alles zeigen, was immer er sehen will, und ihn auch zum Lech hinführen und ihn mit Menschen aller Bevölkerungsschichten bekannt machen. Und dann wird Herr Bernhard sicher bald sehen und fühlen und riechen, daß Augsburg zwar von einer 2000jährigen Geschichte geprägt, aber doch eine schmucke und muntere Großstadt ist mit quellreinem Trinkwasser und mit sauberen Bürgern. Und daß es hier gar nicht so übel riecht.
Übrigens: Rheumaspezialisten haben wir auch.
So darf ich Sie, sehr verehrter Herr Unseld, höflichst bitten, diese Einladung an Herrn Thomas Bernhard weiterzugeben. Ihrer und seiner Antwort sehe ich erwartungsvoll entgegen.«
Wohl in Reaktion auf Zeitungsberichte, wonach Hans Breuer das

Augsburger Rechtsamt angewiesen habe, juristische Maßnahmen zu prüfen (etwa in der *Frankfurter Allgemeinen Zeitung* vom 10. August 1974), telegrafiert Th. B. aus Lissabon: »Von Lissabon aus empfinde ich Augsburg noch elementarer scheußlich als in meinem neuen Theaterstück. Mein Mitgefühl mit den Augsburgern und allen in Europa, die sich als Augsburger verstehen, ist ungeheuer grenzenlos und absolut.« (*Frankfurter Allgemeine Zeitung*, 12. August 1974)

[303; Anschrift: Ohlsdorf]

Frankfurt am Main
19. August 1974

Lieber Thomas Bernhard,
Ihr Frankfurter Besuch war doch sehr angenehm. Sie sehen, man kann auch in Frankfurt freundlich-angenehm zusammensein.
In der Anlage schicke ich Ihnen jene Fotos, die Sie ja schon gesehen haben und die meine Frau für Sie noch einmal vervielfältigt hat.
Ich hoffe sehr!
Schöne Grüße
Ihr
Siegfried Unseld

Anlage[1]

1 Die Anlage konnte nicht identifiziert werden.

[304; Anschrift: Ohlsdorf]

Frankfurt am Main
2. September 1974

Lieber Thomas Bernhard,
Herr Rischbieter hat mich reinlegen wollen, aber es wird sich gegen ihn wenden:
Ich erzählte Ihnen bei Ihrem Frankfurter Besuch, daß ich an Rischbieter ein Telegramm geschickt habe. Es bezog sich auf seine alberne Rezension in der »Frankfurter Rundschau«, in der er das Stück ja sehr aggressiv kritisiert und es als höchst reaktionär bezeichnet hat.[1] Wortlaut meines Telegramms: »Warum drucken Sie ein so reaktionäres Stück in ›Theater heute‹ ab?« Nun hat sich Rischbieter gerächt, indem er sich eine journalistische Infamie leistete. Er druckte nämlich ohne jeglichen Hinweis auf die Vorgänge mein Telegramm ab – ohne Kommentar, ohne Hinweis. Er hat noch einmal eine Kritik veröffentlicht, in der dann das Wort »reaktionär« auch gar nicht mehr vorkommt. Kurzum, er wollte mich da reinlegen, aber er wird es nicht schaffen. Jeder halbwegs Vernünftige wird hier riechen, daß etwas nicht in Ordnung ist, denn schließlich gab ich ihm ja die Genehmigung zum Abdruck des Stücks. Andrerseits werde ich die Sache natürlich nicht auf sich beruhen lassen. Er muß in der nächsten Nummer eine Gegendarstellung veröffentlichen, und ich habe schon die einschlägigen Zeitungen zu einer Glosse aufgerufen.[2] Es wird vielleicht noch den einen oder anderen Wirbel geben, aber ich glaube nicht, daß irgend etwas bleiben wird.
Ich habe die Fernsehausstrahlung noch einmal gesehen. Ich fand das doch vorzüglich gemacht.[3] Minetti in der Großaufnahme war wirklich einzigartig. Er hatte zwar einige Versprecher und ließ auch manches aus, aber insgesamt war das eine sehr gute Sache. Vielleicht etwas zu lang; viel-

leicht sollte man für die Tournee doch noch eine leichte Straffung vornehmen. – Die anschließende Diskussion wirkte nicht so lemurenhaft, wie sie mir angekündigt war. Die Herren gaben ihr Bestes, und Hilde Spiel ist ja ohnehin gut.

In den letzten Tagen gab es dann noch einmal Aufregungen mit Augsburg. Der Oberbürgermeister, SPD, war in Urlaub gefahren. Dies benützte ein CSU-Abgeordneter, um sich noch schützender als der SPD-Mann vor das Augsburger Volk zu stellen. Er brachte einen Antrag im bayrischen Landtag ein, und der Ministerpräsident Goppel versuchte, die Fernsehsendung zu verhindern. Aber es gelang nun doch nicht – so blieb eben alles bei »morgen in Augsburg«.

Ich war in Salzburg vielleicht zu beteiligt und also zu aufgeregt, als daß ich jede Nuance dort hätte aufnehmen können. Jetzt aber habe ich Ihr großes Sprachvermögen und auch Ihre große Leistung des Dramatischen im wahrsten Sinne des Wortes sehr bewundert. Von nun an wird mir das »Präzision zur Gewohnheit machen« ein Leitsatz bleiben.[4]

Herzlich

Ihr

[Siegfried Unseld]

1 Henning Rischbieter: *Bankrott auf hohem Niveau*, in: *Frankfurter Rundschau* vom 1. August 1974. Darin heißt es: »Thomas Bernhard ist ein reaktionärer Schriftsteller: dies Stück ›Die Macht der Gewohnheit‹ könnte ebenso heißen – warum heißt es nicht so –: *Die Gewohnheit der Macht*.«

2 Henning Rischbieter beschäftigt sich in *Theater heute*, H. 9, September 1974 unter der Überschrift *Salzburg / Strehler / Bernhard* (S. 31-36) erneut mit *Die Macht der Gewohnheit*. Auf S. 34 findet sich das faksimilierte Telefax von S. U. (Datum: 1. August), auf dem handschriftlich vermerkt ist: »Gegenfrage: warum verlegen Sie sowohl Beckett wie Brecht? Mit einem schönen Gruß Henning Rischbieter.« Der Stückeabdruck erfolgt auf S. 37-52. *Theater*

heute, H. 10, Oktober 1974, druckt auf S. 2 eine Gegendarstellung von S. U.:
»Herr Rischbieter veröffentlichte in der September-Ausgabe von ›Theater heute‹ ohne meine Genehmigung den Wortlaut meines Telegramms an ihn. Dieser Wortlaut war für den Empfänger verständlich, nicht jedoch für den Leser der Zeitschrift.
Hier die Fakten:
1. Die Redaktion von ›Theater heute‹ erbat am 24. Juni 1974 einen Abdruck von Thomas Bernhards ›Die Macht der Gewohnheit‹ in ›Theater heute‹; der Suhrkamp Verlag zögerte, weil der Text in der Bibliothek Suhrkamp vorlag, gab dann jedoch der Bitte der Redaktion nach.
2. Am 31. Juli 1974 rezensierte Herr Rischbieter in der ›Frankfurter Rundschau‹ das Stück von Thomas Bernhard. In dieser Rezension schrieb er von der ›reaktionären Ausweglosigkeit‹, von der ›rückwärts gewandten politischen Vorstellungswelt‹ des Stückes und schrieb über den Autor: ›Thomas Bernhard ist ein reaktionärer Schriftsteller.‹
3. Darauf schickte ich Herrn Rischbieter das Telegramm: ›warum drucken sie ein so reaktionäres stück wie «die macht der gewohnheit» in «theater heute» ab? gruß siegfried unseld.‹
4. Die Reaktion von Herrn Rischbieter fand sich dann in der September-Nummer von ›Theater heute‹, in der das Stück abgedruckt wurde. Die Veröffentlichung meines Telegramms geschah jedoch ohne jeden Kommentar, der den Leser informiert hätte, daß die Bezeichnung des Stückes als ›reaktionär‹ ein Zitat war. In derselben Nummer veröffentlichte Herr Rischbieter wieder eine Kritik, in der dann diesmal das Etikett ›reaktionär‹ nicht vorkam.
Die kommentarlose Veröffentlichung des Telegramms mußte beim Leser den Eindruck erwecken, daß der Verleger und Freund Thomas Bernhards das Verdikt von Herrn Rischbieter teilte. *Siegfried Unseld*«

3 Das ZDF strahlt am 30. August 1974, 21.30 Uhr, eine Aufzeichnung der Uraufführung von *Die Macht der Gewohnheit* aus. Anschließend diskutieren Hilde Spiel, Ernst Haeusserman, Curd Jürgens, Josef Kaut und Oscar Fritz Schuh.

4 »Die Präzision zur Gewohnheit machen« – so lautet die Devise des Dompteurs in *Die Macht der Gewohnheit* (siehe Th. B.: *Werke 16*, S. 52).

[305; Telegramm]

Augsburg
6. September 1974

auf dem weg nach strassburg heute in augsburg in zwei tagen mehr[1]
herzlich bernhard

1 Th. B. besucht Augsburg am 6. September 1974. Laut *Augsburger Allgemeine Zeitung* (7. September 1974) »war er plötzlich da. Augsburg-Beschimpfer Thomas Bernhard tauchte gestern überraschend in Augsburg auf. Unangemeldet kam er auf Blitzbesuch in die AZ-Redaktion. Über die lokalpatriotische Empörung auf sein Stück ›Die Macht der Gewohnheit‹ staunt er ungläubig und lächelnd.« Er erklärt der Redakteurin auf deren Frage, warum Augsburg eine prominente Rolle in seinem Stück einnimmt: »Ich hätte auch Nürnberg sagen können, aber Augsburg klingt halt besser. Sie wissen doch, wie das beim Schreiben ist. Der Rhythmus, der Tonfall – es muß passen.«

[306; Anschrift: Ohlsdorf; Telegrammnotiz]

Frankfurt am Main
20. Dezember 1974

Lieber Thomas Bernhard – rufe Sie Montagmorgen, 23. Dezember, 9 Uhr Post Ohlsdorf an. Neues Stück hervorragend.[1]
Herzlich Ihr Siegfried Unseld

1 S. U. bezieht sich hier auf das Theaterstück *Der Präsident*, das Th. B. Rudolf Rach in Hannover am 8. Dezember übergibt. Th. B. erhält dort an diesem Tag – gemeinsam mit Botho Strauß und Franz Xaver Kroetz – den mit jeweils 20 000 DM dotierten und vom Hannoverschen Kunstverein und der Zeitschrift *Theater heute* gestifteten Hannoverschen Dramatikerpreis für *Die Macht der Gewohnheit*. »Am Wettbewerb um den Preis konnten teilneh-

men alle deutschsprachigen Theaterstücke, die bis zum Einsendeschluß (1.5.1974) noch nicht aufgeführt waren.« (*Theater heute*, H. 1, Januar 1975, S. 1) Die Jury bildeten Rudolf Lange, Bernhard Minetti, Günther Ries, Henning Rischbieter und Ernst Wendt. Auf der Rückfahrt von Hannover treffen sich Th. B. und S. U., der von einem Vortrag in Ulm kommt, in Stuttgart. In der *Chronik* hält S. U. fest:

»Wir besprachen ein Treffen zwischen den Jahren. Hauptgesprächspunkt war jedoch ein anderer: er weihte mich vertraulich ein, daß er ein Angebot erhalten habe, das Burgtheater als Direktor zu leiten. Er hatte so etwas schon einmal am Telefon gesagt und dazu gelacht. Jetzt fragte er mich ernsthaft, was meine Meinung sei. Ich antwortete spontan, daß ich ihm das nicht empfehlen könnte. Er sei Autor und in seinen Schriften dem Unbedingten verpflichtet. Ein Theater zu leiten bedeutet aber, Kompromisse einzugehen, Kompromisse mit der Kunst, mit der künstlerischen Qualität, mit dem Publikumsgeschmack, mit dem Kommerz, mit der Verwaltung etc. Aber er war schon entschieden. Diese große Aufgabe würde ihn reizen, wenn ein Theater leiten, so dürfte es nur das Burgtheater sein, in ganz Europa. In drei Jahren würde er das antreten, und dann würde er vier Jahre lang von 1977-1981 diese Aufgabe übernehmen, er wäre dann 50 und würde dann zu neuen Ufern aufbrechen. Man konnte da nicht anders, als ihm in diesem Entschluß zustimmen.

Anschließend ging er zu Peymann, um mit Peymann die Aufführung des ›Präsidenten‹ zu besprechen, er weihte auch Peymann in dieses Burgtheater-Angebot ein.«

Das Treffen »zwischen den Jahren« findet am 29. Dezember 1974 in Ohlsdorf statt. S. U. schreibt dazu im *Reisebericht Salzburg–Ohlsdorf–Oberweis, 28.-30. Dezember 1974*:

»*Ohlsdorf*

Ein Tag mit *Thomas Bernhard*. Ich war auf die Minute pünktlich in Nathal bei Obernathal bei Ohlsdorf bei Gmunden am Traunsee im Vierkanthof. Bernhard war ungemein aufgeräumt und schenkte mir eine altchinesische Vase oder Kanne, die sehr gut zu unserem blauen chinesischen Teppich paßt. Es ist ein sehr wertvolles Geschenk und sicherlich das erste, das Bernhard in dieser Größenordnung machte. Wir waren dann den ganzen Tag unterwegs. Er führte mich zu seinen ›Besitzungen‹, wir gingen am Traunsee spa-

zieren, dann fuhren wir Richtung Südosten und wanderten auf den Bergen des Salzkammerguts; dort besuchten wir auch *Prof. Wieland Schmied*. [...] Abends waren wir dann gemeinsam bei *Maletas* in Oberweis, wo ich auch übernachtete.
Bernhard will für die edition suhrkamp ›Atzbach‹ fertigschreiben. Wir erhielten den Text Ende Februar. [Siehe Anm. 1 zu Brief 194.]
Er beteiligt sich auch an den ›Ersten Lese-Erlebnissen‹ und an der Auswahl der Brecht-Gedichte. [Der Band 250 der suhrkamp taschenbücher erscheint 1975 und wird von S. U. herausgegeben. Der Beitrag von Th. B. trägt den Titel *In frühester und in rücksichtsloser Beobachtung...*, S. 96. Band 251 der suhrkamp taschenbücher ist *Bertolt Brecht. Gedichte*, ausgewählt von Autoren. Th. B. beteiligt sich nicht an diesem Band.] Seine Auswahl zielt auf die kleinen späten Buckower Gedichte. Das Manuskript ›Korrektur‹ gibt er nicht heraus, das hat entweder irrationale oder materialistische Gründe. Im übrigen arbeitet er an einem neuen Stück, das im September 1975 fertig und im Juni 1976 dann bei den Salzburger Festspielen uraufgeführt werden soll.
Gespräch über die edition suhrkamp. Bernhard empfiehlt, wir möchten doch wieder auf originäre, also Erstdrucke von Literatur zurückgehen. Es gäbe für die edition dadurch wieder eine neue Möglichkeit.
Am nächsten Tag war Bernhard krank: Bronchialkatarrh. Zwei Tage später ging er ins Spital, weil er eine Belastung seiner Lungen befürchtete. Ich bekam diesen Katarrh exakt vier Tage später.«
In der *Chronik* ergänzt S. U. seinen Reisebericht:
»*Thomas Bernhard, 29. Dezember 1974*
Ich war den ganzen Tag über skeptisch, was sich Bernhard noch ausgedacht haben könnte. So ist zum Beispiel das Manuskript ›Korrektur‹ sicherlich fertig, aber wahrscheinlich gibt er es nicht heraus, weil unsere bisherige finanzielle Vereinbarung ›Korrektur‹ mit einschließt. Er aber möchte wahrscheinlich hierfür noch einen größeren Betrag ›herausholen‹. Das ist eine Vermutung.
Dann hat sich der schlaue Fuchs noch etwas ausgedacht: Bernhard hat jetzt drei Häuser mit teilweise größerem Land- und Waldbesitz. Er hat sich jetzt in Gmunden noch eine Wohnung gekauft [Lerchenfeldgasse 11], die er als sein ›Archiv‹ einrichten möchte, dies gegenüber der Steuer. Er glaubt, eine Möglichkeit zu haben, diese Wohnung, die etwa 140.000.– DM kostete, gänzlich 1974 von

seiner Steuer absetzen zu können. Ich meldete hier meine größten Zweifel an, aber er meinte, das sei für ihn möglich. Er hat nun von der Oberbank Gmunden einen Kredit von 100.000.– DM aufgenommen, und er wäre sehr froh, wenn wir diesen Kredit übernehmen könnten. Ich war so ziemlich sprachlos, machte ihm auch keine Zusagen; ich kannte durch ein Gespräch mit Herrn Schaffler seine Steuersituation. Wir werden uns hier überlegen müssen, was wir machen.«

1975

[307]

St. Veit im Pongau, Land Salzburg
26. 1. 75

Lieber Siegfried Unseld,
heute genau vor zehn Jahren bin ich von Bremen nach Frankfurt gereist und ich habe einen ziemlich schwer verkühlten Verleger in seiner Wohnung angetroffen und mit ihm über den Betrag von vierzigtausend Mark verhandelt, den er mir schliesslich gegeben hat. Erinnern Sie sich? Dann bin ich nach Giessen gefahren, habe einen Vortrag gehalten und mit dem Geld habe ich Nathal begründet, mit den vierzigtausend und mit den zehntausend aus Bremen und es hat mir Glück gebracht.[1]
Heute erinnere ich Sie an unser beider »Gespräch über Hunderttausend«, das wir, rasch ansteigend auf den Berg in der Nähe des verträumten Kunsthistorikers und seiner Frau im Föhnsturm geführt haben, in jenem Föhnsturm, der unser beider Infekt ausgelöst hat wahrscheinlich und ich bitte Sie, mir die notwendigen Hunderttausend *so bald als möglich* in die Hand zu geben. Ich habe Alpträume von Zinsen und alles ist nicht notwendig. Es ist für keinen von uns ein Risiko, wenn Sie mir die Hunderttausend zur Deckung meiner Bankschuld (sechzehn Prozent Zinsen) beispielsweise in Salzburg in meine Rocktasche stecken. Denken wir an die vierzigtausend nach Bremen, das war eine Kühnheit des Verlegers! Damals. Wie heute ist es um Geld und Grippe gegangen. Bringen Sie mir bitte den Betrag eigenhändig nach Salzburg und bedenken Sie, 76 haben

wir in dieser Stadt wieder eine Uraufführung.[2] Etcetera. Dies ist gleichzeitig eine Aufforderung an Sie, unser vom Virus brutal abgebrochenes Gespräch weiterzuführen. Gut, dass Sie wieder wohlauf sind! Rach habe ich einen wichtigen und ebenso scharfen wie aufrichtigen Brief geschrieben und er hat Ihnen sicher berichtet.[3]

Ich selbst bin nach einer Lungenentzündung, die schwer, aber unter Kontrolle meines diensthabenden Bruders im Welser Spital durch viele Millionen von Penicillineinheiten erdrückt worden ist auf drei Wochen in guter Luft im Hochgebirge, da, wo »Frost« geschrieben worden ist und in bester Verfassung. Ich arbeite an dem Lustspiel für Salzburg, dann mache ich »Atzbach« fertig und bin im März in Portugal. Ich hoffe sehr, wir treffen uns *vor Mitte Februar* in Salzburg, allein, weil wir in dieser Zeit absolut beide immun sind.

Woher ist der Virus gekommen? Herzlich
Thomas B.

1 Siehe Anm. 3 zu Brief 5.

2 Im Original steht versehentlich »66«. Bei den Salzburger Festspielen ist für 1976 die Uraufführung des Theaterstücks *Die Berühmten* geplant.

3 Der Brief an Rudolf Rach ist auf den 20. Januar 1975 datiert und hat den Wortlaut:

»Ihre (persönliche oder des Theaterverlags) Indiskretion den Burgtheaterdirektor betreffend, hat mir hier in den letzten Tagen auch in der Presse die grössten Peinlichkeiten verursacht und vielleicht sogar meinen Plan mit dem Burgtheater zu Fall gebracht. Wo wir doch absolutes Stillschweigen vereinbart hatten. Aber das ist nicht Ziel meines Briefes.

Sie schreiben (und die Zeitungen schreiben es auch), dass es wahrscheinlich nicht zur Uraufführung des ›Präsidenten‹ im Mai in Wien kommt. Da muss ich klar zum Ausdruck bringen, dass ich unter keinen und ich sage *keinen Umständen eine Verschiebung in Wien dulde*, weil die Stuttgarter Erstaufführung unter allen,

wieder sage ich, *allen* Umständen, noch vor den Sommerferien stattfinden muss.
Präzise und unumstösslich und ich mache Sie und den Verlag im Falle einer Nichteinhaltung meiner Forderung schon jetzt auf meine äusserste Konsequenz aufmerksam, wobei ich natürlich annehme, dass der Verlag ganz und gar in meinem Sinne handelt.
Gleich unter welchen Umständen das Burgtheater die Uraufführung im Mai nicht zustande bringt (mir ist an einer solchen Wiener Uraufführung nichts gelegen, ich habe nur zugestimmt, weil Klingenberg mich nicht aus dem Vertrag entlassen hat wollen), eine Verlängerung des Uraufführungstermins über den Mai hinaus *kommt nicht in Frage. Stuttgart muss stattfinden.* Und zwar auch, wenn wir alles Geld aus Wien verlieren, was möglich ist. Das ist mir gleichgültig.
Bitte handeln Sie jetzt in meinem Sinne und zwar ultimativ, und berichten Sie mir unverzüglich.
Ich bin nach zweiwöchigem Krankenhausaufenthalt (eine schwere, sich aus der Grippe entwickelte Lungenentzündung) nur auf einen Sprung in Ohlsdorf und, wegen Nebel, bis nächsten Dienstag zu erreichen A 5621 St. Veit im Pongau, Land Salzburg, Sonnhof.«
Beide Aufführungen erfolgen wie geplant: die Uraufführung am Wiener Akademietheater am 17. Mai 1975 in der Regie von Ernst Wendt und die Deutsche Erstaufführung im Württembergischen Staatstheater in Stuttgart am 21. Mai 1975 in der Regie von Claus Peymann.

[308; handschriftlich auf Papier des Hotel Belvédère, St. Moritz]

St. Moritz
12. 2. 75

Lieber S. U.,
es war für mich ein ganz u. gar herrlicher Aufenthalt u. ich danke Ihnen für Idee u. Einladung – auf meinen Geist hat der Tag seine beste Wirkung getan. Ich bin überzeugt, daß unsere Zukunft gut ist, sie ist ganz klar u. folgerichtig die unseren Motiven entsprechende *beste!*[1]
Ihnen eine glück- u. [freudebringende] SCHI-WOCHE
Th. B.

1 S. U. notiert in seinem *Reisebericht Zürich–St. Moritz–Poschiavo, 9.-16. Februar 1975*:
»In Chur traf ich Montagabend *Thomas Bernhard*, der mit mir nach St. Moritz fuhr und zwei Tage blieb. Es war insgesamt ein sehr produktives Gespräch. Gegenüber weiteren finanziellen Zusicherungen erhielten wir die Möglichkeit, den ›Präsidenten‹ nach unserem Urteil zu disponieren, und er hat uns versprochen, Ende April das Manuskript des Romans ›Korrektur‹ abzugeben; dies definitiv.«
S. U. hält in der *Chronik* unter dem Datum des 7. Februar 1975 fest, wie es zu diesem gemeinsamen Urlaub kam: »Telefonat mit Thomas Bernhard. Er rebelliert dagegen, daß ich in Urlaub gehe, während jetzt die Entscheidungen für den ›Präsidenten‹ in Wien fielen. Er verlangte mein Kommen nach Salzburg, das lehnte ich ab. Ich regte an, er solle nach St. Moritz kommen, das lehnte er ab. Minuten später rief er an, daß er mich doch in St. Moritz besuchen würde.«

[309; Anschrift: Ohlsdorf]

Frankfurt am Main
19. Februar 1975

Lieber Thomas Bernhard,
ich habe Ihnen noch sehr für Ihre Zeilen zu danken, die Sie mir in St. Moritz hinterließen. Auch ich habe den Eindruck – und er hält an –, daß wir gemeinsam das Beste machen.
Die Verhandlungen mit der Bank sind aufgenommen.
Ich erinnere nochmals an Ihr Versprechen, uns das Manuskript »Korrektur« bis Ende April abzugeben. Sie gaben mir Ihr Wort, und ich baue darauf.
Nun habe ich noch eine Bitte, die wir in St. Moritz nicht besprachen. Es geht um die von mir herausgegebene Sammlung »Erste Lese-Erlebnisse«. Wäre es Ihnen nicht möglich, hierzu doch noch einen kurzen Text zu schreiben. Dies müßte doch möglich sein, und es wäre bedauerlich, wenn Sie in dieser Sammlung fehlen würden. Bitte springen Sie über den Schatten, gehen Sie zur Maschine und schreiben Sie Ihre Erinnerung nieder. Ich würde mich sehr freuen.
Herzlich,
Ihr
[Siegfried Unseld]

[310]

Ohlsdorf
24. 2. 75

Lieber Siegfried Unseld,
heute kam Ihr Brief, in welchem Sie mich an die zwei ersten Bücher erinnern.
Sie können nicht mehr als diese kurze Feststellung von mir erwarten.[1]

Kaut hat heute geschrieben, dass er mir auf alle Fälle meinen Platz für 76 reserviert und ich habe jetzt den Titel für die Arbeit: »*Die Berühmten*«.
Ich selbst bin am Samstag (Sonnabend) den 1. März um achtuhrfünf in der Frühe auf dem Frankfurter Flugplatz und habe eine Stunde Zeit; die Maschine nach Lissabon fliegt neunuhrfünfundzwanzig ab, das schreibe ich nur so genau, weil ich mich in dieser freien Stunde gern mit Ihnen unterhalten würde.[2]
Herzlich
Ihr Thomas Bernhard

1 Th. B. sendet als Beilage zu diesem Brief offensichtlich seinen Beitrag zu der von S. U. als Band 250 der suhrkamp taschenbücher herausgegebenen Sammlung *Erste Lese-Erlebnisse*. Th. B. bezeichnet dort Arthur Schopenhauers *Die Welt als Wille und Vorstellung* und Christian Wagners Gedichte als die beiden ersten »geistesentscheidenden« Bücher.

2 Auf dem rechten oberen Rand des Briefs befindet sich der handschriftliche Vermerk von S. U.: »münd[lich] erl[edigt].« S. U. hat also das vorgeschlagene Treffen bestätigt. Über die Begegnung schreibt er in einer Notiz für die *Chronik*:
»Der Monat begann wenig verheißungsvoll. Ich sollte Thomas Bernhard um 8.05 h im Flughafen treffen, freilich gab er nicht an, wo. So opferte ich ihm 200 m Schwimmen, schlich mich durch die Zollkontrolle und holte ihn am Gate ab, obschon sein Flugzeug 10 Minuten zu früh kam.
Er war von seinem Bruder, dem Arzt, begleitet, der sehr nett ist. Bernhard war merkwürdig, nicht zu Späßen aufgelegt; sein Bruder folgte uns in 10 m Abstand. Er blieb dann im Warteraum. Bernhard und ich gingen in die Senator-Lounge. Wir waren dort kaum niedergesessen, als er seine Schimpfkanonade begann: Dr. Marrés Brief an die Oberösterreichische Bank in Gmunden hatte ein falsches Echo ausgelöst, bei der Bank wie bei Thomas Bernhard. Ich hatte ihm ja in St. Moritz versprochen, daß wir stufenweise seine Schuld bei der Bank übernehmen wollten, Marré bot aber eine Bürgschaft an (ohne von Zinsübernahme bzw. weiteren Verpflichtungen unsererseits zu sprechen). Darauf reagierte die Bank,

vielleicht von Bernhard inspiriert, beleidigt: Bernhard sei ein guter Kunde, wieso wir eine Bürgschaft anbieten. Die Bank zeigte sich, wie gesagt, beleidigt, Bernhard selber war empört. Marré sei wie Rach, unmöglich, unfähig und im Grunde genommen nur zum Entlassen da. Wieder forderte er nach dieser jetzigen Katastrophe die DM 100.000.– auf die Hand und ohne Vermerke. Ich lehnte dies ab und blieb bei meinem St. Moritzer Vorschlag. Nach 20 sehr harten Minuten war Bernhard wenigstens so weit bereit, daß er noch einmal eine Aktion unsererseits bei der Bank ›erlaubte‹.
Es ist ja immer dasselbe: er ist rücksichtslos, erpresserisch und erhebt das auch zu seiner künstlerischen Ideologie. Und dies wird jedes Mal schlimmer werden.
Mit der Regie von Wendt in Wien war er einverstanden; auch mit Dorns Idee, die Präsidentin mit einem Mann (Holtzmann) zu besetzen. Er war an nichts anderem interessiert als an den DM 100.000.–.
Am Samstag, dem 15. März, will er kommen und die Angelegenheit geregelt sehen.«

[311; handschriftlich; Ansichtskarte: »Lisboa – Praça de Touros do Campo Pequeno«, Lissabon, Stierkampfarena am Campo Pequeno]

[Lissabon]

7.3.75

– für Ihre eigene ARENA! Ich melde mich am 15. gegen 3 h, herzlich Ihnen u. Ihrer Frau
Thomas B.

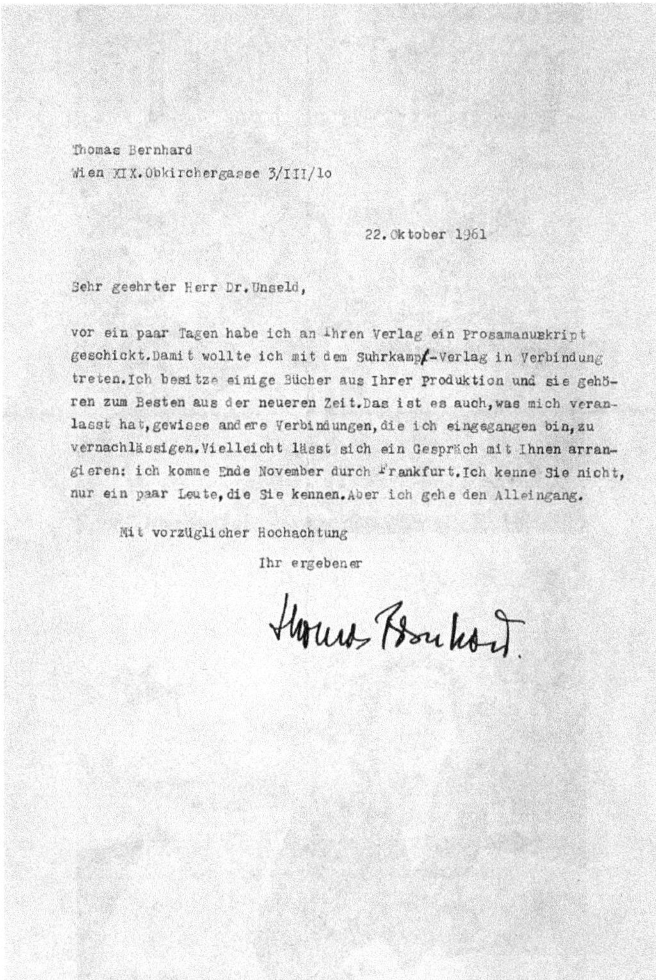

Thomas Bernhard
Wien XIX.Obkirchergasse 3/III/1o

22.Oktober 1961

Sehr geehrter Herr Dr.Unseld,

vor ein paar Tagen habe ich an Ihren Verlag ein Prosamanuskript geschickt.Damit wollte ich mit dem Suhrkamp-Verlag in Verbindung treten.Ich besitze einige Bücher aus Ihrer Produktion und sie gehören zum Besten aus der neueren Zeit.Das ist es auch,was mich veranlasst hat,gewisse andere Verbindungen,die ich eingegangen bin,zu vernachlässigen.Vielleicht lässt sich ein Gespräch mit Ihnen arrangieren: ich komme Ende November durch Frankfurt.Ich kenne Sie nicht, nur ein paar Leute,die Sie kennen.Aber ich gehe den Alleingang.

Mit vorzüglicher Hochachtung

Ihr ergebener

Thomas Bernhard

1 22. Oktober 1961: der erste Brief von Thomas Bernhard an Siegfried Unseld

2 Anneliese Botond am Schreibtisch
und 1954 in Paris am Ufer der Seine

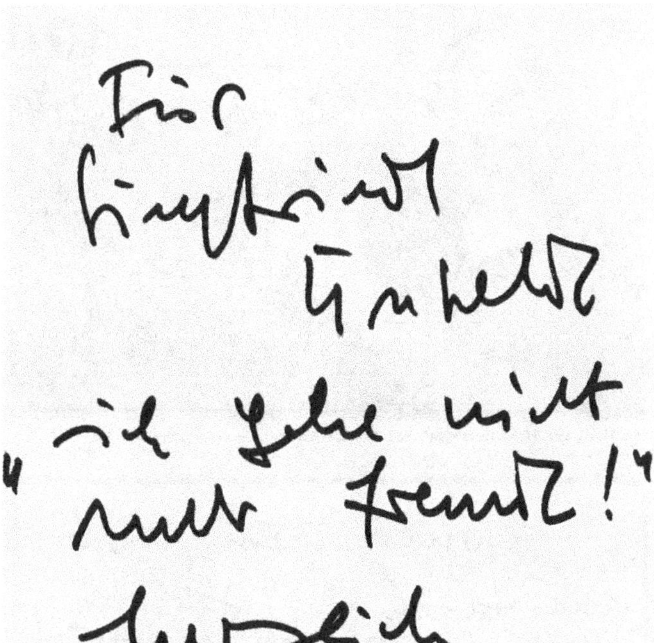

3 Ein Exemplar seines im Residenz Verlag erschienenen Erzählungsbands *An der Baumgrenze* widmet Thomas Bernhard 1969 Siegfried Unseld: »ich gehe nicht mehr fremd!«

ES WAR DOCH NUR EIN SPASS: Thomas Bernhard in der Setzerei der AZ.
AZ-Bild: Koller

Thomas Bernhard
heute 6.9.74
in Augsburg!

HEUTE IN AUGSBURG: Der Dichter bestätigt es hier persönlich.

4 »Gestern in Augsburg: Bernhard besucht AZ« meldet die *Augsburger Allgemeine Zeitung* am 7. September 1974

5 »Auf den Ruinen von Persepolis baute er eine neue Taschenbuchreihe«: Mai 1977

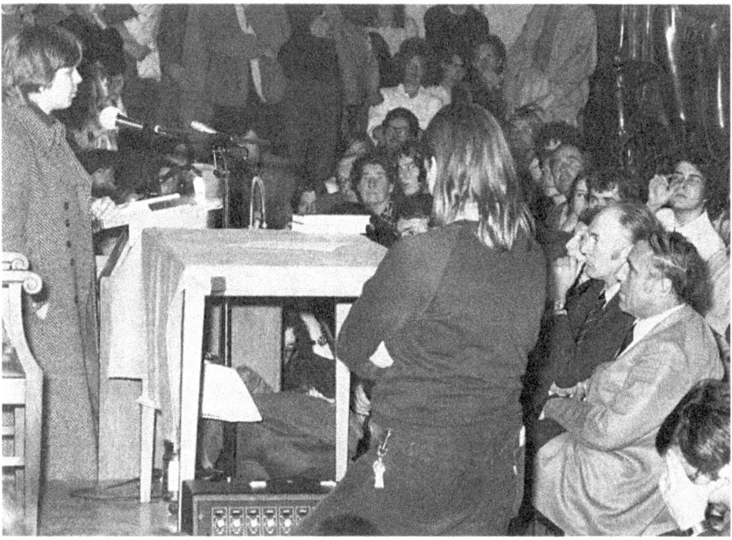

6 Eine Bernhard-Lesung in der Universität München wird von Studenten verhindert: 23. November 1978.
Rechts neben Thomas Bernhard (halb verdeckt) Hedwig Stavianicek

7 In Oberweis, unweit seines Vierkanthofes, zu Gast
bei der Familie Maleta, 1977

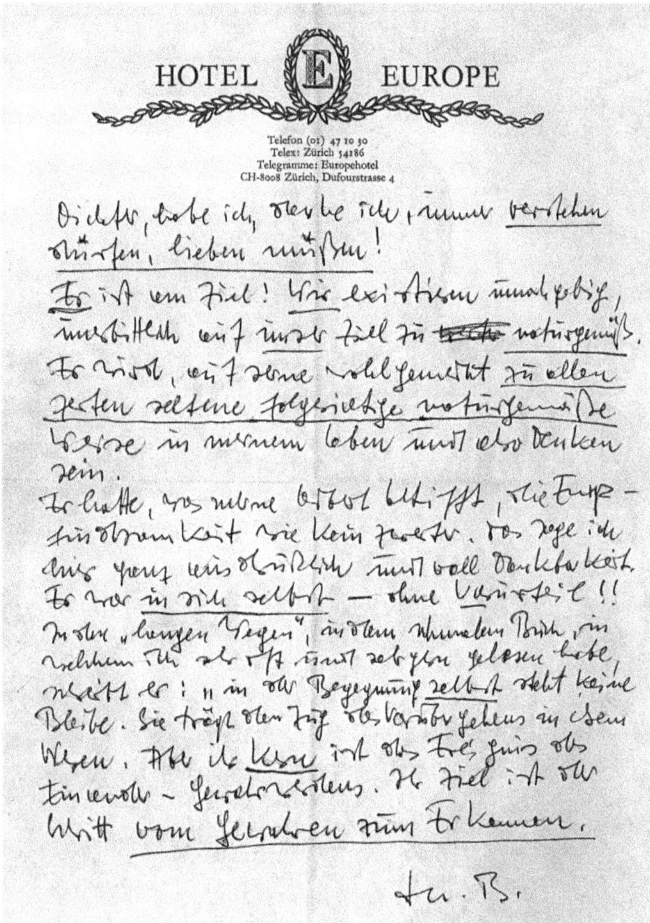

8 Die zweite Manuskriptseite von Thomas Bernhards Rede während der Gedenkfeier zum Tod Carl Zuckmayers im Schauspielhaus Zürich, verfaßt am 29. Januar 1977

9 Portugal, Mai 1976

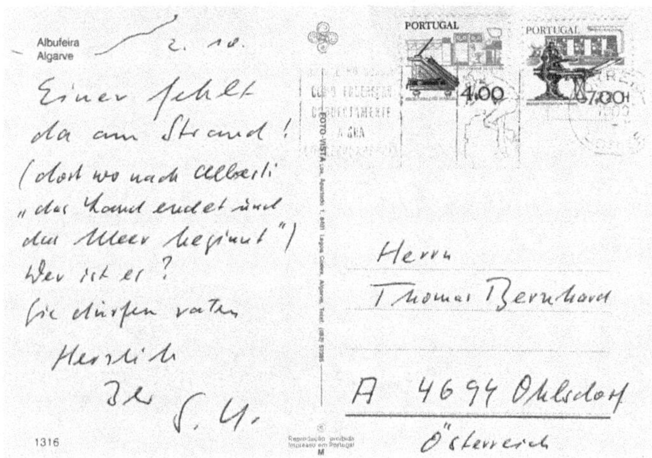
Albufeira
Algarve

2. 10.

Einer fehlt
da am Strand!
(dort wo nach Alberti
„das Land endet und
das Meer beginnt")
Wer ist er?
Sie dürfen raten
Herzlich
Ihr S. U.

1316

Herrn
Thomas Bernhard
A 4694 Ohlsdorf
Österreich

10 Postkarte Siegfried Unselds vom 2. Oktober 1980

11 In Ohlsdorf, um 1985

Thomas Bernhard

Unseld

Wenn Shakespeare der größte Dichter ist und Minetti der größte Schauspieler, dann ist Unseld der größte Verleger. Denn wie Shakespeare bis heute von keinem eingeholt worden ist und Minetti bis jetzt alle weit übertroffen hat, hat der jetzt sechzigjährige Unseld selbst die Berühmtesten seiner Geistesgeschichte weit hinter sich gelassen. Ich bin mit Unseld, dem Pünktlichen und Verläßlichen, in vielen Ländern und in vielen Städten spazieren und an vielen Ufern entlang gegangen, sowie auf viele Hügel und Gipfel gestiegen. Ich habe ihm in Triest seinen Hegel und in Wien seinen Goethe und auf dem Corvatsch seinen Brecht abgehört und an einem persischen Salzsee seiner Begeisterung für Kant freien Lauf gelassen. Im Stuttgarter *Zeppelin* habe ich zugeschaut, wie er ein Denkmal für Ingeborg Bachmann gebaut hat, in Zürich hörte ich seinen Traktat über Joyce, in Sankt Moritz seinen auf Beckett. Auf den Ruinen von Persepolis baute er eine neue Taschenbuchreihe, in der ägyptischen Wüste erdachte er sich einen Hessevortrag. Ein kleiner stinkender Ölofen in einem Hotel in Schiras inspirierte ihn eines abends mir gegenüber zu einer durch und durch philosophischen Lebens- und Weltauffassung bis drei Uhr früh. In der Wüste von Saccara habe ich mit ihm bei dreizehn Grad Kälte unter der Erde die berühmten Stiersarkophage bestaunt und dann, wieder im Tageslicht, bei zweiund-

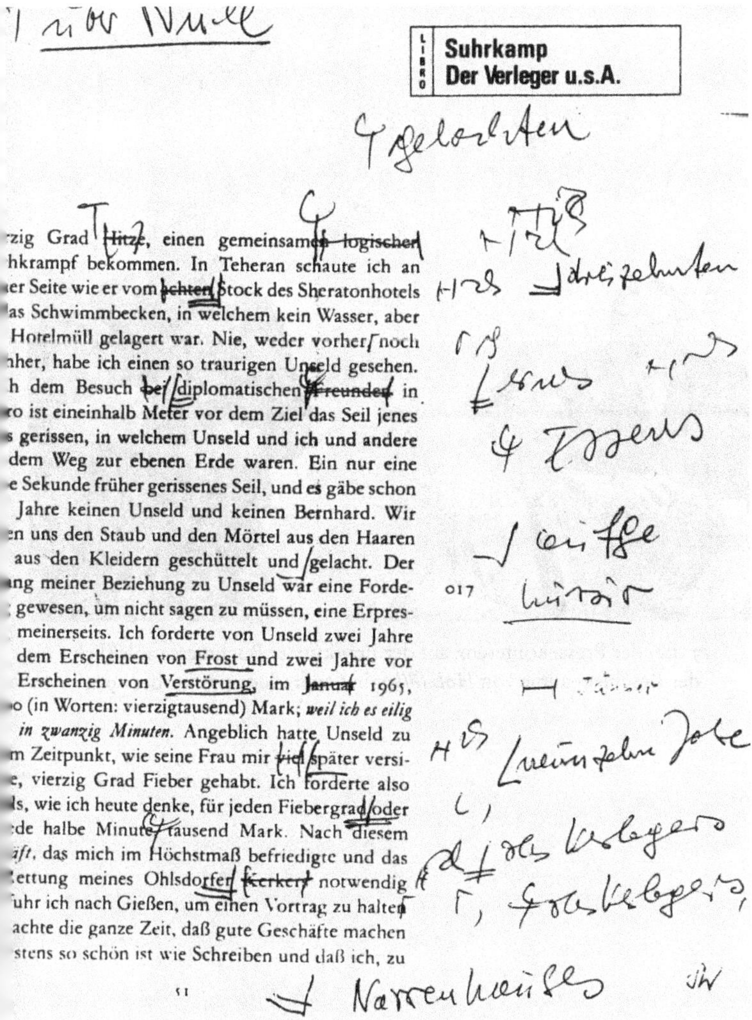
Suhrkamp
Der Verleger u.s.A.

-zig Grad Hitze, einen gemeinsamen logischen
hkrampf bekommen. In Teheran schaute ich an
er Seite wie er vom achten Stock des Sheratonhotels
as Schwimmbecken, in welchem kein Wasser, aber
Hotelmüll gelagert war. Nie, weder vorher noch
ıher, habe ich einen so traurigen Unseld gesehen.
h dem Besuch bei diplomatischen Freunden in
ro ist eineinhalb Meter vor dem Ziel das Seil jenes
s gerissen, in welchem Unseld und ich und andere
dem Weg zur ebenen Erde waren. Ein nur eine
e Sekunde früher gerissenes Seil, und es gäbe schon
Jahre keinen Unseld und keinen Bernhard. Wir
en uns den Staub und den Mörtel aus den Haaren
aus den Kleidern geschüttelt und gelacht. Der
ang meiner Beziehung zu Unseld war eine Forde-
gewesen, um nicht sagen zu müssen, eine Erpres-
meinerseits. Ich forderte von Unseld zwei Jahre
dem Erscheinen von Frost und zwei Jahre vor
Erscheinen von Verstörung, im Januar 1965,
o (in Worten: vierzigtausend) Mark; *weil ich es eilig*
in zwanzig Minuten. Angeblich hatte Unseld zu
m Zeitpunkt, wie seine Frau mir viel später versi-
e, vierzig Grad Fieber gehabt. Ich forderte also
ls, wie ich heute denke, für jeden Fiebergrad oder
de halbe Minute tausend Mark. Nach diesem
äft, das mich im Höchstmaß befriedigte und das
Rettung meines Ohlsdorfer Kerkers notwendig
fuhr ich nach Gießen, um einen Vortrag zu halten
achte die ganze Zeit, daß gute Geschäfte machen
stens so schön ist wie Schreiben und daß ich, zu

11

12 Bernhard korrigiert im September 1984
die Fahnen von *Unseld*

13 Bei der Pressekonferenz auf der Frankfurter Buchmesse anläßlich der Beschlagnahme von *Holzfällen* in Österreich, 4. Oktober 1984

14 In der Loge des Burgtheaters während der Generalprobe zu *Heldenplatz*, November 1988

15 Gehen und denken in der Umgebung der »Krucka«,
einem der Bernhard-Häuser bei Gmunden

[312]

Ohlsdorf
18.3.75

Lieber Siegfried Unseld,
die Erinnerung an meinen Besuch in der Klettenbergstrasse ist die beste.[1]
Ich habe aber das Tourneeprogramm liegengelassen[2] und meinen Wunsch nach Büchern vor allem der BS nicht mehr bekräftigt. Vielleicht gehts einzeln.
Heute ist Peymann da, es scheint alles gut zu werden.
Ich bitte Sie, über die Möglichkeiten der Fernsehaufzeichnung mit Rach zu sprechen und dann mit dem Fernsehen zu verhandeln, mir ist daran gelegen, dass *die Stuttgarter Aufführung* gesendet wird, keine andere. Um das geht es mir jetzt, damit nicht Wien mit etwas kommt.
Ich glaube, es läuft der »Präsident« ganz gut an.
Im Augenblick alles gut,
Thomas B.

1 S. U. hält in einer Notiz dieses *Gespräch am Samstag, 15. März 1975, in Frankfurt* für die *Chronik* fest:
»Thomas Bernhard kam mit zweistündiger Verspätung. In Lissabon waren die Gäste für den Flug nach Frankfurt verständlicherweise mehrfach durchsucht und kontrolliert worden. Zwei Stunden dauerte diese Durchsuchungsprozedur, und selbst im Flugzeug waren noch junge Soldaten mit Maschinengewehr im Anschlag in Aktion.
Thomas Bernhard hat die neue ›Revolution‹ miterlebt. Nach innen hin ein Drama, nach außen hin eine Operette. Portugal sei nun ein kommunistischer Staat, von einem kommunistischen Militärregime regiert; Ziel sei nicht ein sozialistischer Staat wie die Sowjetunion oder China, sondern eher Kuba und die DDR. Alles würde sich in dieser Richtung entwickeln, wahrscheinlich sei man klug genug, um mit den anderen westeuropäischen Staaten nicht zu brechen, aber die Weichen seien definitiv gestellt und eine weitere Re-

volte gegen diese Entwicklung nach dem Auszug von Spinola nicht mehr möglich.
Im übrigen war er froh, ja gelöst, dieser Schwierigkeit entkommen zu sein. Fast heiter hörte er meine Überlegungen zu seiner 100.000-Mark-Forderung an. Den Darlehensvertrag und eine weitere Vereinbarung unterschrieb er sofort, DM 25.000.– nahm er lässig entgegen.
Danach war alles frei; er genehmigte die Aufführung des ›Ignoranten‹ in Braunschweig, die Aufführung von ›Macht der Gewohnheit‹ in Rotterdam und Ljubljana, und interessiert nahm er die Meldungen der geplanten Aufführung des ›Präsidenten‹ entgegen. Am 20. Mai in Wien, Regisseur Ernst Wendt und Hauptprotagonisten Beck und Krottendorf. In Stuttgart sollen Beckmann und Heerdegen die Hauptrollen spielen, und Anfang oder Mitte Juni wird Dorn mit zwei Männern (Held und Holtzmann) den ›Präsident und Präsidentin‹ herausbringen. Er war froh. Vor allem Wendt schien ihm sehr einzuleuchten.
Die ›Korrektur‹ hat er definitiv für Ende April versprochen, wahrscheinlich wird er mir sie dann Mitte Mai in Wien geben.
Er hatte ein sehr schlechtes Gewissen wegen seines Auftretens in der Senator-Lounge vor 14 Tagen. Ich habe ihm auch noch einmal gesagt, daß er alle seine Aktionen mit mir machen könnte, doch nicht gegen mich, und ich sagte ihm, daß ich gerade in der Senator-Lounge nahe dabei war, aufzustehen; nur der Respekt vor seiner Arbeit hätte mich abgehalten.
Er ist und bleibt ein merkwürdiger Mann. Sicher ein Genie, aber auch mit den Gefahren eines Genies geschlagen. Maßlosigkeit, Irrealität und bereit, in materiellen Dingen immer seinen Partner zu erpressen. Andererseits war er liebenswürdig, meiner Frau gegenüber chevaleresk, und er fühlte sich ungeheuer wohl in der Umgebung der Klettenbergstraße, wo die zwei chinesischen Vasen auf dem Kamin standen, die er meiner Frau geschenkt hatte.«

2 *Die Macht der Gewohnheit* tourte 1975 in den deutschsprachigen Ländern; zum Programmheft siehe Anm. 1 zu Brief 299.

[313; Anschrift: Ohlsdorf]

Frankfurt am Main
24. März 1975

Lieber Thomas Bernhard,
herzlichen Dank für Ihren Brief vom 18. März. Auch ich fand unsere letzte Begegnung sehr angenehm. Der Vino Tinto war übrigens ausgezeichnet, und selbst die kandierten Reineclauden waren und sind köstlich.
In Wien scheint alles normal vor sich zu gehen, Wendt probt.
Wir werden die Fernsehrechte für Peymann reservieren.[1]
Die Tournee hat nach wie vor begeisterte Kritiken. Minetti steigert sich ganz offensichtlich.
Ich schicke Ihnen das Tournee-Programm mit gleicher Post zu und versuche, auch einzeln Bände der BS und der neuen Produktion zu schicken.[2]
Ich hätte sehr gerne, daß Sie in der zweiten September-Hälfte doch einige Lesungen machen. Sollten wir das nicht tatsächlich unternehmen? Wir veranstalten in dieser Zeit eine Suhrkamp-Buchwoche, und ich sähe Sie dort gerne lesend, parlierend. Ich bin dann gerne auch mit von der Partie.
Schöne Grüße
Ihr
[Siegfried Unseld]

1 Fürs Fernsehen aufgezeichnet und sowohl im ZDF (11. Juli 1978) als auch im ORF ausgestrahlt wird allerdings die Aufführung des *Präsidenten* im Bayrischen Staatsschauspiel in München (Erstaufführung: Juli 1976). Regie: Michael Degen, Präsident: Kurt Meisel, Präsidentin: Maria Becker.

2 Die Anlage läßt sich nicht identifizieren.

[314; Anschrift: Ohlsdorf]

Frankfurt am Main
25. April 1975

Lieber Thomas Bernhard,
unser Termin naht heran, wir hatten ja vereinbart, daß ich bis Ende April das Manuskript »Korrektur« erhalte. Ich lege darauf den allergrößten Wert. Bitte, schicken Sie mir ein Telegramm, wenn Sie es bei der Post aufgeben oder sonst einen Weg gefunden haben, es nach Deutschland zu expedieren.
Wo werden Sie am 15. und 16. Mai sein? An diesen beiden Tagen bin ich in Wien; am 15. halte ich abends in der Österreichischen Gesellschaft für Literatur einen Vortrag; am 16. bin ich vormittags in der Universität, am Nachmittag mit Buchhändlern und auch am Abend mit Buchhändlern zusammen. Falls Sie am Freitag, den 16., in Wien sind und an einem Abendessen mit Buchhändlern teilnehmen wollen, so wäre das sehr schön. Ich würde mich wirklich freuen.
Am 17. Mai fliege ich nach Frankfurt zurück, um am 20. zur Aufführung wiederzukommen und auf dem Rückweg in Stuttgart Station zu machen.
Ich hoffe sehr, daß wir uns sehen. Bitte senden Sie mir eine Zeile.
Herzliche Grüße
Ihr
[Siegfried Unseld]

[315; Telegramm]

Ottnang
30. 4. 75

mein flug mit manus tagsueber mittwoch oder donnerstag naechster woche was passt ihnen besser herzlichst
bernhard

[316; Anschrift: ‹Ohlsdorf›; Telegrammnotiz]

Frankfurt am Main
30. April 1975

Treffen Donnerstagnachmittag, 8. Mai möglich. Erbitte Anruf bei Frau Zeeh.
Ebenfalls Treffen möglich, 15., 16. oder 20. Mai in Wien, Brief unterwegs.[1]
Herzlichst, S. U.

1 Das Treffen findet in Wien statt. S. U. notiert dazu in seinem *Reisebericht Wien, 15.-18. Mai 1975*:
»Das war sicherlich eine der anstrengendsten, aber auch erfolgreichsten und dann wiederum angenehmsten Reisen. In Wien wird der Boden für unsere Aktivitäten eigentlich immer besser. Eine wichtige Entscheidung wurde getroffen: die Wiener Buchhändler haben wahrhaft inständig gebeten, bei der Suhrkamp-Buchwoche teilnehmen zu können, und ich ließ mich dann überzeugen, daß wir die Suhrkamp-Buchwoche in Österreich durchführen, und zwar vielleicht im Anschluß an die deutsche Buchwoche, d. h., sie wird dann am 29. September beginnen; Thomas Bernhard ist auch bereit, zu lesen, andere Vorlesungen und Aktivitäten wollen wir uns noch überlegen. [...]
Das [...] Wichtigste: *Thomas Bernhard* gab mir sein Manuskript ›Korrektur‹; ich habe sogleich 60 Seiten gelesen, es ist eine ganz hervorragende Sache, und es ist gar keine Frage: ein Pfeiler und Zentrum unseres Programms für das zweite Halbjahr.
Donnerstag, 15. Mai 1975, 18 Uhr:

Thomas Bernhard besuchte mich im Hotel, wir hatten ein sehr angenehmes Gespräch, er übergab mir das Manuskript und ich ihm die Scheine. Im Sturmschritt eilten wir dann zum Palais Palffy, wo mein Vortrag ›Die Aufgaben eines literarischen Verlegers heute‹ stattfand. Ich kam erschöpft und schweißgebadet an und mußte auch unter diesem schweißnassen Zeichen den Vortrag halten. Doch dieser Vortrag kam an. Ich habe selten so viele Komplimente erhalten, und zwar von kompetenten Leuten. Dr. Kraus, Dr. Berger, Buchhändler, dann Hilde Spiel, die ›fasziniert‹ zugehört hatte, Friederike Mayröcker, und am Tage danach sagte mir Thomas Bernhard, daß er ›beglückt‹ über ›seinen Verleger‹ gewesen sei. Insgesamt scheint das also gut gewirkt zu haben.
Samstag, 17. Mai 1975:
Mittagessen, ausführliches, mit *Thomas Bernhard*, seiner Tante, Frau Hilde Spiel und der Buchhändlerin Christl Wagner. Ein sehr sympathischer Kreis, hier diskutierten wir die Präsenz einer österreichischen Bibliothek im Suhrkamp Verlag [siehe die Anlage zu Brief 87], die Pflege von neuen Autoren; demgegenüber ist Bernhard natürlich sehr skeptisch eingestellt. (›Die entfernte Ähnlichkeit‹ von E. Y. Meyer sieht er als eine ›sehr nahe Ähnlichkeit‹ zu ihm an, wir müßten dieses ›Plagiat‹ merken und Herrn Meyer das Schreiben in dieser Form verbieten, und in jedem Fall sollten wir das nicht drucken!) In diesem Gespräch wird wieder deutlich, wie stark die Stellung von Bernhard und Handke ist; diese beiden charakterisieren im Augenblick die österreichische Literatur, jedenfalls was die jüngere Generation betrifft. [...]
Bernhard und Hilde Spiel schlugen vor, Alexander Lernet-Holenia in die BS aufzunehmen, und zwar möglichst mit einem Band ›Mars im Widder‹.
Thomas Bernhard machte mit Fug darauf aufmerksam, daß sein Band ›Über Thomas Bernhard‹ [siehe Briefe 87 u. 114] hoffnungslos überholt sei, ich sagte ihm einen neuen Band zu, als Herausgeber kommt Reinhard Urbach in Betracht. Bernhard war erst dagegen, dann stimmte er doch zu, vielleicht sollte man zwei Bände machen: über den Prosaiker Bernhard und über den Dramatiker, Urbach und Ernst Wendt kämen als Herausgeber in Frage.
Thomas Bernhard war sehr zuversichtlich wegen der Aufführung des ›Präsidenten‹ am Abend, freilich wollte er an ihr nicht teilnehmen, er ging zur selben Zeit ins Kino. Aber Wendt habe vorzüg-

liche, ja vollkommene Arbeit geleistet. Sein Optimismus kam mir verdächtig vor.
Mein Verdacht sollte bestätigt werden. Die Aufführung kam über die Runden, wurde beifällig aufgenommen, selbstverständlich, das war zu erwarten, verließen einige Leute unter Protest die Aufführung, aber irgendwie war das Ganze nicht befriedigend. Die beiden ersten Akte waren zu lang, die Schauspielerin der Präsidentin, Ida Krottendorf, war der Aufgabe nicht gewachsen, vor allen Dingen stimmlich nicht. [Präsident: Kurt Beck] Die fünfte Szene mit der Aufbahrung schien mir verfehlt, und zwar in allen Punkten. Ein kleiner, wie eine Mondrakete aussehender Sarg, peinliche Trauerbezeugungen. Sicher wird Peymann die Sache anders, härter inszenieren. Doch das Bühnenbild, mit Ausnahme der fünften Szene, war vollkommen [Bühnenbildner: Rolf Glittenberg]. Insgesamt gewann man bei dieser Aufführung den Eindruck, daß die Regie durch zu große Werktreue dem Werk mehr geschadet als genützt hat. Aber wir alle machen ja einen Fehler, wir nehmen Bernhards Werk ab und an zu genau. Ich hatte ihm vor einem halben Jahr beim ersten Lesen des Manuskriptes gesagt, daß die beiden ersten Akte zu lang seien. Daran erinnerte sich Bernhard, als wir nach der Aufführung darüber sprachen. Ich bin gespannt auf die Kritik.«
In der *Frankfurter Allgemeinen Zeitung* vom 20. Mai 1975 schreibt Georg Hensel unter der Überschrift *Ein Begräbnis erster Klasse*: »Thomas Bernhard hat eine erstaunliche Fähigkeit, aus seiner Unfähigkeit, einen Dialog zu schreiben, dramatisches Kapital zu schlagen. Vielleicht hat er dieses Talent jetzt ein wenig überschätzt.« Herbert Gampers Kritik in der *Weltwoche* (*Geisteswitterung des Zeitalters*, 28. Mai 1975) beginnt mit den Sätzen: »Als ›Anarchistenstück‹ wurde das jüngste Stück des österreichischen Dunkelschreibers angekündigt. Doch es ist vielmehr ein Stück über die Anarchie und ein anarchisches Stück. Bei der Wiener Uraufführung wurde es verschlampt [...].«
In einer besonderen Notiz in der *Chronik* hat S. U. unter der Überschrift *Wien, 15.-18. Mai 1975, Gespräche mit Thomas Bernhard* vermerkt:
»Bernhard teilte mir mit, daß er nicht nur für die Salzburger Festspiele im Juli 1976 das Stück [*Die Berühmten*] schriebe, sondern noch einmal eines für Wien, und zwar für November 1976. Ich er-

schrak innerlich, weil ich Angst bekomme, von welcher Substanz aus Bernhard diese Stücke schreibt. Das Salzburger Stück soll ja noch einmal Erfolgreichen und ›Berühmten‹ gewidmet sein, das Wiener Stück dann ›Kritikern‹, aber es müßte bei diesen Stücken noch anderes hinzukommen. ›Ehrgeiz, Haß und Angst und dergleichen‹ – das kann jetzt nicht mehr ausreichen. Nach der Premiere wollte Bernhard nicht zur Premieren-Feier der Schauspieler gehen, wir trafen uns im 13. Bezirk in einem Garten-Café. Dort waren die Spiels, die Tante und der Architekt Hufnagl mit Frau, der zu den engsten Freunden und Beratern von Bernhard gehört; Wolfgang Schaffler hatte mich immer wieder auf ihn, Bernhards bösen Geist, angesprochen. Hufnagl ist ein aktiver, vitaler Bursche, nicht ohne Intelligenz, auch nicht ohne Respekt vor Suhrkamp, aber man wird mit ihm rechnen müssen. Frau Maleta hatte an diesem Abend ein besonderes Schicksal: ihr Mann war ja [als Präsident des Nationalrats] eine Zeitlang in Vertretung Präsident Österreichs gewesen, und durch sie hatte Bernhard jene Details der Hoheitsakte im Schlafzimmer erfahren; ihr Mann ging nicht zur Uraufführung (angeblich war er mit einer Freundin in Venedig, so wie der Präsident des Stückes mit einer Freundin in Portugal war). Frau Maleta war mit einem Freund, einem Zahnarzt (nicht, wie im Stück, mit dem Kaplan oder Fleischhauer), bei der Premiere. Das Merkwürdige: die von Ida Krottendorf gespielte Präsidentin glich Frau Maleta aufs Haar, doch das sind Nuancen sicherlich nur für Kenner.«

Schon in der darauffolgenden Woche treffen sich Th. B. und S. U. erneut; im *Reisebericht Stuttgart, 21./22. Mai 1975* des Verlegers heißt es dazu:

»Abends deutsche Erstaufführung von *Thomas Bernhards* Stück ›Der Präsident‹. Genau das Gegenteil von Wien: die ersten beiden Akte waren hervorragend, und man sah, es hängt viel von den Schauspielern ab. Edith Heerdegen [als Präsidentin] und Doris Schade [als Frau Fröhlich] waren hervorragend, die eineinhalb Stunden gingen spielend vorüber. Nach der Pause jedoch das Gegenteil, der Präsident – Horst Christian Beckmann – schafft die Rolle nicht, und so traten peinliche Überlängen auf. Das Stück, in 2 Stunden gespielt, wäre ein Erfolg geworden. Als Schauspielerin spielte Libgart Schwarz, die Frau von Peter Handke. Sie machte ihre Sache gut. Am Schluß Buh-Rufe gegen den Regisseur wohl in Stellvertretung des Autors?

Lange Premieren-Nacht. *Thomas Bernhard* hatte sich doch noch eingefunden. Es war nicht auszumachen, ob er im Zuschauerraum war oder nicht, Peter Handke war gekommen, ursprünglich wollte er das Stück nicht sehen. Der Abend mit den beiden Autoren und mit Peymann wurde dann aber noch ganz vergnüglich. Das Überraschendste: Thomas Bernhard und Peter Handke, die ja von der österreichischen Umwelt immer mehr polarisiert werden, fanden Gefallen aneinander. Ich benützte dies, um die Idee vorzutragen, am 29. September in Wien eine gemeinsame Lesung der beiden Autoren, veranstaltet vom Wiener Buchhandel, stattfinden zu lassen. Beide widersprachen nicht. Bernhard sagte mir am nächsten Morgen noch zu, an Handke werde ich schreiben und dann seine Bestätigung einholen. Das ist eine wichtige Nachricht, die ich mitbringe. Am nächsten Morgen wiederum sehr freundliches Gespräch mit Thomas Bernhard. Es ging um die Zukunft seiner beiden nächsten Arbeiten.«

[317]

Ohlsdorf
10. 6. 75[1]

Lieber Siegfried Unseld,
ich habe für Minetti ein Theater geschrieben, das er spielen, exerzieren muss, solange er existiert, bevor er endgültig erloschen ist, noch ist er ein Kunst-Werk und ich frage, ob wir ein Buch machen mit dem Titel »Minetti« in der BS. Minetti soll seinen Auftritt am Silvesterabend im Stuttgarter Theater haben.
Es ist ein Theater *nur für Minetti* und *nur für diesen Abend.*
Warum höre ich nichts aus Frankfurt, der heiligen Stadt? Für mich sind alle andern deutschen Städte, Hamburg, ausgenommen, ganz und gar unerträglich, Frankfurt ist als einzige eine permanente herrliche hässliche schöne Schöpfung! Die andern sind tote, unerträgliche kopflose, schamlose, gemeine Museumsstücke.

Lauter Menschengerümpel, in welchem die Kunststücke entstehen unter lauter Fusstritten.
»Der Präsident« war ja nicht für die Arschlöcher, die ihn verschlafen haben.
Bitte lassen Sie mit den Polen (beigefügter Brief) verhandeln und abschliessen.[2]
Ich bin ganz gut in Form.
Wann kommen Sie in die Gegend?[3]
Herzlich
Thomas B.

1 Der Brief trägt den Eingangsstempel vom 23. Juni 1975.
2 Im beigefügten Brief des Verlags Wydawnictwo Poznańskie vom 28. Mai 1975 fragt die Lektoratsleiterin Adela Skrentna, ob sie die Rechte an einer polnischen Übersetzung von *Frost* bei Th. B. oder beim Insel Verlag erwerben könne, und macht ein konkretes Angebot für einen entsprechenden Vertrag.
3 Auf der Rückseite des Briefes findet sich ein handschriftliches Postskriptum, auf das die Vorderseite mit einem »x« und einem Pfeil verweist: »was ist mit den Salzburgern u. Wienern?«

[318; Telegramm]

Ohlsdorf
[zwischen 10. und 30.] 6. 75

erbitte »korrektur« fahnen komplett
bernhard

[319; Anschrift: Ohlsdorf]

Frankfurt am Main
1. Juli 1975

Lieber Thomas Bernhard,
ich werde Ihnen noch einen Brief schreiben auf Ihren letzten.
Heute aber das Folgende:
Heute wird der Suhrkamp Verlag 25 Jahre alt. Wir feiern nicht, sondern wir bringen gute Bücher, zum Beispiel im Rahmen der suhrkamp taschenbücher die »Salzburger Stücke«. Mit gleicher Post schicken wir Ihnen ein Exemplar per Eilboten zu, zwei weitere sind über unsere Auslieferung unterwegs.[1]
Wir druckten eine Auflage von 10 000 Exemplaren, Ladenpreis DM 6.–, Honorarabrechnung erfolgt wie üblich. Bitte sagen Sie uns, wie viele Exemplare Sie haben möchten.
Herzlichst,
Ihr
[Siegfried Unseld]

1 *Die Salzburger Stücke*, Band 257 der suhrkamp taschenbücher, enthält *Der Ignorant und der Wahnsinnige* und *Die Macht der Gewohnheit.*

[320]

Ohlsdorf
6. 7. 75

Lieber Siegfried Unseld,
ich will versuchen, nocheinmal zu schreiben, was, ausser Grundsätzlichem, das ich hier nicht mehr formulieren kann, in dem Brief gestanden ist, den ich vor etwa fünf Wochen an Sie geschickt habe und den Sie, wie Sie sagen, nicht erhalten haben.

Ich schreibe ein Theater zuende, das sich *Minetti betitelt*, und das am Sylvesterabend in Stuttgart mit Minetti in der Hauptrolle und nur dort und dann nirgends mehr!!!, gespielt wird und das nur ein Theater für Minetti ist, denn diesen grossartigen Schauspieler muss ich, solange er auf dem Höhepunkt ist, und der kann nicht mehr lang sein, ausnützen für mein Theater. Meine Frage war, ob wir einen BS-Band machen im Dezember.
In dem Brief ist (leider jetzt verloren) ein Brief eines polnischen Verlages aus Lodz, dessen Namen ich jetzt nicht mehr weiss, der sich beklagt, dass er auf drei oder vier Briefe an Suhrkamp, in welchen er um die Rechte für »Frost« ersucht (!), keine Antwort bekam und glaubt, jetzt von mir die Rechte zur Herausgabe in polnisch zu bekommen, aber ich habe die Rechte nicht. Bitte lassen Sie nachforschen, um welchen Verlag in Lodz es sich handelt, es wird nicht Hunderte geben.
Als einen wichtigen Punkt, erbitte ich in dem »verlorenen« Brief im Juli den Darlehensrest (die Hälfte), der äusserste Termin wäre aber auch als der 2. August möglich.
Dann schrieb ich, *dringend* die Verträge mit Salzburg und Wien abzuschließen, was jetzt nicht mehr geht, weil die Leute schon auf Urlaub sind, oder, wie in Salzburg, etwas anderes im Kopf haben, die Verhandlungen habe ich ja bis zur Vertragsreife gemacht und abgeschlossen, denn es steht fest, dass ich in Salzburg nächsten Sommer »Die Berühmten« und in Wien im Oktober / November ein Stück zum Weggang Klingenbergs an der Burg herausbringe. Aber ich habe schon mehrere Male vorher gesagt, die Verträge mit den beiden, Kaut und Klingenberg, zu machen, schliesslich sind das Wichtigkeiten, die beispiellos sind in diesen Zeiten und es wäre erforderlich, dahinter zu sein.
Leider ist auch mein oftmaliger Wunsch, nach ein paar *einzeln* an mich abzuschickenden Bänden der BS auf taube Oh-

ren gestossen, bis heute habe ich kein einziges Buch bekommen, der Wunsch ist schon in St. Moritz deutlich ausgesprochen worden. So muss ich mir halt, was mich interessiert, kaufen.
Es ist noch viel mehr in dem Brief gestanden, es ist mir nicht gegenwärtig, aber weiter: von Michel Demet, dem Übersetzer meiner Stücke ins Französische, für Gallimard, der an der Sorbonne arbeitet, höre ich, dass mehrere gute Theater meine Stücke spielen wollen, wenn Gallimard sie gedruckt hat, Gallimard sie druckt, wenn die Theater sie spielen und ich bitte Sie, sich *persönlich* mit Erval von Gallimard in dieser Sache ganz ausdrücklich in Verbindung zu setzen, damit etwas geschieht. Überhaupt gäbe es so viele Möglichkeiten, die nicht genützt werden, weil ich selbst nicht die Zeit habe, dafür etwas zu tun, weil ich tatsächlich ununterbrochen meine Geistesarbeit arbeiten muss, was mir doch am wichtigsten scheint, andererseits aber der Verlag, das ist tatsächlich ein Vorwurf, alles laufen lässt und *nichts läuft von selbst!!!*, wem sage ich dieses alte Wort! Und was ist mit England undsofort! Manchmal könnte ich hier verzweifeln über die Tatsache, dass ganz einfach nichts gemacht wird, wenn ich es nicht selbst mache, der Verlag reagiert nur, wenn er von aussen auf etwas gestossen wird, und da auch nur selten und meistens ungeschickt.
Gestern bekam ich die sogenannten »Salzburger Stücke«, aber muss es sein, dass mein erster Blick gleich auf einen unverantwortlichen Fehler stösst: bei den Aufführungsdaten zum »Ignoranten« ganz hinten stehen Herr Vincze und eine Frau Gstrein, aber das Bühnenbild ist von dem grossartigen Herrmann und die Kostüme sind von Moidele Bickel! Das ist ganz einfach unverantwortlicher kopfloser Schwachsinn von den Leuten, die einen solchen Band zu verantworten haben und er bewirkt in mir nur Wut und Widerlichkeit, sonst nichts.

Es gibt vieles zu besprechen und zu klären, aber ich kann mich nicht damit zufrieden geben, dass Sie vielleicht am 2. August zu Schaffler, und dann auch vielleicht mit mir zusammenkommen, das ist mir auch ein unerträglicher Gedanke und mit dem sommerlichen Urlaubswahnsinn hat das, was ich mit Ihnen *grundsätzlich* wieder einmal zu besprechen habe, nichts zu tun. Es ist erforderlich, dass Sie innerhalb kürzester Zeit sich bitte *für mich* freimachen und hierher kommen. Weiter so in diesem beiläufigen Sinne können wir nicht zusammen arbeiten.

Was die »Korrektur« betrifft, so versteht wahrscheinlich kein Mensch, was das ist, die Leute machen sich auch nicht die geringste Mühe, zu verstehen, es ist keine Zeit für Mühe, aber das hat mir auch schon gleichgültig zu sein, aber noch nie habe ich die Fahnen in solchen wahnsinnigmachenden, nervenaufreibenden *Raten* bekommen. Wie weit hat es der Verlag gebracht, dass er mir nicht das ganze Paket aufeinmal schickt, wie bisher immer. Wohin man schaut, man hat es nur mit Unfähigkeit zu tun und die Schlamperei ist das Fundament, auf welchem diese Unfähigkeit auch noch hoch bezahlt wird.

Lieber Siegfried Unseld, bitte nehmen Sie diese Zeilen, wie sie sind, als eine Herausforderung und schreiben oder telegrafieren Sie mir, wo und wann wir uns innerhalb der kürzesten Zeit treffen können hier bei mir oder in nächster Nähe, ich kann nicht weiter weg. Wir müssen reden miteinander.

Herzlich Ihr

Thomas B.

Was die »Korrektur« betrifft, so ist das eine *Vierjahresarbeit* und man müsste darauf tatsächlich mit dem Kopf eingehen, aber ich fürchte, dass Sie dieses Buch so vorübergehen lassen wie jedes andere, und alle diese anderen Bücher, die jetzt gemacht werden, sind doch nichts anderes als ein Müllhaufen von Geistlosigkeit! Alles ist Dummheit, Schamlosigkeit, Scharlatanerie! Dagegen wehre ich mich und ich habe mit dieser jetzt offensichtlichen Entwicklung zur totalen Verblödung nichts zu tun!

[321; Anschrift: Ohlsdorf; handschriftliche Telegrammnotiz]

Frankfurt am Main
11. Juli 1975

Vorschlag für Treffen Donnerstagabend 31. Juli München oder 3. August von 15-18 Uhr in Ohlsdorf. Brief folgt.
Herzlich SU

[322; Anschrift: Ohlsdorf; Telegrammnotiz]

Frankfurt am Main
15. Juli 1975

Zur Fahne 143: bei der Rücksendung der »Korrektur« bitte das fehlende Stück einsetzen. Gruß Siegfried Unseld

[323; Anschrift: Ohlsdorf]

Frankfurt am Main
15. Juli 1975

Lieber Thomas Bernhard,
auch ein Verleger ist ein Mensch. Auch er braucht seine Streicheleinheiten. Wenn er nur geprügelt, wie ein Hund geprügelt wird, dann kann er ja nur noch hündisch werden...
Ich schickte Ihnen ein Telegramm mit zwei Daten für ein Treffen. Ich hoffe, eines paßt Ihnen. Zu diesem Treffen brächte ich dann das dritte Darlehens-Viertel mit.

Was die Verträge betrifft, so hatte ich von vorneherein die Idee, das nicht vor den Ferien aufzunehmen. Sowohl Kaut als auch Klingenberg hätten die Sache in die Ferien hinein verzögert, die Verträge wären dann wochenlang liegengeblieben, und das ist nicht gut. Ein Vertrag sollte, wenn er vorliegt, dann auch unterzeichnet werden. An Kaut schicke ich den Vertrag Ende Juli, an Klingenberg Mitte August.
Ihr Brief vom 10. Juni nebst der polnischen Anlage war ein Irrläufer; er kam praktisch erst mit Ihrem zweiten Brief vom 6. Juli hier an.
Ich kann nicht beurteilen, ob man mit dem Text »Minetti« einen Band in der Bibliothek Suhrkamp machen kann, dazu müßte ich wirklich den Text kennen oder von Ihnen ausführlich informiert werden. Es ist dabei auch zu bedenken, daß wir doch wahrscheinlich »Die Berühmten« und dann auch das nachfolgende Stück wieder in der BS machen wollen, und eine allzu große Häufung von Titeln von Ihnen in der Bibliothek Suhrkamp ist für beide Teile nicht gut.
Ich verstehe nicht, daß Sie sich so aufregen, wenn Fehler vorkommen; diese Dinge kann man bei einer zweiten Bindequote bereinigen, und dann ist die Sache ausgestanden. Man kann in einem großen Betrieb nicht alles selber machen, und Fehler kommen halt leider vor. Vollkommen ist niemand – nur Thomas Bernhard, wenn er schimpft.
Frau Borchers hat die Fahnen zur »Korrektur« in zwei Schüben unserer Expedition gegeben. Diese hat dann diese zwei Schübe in vier aufgeteilt, und zwar, wie mir versichert wurde, aus zolltechnischen Gründen. Sie wollen ja auch nicht für die Abholung der Pakete auf den Zoll rennen.
Das ist der Grund auch, warum wir Ihnen bisher keine Bücher geschickt haben. Schicken wir Bücher, so müssen Sie zum Zoll und schimpfen; schicken wir Ihnen keine, schimpfen Sie auch.
Im übrigen habe ich das Buch »Korrektur« sehr gerne, um

nicht zu sagen geradezu lieb. Ich werde mich dafür einsetzen, und wir werden das Buch gehörig ins Zentrum stellen. So bei einer Veranstaltung während der Suhrkamp-Buchwoche in Frankfurt am Freitag, dem 19. September, vor etwa 150 geladenen Gästen, von A (Abs) bis Z (Professor Zeller, Marbach) werden die wichtigsten Leute aus dem intellektuellen und ökonomischen Bereich anwesend sein. Im Mittelpunkt dieser Veranstaltung steht eine 20minütige Lesung von Ihnen aus »Korrektur«.

Mit den Polen verhandeln wir schon seit längerem! Der Verlag hat uns ein Angebot für »Frost« gemacht: 7% für 10 000 Auflage, zahlbar bei Erscheinen je zur Hälfte in Devisen und in Zloty. Dieses Angebot haben wir angenommen, seither warten wir auf den unterschriebenen Vertrag. Über Sie möchte man jetzt vermutlich erreichen, daß alles in Zloty gezahlt wird, das Honorar also untransferierbar ist. Ist das so in Ihrem Sinne?

Mit Erval habe ich vor vier Wochen bei seinem Besuch in Frankfurt über eine Ausgabe der »Stücke« gesprochen. Er wollte sich darum kümmern. Nichts läuft von selbst! Wir tun das Unsere.

Und kein Wort der Anerkennung für das, was wir mit der Theaterproduktion geschafft haben! Hier ist wirklich Basis-Arbeit für Sie geleistet worden.

Ich hoffe, wir sehen uns bald.

Herzlich

Ihr

[Siegfried Unseld]

[324; Telegramm]

Ohlsdorf
17.7.75

amras keinesfalls als suhrkamptaschenbuch
thomas bernhard

[325]

Ohlsdorf
22.7.75

Lieber Siegfried Unseld,
der Fehler Ihres Briefes vom 15. ist, dass Sie ihn ganz einfach viel zu spät geschrieben und abgeschickt haben, aber er enthält die Bemerkung, dass Ihnen die »Korrektur« »lieb« ist, was Sie sich nicht direkt auszusprechen getrauen, nur indirekt sagen; gleich wie, ich bin darüber glücklich, denn so viele Jahre hat kein Mensch mehr gesagt, dass ihm etwas, was ich mache, *lieb* ist. Das entschädigt mich für den jahrelangen Morast aller Kritiker zusammen.
Die Fahnen sind korrigiert und gehen mit gleicher Post nach Frankfurt und ich erbitte zwei Umbruchexemplare.
Es erfordert schon sehr viele unbeschädigte Elemente, *zwei Monate* ohne Kommentar zu bleiben! Aber es ist schön und gut, dass Sie mich so robust einschätzen.
Ich gehe heute nicht auf Ihren Brief in allen seinen mehr oder weniger wichtigen Punkten ein, darüber können wir am 3. August hier sprechen. Nur eines: bitte schicken Sie jetzt weder nach Salzburg, noch nach Wien irgendeinen Vertrag, das tun wir dann im Oktober oder November![1]
Dass Sie auch ein Mensch sind, ist klar, und was für ein Mensch! Und also was für ein Mensch! und was für ein Verlag!

Was die Fahnen der »Korrektur« betrifft, so habe ich noch niemals so vorzüglich gesetzte gesehen und ich bitte Sie, dem Setzer meine Bewunderung zu übermitteln für diese seine ganz hervorragende, ja beinahe schon unglaubliche übermenschliche Arbeit!, denn ich kenne ja das Manuskript, es ist eine Meisterleistung. Und ich bitte Sie, dem Setzer der »Korrektur« auf meine Rechnung (also durch Belastung meines Kontos!) eine Flasche Champagner zukommen zu lassen! Und diesen Wunsch meinerseits bitte nicht vergessen!!![2]
Ich habe natürlich gedacht, Sie kommen, wie ich Sie ersucht habe, am 3. mit der dritten *und* vierten Rate. Aber kommen Sie, wie immer, in guter Laune nach Ohlsdorf.
In bester Form, mit herzlichen Grüssen
Thomas B.

1 Den Hintergrund für die Zurückhaltung den Salzburger Festspielen gegenüber in Sachen *Die Berühmten* verdeutlicht ein Brief von Th. B. an Josef Kaut vom selben Tag, in dem er fragt, warum *Die Berühmten* nicht auf dem veröffentlichten Programm der Festspiele für das nächste Jahr stehen. Nach dem Zögern Kauts verzichtet Th. B. in einem Brief vom 20. August auf eine Aufführung dieses Stücks in Salzburg und konstatiert: »Die Theatergeschichte hat längst entschieden, wer für wen wichtiger gewesen ist, der Bernhard für die Festspiele oder die Festspiele für Bernhard.« (Th. B.: *Werke 16*, S. 394.)

2 Am 8. August 1975 informiert Burgel Zeeh brieflich Th. B. darüber, daß an Rolf Kopf von der Setzerei und Binderei Göbel in Tübingen eine Flasche Veuve Cliqot Brut abgesendet worden ist.

[326; Anschrift: Ohlsdorf]

Frankfurt am Main
5. August 1975

Lieber Thomas Bernhard,
über unsere Salzburger Gespräche[1] möchte ich den Satz des 61jährigen Goethe stellen: »Die Krankheit erst bewähret den Gesunden.« Daß das aus einem umstrittenen, erotischen, von einigen als pornographisch bezeichneten Gedicht von Goethe stammt, mindert nichts an seiner Wahrheit.[2]
Ich werde mein Bestes tun, damit das gleichzeitige Erscheinen der Bücher »Korrektur« und »Die Ursache« nicht zu Ihrem und unserem Schaden wird. Jetzt gibt es nur die Flucht nach vorne, daß eben zur genauen Kenntnis der »Korrektur« die »Ur-Sache« vielleicht wichtig ist.
Aber ich nehme Ihr Wort zur Kenntnis, daß Sie kein weiteres Manuskript dem Residenz Verlag geben werden. Sollten Sie die Vergabe einer Arbeit an einen dritten oder doch wieder den Residenz Verlag erwägen, dann bitte ich darum, daß vor einer Entscheidung mit mir darüber gesprochen wird. Das scheint mir das mindeste, das wir unserer gemeinsamen Beziehung schuldig sind.
Ich erfülle Ihre Wünsche: »Amras« kommt in der Bibliothek Suhrkamp, und zwar an erster Stelle des neuen Programms, also Mai 1976. Am 19. September erhalten Sie die vierte Rate des Darlehens.
Sie gaben abermals Ihr Wort für eine 20minütige Lesung in Frankfurt am Freitag, dem 19. September, und eine 30- bis 40minütige Lesung in Wien am Montag, den 29. September 1975.
Am 29. September wollten wir auch in Wien mit Klingenberg sprechen.
Was das Procedere des neuen Stückes betrifft, so soll Herr

Kaut das Manuskript Ende Oktober erhalten. Zürich wird den Vertrag so rechtzeitig fertig haben, daß er Herrn Kaut zum gleichen Tage vorliegen wird.
Ich hoffe sehr, daß Sie bis zum Eintreffen dieses Briefes die Korrektur der »Korrektur« schon abgeschickt haben werden. Wir warten dringlichst darauf. Hoffentlich haben Sie den »gemeingefährlichen Zuhälterstaat« gestrichen, modifiziert oder zumindest in ein Fragezeichen gestellt. Ihretwegen. Unseretwegen. Nicht meinetwegen.[3]
In diesem Sinne,
herzlich,
Ihr
Siegfried Unseld

P. S.: Anbei der Vertrag für »Korrektur« in zweifacher Ausführung.

1 Über diese Gespräche schreibt S. U. in seinem *Reisebericht Starnberg–München–Salzburg, 31. Juli–4. August 1975*:
»In Salzburg waren im wesentlichen drei Punkte zu erledigen:
1. die Placierung des neuen Stückes von Thomas Bernhard ›Die Berühmten‹ bei den Salzburger Festspielen 1976. Der Festspieldirektor, *Herr Kaut*, hatte mir schon Schwierigkeiten angedeutet. Sein Schauspielberater, Professor Haeusserman, ist strikt gegen Bernhard. Überhaupt hat sich die Schar der Freunde Bernhards in diesem letzten halben Jahr merklich verringert (dies auch im privaten Kreis). Bernhard weiß, daß er im Grunde genommen nur mit dem österreichischen Kulturminister und Herrn Kaut rechnen kann. Der Salzburger Landeshauptmann will ihn schon lange ›abschießen‹. Um so erstaunlicher ist, daß Bernhard auf eine baldige Veröffentlichung der Biographie seiner frühen Salzburger Jahre drängt. Das wird dann noch einmal ein Skandal werden. Jetzt wurde vereinbart, daß Herr Kaut Ende Oktober das Manuskript erhält und gleichzeitig den Vertrag (zu denselben Bedingungen wie ›Die Macht der Gewohnheit‹). Im übrigen seien die Festspiele sehr schlecht auf Suhrkamp zu sprechen; die Bühnenmaterialien [der Tournee mit *Macht der Gewohnheit*] seien in katastrophalem Zustand nach Salzburg zurückgekommen.

2. Gespräch mit Herrn *Wolfgang Schaffler vom Residenz Verlag* Salzburg.

Es ging ausschließlich um den Termin des Buches von Thomas Bernhard ›Die Ursache‹, wie gesagt, eine Beschreibung der frühen Salzburger Jahre, eine sehr kritische Abrechnung mit dem Gymnasium, das Bernhard besuchte, der Kirche und Salzburger Einrichtungen. Ich wußte, daß Thomas Bernhard an Schaffler noch ein Manuskript versprochen hatte, aber ich war jetzt nicht informiert, daß das Buch zum gleichen Termin wie die ›Korrektur‹ erscheinen sollte. Ich habe beiden – Bernhard und Schaffler – einen herben Vorwurf gemacht und Herrn Schaffler gebeten, den Erscheinungstermin des Buches hinauszurücken; doch das geht bei ihm schlecht, angeblich hat er schon 50 Fahnen-Exemplare verschickt, das Buch sei zur Hälfte gedruckt, und er hat nur eine einzige Auslieferung Mitte September. Ich wollte auch nicht meine letzte Karte spielen, und so einigten wir uns auf die mehr oder weniger gleichzeitige Herausgabe. Unser Argument wird sein: die Vergabe dieses Buches an Schaffler bzw. den Residenz Verlag Salzburg geht auf ein altes Versprechen zurück, im übrigen handelt es sich um ein Stück der Jugend-Biographie Bernhards; durchaus kann diese ›Ursache‹ als Ursache anderer Texte angesehen werden, und von daher ist es verständlich, daß dieser Autor den Wunsch habe, beide Texte gleichzeitig herauszubringen.

Im Lichte dieser nicht sehr schönen Diskussion wurden keine weiteren Verabredungen über gemeinsame Aktionen unternommen.

3. Gespräch mit *Thomas Bernhard*.

Ich habe mit ihm mehrfach gesprochen, natürlich stand im Mittelpunkt der Gespräche das Erscheinen der ›Ursache‹. Thomas Bernhard verspricht sich vom gleichzeitigen Erscheinen doch eine Belebung der Diskussion (während Herr Schaffler meint, daß die nachlassende Bernhard-Diskussion dringend einer solchen Spritze bedürfte).

Bernhard wird die Korrekturen der ›Korrektur‹ in drei Tagen an uns abschicken. Der Umschlag, den ich ihm zeigte, sei ›vollkommen‹. Der Klappentext muß jedoch geändert werden; ich werde das selbst machen (der Umschlag des Residenz Verlages zur ›Ursache‹ schien mir schlechterdings unmöglich und für Bernhard total unangemessen).

Lange Diskussion über ›Amras‹ in den suhrkamp taschenbüchern.

Er will das nicht. ›Amras‹ sei einer seiner wichtigsten Titel und ihm immer noch der liebste Text, und er müsse in die BS. Ich gab nach. Wir werden diesen Titel also nicht in den st bringen, sondern im Rahmen des nächsten Programms der BS.
Bei der SLZ [siehe Anm. 1 zu Brief 291] haben wir freie Hand ›Verstörung‹ oder ›Amras‹.
Er gab sein Wort für die Lesung in Frankfurt am Freitag, dem 19. September (Dauer 20 Minuten), und für eine Lesung in Wien (Dauer 30-40 Minuten). Dagegen möchte er nicht nach Linz fahren.
Das Wiener Stück wollen wir mit Herrn Klingenberg am 29. September in Wien verhandeln.
Am 19. September möchte Bernhard dann die 4. Rate seines Darlehens in Empfang nehmen.«
Th. B. hat am 20. Februar 1975 brieflich Wolfgang Schaffler die Zusage gegeben, einen autobiographischen Band im Residenz Verlag zu veröffentlichen, im Juni sendet er das Manuskript, das ursprünglich den Arbeitstitel *Erinnern* trägt (siehe Briefe 244, 256, 271, 283), dann *Das Internat* heißen sollte, unter dem definitiven Titel *Die Ursache* an Schaffler. Siehe zur Entstehung der *Ursache* auch Th. B.: *Werke 10*, S. 516ff.

2 Johann Wolfgang Goethe, *Das Tagebuch* von 1810.

3 Im veröffentlichten Roman ist zwar von keinem »gemeingefährlichen Zuhälterstaat« mehr die Rede, allerdings – wohl nicht weniger scharf – von einem »völlig heruntergekommenen Staat« und von »*dieser permanenten Perversität und Prostitution als Staat*« (Th. B.: *Werke 4*, S. 26). *Korrektur* wird am 10. September 1975 zu einem Ladenpreis von 28.– DM ausgeliefert.

[327; Anschrift: Ohlsdorf]

Frankfurt am Main
4. September 1975

Lieber Herr Bernhard,
mit gleicher Post schicken wir Ihnen heute zwei großformatige Drucksachen, das eine ist ein Plakat, das andere ein Prospekt, der in einer Auflage von fast 2 Millionen gedruckt wird.[1] Sie sind da in der ersten Reihe in der Mitte

abgebildet, und irgendwie bezeichnet das ja durchaus Ihre Stellung hier im Hause.
Herzliche Grüße
Ihr
Siegfried Unseld

1 Weder Plakat noch Prospekt haben sich im Nachlaß von Th. B. erhalten. Das Plakat im DIN-A4-Format mit dem Slogan »Der Mensch lebt durch den Kopf.« zeigt 25 Fotos von Autoren des Verlags, angeordnet in fünf Reihen mit jeweils fünf Porträts. Th. B. ist in der ersten Reihe der dritte von links.

[328; Anschrift: ⟨Ohlsdorf⟩; Telegrammnotiz]

Frankfurt am Main
4. September 1975

Möchten Sie am 21./22. in Schaffhausen in einer Kirche lesen?
Herzlich Unseld

[329; Telegramm]

Gmunden
17.9.75

ankomme freitag 8.05 h frueh flughafen erbitte gutes hotelzimmer[1]
herzlich bernhard

1 Th. B. kommt zur Eröffnungsveranstaltung der Suhrkamp Buchwoche (18.-28. September in Deutschland mit über 100 Veranstaltungen) anläßlich des 25jährigen Bestehens des Suhrkamp Verlags am 1. Juli 1975 nach Frankfurt. S. U. schreibt dazu in seinem Bericht unter dem Datum des 19. September 1975:
»Aus Bonn eintreffend [Die Eröffnung der Suhrkamp Buchwoche

findet am 18. September in der Aula der Universität Bonn statt; Max Frisch liest aus dem am 10. September 1975 ausgelieferten *Montauk*.], fand ich in der Klettenbergstraße einen sehr gut gelaunten *Thomas Bernhard* vor. Wir hatten noch eine Stunde Zeit für ein Gespräch, dann begann der Suhrkamp-Empfang in der Siesmayerstraße.
Schätzungsweise 250 geladene Gäste, es waren wirklich die Frankfurter Freunde des Verlages. Ich hielt meine für Frankfurt gewendete Rede zur Eröffnung der Buchwoche. Danach las Thomas Bernhard die letzten Seiten des ersten Teils der ›Korrektur‹; er las großartig: musikalisch, beschwingt, heiter, die musikalische Struktur des Buches zeigend. Anschließend Gespräche bis Mitternacht. Es war ein schöner Boden an Sympathie, und wir wurden von vielen guten Wünschen begleitet.«
Unter der Überschrift *Neue Narrenburg* heißt es in der *Frankfurter Neuen Presse* (22. September 1975) über die Veranstaltung: »Unseld feierte das 25jährige Bestehen des Verlags mit strahlendem Optimismus und wünschte den Geladenen zu Sekt und Rotwein bester Laune eine ›lange Nacht‹. Es war ihm, dem dynamischen Willensmenschen, gelungen, den bis zur Verzweiflung schwermütigen Dichter aus seiner österreichischen Abgeschiedenheit vor die Öffentlichkeit zu bringen. Eine besondere Attraktion. [...]
Bernhard schreibt und spricht in einem kontrollierten Automatismus, er sprach die langen Sätze schnell und klar. Hört man ihn oder liest man ihn, man gerät so oder so in den Sog seiner Sprache.
Das Buch scheint mir in der bewußten Nachfolge der Stifterschen ›Narrenburg‹ zu bestehen, hier wie dort bilden phantastische Baukunst und Biographie, Zwang zur Biographie, die sich durchdringenden und deckungsgleichen Themen.«
Am 29. September liest Th. B. ein weiteres Mal im Rahmen der Suhrkamp Buchwoche; diesmal zu deren Eröffnung in Österreich (29. September-3. Oktober 1975) in Wien-Kagran um 20.00 Uhr im Haus der Begegnungen. Im *Reisebericht Wien–Graz–Innsbruck, 29. September-3. Oktober 1975* hält S. U. fest:
»Um 19.00 Uhr treffe ich *Thomas Bernhard* im Hotel Intercontinental. Er war wütend mit dem großen Vorwurf, seinen Auftritt, unseren Auftritt, am falschen Ort inszeniert zu haben. Das Haus der Begegnung läge außerhalb, könne kaum erreicht werden und

würde nicht diejenigen Leute dorthin bringen, die sich für einen solchen Abend interessieren. Dr. Berger holte uns ab, und Bernhard landete sofort diesen Angriff auf ihn. Berger verteidigte sich mit dem Argument, daß dieses Haus der Begegnung in einem Viertel läge, das kommend sei, in einem Außenbezirk, der ganz neuartige Bernhard-Leser mobilisiere. Aber davon wollte Bernhard nicht viel wissen. Im übrigen hatte er das Buch ›Korrektur‹ nicht, und niemand wußte, ob es im Haus der Begegnung liegen würde. So bat ich Dr. Berger, noch mal in sein Büro zu fahren, es zu holen. Wir fuhren mit einem Taxi, 25 Minuten, zum Haus der Begegnung. Der Saal war an sich nicht schlecht und akustisch durchaus angenehm, aber es ist für einen Zuhörer schlechterdings nicht zumutbar, eine solche Reise auf sich zu nehmen.
Bernhard war sehr niedergedrückt. Ich versuchte einfach, das Beste aus der Situation zu machen und diese Leute anzureden, die nun dort anwesend waren. Dann las Bernhard, er brauchte eine Zeitlang, bis er anlief, und nach zehn Minuten war er da, und ich bin der Meinung, daß der Abend sehr gut verlaufen ist. Thomas Bernhard jedenfalls war sehr zufrieden. Anschließend zog eine kleine Runde von einem Lokal ins andere. Thomas Bernhard war zufrieden. Weniger zufrieden war Dr. Berger. Er fühlte sich mißverstanden. Seine progressive Idee, Bernhard in Außenbezirken lesen zu lassen, war ihm nicht auszureden.
[...] Neues Gespräch mit *Thomas Bernhard*. Er informierte mich, was vertraulich zu behandeln ist, über seine Absprache mit Professor Klingenberg. ›Die Berühmten‹ werden in der Regie von Claus Peymann an der Burg oder im Akademietheater aufgeführt. Die Proben beginnen Mitte Mai 1976, Aufführung in den letzten Tagen der Spielzeit. Dann sollte auch der BS-Band der ›Berühmten‹ dasein. Im September 1976 wird er für die edition suhrkamp ›Atzbach‹ fertig machen.«
In der *Presse* (1. Oktober 1975) schreibt Rudolf U. Klaus über den Abend: »Der Saal, ein Raum von ausgepichter Scheußlichkeit – das giftige Schock-Orange aus Styropor und Plastik stach buchstäblich in die Augen (und man fragt sich, welcher Architekt sich da wohl ausgetobt haben mag!) –, war etwa zu einem Drittel gefüllt, als zunächst Siegfried Unseld, der Chef des Suhrkamp-Verlages, ans Vortragspult trat. [...] Bernhard selbst las dann eine etwa halbstündige Passage aus diesem Buch [*Korrektur*], und was er las, war wahrlich

die vorher angekündigte ›Selbstgesprächsfolter‹: Ein ›monologue intérieur‹ von endlosen, kompliziert gedrechselten Sätzen und Phrasen, nur bisweilen zäsuriert durch Einschiebsel wie ›dachte ich‹ oder ›sagte ich mir‹, reflektiv, quälerisch, mit manisch-verzweifelter Komik – Gebetsmühlenprosa. Aber ›echter‹, unverwechselbarer Bernhard.«

[330; Anschrift: ⟨Ohlsdorf⟩]

Frankfurt am Main
4. November 1975

Lieber Thomas Bernhard,
ich bin vom 10. bis 13. November in Wien. Habe ich eine Chance, Sie zu sehen?[1]
Herzlich
Ihr
[Siegfried Unseld]

1 S. U. hält während der von der Österreichischen Gesellschaft für Literatur organisierten Veranstaltung »Rilke in aller Welt« anläßlich des bevorstehenden 100. Geburtstags des Dichters im Palais Palffy den Vortrag *Rilke und seine Verleger* und trifft u. a. Friederike Mayröcker.

[331; Anschrift: Ohlsdorf]

Frankfurt am Main
26. November 1975

Lieber Thomas Bernhard,
Sie klangen neulich verärgert am Telefon. Es tat mir leid, daß wir uns nicht sehen konnten, aber meine Wiener Termine waren so fest eingeteilt, daß ich keinen Zwischenausflug nach Ohlsdorf unternehmen konnte, und leider macht ja auch die AUA auf dem Weg von Wien nach Frankfurt nicht in Salzburg Station.

Hier stehen die Dinge soweit ganz gut, mit den üblichen Schwankungen.
Die Sache Thomas Bernhard steht jedoch sehr gut. Ich bin sicher, daß wir das Vorgenommene erreichen.
Im Januar 1976 ist die Aufführung der »Macht der Gewohnheit« im Stadtoneel in Amsterdam. Werden Sie hinfahren?
Ich war in Paris. Dort ist man jetzt deutschsprachigen Stücken gegenüber aufgeschlossener als früher. Ich beobachtete auch ein Interesse an der »Macht der Gewohnheit«. Übrigens, Gallimard hat auf unser Drängen hin die »Korrektur« angenommen.
Die holländische Ausgabe des »Kalkwerk« wird im Herbst 1976 erscheinen. Der Verlag hat darum gebeten, die Entscheidung über die »Korrektur« erst später treffen zu müssen. Schweden hat mit »blutendem Herzen« abgesagt, vom »Kalkwerk« seien nur 200 Exemplare verkauft worden, doch meint man, daß man zu einem späteren Zeitpunkt mit der »Korrektur« herauskommen könnte.
Im Programm der Bibliothek Suhrkamp steht für das erste halbe Jahr im April »Amras« und für die Aufführung dann »Die Berühmten«. Es ist jetzt Ende November. Ich nehme an, Sie schicken den Text wie vereinbart Klingenberg, und hoffentlich auch mir, zu.
Ich traf übrigens Klingenberg in Wien bei der, wie ich meine, verunglückten Strehler-Premiere. Klingenberg und ich stimmen über das Procedere überein.[1]
Ich schreibe Ihnen diese Zeilen, damit wir eine Verbindung halten für den Fall, daß wir uns in diesem Jahr nicht mehr sehen. Werden Sie die letzten Wochen oder Tage des Jahres in Ohlsdorf verbringen, oder reisen Sie? Vielleicht in Breiten, wo man Sie auch »zwischen den Jahren« sehen könnte?
Herzliche Grüße, wie immer,
Ihr
Siegfried Unseld

P. S.: Es ist doch merkwürdig: kaum erwähne ich Klingenberg, schon meldet er sich. |telephonisch aus Wien:| Peymann ist erst für Ende Juni frei, dann wäre es für die Festwochen zu spät. Es meldete sich jedoch Dorn bei ihm, durch einen Zufall sei er für das Frühjahr frei, und fragte nach einer Inszenierung. Klingenberg könnte unter der Voraussetzung, daß Sie zustimmen – ich zweifle nicht an dieser Zustimmung –, Dorn dann beauftragen. Doch wird für Klingenberg alles darauf ankommen, ob und wie er Ihr Stück besetzen kann. Er muß das in der ersten Dezemberwoche entscheiden.

1 Am 12. November besucht S. U. im Wiener Burgtheater die Uraufführung von *Das Spiel der Mächtigen* von Giorgio Strehler nach William Shakespeares *Heinrich VI.* Die *Chronik* vermerkt über die Begegnung mit Klingenberg unter dem Datum *Wien, 10.-13. November 1975*: »Gespräch mit dem Intendanten der Wiener Burg, Herrn Klingenberg. Dauer: eine Minute.
Das Kultusministerium hat ihm aus Spargründen zwei große Vorhaben untersagt, das erste eine ›Faust‹-Inszenierung, das zweite das neue Bernhard-Stück [*Die Berühmten*].
Er möchte, nachdem er das Stück gelesen und sich positiv entschieden hat, sagen können, wir hätten mündlich den Vertrag vereinbart.«

1976

[332; Anschrift: Ohlsdorf]

Frankfurt am Main
3. Februar 1976

Lieber Thomas Bernhard,
ich melde Ihnen die Ausgabe der Filmgeschichte »Der Kulterer« in den suhrkamp taschenbüchern. Wir drucken eine Auflage von 10 000 Exemplaren, Ladenpreis DM 4,–. Die Verrechnung erfolgt über den Residenz Verlag.
Ein Exemplar ging Ihnen von uns aus bereits zu. Die restlichen Exemplare erhalten Sie vom Residenz Verlag.[1]
Herzliche Grüße,
Ihr
[Siegfried Unseld][2]

1 Th. B. arbeitet die Erzählung *Der Kulterer* zu einer Filmerzählung um (siehe Anm. 2 zu Brief 271 sowie Th. B.: *Werke 11*, S. 366-371).

2 Knapp zwei Wochen zuvor, am 22. Januar, trifft Th. B. in Frankfurt S. U. In der *Chronik* heißt es:
»Thomas Bernhard im Verlag; er hat sich überraschend angemeldet, er war in Brüssel und hatte sich dort ›verwöhnen‹ lassen. Er war in bester Laune, und er übergab mir Manuskripte für nicht weniger als zwei Stücke: ›Die Berühmten‹ und ›Minetti. Ein Portrait des Künstlers als alter Mann‹.
Er ist in blendender Verfassung, freut sich über den BS-Prospekt, der gerade fertig geworden ist, und machte über jeden Autor eine besondere Anmerkung, und er lobt Burgel Zeeh: ›Wenn Ihre Autoren so vollkommen arbeiten würden wie Frau Zeeh, dann hätten Sie nur gute Autoren.‹ Aber im Grunde will er ja nur allein bleiben. Unsere finanzielle Vereinbarung ist am 31. 12. 1975 abgelaufen. Bis

dahin galt, mit Ausnahme des neuen Darlehens von DM 100.000.– [siehe Anm. 1 zu Brief 312], daß alle Zahlungen an ihn a conto der Verkäufe und der Tantiemenerlöse aufgerechnet werden. Erhält er mehr Honorare und Tantiemen, wird ihm der Überschuß ausbezahlt, ist es weniger, so haben wir das auszubuchen.
Er ist von der Bibliothek für Junge Leser sehr angetan und möchte gerne mitmachen. Sonst nur Freundliches. Wir essen zusammen zu Mittag, und dann fliegt er nach Wien weiter.
Ich lese am Abend ›Die Berühmten‹. Ich bin doch sehr positiv überrascht. Bernhard ist es gelungen, wieder ein Stück weiter voranzukommen. Seine Dialoge sind lebendiger geworden. Sein Thema das alte Problem des Schöpferischen und der Künstler gegenüber der Gesellschaft. Es ist auch ein Verleger diesmal mit von der Partie. Ich telefoniere am nächsten Morgen mit Bernhard und sage ihm, daß mir das Stück sehr gefallen hat. Und er war sehr glücklich darüber.«
In einer Notiz hält S. U. zu den weiteren Resultaten des Besuchs fest: »Peter Hamm ediert einen Band ›Über Thomas Bernhard‹. Dieser schließt sich an Band I an, entnimmt aber keine Beiträge aus diesem Band. Er soll mit einem großen Interview beginnen, das Peter Hamm mit Bernhard führen wird.
[...] Das zweite Stück ist dem Schauspieler Minetti gewidmet [...]. Uraufführung 2. Hälfte März. Wir wollen dieses Stück als einen limitierten Pressedruck vorlegen. Größeres, schlankes Format, etwa Bloch ›Experimentum Mundi‹, vielleicht noch einen Zentimeter höher, schwarzes Leinen, schwarzer Umschlag, der halbiert ist. Auf der linken Seite Titel, rechte Seite ein Foto des Schauspielers Minetti. Große Type, 6 Fotos von Minetti jeweils auf einer rechten Seite, 1 000 numerierte Exemplare, 1.-10. Exemplar in Leder.«

[333; Anschrift: Ohlsdorf]

Frankfurt am Main
20. Februar 1976

Lieber Thomas Bernhard,
herzlichen Glückwunsch zu der herrlichen »Korrektur«-Rezension in »Times Literary Supplement« von keinem

Geringeren als George Steiner, dem Erfinder der Formel von der »Suhrkamp-Kultur«.
Sobald ich aus Wien Neues erfahre, melde ich mich.[1]
Herzliche Grüße
Ihr
[Siegfried Unseld]

Anlage[2]

1 S. U. bezieht sich auf Schwierigkeiten (siehe Anm. 1 zu Brief 331) bei der Aufführung der *Berühmten*.
2 Die Anlage hat sich nicht erhalten. Es handelt sich vermutlich um die am 13. Februar 1976 im *Times Literary Supplement* veröffentlichte Rezension zu *Korrektur* von George Steiner mit der Überschrift *Conic sections*, die zu dem Schluß kommt: »The feeling grows that Thomas Bernhard is now the most original, concentrated novelist writing in German. His connections, at once developmental and contrastive, with the great ›Austrian‹ constellation of Hofmannsthal, Kafka, Musil and Broch become ever clearer.« Den Begriff der »Suhrkamp-Kultur« prägt George Steiner zwei Jahre zuvor an derselben Stelle in einer Besprechung der *Gesammelten Schriften* von Theodor W. Adorno.

[334; Anschrift: Ohlsdorf]

Frankfurt am Main
10. März 1976

Lieber Thomas Bernhard,
wir hatten ein melancholisches Zusammensein in Wien. Das hatte nun leider seine Gründe. Aber darüber werden wir wegkommen.[1]
Zurückgekommen fand ich das erste Exemplar von »Amras« in der Bibliothek Suhrkamp vor. Es gefällt mir sehr, und ich hoffe, Ihnen auch. So sind wir eben, daß wir in der Stille für Sie arbeiten.[2]

Wir sollten bald wieder in Verbindung treten. Es gibt vielleicht auch für die »Berühmten« noch eine andere Konstellation. Ich komme am Sonntag, dem 21. März 1976, zurück und werde mich danach bei Ihnen melden.[3]
Ich hoffe, Sie erfreuen sich inzwischen an »Amras«.
Herzliche Grüße,
Ihr
[Dr. Siegfried Unseld]
(nach Diktat verreist)
Helma Marinoff
(Sekretariat)

1 Im *Reisebericht Wien, 6.-8. März 1976* schreibt S. U. über die gefährdete Uraufführung von *Die Berühmten* im Rahmen der Wiener Festwochen:
»Beim Eintreffen im Wiener Hotel erreichte mich ein Telegramm: ›Lage sehr schlecht. Gruß Baumgartner Viennafestival‹. Überall ist in Österreich zur Zeit die Lage sehr schlecht. Fernsehen: drastische Einsparungen und Absagen von Verpflichtungen. Ebenso die Kunst-Szene, wie mir Schmögner dies schilderte.
Ganz besonders katastrophal die Burg-Theater: Drei Stücke mußten verschoben werden und damit auch Probentermine. Durch diese Verschiebungen werden die Schauspieler des Burgtheaters, die für das Bernhard-Stück vorgesehen waren, an den Proben nicht mehr teilnehmen. [...]
Herr Baumgartner möchte noch weitere Lösungen probieren, aber die Sache ist aussichtslos und im Grunde genommen auch nicht mehr zu verantworten. Das Festival hat seine bestimmten Termine, und bis dahin sind nicht einmal die Kostüme mehr zu realisieren.
Ich hatte ein sehr eingehendes Gespräch mit *Thomas Bernhard* über diesen Punkt. Er wollte ja unbedingt die Wiener Aufführung; natürlich ist er bedrückt, daß daraus nichts wird und er nun warten muß. *Claus Peymann* hatte mir in einem Telefonat erklärt, in jedem Fall ›Die Berühmten‹ machen zu wollen, freilich nicht vor dem Mai 1977. Bernhard ist an sich einverstanden, daß wir Peymann diese Chance geben, aber für ihn ist dieses Stück abgeschlos-

sen, ›erledigt‹, und er hat keine Lust mehr. Er arbeitet an neuer Prosa und auch schon wieder an einem neuen Stück.«

2 *Amras* erscheint am 9. März 1976 als Band 489 in der Bibliothek Suhrkamp.

3 S. U. ist vom 17. bis 21. März auf einer USA-Reise, wo er u. a. die Deutsche Buchausstellung in Los Angeles eröffnet, an der University of Southern California einen Vortrag in deutscher Sprache über Hesse hält und in einem zweiten Vortrag über *Literary Publishing in Germany* spricht.

[335; Anschrift: ⟨Ohlsdorf⟩; Telegrammnotiz]

Frankfurt am Main
6. April 1976

Erbitte dringlich Anruf. Gruß S. U.

[336; Anschrift: Ohlsdorf]

Frankfurt am Main
8. April 1976

Lieber Thomas Bernhard,
ich könnte am 10. Mai 1976 um 13.35 Uhr, von Zürich kommend,[1] am Salzburger Flughafen eintreffen. Werden wir uns dann sehen? Ich würde am Abend, um 18.43 Uhr, nach München zurückfahren. Ich hoffe, daß Ihnen das konveniert.
Herzliche Grüße,
Ihr
[Siegfried Unseld]

|Nach Wien (Festwochen-Büro) wurden heute Vertrag, Texte und ein Brief von mir gesandt.|[2]

1 Am 9. Mai besucht S. U. in Zürich Max Frisch, dem er die zu dessen 65. Geburtstag am 15. Mai erschienenen *Gesammelten Werke* überreicht. Nach dem Aufenthalt in Salzburg fährt er weiter nach München, wo er sich u. a. mit Ernst Augustin und Herbert Achternbusch trifft.

2 Den handschriftlichen Zusatz notiert Burgel Zeeh auf dem Durchschlag.

Mit dem Datum vom 8. April 1976 schreibt S. U. an den Intendanten der Wiener Festwochen, Ulrich Baumgartner, in Sachen *Die Berühmten*: »[...] Wir müssen dringlich den Aufführungsvertrag zwischen uns regeln. Nach unserer letzten Kommunikation in Wien war ich der Meinung, daß sich das Stück nicht mehr realisieren ließe, und ich habe dies dem Autor auch so mitgeteilt. Dank Ihrer Intensität scheint jedoch die Uraufführung im Rahmen der Wiener Festwochen möglich. Wir müssen Sie freilich dringlichst bitten, die durch die Kürze der verbleibenden Zeit noch möglichen Vorbereitungen mit größter künstlerischer Aufmerksamkeit zu betreiben.« Im folgenden geht S. U. außerdem auf den dem Brief beiliegenden Vertrag und die bereits getroffenen Vereinbarungen zu Regie und Besetzung des Stücks ein. Zur Aufführungsgeschichte siehe außerdem den Kommentar zu *Die Berühmten* in Th. B.: *Werke 16*, S. 390-405.

[337]

Ohlsdorf
27. 4. 76

Lieber Siegfried Unseld,
ich hatte ein sehr gutes Gespräch mit dem Regisseur Lotschak in Wien und bin froh, dass dort die »Berühmten« am 23. Mai herauskommen, die Probenzeit ist reichlich, weil der Truppe das Theater an der Wien praktisch drei Wochen Tag und Nacht zur Verfügung steht und die Gewerkschaft keinen Druck ausübt. Ich glaube, für das Stück gibt es tatsächlich keinen besseren Ort zu dem besten Zeitpunkt.

Am 10. treffen wir uns, wenn es sein muss, also auch in Salzburg und es ist tatsächlich eine Unterredung in allen unseren grundsätzlichen Fragen notwendig, es gehört wieder einmal das Fundament kontrolliert und *die Risse im Sockel* gehören besprochen. Wir haben dann wieder einen neuen Ausgangspunkt für eine *neue Epoche als Zukunft*. Auch die *Finanzen* gehören wieder einmal geklärt.

Ich selbst habe die beste Periode und halte mich an die Arbeit: äusserste Disziplin als Existenzerfrischung.

Herzlich:

Thomas B.

Morgen schicke ich die korrigierten »Berühmten«-Fahnen ab, ich freue mich auf das Buch.[1]

1 *Die Berühmten* erscheint im Juni 1976 als Band 495 der Bibliothek Suhrkamp.

[338; Anschrift: Ohlsdorf]

Frankfurt am Main
3. Mai 1976

Lieber Thomas Bernhard,

schönen Dank für Ihren Brief vom 27. April 1976. Ich freue mich sehr, daß Sie ein gutes Gespräch mit Lotschak in Wien hatten. Hoffen wir auf den 23. Mai. Ich werde selbstverständlich dort sein.[1]

Am 10. werden wir uns also treffen. Ich fliege von Zürich nach Salzburg und treffe um 13.35 Uhr am Flughafen ein. Holen Sie mich dort ab? Wenn nicht, so halte ich mich im Österreichischen Hof auf, wo ich Sie eine Stunde nach meiner Ankunft erwarte. Ich werde am

Spätnachmittag via München nach Frankfurt zurückfahren.
Herzliche Grüße, und auf
ein gutes Wiedersehen hoffend,[2]
Ihr
[gez. Dr. Siegfried Unseld]

– nach Diktat verreist –
i. A.

Die Korrekturfahnen sind pünktlich eingetroffen. VIELEN DANK!

1 *Die Berühmten* wird schließlich am 8. Juni 1976 im Rahmen der Wiener Festwochen unter der Regie von Peter Lotschak im Theater an der Wien uraufgeführt. Es spielen u. a. Johanna Matz, Bibiana Zeller, Horst Christian Beckmann, Wolfgang Gasser und Rudolf Wessely. S. U. notiert in seinem *Reisebericht Wien, 7.-9. Juni 1976*:
»Es ist schwer, nicht einen Roman zu schreiben.
Durch einen Zufall traf ich mitternächtlich Thomas Bernhard, den Regisseur Peter Lotschak, Claus Peymann, Frau Maleta, einige Freunde Bernhards. Die Runde schien vergnüglich, Bernhard hatte die Proben gesehen, war einverstanden, der Regisseur war optimistisch; das ist immer ein sehr schlechtes Vorzeichen für eine Uraufführung.
Unser Problem bestand darin, daß der Intendant der Wiener Festwochen sich trotz aller Reklamationen, Telegramme und Drohungen nicht bereit erklärt hatte, den Vertrag zu unterzeichnen. Der Vertrag war, man muß es gestehen, ziemlich hart: Uraufführung und ein paar weitere Aufführungstermine, dann Schluß und eine klare Zustimmungsvergabe zum Regisseur und zur Besetzung der Hauptrollen. Am Morgen versuchte ich, den Intendanten der Wiener Festwochen, Herrn Baumgartner, anzurufen, es meldete sich nur sein Sekretariat, wann Herr Baumgartner zu erreichen sei, war unbestimmt. Ich versuchte es noch einmal um 10 Uhr, wieder mit unklarem Erfolg. Um 10.30 h begann die Generalprobe; ich rief kurz vorher noch einmal im Büro des Intendanten an, er war

nicht anwesend. So gab ich die Alternative, entweder würde ich aus der Generalprobe heraus zu einem Gespräch gerufen, oder ich würde mich um 15.00 h im Büro des Intendanten einfinden, um den Vertrag zu unterzeichnen; wäre der Intendant nicht da und würde der Vertrag nicht unterzeichnet, so würde wahrscheinlich eine Stunde später eine Verfügung des Suhrkamp Verlages die Aufführung am Abend verbieten.
Ich war in der Generalprobe, zu der die Besucher sehr, sehr sorgsam ausgewählt wurden, wer hereingewischt war, wurde wieder nach außen verwiesen, und es begann das Stück mit großen Beleuchtungsfehlern, der Anfang mußte mehrmals wiederholt werden; dann lief das erste Vorspiel und die erste Szene ab, dann wieder eine große Beleuchtungs- und Kooperationspanne, weiter ging es schließlich nach Pausen, und der Schluß verkrachte völlig.
Ich habe vorausgegriffen: Mittendrin erreichte mich ein Bote, der mich zum Zimmer des Intendanten bat. [...] Ich konnte den Abschluß und die Unterzeichnung des Vertrages Thomas Bernhard während der Generalprobe melden.
Diese Generalprobe war für mich ein Signal. Der erste Anfang klappte nicht, in der Mitte war eine große Schwierigkeit, die Aufführung mußte unterbrochen werden, und am Schluß brach eigentlich das Ganze zusammen. Sehr merkwürdig die Reaktion: Peymann hielt die Aufführung für möglich, Bernhard war sehr froh. Mit ihm ging ich Mittagessen. Er bezeichnete unser Treffen in Salzburg und Maria Plain als einzigartig, großartig, als er neulich in Frankfurt gewesen war, wollte er sich nicht melden, um diese Einzigartigkeit nicht zu stören. Im übrigen traf er anschließend noch für eine Stunde Minetti, dann fuhr er, während in Wien die Uraufführung ablief, nach Ohlsdorf.
Dieser Abend des 8. Juni in Wien wird irgendwie denkwürdig bleiben. Das Stück Bernhards ist im Grunde genommen im ersten Drittel entschieden; jedermann weiß, es gibt keine aufregenden Wendungen. In der Tat schien dieses erste Drittel eigentlich sehr geglückt, und man hätte gehofft, daß die Dramaturgie ein Einsehen hätte. Doch diese Dramaturgie war im Stück nicht enthalten. Gegen wen wandte man sich, wer waren die Gegner, wer waren die Helfer? Und bei der Aufführung selber war der Schluß vollkommen unverständlich: während im Text die ›Berühmten‹ Tiermasken aufgesetzt haben, ihr gesellschaftliches Palaver ad absurdum

steigerten, und das heißt, nur noch in Tiersprachen reden sollten, und dann in einer Sekundenpause der Hahn sein Kikeriki des Verrats krähte – all dies war nicht drin, man verstand es nicht. Der Regisseur Lotschak hatte im Grunde genommen keine Vorstellung von der Poetik des Textes, von den poetischen Dimensionen, und das Ganze wurde banal, ein Cabaret, und zwar ein schlechtes. Gut, die Kritiken werden gemischt sein, meine Prognose ist, daß die deutschen Kritiker das Stück interessant, die Aufführung ablehnend finden.
Ich selber bin der Meinung, daß das Stück unter seinem Wert angeboten wurde. Daraus kann man wirklich etwas machen!
Ich hatte noch verschiedene andere Probleme: Zwar drängte ich auf Unterschrift des Vertrages mit den Wiener Festwochen, doch wir selber hatten noch keinen Vertrag mit Bernhard; Bernhard unterschrieb dann auch noch den Autorenvertrag für ›Die Berühmten‹ zwischen Suhrkamp Zürich und ihm innerhalb von Sekunden!«
Die Uraufführung von *Die Berühmten* wird von den Kritikern mehr als zurückhaltend aufgenommen; beispielhaft für die Reaktionen ist Paul Blahas Feststellung in der *Weltwoche*: »›Die Berühmten‹, Thomas Bernhards Kunstbetriebsbeschimpfung, ist ganz bestimmt kein Verrat an der Kunst. ›Die Berühmten‹ sind nur ein exzeptionell schlechtes Stück. ›Die Berühmten‹ sind der schlechteste Bernhard, den wir je hatten.« Siehe auch den Kommentar zu *Die Berühmten* in Th. B.: *Werke 16*, S. 390-405.

2 Über seinen Aufenthalt in Salzburg schreibt S. U. in der Chronik unter dem Titel *Begegnung mit Thomas Bernhard in Salzburg am 10. Mai 1976* einen dreiseitigen Bericht:
»Das Flugzeug aus Zürich kam pünktlich am Salzburger Flughafen an. Bernhard erwartete mich. Wir gingen dann in das Airport-Restaurant zum Mittagessen.
Die üblichen Höflichkeiten. Frage nach der Tante, Frage nach Frau Zeeh. Ich las ihm aus der ›Presse‹, Wien, einen Auszug aus einem Gespräch vor, das Bruno Kreisky mit Schülern geführt hatte. ›Welche Weltgeltung hat Österreich heute?‹ – wollte ein Schüler wissen. Und Kreisky ›legt los‹. Erste Erwähnung: der UNO-Generalsekretär [Kurt Waldheim] und ein Kommandant auf den Golanhöhen [Generalmajor Hannes Philipp]. Dann kommt als zweites: ›Viele der größten Nachwuchsdichter sind Österreicher.‹ Da ist Kreisky doch etwas Interessantes entschlüpft.

Ich merke gut, wie er nervös ist und auf das drängt, was er in seinem Brief an mich [siehe Brief 337] geschrieben hat [...].
Er sagte: ›Wollen wir mit dem Negativen oder dem Positiven anfangen?‹ Ich wollte das Negative, doch als er das, was ich befürchtet hatte, begann, nämlich die Tatsache, daß er Schaffler wieder ein kleines Buch versprochen habe, unterbrach ich und bat ihn, dies zu verschieben. Dann sagte er ›Gut, sprechen wir über Geld.‹ Dazu war ich nun sehr bereit.
Wir hatten ja eine Verabredung schon vor Jahren getroffen, wonach diverse Zahlungen an ihn, immerhin hohe sechsstellige Summen, nicht jeweils einzeln verrechnet werden, sondern wir wollten am 31.12.1975 ›Bilanz‹ ziehen. Haben wir ihm mehr gezahlt, so verfällt der Betrag, haben wir ihm weniger gezahlt, hat er also eine Gutschrift, so erhält er diese. Ich bat ihn, zu schätzen, wie die Situation sei. Er wußte es nicht. Dann war er überrascht, daß ich eine klar gegliederte, auf einer Seite übersichtliche Abrechnung gemacht hatte. Er drehte sich jedoch sofort herum und sagte: Wie auch immer die Abrechnung sei, er wünsche sich, daß ich ihm noch einmal DM 40.000.– zahlen sollte. Ich hörte mir dies gelassen an und bat ihn nun doch, die Abrechnung zu studieren. Er war sehr überrascht über das gute Ergebnis, Guthaben in Frankfurt ca. DM 50.000.–, Guthaben in Zürich ca. DM 50.000.– – er war begeistert, fand das ›ideal‹ und war ›sehr glücklich‹. Dann kam der große Überraschungszug: ich schlug ihm vor, die Hälfte dieses Guthabens – also DM 50.000.– – gegen das Darlehen zu verrechnen. ›Und die andere Hälfte?‹ fragte er. Da öffnete ich meinen Koffer und übergab ihm bar sFr. 50.000.–. Das hatte er nun doch nicht erwartet!
Er war sichtlich aufgeräumt, und in dieser Stimmung wollte ich mit ihm ja auch noch einmal über seine Absicht sprechen, ein neues Buch Schaffler zu geben. Dies erklärte er mir so:
Ich hätte ihn in Wien in einer schwierigen Situation nicht nur nicht unterstützt, sondern im Stich gelassen. Ich hätte ihn kritisiert wegen seines Offenen Briefes an Canetti. Ich hätte immer wieder gesagt, daß dieser Brief ihm Schaden zufüge, und hätte mich nie darüber geäußert, welchen Schaden Canetti ihm mit seiner Rede zugefügt habe. [*Die Zeit* druckt am 6. Februar 1976 die Rede von Elias Canetti anläßlich der Entgegennahme des Ehrendoktors der Universität München unter dem Titel *Der Beruf des Dichters*,

in der er unter eindeutigem Bezug auf Th. B. als »Jemand, der schreibt« (so dessen Selbstbezeichnung in *Drei Tage*, siehe Anm. 1 zu Brief 115), ausführt: »[...] aber auch andere [...], die bittere und sehr begabte Bücher verfaßten, brachten es ›als Jemand, der schreibt‹, sehr bald zu Ansehen und taten nun, was frühere Dichter zu tun pflegten: Statt zu verstummen, schrieben sie dasselbe Buch immer wieder. So verbesserungsunfähig und todeswürdig die Menschheit ihnen erschien, eine Funktion war ihr geblieben: ihnen zu applaudieren.« Am 27. Februar veröffentlicht *Die Zeit* einen Brief von Th. B., in der Canetti als »Aphorismusagent«, »Schmalkant« und »Kleinschopenhauer« apostrophiert wird.] Er hätte vermißt, daß ich ihn in Schutz nehme. Am nächsten Morgen hätte er Schaffler angerufen und hätte ihm gesagt, daß er das Buch [*Der Keller*] haben könne. Natürlich ohne jede Vorauszahlung und ganz normal 10%, wie ja auch ›Die Ursache‹. Es sei ja ein Neben-Werk, eine Fortführung der ›Ursache‹, eine Salzburger Geschichte, eher lokal undsoweiter. Ich blieb bei diesem Punkt und blieb hartnäckig, doch auch er sagte, er hätte nun einmal Schaffler das Versprechen gegeben. Dann wiederum fragte er, eher kleinlaut: ›Wollen Sie mich nun so entlassen wie Barbara Frischmuth?‹ Langes Schweigen. In diesem Zusammenhang fiel dann von seiner Seite aus, daß man gegen den Vater protestieren müsse, um zu überleben. [...] Thomas Bernhard nahm immer wieder den Band von Max Frisch zur Hand, die Ausgabe gefiel ihm vom Äußeren wie vom Inneren her, und sehr beeindruckt war er von der Widmung, die mir Max Frisch in diesen Band geschrieben hatte. [Die Widmung von Max Frisch im ersten Band seiner *Gesammelten Werke* lautet: »Siegfried Unseld, dem großen Verleger, danke ich in Freundschaft, Max Frisch, 10. Mai 1976«.] Immer wieder murmelte er: ›Es stimmt, das Einfache und Klare ist wahr ...‹
Dann verließen wir das Airport-Restaurant und gingen zu einem zweiten Platz: einem Restaurant bei der Kirche Maria Plain. Wir fuhren in seinem neuen Wagen, siehe da, ein neuer Mercedes. Er verfuhr sich etwas, aber dann standen wir hoch über Salzburg im Garten dieses Restaurants. Es war einzigartig schön. Da Föhn herrschte, kamen die Festung Salzburg und die Stadt immer näher heran, ein starker warmer Wind peitschte durch den Garten, hob immer wieder die Decken von den Tischen, was eine eigentümliche Bewegung im Garten gab, in dem wir schließlich dann ganz allein

saßen. Es war, als würde man in einem Wind-Ozean schwimmen. Wir fingen noch einmal von vorne an. Die Abrechnung; sie sei wirklich überaus befriedigend. Das Bargeld; ungemein angenehm. Was Schaffler beträfe, so sei es das letzte Buch, das er ihm gegeben habe, er sei mit ihm auch nicht mehr so einverstanden. Das Schafflersche Verlagsprogramm sei doch wohl ein Witz.
Er wird seine Verträge mit Schaffler auch ändern, so daß er das Recht hat, jederzeit die Schaffler-Texte in einem anderen Zusammenhang zu bringen.
Dringlich bat er mich um einen Vorschlag für die Regelung seines Nachlasses.
Dann sprach er euphorisch über seine Arbeitspläne. Er säße an einem neuen Stück mit dem Thema ›Richter und Kunst‹. 6 Personen.
Der Prosa-Band ›Erinnern‹ sei fast abgeschlossen.
Die beiden Bücher könnten dann im Frühjahr 1977 gebracht werden und im Herbst 1977 der neue Roman und – so sein Wunsch – das ›Lesebuch‹ [siehe Brief 214].
Das seien seine großen Arbeiten, und die seien für Suhrkamp und er sei fanatisch mit diesen Arbeiten beschäftigt. [...]
Ich solle nicht so sehr in die Zukunft schauen, ihn interessiere am Verlag nur die Gegenwart.
Er hätte das erreicht, was er sich vorgenommen habe: die materielle Sicherung seiner Arbeit. Jetzt sei er unabhängig, er könne schreiben, was er wolle.«

[339; Anschrift: Ohlsdorf; Telegrammnotiz]

Frankfurt am Main
7. Juli 1976

Lieber Thomas Bernhard
meine Frau, mein Sohn und ich würden uns freuen, wenn Sie am Freitag abend zum Abendessen ab 18.00 h nach Rottach-Egern, Hotel Bachmaier am See, kämen.
Vielleicht mit Frau Maleta – herzlich Ihr Siegfried Unseld.[1]

ze. – 8.40 h

1 S. U. hält sich mit seiner Familie vom 8. bis 10. Juli am Tegernsee auf, besucht dort u. a. Ernst Bloch im Alpensanatorium Bad Wiessee, der seinen 91. Geburtstag begeht, und macht einen Abstecher zu Jürgen Habermas nach Starnberg. Über das Treffen mit Th. B. und Gerda Maleta schreibt S. U. in seinem *Reisebericht Bad Wiessee–Rottach-Egern–Starnberg, 8.-10. Juli 1976*:
»*Thomas Bernhard* kam zu Besuch und mit ihm *Frau Gerda Maleta*. Beide haben immerhin zwei Stunden Autofahrt auf sich genommen. Bernhard war in glänzender Form, nur kurz wurde einmal über sein Stück gesprochen, an dem er arbeitet und das er planmäßig bis Oktober fertigstellen wollte. Sonst kein Wort vom ›Geschäftlichen‹.
In der ›FAZ‹ vom 10. Juli hatte ich eine Anmerkung von Heinz Politzer gelesen: ›Ein aus Magdeburg stammender Frankfurter, Horst Krüger nämlich, hat vor kurzem Wien besucht, verblüfft gefragt: «Was ist Österreich?» und sich selbst geantwortet: «Österreich ist ein immerwährendes Thomas-Bernhard-Stück. Eine schauerlich schöne Theaterszene von lauter letzten Sachen.» Nun trifft dieses Aperçu weniger auf Österreich als auf einen nicht unbeträchtlichen Teil der österreichischen Literatur zu. Hermann Bahr hin, Josef Nadler her, das Barock, und besonders das groteske, ist aus dieser Literatur nicht wegzudenken, und Thomas Bernhard, dieser Glaszeichner von absurden Eisblumen der Vereinsamung und Verzweiflung, hat einen Stammplatz in ihrer Tradition inne.‹
Der ›Glaszeichner der Vereinsamung und Verzweiflung‹ war heiter, gesellig, zu Scherzen und Witzen aufgelegt, trank Champagner, dann beim Abendessen Wein und ließ sich seine Zwiebelsuppe und die Tegernsee-Renke schmecken. Frau Maleta hatte einige Fotos mitgebracht, sie war ja mit ihm in Portugal gewesen. Ein Foto war wie Caspar David Friedrichs ›Mönch am Meer‹, das andere zeigt einen elegant mit hellen Hosen und Schuhen und dunkler Jacke bekleideten, ins Meer hinaus- oder hineinsinnenden Dichter, mit sich zufrieden und weder vereinsamt noch verzweifelt. Über das Geheimnis seiner Wandlungen kann man immer wieder nachsinnen.« Das Foto ist reproduziert als Abbildung 9.

[340; Anschrift: Ohlsdorf]

Frankfurt am Main
1. Oktober 1976

Lieber Thomas Bernhard,
einen Zwischenbescheid betreffend »Minetti«. Das Buch wird sehr schön! Wir wollen es jedoch nicht mehr in diesem Jahr ausliefern, sondern erst im Februar. Sie und Minetti sollen jedoch noch vor Weihnachten ein Exemplar erhalten.[1]
Herzliche Grüße,
Ihr
[Siegfried Unseld]

1 Die Uraufführung am 1. September 1976 unter der Regie von Claus Peymann am Württembergischen Staatstheater kommentiert S. U. in seinem *Reisebericht Stuttgart, 1. September 1976*:
»In Stuttgart Gespräch mit *Bernhard*. Es war wieder einmal ein übliches Gespräch. Seine Freundlichkeit drängte auf Geld hin. Er hatte die Probe gesehen, war begeistert, fand es ›großartig‹. Die Signierung der Sonderausgabe von ›Minetti‹ lehnte er ab, er wollte auch nicht 100 Exemplare, die wir in Leder binden könnten, signieren. Beim Zweiten blieb ich dann hart. Er wollte wieder DM 30.000.– haben; obschon er ja noch ein Guthaben aus den Wiener Honoraren hat, vertagte ich diese Frage bis zum Dezember.
Er will seinen Plan einhalten. Er schreibt bis Oktober am neuen Stück ›Das Denken im Lärchenwald‹. Eine Familiengeschichte mit sieben Personen. Die Uraufführung soll im Juni in Stuttgart sein. Dieses Stück läuft dann wieder durch uns. Im Winter schreibt er den Roman ›Unruhe‹. Er will das im März fertig haben, so daß das Buch dann im Herbst erscheinen kann. Danach dann das ›Lesebuch‹, dessen Herausgabe, nach seinem dringlichen Wunsch, ich übernehmen soll.
Die Aufführung des Stückes ›Minetti. Ein Porträt des Künstlers als alter Mann‹ mit ›Bernhard Minetti in der vollkommen monologischen Hauptrolle des Schauspielkünstlers‹ war ein großer Erfolg. Minetti steigerte sich, und seine Verzweiflungen, Aussagen und

Prognosen nahmen greifbare Gestalt an. Claus Peymann hatte sich für die Inszenierung eine enorme Mühe gegeben, ein großartiges Bühnenbild, das die Atmosphäre einer Halle eines großen Hotels in Oostende deutlich machte. Fast das ganze Ensemble trat auf, und die stummen Rollen wurden von hervorragenden Schauspielern gespielt. Das alte Ehepaar, Edith Heerdegen und Hans Mahnke, ein Betrunkener von Traugott Buhre. Das Nachspiel, Minetti auf einer Bank am stürmischen Meer, die Ensor-Maske Lears aufsetzend, versinkt im Schneesturm. Zwei Zwischenrufe während des Stücks ›Ich grüß' Dich Bernhard‹, das war auf dauernde Wiederholungen der Todeskunst gemünzt, und ›Morgen in Augsburg‹, als Minetti seine Tiraden gegen das stinkende Lübeck und gegen die Verbannung nach Dinkelsbühl losließ. Großer Beifall. Immer wieder mußte sich Minetti verbeugen.«

[341]

Ohlsdorf
15. 11. 76

Lieber Siegfried Unseld,
Ihre Zeilen aus Austin haben mich in eine mehrere Tage andauernde sehr schöne, leicht melancholische, aber eher doch philosophisch-melancholische Stimmung, unser beider Verhältnis betreffend, geführt und ich will die Gelegenheit, Ihnen von dieser Stimmung zu berichten, nicht vorbeigehen lassen, bevor Sie wieder in Europa zurück sind.[1]
Ich berichte von einem Zustand zwischen zwei Menschen, die wahrscheinlich doch über eine längere Lebenszeit zusammengehören *zu ihrem ureigensten Zwecke und zu ihrer Freude*.
Eine solche Abwesenheit, wie Sie sie gerade praktizieren, macht vieles Unklare klar und wahrscheinlich die wichtigen Beziehungen deutlich. Austin wird für Sie ein solcher elementarer Platz sein, in welchem die (Ihre) Existenzgrundlage deutlich wird.

Ein Mensch kommt und ist plötzlich nahe und kann von allen nur möglichen Seiten seiner Natur und von innen und aussen und umgekehrt, angeschaut werden mit dem höchstmöglichen Grad von Verstand und Gefühl, wenn er weit weg ist, sich entfernt hat, unerreichbar ist.
Wenn ich es, unbestechlich von allen Seiten, anschaue, muss ich sagen, dass wir zusammen schon Wichtiges und auch sehr Schönes (im tiefsten, wie im allgemeinen Sinne!) zusammen gemacht haben und ich denke, wir haben in Zukunft noch eine Unmenge Glück.
So im Besitz dieses Gedankens, fällt es mir nicht schwer, Sie zu grüssen. Die Dinge sind alle einfach, wenn wir wissen, wie unser komplizierter, *unser kompliziertester Apparat* (des Kopfes) zu bedienen ist.
Die Natur ist der Weg, wir brauchen ihn nur zu gehen.
Sehr herzlich Ihr
Thomas B.[2]

1 Vom 24. Oktober bis 2. Dezember 1976 lehrt S. U. als Gastprofessor an der University of Texas in Austin / Texas, von wo aus er Ansichtskarten an die Verlagsautoren schreibt. Seine »Zeilen aus Austin« an Th. B. sind nicht erhalten. Möglicherweise beziehen sie sich aber auf einen Vorfall, den S. U. unter dem Datum des 1. November in der *Chronik* als »das Bernhard-Wunder« bezeichnet und über den ihn Burgel Zeeh informiert hat. Th. B. besteigt am 21. Oktober zusammen mit Gerda Maleta in Wien ein Flugzeug nach London, um dort u. a. eine Probeaufführung von *The Force of Habit* am National Theatre anzusehen; die Premiere des Stücks unter der Regie von Elija Moshinsky ist am 9. November. Die Umstände des Flugs schildert ein *Kurier*-Artikel mit der Überschrift »Einigen verging die Lust auf London-Flug«: »Leichenblaß und zitternd stiegen Donnerstag abend 45 Passagiere und sechs Besatzungsmitglieder in [Wien-]Schwechat aus einem englischen Verkehrsflugzeug. Eine Explosion im rechten Triebwerk hatte sie in Todesangst versetzt – glücklicherweise blieb es beim Schock: Dem Piloten gelang wenige Minuten nach dem Vorfall in 10 000 Meter Höhe eine glatte Landung auf der Schwechater Piste, von

der er kurz zuvor gestartet war.« Th. B. schickt den Zeitungsausschnitt am 27. Oktober an Burgel Zeeh mit den begleitenden Worten: »[...] ich werde jetzt längere Zeit nicht fliegen, sondern arbeiten. Dieser ›Zwischenfall‹ gehört zu meiner ›Geschichte‹. Ganz schöne Tage jetzt auf der Erde. Bitte grüssen Sie unsern Verleger und meinen Dank für alle Erledigungen.«

2 Th. B. notiert auf dem Briefumschlag den Absender »Thomas Bernhard A 4694, Ohlsdorf Europa«, was vermuten läßt, daß er den Brief direkt nach Austin schickt. S. U. kommentiert ihn in seinem *Reisebericht USA–Mexico, 20. Oktober-15. Dezember 1976* unter dem Tageseintrag vom 23. November mit den Worten: »(der Meister hat mir einen für seine Verhältnisse äußerst liebenswürdigen Brief geschrieben)«.

[342; Anschrift: ⟨Ohlsdorf⟩; handschriftlich]

Frankfurt am Main
Dezember 1976

Verehrter und Lieber
ich bin sicher, dieser »Minetti« gefällt Ihnen so wie mir! Ein schönes Buch zur Gewohnheit gemacht ...[1]
Dies zitierend bin ich
Ihr alter [xxx][2] [Unseld]

1 In *Die Macht der Gewohnheit* heißt es: »Präzise / Wie mein Onkel immer sagt / Präzise / Die Präzision zur Gewohnheit machen« (Th. B.: *Werke 16*, S. 52). *Minetti* erscheint in annähernd der Form, die die Notiz vom Besuch Th. B.s in Frankfurt festhält (siehe Anm. 2 zu Brief 332), im März 1977. Zwei der im Band enthaltenen 16 Fotos, aufgenommen von Digne Meller Marcovicz, zieren auch die Vorder- bzw. Rückseite des Schubers, der das in weißes Leinen eingebundene Buch schützt.

2 Ein Wort unleserlich.

1977

[343; Anschrift: Ohlsdorf]

Frankfurt am Main
11. Januar 1977

Lieber Thomas Bernhard,
also Triest: ich komme an am Mittwoch, dem 26. Januar, 13.45 h. Wo werde ich am Abend mein müdes Haupt hinlegen? Und wir werden uns an diesem Mittwoch allein treffen, dies hoffe ich.
Am Freitag, dem 28. Januar, werde ich morgens um 7.00 h Triest wieder verlassen müssen, um hiesigen Verpflichtungen nachzukommen.
Ich hoffe, dies alles ist Ihnen angenehm. Das Vereinbarte bringe ich mit.[1]
Ich danke Ihnen sehr für Ihre Anwesenheit in Frankfurt. Ich habe das Freundschaftliche empfunden.[2]
Herzlich
Ihr
[Siegfried Unseld]

1 Th. B. und S. U. halten sich zwischen dem 26. und 28. Januar in Triest auf, da dort ein Thomas-Bernhard-Symposium stattfindet. Über sein Gespräch mit Th. B. am Vorabend des Symposiums schreibt S. U. in seinem *Reisebericht Triest, 26.-28. Januar 1977*:
»Wir verbrachten den Abend redend, erzählend, den Besuch [im Schloß Duino am Nachmittag des Tages] reflektierend; auf einem Umschlag des Zürcher Schauspielhauses beschrieb ich ihm den Stand seiner Konten und übergab ihm den gewünschten Betrag [60.000.– DM].
Er ist begeistert von ›Minetti‹.
Er will noch einmal sein altes Hörspiel aufnehmen: ›Misses Night-

flowers Monolog‹. Vor 25 Jahren sei es entstanden, und es sei sein einziges Hörspiel. Im Mittelpunkt Joana, die Schauspielerin, eine versoffene Gestalt. [Joana ist eine der Hauptfiguren im Roman *Holzfällen*.] Morgen lese er aus ›Watten‹, ob es den Band in der e. s. noch gebe? Ich bejahte das, aber innerlich fragte ich mich natürlich, ob dieser Band in der e. s. noch verkauft wird.
Wie stünde es um den Band ›Über Thomas Bernhard‹, den Peter Hamm herausgeben wollte?
Er schreibt am Stück ›Der Denker‹. Und dann am Roman ›Unruhe‹, beides kann für Herbst 1978 vorgesehen werden.
[...] Am Abend der Beginn des Thomas-Bernhard-Symposions an der Universität Triest. Veranstaltet vom Österreichischen Kultur-Institut. [...] Nachts Empfang beim österreichischen Generalkonsul, ich komme etwas zu früh, und da der Konsul nicht weiß, wen er vor sich hat, kann er seine Enttäuschung über Thomas Bernhard nicht verbergen, und die Tatsache, daß der österreichische Staat Steuergelder für unverständige Prosa ausgebe!«
Hilde Spiel läßt ihren am 3. Februar in der *Frankfurter Allgemeinen Zeitung* erschienenen Bericht über das Symposium mit der Beschreibung der Autorenrolle enden: »Und Bernhard selbst? Er war immerhin gekommen, hatte vorgelesen und einen Abend lang mitangehört, wie man seine Geistesarbeit klinisch zerlegte [...]. Danach blieb er den Ausführungen und Diskussionen fern. Aber er zeigte sich, so wortkarg er auch in der Öffentlichkeit auftrat, dennoch Gesprächen im kleinen Kreis und in informeller Umgebung keineswegs abgeneigt, ja, schien erfreut, in diesem verlorenen und vergessenen Winkel Europas Leser und Freunde zu finden. Der Einfall [...], einen Autor in engen Kontakt mit seinen Interpreten und beide zugleich vor ein Publikum zu bringen, hatte sich gerade im Fall Thomas Bernhards – fast möchte man sagen, überraschend – bewährt.«

2 S. U. hat anläßlich eines Jubiläums in eigener Sache – der 7. Januar 1952, 25 Jahre zuvor, ist sein erster Arbeitstag im Suhrkamp Verlag gewesen – zu einem Fest eingeladen, über das *Die Zeit* am 14. Januar 1977 berichtet: »Bei einem ›Betriebsfest‹, zu dem die Verlage Suhrkamp und Insel Belegschaft und Autoren (unter vielen anderen: Jürgen Becker, Thomas Bernhard, Jürgen Habermas, Peter Handke, Uwe Johnson, Wolfgang Koeppen, Hans Mayer, Alexander Mitscherlich, Martin Walser, Peter Wapnewski und Peter

Weiss) nach Frankfurt geladen hatten, um den Suhrkamp-Chef Siegfried Unseld zu ehren, [...] wurde eine der Festreden von Max Frisch gehalten.«
S. U. schildert das Fest, das am 8. Januar stattfindet, in seiner *Chronik*: »[...] es sollte ein Abend in der Siesmayerstraße sein, an dem alle Autoren und alle Mitarbeiter ohne Angehörige teilnehmen sollten [...] fast bot sich kein anderer Kreis an, denn nichts ist so schwer, als unter Autoren oder Mitarbeitern auszuwählen. Und doch machte ich hier, hoffentlich zum letzten Mal, die Erfahrung, daß eine so große Ansammlung intellektueller Substanzen und Potenzen – es waren etwa 120 Autoren, Übersetzer, Herausgeber, Illustratoren, Erben, Nachlaßverwalter da – fast eine Art Widerspruch in sich selbst ist. Der Autor will nun einmal als Einzelner gesehen werden, und hier war die Gefahr groß, daß er sich in einer ›Masse‹ verschwunden, ja ausgelöscht sah. Es gehört jedoch zu dem Schönen dieses Abends, daß hier ein Gemeinsames zwischen Autoren und Mitarbeitern bestand, es kamen nicht solche Gefühle manifest auf.«

[344; Anschrift: Ohlsdorf]

Frankfurt am Main
18. Januar 1977

Lieber Thomas Bernhard,
Sie hatten Frau Doufexis auf den Abdruck des »Minetti« in »Theater heute« angesprochen. Ich hatte von dem Vorgang keine Kenntnis. Es stellt sich jetzt heraus, daß Rudolf Rach die Genehmigung gegeben hat. Das Honorar, das Herr Rach vereinbarte, betrug DM 1.000.–. Der Betrag ist jetzt hier eingegangen.
Ich bin nicht sehr glücklich über diesen Vorgang und hätte den Text auch lieber für unsere Publikation allein reserviert gesehen. Aber vielleicht ist das nun nachträglich keine allzu große Panne.[1]
Herzliche Grüße,
Ihr
[Siegfried Unseld]

1 Bei seinem Besuch in Frankfurt am 8. Januar weist Th. B. Renate Doufexis und Helene Ritzerfeld darauf hin, daß im Oktober-Heft des Jahres 1976 von *Theater heute* ohne seine Genehmigung *Minetti* abgedruckt worden sei.

[345; Anschrift: Ohlsdorf; Telegrammnotiz]

Frankfurt am Main
19. Januar 1977

Erbitte dringlich Ihren Anruf – Gruß Unseld

[346; Anschrift: ⟨Ohlsdorf⟩; Telegrammnotiz]

Frankfurt am Main
24. Januar 1977

Erbitte Ihren Anruf – Gruß Unseld[1]

1 In den Telefonaten, die auf die beiden Telegramme folgen, wird laut Notizen von Burgel Zeeh zum einen Organisatorisches zum Treffen in Triest, zum andern die Frage besprochen, ob Th. B. am 30. Januar bei einer Gedenkstunde für den am 18. Januar verstorbenen Carl Zuckmayer im Interims-Theater des Schauspielhauses, Corso, in Zürich sprechen möchte.
Unter dem Datum des 30. Januar beschreibt S. U. in seiner *Chronik* die Zürcher Veranstaltung: »Thomas Bernhard spricht sein Gedenkwort. Es ist ein Thomas-Bernhard-Text; er liebte Zuckmayer, und Zuckmayer liebte ihn. Kein anderer habe ein so großes Verständnis für seine Prosa gehabt wie Zuckmayer, meinte Bernhard. Aber der Widerspruch (der innere Widerspruch) zwischen ihm und Zuckmayer ist eklatant.«
Th. B. schreibt seine Rede am Tag vor der Gedenkstunde per Hand auf Briefpapier des Hotels Europe in Zürich; nach der Veranstaltung schenkt er das Redemanuskript S. U. Der Text lautet:
»Verehrte Anwesende, ich spreche über einen Freund und *glücklichen* Menschen, der mein eigenes Leben von der frühesten Kind-

heit an begleitet und auf die *natürlichste* Weise erkannt und behutsam akzeptiert und respektiert hat. Die *Gegen*sätze, die *Un*heimlichkeit meinerseits wie auch seinerseits, waren die jahrzehntelangen Zeugen unserer Zuneigung.
Er ist am Ziel, weil der Tod unser Ziel ist.
Der Tod ist das Ziel – in diesem Gedanken intensivieren und motivieren wir unser Leben. Der Tod ist uns die Existenzbestätigung durch die lebenslängliche Unnachgebigkeit, Unermüdlichkeit, Unbestechlichkeit. Worin wir selbst, auf unser einziges Ziel, auf den Tod bezogen, in Wahrheit und in Wirklichkeit existieren ist (zuerst) nichts als die Todes*angst*, dann die Todes*bereitschaft*, schließlich das Todes*bewußtsein*. Wir kennen den Weg, wir gehen ihn *naturgemäß*, gegen *alles*. Am Ende allen Denkens ist der Tod unser Bewußtsein, Klarheit *die* Fragestellung.
– Diesen Freund, Charakter, Künstler, Dichter, habe ich, denke ich, immer *verstehen dürfen, lieben müssen!*
Er ist am Ziel! *Wir* existieren unnachgebig, unerbittlich auf *unser* Ziel zu *naturgemäß*. Er wird, auf seine wohlgemerkt *zu allen Zeiten seltene folgerichtige naturgemäße* Weise in meinem Leben und also Denken sein.
Er hatte, was meine Arbeit betrifft, die Empfindsamkeit wie kein zweiter. Das sage ich hier ganz ausdrücklich und voller Dankbarkeit. Er war *in sich selbst* – ohne *Vor*urteil!! In den ›langen Wegen‹, in dem schmalen Buch, in welchem ich sehr oft und sehr gern gelesen habe, schreibt er: ›in der Begegnung *selbst* steht keine Bleibe. Sie trägt den Zug des Vorübergehens in ihrem Wesen. Aber ihr *Kern* ist das Ereignis des Einander-Gewahrwerdens. Ihr Ziel ist der Schritt *vom Gewahren zum Erkennen*.‹«

[347; Anschrift: Ohlsdorf]

Frankfurt am Main
4. Februar 1977

Lieber Thomas Bernhard,
Sie erkundigen sich nach den Absatzziffern für »Watten«: Der Band erschien in der edition suhrkamp 1969. Wir haben eine Auflage von 14 000 Exemplaren gedruckt. Bis

heute haben wir 13 293 Exemplare ausgeliefert. Wenn man annimmt, daß wir etwa 300 Exemplare als Freiexemplare vergeben haben, so ist diese Ziffer von 13 000 doch ein stolzes Ergebnis. Wir haben noch 707 Exemplare. Ich würde vorschlagen, wir lassen den Band in der edition suhrkamp bis Ende dieses Jahres laufen, dann makulieren wir den Restbestand und geben ihn Ende 1978 neu heraus im Rahmen der suhrkamp taschenbücher. Sind Sie damit einverstanden?[1]

Es war letztlich doch ganz schön in Triest, in Zürich.

Herzlich,

Ihr

[Siegfried Unseld]

1 *Watten* bleibt bis zur fünften Auflage 1986 in der edition suhrkamp lieferbar, erscheint 1987 in der Bibliothek Suhrkamp und erst im Jahr darauf im Rahmen einer Ausgabe der Werke von Th. B. [siehe Anm. 1 zu Brief 514] als suhrkamp taschenbuch.

[348; Anschrift: ⟨Teheran⟩; handschriftlich auf Notizpapier mit der Aufschrift »Arya-Sheraton Hotel / Tehran Iran«]

[Teheran
3. Mai 1977]

Lieber S. U.,

wir sehen uns in Schiraz. Viel Glück in TEH. – Sie werden sehen!

Herzlich

Th. B.[1]

1 Vom 30. April bis 19. Mai ist Th. B. im Nahen Osten auf Reisen; auf Einladung des Börsenvereins des Deutschen Buchhandels hält er zwei Lesungen, die eine am 4. Mai in Schiraz, die andere am 7. Mai in Teheran, im Rahmen der Deutschen Buchausstellung

und in Verbindung mit dem dortigen Goethe-Institut. Er trifft S. U., der gemeinsam mit seiner Frau Hildegard vom 29. April bis zum 12. Mai Israel, Iran und Ägypten bereist, am 5. Mai in Schiraz. Am Vortag hat S. U. in Teheran einen Vortrag über Hermann Hesse gehalten. Danach schließt sich ein gemeinsamer Ägypten-Aufenthalt an, und zwischen dem 12. und 19. Mai ist Th. B. allein in Jerusalem. In seinem *Reisebericht Israel–Iran–Ägypten, 29. April-12. Mai 1977* schreibt S. U. über seine Erfahrungen im Iran:

»Die chaotische Struktur des Landes wirkt sich auch auf die Struktur des Goethe-Institutes aus. Dr. Becker [...] hat weder das Institut in Kabul verständigt, daß ich nicht komme, noch das Institut in Schiraz, daß ich kommen werde. So fiel der Vortrag in Schiraz aus. Thomas Bernhard hatte bei seiner Lesung in Schiraz ganze fünf Zuhörer! [...]

Dr. Friedrich Niewöhner, Goethe-Institut Schiraz. Zwar hatte es Dr. Niewöhner versäumt, Thomas Bernhard abzuholen, was Bernhard zu großen Unmutsäußerungen veranlaßte, aber Bernhard versöhnte sich dann mit Dr. Niewöhner, und selbst die geringe Zahl von fünf Zuhörern brachte die Versöhnung nicht ins Wanken. Wir fuhren mit Dr. Niewöhner nach Persepolis [...].

Wir wurden am Flughafen [in Kairo] von dem Kulturreferenten der [deutschen] Botschaft, Dr. Schellert, und von dem liebenswürdigen Vertreter des Goethe-Instituts, Herrn Dr. Stephan Nobbe, empfangen, und wir waren am gleichen Tag noch bei den Pyramiden und beim Steindokument der Sphinx, der im Ägyptischen nicht feminin, sondern eben ein Prinzensohn ist. Zweimal Gänge durch die Wüste, dies bei einer Hitze von wahrscheinlich bis zu 50 Grad.

[...] Das Zusammensein mit Thomas Bernhard war ungemein freundlich. Er nahm auch an Exkursionen teil, aber freilich reichte die Basis seiner Gemeinsamkeitsbereitschaft nicht allzu weit. Er zog sich gerne auf sich zurück, mit dem Hinweis, daß sein Beruf (in seinem Paß steht als Beruf ›Landwirt‹) langen kulturellen Exkursionen nicht standhält. [...]

Wir hatten reichlich Gelegenheit zu einer tour d'horizon über den Verlag und auch zu seinen eigenen Problemen. Ich glaube, er hat seinen neuen Roman fertig. Wir werden ihn Ende Juni erhalten, und auch das nächste Stück scheint schon geschrieben. Jedenfalls beschäftigt er sich bereits mit dem übernächsten.«

Sieben Jahre später, in *Unseld*, einem Text zum 60. Geburtstag von S. U., berichtet Th. B. vom Zusammensein mit seinem Verleger während dieser Reise u. a. das folgende:
»Ich bin mit Unseld, dem Pünktlichen und Verläßlichen, in vielen Ländern und in vielen Städten spazieren und an vielen Ufern entlang gegangen sowie auf viele Hügel und Gipfel gestiegen. [...] Auf den Ruinen von Persepolis baute er eine neue Taschenbuchreihe, in der ägyptischen Wüste erdachte er sich einen Hessevortrag. Ein kleiner stinkender Ölofen in einem Hotel in Schiras inspirierte ihn eines Abends mit Vehemenz zu einer durch und durch philosophischen Lebens- und Weltauffassung bis drei Uhr früh. In der Wüste von Saccara habe ich mit ihm bei dreizehn Grad *unter Null* und unter der Erde die berühmten Stiersarkophage bestaunt und dann, wieder im Tageslicht, bei zweiundvierzig Grad *über Null*, einen gemeinsam gelachten Lachkrampf bekommen. In Teheran schaute ich an seiner Seite wie er vom dreizehnten Stock des Sheratonhotels in das Schwimmbecken, in welchem kein Wasser, aber der Hotelmüll gelagert war. Nie, weder vorher noch nachher, habe ich einen so traurigen Unseld gesehen. Nach dem Besuch eines diplomatischen Essens in Kairo ist eineinhalb Meter vor dem Ziel das Seil jenes Lifts gerissen, in welchem Unseld und ich und andere auf dem Weg zur ebenen Erde waren. Ein nur eine halbe Sekunde früher gerissenes Seil, und es gäbe schon sieben Jahre keinen Unseld und keinen Bernhard. Wir hatten uns den Staub und den Mörtel aus den Haaren und aus den Kleidern geschüttelt und aufgelacht.« (Th. B.: *Unseld*, S. 52f.; siehe Abb. 12)

[349; Anschrift: Ohlsdorf]

Frankfurt am Main
25. Mai 1977

Lieber Thomas Bernhard,
ich hoffe, Sie sind gut von Ihrer Reise zurückgekommen. Wie war es in Israel?

Sie haben mal spaßeshalber erwähnt, daß Sie in einer Kirche lesen wollten, und ich habe das leichtsinnigerweise einmal in der Schweiz erwähnt. Nun haben Herren der Stiftung »Alte Kirche Boswil« die Idee aufgenommen und Sie zu einer Lesung eingeladen. Anbei die Unterlagen.[1] Vielleicht könnte man das ja in den Herbst verschieben und wir uns dann einmal in der Schweiz treffen. Das wäre doch nicht schlecht.

Herzliche Grüße

Ihr

[Siegfried Unseld]

1 Die Unterlagen haben sich nicht erhalten.

[350; Anschrift: Ohlsdorf]

Frankfurt am Main

31. Mai 1977

Lieber Thomas Bernhard,

in Zürich[1] traf ich kürzlich einen jungen gescheiten Mann, Jens Dittmar, der eine Lizentiatsarbeit mit dem Titel »Thomas Bernhard – Das Leben als Kunst vor dem Hintergrund des Todes« geschrieben hat und der nun sich bei Werner Weber auf eine Dissertation über Ihre Arbeiten vorbereitet. Herr Dittmar hatte mir die Idee eines Bernhard-Lesebuches vorgetragen, die nicht so ganz mit dem übereinstimmt, was wir besprochen haben.[2] Aber Herr Dittmar sammelt seit sechs Jahren Ihre früheren Texte, und im Verlauf dieses Gespräches kamen wir auf die Idee, ob man nicht doch einmal Ihre frühen Arbeiten sammeln und für eine Edition, vielleicht in limitierter Auflage, erarbeiten sollte. Dafür wäre Herr Dittmar hervorragend geeignet. Die Sache eilt

nicht, doch wäre sie als Publikation vielleicht für den 9. 2. 1981 geeignet. Wie denken Sie darüber?
Herzlich
Ihr
[Siegfried Unseld]

1 S. U. ist vom 25. auf den 26. Mai in Zürich; sein Programm: die Aufsichtsratsversammlung und Generalversammlung der Suhrkamp Verlag AG Zürich und die Eröffnung der Hermann-Hesse-Ausstellung der Stadt Zürich.
2 Siehe Anm. 1 zu Brief 271 sowie Anm. 2 zu Brief 283.

[351]

Ohlsdorf
27. 6. 77

Lieber Siegfried Unseld,
im Aufwachen habe ich heute gedacht, dem Unseld schreiben, wie gut die Persienreise gewirkt hat und dass ich die Einladung, einen neuen Erdteil zusammen zu entdecken, gern annehme – in Zukunft.
Ich bin seit Wochen in Arbeit und an nichts anderem interessiert.
Bald wird es nichts mehr anderes geben als die Schreibarbeit und nur noch kurze Zwischenräume wieder nur auf diese Arbeit bezogen.
Das ist der Weg eines glücklichen Menschen.
Die Arbeit als Leidenschaft, die fortgesetzte Partitur als Leben.
Ich denke, dass ich *in zwei Wochen* die »Perserin« schicke.
Einmal will ich auf kurz nach Wien, dort herumlaufen und zurück und das Ganze durchgehen.
Ich denke vor allem an Kairo, den Höhepunkt und will im November / Dezember wieder dorthin, es war zu kurz.

In Israel bin ich mehr oder weniger deprimiert gewesen über diesen Versuch, der zum Scheitern verurteilt ist, es ist kein Staat, dem man seine unheilbare Krankheit und seinen absehbaren Tod ins Gesicht sagen kann, von dieser Art ist dieser Organismus nicht. Es ist der geliebte Unheilbare, dem man Unendlichkeit vortäuschen muss.
Mit Melancholie denke ich an das ›Grandhotel‹ in Shiraz, nicht an die amerikanischen Monster à la Hilton mit ihren scheusslichen Höllenkabinetten. Wir gehn weiter durch die Wüste.
In besten Gedanken Ihnen und Ihrer Frau
Ihr
Thomas B.

[352; Anschrift: Ohlsdorf]

Frankfurt am Main
8. August 1977

Lieber Thomas Bernhard,
heut ging es mir so: beim Aufwachen habe ich an Sie gedacht. Obschon heute eigentlich alles ganz anders läuft – ich muß nach Tübingen, wo wir morgen Ernst Bloch beerdigen –.
Danach will ich eine Art Klausur beginnen für Kopf und Körper, was auch immer das ist. Ende August tauche ich auf und melde mich wieder bei Ihnen.[1]
Übrigens: wir sollten uns doch auch wieder einmal sehen!
Herzliche Grüße
Ihr
[Siegfried Unseld]

1 Nach der Rückkehr von der Beerdigung Ernst Blochs auf dem Tübinger Bergfriedhof beginnt S. U. in Frankfurt eine »Bio-Norm-Kur mit Alkohol-Abstinenz«, wie er unter dem Datum vom 10.-20. August in der *Chronik* festhält: »In der ganzen Zeit bin ich morgens ein, zwei Stunden im Verlag, sonst arbeite ich zu Hause bis etwa nachmittags vier Uhr, dann Waldgang, Thermalschwimmen [...].«

[353; Anschrift: Ohlsdorf]

Frankfurt am Main
25. August 1977

Lieber Thomas Bernhard,
M. Voisin von L'Arche, unser Theatervertreter in Paris, schreibt mir heute das Folgende:

Je serais en mesure de traiter pour la création en langue française de la pièce de Thomas Bernhard: »Der Ignorant und der Wahnsinnige«, traduction de Michel Demet, sur les bases suivantes:

1. La pièce serait mise en scène par Henri Ronse et jouée dans la petite salle de la Compagnie du Rideau de Bruxelles, 23 rue Ravenstein à Bruxelles, Belgique, entre le 7 janvier et le 7 février 1978. 24 représentations au moins seraient garanties. Sur la base de 10% de droits d'auteur, un minimum de 2.000 Francs belges de droits serait garanti par représentation, sauf à verser un dédit de 2.500 FB par représentation non donnée sur le minimum de 24 représentations garanties, ou de 72.000 FB en cas de non-représentation.

2. Le spectacle serait ensuite transporté, dans la même mise en scène donc, à Paris, au Théâtre Oblique, 76 rue de la Roquette, Paris 11ième, où serait donnée, à partir du 15 mars 1978, une série d'au moins 25 représentations, pour lesquelles je pense demander, sur la base d'un droit

d'auteur de 12%, un minimum de droits garanti de 200 Francs français par représentation, sauf à verser 250 FF par représentation non donnée sur le minimum garanti de 25 représentations, ou de 7.000 FF en cas de non-représentation.

Wir wären hier im Hause dafür, dieses Angebot anzunehmen. Sind Sie es auch?
Herzlich
Ihr
[Siegfried Unseld]
i. A. Burgel Zeeh[1]

1 Die Anfrage, ob *Der Ignorant und der Wahnsinnige* in der Übersetzung von Michel-François Demet und unter der Regie von Henri Ronse ab dem 7. Januar 1978 für mindestens 24 Aufführungen bei der Compagnie du Rideau de Bruxelles und danach für mindestens 25 Aufführungen am Théâtre Oblique in Paris gespielt werden dürfe, beantwortet Th. B. positiv; Burgel Zeeh vermerkt handschriftlich auf diesem Brief: »Telefonat am 12.9.: okay«. Die Aufführungen von *L'Ignorant et le fou* (Bühnenbild: Franz Salieri; es spielen: Colette Emmanuelle, Philippe Lehembre, François Michaux, Henri Pillsbury und Marie Pomarat) finden 1978 wie geplant statt. Der Regisseur berichtet, daß bei der Brüsseler Premiere viele Zuschauer während der Aufführung das Theater verlassen hätten. (Siehe Henri Ronse: *Un archipel de la cruauté*, in: Pierre Chabert / Barbara Hutt (Ed.): *Thomas Bernhard*, S. 363.)

[354; Anschrift: Ohlsdorf]

Frankfurt am Main
3. Oktober 1977

Lieber Thomas Bernhard,
auf dem Kobenzl war es schön, anregend, angenehm. Für die Messe habe ich mir gar Prestige-Bräune zugelegt!
Ich habe alles sehr genau in Kopf und Herz festgehalten, das Finanzielle wird erledigt. Bitte schicken Sie mir bald die Manuskripte für den Prosaband »Das Jahr«. Ich muß ja bald einen Text dazu schreiben.[1]
Den Text für »Immanuel Kant« habe ich formuliert, er liegt hier an. Sind Sie einverstanden?
Im Buche des Großvaters habe ich gern gelesen, es hat mir die Fahrt von Salzburg nach Frankfurt angenehm verkürzt.
In den nächsten Tagen führe ich Besprechungen in der Bitte Maleta.[2]
Herzliche Grüße[3]
Ihr
Siegfried Unseld

P. S.: Warum schreiben Sie im »Immanuel Kant« »Columbia-Universität« und nicht »Columbia University«?[4]

1 Ob S. U. mit »Das Jahr« *Ja* meint – in seinem Brief vom 27. Juni erwähnt Th. B. das v. a. in der ersten Hälfte des Jahres 1977 entstandene Manuskript noch unter dem Titel *Die Perserin* –, ob Th. B. diese Prosaarbeit zwischendurch »Das Jahr« nennen wollte oder ob S. U. sich auf den *Stimmenimitator* bezieht, der aus kurzen Prosastücken besteht und 1978 erscheint, oder auf eine Sammlung von anderen Prosatexten, die letztendlich nicht zustande kommt, ist nicht eindeutig zu klären.

2 In seinem *Reisebericht Salzburg, 30. September 1977* hält S. U. über das Treffen mit Th. B. im Salzburger Hotel Kobenzl (auf dem Gaisberg gelegen) u. a. fest:
»Im Flugzeug die Komödie ›Immanuel Kant‹ gelesen. Was man zu-

mindest sagen muß: ein echter Bernhard. Und das zweite: sicherlich ein spielbares und leicht aufführbares Stück. [...]
Thomas Bernhard selbst war in guter Verfassung, ja freundlich, verständnisvoll, nicht provokativ, nicht aggressiv.
Er ist voller Pläne, Arbeiten, das ist es.
Wir besprachen das folgende:
›Immanuel Kant‹. Uraufführung Peymann, Stuttgart. (Peymann besucht ihn in der nächsten Woche.) Die Proben beginnen im Oktober. Uraufführung Dezember 77 oder Januar 78. Das Stück ist für alle Theater freigegeben.
Zum Uraufführungstermin soll ›Immanuel Kant‹ in der BS vorliegen. Ich habe den Text wieder mitgebracht, von Bernhard leicht modifiziert. [Das ursprüngliche Motto von Diderot wird durch ein Artaud-Zitat ersetzt.] Er will weder für die Aufführung noch für das Buch am Text irgend etwas ändern. Wir wollen es so machen, daß wir den Band dann unangekündigt bringen und in der Höhe der Fortsetzung ausliefern. Wir werden eine sehr kleine Auflage unternehmen.
Er selbst schreibt am zweiten Stück ›Die Kehlköpfe‹. Es wird im Frühjahr 1978 abgeschlossen und kann also dann in der neuen Saison 78/79 aufgeführt werden.
Am Roman ›Die Unruhe‹ (noch nicht feststehender Arbeitstitel) arbeitet er, doch will er bis zum 1. Mai die Arbeit daran abschließen, das Buch kann dann für das 2. Halbjahr 1978 geplant werden.
Sehr früh möchte er in der BS einen neuen Prosa-Band ›Das Jahr‹ haben, am liebsten März oder April 1978. Wir erhalten in drei Wochen das Manuskript. Wir müssen also in unserer BS-Planung hier einen Platz frei lassen.
Ebenfalls arbeitet er an ›Erinnern‹, dies will er im Winter 78 abschließen.
Auch im Winter 78 wird ›Atzbach‹ abgeschlossen.
Dringlich möchte er die ›Ereignisse‹, die 1969 im Colloquium-Verlag Berlin erschienen sind, in der Insel-Bücherei (nicht im suhrkamp taschenbuch) sehen. Für die Insel-Bücherei wäre evtl. auch der Gedichtband ›In hora mortis‹ denkbar, doch da zögerte ich dann doch sehr.
Er ist ebenfalls einverstanden, daß sein Stück ›Minetti‹ in ›Spectaculum 1978‹ aufgenommen wird.

Dann sprach er sehr viel von seinem Großvater Johannes Freumbichler. Von ihm erschien 1942 und später noch einmal nachgedruckt ›Auszug und Heimkehr des Jodok Fink. Ein Buch vom Abenteuer des Lebens‹, Rainer Wunderlich Verlag. Die Rechte sind wieder an die Familie zurückgefallen, Bernhard hält sie inne. Er bittet dringlich, daß wir dieses Buch im Insel Verlag neu herausgeben sollten, es sei ein Buch exakt für den Verlag und für unsere Zeit. Ich möchte Herrn Berthel sehr bitten, den Roman zu lesen. Ich habe etwa 40 Seiten auf dem Flug von Salzburg nach Frankfurt gelesen, das ist natürlich ein bißchen biedermännisch, aber es transportiert natürlich sehr viel Unmittelbares.
Sehr gern hätte Bernhard die Rechte von Freumbichlers Roman ›Philomena Ellenhub‹ vom Zsolnay Verlag zurück, aber der Verlag beharrt auf den Rechten dieses Buches. [...]
Von seinem Guthaben möchte er DM 30.000.– haben; die monatlichen Raten sollen vom 1. Januar 1978 an auf DM 1.700.– erhöht werden. [...]
Er gab mir dann einen Brief von Herrn Andreas Maleta. Ich soll für ihn, den Sohn des Herausgebers der ›Oberösterreichischen Nachrichten‹, eine Volontär- oder Arbeitsstelle bei einer Zeitung beschaffen. Ich werde hier bei der FNP [*Frankfurter Neue Presse*] und bei Joachim Kaiser deswegen anfragen.«

3 Der im Verlag aufbewahrte Durchschlag des Briefes trägt unten auf der Seite den Vermerk: »cc Frau Doufexis«.

4 Der beigelegte Ankündigungstext für *Immanuel Kant* wird auf S. 21 der Programmvorschau des Suhrkamp Verlags für das erste Halbjahr 1978 abgedruckt, mit nur einer Änderung: Die Schreibweise »Columbia-University« wird in der Vorschau zu »Columbia University«. In gekürzter Form fungiert er als Klappentext der Ausgabe, die als Band 556 der Bibliothek Suhrkamp am 7. März 1978 erscheint.

[355; Anschrift: Ohlsdorf]

Frankfurt am Main
4. November 1977

Lieber Thomas Bernhard,
beim In-Satz-Geben des »Kant«-Manuskriptes ist uns folgendes aufgefallen:

1. Im Zwischentitel und im ersten Akt heißt es: auf *h*oher See;
   im zweiten und dritten Akt: auf *H*oher See.
2. Auf Seite 14 sind die Zeitungen *6* Wochen alt;
   auf Seite 24: *4* Wochen alt.
3. Auf Seite 28: »Kant ... schaut *ins* Meer hinaus«;
   sonst heißt es immer: »... *aufs* Meer hinaus«.
4. Auf Seite 29 sagt Kant: »Habe ich Dir nicht alle diese Kopfgriffe gelernt.«
   »Habe ich Dich nicht alle diese Kopfgriffe gelehrt«
5. Auf Seite 35 heißt es zweimal: Seeehe.
   Ich bin sehr dafür, diese drei e's beizubehalten, aber das widerspricht natürlich dem Duden, der nur zwei e's zuläßt.

Die Seitenzahlen beziehen sich auf das Manuskript. Bitte beachten Sie die Anmerkungen bei der Korrektur der Fahnen, die voraussichtlich Anfang Dezember kommen werden.[1]

Herzliche Grüße
Ihr
[Siegfried Unseld]

1 In der Druckfassung des *Immanuel Kant* ist das Adjektiv im häufig auftauchenden »auf Hoher See« durchgängig groß geschrieben; auch im Fall von »aufs Meer hinaus« wurde vereinheitlicht. Die übrigen von S. U. angemerkten Stellen sind nicht geändert worden.

[356]

Hotel Astarea
Mlini / Dubrovnik
22. 11. 77

Lieber Siegfried Unseld,
endlich ist es mir gelungen, eine Fotokopie von »Ja« zu machen, die mit gleicher Post nach Frankfurt abgeht. Ich bin von dem Manus endlich befreit und kann mich ganz dem »Roman« widmen. Ich denke, es ist eine Prosa geworden, die mich »glücklich« macht ....
Was Kant betrifft, bitte unter keinen Umständen University also Juniversity, sondern immer *Universität*! University verträgt sich mit Kant ganz und gar nicht.
Ich bin wieder in der »Unruhe« – ich glaube, der Titel wird bleiben.
»Ja« wäre am besten als weisses Buch, schwarz beschriftet.
Ich freue mich auf den Streifen unter dem »Ja«.
Hier habe ich die beste Arbeitsmöglichkeit im Augenblick und ich will sie mir über den Dezember hinaus erhalten.
Ich bin hier jederzeit erreichbar.
Auf dem Kobenzl hatten wir angenehme Stunden, die noch lang ihre Wirkung gehabt haben. Wir steuern ein gutes Schiff – auf hoher See, wie die vor meinem Fenster, die so aufgebracht ist, wie ich sie noch nicht gesehen habe.
Tag und Nacht die Unruhe des Meeres vor und unter mir, was brauche ich mehr. Die Ergebnisse sind wichtig, sonst nichts.
Ihr Thomas B.

P. S.: Die Terrorismushysterie[1] hat sich auch auf den Stuttgarter Schauspieldirektor ausgewirkt, der auf ein paar Tage herkommt und dann *im Januar* mit den Proben beginnt. Es ist also Februar, wenn Kant an Land geht.

1 Claus Peymann gerät im Kontext der Ereignisse des »Deutschen Herbsts« in die Schlagzeilen, als er eine von Ilse Ensslin, der Mutter Gudrun Ensslins, im Juni 1977 initiierte Spendenaktion unterstützt, die dem in Stammheim inhaftierten RAF-Angehörigen Jan-Carl Raspe zu einer Zahnbehandlung verhelfen soll. Der Vorfall wird von der *Bild*-Zeitung aufgegriffen, die Peymanns Einsatz anprangert – in der Ausgabe vom 29. August 1977, einen Monat nachdem Jürgen Ponto, der Vorstandssprecher der Dresdner Bank, von Mitgliedern der RAF ermordet worden ist, eine Woche bevor Arbeitgeberpräsident Hanns-Martin Schleyer entführt und vier seiner Begleiter erschossen werden. Angesichts der angespannten politischen Lage wird im baden-württembergischen Landtag über eine fristlose Kündigung des Schauspieldirektors diskutiert. Man einigt sich schließlich mit Peymann darauf, daß er so lange am Württembergischen Staatstheater bleibt, bis sein Vertrag im August 1979 ausläuft. Benjamin Henrichs schreibt in der *Zeit* (23. August 1977) unter der Überschrift *Hexenjagd, schwäbisch*: »Die Fahndung nach den Entführern von Hanns-Martin Schleyer war bisher ohne Ergebnis. Um so mehr Erfolg hatte eine andere Verfolgungsjagd: die Suche nach den geistigen Helfern des Terrors, den sogenannten Sympathisanten. [...] Auch in Stuttgart hat man einen Sympathisanten entdeckt: den Schauspieldirektor Claus Peymann.« *Die Zeit* druckt am 7. Oktober den per Telegramm eingegangenen Kommentar von Th. B. zu diesem Artikel unter den Leserbriefen: »zu hexenjagd schwaebisch logisch gedacht perfekt geschrieben.«
Am Ende von Peymanns Stuttgarter Zeit steht die Regiearbeit für *Vor dem Ruhestand*, von Th. B. als Reaktion auf die Filbinger-Affäre geschrieben, die den Ministerpräsidenten am 7. August 1978 zum Rücktritt zwingt (vgl. Anm. 1 zur Brief 377). Die Uraufführung von *Vor dem Ruhestand* am 6. Juli 1979 kommentiert Benjamin Henrichs unter der Überschrift *Herr Bernhard und die Deutschen* in der *Zeit*: »Der Ministerpräsident Filbinger fand den Schauspieldirektor Peymann (diesen ›Sympathisanten des Terrors‹) an einem Staatstheater untragbar – und sorgte für seinen Abgang. Schöne Ironie: Der Ministerpräsident mußte noch vor dem Schauspieldirektor in den Ruhestand gehen. Hatte man doch [...] herausgefunden, daß auch er einmal ein Sympathisant war, und nicht nur das; einer, der als Hitlers Marinerichter ganze, töd-

liche Arbeit geleistet hatte.« Vgl. den Kommentar zu *Vor dem Ruhestand*, in Th. B.: *Werke 18*, S. 377-382.

[357; Anschrift: Hotel Astarea, Mlini/Dubrovnik und Ohlsdorf; Telegrammnotiz]

Frankfurt am Main
21. Dezember 1977

Ich sage ein herzliches JA zu »Ja« – Stopp – Alles Gute und das Saisonübliche und auch für 1978 Ihr Siegfried Unseld

1978

[358]

Ohlsdorf
23. 1. 78

Lieber Siegfried Unseld,
ich bin zwei Tage in Ohlsdorf und kann mich schwer an die Scheusslichkeit der Alpen gewöhnen; aber das gibt sich.
Ich nehme Ihre Einladung nach Zürich gern an, Robert Walser liebe ich, seit ich ihn kenne und das ist drei Jahrzehnte lang. Ich kann am 13. 4. nach Zürich fliegen, von Wien aus, wo ich noch am 12. zu tun habe. Machen Sie mit Biel, was Sie wollen, vielleicht bin ich im April dazu aufgelegt.[1] Vorgefunden habe ich hier von Ihnen, abgesehen von dem »Ja«-Telegramm, nichts. Aus zwingenden Gründen hatte ich den Wunsch, dass »Ja« im März in der Bibliothek S. erscheint. Der Frühjahrsprospekt unterschlägt »Ja« gänzlich, also ist er ein total negativer Prospekt für mich. Warum habe ich das Manuskript im November geschickt? Überhaupt frage ich mich: warum haben wir uns Anfang Oktober auf dem Salzburger Kobenzl getroffen? Wir hatten dort Verschiedenes besprochen, aber es scheint alles auf der Strecke geblieben zu sein. Mein »Monatslohn« ist auch nicht erhöht worden wie vereinbart um 500 Mark, der Jänner hat die alte unrevidierte Fassung auf mein Konto gebracht.
Ich will »Ja« im Frühjahr hinter mir haben, weil ich für den Herbst ein ganz bestimmtes Vorhaben realisieren will, dem steht dann »Ja« im Wege. Ich muss tatsächlich Ja sagen, um B sagen zu können etcetera.

Wenn sich alles zwischen uns geklärt hat, will ich meinen Herbst[2] nach Zürich mitbringen.
Achja, mein unzuverlässiger Verleger, mein Frankfurter Ungeheuer, dem ich völlig verfallen bin. Ich Narr.
Hier will ich nur Urlaub machen.
Ich habe in meinem Meerhotel so gut gearbeitet, wie schon Jahre nicht mehr und mich selbst aus meinem Arbeitsparadies vertrieben, ich Dummkopf. Aber ich bin in Fluss gekommen. Der Stillstand ist mir verhasst. »Kant« schaue ich jetzt durch, schicke ich in den nächsten Tagen, »Minetti« bitte ich sorgfältig korrigieren zu lassen, wo etwas falsch gesetzt ist, ich verweigere diese stumpfsinnige Arbeit.[3]
Die Stuttgarter Premiere ist Mitte März. (17.) Wenn es so ist. Ist es nicht so, ist es anders. Egal.
Alles in allem: beste Zeiten, beste Laune.
Ich werde mein neues Theater-Stück fertig haben, wenn ich in drei Wochen wieder weg bin.
Herzlich und ganz ausdrücklich bitte auch Frau Zeeh
Ihr
Thomas B.

Wir sollten wieder miteinander *reden*. Zwischen zwei »Abfahrten« vielleicht.[4]

1 Unter dem Datum des 4. Januar hält S. U. in seiner *Chronik* fest: »Im Verlag Briefe und Telefonate in Sachen der April-Unternehmungen für Robert Walser.« Vielleicht hat er in diesem Zusammenhang Th. B. nach Zürich eingeladen [siehe Anm. 2 zu Brief 362), wo anläßlich des 100. Geburtstags von Robert Walser am 15. April 1978 und des Erscheinens einer Ausgabe seiner Werke im Suhrkamp Verlag – veranstaltet von der Stadt Zürich, der Carl Seelig-Stiftung und dem Suhrkamp Verlag – unter dem Titel *Robert Walser zu ehren* ein Kritiker-Symposium und eine Lesung von 18 Autoren im Zürcher Kongreßhaus stattfinden. Einen Tag später wird Marianne Fritz in Biel der Robert Walser-Literaturpreis für den Erstling *Die Schwerkraft der Verhältnisse* verliehen, ebenfalls Anlaß für eine Lesung mehrerer Autoren.

2 Die Worte »meinen Herbst« hebt Th. B. hervor, indem er sie handschriftlich einkreist.

3 Burgel Zeeh hat Th. B. am 17. Januar einen Fahnenabzug von *Minetti* mit der folgenden Bemerkung geschickt: »Der Text erscheint im nächsten ›Spectaculum‹ (Nr. 28). Sie hatten Herrn Dr. Unseld Ihr Einverständnis bei Ihrem letzten Treffen in Salzburg gegeben. Hier im Hause wird sehr genau Korrektur gelesen; damit möchte ich sagen: wenn wir innerhalb von 10 Tagen nichts von Ihnen hören, gehen wir davon aus, daß Sie mit dem Text einverstanden sind.«

4 Vom 29. Januar bis 5. Februar finden in Garmisch-Partenkirchen die Alpinen Ski-Weltmeisterschaften statt.

[359; Anschrift: Ohlsdorf]

Frankfurt am Main
30. Januar 1978

Lieber Thomas Bernhard,
also, aus dem Krankenhaus (mehr zur Untersuchung und Vorsorge) ein Danke für Ihren Brief vom 23. Januar.[1] Burgel Zeeh hat bereits auf meine Bitten hin mit Ihnen telefoniert, ich brauche das also nicht zu wiederholen.[2]
Von mir aus nur soviel: Wenn Sie die Fahnen von »Kant« bald zurückschicken, wird der Band rechtzeitig zur Uraufführung erscheinen.
Bitte sehen Sie doch noch einmal die Abschrift von »Ja« durch; die Kopie, die Sie uns einsandten, war für einen Setzer nicht zu lesen, für die Abschreiberin nur mühsam, und bei vielen Seiten waren die Ränder unbelichtet. Ich hoffe, sie mußte nicht allzu viel Phantasie walten lassen.
Am 17. März also »Kant« in Stuttgart, vielmehr in Königsberg, denn wo Kant ist, ist ja Königsberg.
Einmal wird sich ja herausstellen, wer der Zuverlässigere war, Verleger oder Autor.
A propos zuverlässig. Urgieren Sie bei Schaffler, daß er den

dritten Seitentritt nicht an dtv verhökert, sondern daß Sie wünschen, daß alle drei Bände in einem suhrkamp taschenbuch-Band erscheinen sollen.[3]
Krankenhäuser machen Gesunde krank.
Herzlich
Ihr
[Siegfried Unseld]

1 S. U. wird zwischen dem 24. Januar und dem 2. Februar 1978 stationär in der Frankfurter Universitätsklinik wegen des Verdachts eines Hörsturzes untersucht. In einem Bericht über den Krankenhausaufenthalt zitiert er aus einem Brief von Th. B. an Burgel Zeeh vom 29. Januar 1978: »Meine ganze Aufmerksamkeit konzentriert sich auf die Gesundheit des Verlegers und auf die geglückte Zukunft seiner Arbeit. Ich habe dabei die besten Gedanken.«

2 In einer Telefonnotiz vom 26. Januar hält Burgel Zeeh fest:
»Telefonat mit Thomas Bernhard
Ich habe mit ihm seinen Brief vom 23. Januar durchgesprochen.
Zürich, Robert Walser: okay. Er bringt auch etwas für den Herbst ›mit‹.
›Ja‹: Ich sende ihm heute die Abschrift des Manuskriptes und seine Vorlage. Er liest das Manuskript und schickt es uns mit seinen Korrekturen zurück, so daß wir es dann in Satz geben können. Erscheinungstermin Mai wäre ihm recht, oder auch April, wie immer wir das schaffen. Ich erklärte ihm, daß wir den Text für die BS nicht angekündigt hätten, eben weil das Ms. erst Ende November im Hause war und alle Vorankündigungen bereits vorlagen.
Farbe: weiß mit schwarzer Schrift.
Druck: sehr groß. Das Ms. hat 80 Seiten!
Ankündigung am 28. Januar in der Vertreterkonferenz.
›Kant‹: Die Fahnen schickt er am Montag ab, er erwartet am Wochenende Claus Peymann, mit ihm wird er die letzten Korrekturen wohl durchsprechen wollen. Premiere ist am 17. März (voraussichtlich) in Stuttgart, zu dem Termin sollen dann Voraus-Exemplare vorliegen.
Farbe: möchten wir aussuchen passend zu den bereits vorliegenden Bänden.
Am 12. Februar geht er für eine Woche nach Rom. Im Anschluß daran vielleicht für zwei Monate nach Australien.

Vertrag mit Stuttgart: Wir möchten den üblichen Vertrag mit Stuttgart schließen, er hat – unabhängig davon – für ›Kant‹ ein Auftragshonorar erhalten. Bei ›üblich‹ wies ich ihn darauf hin, daß wir für ihn mit Stuttgart bisher noch keinen Vertrag geschlossen haben, ›Minetti‹ hatte er selbst übernommen. Frau Doufexis wird DM 8.000.– verlangen.
Er war, bei allen ›Scheußlichkeiten meiner Umgebung hier, Nebel, ungemütlich‹ guter Dinge.
Beste Grüße und Wünsche an Herrn Unseld.«

3 Der dritte Teil von Th. B.'s Autobiographie, *Der Atem*, erscheint ebenso wie die vorangegangenen *Die Ursache* und *Der Keller* zuerst bei Residenz, dann 1981 als Taschenbuch bei dtv. Eine Buchclublizenz für eine einbändige Ausgabe von *Die Ursache*, *Der Keller* und *Der Atem* vergibt Residenz 1979 an die Deutsche Buchgemeinschaft.

[360; Anschrift: Ohlsdorf; Telegramm]

Frankfurt am Main
9. Februar 1978

ja zum heutigen tag und nochmals ja zu »ja« in der bibliothek suhrkamp im mai ihr siegfried unseld und ihre burgel z. die zu allem ja sagt

[361]

Ohlsdorf
15.2.78

Lieber Siegfried Unseld,
ich habe die Krankheiten immer höher eingeschätzt als alles andere, weil daraus gesund hervorgehen immer das grösste und wichtigste Geisteskapital gewesen ist. Eine Krankheit, die einen ins Bett geworfen hat, ersetzt dicke Lebenswälzer.

Nehmen wir drei schwerere Krankheiten in einem Leben und wir sind, wenn wir den Kopf und den Mut dazu haben, allen andern so weit voraus, dass wir sie hinter uns nur noch mit Mühe erkennen können.
Jede Krankheit macht uns stärker, mit jeder sehen wir tiefer, eine jede ist so unbezahlbar wie nichts. Wenn wir sie, weil wir wollen, *mit dem Kopf* überstehen.
Insgeheim wissen die Köpfe, wofür sie hin und wieder krank sind.
Ich freue mich auf den 15. April in Zürich.
Ich bin noch eine Woche zuhause, dann will ich *den ganzen März* in Spanien sein.
Peymann probt seit einer Woche. Premiere zwischen Anfang und Mitte April.
Ich schreibe ein Stück für Minetti und ein junges Mädchen, das er |Peymann| im kommenden Winter spielen will. Noch heisst es »Die Milchkanne«.[1]
Kaut schrieb einen Brief und wer weiss, vielleicht habe ich tatsächlich Lust, im neunundsiebziger-Sommer in Salzburg ein Theater zu machen.
Nach Kaut wird in Salzburg ein jedenfalls für uns guter Mann der sogenannte Festspielpräsident.[2]
Australien hab ich aufgegeben. Alles andere auch.
Wenn ich arbeite, bin ich glücklich.
Herzlich
Thomas B.

1 Im Juni des Jahres läßt Th. B. gegenüber Burgel Zeeh verlauten, *Die Milchkanne* heiße nun *Der Weltverbesserer*. Allerdings verweist die skizzierte Personenkonstellation eher auf das 1986 publizierte Theaterstück *Einfach kompliziert*. Dies legt eine weitere Inhaltsangabe des geplanten Stücks nahe, die Th. B. bei seinem Besuch in Frankfurt am 26. April 1978 skizziert; S. U. gibt sie in der *Chronik* wieder: »Es ist die Situation eines alten Schriftstellers, der im Wald sitzt. Ein 17jähriges Mädchen kommt und besucht ihn. Sie

bringt Milch. Die Spannung liegt darin, daß dieses 17jährige Mädchen mit diesem Sexual-Symbol Milchkanne durch den Wald geht.«

2 Auf dem offiziellen Briefpapier des Präsidenten der Salzburger Festspiele, datiert auf den 9. Februar 1978, gratuliert Josef Kaut Th. B. zum Geburtstag und fragt nach dessen »Theaterplänen«; er deutet an, einem etwaigen neuen Stück von Th. B. – man müsse vorausschauend planen – einen Platz im Rahmen der Festspiele geben zu wollen. Die nächste Zusammenarbeit des Autors mit den Festspielen findet jedoch erst drei Jahre später statt: *Am Ziel*, uraufgeführt in Salzburg am 18. August 1981, ist eine Koproduktion mit dem Schauspielhaus Bochum unter der Regie von Claus Peymann (siehe Anm. 2 zu Brief 413).
Die Frage, wer Kauts Nachfolger in Salzburg wird, greift Th. B. während eines Treffens mit S. U. erneut auf; in seinem *Reisebericht Hamburg–Salzburg–München, 21.-23. August 1978* notiert S. U. dazu: »Nachfolger von Kaut in der Leitung der Salzburger Festspiele wird 1980 Gerd Bacher.« Auf Josef Kaut, der bis zu seinem Tod am 8. Juni 1983 Festspielpräsident bleibt, folgt allerdings nicht Gert Bacher, sondern Albert Moser.

[362; Anschrift: Ohlsdorf]

Frankfurt am Main
17. Februar 1978

Lieber Thomas Bernhard,
nun fahre ich für eine Woche in den Schnee, in die Gegend, die Sie kennen, wo der Geist Nietzsches noch herumspukt und wo ein gewisser T. B. meditative Spaziergänge machte.[1] Ich erhoffe mir da eine neue Sammlung meiner Kräfte. Natürlich weiß ich, daß wir letztlich nur arbeitend unser Eigenes finden.
Ich habe sehr gern Ihre Nachrichten gehört und zur Kenntnis genommen, wie produktiv Sie sind.
Wir sehen uns bei der Premiere in Stuttgart und dann in Zü-

rich, wo wir uns dann etwas absentieren werden, um Auge in Auge miteinander zu sprechen.[2]
Ich freue mich, daß Sie arbeiten können und daß Sie arbeitend glücklich sind.
Herzlich –
Ihr
[Siegfried Unseld]

1 S. U. ist vom 17. bis 28. Februar in der Schweiz, wo er, neben sechs Tagen Skifahren in St. Moritz, u. a. mit Wolfgang Hildesheimer, Max Frisch und Adolf Muschg zusammentrifft. Zum gemeinsamen Aufenthalt von Th. B. und S. U. 1975 in St. Moritz siehe Brief 308.

2 S. U. und Th. B. sehen sich weder bei den Robert-Walser-Tagen in Zürich noch bei der Uraufführung von *Immanuel Kant* in Stuttgart; beide Ereignisse finden am selben Tag, dem 15. April, statt. In seinem *Reisebericht Zürich–Biel, 14.-16. April 1978* vermerkt S. U. über den Auftakt zu den Walser-Feierlichkeiten in Zürich: »Die Autoren sind eingetroffen, mit zwei Ausnahmen: Handke und Bernhard, Burgel Zeeh versucht ihn zu erreichen, und die Stadt wollte ihm einen Hubschrauber zur Verfügung stellen.« Statt dessen treffen sich die beiden am 26. April in Frankfurt; S. U. hält diese Begegnung in seiner *Chronik* fest:
»Burgel Zeeh [...] kommt mit zum Flughafen, wo wir gemeinsam Thomas Bernhard erwarten, der eigens zu diesem Gespräch aus Salzburg kommt. Sehr einläßliches Gespräch bis weit über Mitternacht. Wir tasten uns aneinander heran. Er übergibt mir das Manuskript ›Der Stimmenimitator‹. Er bat mich, drei Texte zu lesen: ›Hamsun‹, und dann vor allem: ›In Rom‹, eine Darstellung von Ingeborg Bachmann. Ich insistiere auf einer Änderung, Bachmann sei nicht nach der Verbrennung bewußtlos gewesen und nicht mehr aufgewacht. Er will es zunächst nicht streichen, streicht es dann doch.
Dann erzählt er mir von seinen Plänen: ein weiterer Erzählungsband [*Die Billigesser*], ein weiteres Stück [*Die Milchkanne*], und dann, im nächsten Herbst, der Roman ›Unruhe‹. Und dann pirschen wir uns an den entscheidenden Punkt heran: Ich sage ihm, daß ich Residenz-Editionen nicht mehr hinnehmen könnte. Dies

rein aus psychischen Gründen. Er verspricht nichts, nur die zweijährige Pause, aber die Beziehung ist sehr herzlich; als ich dann gegen ein Uhr gehe, umarmt er mich. Das hat er noch nicht getan. Wir verabreden ein Treffen im Juli.«

[363; Anschrift: Ohlsdorf; handschriftlich; Ansichtskarte: »San Francisco, The Golden Gate Bridge«]

San Francisco
8. Mai [1978]

Lieber Thomas
I liked our meeting in Frankfurt.
Es ist wunderschön hier, und so viele Leute möchten Sie hier haben. Warum treffen wir uns nicht einmal in S. F.
Herzlich Ihr S. U.[1]

1 S. U. hält sich vom 28. April bis zum 18. Mai in den USA auf. Zwischen dem 6. und 10. Mai ist er in San Francisco, einer Stadt, von der er begeistert ist und über deren Wahrzeichen er in seinem *Reisebericht USA, 28. April-18. Mai 1978* notiert: »[Fahrt] über die Golden Gate Bridge, immer wieder ein großes Erlebnis, mit Recht erinnert man sich an Thomas Bernhard, der da sagte, große Brükken, Kraftwerke und startende Flugzeuge seien die säkularen Nachfahren früherer Heiligtümer.«

[364]

Ohlsdorf
31. 7. 78

Lieber Siegfried Unseld,
wir hatten uns im Juli sehen wollen. Morgen ist der erste August und so ist meine Frage vordringlich, ob wir uns im August bei mir treffen. Ich wünschte es.
Ich bin vorgestern aus dem Spital herausgekommen nach

einer notwendigen Operation. Alles wieder in Ordnung. Heute kommen die Fäden heraus. Mein Bruder hat das schon einmal sehr gut gemacht.
Ich bin in bester Verfassung!
Herzlich
Thomas Bernhard

P. S.: Zwischen 11. und 19. bin ich in Wien![1]

1 Handschriftlich vermerkt S. U. in der oberen rechten Ecke des Briefs: »21./22. tel[efonisch]. U.«

[365; Anschrift: Ohlsdorf; Telegrammnotiz]

Frankfurt am Main
15. August 1978

Muß Kommen auf Dienstag, 22. August verschieben. Ankunft Salzburg 10.15 h. Erwarte Sie am Flughafen. Herzlichst Siegfried Unseld.[1]

1 In seinem *Reisebericht Hamburg–Salzburg–München, 21.-23. August 1978* schreibt S. U. über das Treffen:
»Fünfstunden-Gespräch mit *Thomas Bernhard*, wieder [siehe Anm. 2 zu Brief 338] auf der hochgebauten Terrasse des Restaurants ›Maria Plain‹.
Der BS-Band ›Ja‹ wimmelt von Abschreib-Irrtümern und Satzfehlern. Es rächt sich Bernhards Wunsch, er möchte den Text nicht mehr lesen, nachdem wir ihm die hier gemachte Abschrift zugeschickt haben.
Er schickt uns ein korrigiertes Exemplar. Wenn wir eine Neuauflage machen, sollen wir auch die Farben des Umschlages ändern, er möchte, wie gehabt, schwarz-weiß.
Er gab mir das Manuskript ›Der Weltverbesserer‹. Es erscheint als Vorabdruck im ›Theater heute‹ [*Theater 1979. Sonderheft der Zeitschrift »Theater heute«*, S. 88-102]. Die Proben in Stuttgart beginnen in drei Wochen. Hauptrollen: Minetti und Heerdegen. Thomas Bernhard denkt, es danach nicht weiter freizugeben, wir müssen deswegen mit ihm in Verbindung bleiben.

Wir besprachen das Manuskript ›Der Stimmenimitator‹. Ich war noch ganz erfüllt von der Lektüre des Umbruchs, ein köstliches Buch, gewissermaßen auf jeder Seite oder mit jedem Stück ein Bernhard-Roman!

Die jetzige Reihenfolge entspricht exakt der Entstehung. Ursprünglich hat er den Titel gehabt ›Wahrscheinliches – Unwahrscheinliches‹, aber diesen Titel will er sich für eine größere Arbeit aufbewahren.

›Der Stimmenimitator‹: Auch der Schriftsteller ist ein solcher Imitator seiner selber, er kann ja nicht das schreiben, was er rein denkt. Alles, was geschrieben wird, ist also Imitation. Nur die Gedanken sind original. Und irgendwie ist jedes Stück eine Nummer, eine Nummer eines Zirkus. [...]

Thomas Bernhard wird im November nach Mallorca gehen, um dort drei Monate an dem Roman ›Unruhe‹ zu schreiben.«

[366; Anschrift: Ohlsdorf]

Frankfurt am Main
11. September 1978

Lieber Thomas Bernhard,

Ernst Wendt, Kammerspiele München, möchte gerne den »Weltverbesserer« nachspielen. Sie sagten damals, daß Sie kein Nach-Spiel haben möchten, aber ich meine, daß wir doch diese Entscheidung revidieren sollten. Ernst Wendt ist ja nicht irgendwer.[1]

Schöne Grüße
Ihr [Siegfried Unseld]
(nach Diktat verreist)
i. A. Burgel Zeeh

1 In einer Notiz über ein Telefonat mit Th. B. am 15. September 1978 hält Burgel Zeeh fest: »Er dankt für den Brief wegen Wendt / Kammerspiele München / ›Weltverbesserer‹. Er möchte gerne dazu noch wissen: wer inszeniert, wer spielt die Hauptrollen, erst danach möchte er sich entscheiden. Wendt sei ein guter Mann, aber er – Bernhard – sei mißtrauisch.

Es ginge ihm wieder besser, jedenfalls besser als an dem Tag, an dem Sie in Salzburg waren. Er habe nicht alles mit Ihnen besprochen, und aus diesem Grunde möchte er gerne im Oktober nach Frankfurt kommen.«
Der Weltverbesserer wird am 6. September 1980 unter der Regie von Claus Peymann in Bochum uraufgeführt. Siehe Anm. 1 zu Brief 411.

[367; Anschrift: Ohlsdorf]

Frankfurt am Main
13. Oktober 1978

Lieber Thomas Bernhard,
also Freitag, 13. Oktober: Ich habe mich so auf Sie eingestellt, und nicht nur ich, so sind wir alle enttäuscht. Andererseits sollen und dürfen Sie sich keinem Risiko aussetzen.[1]
Ich freue mich, daß wir uns dann doch in Wien sehen können. Mein Vorschlag: Ich halte am 25. abends in der Literarischen Gesellschaft einen Vortrag über jenes Goethe-Gedicht, das Sie ja aus dem Band 1000 der Insel-Bücherei kennen.[2] Für den nächsten Tag hatte ich mich eingestellt, Buchhändler-Besuche zu machen, aber – wie ich höre – ist das ein staatlicher Feiertag, an dem die Geschäfte geschlossen sind. Könnten Sie sich einrichten, daß wir uns am Donnerstag, den 26. Oktober, vormittags im Hotel Hilton treffen – vielleicht schon früh, um 9.00 Uhr, zum gemeinsamen Frühstück, oder was auch immer? Wir hätten dann bis zum Mittagessen Zeit. Zum Mittagessen bin ich verabredet, aber die junge Dame wäre ohne Frage entzückt, wenn Sie mit von der Partie bei diesem Essen wären.
Nun zu den Büchern und ihren Auflagen:
Wir haben beim »Stimmenimitator« keine Auflagenziffer eingedruckt, sondern vermerkt: Erste Auflage 1978. Es

wurde eine Auflage von 9000 Exemplaren gedruckt, und wir haben davon schon 4751 Exemplare verkauft; das ist doch ein sehr schöner Erfolg.[3]

Von »Ja« druckten wir jetzt eine 2. Auflage, und zwar das 4. bis 6. Tausend; wir lassen Ihnen davon ein Exemplar zugehen, der Text der Buchschleife wird Sie sicherlich erfreuen.[4]

Haben Sie Geduld, was Anzeigen betrifft. Sie sind – wie ich Ihnen schon sagte – bereits bestimmt und werden in der »Zeit«, der »FAZ« und der »Presse« Wien erscheinen.

Herzliche Grüße,

Ihr

[Siegfried Unseld]

1 Unter dem Datum des 13. Oktober hält S. U. in der *Chronik* fest: »Heute früh, 6.00 h, las ich zwei Stunden in Thomas Bernhards Arbeiten, vornehmlich im ›Stimmenimitator‹ zur Vorbereitung des Besuches von ihm. Wieder eine aufregende Lektüre. [...] Die anschließende tägliche Lektüre der ›FAZ‹ wirkte sich dagegen wie bares Nichts aus.
Doch dann kam Bernhard nicht. In Wien war für Frankfurt Nebel gemeldet. Er rief an, wir verabredeten uns für den 25. November [gemeint ist Oktober].«

2 Der von S. U. edierte Band 1000 der Insel-Bücherei, *»Das Tagebuch« Goethes und Rilkes »Sieben Gedichte«*, ist im Juni des Jahres erschienen.

3 *Der Stimmenimitator* wird am 21. September 1978 an die Buchhandlungen ausgeliefert.

4 Die erste Auflage von *Ja* erscheint als Band 600 der Bibliothek Suhrkamp am 6. Juni 1978. Der Umschlag: weiße Schrift auf blauem Fond. Der Umschlag der zweiten Auflage hat entsprechend dem Wunsch des Autors (siehe Anm. 1 zu Brief 365) einen schwarzen Fond. Der Text der Buchschleife lautet: »Denn JA ist ein Meisterwerk, und jeder, der die Dichtung seiner Zeit nicht versäumen möchte, muß es gelesen haben.« Der Satz stammt aus der Rezension von *Ja* durch Andreas Müller: *Man muß scheitern können, wenn man überleben will*, in: *Abendzeitung München*, 16. August 1978.

[368; Anschrift: ⟨Klettenbergstraße 35⟩]

Ohlsdorf
15. 10. 78

Lieber Siegfried Unseld,
ganz ohne Sentimentalität will ich für Ihren Brief vom Freitag danken und mit grosser Entschiedenheit und Zuneigung zu meinem Verlag und Verleger vor allem die drei Punkte aufzeigen, die ich in Frankfurt habe vorschlagen wollen. Es sind das drei Wünsche, die mir im Hinblick auf die nächste Zukunft notwendig erscheinen, will ich in Ruhe und Schwung meine Arbeit vorantreiben:

erstens erbitte ich ab Jänner 79 zweitausend Mark monatlich,
zweitens die komplette Streichung meines Darlehens,
drittens, dass Sie mir vierzigtausend Mark nach Wien mitbringen.

Die monatlichen Zahlungen sollten wir sechs Jahre laufen lassen und mit Ende 85 befristen.
Die Streichung des Darlehens geht auf Ihren eigenen Vorschlag im Juli zurück, ich wünschte sie sehr.
Die vierzigtausend sind zur augenblicklichen Generalreinigung meiner Finanzen notwendig.
Die Zukunft bringt, wie wir vereinbart haben, vor allem im nächsten Jahr den Roman, der aber doch im Mittelpunkt des Programms stehen sollte *mit allen* Schubkräften des Verlegers und seiner Leidenschaft. »Der Weltverbesserer« kommt im Jänner oder Feber mit Minetti heraus, und in der *Bibliothek Unseld*, was mein Glück vollständig machen müsste, in Weiss auf Schwarz.[1]
Und jetzt, um die Gewichte richtig zu verteilen: die sogenannte Autobiografie in unserem ungezogenen Salzburger Haus, werde ich, wenn das von Ihnen gewünscht ist, nicht mehr fortsetzen.

Über alle diese Punkte will ich kommenden Freitag *um zehn Uhr* vormittag mit Ihnen telefonieren. Vor allem deshalb, weil ich letzten Freitag am Telefon völlig vergessen habe, dass ich die ganze nächste Woche in Malta bin und also gar nicht in Wien sein kann, was mir in der Begeisterung, Sie zu treffen, aus meinem Kopf gefallen war. Ich bin, wenn ich es erlebe, genau von Sonntag bis Sonntag in Malta, Hotel Cavalieri, in welchem die Ingeborg B.[2] vor Jahren gewohnt hat.

In den Kammerspielen will ich gern im November auftreten, die Leute sollen mir schreiben, wann.

Ich bin sehr unglücklich darüber, nächste Woche in Malta und nicht in Wien zu sein. Aber die Maltareise steht schon monatelang auf dem Programm und ist unaufschiebbar.

Den Brief schicke ich in die Klettenbergstrasse, weil ich denke, das ist besser.

Die besten Wünsche für die Messe
natürlich auch Ihrer Frau
herzlichst
Thomas B.

1 *Der Weltverbesserer*, der in der Programmvorschau als Einzelausgabe im Hauptprogramm angekündigt war, erscheint im März 1979 – mit schwarzem Umschlag und weißer Schrift – in der Bibliothek Suhrkamp.

2 Ingeborg Bachmann und Th. B. waren befreundet mit Alfred Griesel, der ein Hotel in Malta leitete.

[369; Anschrift: Ohlsdorf; Telegrammnotiz]

Frankfurt am Main
16. Oktober 1978

Erinnere Sie an Ihre Zusage für die Münchner-Abendlesung – Münchens Kulturreferent Kolbe wird Ihnen morgen telegraphieren[1] – herzliche Grüße und auf Wiedersehen spätestens am 26. Oktober in Wien – Ihr Siegfried Unseld[2]

1 Am 9. November schreibt Burgel Zeeh an Th. B.: »Lieber Thomas Bernhard, die Münchner Veranstalter werden leicht unruhig, weil von Ihnen noch keine Zusage zum 23. November vorliegt. Ich habe die Herren zunächst beruhigt, da Sie ja Herrn Dr. Unseld gegenüber zusagten, ich habe aber dringlich darum gebeten, Ihnen statt Telegrammen endlich einen Brief zu schreiben, in dem die Einzelheiten festgehalten sind. Ich hoffe, das ist inzwischen geschehen.«

2 Das Treffen findet statt und wird von S. U. im *Reisebericht Wien, 25.-26 Oktober 1978* geschildert:
»Nach Regularien der Höflichkeit, Grüße hin, Grüße her, Übergabe von signierten Exemplaren des ›Stimmenimitators‹ für Burgel Zeeh und mich. [...] dann präzis und ausführlich unsere Details. Ausgangspunkt war der Brief v. Thomas Bernhard vom 15. 10. 1978. Die Geldsumme. Die erhöhte monatliche Zahlung. Die Streichung des Darlehens. Unterzeichnung neuer Vereinbarungen; ich hatte sie am Morgen nochmals gelesen, und an einer Stelle war mir selbst der Ton nicht mehr angenehm. Exakt an dieser Stelle änderte Thomas Bernhard charakteristisch ein ›verpflichtet sich‹ in ›wird‹. [Die Vereinbarung hält in ihrer ursprünglichen Textfassung neben der Abmachung, das Darlehen vom 15. März 1975, siehe Anm. 1 zu Brief 312, als einmalige Sonderzahlung zu behandeln, fest, daß Th. B. sich »verpflichtet«, seine Autobiographie bei Residenz nicht fortzusetzen. Der korrigierte Satz lautet: »Thomas Bernhard setzt seine Biographie bei Residenz nicht fort und wird, ohne vorherige Absprache mit Dr. Unseld, keine Bücher mehr dort erscheinen lassen.«] Das war eigentlich das Werk von Minuten, dann erörterten wir seine produktive Sache. Immer wieder bewundere ich an ihm seine Präzision, seine Intensität, seinen Eigen-Sinn, wenn es um seine Arbeiten geht.
So ›Der Weltverbesserer‹: Ich wollte einen zweiten Band ›Gesammelte Stücke‹ nach den ›Salzburger Stücken‹, er wollte eine Einzelausgabe. Natürlich wollte er die Einzelausgabe in der Bibliothek Suhrkamp. Doch wahrscheinlich spürte er meine Reserve gegenüber einer Ausgabe überhaupt, und so kam die Frage ›Bibliothek Suhrkamp‹ gar nicht erst auf, während ich mich dann entschloß,

ihm die Einzelausgabe im Frühjahr 1979 zuzusagen. [...] Ich kritisierte die Widmung des Stücks ›Minetti, wem sonst‹. Jeder andere Schauspieler außer Minetti müßte sich hier zurückgesetzt fühlen, doch das war ihm egal, sie seien auch zweite Klasse. [In der Buchfassung lautet die Widmung »Für Minetti«.] Aber dies gab ihm Veranlassung, deutlich zu sagen, daß dieses Stück nur von Minetti gespielt werden sollte, von niemand anderem – dies jedoch, solange Minetti lebt. Wenn er nicht mehr lebte und spielen könnte, dann sei das Stück für einen anderen Schauspieler frei. [...]
Thomas Bernhard arbeitet an zwei neuen Dingen: an dem Roman ›Gegenruhe‹ (ein hervorragender Titel) und an einem neuen Stück für Peymanns Start in Bochum. Bernhard möchte für den Start seines Romans ›Gegenruhe‹ eine gute, möglichst alleinige Basis in unserem Programm haben. Ich konnte ihm dies zusichern, da ja im Frühjahr Walser – Frisch – Krolow erscheinen. Er wünscht sich einerseits die Schubkraft des Verlegers für dieses Buch, andererseits haßt er übertriebene Werbung; einerseits reklamierte er neulich, wir würden zu wenig für den ›Stimmenimitator‹ und ›Ja‹ tun, und als er dann die Anzeige in der ›Presse‹ und der ›FAZ‹ sah, war ihm dies doch wieder fast zuviel, und er regte sich nur darüber auf, daß wir in den Anzeigen einen grammatikalischen Fehler gemacht haben! [Die Anzeige in der *Frankfurter Allgemeinen Zeitung* vom 21. Oktober, die mit einem Zitat aus der Münchner *Abendzeitung* wirbt – »Wenn es eine deutschsprachige Gegenwartsliteratur gibt, die bestehen kann neben Musil und Kafka: Hier ist sie!« –, enthält in der Beschreibung von *Der Stimmenimitator* einen Druckfehler: »Jeder diese Geschichten ist ein Roman von Thomas Bernhard.«] [...]
Gespräch über den ›Stimmenimitator‹: Für ihn ist dieses Buch leichtgewichtig. Er habe es ja in fünf Tagen geschrieben, was mir fast unglaublich erschien. Er benützte zwei-, dreimal den Ausdruck des Feuilletonistischen. Ich widersprach ihm heftig und sagte ihm immer wieder, daß ich in jedem dieser Prosastücke einen Roman von Thomas Bernhard in nuce sehe, und mir fiel gerade bei diesem Buch seine Meisterschaft der Hypotaxe auf, und als Adjektive kämen am häufigsten vor ›naturgemäß‹, ›tatsächlich‹ und ›vollkommen‹.
[...] Zur Lesung nach München kommt er am 23. November. Vorher wird er in Stuttgart bei Peymann im Theater lesen. Das Datum

steht noch nicht fest, aber wir sollten es eruieren und dem Stuttgarter Buchhandel mitteilen. Zwischen Stuttgart und München dann ein paar Tage Schwarzwald, danach Ohlsdorf bis einschließlich Weihnachten und Neujahr, dann will er für ein paar Monate verschwinden. Ich persönlich nehme an, daß er bis dahin dann doch den Text ›Gegenruhe‹ fertiggestellt haben wird.
[...] Pünktlicher Abflug. Ich lese wieder im ›Stimmenimitator‹, besonders jene Geschichten, auf die sich Bernhard in seiner Widmung an mich bezog, auf den ›eigenwilligen Autor‹ und auf den ›Riesen‹.« Die Widmung lautet: »Der ›eigenwillige Autor‹$_x$ / dem RIESEN$_t$ (unter den Verlegern) / zum Früh-stück / in Wien / Hilton 26. 10. 78 / Thomas B. / X Seite 119 / t Seite 105« – die Seitenangaben bezeichnen zwei Stücke gleichen Titels in der Erstausgabe des *Stimmenimitators*.

[370; Anschrift: Ohlsdorf]

Frankfurt am Main
30. November 1978

Lieber Thomas,
hoffentlich sind Sie wieder gut zurückgekommen. Ich bedauere das Ganze sehr, eine so deutsche Erfahrung wäre nicht nötig gewesen. Aber ich bin ja sicher, Sie sahen die Störung nicht als eine gegen Sie persönlich gerichtete an, am nächsten Tag las Lars Gustafsson ohne jegliche Beeinträchtigung. An diesem Tag der ausgefallenen Kroetz-Lesung und der verbotenen Schah-Demonstration waren die Uhren dieser Herren nun einmal auf Protest gestellt. Die Zeitungen haben im übrigen den Vorgang so verurteilt, daß den Protestlern auch im nachhinein das Unmögliche und Lächerliche deutlich gemacht wurde. Im übrigen war Ihr Satz ja gesprochen, daß sie mit Ihnen exakt das machten, wogegen sie beim Universitätspräsidenten protestierten.[1]
Der »Stimmenimitator« imitiert weiterhin kräftig. In Hol-

land und Italien sind von den Verlagen de Arbeiderspers und Adelphi die Rechte definitiv übernommen worden, in den USA, Knopf, und Frankreich, Gallimard, steht dies kurz bevor. Auch der Verkauf entwickelt sich gut.

Die Dinge nehmen also ihren guten Gang, sie entwickeln sich so, wie wir uns das vorgenommen haben.

Ich wünsche Ihnen eine gute Zeit des Schreibens und Lebens. Und wenn Sie dann verreisen, so lassen Sie uns Ihre Adresse.[2]

Herzliche Grüße

Ihr

[Siegfried Unseld]

1 Unter dem Datum 22.-24. November berichtet S. U. in der *Chronik* über die Verhinderung der Lesung von Th. B. im Rahmen der von der Stadt München organisierten Veranstaltungsreihe »Dichter lesen in München I«:

»Thomas Bernhard. Er reiste mit seiner Tante, Frau Stavianicek, an. Er war indigniert, weil ihm eine Lesung im Theater versprochen war und nicht an der Universität. Ich präparierte ihn leicht im Hinblick auf mögliche Proteste. Dann kam das dann doch nicht Erwartete: Bernhards Lesung war am Abend jenes Tages, an dem ursprünglich nachmittags die Lesung von Kroetz stattfinden sollte. [Der Universitätspräsident, Nikolaus Lobkowicz, untersagt sie, weil das bayrische Kultusministerium dem Veranstalter der Lesung, dem marxistischen Studentenbund Spartakus, ein Raumverbot an der Universität erteilt hat.] Und es kam ein weiteres hinzu: Die kommunistischen Gruppen wollten eine Protestversammlung gegen den Schah abhalten. Auch das verbot der Universitätspräsident. Nun waren aber die Randalierer und Störer schon da, und die beschlossen nun, Bernhard nicht lesen zu lassen. Wieder dieselbe Situation: Eine bis zum Bersten gefüllte Aula, noch mehr Leute als am Vorabend [bei der Lesung von Max Frisch]. Man konnte Klaustrophobie bekommen. Jeder Funke konnte hier eine Panik verursachen. Dann begannen die Protestredner und hörten nicht mehr auf. Wieder ein Beispiel: eine kleine, brutale, mit Schlagstökken ausgerüstete Minderheit terrorisierte die Mehrheit. Es gelang mir, den Kerlen das Mikrofon zu entreißen. Bernhard konnte den

Satz sagen, daß sie mit ihm genau das machten, wogegen sie beim Präsidenten protestierten, daß ein Dichter nicht lesen könne. Dann wurde ihm das Mikrofon wieder entrissen. Noch einmal gelang es mir, ihm das Mikrofon zu geben, er las eine Geschichte aus dem ›Stimmenimitator‹, die mit Persien zu tun hatte; aber er wurde dann niedergeschrien, und so verließen wir den Saal. Ich hatte lange, noch bis in die Nacht hinein, zu tun, ihn zu beruhigen.«

2 Am 31. Dezember teilt Th. B. Burgel Zeeh brieflich mit, daß er noch am selben Abend zur Insel Hvar, Hotel Amfora, aufbreche: »Ich bin ausschliesslich mit Romanschreiben beschäftigt dort und habe alle meine Arbeitspapiere eingepackt. Es geht heute Nacht von Wien ab. Zu Silvester bin ich in der Eisenbahn, sicher ein phantastischer Zustand.«

[371]

Ohlsdorf
29. 11. 78

Lieber Siegfried Unseld,
der 23. November, der letzte Donnerstag, wird mir in Erinnerung bleiben. Es war (und ist!) beschämend. Was mich betrifft, ist es deprimierend, jetzt auch nur an Deutschland zu denken. Wenn Sie selbst nicht Zeuge gewesen wären, müsste ich die Vorfälle in der Münchner Aula rekapitulieren, ich habe eine erschreckende Erfahrung mehr gemacht, die nicht bagatellisiert werden darf, wenn ich mein Leben und meine Existenz ernst nehme und wenn ich auch die Gesellschaft, in welcher zu existieren ich gezwungen bin, ernst nehme.
Das Recht jedenfalls, von welchem in Deutschland gerade heute soviel gesprochen wird, ist an diesem Abend auf den Kopf geschlagen worden und es geht nicht nur um mein ganz persönliches Recht, sondern auch um das von Hunderten von anderen Menschen, die an diesem Abend

von einer gemeinen und niederträchtigen Minderheit, sie mag sich selbst bezeichnen als was immer, eines besseren und das heisst, abstossenden Demokratieverständnisses belehrt worden sind.
Ganz abgesehen davon, dass ich schliesslich als Ausländer und eingeladener Gast der Stadt München in der Universität aufgetreten bin.
Ich glaube, der Schritt von der gewalttätigen Behinderung einer (in diesem Falle meiner) mit dem umgekehrten Gastrecht geohrfeigten Person – und die Unterdrückung war ja mehr oder weniger eine brutal-physische, wie Sie gesehen haben – bis zur Vernichtung dieser Person (und ihrer Arbeit), ist kurz. Dagegen wäre ja die Bücherverbrennung ein geradezu symbolischer Akt.
Je mehr ich über die Vorfälle nachdenke, desto unheimlicher sind sie mir, wenn sie auch nichts anderes sind, als eine Bestätigung meiner Schriften.
So erschreckend diese Vorfälle im Hause der Geschwister Scholl für mich waren und sind, viel erschreckender ist mir die Tatsache, dass ich mich in meinem Erschrecken, alleingelassen fühle. Die deutsche Wirklichkeit ist viel brutaler und gemeiner als der wenn auch aufmerksame Beobachter als Schriftsteller, glaubt.
Wie die »Abendzeitung« schreibt, habe Herr Kroetz, auf den letztenendes diese Vorfälle des 23. zurückzuführen waren, ein paar Tage nach dem 23. einen Auftritt in einem Münchner Kabarett gehabt. Er habe in diesem Kabarett, der Münchner »Lach&und Schiessgesellschaft« gesagt, er »habe seinen Leuten nicht erlaubt, die Bernhard-Vorlesung kaputt zu machen«. Seine Leute haben sich aber nicht an den Befehl von Kroetz gehalten. Herr Kroetz hat, laut »Abendzeitung«, begeisterte Lachstürme geerntet. Herr Kroetz und seine Leute erinnern mich an die Münchner Nazis.[1]

Die deutsche Schizophrenie ist eine Jahrhundertgeistes-krankheit. Zuerst habe ich mir gedacht, du musst es nicht ernst und leicht nehmen. Jetzt habe ich es aber ernst und schwer nehmen müssen.
Ich habe mich sehr über Ihre Anwesenheit gefreut.
Sehr herzlich Ihr
Thomas Bernhard

1 In der Münchner *Abendzeitung* berichtet Andreas Müller unter der Überschrift *Kein rotes Monstrum* (28. November 1978) über den Auftritt von Franz Xaver Kroetz am 26. November 1978 in »Lach & Schieß-Talk«: »Stückeschreiber Franz Xaver Kroetz, erst unlängst von der Münchner Universität als staatsgefährdend verjagt, riß in der sonntäglichen Talkshow der Münchner Lach- & Schießgesellschaft das Publikum zu Lachstürmen hin. Die Gefährlichkeit dieses Mannes war keinen Augenblick auszumachen. [...] Seine [Kroetz'] Anhänger strömten zu einer zufällig gleichzeitig in der Aula angesetzten Lesung des österreichischen Schriftstellers Bernhard. Was sie dort taten, so erklärte Kroetz in der Talkshow, hätte er niemals erlaubt. ›Ich habe meinen Leuten ausdrücklich verboten, die Bernhard-Lesung kaputtzumachen.‹ Das Kroetzsche Machtwort war leider fruchtlos. Dieser charmante, ältere Knabe hatte offenbar auf das, was er auslöste, keinen Einfluß.«

[372; Anschrift: Ohlsdorf]

Frankfurt am Main
1. Dezember 1978

Lieber Thomas Bernhard,
ich habe Ihren Brief vom 29. November erhalten, vielen Dank. Ihre Reaktion verstehe ich, auch daß Sie hierin eine Bestätigung Ihrer Schriften finden. Was Sie erfahren haben, ist in der Tat deutsche Wirklichkeit, und sie ist – wie Sie sagen – brutal und gemein. Aber, lieber Thomas Bernhard,

dies ist nicht die gesamte deutsche Wirklichkeit, es ist ein minimaler Ausschnitt, ein Stein, der freilich zu diesem Mosaik gehört. Es gibt aber andere Steine, und die sollte man auch sehen.

Was Kroetz betrifft, so hat er eine Art bayerischen Humors, die wirklich nicht jedem einleuchtet. Es kann durchaus stimmen, daß er sagte, er habe »seinen Leuten« nicht erlaubt, Ihre Vorlesung kaputtzumachen. Wenn Sie sich erinnern, die erste Dame, die da las, sie gehörte dem Kroetzschen Spartakus an. Die anderen »Redner« aber waren rivalisierende linke Gruppen, insbesondere der Kommunistische Bund Westdeutschland, der mit dem Spartakusbund in Feindschaft steht. Wir sollten in diesem Punkt also doch differenzieren.

Und noch etwas: Sie wissen, wie sehr ich den Vorgang verurteilte und ihn als beschämend bewertete, und ich habe daran auch den Agierenden gegenüber keinen Zweifel gelassen, auch dies haben Sie gehört, aber der Angriff ging nicht gegen Sie persönlich, er hätte jeden betroffen, der an diesem Abend gelesen hätte – ob Koeppen – Struck – Frisch oder Lars Gustafsson. Diese Leute waren zum Zerstören entschlossen. Das macht freilich das Ganze nicht besser. Für mich war es selbstverständlich, an Ihrer Seite zu sein, und Sie sollten mich auch weiterhin an Ihrer Seite wissen.

Herzliche Grüße

Ihr

[Dr. Siegfried Unseld]

1979

[373; Anschrift: Ohlsdorf; Telegrammnotiz]

Frankfurt am Main
8. Februar 1979

Erbitte Ihren Anruf – Gruß Unseld[1]

1 Unter dem Datum des 9. Februar vermerkt S. U. in der *Chronik*: »Telefonat mit Thomas Bernhard, der an diesem Tag Geburtstag hat.«

[374; Anschrift: Ohlsdorf; Telegrammnotiz]

Frankfurt am Main
5. März 1979

Erbitte Anruf. Gruß Unseld

[375; Anschrift: Ohlsdorf]

Frankfurt am Main
5. März 1979

Lieber Thomas,
hier nun der »Weltverbesserer« in der Bibliothek Suhrkamp. Eine lange Reihe bilden nun Ihre Stücke dort. Aber von Mal zu Mal, meine ich, wird ihr Gewicht größer.[1]
Mit getrennter Post gehen Ihnen sechs weitere Belege (in Zweier-Päckchen) zu, bitte sagen Sie mir, wenn Sie weitere Exemplare haben möchten. Und bitte, sagen Sie mir auch,

wann ich Sie anrufen kann – aber vielleicht ist das schon geschehen, wenn Sie dieser Brief erreicht.[2]

Herzlichst,
Ihr
[gez. Siegfried Unseld]
i. A.
Burgel Zeeh

Anlage

1 *Der Weltverbesserer* erscheint als Band 646 am 1. März 1979.

2 Burgel Zeeh telefoniert am 6. März mit Th. B. und notiert für S. U.: »Er hatte schon irgendwie mit Ihrem Anruf gerechnet und mit Ihrer Frage, ob und wann wir das Prosa-Ms. bekommen.
Zunächst: er war eine Woche lang durch Grippe gehandicapt, jetzt mache er ein Stück fertig, das Peymann noch vor dem Sommer in Stuttgart herausbringen wird.
Das neue Buch sei fertig, aber er möchte das noch etwas liegenlassen. Er habe sich das gut überlegt, eigentlich wolle er in diesem Jahr keine Prosa publizieren, im letzten Jahr seien gleich drei Bücher von ihm gekommen, das sei erst einmal genug.
Dann seine Frage: war der Handke da, und hat er sein neues Buch fertig? Das käme also im Herbst und das sei, meinte er, auch richtig, also sei es auch richtig, wenn sein Buch erst im Frühjahr kommt. Er sei ganz zufrieden mit diesem Entschluß.«

[376; Anschrift: Ohlsdorf]

Frankfurt am Main
3. April 1979

Lieber Thomas,
ich habe noch in der Nacht das Stück gelesen.[1] Ich gratuliere Ihnen sehr! Da ist Ihnen wieder ein neuer Wurf gelungen, und diesmal mit einem Thema, das natürlich hier in der Bundesrepublik höchst brisant ist. Die Leute werden aufhorchen!

Ich würde dringlich auf Seite 91 eine Änderung vorschlagen; es heißt dort: »Andererseits haben wir ja jetzt einen Bundespräsidenten, der ein Nationalsozialist gewesen ist.«

Ob nun Herr Scheel oder der kommende Herr Carstens – beide könnten in einer solchen Formulierung eine Verunglimpfung des Staatsoberhauptes sehen. Da versteht man hierzulande weniger Spaß als in Österreich. Ich könnte Ihnen eine minimale Änderung vorschlagen, die die Sache genauso hart trifft: »... einen Bundespräsidenten, der in der Partei der Nationalsozialisten gewesen ist.« Oder: »... der ›Parteigenosse‹ gewesen ist.« Gegen diese Formulierungen kann niemand irgend etwas haben, die stimmen, aber »Nationalsozialist« kann und wird hier als Schimpfwort ersten Ranges angesehen, gegen das man sich wehren kann mit Verbot der Aufführung oder Verbot der Verbreitung des Textes. Bitte, lassen Sie sich das durch den Kopf gehen.[2]

Wir sprechen uns also am Karfreitagmorgen. Ich erwarte in der Zeit von 9.00-10.30 h Ihren Anruf in der Klettenbergstraße (55 28 67).

Es war schön, Sie hiergehabt zu haben. Die verschiedenen Stadien Verlag-Königstein-Klettenbergstraße-Frankfurter Hof waren überaus angenehm, und ich bin sehr glücklich über »unser« Programm.

Herzliche Grüße

Ihr

[gez. Siegfried Unseld]

für ihn i. A.: Ihre Burgel Zeeh[3]

1 S. U. trifft sich am 2. April mit Th. B. in Frankfurt und Königstein; von der Begegnung hält er in einer Notiz fest:
»Er kam aus Salzburg, wo ihn Schaffler wieder wegen eines Buches bedrängt, er dies abgelehnt hatte; dann von einem Gespräch mit dem Festspielleiter Kaut, in dessen Verlauf Bernhard ihn be-

schimpft habe, und aus Stuttgart, wo er mit Claus Peymann sprach und verhandelte.
Bernhard hat das neue Stück ›Vor dem Ruhestand. Eine Komödie von deutscher Seele‹ innerhalb von 14 Tagen geschrieben. Peymann las es und war sofort bereit, seinen Spielplan zu ändern, den ›Tasso‹ nicht mehr zu machen, sondern dieses Stück am 1. Juni zur Aufführung zu bringen. Bühnenbild Herrmann, Hauptrolle Traugott Buhre. Das hat in Stuttgart natürlich Furore gemacht, aber Peymann hat sich durchgesetzt. Von dort her hat er bei Bernhard wiederum erzwungen, daß er die Rechte direkt erhält für die Stuttgarter Aufführungen, etwa zwei oder drei, danach führt Peymann es in Bochum auf, und von da ab tritt der Suhrkamp Verlag ein. Und Bernhard mußte auch zugestehen, daß das Stück im Programmheft abgedruckt wird. [...]
Das Stück sei so ruhig wie ein Strindberg-Stück, ein Traumspiel in gewisser Weise, es sei, so Bernhard, eine Mischung aus Strindberg und Henry James.
[...] Die Herstellung hat unter größtem Schweigen zu erfolgen. Ich wäre eigentlich dafür, daß wir den Autor gar nicht angeben, denn Bernhard hat Peymann einen Vorsprung versprochen. Wir kündigen das Buch erst an im ›Börsenblatt‹, wenn das Theater in Stuttgart die erste Ankündigung gemacht hat. [...]
Die kommenden Publikationspläne:
also zum 1. Juni 1979: ›Vor dem Ruhestand‹.
Im Herbst 1979 wird in Bochum der ›Weltverbesserer‹ mit Minetti aufgeführt.
Wir telefonieren Karfreitag, und ich erfahre dann, ob Bernhard damit einverstanden ist, wenn wir eine Art Omnibus mit seinen sämtlichen Erzählungen machen.
Im April / Mai 1980 erscheint in der BS die Prosa ›Erinnern‹. Es wird hier einige Bände geben.
In der neuen edition suhrkamp kann ein Band erscheinen: ›Die Billigesser‹, eine Prosa von ca. 70 Seiten, das ergäbe einen Band von etwa 120-130 Seiten, also ideal im Umfang. Das Manuskript liegt bei Bernhard vor.
Im Herbst 1980 dann der Roman ›Gegenruhe‹.
Er hat ferner ein Märchen fertig. ›Das Märchen von den Salzburgern oder Der Dummkopf aus dem Norden‹. Ich werde versuchen, mit Horst Janssen Verbindung aufzunehmen, ob er so etwas illu-

strieren möchte. Obschon Bernhard nicht allzu sehr für eine Illustration ist. Keinen der gegenwärtigen Künstler hält er für bedeutsam.«

2 Der Satz wird nicht geändert.

3 S. U. reist am 3. April für zehn Tage in die USA, wo im der New York University angegliederten Deutschen Haus erstmals die »German Book Week« stattfindet. In seinem *Reisebericht USA, 3.-12. April 1979* schildert er eine Podiumsdiskussion, bei der ihm die Rolle dessen zufällt, »der sich beklagen mußte, daß amerikanische Verleger so wenig deutschsprachige Bücher veröffentlichen, daß sie für ihre Häuser wichtige Bücher übergehen und daß die Beherrschung der deutschen Sprache in den Lektoratsstuben der amerikanischen Verlage immer geringer wird«. Dennoch stellt er in seinem Bericht fest: »Es ist merkwürdig, aber es ist so: Thomas Bernhard verdient eine besondere Erwähnung. Seine ›Corrections‹ werden in Kürze herauskommen, sie wären jetzt schon erschienen, wenn der Verlag A. Knopf nicht noch einmal den Umschlag nachdrucken müßte, man hatte ein Bild moderner Kunst ausgesucht, das schon den Umschlag eines anderen Buches zierte! [...] In allen Diskussionen während der Buchwoche flammte der Name Bernhard auf als Gegenbeispiel der amerikanischen Verleger, die sich mit der Publikation von Bernhard geradezu schmückten.«

[377; Anschrift: Ohlsdorf]

Frankfurt am Main
27. April 1979

Lieber Thomas Bernhard,
bei uns treffen dringliche Telefonate ein. In den Gazetten, so am 26. April in der »Frankfurter Rundschau«, steht nun, daß Peymann »Vor dem Ruhestand« in Stuttgart inszenieren und im Juni herausbringen wird.[1] Es gibt Theater, die dringlich interessiert sind und nach dem Text und einer Aufführungsmöglichkeit fragen. Das Burgtheater Wien interessiert sich für das Stück im Hinblick auf die Regie von

Erwin Axer. Das Züricher Schauspielhaus bittet um eine Option für eine schweizerische Aufführung. Könnten wir darüber einmal telefonieren? Die Sache ist eilig und brennend.

Schöne Grüße

Ihr

[Siegfried Unseld]

1 Zehn Tage später, unter dem Datum des 7. Mai, kommentiert *Der Spiegel* den Vorgang: »Unter strengster Geheimhaltung und täglicher Kontrolle der sechs im Theater vorhandenen Texte inszenierte Peymann Thomas Bernhards neuestes Stück, ›Vor dem Ruhestand‹, Untertitel: ›Eine Komödie von deutscher Seele‹. Und der Suhrkamp Verlag bereitet, nicht weniger sorgsam abgeschirmt, die Buchausgabe zur Premiere Ende Juni vor. Hat etwa Bernhard, während jedermann gebannt auf Hochhuth wartete, heimlich ein Filbinger-Schlüsselstück in die Welt gesetzt?«
Rolf Hochhuth hatte am 17. Februar 1978 in der *Zeit* einen Vorabdruck aus seiner Erzählung *Eine Liebe in Deutschland* veröffentlicht, mit dem er die Öffentlichkeit darauf aufmerksam machte, daß der damalige baden-württembergische Ministerpräsident Hans Filbinger als Marinestabsrichter während des Zweiten Weltkriegs noch kurz vor der Kapitulation Todesurteile ausgesprochen hatte. Filbinger, der die Vorwürfe leugnete und gerichtlich gegen Hochhuth und *Die Zeit* vorging, mußte schließlich am 7. August 1978 seinen Rücktritt erklären. Hochhuths Stück *Juristen*, das sich mit dieser Thematik beschäftigt, ist ursprünglich für Peymanns letzte Spielzeit am Württembergischen Staatstheater Stuttgart vorgesehen, wird aber nicht rechtzeitig fertig. Statt dessen setzt Peymann *Vor dem Ruhestand* auf den Spielplan (siehe Anm. 1 zu Brief 384 und den Kommentar zu *Vor dem Ruhestand* in Th. B.: *Werke 18*, S. 377-397).

[378; Anschrift: Ohlsdorf]

Frankfurt am Main
4. Mai 1979

Lieber Thomas Bernhard,
ich habe nach unserem Telefonat Herrn Peymann angerufen, ihn jedoch nicht erreicht, sondern Herrn Beil.[1] Er hat mir gesagt, daß die Premiere des Stückes nun auf den 29. Juni definitiv festgesetzt sei. Ich gebe diese Nachricht weiter. Im übrigen liefe bei den Proben alles programmgemäß gut ab.
Mir ist der 29. Juni nicht so angenehm, weil an diesem Abend eine große Veranstaltung für Mircea Eliade in Frankfurt stattfindet, zu der verschiedene Autoren des Verlages ebenfalls nach Frankfurt kommen.[2] Nun, wir werden sehen, beim Theater sind die Termine ja auch nicht immer so definitiv.
Schöne Grüße
Ihr
[Siegfried Unseld]

1 In einer Telefonnotiz vom 4. Mai, die er zur Kenntnis an den Theaterverlag gibt, schreibt S. U.:
»Telefonat mit Thomas Bernhard
am 4. Mai, Wien.
Er hat meinen Brief vom 27. April nicht erhalten. Am Telefon heute besprach ich mit ihm die Situation ›Vor dem Ruhestand‹. Er ist damit einverstanden, daß wir das Stück regulär anbieten. Er ist nicht gegen nachfolgende Aufführungen, aber er wünscht natürlich, daß es sich um gute Aufführungen handelt, und hofft, daß wir uns dafür von den Theatern dann Garantien geben lassen.«
In einer Notiz vom selben Tag an Renate Doufexis, Claus Carlé und Rolf Staudt hält S. U. fest:
»Thomas Bernhard, Claus Peymann und ich haben zur Strategie der Präsentation des Stückes ›Vor dem Ruhestand‹ folgendes vereinbart:

Weder der Autor noch das Theater noch der Suhrkamp Verlag werden vor der Aufführung den Text des Stückes an Dritte geben. Es soll also kein anderes Theater als Stuttgart, und es soll kein Kritiker vor der Aufführung den Text des Stückes erhalten. Nach der Aufführung werden wir dann den Stücktext den Theatern regulär anbieten, und ebenfalls werden wir sehr deutlich nach dem Datum der Uraufführung vom 29. Juni, also etwa Mitte Juli, das Buch ausliefern. Es ist unsere gemeinsame Absicht, die vom Autor, vom Theater und von uns getragen wird, daß wir einmal bei einem Stück von Bernhard versuchen wollen, für alle Beteiligten eine ganz unmittelbare Wirkung auf der Bühne zu erreichen. Es ist mir klar, daß hier manche Verstimmungen, insbesondere bei den Kritikern, ob des ungewöhnlichen Vorgangs entstehen, aber das wollen wir auf uns nehmen.
Ich bitte noch einmal dringlich, daß die beteiligten Abteilungen, Theaterverlag und Presse, in Hinsicht auf dieses Stück absolut dicht sind. Herr Peymann seinerseits hat seine Dramaturgen ebenfalls in dieser Weise verpflichtet.«

2 Die Veranstaltung findet an diesem Tag nicht statt.

[379]

Ohlsdorf
7. Mai 79

Lieber Doktor Unseld,
was das im Augenblick in Stuttgart probierte Stück betrifft, bitte ich Sie, es *absolut und unter allen Umständen* unter Verschluss zu halten und *keinem einzigen Menschen* zu zeigen, nur so kann es zum Erfolg geführt werden. Wir müssen verhindern, dass der Text vor der Aufführung in die Hände der Schwätzer und Intriganten kommt, die bekannte Namen, aber in ihren scheusslichen Köpfen nichts als Geschwätz und Intrigantismus haben. Wir zerstörten uns absolut unser Konzept.
Das Theater soll unmittelbar als Aufführung wirken, nicht

schon vorher von allen diesen grauenhaften beispiellos dummen und gewissenlosen Kaiser und Jenny und Henrichs vernichtet werden. Alle diese Leute haben nicht einen Funken Theaterverstand und sind gerade durch ihre Inkompetenz so widerwärtig und allgegenwärtig und abstossend.
Ich hoffe sehr, dass das Manuskript des »Ruhestands« nicht schon in die feindlichen Hände gelangt ist und es sollte, wie besprochen, ausser Ihnen und dem Setzer auch niemand zu Gesicht bekommen haben.
Sie sollten sich nicht nur in meinem ureigenen, sondern auch in Ihrem Interesse den »Ruhestand« in den Panzerschrank stellen und erst bis nach der Aufführung in Stuttgart herausnehmen.
Ich bitte sehr, das Stück erst *eine Woche nach* der Uraufführung in Stuttgart zu veröffentlichen.
Der grösste Fehler war immer, das Manuskript schon vor der Aufführung den Maulaffen zwischen Hamburg und München vorgeworfen zu haben.
Es ist mir sehr ernst mit der Bitte um vollkommenen Verschluss des »Ruhestandes«.
Ihr
Thomas Bernhard

[380; Anschrift: Ohlsdorf]

Frankfurt am Main
9. Mai 1979

Lieber Thomas Bernhard,
in diesen Tagen wird Sie die Einladung von Herrn Dr. Guth erreichen, ich freue mich sehr, daß Sie kommen werden.
Wir reservieren im Hotel »Frankfurter Hof« für Sie ein Zimmer.
Frau Zeeh würde Ihnen gerne das Ticket schicken oder am

Flughafen hinterlegen, von wo aus werden Sie die Reise antreten?
Wenn Sie von Salzburg aus kommen, müßten Sie bereits am Samstag abend anreisen (ab Salzburg geht nämlich nur eine Abendmaschine nach Frankfurt); das wäre weiter nicht schlimm, nur bin ich an diesem Tag und Abend seit langen Wochen in Memmingen verpflichtet, ich komme erst wieder am Sonntag morgen nach Frankfurt zurück.
Von Wien aus dagegen hätten Sie zwei Möglichkeiten:
ab Wien 10.30 LH 253 / an Frankfurt 11.55 h
oder
ab Wien 14.25 OS 403 / an Frankfurt 15.45 h
Bei der ersten Möglichkeit hätten wir die Gelegenheit eines mittäglichen Beisammenseins, aber auch um 15.45 h sind Sie uns willkommen!
Bitte, lassen Sie uns Ihre Entscheidung wissen, damit wir das Nötige in die Wege leiten können.[1]
Hat man sich von Wien aus an Sie wegen des Textes gewandt? Wir haben das Burgtheater beschieden, das zu versuchen, da wir keine Textfassung vorliegen haben. Ich denke, das ist in unserem Sinne.[2]
Herzliche Grüße – und auf bald,
Ihr
[Siegfried Unseld]

1 S. U. fährt am 6. Juli nach Ulm, wo er 1943 das Notabitur und 1946 ein normales Abitur abgelegt hat. Im benachbarten Memmingen findet am 7. Juli ein Klassentreffen statt.

2 Eine Aufführung von *Vor dem Ruhestand* am Wiener Burgtheater kommt erst 20 Jahre später zustande. Peter von Becker kommentiert am 15. Januar 2000 im *Tagesspiegel*: »Claus Peymann hatte im Sommer 1979 in Stuttgart die Uraufführung [...] bereits im nahezu gleichen Bühnenbild von Karl-Ernst Herrmann und mit denselben drei Schauspielern inszeniert. Es war damals Peymanns Stuttgarter Abschieds-Saison, vor dem Wechsel nach Bochum [...]. 20 Jahre später machte Peymann dann das Remake mit Kir-

sten Dene (Clara), mit Traugott Buhre (Höller) und Eleonore Zetzsche (Vera) in Wien wiederum zu einer seiner Abschiedsvorstellungen, diesmal vom Burgtheater.« (Siehe auch den Kommentar zu *Vor dem Ruhestand* in Th. B.: *Werke 18*, S. 397.)

[381; Anschrift: Ohlsdorf]

Frankfurt am Main
9. Mai 1979

Lieber Thomas Bernhard,
schönen Dank für Ihren Brief vom 7. Mai. In der Sache hat er sich erübrigt, ich sagte Ihnen schon neulich am Telefon, alles ist in Ordnung, niemand wird es sehen, und die Auslieferung wird acht Tage nach Aufführung stattfinden.
Wir machen es immer gut, wenn wir etwas gemeinsam machen.
Schöne Grüße
Ihr
[Siegfried Unseld]

|Könnten Sie mir die Erzählung »Die Billigesser« zusenden?|[1]

1 Der handschriftliche Zusatz wurde von Burgel Zeeh auf dem Durchschlag notiert.

[382]

Ohlsdorf
18.6.79

Lieber Siegfried Unseld,
wenn die Natur der Sache und die Natur selbst es erlauben, sehen wir uns am übernächsten Freitag den 29. in Stuttgart.

Ich bin in guter Form und für alle möglichen Lebenszeichen besteht also bis zu diesem Datum keinerlei Anlass.
Was die Freunde im Taunus betrifft, so will ich mir bis zum Juli noch alles offen lassen.
Wer arbeitet, soll es *zur Gänze* tun, nichts sonst.
Sehr herzlich
Th. B.

[383; Anschrift: Ohlsdorf]

Frankfurt am Main
20. Juni 1979

Lieber Thomas,
hier also die Aufstellung für »Die Erzählungen«. Sind Sie damit einverstanden? Erinnern Sie sich noch an den Text »Die verrückte Magdalena«? Ich wäre dafür, den Text aufzunehmen. Wie denken Sie darüber?
Ich wäre Ihnen dankbar, wenn Sie die rechtliche Situation, die wir angemerkt haben, beantworten könnten.
Wir wollen in dem Band dann eine ausführliche Bibliographie von Herrn Dittmar bringen und ein Nachwort von Ulrich Greiner. Ich hoffe, daß Sie auch damit einverstanden sind.
Sehen wir uns am 28. Juni in Stuttgart? In jedem Fall freue ich mich auf den Mittag des 8. Juli.
Herzliche Grüße
Ihr
[Dr. Siegfried Unseld]

[Anlage 1; Notiz[1]]
Thomas Bernhard, Die Erzählungen

»Die verrückte Magdalena«
»Der Schweinehüter« (1956)
»Ereignisse«
»Im Armenhaus« (1963)
»Der Briefträger« (1963)
»Der Italiener« (1963)
»Amras« (1976)[2]
»Eine Zeugenaussage« (1964)
»Der Zimmerer«
»Das Verbrechen eines Innsbrucker Kaufmannssohns«
»Ein junger Schriftsteller« (1965)
»Viktor Halbnarr« (1966)
»Verstörung«
»Der Fürst«
»Henzig, Huber, Zehetmeyer«
»Jauregg«
»Attaché«
»Zwei Erzieher«
»Die Mütze«
»Ist es eine Komödie? Ist es eine Tragödie?« (1967)
»Baumgrenze« (1967/68)
»Ungenach« (1968)
»Midland in Stilfs« (1971)
»Der Wetterfleck« (1967)
»Watten. Ein Nachlaß« (1969)
»Ein lächelnder Betrüger«
»Als Verwalter im Asyl. Fragment«
»Ja« (1978)
»Gehen« (1971)
»Am Ortler«

(Gesamte erzählende Prosa, bis auf die autobiographischen Schriften, die Romane und »Stimmenimitator«)

Die rechtliche Situation muß geklärt werden in folgenden Fällen:

»Der Italiener« – geschrieben 1963, Erstabdruck im »Insel-Almanach« 1965, dann 1969 in den Band »An der Baumgrenze« aufgenommen, der bei Residenz erschien und später als dtv nachgedruckt wurde

»An der Baumgrenze« – (Erstabdruck in »Jahresringe« 1967/68)

»Viktor Halbnarr« – stammt aus dem Band »Dichter erzählen Kindern«, der 1966 bei Middelhauve erschienen ist

»Der Schweinehüter« – Erstdruck in »Stimmen der Gegenwart«, hrsg. von Hans Weigel, Wien-München 1956

»Der Kulterer«

Wir nehmen an, daß die Rechte an diesen Erzählungen an Thomas Bernhard zurückgefallen sind.

1 Die Aufstellung geht auf einen Vorschlag von Jens Dittmar zurück.

2 1976 erscheint *Amras* (Erstausgabe 1964) in der Bibliothek Suhrkamp.

[384; Anschrift: Ohlsdorf; Telegrammnotiz]

Frankfurt am Main

27. Juni 1979

Schlage Treffen Freitag 18 Uhr Halle Hotel Zeppelin vor – stop – bitte bringen Sie Manuskript »Billigesser« mit. Gruß Unseld[1]

1 S. U. trifft Th. B. anläßlich der Uraufführung von *Vor dem Ruhestand* am 29. Juni; in seinem *Reisebericht Stuttgart, 29.-30. Juni 1979* schreibt er u. a.:

»Die Uraufführung – Inszenierung Claus Peymann, Höller: Traugott Buhre; Clara: Kirsten Dene; Vera: Eleonore Zetzsche.

Jedes Urteil über die Uraufführung muß mit dem Satz beginnen:

Dreieinviertel Stunden – das ist zuviel. Sonst war vieles von der Inszenierung her überzeugend. Peymann ließ so spielen, daß nirgendwo ein Mißverständnis aufkommen kann, und das Publikum merkte dies. Großer Beifall, kleine Buh-Rufe, die wiederum nur stärkeren Beifall hervorriefen. [...]
Zu einer einläßlichen Diskussion des Erzählungsbandes reicht die Zeit nicht, das verschoben wir auf ein Gespräch am Sonntag, dem 8. Juli, in Frankfurt.«
Über das Gespräch am 8. Juli berichtet S. U. in der *Chronik*: »Ich lese die frühen Erzählungen von Thomas Bernhard. Ich soll ihn jetzt treffen, und wir treffen uns auch im Frankfurter Hof. Er ist aufgeräumt, heiter, er gibt mir noch einmal eine neue Fassung einer frühen Erzählung [*Die verrückte Magdalena*], die im ›Linzer Tagblatt‹ erschienen ist.
Dann fahren wir nach Königstein [im Taunus]. Wilfried Guth, Vorstandssprecher der Deutschen Bank, ist an diesem Tag 60 Jahre alt geworden. Er hat sich sehr gewünscht, daß Thomas Bernhard bei ihm lesen sollte. Eine auserlesene Gesellschaft, Konzert, Thomas Bernhard liest zehn Texte aus dem ›Stimmenimitator‹.« Zum Thema *Erzählungen* hält eine eigene Notiz über das Gespräch am 8. Juli in Frankfurt fest:
»Er ist einverstanden mit dem Band ›Die Erzählungen‹.
Bitte möglichst auf erste Fassungen zurückgreifen, keinen Auszug aus den Romanen bringen, also nicht ›Im Armenhaus‹ und nicht ›Henzig, Huber, Zehetmayer‹. Bei dem ›Kulterer‹ die Fassung ›Der Briefträger‹ nehmen.
Bei ›Die verrückte Magdalena‹ den Text aus dem ›Linzer Tagblatt‹ (Anlage). Bitte beachten, daß der Text ›Der Schweinehüter‹ vier neue Zeilen bekommt, die Thomas Bernhard mir gegeben hat. Er legt größten Wert darauf, daß das Motto von Pascal ebenfalls abgedruckt wird.«
Zu den zwei Fassungen von *Der Kulterer* siehe Anm. 1 zu Brief 332 sowie den Kommentar in Th. B.: *Werke 11*, S. 366-371. Die Fassung von *Die verrückte Magdalena* aus dem *Linzer Tagblatt* vom 17. Januar 1953 ist identisch mit der am selben Tag im *Demokratischen Volksblatt* erschienenen Version (siehe den Kommentar in Th. B.: *Werke 14*, S. 587f.; zu den diversen Schlußversionen von *Der Schweinehüter* siehe den Kommentar in Th. B.: *Werke 14*, S. 581-583).

[385; Anschrift: Ohlsdorf]

Frankfurt am Main
16. Juli 1979

Lieber Thomas,
ich habe im Hause Ihre Entscheidung bekanntgegeben, und es ging ein wahres Geheul los![1] Die Vertreter verkaufen den Band hervorragend. Unsere Werbeleute haben sich schon auf eine große Werbekampagne festgelegt. Die Herstellung hat DM 10.000.– für Satzkosten ausgegeben. Der Vertriebsleiter will sich das Leben nehmen, weil 1200 Buchhändler von der Ausgabe wissen, und sie soll nun nicht kommen!
Folgende Lösung böte sich an: Wir nennen den Band nicht mehr »Die Erzählungen«. Wir lassen die Ihnen anstößig erscheinenden frühen Erzählungen weg und beginnen nur mit den Texten, die Sie selbst in Buchausgaben mit hineingegeben haben. Es wäre dann ein Band mit Erzählungen von Thomas Bernhard und, wie ich meine, keine Gesamtausgabe und eine Konzentration auf das Wichtigste.
Schreiben Sie mir doch noch eine Zeile, oder schicken Sie mir ein Telegramm, bevor hier im Hause Verzweiflungen und eine Serie von Selbstmorden ausbrechen.
Herzliche Grüße
Ihr
[Siegfried Unseld]

1 Unter dem Datum des 6. August [gemeint ist Juli] notiert S. U. in der *Chronik*:
»Aufregung mit Thomas Bernhard. Plötzlich ist er mit dem Plan ›Die Erzählungen‹ nicht einverstanden, er will nicht mehr ›Die Erzählungen‹, d. h. nicht mehr die frühen Erzählungen, dafür will er aber doch den Titel beibehalten.«

[386]

Ohlsdorf
18. Juli 79

Lieber Siegfried Unseld,
die Selbstmordrate in Deutschland ist zum Unterschied von Österreich so niedrig, dass sich, in dieser übervölkerten Zeit, die zu zerplatzen droht, ohne weiteres sagen wir ein Drittel aller Deutschen umbringen könnte, aber diese Tapferen müssen ja nicht ausgerechnet aus dem Suhrkampverlag sein, von welchem noch in Jahrhunderten gesagt werden wird, dass er als eine der allerwenigsten Institutionen in Europa, die tatsächlich einen grossen Wert haben, gesprochen [sic] werden wird, mit der allergrössten Bewunderung. Im Jahr Dreitausend wird man den Geist unseres Jahrhunderts ausgraben, wenn man Stück für Stück mit dem Siegel Suhrkampverlag ausgraben wird. Man wird staunen, was für Schätze von dieser heute als entsetzlichen kopflosen Zeit übriggeblieben sind.
Da ich also den Massenselbstmord in der poetischen Lindenstrasse verhindern will, als Vernunftmensch unter allen Umständen, machen wir den Band *doch*, auch wenn ich ihn nicht haben will. Da er aber gemacht wird, soll er durchaus »*Die* Erzählungen« heissen und nicht nur »Erzählungen«, was ich abstossend finde, aber er darf nur die Erzählungen von »Amras« bis »Ja« enthalten, also alles *vor* »Amras« nicht und *nach* »Ja« nicht. Auch muss er sich auf die sogenannten grossen Erzählungen beschränken und darf nichts auch nur andeutungsweise aus den Romanen enthalten. Also nur von »Amras« bis »Ja« und nur die sogenannten tatsächlichen Erzählungen. Und er muss natürlich »Die Erzählungen« betitelt sein.
Um den Fall abzuschliessen, bitte ich, mir die nichtgebrauchten Stricke (gleich welcher Qualität) und Pistolen-

kugeln abzustatten, um ganz sicher zu sein, dass sie wenigstens in nächster Zeit nicht zur Verwendung kommen.
Ich habe schon soviel ausgehalten, werde also auch »Die Erzählungen« aushalten. Ich nehme als selbstverständlich, dass sie so gemacht werden, dass es mich nicht graust, am liebsten weisse Schrift auf Schwarz, sonst nichts.
In ebensolcher Ausstattung wünschte ich, nachdem wir diesen Fall zur Zufriedenheit aller erledigt haben, »Minetti«, das Stück, in der BS. Im Frühjahr.
Wenn Sie mich jetzt noch einmal verfluchen, so bin ich ja soweit weg, dass es mich nicht umwirft.
Bitte grüssen Sie die Burgel Zeeh, die meinen letzten Frankfurtausflug so perfekt arrangiert hat. Es hat mich nicht gereut.
Ihr
Thomas B.

P. S.: »Die Erzählungen« dürfen auch keinen Kommentar und keine, wie immer scheussliche sogenannte Bibliografie enthalten.

[387; Anschrift: Ohlsdorf]

Frankfurt am Main
24. Juli 1979

Lieber Thomas Bernhard,
haben Sie Dank für Ihren Brief vom 18. Juli. Ich bin sehr froh, daß Sie unseren Überlegungen folgen konnten. Wir wollen ja beide das Vernünftige und Richtige und vielleicht auch manchmal das Über-Vernünftige machen.
Der Band wird den Titel tragen: »Die Erzählungen«, und er wird die Erzählungen von »Amras« bis »Ja« enthalten und alles vor »Amras« und nach »Ja« weglassen. Wir werden

ferner die editorische Notiz, die wir bringen wollen, Ihnen vorher vorlegen.
Auf eine Bibliographie verzichten wir.
Was den Umschlag betrifft, so kommen wir Ihnen gerne entgegen in der Farbe des Umschlags: nämlich weiß. Dagegen würden wir gerne das Layout des Umschlags beibehalten; der von Fleckhaus entworfene Umschlag ist doch besonders schön.
Stören Sie sich bitte nicht an der Ankündigung »Mit einem Vorwort von Ulrich Greiner« – das kommt nun nicht mehr in Frage.
Ich bin im Prinzip gerne bereit, »Minetti« in die BS aufzunehmen, aber lassen Sie uns bitte erst die Vorräte der großen Ausgabe verkaufen.[1]
Ich werde höchstwahrscheinlich am 20. oder 21. August in der Nähe von Salzburg sein. Vielleicht kann man Sie dann sehen? Ich würde mich freuen.
Frau Zeeh hat gerne Ihre Reise nach Frankfurt »verwaltet«, und wir alle waren froh, Sie hierzuhaben. Und Ihre Vorlesung im Hause Guth hat mehr als gute Nachwirkungen.
Herzliche Grüße
Ihr
[gez. Siegfried Unseld]
(nach Diktat verreist)
Ihre Burgel Zeeh

Anlage[2]

1 *Minetti* wird nicht in die Bibliothek Suhrkamp übernommen.
2 Die Anlage hat sich nicht erhalten. Es handelt sich vermutlich um die Programmvorschau des Suhrkamp Verlags für das zweite Halbjahr 1979; auf der Seite 8 wird der Band *Die Erzählungen* angekündigt: »Mit einem Vorwort von Ulrich Greiner«. Der Band erscheint im Oktober des Jahres, ohne Bibliographie und edito-

rische Notiz, lediglich mit Quellenhinweisen versehen, unter dem Titel *Die Erzählungen*; auf dem von Willy Fleckhaus entworfenen Umschlag mit weißem Fond und schwarzer Schrift ist ein Foto Th. B.s von Andrej Reiser zu sehen. Der Klappentext zitiert im wesentlichen aus einer Rezension von *Der Stimmenimitator* und *Ja*, die Ulrich Greiner am 22. November 1978 in der *Frankfurter Allgemeinen Zeitung* veröffentlicht hat.

[388; Anschrift: Ohlsdorf]

Frankfurt am Main
3. September 1979

Lieber Thomas,
nochmals mein Kompliment für die »Billigesser«; ich habe die Erzählung jetzt zweimal gelesen, um ganz hinter die Wiener Kreis-Schliche zu kommen. Wir werden ein bedeutendes Echo auf diese Erzählung erhalten.[1]
Ich ließ einige Seiten des Manuskripts neu abtippen, weil die immer unkundiger werdenden Setzer sich in den Korrekturen nicht zurechtgefunden hätten. Aber es gibt noch einige Stellen, die auch mir undeutlich sind.
Ich mache es am besten so, daß ich diese Stellen auf einem gesonderten Blatt notiere. Da ich nicht weiß, ob Sie ein korrigiertes Manuskript bei sich haben, schreibe ich die Stellen jeweils ausführlich ab.
Es war sehr schön, daß wir uns neulich gesehen haben, wenn das Gespräch vielleicht doch etwas zu kurz kam.
Herzliche Grüße
Ihr
Siegfried U.

[Anlage; Anmerkungen zu *Die Billigesser*]

Seite 9, 4. Zeile von unten:
... er hatte Angst gehabt, »daß ihn die Leute in der WÖK sofort als Krüppel erkennen und anstarren und lange Zeit nicht mehr aus ihren ...... Augen lassen«. Sie haben handschriftlich diese Augen mit einem Eigenschaftswort versehen, das läßt sich aber leider nicht entziffern. Sind es perverse Augen?
Wenn ich gerade WÖK diktiere: Ich würde vorschlagen, man sollte das nicht mit großen Buchstaben schreiben, sondern das ö mit einem Kleinbuchstaben, also WöK. Was meinen Sie?
Seite 2
»auf ein anderes, möglicherweise sogar entgegengesetztes Thema gekommen wäre, auf ein vollkommen anderes, so er, als auf das er gekommen sei, ...«
Müßte es nicht heißen: »als das auf das er gekommen sei?«
Seite 10, Zeile 16
»... und hätten ihn wie selbstverständlich auf den besten Platz an ihrem Tisch setzen lassen.« Sollte man nach »selbstverständlich« nicht ein »sich« einfügen?
Seite 10, Zeile 26
»während er mit beiden Händen den Versuch gemacht hatte, die Krückstöcke an die Wand hinter ihm zu lehnen ...« Muß es hier nicht »hinter sich« heißen?
Seite 12, Zeile 30
»Es sei, so Koller, an allen vier Billigessern abzulesen gewesen, daß sie einen wie er an ihrem Tisch gebrauchen konnten ...« Müßte es nicht heißen: »einen wie ihn«?
Seite 27a, Zeile 11
»... aber ich durfte naturgemäß auch nicht glauben, daß er darauf vergessen hatte ...« – »darauf« ist zwar logisch möglich, aber irgendwie ungenau. Sollte man das nicht noch präzisieren?

Seite 43, Zeile 30
»Er hatte auch an diesem Tage nicht auf seine ihm im Laufe von Jahrzehnten zur Gewohnheit gewordene sogenannte Fensterkontrolle vergessen.«
Das ist natürlich so möglich, aber wäre statt »vergessen« nicht vielleicht das Verb »verzichten« einzuführen? Man müßte dann natürlich den Satz umkonstruieren.
Seite 47, Zeile 5
»Manchmal fragten die übrigen Billigesser Weninger ganz abrupt um die Uhrzeit ...« Sollte man nicht sagen: »nach der Uhrzeit«?
Seite 49, Zeile 23
»Über die Sprache soll er gesagt haben, daß sie vor allem aus Wörtern gleich Gewichten bestehe, von welchen die Gedanken fortwährend herunter und zu Boden gedrückt und dadurch in keinem einzigen Falle in seiner ganzen Bedeutung und tatsächlichen Unendlichkeit offenbar werden könne.«
Müßte man nicht einfügen: »ihrer ganzen Bedeutung«, und müßte es am Schluß nicht heißen: »offenbar werden könnten«?
Seite 20, Zeile 31
Wahrscheinlich ein Tippfehler: »... um mir und sich selbst von Zeit den Beweis zu erbringen ...« Muß es nicht heißen: »von Zeit zu Zeit«?

3.9.1979
dr. u. / gl[aser]

1 Der *Reisebericht Salzburg, 20.-22. August 1979* hält fest: »Gespräch mit Thomas Bernhard. Übergabe des Manuskripts ›Die Billigesser‹. Er wollte das Manuskript nicht für die esNF [edition suhrkamp Neue Folge] haben, weil er meinte, in einer Reihe ginge das unter. Ich widersprach dem. Das Problem ist noch nicht ausdiskutiert. Ich habe das Manuskript in den Tagen gelesen, es ist ein ty-

pischer Bernhard, wieder wird sein Thema variiert, der Triumph des Geistes über die Krüppelhaftigkeit des Menschen.
Das Manuskript ist textlich zwar in Ordnung, aber einige Seiten müssen neu abgeschrieben und zwei Stellen entziffert werden. Es handelt sich um die Geschichte von vier ›Billigessern‹, die in der Wiener öffentlichen Küche (WÖK – also Wök, Menschen) essen und deren Physiognomie typologisch beschrieben wird. Demgegenüber essen die Gesunden und Geistesarmen im Restaurant, Auge Gottes. Einer der Billigesser ist Buchhändler, und man kann sich denken, daß der Buchhandel nicht allzu gut wegkommt.
Thomas Bernhard hat mir noch einmal die Inhaltsübersicht für ›Die Erzählungen‹ bestätigt, ich führe sie hier nochmals an:
›Amras‹
›Das Verbrechen eines Innsbrucker Kaufmannssohns‹
›Der Zimmerer‹
›Jauregg‹
›Zwei Erzieher‹
›Die Mütze‹
›Ist es eine Komödie? Ist es eine Tragödie?‹
›Viktor Halbnarr. Ein Wintermärchen‹
›Attaché an der französischen Botschaft‹
›An der Baumgrenze‹
›Ungenach‹
›Watten. Ein Nachlaß‹
›Midland in Stilfs‹
›Der Wetterfleck‹
›Am Ortler‹
›Gehen‹
›Ja‹

Gespräch mit Claus Peymann und Thomas Bernhard. Peymann wird ›Vor dem Ruhestand‹ am neuen Orte aufführen, und er wird dann im Frühjahr nächsten Jahres wieder eine Bernhard-Uraufführung bringen.«

[389; Anschrift: Ohlsdorf]

Frankfurt am Main
20. September 1979

Lieber Thomas,
es meldet sich noch einmal der Kulturreferent der Landeshauptstadt München, Herr Dr. Kolbe. Er möchte Sie einladen zu einer Lesung am 19., 20., 24., 26., 27. oder 28. November. Honorar: DM 2.000.– plus Kosten für Reise und Aufenthalt. Bitte überlegen Sie es sich doch.[1] Ich kann diese Daten leider nicht damit verbinden, daß wir uns sehen; in den ersten der angegebenen Tage bin ich in Spanien und anschließend in den USA.[2]
Herzliche Grüße
Ihr
[Siegfried Unseld]

1 Jürgen Kolbe, der Kulturreferent von München, schreibt am 23. Oktober 1979 an Th. B.: »Sehr verehrter Herr Bernhard, über Ihre Zusage zur Mitwirkung an der Veranstaltungsreihe des Kulturreferats der Landeshauptstadt München ›Literatur in München II‹ in diesem Jahre, die den Titel ›Im Entstehen begriffen‹ trägt und im Rahmen der traditionsreichen Münchner Bücherschau stattfindet, haben wir uns sehr gefreut. Besonders danken wir Ihnen, daß Sie Ihre Termine dementsprechend eingerichtet haben. Wir haben für Sie für 20. November, 21.00 Uhr disponiert.« (Siehe auch Briefe 370 u. 371.)

2 S. U. hält sich vom 19. bis 22. November in Barcelona auf, wo er bei der Eröffnung der dortigen Deutschen Buchausstellung einen Vortrag hält. Vom 23. November bis zum 2. Dezember ist er in den USA; ein Grund seiner Reise sind vorbereitende Gespräche für eine amerikanische Dependance des Suhrkamp Verlags.

[390]

Ohlsdorf
1.10.79

Lieber Siegfried Unseld,
in acht von zehn Punkten dankt der Schöpfer seinem scharfsinnigen Korrektor, die entsprechenden Absätze haben einen Haken.[1]
Ich bin in meinem Element und arbeite. Noch. Kommende Woche bin ich in Amerika.[2]
Sie haben ganz recht, das Gespräch ist zu kurz gekommen, aber das Auge war wachsam.
In der Zukunft sind alle Möglichkeiten.
Sehr, sehr herzlich Ihr
Thomas B.

1 Dem Brief liegen die Anmerkungen zu *Die Billigesser* (siehe Anlage zu Brief 388;) bei; Th. B. versieht zum Zeichen der Zustimmung die entsprechenden Fragen mit Haken und setzt bei der Annahme der Änderungsvorschläge die geänderte Version handschriftlich bestätigend hinzu. Bei der Anmerkung zur Seite 9, 4. Zeile von unten, fügt er »perfiden« (statt »perversen«) ein und notiert neben »das ö mit einem Kleinbuchstaben«: »muß groß bleiben!«; bei der Anmerkung zur Seite 27 a, Zeile 11, markiert er das »irgendwie« mit einer Wellenlinie, ohne weiteren Kommentar. Beide Stellen bleiben im Druck unverändert.

2 In einer Notiz an S. U. vom 2. Oktober hält Burgel Zeeh fest: »Telefonat mit Thomas Bernhard [...]. Im Oktober geht er für zwei Wochen nach New York, Frau Wilson hat er unterrichtet, sie wird ihrerseits wohl Frau Honegger benachrichtigen. Ich sagte ihm kurz, daß wir ein sehr gutes Gutachten zu ihrer ›Jagdgesellschaft‹-Übersetzung erhalten haben.« Während seines Aufenthalts in New York – die einzige USA-Reise, die Th. B. unternimmt – trifft er Gitta Honegger, die mehrere seiner Stücke ins Amerikanische übersetzt und die diese erste Begegnung mit dem Autor so darstellt: »Er reiste mit seinem Bruder und den langjährigen Freunden Viktor und Grete Hufnagl. Da ich seine Stücke über-

setzt hatte, wollte er mich kennen lernen. Er berichtete, dass die Suhrkamp-Lektoren von meiner jüngsten Übersetzung der *Jagdgesellschaft* sehr beeindruckt waren. Dann bat er mich, ihm bei der Suche nach einem Geschäft zu helfen, das ›Arrow‹-Hemden verkauft. Ich fand ein solches.« (Gitta Honegger, *Thomas Bernhard*, S. 24)

[391; Anschrift: Ohlsdorf; Telegrammnotiz]

Frankfurt am Main
23. Oktober 1979

Erbitte Anruf[1] – Herzlichst Siegfried Unseld Suhrkamp Verlag

1 Da S. U. in seiner *Chronik* für den 23. Oktober festhält: »Nur ein Thema: esNF.«, ist davon auszugehen, daß er in einem Telefonat mit Th. B. dessen Widerstand gegen eine Aufnahme von *Die Billigesser* in die Neue Folge der edition suhrkamp überwindet.

[392; Anschrift: Ohlsdorf]

Frankfurt am Main
31. Oktober 1979

Lieber Thomas Bernhard,
»Die Erzählungen« sind erschienen, Sie haben einige Exemplare erhalten, der Band soll eine Sondersache sein, deswegen der niedrige Ladenpreis: bei einem Umfang von 608 Seiten, Leinen, DM 28.–. Wir druckten eine Auflage von 10 000 Exemplaren.
Abgesehen von den Erzählungen, für die wir Abdruckrechte eingeholt haben, sind die Texte schon bei Suhrkamp bzw. Insel erschienen und durch Verträge geregelt. Wir rechnen bei diesem Band (obschon seine Kalkulation wegen des Umfangs negativ ist) wie üblich bei den gebunde-

nen Büchern ab, also 10% bis 10 000 Exemplare, danach 12%.
Mit herzlichen Grüßen
Ihr
[Siegfried Unseld][1]

1 Unter demselben Datum notiert S. U. in seiner *Chronik*: »In der Nacht lese ich die mir unbekannten Erzählungen von Thomas Bernhard aus dem Band ›Die Erzählungen‹. Welch ein Dichter!«

[393]

Kreta, Creta maris
26. 11. 79

Lieber Siegfried Unseld,
ich bin hier, wider Erwarten, nach entsetzlichem Sturzflug, in der glücklichsten Verfassung und ich melde mich, weil ich minos-beach besucht habe; aber *hier* ist es viel schöner, denn vor dem Fenster ist tatsächlich *das offene Meer*, nicht die lahme Bucht von dem zahm-faden Agios Nicolaos.[1]
Ich will bei dieser Gelegenheit für Ihren Besuch in Ohlsdorf danken, obwohl ich den Eindruck hatte, dass Ihre Gedanken ganz woanders waren, nur nicht bei mir. Aber das kommt in den besten Köpfen vor.[2]
Was Madame Maleta betrifft, so ist sie eine ausserordentlich gute Freundin, aber so unentrinnbar in dem Staats- und Diplomaten- und Industriellensumpf gefangen, dass es mir oft Schwierigkeiten macht, bei Fassung zu bleiben. Um Missverständnisse auszuräumen: mir ist das Gesellschaftsmilieu dort verhasst, aber die Person etwas wert.
Ich hatte nicht den Eindruck, dass Sie meine Arbeit besonders interessiert hätte. Dass ich ein neues Stück fertiggeschrieben habe, nahmen Sie auf wie wenn ich gesagt hätte,

mir hat das letzte Nachtmahl ganz gut geschmeckt. Auch das passte natürlich in Ihre »Besuchsmoral«.
Es ist sicher nicht gut, zwei »Dichter« in einem Fluge zu nehmen, obwohl Sie alles können, *das* nicht!!!
Das Genie hat Schwächen gezeigt und das macht es sympathisch. Sind Sie mit dieser Formulierung einverstanden? Sie sollen sich natürlich nicht ärgern, sondern über Ihren glücklichen Autor freuen.
Dass ich aus der blöden Akademie ausgetreten bin, haben Sie sicher gelesen. |mit Magenweh, wie ich weiß!| Ich suchte seit Jahren einen Anlass, aus dieser Überflüssigkeit zu verschwinden. Mir sind Akademien verhasst. Ich habe meine Wahl damals vor zehn Jahren nicht gerufen. Nun bin ich auch daraus entkommen und segle bald vollkommen allein mit meiner Leidenschaft.[3]
Sehr herzlich auch an und für Burgel Zeeh Ihr
Thomas B.

Der Erzählungsband schaut ganz schön aus, wie gesagt, aber er ist, weil ausser Kontrolle geraten aus was für Gründen immer, nicht so gelungen, dass ich *eine reine Freude* damit hätte. Aber die Bücher und die Zeiten fliegen, wir lassen sie hinter uns. Gottseidank!!!

|P. S.: Für die »Billigesser« erbitte ich einen *sehr großen* Druck, es soll wenigstens *160 Seiten* haben, sonst widerspricht es dem Ganzen!|

1 Zunächst hatte S. U. für Anfang Oktober eine Urlaubswoche auf Kreta geplant, die er am 27. September absagen muß. Unter dem Datum des 1. Oktober notiert er bedauernd in der *Chronik*: »Kein Minos Beach [das in der Nähe der Provinzhauptstadt Agios Nikolaos am Ostufer Kretas liegt].«

2 In seinem *Reisebericht Salzburg, 5.-6. November 1979* schreibt S. U. zunächst über ein Treffen mit Peter Handke in Salzburg, da-

nach über eine Begegnung mit Th. B. in Ohlsdorf und Gmunden: »Er hatte sich eine genaue Strategie für das Gespräch zurechtgelegt. ›Die Billigesser‹ im Frühjahr 1980, nun auch in der esNF, und ›Unruhe‹ dann doch erst im 2. Halbjahr 1980.
Er erzählt mir von seinem neuen Stück, das von einem alternden Schriftsteller handelt, der zu spät kommt. Wir reden darüber. Ich hatte ja kurz vorher bei Handke Hermann Lenz getroffen, und am nächsten Tag sagte Thomas Bernhard zu mir, er hätte den Titel gefunden: ›Später Ruhm‹. Ich sollte mit Peymann sprechen, er würde ihm bald das Stück schicken können, im übrigen erwarte er Peymann zwischen Weihnachten und Neujahr.
Bernhard ist vom 16. November bis zum 16. Dezember in Kreta, dann Anfang Januar in Jugoslawien.
Dann sein Wunsch, an dem *alles* hänge: er wolle vom 1. Oktober 1980 bis zum 30. April 1981 in New York im Hotel Plaza wohnen, oberste Etage, kleines Zimmer, Blick zum Central-Park. Ich soll das organisieren und finanzieren, er würde dann in dieser Zeit ein Buch schreiben. So einfach ist das.
Wir sprachen lange über die Reaktionen auf Günther Busch in der Presse. [Günther Busch kündigt Anfang Oktober und übernimmt zum 1. April 1980 die Leitung der Europäischen Verlagsanstalt.] Bernhard findet es nicht richtig, daß wir das Alte in ›Neuer Folge‹ machen, warum nicht eine ›edition unseld‹, meinte er? Jedenfalls etwas Neues wäre besser.
Er erwartet dringend für den 17. Dezember Fahnen der ›Billigesser‹.
Ein großes Problem ist der Zoll. Um die Belegexemplare der ›Erzählungen‹ abzuholen, müßte er nach Linz fahren. Das tut Bernhard nicht. So ging er zu dem Buchhändler in Gmunden und sah sich den Band an, er war froh über sein Aussehen. Ich möchte gerne eine Demarche machen, daß Bernhard in diesem Punkt vom Zoll befreit wird.«
Während seines USA-Aufenthalts vom 23. November bis 2. Dezember 1979 macht sich S. U. in Sachen Plaza-Hotel kundig; in seinem Reisebericht heißt es: »*Thomas Bernhards* irrer Wunsch, acht Monate im Plaza-Hotel zu leben: ich sprach mit dem Managing Director J. Phillip Hughes, an den uns Frau Waldheim verwiesen hat. Das Haus ist an solchen Gästen nicht interessiert, da sie mit Ausnahme von Januar jeweils ausgebucht sind. Außerdem werden

die Raten zweimal erhöht werden. Man muß rechnen, daß ein einfaches Zimmer pro Tag auf 95.– Dollar kommt, dazu noch 8% City-Tax und dann eben die zweimalige Erhöhung von wahrscheinlich je 10%. Man muß also rechnen, daß dieses Unternehmen im Monat 3.000.– Dollar kostet, für acht Monate also 24.000.– Dollar.
Herr Hughes wies mich auf das St. Moritz-Hotel und auf den Manager des Essex-Hotel (John Herold) hin, aber auch dort waren die Preise nicht wesentlich anders.«

3 Th. B. tritt aus der Deutschen Akademie für Sprache und Dichtung aus. Die *Frankfurter Allgemeine Zeitung* druckt am 8. Dezember seine Begründung für diesen Schritt unter dem Titel *Zu meinem Austritt*. Sie beginnt mit dem Satz: »Die Wahl Scheels, des ehemaligen Bundespräsidenten, zum Ehrenmitglied der Akademie für Sprache und Dichtung war für mich ja nur der letzte definitive Anlaß gewesen, mich von dieser Akademie für Sprache und Dichtung zu trennen, die meiner Meinung nach weder mit Sprache noch mit Dichtung das geringste zu tun hat und deren Existenzberechtigung jeder vernünftig Denkende mit gutem Gewissen selbstverständlich verneinen muß.« Der gesamte Artikel findet sich in Th. B.: *Meine Preise*, S. 16ff.

[394; Anschrift: ⟨Chersonissos, Kreta⟩; Telegramm]

Frankfurt am Main
6. Dezember 1979

can you confirm that mr. thomas bernhard stays in your hotel?? please forward this telex to him.

lieber herr bernhard, dieter dorn uebernimmt die garantie fuer eine inszenierung »ruhestand« an den muenchner kammerspielen. koennen sie uns ihr einverstaendnis geben?
herzlich gruessend ihr
siegfried unseld
suhrkamp verlag
frankfurt

if mr. bernhard doesn't stay in your hotel please inform us. thank you very much.

[395; Telegramm]

[Chersonissos]
6. 12. 79

dorn ja[1] herzlich
bernhard

1 *Vor dem Ruhestand* wird im Februar 1980 an den Münchner Kammerspielen unter der Regie von Wolfgang Gropper mit Irmgard Först, Christiane Hammacher und Helmut Stange inszeniert. In einer Besprechung vom 25. Februar 1980 schreibt die *Schwäbische Zeitung*: »Gegenüber der Uraufführung, mit der sich Peymann von Stuttgart verabschiedete, ist das Stück auf knapp drei Spielstunden gekürzt, ohne Einbuße an Wirkung. [...] eine – gerade bei zurückhaltender Regie – durch die Diktion voll ins Schwarze treffende psychologische Studie voll tieferer Bedeutung.«

1980

[396; Anschrift: Ohlsdorf]

Frankfurt am Main
23. Januar 1980

Lieber Thomas,
Ihren Brief vom 20. Januar und Ihre Korrektur der »Billigesser« haben wir jetzt erhalten.[1] Wie Sie sehen, haben wir Ihren Wunsch erfüllt[2] und den Text so großzügig gesetzt, daß das Buch wirklich exakt so umfangreich wird, wie Sie sich das gewünscht haben. Und das war Ihr Wunsch, und der meine war eben die edition suhrkamp. Neue Folge. Erfüllen wir uns diese beiden Wünsche, wir können ja auch schon gar nicht anders, da alles in dieser Weise angekündigt ist. Und Sie werden sehen, die Gesellschaft ist gut, so daß Ihr Buch herausragend auf einem guten Wagen rollt.[3]
Wenn wir richtig informiert wurden, spazieren Sie jetzt auf Mallorca. Lassen Sie es mich wissen, wenn Sie zurück sind, damit wir uns in Ohlsdorf oder anderswo sehen können.
Herzliche Grüße
Ihr
Siegfried U.

1 Am 20. Januar 1980 schreibt Th. B. an Burgel Zeeh:
»Liebe Frau Zeeh,
ich hatte nach meiner Rückkehr eine sogenannte Virusinfektion und bin zwei Wochen ausser Gefecht gewesen in einem Gebirgsdorf, wo ich meine Arbeit machen wollte.
Jetzt ist wieder alles in Ordnung.

Das Buch würde besser als Einzelausgabe erscheinen aus vielen Gründen, nicht in der Reihe, ich meine ›Die Billigesser‹.
Sehr herzlich Ihr
Thomas B.«

2 Im Original »erwünscht«.

3 *Die Billigesser* erscheint, mit einem Umfang von 150 Seiten und der Bandnummer 1006, im Mai 1980 und gehört zusammen mit 19 anderen Bänden – darunter Gertrud Leuteneggers dramatisches Poem *Lebewohl, Gute Reise*, Octavio Paz' zweisprachiger Gedichtband *Suche nach einer Mitte* und Uwe Johnsons Frankfurter Poetikvorlesungen *Begleitumstände* – zur ersten Staffel der edition suhrkamp Neue Folge.

[397; Anschrift: Ohlsdorf; Telegramm]

Frankfurt am Main
9. Februar 1980

herzliche glückwünsche zum heutigen tag[1] und die ankündigung eines briefes und den ausdruck des wunsches, sie bald zu sehen.
herzliche grüße ihr
siegfried unseld

1 Th. B. wird an diesem Tag 49 Jahre alt.

[398; Anschrift: Ohlsdorf]

Frankfurt am Main
13. Februar 1980

Lieber Thomas Bernhard,
ich hoffe, die Eilsendung erreicht Sie gut, und Sie lassen mir das Ganze auch gleich wieder per Eilboten zurückgehen. In den Fahnen sind die Stellen vermerkt worden, wo viel-

leicht Änderungen von Ihrer Seite aus erforderlich sind, seien dies nun Fragen der Satzkonstruktion oder die der Interpunktion. Bitte melden Sie sich bald.
Herzliche Grüße
Ihr
[Siegfried Unseld]

[399]

Ohlsdorf
20. Feber 80

Lieber Siegfried Unseld,
die Korrekturen der »Billigesser« sind absolut ein Vorteil und akzeptiert und wir werden sehen, wohin die Verrückten treiben. Ich habe alle Reisepläne gestrichen und arbeite.[1]
Hier habe ich ideale Verhältnisse und kümmere mich ausser um meine Sätze um nichts.
Mein Bau ist auf mich zugeschnitten.
Was ich tue, hat sehr viel mit Abfahrt und Langlauf zu tun, ich habe meine eigene Hausolympiade. Es geht auch hier um Hundertstelsekunden, das ist für den Kopf nichts Neues.[2]
Ich sehe in nächster und überhaupt in Zukunft, keine Ortveränderung.
Vor genau fünfzehn Jahren hatte ich von Ihnen in der Klettenbergstrasse (ein bis zum Wahnsinn beziehungsvoller Strassenname für Sie!) vierzigtausend Mark erbettelt und damit meinen wichtigsten Grundstein gelegt.[3]
Genau dieselbe Summe erbitte ich jetzt. Vielleicht ist es möglich, mir den Betrag im Laufe der nächsten Woche an die sogenannte HYPO-Bank in Freilassing anzuweisen. Dort kann ich ihn mir abholen.

Ich wünsche sehr, Sie bald zu sehen. Aber ich weiss nicht wo und nicht auf welche Weise.
Herzlich
Thomas B.

1 Die Fahnenkorrektur der *Billigesser* hat sich nicht erhalten. Zur Entstehung der *Billigesser* siehe Th. B.: *Werke 13*, S. 328-337.
2 Vom 13. bis 24. Februar 1980 finden im US-amerikanischen Lake Placid die Olympischen Winterspiele statt.
3 Siehe Anm. 5 zu Brief 3.

[400; Anschrift: Ohlsdorf; Telegramm]

Frankfurt am Main
22. Februar 1980

um mich für freilassing ruhiger zu machen, erbitte ich doch sehr das manuskript »unruhe«[1]
herzliche grüße
ihr siegfried unseld

1 Unter dem Datum des 22. Februar hält S. U. in der *Chronik* fest: »In der Post einer der bezeichnendsten Briefe von Thomas Bernhard (20. Februar). Er lobt unsere Korrekturarbeit an den ›Billigessern‹, stimmt indirekt der esNF-Ausgabe zu.« Dann zitiert S. U. die Bitte des Autors um die Summe von DM 40 000 und die eigene telegraphische Antwort darauf, um mit folgenden Worten den Absatz zu beschließen: »Eine Erpressung gegen die andere.«

[401]

Ohlsdorf
23. Feber 80

Lieber Siegfried Unseld,
auf Freilassing lege ich den allergrössten Wert.
Was das Romanmanuskript betrifft, soll zuerst einmal mit der grösstmöglichen Obsorge das »Billigesser«-Buch veröffentlicht sein, bevor ich es aus der Hand gebe.
Weder Ereignisse, noch Bücher sollen sich in Zukunft überstürzen.
Der Roman soll auch heuer gar nicht veröffentlicht sein, ich beschwörte mutwillig ein Massaker, in welchem sich meine Kinder gegenseitig umbringen, herauf.
Im späten Frühjahr kommt der »Weltverbesserer« und im Herbst wird, wenn die Schauspieler dann noch nicht gestorben sind, das neue Theaterstück mit dem Titel »Über allen Gipfeln ist Ruh« in Bochum aufgeführt. Und im Mai oder früher, ich kann es nicht wissen, kommen die »Billigesser«.
Wir sollten dieses Buch sich einmal in Ruhe entwickeln lassen und ihm nicht durch ein weiteres das Wasser abgraben.
Ich denke, mit den Rechten, die der Verlag an meinen Arbeiten hat, wird dieser Verlag noch Jahrzehnte nach meinem Tod immense Summen verdienen.
Ich bin zur Gänze auf meine Arbeit konzentriert und mit der gleichen Intensität auf Freilassing eingerichtet.
Sehr herzlich
Thomas B.

[402; Anschrift: Ohlsdorf]

Frankfurt am Main
4. März 1980

Lieber Thomas Bernhard,
schönen Dank für Ihren Brief vom 23. Feber. Der Betrag nach Freilassing ist abgegangen.
Ich nehme an, daß wir den »Weltverbesserer« und das Stück »Über allen Gipfeln ist Ruh« zu den früheren Bedingungen und auch mit unserem Anteil übernehmen. Könnte ich »Über allen Gipfeln ist Ruh« bald lesen? Ich bin sehr gespannt!
Ich höre gerne, daß Sie so konzentriert an Ihren Arbeiten sitzen; ich tue das auch. Die Neue Folge der edition suhrkamp ist angekündigt; die Hunde bellen, die Karawane aber zieht weiter.[1]
Falls wir uns wieder einmal um 13.00 Uhr auf dem Corvatsch treffen wollen; ich werde in den Tagen vom 23.-29. dort sein.[2]
Herzlich, wie immer
Ihr
Siegfried Unseld

1 Am 28. Februar hat S. U. auf einer Pressekonferenz in Frankfurt das erste Jahresprogramm der edition suhrkamp Neue Folge (48 Bände) vorgestellt. Im Vorfeld, seit Juli 1979, beurteilt die Öffentlichkeit die neue Konzeption der Reihe skeptisch. Günther Busch, der Lektor der Reihe seit 1963, scheidet mit Wirkung zum 31. März 1980 aus dem Verlag aus. In einem Brief vom 2. April 1979 an Jürgen Habermas faßt S. U. die geplante Schwerpunktverlagerung innerhalb der Reihe so zusammen: »Wir wollen weniger Soziologie, dafür wieder mehr Literatur bringen, nach dem Prinzip, unter dem ursprünglich die edition suhrkamp angetreten ist.« Die Feuilletons reagieren zwiespältig: Zwar findet das neue Programm Anerkennung, ob es sich jedoch unter den veränderten Bedingungen durchsetzen könne, sei zweifel-

haft. (Siehe Raimund Fellinger, *Kleine Geschichte der edition suhrkamp*, S. 61 ff.)

2 Unter dem Datum des 22.-30. März notiert S. U. in der *Chronik*: »St. Moritz. Skifahren. Besuch bei Wolfgang Hildesheimer in Poschiavo, Telefonate mit Muschg, Pedretti [...].«

[403; Anschrift: Ohlsdorf]

Frankfurt am Main
11. März 1980

Lieber Thomas Bernhard,
Herr Jürgen Tomm vom Sender Freies Berlin möchte Sie gewinnen für seine Sendereihe »Autor-Scooter«; das ist eine Sendung, die live um 20.15 Uhr gesendet wird und in der Autoren das sagen können, was sie wollen. Das Ganze soll in Berlin stattfinden, live. Die Moderatoren der Sendung sind entweder Wapnewski oder Raddatz. Dieter Kühn und Thomas Brasch sind dagewesen und seien, wie Herr Tomm versichert, sehr begeistert gewesen.
Ich leite das an Sie weiter. Ich an Ihrer Stelle würde das nicht machen, aber Sie werden Ihre eigenen Gedanken dazu haben.[1]
Schöne Grüße
Ihr
Siegfried Unseld

1 Th. B. tritt in dieser Sendereihe nicht auf.

[404; Anschrift: ⟨Ohlsdorf⟩; handschriftlich; Ansichtskarte: »Hotel Inter Continental Vienna«]

Wien

18. März [1980]

Wir Billigesser feiern den Autor der »Billigesser« und die Neue Folge der es
Siegfried Unseld[1]

1 Es folgen die Unterschriften von Verlagsmitarbeitern, Mitarbeitern der Verlagsauslieferung Mohr und von Wiener Buchhändlern. In seinem *Reisebericht Wien 18./19. März 1980* schreibt S. U.: »Auf dem Flughafen Schwechat abgeholt von Dorli Berger, Fahrt ins Intercontinental, wo schon die ersten Buchhändler eintrafen. Referat über die edition suhrkamp Neue Folge, dann die Gespräche beim Mittagessen. [...] die Buchhändler haben versprochen, daß der 20. Mai [Tag der Erstauslieferung] im Zeichen der edition suhrkamp stehen soll.«

[405; Anschrift: Ohlsdorf; Telegrammnotiz]

Frankfurt am Main

31. März 1980

Erbitten dringlich Anruf für Rückruf – Gruß S. U. und B. Z.

[406; Anschrift: ⟨Ohlsdorf⟩]

Frankfurt am Main
8. April 1980

Lieber Thomas,
ich war ja voll guten Willens, aber als ich morgens abfahren wollte, in einem VW, der nur abgefahrene Sommerreifen hatte, rutschte ich schon bei der Ausfahrt, und dann erkundigte ich mich über den Straßenzustandsbericht, und das gab mir dann den Rest. Ich glaube, es wäre fahrlässig gewesen, unter diesen Umständen hin- und zurückzufahren. Und ich mußte am Sonntag abend wieder in Frankfurt sein, weil ich eben dringliche Arbeiten vor meiner USA-Reise erledigen mußte. So sahen wir uns also nicht, aber irgendwie habe ich das Gefühl, wir sprachen uns doch![1]
Ich muß den Suhrkamp Verlag Boston in Fahrt bringen, am 5. Mai werde ich wieder zurück sein.[2] Aber auch dann habe ich schon einige andere Reiseverpflichtungen. Vom 1. Juni an jedoch strahlt mein Kalender nur noch weiße Flächen aus. Wie wäre es, wenn wir uns irgendwo Mitte Juni oder Anfang Juli sehen? Ich wünschte mir das sehr.
Herzliche Grüße und die nochmalige Bitte um Verständnis für mein Nicht-Kommen,
Ihr
Siegfried U.

|Frau Zeeh fährt am 24. April zu mir nach New York. Sie kann einen Brief von Ihnen oder auch Ihre Person mitbringen|[3]

1 S. U. hält sich am 5. April zu Gesprächen mit Peter Handke in Salzburg auf. Für Ostersonntag, den 6. April, ist ein Besuch bei Th. B. in Ohlsdorf geplant. S. U. hält in einem *Zusätzlichen Bericht* zum *Reisebericht Salzburg, 5./6. April 1980* fest: »Morgens um 6.00 h [...] ein ohrenbetäubendes Geräusch, das einen aus dem Bett riß.

Die österreichische Armee probte den Brückenbau über die Salzach! Aber man konnte es nicht sehen, weil ein dichter Schneevorhang das verhüllte. Ich erkundigte mich: es seien sehr schlechte Straßenbedingungen, und ich konnte mir vorstellen, wie die Fahrt nach Ohlsdorf gewesen wäre. So entschied ich mich, nicht nach Ohlsdorf zu fahren und den Besuch bei Thomas Bernhard abzusagen. Glücklicherweise erreichte ich Frau Maleta, die ihm das ausrichten konnte.« Am 9. April fliegt S. U. nach Mexiko, anschließend reist er in die USA.

2 Eine Presseerklärung vom April 1980 hat den Wortlaut: »Der Suhrkamp Verlag Frankfurt und Zürich eröffnen am 1. Mai 1980 eine Neugründung in Boston, Massachusetts, USA:
SUHRKAMP PUBLISHERS BOSTON INC.
Der Suhrkamp Verlag möchte sich damit für die USA eine neue verlegerische Basis schaffen. Zunächst wird der Verlag in Verbindung mit der amerikanischen Niederlassung des Schweizer Birkhäuser Verlages als Auslieferungsstelle für die deutschsprachigen Bücher der Verlage Suhrkamp und Insel Frankfurt arbeiten. Zu einem späteren Zeitpunkt wird Suhrkamp Boston Publishers Inc. eine eigene Verlagsproduktion entwickeln, die sowohl Übersetzungen unserer deutschsprachigen Titel bringt wie auch Titel, die original englisch geschrieben sind und die dann im Programm des Suhrkamp Verlages Frankfurt und Zürich deutsch erscheinen. [...] Die Eröffnung von Suhrkamp Publishers Boston Inc., zu der Professor Dr. Egon Schwarz von der Washington University St. Louis sprechen wird, findet am 1. Mai 1980 in den Räumen des Goethe Institutes Boston statt. Gleichzeitig wird im Goethe Institut Boston zum ersten Mal eine Ausstellung der originalen Aquarelle von Hermann Hesse eröffnet. In dieser Verbindung ist auch die erste Publikation von Suhrkamp Boston Publishers Inc. zu sehen. In limitierter Auflage von 1000 Exemplaren erscheint am 1. Mai ›Hesse as Painter. Painting for Pleasure‹. Translated by Ralph Manheim. With 20 water colours by Hermann Hesse. [...]
Der Präsident von Suhrkamp Boston Publishers Inc. ist Dr. Klaus Peters, Chairman Dr. Siegfried Unseld.«

3 Der Brief trägt am unteren Rand den handschriftlichen Zusatz von Burgel Zeeh: »Die Maschine geht um 13.30 h ab Ffm (LH 404), melden Sie sich? Ihre B. Zeeh.«

[407; Anschrift: Ohlsdorf]

Frankfurt am Main
16. Juni 1980

Lieber Thomas Bernhard,
ich hatte fest gehofft, Sie am 21. Juni in Bochum zur Uraufführung zu treffen, daraus wird ja jetzt wohl nichts.[1]
Ich finde, wir sollten uns doch wieder einmal sehen. Wie wäre es, wenn ich am 24. Juli zu Ihnen käme? Wo wären Sie dann? Falls Sie in Ohlsdorf sind, würde ich in Gmunden vom 24./25. Juli übernachten, falls Sie in Wien oder Salzburg wären, würde ich mich um eine eigene Unterkunft bemühen.[2]
Bitte lassen Sie von sich hören.
Herzliche Grüße
Ihr
Siegfried Unseld

1 Claus Peymann hatte Th. B. am 25. Februar brieflich angekündigt, die Premiere von *Der Weltverbesserer* am Schauspielhaus Bochum sei für den 21. Juni geplant. Weil sich die Proben unerwartet schwierig gestalten, wird sie auf den Herbst verschoben (siehe Anm. 1 zu Brief 411).

2 In seinem *Reisebericht Salzburg, 24.-26. Juli 1980* schreibt S. U. über das Treffen mit Th. B. in Ohlsdorf:
»Wie verabredet traf ich um 11.30 h ein, ›der Verleger ist pünktlich‹. Mühsames Gespräch über Gott und die Welt, d. h., wir nähern uns über allgemeine Themen, Olympia, Salzburger Festspiele, seiner Kritik an der edition suhrkamp alt und neu und am Theaterverlag. Er bedauert, daß ›Die Billigesser‹ in der Neuen Folge erschienen sind, die deutschen Titel schätzt er samt und sonders nicht, alles Papier, alles Nachahmung. Anders Octavio Paz, er der einzige, dessen Hervorhebung lohne.
[...] Er redet sich seinen Zorn vom Leibe, ja, er sei Angestellter des Verlages, der ihm monatlich DM 2.000.– zahle, er liefere seine Sachen ja auch ab, aber der Verlag schätze ihn eben auch als einen solchen fleißigen 27. Dichter-Angestellten ein. Er schicke seine Ma-

nuskripte an den Verlag ab, und dann hörte er nichts, sähe dann das Buch, das in der Regel Suhrkamp-mäßig gut ausgestattet sei, aber der Rest sei Schweigen. Schließlich käme ein Brief von Frau Ritzerfeld, in dem ihm eine polnische Übersetzung angekündigt würde. Wir fahren in ein Waldgasthaus. Er ißt sein Mittagsmahl, langsam, ausgiebig, ich faste ja, was zur Ungemütlichkeit beiträgt. Anschließend einstündiger Spaziergang, dann wieder sein Hof in Ohlsdorf. Wieder die Frage, was bin ich für Sie, was bin ich für den Verlag? Ich zeige ihm die Abrechnung, weil ich weiß, nur Geldziffern überzeugen ihn. Die Abrechnung per 30. 6. 1980 weist einen Honorarerlös von insgesamt DM 88.000.– aus. Mich hat das bei der Lektüre im Flugzeug sehr überrascht. Wie kommt dieser Betrag zustande? Selbst wenn hier ein Fehler vorgekommen sein sollte, müssen wir das auf uns nehmen, denn DM 88.000.– Honorarerlöse, also ein Fast-Guthaben und Gleichstand mit Guthaben in Zürich, das beschwingte ihn. Er hatte damit nicht gerechnet, glaubte, Schulden zu haben bei uns; jetzt war er wie umgewandelt. Dann könnte ich DM 15.000.– haben? Ich sagte zu, da die Abrechnung ein Guthaben von mindestens DM 32.000.– aufweist. Am nächsten Morgen wurden daraus dann DM 20.000.– und bei der Verabschiedung am Nachmittag DM 25.000.–.
Danach war das Gespräch etwas müheloser. Er erzählte von seinen Plänen. Peymann würde den ›Weltverbesserer‹ jetzt im September uraufführen. Natürlich hinge das von dem Befinden der beiden Hauptdarsteller Minetti und Edith Heerdegen ab.
Im Mai 1981 brächte Peymann die neue Komödie ›Über allen Gipfeln ist Ruh‹ heraus. Bernhard wünscht sich, daß wir den Text schon jetzt für die spätere BS-Ausgabe setzen, damit die Schauspieler aus diesem Text heraus die Rollen lernen können. Das habe ich ihm zugesagt, und das wollen wir als erstes tun.
Dann die weitere Strategie. Den Roman will er für das Frühjahr 1981 nicht herausgeben, er möchte ihn auch noch einmal überarbeiten. Das Buch heißt jetzt nicht mehr ›Unruhe‹, sondern ›Nachruf‹. Wir erhalten das Manuskript für das 2. Halbjahr 1981.
Ich hatte Dittmars ›Werkgeschichte‹ im Kopf, sprach ihn immer wieder auf die früheren Arbeiten an, nein, er wolle es nicht, ›Sie können sie nach meinem Tode publizieren‹. Dann kam ich auf seinen Gedichtband ›In hora mortis‹ zu sprechen, 1958 bei Otto Müller Verlag in Salzburg erschienen, die Rechte liegen bei ihm. Die

Publikation hätten wir schon vor drei Jahren in Triest vereinbart, meinte er [Th. B. und S. U. halten sich im Januar 1977 in Triest wegen eines Bernhard-Symposiums auf]. Eine Veröffentlichung würde er jetzt begrüßen, aber eben nur in der BS. Freilich, es gäbe eine Schwierigkeit: die Gedichte seien ganz schmal. Er wünscht sich freilich, daß sie wie ein Gebetbuch gesetzt werden: großer Text, möglichst auf rechter Seite. Widmung entfällt. [...]
Dann gestand er, daß er jetzt etwa 60 Seiten Prosa fertiggeschrieben habe: ›In den Hohen Tauern‹. Diesen Text hätte er auf die BS hin zugeschrieben, würde im übrigen sehr gut zu der ›Todesstunde‹ (Gedichte) passen. Wir könnten den Text haben.
Ich war ja eingedenk der Tatsache, daß er im Februar 1981 50 Jahre alt werden wird; zunächst wollte er von diesem Datum nichts wissen. Dann aber freute es ihn doch, wenn zwei BS-Bände – ›In hora mortis‹ und ›In den Hohen Tauern‹ – zu diesem Datum erscheinen könnten. Den Gedichtband habe ich mitgebracht, das Manuskript will er mir später schicken, wenn ich ihm schreibe, daß wir das in der BS machen wollen.
Wollen wir dies, diese Massierung Thomas Bernhards in der BS, im Mai ›Über allen Gipfeln ist Ruh‹?
Dann hätte er eben die Niederschrift eines neuen Stückes beendet: ›Am Ziel‹. Das Stück spielt im Logenvorraum der Oper! Es ist Pause. Die Verwandten haben ihren Nährvater erledigt. Statt Champagner rufen sie einen Anwalt und zwingen ihn zur Abdankung und zum Erbe. Sie sind also ›am Ziel‹. Bernhard wünscht, daß die Salzburger Festspiele dieses Stück 1982 aufführen sollten. Der Direktor der Festspiele, Herr Kaut, weiß nichts von seinem Glück, denn beide sind ja seit dem Skandal von 1976/77 verfeindet [siehe Anm. 1 zu Brief 325].
Nach drei Gesprächsstunden Fahrt nach Gmunden, wo ich übernachten soll. Abendessen in einem Restaurant am Traunsee. Ungeheure Landschaftskulisse. Einerseits drohende Felsen, andererseits liebliches Abendrot über dem See. Alles lief so gut, er wollte mich, den Fastenden, zum Trinken verführen, schaffte es aber nicht. Er habe mir das schönste Zimmer im Hotel reserviert und auch schon die Rechnung bezahlt. Ich witterte irgendein Unheil. Und es kam dann auch.
Er habe jetzt einen vierten Teil seiner Autobiographie geschrieben: ›Kälte‹, und die müsse im Residenz Verlag erscheinen. Schweigen.

Überlanges Schweigen. Dann: Er würde im Laufe von drei Jahren noch drei weitere Teile schreiben. Das Ganze sei eine Einheit. Ich schlug ihm vor, wir sollten ein großes Buch daraus machen mit dem Titel ›Kindheit und Jugend‹. Das leuchtete ihm sofort ein, aber er hätte nun einmal diese Fortsetzung Herrn Schaffler versprochen. Wieder Schweigen. Dann fing er an zu spielen: Nun sind wir 16 Jahre zusammen, wir sind gut miteinander gefahren, die Rechnungen sind ausgeglichen, ist es nicht besser, wenn wir uns trennen? Sie fahren nach Hause, keine monatlichen Überweisungen mehr, kein Ärger mit dem Angestellten Th. B. Wieder Schweigen, ich glaube, ich habe noch nie so lange schweigend und betroffen dagesessen, den Felsen im Rücken, den im Abendrot sich kräuselnden See vor mir. Ich kann das nicht beschreiben, ihn, der mir immer wieder clownesk versetzte, daß er DM 2.000.– auch anders verdienen könnte. Er brauche ja nicht zu schreiben. Ein entfernter Vetter von ihm säße in einem Steinbruch und zähle die Lastwagen, die ein- und ausführen, und bekäme auch DM 2.000.–. Meine Orgie in Mineralwasser, trostloser Gegenpol zum Trostlosen. Was wir machten, war nichts anderes als eine Szene aus einer Komödie von Thomas Bernhard. Die Alternativen des Spiels waren samt und sonders komisch. Wir konnten so oder so entscheiden. Er mußte aus der Stimmung heraus damit rechnen, daß ich ihm zustimme, daß ich sage, ja, machen wir Schluß miteinander. Er wäre zu allem bereit gewesen, ich nicht; damit riskierte er den höheren Einsatz. Ich weiß nicht, ob ich noch einmal die Nerven habe, ein solches Gespräch durchzustehen.

Wir verließen das Restaurant und fuhren zu meinem Hotel, elf Uhr abends, alles war schon zur Ruhe gegangen, es gab nicht mal ein Mineralwasser. Wieder die trostlose Situation eines Stückes von Th. B. Dann beschlossen wir innerhalb von Minuten das Folgende: Ich schlug vor, daß dieser Text ›Kälte‹ nicht wie vorgesehen im Frühjahr 1981 bei Residenz erscheinen sollte, sondern wenn schon bei Residenz, dann unangekündigt in diesem Herbst. Ihm leuchtete das ein, vielleicht sei dies der geringste ›Schaden‹, rasch erschienen und am 31. Dezember vergessen – so stellte er sich das vor. Das sei nun unwiderruflich der letzte Text bei Residenz, er hatte mir das schon einmal in Wien zugesagt [siehe Anm. 2 zu Brief 369]. Er würde die weiteren drei Teile schreiben, Teil V ›Der Gerichtsreporter‹, Teil VI ›Der Beginn des Schriftstelleri-

schen‹, Teil VII ›Die erste Kindheit‹. Wir veröffentlichen dann 1983 einen Band ›Kindheit und Jugend‹, er enthält die vier bei Residenz erschienenen Teile und die drei unveröffentlichten Teile, wobei Teil VII das erste Kapitel werden wird. Ein gebundenes Buch. Ein Jahr vorher, also 1982, können wir dann die ›Gesammelten Stücke‹ bringen. 1984 die ›Gesammelten Erzählungen‹, wahrscheinlich in zwei Bänden. Dann die Romane. Ein Band ›Der frühe Bernhard‹ sollte erst nach seinem Tode erscheinen.
Um Mitternacht beschließen wir, daß er am nächsten Morgen mit mir nach Salzburg fährt, sofort mit Schaffler spricht und diese Entscheidung sofort in die Tat umsetzt. [...]
Um 11.30 Uhr treffen wir uns im Café Bazar [in Salzburg]. Er hatte inzwischen mit Schaffler gesprochen, das Gespräch dauerte 20 Minuten, Schaffler will das Buch ›vorziehen‹. ›Kälte‹ erscheint also zur Buchmesse. – Dann, weil die Unterredung so kurz war, war er sofort in die Höhle des Löwen gegangen, zu Herrn Kaut, dem Direktor der Festspiele, und hatte ihm das Stück ›Am Ziel‹ für 1982 angekündigt, Herr Kaut war entzückt und versprach ihm die Aufnahme. [...] Eifersüchtig wachte er darüber, wie ich meine Stunden in Salzburg ausfüllte, der Name Handke fiel nicht und durfte nicht fallen. So fuhren wir zu diesem wirklich ungewöhnlichen Besitztum von Frau Konsul Schubert in Berchtesgaden, ein Besitztum, das freilich in seiner Grandiosität Bernhard durchaus angemessen war. Ich kam nicht darüber hinweg, daß gewissermaßen vom Obersalzberg aus Adolf Hitler grüßte ...
Am späten Nachmittag verabschiedeten wir uns in Salzburg an meinem Hotel. Bei der Verabschiedung erhöhte er dann die Überweisungssumme um DM 5.000.– und ›kommen Sie bald wieder‹. [...]
Flug Salzburg–Frankfurt. Lektüre von Thomas Bernhards Komödie ›Über allen Gipfeln ist Ruh‹. Ein erfolgreicher Bestseller-Schriftsteller hat eine Tetralogie geschrieben, eine Doktorandin ist bei ihm und ein Kritiker der FAZ, die ihn bewundern und die mit ihm über seine Arbeit sprechen. Der Verleger tritt auf, ›pünktlich wie ein Verleger‹. Er will das Manuskript haben, aber der Autor weiß, daß man dieses Manuskript-Spiel spielen muß. Am Schluß spielt man zu Ehren des Verlegers eine Passage vor. Ich schicke Bernhard am nächsten Tag ein Telegramm und bitte ihn, doch noch einmal den Schluß zu bedenken.«

[408; Anschrift: Ohlsdorf; Telegramm]

Frankfurt am Main
28. Juli 1980

die gipfelkomödie ist herrlich über den schluß und die anmerkung zur proust-übersetzung[1] würde ich nachdenken
überweisung läuft
herzlich ihr siegfried unseld

1 In *Über allen Gipfeln ist Ruh* heißt es in einem Dialog zwischen Moritz Meister, Autor, und seinem Verleger: »VERLEGER [...] Die Franzosen müßten ja alle neu übersetzt werden / aber von wem das ist die Frage / ich bin jahrelang auf der Suche nach guten Übersetzern / aber ich finde keinen akzeptablen
HERR MEISTER Proust beispielsweise ist schon zweimal oder dreimal übersetzt / und jedesmal sagt man es sei eine geniale Übersetzung / aber nach zehn Jahren spätestens stellt sich heraus / daß diese geniale Übersetzung nichts als dilettantisch ist / Und mit Joyce ist es dasselbe« (Th. B: *Werke 18*, S. 238.)
»Und mit Joyce ist es dasselbe« ist eine spätere Einfügung von Th. B. in die erste erhaltene Fassung des Stücks. Die von S. U. angesprochenen Schlußworte dagegen – der Verleger, der, nachdem der Autor endlich aus seinem neuen Manuskript gelesen hat, in den Applaus der Zuhörer hinein äußert: »Das ist ja groß / *wendet den hocherhobenen Kopf* / artig« – hat Th. B. nicht verändert. Zusätzlich fragt Burgel Zeeh Th. B. brieflich am 7. August: »›Über allen Gipfeln ist Ruh‹: der Text wird jetzt für den Satz eingerichtet. Dr. Unseld bat mich, Sie nach dem Untertitel bzw. Motto zu fragen – würden Sie mir dazu bitte noch eine Nachricht geben?«

[409; Anschrift: ‹Ohlsdorf›; Rundbrief]

Frankfurt am Main
21. August 1980

An die
Autoren des Suhrkamp Theaterverlages

Ich möchte Sie informieren, daß RUDOLF RACH am 1. Juli 1981 wieder die Leitung des Suhrkamp Theaterverlages übernehmen wird. Dr. Rudolf Rach war bereits von 1971 bis 1976 in dieser Aufgabe bei uns tätig; es war dann sein Wunsch, an einem Theater die praktische Arbeit bei der Realisierung von Aufführungen zu leisten. Ich freue mich, daß Rudolf Rach nach seiner erfolgreichen Theaterpraxis wieder zu uns kommt; seine Tätigkeit wird die Wirkung der Arbeit des Theaterverlages intensivieren.
Frau Renate Doufexis ist in ihrer Aufgabe als Verantwortliche des administrativen Bereichs am 30. Juni dieses Jahres ausgeschieden. Im Theaterverlag arbeiten in der Dramaturgie nach wie vor Wend Kässens und Burkhard Schlichting und in der Administration Frau Claudia Ständer; diese Mitarbeiter stehen Ihnen zur Verfügung.
Ich werde mich persönlich bis zum Eintritt von Rudolf Rach auch mehr um den Theaterbereich kümmern; sollten Sie Fragen oder Wünsche haben, bitte zögern Sie nicht, sich jederzeit an mich zu wenden.
Dr. Siegfried Unseld[1]

1 S. U. notiert handschriftlich auf diesem Brief: »wie angekündigt herzlich Ihr S. U.«

[410; Anschrift: ⟨Ohlsdorf⟩; Telegrammnotiz]

Frankfurt am Main
22. August 1980

Kölner Schauspiel will »Ruhestand« aufführen stop Regisseur Walter Adler jung nicht untalentiert stop Besetzung aus dem Ensemble durchschnittlich gut stop leichtes Risiko stop wäre für Genehmigung Herzliche Grüße S. U.[1]

1 In einer Notiz vom 26. August 1980 hält Burgel Zeeh fest:
»Anruf von Thomas Bernhard am 26. 8. 80, 9.45 h
›Über allen Gipfeln ist Ruh‹: Das Stück hat den Untertitel ›Ein deutscher Dichtertag um 1980‹.
[...] Er sagt Ja zum ›Ruhestand‹ in Köln.
Ab 2. September wird er in Bochum bei den Proben ›Der Weltverbesserer‹ sein. Da er Dr. Unseld sprechen muß, verabrede ich einen Termin am Samstagnachmittag in Bochum.
Präsident Kaut hat so angebissen, daß er schon 1981 in Salzburg ›Am Ziel‹ herausbringen möchte. Nun will Bernhard sich an die Arbeit machen und zusehen, das Stück bis Oktober fertig zu haben. Dann also 1981 in Salzburg ›Am Ziel‹. Das freut ihn natürlich.«

[411; Anschrift: Ohlsdorf; Telegramm]

Frankfurt am Main
7. September 1980

hervorragende aufführung minetti und heerdegen überzeugend stop der endgültige durchbruch thomas bernhards auf deutschen bühnen »es gibt keine vergangenheit, nur noch zukunft« gute genesungswünsche und auf baldiges wiedersehen[1] ihr
siegfried unseld

1 *Der Weltverbesserer* wird am 6. September 1980 unter der Regie von Claus Peymann am Schauspielhaus Bochum uraufgeführt;

Bernhard Minetti, dem das Stück gewidmet ist, spielt die Titelrolle, Edith Heerdegen die Frau an seiner Seite. In seinem *Reisebericht Bochum – Berlin, 6.-8. September 1980* schreibt S. U.:
»Thomas Bernhard versetzte mich. Er war krank geworden und war in Bochum überhaupt nicht erschienen.
Die Uraufführung ›Der Weltverbesserer‹ war schlechterdings grandios. Endlich wieder einmal ein Theaterabend, in dem man sich hingerissen fühlte. Ich meine, daß diese Aufführung für Bernhard ein historisches Datum werden wird. Mit dieser Aufführung ist ein definitiver Umbruch für Bernhard auf den Bühnen erfolgt. Das Stück ist zwar auf Minetti hin geschrieben, ich bin aber der Meinung, daß ein anderer großer Schauspieler das spielen kann. Das Stück selber ist für mich eine Weiterführung über Beckett hinaus.«

[412; Anschrift: Ohlsdorf]

Frankfurt am Main
9. September 1980

Lieber Thomas Bernhard,
mein Telegramm wird Sie erreicht haben, und wie ich Sie kenne, saßen Sie in den letzten Tagen fleißig in den Cafés in Gmunden und studierten Ihren Triumph. Ein solcher war es, in jeglicher Hinsicht.[1]
Jetzt haben mich verschiedene Theaterleute angesprochen, die ihrerseits an eine Realisierung des »Weltverbesserers« denken wollen. Ich habe eine merkwürdige Erfahrung gemacht: selbstverständlich haben Sie dieses Stück und diese Figur auf Minetti zugeschrieben, und er hat es vollendet dargeboten. Aber ich glaube, daß diese Rolle nicht nur Minetti spielen kann, und ich meine sogar, es muß der Versuch gemacht werden, daß auch ein anderer großer Schauspieler sich dieser Rolle annimmt. Ich hoffe, daß Sie da mit mir einig gehen. Es kommt nicht in Frage, daß jeder das Stück spielen soll, aber es würde mich ungemein interessieren, wie ein anderer Schauspieler die Rolle ausfüllen kann.

Ich habe jetzt erfahren, daß ich Ihnen nicht einmal ein Telegramm wert bin. Ich saß in meinem Hotel in Bochum, punkt 17 Uhr, und als es 17.05 Uhr wurde und Sie nicht da waren, ahnte ich das schon. Immerhin bin ich wegen dieses Treffens vier Stunden früher in Frankfurt abgefahren; ich habe dann einen nutzlosen Spaziergang in Bochum gemacht, gegenüber Bochum sind Augsburg und Trier Oasen an Annehmlichkeit.[2]

Wie versprochen, bringen wir im Februar 1981 in der Bibliothek Suhrkamp den Gedichtband »In hora mortis« heraus und, wenn Sie uns jetzt den Text schicken, auch »In den Hohen Tauern«. Aber, wie gesagt, ohne Manuskript können wir das Buch nicht machen.

Minetti, Heerdegen und Peymann kämen »herzlich gerne« am 8. Februar 1981 nach Frankfurt. Minetti will seinen Berliner Spielplan so einrichten, daß er an diesem Abend frei ist, doch die Genannten kämen nicht meinetwegen nach Frankfurt.

Herzliche Grüße

Ihr

Siegfried Unseld

1 Unter dem Datum des 6. bis 8. September erwähnt S. U. in seiner *Chronik* einen »Hymnus« auf die Inszenierung des *Weltverbesserers*, den die *Frankfurter Allgemeine Zeitung* zwei Tage nach der Uraufführung abdruckt; Georg Hensel konstatiert dort: »[...] noch nie hat Thomas Bernhard die Welt so zufrieden verneint. Es ist der finsterste und zugleich komischste Bernhard, den es je gab. [...] ein großer Abend – für Thomas Bernhard, für Minetti, für Peymann, für das deutsche Theater.« Und Heinrich Vormweg stellt in der *Süddeutschen Zeitung* vom selben Datum fest: »Wenn aber die Kombination Minetti, Bernhard, Peymann auch nichts Überraschendes mehr hat, für Steigerungen ist sie weiterhin gut.«

2 In *Die Macht der Gewohnheit* bezeichnet der Zirkusdirektor Caribaldi Augsburg als »muffiges verabscheuungswürdiges Nest«, als »Lechkloake« (Th. B.: *Werke 16*, S. 102). In *Der Weltverbesserer* er-

klärt die Titelfigur: »In Trier ist die Intelligenz / nicht zuhause«, um danach eine Maxime zu formulieren: »Nie wieder Trier / nie wieder an die Mosel« (Th. B.: *Stücke 3*, S. 144 bzw. 154).

[413]

Ohlsdorf
15. September 80

Lieber Siegfried Unseld,
unser Treffen in Bochum ist einem Missverständnis zum Opfer gefallen, ich habe nicht mehr in Erinnerung gehabt, wo und wann wir uns dort sehen sollten, obwohl es wahrscheinlich ist, dass ich mit der immer gleich grossartigen Frau Zeeh genau ein Wann und Wo ausgemacht habe am Telefon.[1] Die tagelange Infektion mit vierzig Fieber hat mich zu Boden geworfen und meinen Kopf zertrümmert.
Sie schreiben, Sie haben erfahren, dass Sie mir »nicht einmal ein Telegramm wert sind«; dieser Scherz trifft einen von Ihrem Wert für mich selbstverständlich vollkommen Überzeugten; würde ich Ihren Wert nach Telegrammen messen, so sind soviele bis zum heutigen Tag in der gesamten Postgeschichte Deutschlands noch nicht abgeschickt worden. Und ich würde auch noch alle Expressbriefe und Nachrichten dazurechnen und es bliebe unerheblich gegen diesen Wert Ihrerseits für mich. Ich war der Meinung, durch das Bochumer Schauspielhaus sind Sie über alles und also auch über meine Misslage genauestens informiert. Ich nehme aber an, dass Sie, der Gescheite, die vier Stunden nicht ohne geistigen Profit gelebt haben. Und wenn ich den Ärger über mich dazurechne, haben Sie noch einen grossen Gewinn gehabt. Einen umso grösseren in einer solchen grauenhaften Stadt. Die hässlichsten Orte sind ja gleichzeitig immer die nützlichsten.

Was den »Weltverbesserer« betrifft, so will ich ihn bei Lebzeiten von Minetti von keinem mehr spielen lassen. Wir lassen diesen Abend in Bochum auf sich beruhen. In einer andern als der deutschen Sprache und ausserhalb der drei deutschsprechenden Provinzen, ist es mir wurscht.
Was die »Hohen Tauern« betrifft, müssen sie ja nicht im nächsten Jahr erscheinen. Es kann nicht wenig genug Bücher geben.
Was meinen Geburtstag betrifft, so lasse ich ihn so wie alle andern neunundvierzig bisherigen vorübergehen und es ist mir der grösste Wert, wenn davon *niemand und nichts Notiz* nimmt. Ich bitte Sie, diesen Geburtstag vollkommen zu vergessen. Ich selbst kann diesem bedauerlichen Umstand ja nicht ausweichen, eine Geburt kann man nicht rückgängig machen, aber wahr ist, dass ich viel öfter denke, wenn ich nur nicht geboren wäre!, als das, dass ich lebe.
Die Welt ist zweifellos das grösste Erlebnis, aber zum Grossteil erschöpft sie sich doch in einer entsetzlichen Anstrengung. Die Welt ist mehr und mehr ein enger Kerker, in welchem jener Untersuchungshäftling, der man ist, doch lebenslänglich die schlechtest denkbare Luft einatmet und auf einen Freispruch nicht hoffen kann.
Was Salzburg betrifft, so bin ich darauf konzentriert, es doch erst 82 zu machen, denn 81 ist zu knapp und es werden doch nur allzu halsbrecherische Kompromisse. Im Übrigen bestehe ich auf Peymann, den aber Kaut nicht haben will, so muss er sich entscheiden, entweder *mit* Peymann oder *gar nicht*. Die schöne Stadt an der Salzach ist für mich das finstere Loch in die Hölle nach wie vor, in das ich mich nicht gern ohne alle nur möglichen Absicherungen hineinstürze. Dieses Land überhaupt stinkt, wenn schon nicht zum Himmel, so jedenfalls bei allen meinen Fenstern herein.[2]
Ich freue mich über eine gelungene Arbeit, das ist alles.

Ich bin von Freitag bis Montag in Bochum, um den alten Verrückten zu sehen. Aber ich weiss schon, was das für eine Tortur ist, die eigenen Sätze, die man nicht mehr hören kann, noch einmal zu hören, in jedem Fall anders, als gedacht; einen widerwärtigen Prozess über mich ergehen zu lassen. Aber ich bin naturgemäss in die Schauspiel*kunst* verliebt, das ist wahr.
Den Winter will ich weg sein, wo, weiss ich noch nicht.
Sicher ist, dass ich mit Ihnen gern einmal wieder durch Wald und Wiesen fahre – und sei es zu einer Bierprinzessin auf einem Brauerschloss, aus welchem chilenische Peitschen knallen und devote Oberförster Grüssgott und, wie ich glaube, auch Gutenacht sagen.
Ich denke an den Teich, in welchem der Watzmann sich spiegelt und aus welchem das Glück auf jeden Fall nicht so leicht abzuziehen ist, wie das Bier aus den Fässern.[3]
Sehr herzlich
Th. B.

1 Burgel Zeeh hat in der Tat in einem Brief vom 26. August an Th. B. den 6. September, 17 00 Uhr, Bundesbahnhotel, vorgeschlagen.

2 *Am Ziel* wird (siehe Anm. 1 zu Brief 435) 1981 bei den Salzburger Festspielen uraufgeführt. Für die Verhandlungen mit den Salzburger Festspielen läßt Th. B. seinem Verleger am 21. November über Burgel Zeeh das folgende bestellen: »Anruf von Thomas Bernhard aus Mallorca. Wenn wir den Vertrag mit Kaut für ›Am Ziel‹ machen: er möchte den gleichen Anteil wie 1974 für ›Macht der Gewohnheit‹: DM 40.000.–. Alles darüber sei für den Verlag. Das sei sicher nicht zuviel verlangt, in den sechs Jahren sei auch alles teurer geworden, im übrigen sei das auch der Anteil, den Peymann bekäme. [...] P. S.: Er bleibt noch eine Woche und ist dann in Ohlsdorf.«

3 Th. B. hat mit S. U. im Juli das Anwesen von Inge und Bruno H. Schubert bei Berchtesgaden, das Bogensberglehen, besucht (siehe Anm. 2 zu Brief 407). Schubert war Besitzer der Henninger-Brauerei in Frankfurt und seit Beginn der fünfziger Jahre Generalkonsul von Chile.

[414; Anschrift: Ohlsdorf]

Frankfurt am Main
23. September 1980

Lieber Thomas Bernhard,
haben Sie Dank für Ihren Brief vom 15. 9. Es tut mir leid, daß die Infektion Sie so umgeworfen hat.
Ich nehme zur Kenntnis, daß Sie Ihren Geburtstag unerwähnt lassen wollen. Ich bedaure das, denn meine Erinnerungen an Brüssel sind schön und lebhaft. Und man sollte sich zu seiner Existenz eben doch auch bekennen.[1]
Eher betroffen machte mich Ihre Haltung zu neuen Aufführungen des »Weltverbesserers«. Ich verstehe schon Ihre Bewunderung für Minetti, nicht jedoch diese Fixierung. Ich meine, wenn man »Minetti« Minetti ausschließlich zudächte, wäre das gut und richtig; andere Schauspieler aber den »Weltverbesserer« nicht erproben zu lassen scheint mir der von Ihnen bewunderten Schauspielkunst gegenüber unfair. Könnten Sie da nicht doch noch einmal umdenken?
Niemand versetzt Berge – Sie aber die Hohen Tauern. Wir hatten's anders ausgemacht.
Nächste Woche mache ich endlich auch einmal fünf Tage Urlaub an den von Ihnen geliebten Stränden Portugals; ich habe da ein bestimmtes Foto-Bild im Kopf.[2]
Burgel Zeeh, die Sie grüßen läßt, fährt am 18. Oktober in Urlaub. Am Sonntag, dem 19., bin ich verlassen und frei. Könnte ich Sie nicht zu einem Flug und einem Abendessen in Frankfurt einladen?
Herzliche Grüße
Ihr
Siegfried Unseld

1 Den 40. Geburtstag von Th. B. feiert S. U. 1971 mit dem Autor in Brüssel. Siehe Anm. 1 zu Brief 147.

2 Vom 29. September bis zum 4. Oktober hält sich S. U. in der Algarve auf. Siehe Abbildung 9 – sie hing im Arbeitszimmer von S. U. in der Frankfurter Klettenbergstraße.

[415; Anschrift: Ohlsdorf; handschriftlich; Ansichtskarte: »Albufeira / Algarve«]

Albufeira
2. Oktober 1980

Einer fehlt da am Strand! (dort, wo nach Alberti »das Land endet und das Meer beginnt«)[1]
Wer ist er?
Sie dürfen raten
Herzlich
Ihr
S. U.

1 Die erste Strophe von Rafael Albertis Gedicht *Wenn meine Stimme an Land stirbt* (aus dem Band *Zu Lande zu Wasser*) lautet: »Wenn meine Stimme an Land stirbt, / bringt sie hinunter ans Meer / und laßt sie mir am Strande«.

[416; Anschrift: Ohlsdorf]

Frankfurt am Main
10. Oktober 1980

Lieber Thomas,
also – Sie können am 18./19. nicht kommen, das ist schade, und im November sind Sie verreist. Wohin werden Sie fahren?[1]
Meine Frau und ich sind vom 6. bis zum 13. Dezember zu einer Skiwoche in Arosa. Wir könnten uns treffen in der Zeit vom 1. bis 3., vielleicht wäre es aber besser am 14./

15. Dezember. Was würde Ihnen lieber sein? Ich wäre Ihnen sehr dankbar, wenn Sie vor Ihrer Abreise im November mir sagen würden, welche Tage Ihnen lieber wären. Und in der Tat wäre es gut, wenn Sie nach Frankfurt kämen, denn hier sind viele Leute, die Sie sprechen wollen. Ich werde dann auch Rudolf Rach bitten, nach Frankfurt zu kommen, damit wir auch einmal ein ausführliches Gespräch über die Theatersituation haben.

Sonst läuft alles gut. Der »Weltverbesserer« hat ein bedeutendes Echo, und wir haben Schwierigkeiten mit den Absagen.[2]

Schöne Grüße

Ihr

Siegfried Unseld

1 In einer Telefonnotiz vom 9. Oktober 1980 hält Burgel Zeeh für S. U. fest:
»Gruß von Thomas Bernhard. Er kann nicht zum 18./19. kommen, da hat seine Tante, vielleicht zum letzten Mal, Geburtstag.
Er hätte Ihnen einen seiner ernsthaftesten Briefe geschrieben, und dann hätten Sie gar nicht ernsthaft darauf geantwortet. So sei das nun mal.
Es geht ihm gut, er geht bis Ende November weg, irgendwohin. [Th. B. reist nach Mallorca, wo in den ersten Novembertagen der Film von Krista Fleischmann, das Interview *Thomas Bernhard. Eine Herausforderung. Monologe auf Mallorca*, gedreht wird. Die Ausstrahlung durch den ORF erfolgt zum 50. Geburtstag von Th. B. im Februar 1981.] Gerne würde er Sie dann einmal im Dezember treffen, ›wir alle zusammen sollten uns sehen‹, wobei ich ihm dann sagte, das ginge nur in Frankfurt. Also gut, dann ins Paradies Frankfurt.
›Weltverbesserer‹ (ich fragte ihn noch mal aufgrund der Notiz des Theaterverlages und Ihrer nochmaligen Anfrage): nein, er möchte das nicht nachgespielt haben. Er sei an einem neuen Stück, und es sei dann eh besser, das neue aufzuführen. Man soll den ›Weltverbesserer‹ lassen.«

2 Handschriftlich notiert Th. B. in der rechten unteren Ecke des

Briefs die Telefonnummer des Verlags mit der damaligen Ortsvorwahl 0611 und dem Anschluß 740231; die linke Seite des Briefbogens ziert ein hochkant gezeichnetes Rechteck.

[417; auf Briefpapier des Hotels Palas Atenea]

Palma de Mallorca
1. November 80

Lieber Doktor Unseld,
ich bitte Sie, meine »Hora mortis« *unter keinen Umständen* erscheinen zu lassen, ich hätte den Plan von Anfang an entschieden ablehnen müssen; das Buch macht mir keine Freude. Mein Entschluss ist endgültig.[1]
Ist »Über allen Gipfeln ist Ruh« schon gesetzt?[2]
Kann sein, dass im kommenden Sommer in Salzburg »Am Ziel« gespielt wird mit Marianne Hoppe; es hängt von den Salzburgern und Peymann ab, der von mir aus freie Hand hat.
Sie sollen gesagt haben, Peymann soll nicht immer Bernhard inszenieren, Sie hätten auch andere Autoren im Verlag.
Was soll ich dazu sagen?
Beste Grüsse
Thomas B.[3]

1 Dieser Absage geht ein Briefwechsel zwischen Th. B. und Maria Dessauer voraus, die ihm am 17. Oktober geschrieben hatte:
»Lieber Herr Bernhard, im Februar 1981 soll in der Bibliothek Suhrkamp Ihr Gedichtzyklus ›In hora mortis‹ erscheinen.
Wir müssen versuchen, das gebundene Bändchen ›umfänglich‹ zu machen, möchten deshalb jedes Gedicht auf einer rechten Seite beginnen und die linken Seiten immer dann frei lassen, wenn ein Gedicht auf einer und derselben Seite beginnt und endet. Daß dies auf den Seiten 9-10 nicht der Fall ist, ist klar.
Fraglich erscheint es uns auf den Seiten 7-8 (ein oder zwei Gedichte), 21 und 22 und auf den Seiten 27-28.

Bitte schreiben Sie uns auch, ob die Widmung in den Band aufgenommen werden soll und ob sie, wie in der Salzburger Ausgabe, am Ende des Zyklus stehen soll.«

Unter dem Datum des 24. Oktober 1980 antwortet Th. B.: »[...] dieses ›Gedicht‹ habe ich vor genau fünfundzwanzig Jahren verfasst als Text für ein Oratorium, das in Zusammenarbeit mit mir von dem Komponisten Lampersberg komponiert worden ist. Es ist eine Musik geworden, deren Aufführung die allergrössten Schwierigkeiten macht, deshalb ist es auch, meines Wissens, nur zu einer einzigen Realisierung gekommen. [Siehe Anm. 3 zu Brief 24.] Lampersberg war ein Schüler Hauers, Schönbergs und hat vor allem Webern bewundert, dessen Technik er in dem Oratorium zur Grundlage gemacht hatte.

Ich selbst erschrecke heute vor dem Wort ›Herr‹ und ›Gott‹, wenn ich auch die ›Hora mortis‹ für eine gelungene Arbeit halte, auch was den Textaufbau betrifft. Der Inhalt entspricht nicht meinem Geisteszustand seit weit über zwanzig Jahren.

Seite 7-8 sind zwei ›Gedichte‹, natürlich, so ist es auch auf den Seiten, die Ihre Fragen betreffen.

Es muss ausdrücklich gesagt werden, dass dieses ›Gedicht‹ vor einem Vierteljahrhundert und auch zu welchem Zweck – entstanden ist und die Widmung muss wegfallen.

Vielleicht hätte ich mit diesem ›Gedicht‹ damals sterben sollen. Wer weiss?

Ihr

Thomas Bernhard

P. S. Ich bin ab morgen Samstag Palma de Mall. Hotel Palas Atenea erreichbar, darf ich Sie bitten, das Doktor Unseld zu sagen, dem ich aus Palma schreibe.«

Und am 6. November berichtet er Maria Dessauer: »[...] in der Zwischenzeit habe ich die Todesstunde gestrichen und diese Entscheidung auch Herrn Unseld schon vor etwa einer Woche mitgeteilt.

Es ist heute meine grösste Freude, dass die Komposition *nicht* erscheint.

Man soll die Dummheit nicht auf die Spitze treiben.

Herzlich Ihr Thomas Bernhard

P. S.: Diese Zeilen fliegen sofort hier ab.

Mit dem Dank für Ihre Begräbnisbemühungen!«

In hora mortis erscheint 1987 in der Insel-Bücherei.

2 Hans-Burkhard Schlichting schreibt am 15. Dezember an Th. B.: »[...] Mit gleicher Post sende ich Ihnen eine Kopie der korrigierten Druckfahnen für die Buchausgabe von ›Über allen Gipfeln ist Ruh'‹. Falls Sie hier auf eine detaillierte Durchsicht verzichten wollen, wäre ich Ihnen für eine kurze Nachricht dankbar.«

3 Am 18. November telefoniert S. U. mit Th. B. in Mallorca und beschreibt den Inhalt des Gesprächs in einer Notiz: »Er hat mir mitgeteilt, daß er in einem Telefongespräch dem Burgtheater die Genehmigung gegeben hat, den ›Präsidenten‹ aufzuführen, und zwar für einen Betrag von Schilling 100.000.–. (Das Theater hatte vor einem Jahr 60.000.– geboten, das hatte Bernhard abgelehnt.) Der Betrag ist als eine Anzahlung auf Tantiemen anzusehen, aber er ist ja so hoch, daß sich danach wohl nichts mehr ergeben wird.
Wenn das erfüllt wird, ist Thomas Bernhard auch bereit, dem Theater die Aufführungsrechte für den ›Weltverbesserer‹ zu geben. Hier sind die Bedingungen noch zu vereinbaren.
Über Fernsehrechte ist bisher nichts vereinbart worden. Das Österreichische Fernsehen wollte ursprünglich die deutschen Aufführungen aufzeichnen, aber das Österreichische Fernsehen weiß nicht, daß jetzt Aufführungen an der Burg kommen. Frau Ritzerfeld möchte bitte das Österreichische Fernsehen zunächst davon benachrichtigen und erkunden, ob man dort lieber die deutschen oder später die österreichischen Aufführungen aufzeichnen möchte. Danach wende ich mich wieder an Thomas Bernhard.«
Unter demselben Datum weist S. U. die Buchhaltung an, zum 1. Dezember auf das Freilassinger Konto von Th. B. den Betrag von DM 20.000.– zu überweisen.

1981

[418]

Ohlsdorf
5. Jänner 81

Lieber Siegfried Unseld,
ich schicke heute die »Gipfel«-Komödie und ich habe nur den Wunsch, dass Sie mir das fertige Buch so bald als möglich zuschicken.
»Am Ziel« wünschte ich mir in derselben Ausstattung wie seinerzeit den »Ignoranten« und vielleicht kann dieses Buch bis Juni fertig sein.[1]
Ich arbeite am Roman, der Titel ist »Der Sohn«.
Vom 7. bis etwa 28. Jänner bin ich in Bad Ischl, Kurhotel, zu erreichen.
In den letzten Tagen dachte ich immer wieder, wie weit wir in den letzten beiden Jahren auseinander gekommen sind, habe ich mich von Ihnen oder haben Sie sich von mir mit grösserer Geschwindigkeit als die Zeit überhaupt, entfernt? – ich weiss es nicht.
Zwei Tage laufe ich mit dem Satz herum: ich habe einen Verlag, aber keinen Verleger.
Ich werde aber jetzt nicht grübeln, sondern arbeiten.
Im Übrigen liebe ich wenigstens genauso oft mein Leben, wie ich es verabscheue.
Wenn es ernst ist, erhalte ich von Siegfried Unseld kein Zeichen. Schade, dass mein Verleger nicht auch mein Freund ist.
Aber wahrscheinlich ist alles, so, wie es ist, das Beste.
Nur ein Wahnsinniger fordert ständig die Verwirklichung

seiner Idealvorstellungen. Wahrscheinlich bin ich wahnsinnig. Aber ich bin dazu auch noch das Gegenteil.
|*| An Ihr Vorzimmer denke ich unbeschwert und mit dem grössten Vergnügen![2]
Sehr herzlich Ihr
Thomas Bernhard
|*nur|

1 *Über allen Gipfeln ist Ruh*, dessen korrigierte Druckfahnen Th. B. an den Verlag zurücksendet, erscheint als Band 728 der Bibliothek Suhrkamp am 29. April 1981. Den Brief begleitet eine Kopie des Manuskriptes des Theaterstücks *Am Ziel.*

2 Am 7. Januar sendet Burgel Zeeh ein Telex an Th. B. in Bad Ischl: »Das Vorzimmer, an das Sie so unbeschwert denken, möchte Sie bitten, sich für einen Anruf aus dem Hinterzimmer am Freitag, 9. Januar, 10 Uhr, parat zu halten.« Bei diesem Telefonat entsteht, wie aus einer am selben Tag zusammengestellten, von Th. B. zu beantwortenden Frageliste zu erschließen ist, die Vereinbarung über ein Treffen in Bad Ischl am 12. Januar 1981. Über diesen Aufenthalt schreibt S. U. im *Reisebericht München–Salzburg–Bad Ischl, 11.-12. Januar 1981*:
»Die lange Anreise [von Salzburg] nach Bad Ischl (1 ½ Stunden mit dem Bus, fast zwei Stunden mit dem Zug) wird durch ein schönes Winterpanorama belohnt: Kaiser Franz Joseph wußte, warum er in Bad Ischl sein Sommerschloß errichtet hat, das sich jetzt im Winterschlaf befindet.
Thomas Bernhard war schon seit zehn Tagen in Ischl, wo seine Tante kurt. Er wollte noch acht Tage bleiben, der Ort sei einerseits klimatisch für ihn günstig, ›gesund‹, andererseits erfasse ihn ein wachsender Ekel gegen Ort und Leute, was aber dann doch eine sehr günstige Bedingung zum Arbeiten sei. Ja, er arbeite gut, das Manuskript ›Der Sohn‹ soll im März fertig sein.
Als wir allein waren, begann sogleich anhand des Manuskriptes das Gespräch über sein neues Stück ›Am Ziel‹.
Meine erste Frage hatte er erwartet: das ist doch gar nicht das Stück, von dem er mir beim letzten Besuch berichtet hatte [siehe Anm. 2 zu Brief 407] und das er dann selber dem Präsidenten der Salzburger Festspiele ›verkauft‹ hatte? Er lachte, ja, Sie haben

recht; da die Salzburger aber doch nicht lesen und Peymann das Stück nicht kannte, gab er dem neuen Stück den Titel ›Am Ziel‹. Mir schien dieser Vorgang nicht richtig, zumal der Titel ›Am Ziel‹ für das neue Stück nicht nur nicht paßt, sondern irgendwie unsinnig ist, denn es zeigt sich ja gerade, daß diese drei Personen nicht ans Ziel gekommen sind. Er will sich das überlegen.
Dann kam mein zweiter Einwand: in diesem Drei-Personen-Stück tritt ein ›dramatischer Schriftsteller‹ auf. So benennt ihn die den Hauptpart sprechende Mutter, und so weist ihn auch das Personenverzeichnis aus. Wenn man vielleicht noch annehmen kann, daß die alte Frau ihn ebenso benennt, worin auch eine leichte Utopie liegen kann, so sollte das doch nicht im Personenverzeichnis so stehen. Auch das wollte er sich überlegen.
Dann gab es einige Details, die er zu meiner großen Überraschung sehr interessiert und freundlich aufnahm. An zwei Stellen fehlten eine oder zwei Zeilen; ich bat um ein neues Manuskript als Satzvorlage, denn die von Peymann gemachte Fotokopie ist so schlecht, daß man zumindest die beiden oberen Zeilen gar nicht mehr lesen kann.
Nach der Durchsicht des Manuskriptes kamen dann die Punkte der Traktanden-Liste: [...]
Bernhard will in *Österreich* keine Aufführungen, jedenfalls keine normalen. Sollte sich etwas Außerordentliches anbieten (im Hinblick auf Besetzung und Honorar), ist das mit Bernhard zu besprechen.
Bernhard und Peymann waren der Meinung, daß die Salzburger Festspiele definitiv die Aufführung des Stücks ›Am Ziel‹ beschlossen haben. Das sei auch angekündigt worden. Ich habe keine Ankündigung gesehen, kennen wir eine solche? Wir müssen dann den Vertrag schicken auf der Basis meines letzten Briefes an Präsident Kaut [siehe Anm. 2 zu Brief 413].
Aufführungen in *Deutschland*. ›Minetti‹ kann nur Minetti spielen, und der ›Weltverbesserer‹ ist *vorläufig* auch an Minetti gebunden. Sonst aber können wir Aufführungsrechte vergeben: freilich, der Autor will in keinem Fall eine ›Inflation schlechter Aufführungen‹, und da hat er recht. Also: wir wollen von uns aus nach wie vor selektiv verfahren.
Nach der Traktanden-Liste machten wir dann einen Marsch durch die Park-Anlagen der Stadt. Er war dann ausgesprochen heiter und

zum Scherzen aufgelegt. So akzeptierte er, beim Scherz für die Germanisten mitmachen zu wollen. Das Manuskript ›Unruhe‹ [späterer Titel *Auslöschung*] habe er beiseite gelegt, das würde er später veröffentlichen, wenn ihm nichts mehr einfiele. Ja, und dann der 9. Februar, sein 50. Geburtstag. Er wollte kein Abendessen, das Abendessen, das ich ihm zu seinem 40. Geburtstag in Brüssel ausgerichtet habe, sei so schön gewesen und man brauche das nicht zu wiederholen. Grüße an Minetti und Peymann [siehe Brief 412], und dann fügte er hinzu: am liebsten würde ich an dem Tag nur mit Ihnen allein Abendessen. Ich versprach ihm, das einzurichten, nur sollte er einen Ort wählen, bei dem ein Flugplatz möglichst in der Nähe liegt. Dann über Gott und die Welt. Er wußte, daß Peter Handke ein Stück geschrieben hatte und daß dieses Stück in Salzburg 1982 aufgeführt würde [*Über die Dörfer* in der Regie von Wim Wenders]. Dezidiertes Urteil über Kollegen, Intendanten, Regisseure, Kritiker. Die sehr schöne, ausführliche Kritik der ›Billigesser‹ in der ›Frankfurter Rundschau‹, die ich ihm mitbrachte, wollte er nicht lesen [Werner Irro: *Einer gegen den Massenwahnsinn*, in: *Frankfurter Rundschau*, 8. Januar 1981].
Was hielte er von der Konstellation, daß der Papst, ein Pole, mit dem Nobelpreisträger Miłosz, dem Exil-Polen, über Lech Wałęsa gesprochen habe? Satirische Reaktion, von diesem reaktionären Papst hielte er überhaupt nichts, Miłosz [sei] ein mittelmäßiger Schriftsteller, und Lech Wałesa mache ihm eher Sorgen. Er glaube nicht, daß das zu halten ist. Die Russen würden kommen und dann käme die Eiszeit.
Mittagessen mit der Tante, Frau Stavianicek, und meiner Frau. Bernhard lud uns ein und war ein sehr aufmerksamer Gastgeber.
Während meines Aufenthaltes hatte zweimal Herr Schaffler vom Residenz Verlag angerufen, Bernhard nahm das Telefon nicht ab. Wahrscheinlich wollte Schaffler ihm das Erscheinen des Buches ankündigen, das nun nicht mehr im Dezember, sondern nun eben Anfang Januar erscheinen sollte [*Die Kälte*]. Auf meine Frage, ob Schaffler wisse, daß das das letzte Buch sei, das er von ihm bekäme, und daß wir die jetzt dort erschienenen vier Bände mit neuen Texten zu einem Band ›Kindheit und Jugend‹ vereinen würden, antwortete er: nein, Schaffler wüßte davon nichts. Aber es sei Zeit genug, es ihm zu sagen. Über dem sonst so sonnenklaren Bad Ischl kamen einige Wolken auf. Dann der Schelm: Wolken machen erst den Himmel schön.

P. S.: Sein Beitrag für die *Frisch-Festschrift*: Er könne zu Frisch nichts schreiben. Als ich ihn nach seinen ersten Begegnungen mit Frisch fragte, begann er zu erzählen: er habe in zwei verschiedenen Privat-Bibliotheken ›Homo faber‹ gesehen und gelesen. Nun wird er den Versuch machen, diese ›Begegnung‹ zu beschreiben. [Th. B. schreibt keinen Beitrag zu *Begegnungen*, der Festschrift zum 70. Geburtstag von Max Frisch.]«

[419; Briefbogen Kurhotel Bad Ischl[1]]

Bad Ischl
Voglhuberstraße 10
23. 1. 81

Lieber Siegfried Unseld,
ich bin von unserem letzten Telefongespräch so irritiert, dass ich absolut mein erstes Vorhaben, nämlich an meinem Geburtstag allein zu sein, wiederherstellen möchte.
Ich bitte Sie, am 9. Feber nicht zu kommen, ich werde an diesem Tag nicht zuhause sein.
Es war schon immer meine Absicht, an dem fraglichen neunten nicht zuhause und gänzlich allein zu sein und ich bitte Sie, mich zu verstehen.
Wir hatten ja eine sehr schöne und gute Zusammenkunft hier in Ischl! Geburtstage, die eigenen vor allem, habe ich immer verabscheut und ich habe sie – ausser dem vierzigsten damals in Brüssel! – auch nie zur Kenntnis genommen.
Ich bitte Sie, diesen Geburtstag nicht zur Kenntnis zu nehmen.
Sehr herzlich
Ihr Thomas B.

1 Th. B. streicht »Kurhotel Bad Ischl« durch.

[420; Anschrift: Ohlsdorf]

Frankfurt am Main
29. Januar 1981

Lieber Thomas Bernhard,
bei meinem letzten Telefonat habe ich nun doch noch einmal eine Erinnerung vergessen: In Bad Ischl vereinbarten wir, daß Sie mir das Manuskript des Stückes »Am Ziel« noch einmal zukommen lassen, denn die mir vorliegende Kopie ist unzulänglich. Die ersten Zeilen sind nicht lesbar, es ist also als Satzvorlage nicht zu gebrauchen. Wir sprachen ja über ein, zwei Stellen, welche Abschreibfehler enthielten. Bitte lassen Sie mir das bald zugehen, denn wir sollen ja den Bibliothek Suhrkamp-Band rechtzeitig zur Aufführung vorliegen haben.
Wann und wo darf ich dann das Manuskript »Der Sohn« bei Ihnen holen? Und schicken Sie mir dann bitte mit Widmung und der Versicherung, daß das nun das letzte war, das Buch »Kälte« zu?
Ich sprach neulich mit Klingenberg vom Züricher Schauspielhaus. Er hatte durch Kaut vom Stück »Am Ziel« gehört und würde sich sehr für eine Aufführung am Schauspielhaus in Zürich interessieren. Doch wir brauchen ja zunächst einmal Ihre definitive Fassung.
Herzliche Grüße
Ihr
[Siegfried Unseld]

P. S.: Am 3. März soll in Paris die französische Aufführung »Der Präsident« in der Inszenierung von Roger Blin stattfinden. Wäre das eine Möglichkeit eines Treffens?[1]

1 Die Aufführung des Stücks in der Übersetzung von Claude Porcell findet im Théâtre de la Michodière statt. Es spielen: Eléonore Hirt, Guy Tréjan u. a. Zu dem Treffen in Paris kommt es nicht.

[421]

Ohlsdorf
3. Feber 81

Lieber Siegfried Unseld,
hier haben Sie das komplette, unverstümmelte Manuskript des Salzburger Stücks. Dazugekommen ist der Satz von Dostojewskij, eliminiert worden ist die komplette Seite 48.[1]
Ich finde, der Titel kann nicht besser sein.
Es wird richtig sein, das Buch *im Juni* erscheinen zu lassen.
Was meine »Gipfel«-Komödie betrifft, so hätte ich die grösste Freude nur daran, wenn sie, unabhängig von der Aufführung, die wir ja selbstverständlich wegen Salzburg verschieben, *so bald als möglich* als Buch in meine Hand käme. Und wäre es in den nächsten Wochen, unabhängig von der Ankündigung im Mai. Es ist ja ein Buch zum *lesen*! Und ich hätte ausserdem einmal einen Spass an einer Sache.
Wir haben soviel über meinen Geburtstag geredet, in ein paar Tagen ist er vorbei, das ist gut so, und vergessen. Sind Sie froh, nicht wieder in diese perverse Donaurepublik reisen zu müssen! Ich werde die abgesägten Äste im Obstgarten aufklauben und Dostojewskij lesen in einem Winkel bei verschlossenen Toren, also überhaupt nicht aus meiner alltäglichen Rolle fallen. Und wenn es sich trifft, werde ich sogar arbeiten. Ich Faulpelz!
Nach dreissig Jahren habe ich wieder einmal eine Buchbesprechung veröffentlicht, die bei mir bestellt worden ist und prompt eine Menge Leute aufgescheucht. Es handelte sich um ein scheussliches Buch über Kreisky. Mit diesem Denkmal sind Sie ja am Sonntag im Akademietheater gesessen und ich dachte, das würde ich nicht aushalten.
Der Kanzler von Österreich *und* das »Triptychon« aus der Schweiz![2]
Während dieser Uraufführung besprach ich mit meinem

Bruder eine Cortisonbehandlung gegen meine geschwollenen Drüsen unter dem Brustbein. Eine dumme Sache, die seit einem halben Jahr nach dreizehn Jahren Ruhe, wieder aufgetaucht ist – Sie sehen, nicht nur auf dem Theater gibt es Probleme. Da ich schon bald keine Luft habe, muss etwas geschehen. Aber ich bin zuversichtlich und habe beschlossen, während der Behandlung zu arbeiten. Und natürlich zuhause. Ich werde Ihnen dann beizeiten sagen, wann der »Sohn« erwachsen geworden ist, um aus dem Haus geworfen zu werden.
Sehr herzlich unter besonderer Berücksichtigung des Vorzimmers[3] Ihr
Thomas B.

1 Das Motto von Dostojewski (»Zum Dank für diese naive und harmlose Offenherzigkeit haben Sie mich mit einem Hanswurst verglichen, was mich aufrichtig belustigt hat.«) wird von Th. B. bei der Fahnenkorrektur gestrichen und durch ein Motto von Pascal ersetzt. Siehe Th. B.: *Werke 18*, S. 419.

2 Am 26. Januar 1981 erscheint in *profil* (S. 51 f.) als *Gastkommentar* unter dem Titel *Der pensionierte Salonsozialist* ein Artikel von Th. B. über Gerhard Roth / Peter Turrini: *Bruno Kreisky*, Fotos von Konrad R. Müller (Berlin 1981). In der redaktionellen Vorbemerkung heißt es: »Thomas Bernhard, der demnächst fünfzig wird, bedenkt Bruno Kreisky, der eben siebzig wurde – anhand des Geburtstagsbuches von Roth und Turrini.« Th. B. schreibt u. a.: »Herr Kreisky ist, zeigt das Buch, einer von diesen Millionen von österreichischen Pensionisten, nur ist er fatalerweise als einziger unter ihnen dazu auch noch der Kanzler der Republik. [...] Der Tod, heißt es, macht aus einem Idioten kein Genie, und der siebzigste Geburtstag aus einem politischen Kleinkünstler keinen Staatsmann. Und dieses lächerliche Buch schon gar nicht, das allerdings, wenn auch ungewollt, zweierlei auf das niederschmetterndste bestätigt: Erstens, was Kreisky wirklich ist, nämlich ein inzwischen renitent gewordener Spießbürger, und zweitens, wie schwachsinnig und charakterlos unsere jungen opportunistischen Schriftsteller heute sind.«

Am 1. Februar 1981 findet im Wiener Akademietheater in Anwesenheit von Max Frisch, Bruno Kreisky und S. U. die Premiere von Frischs Theaterstück *Triptychon* statt. S. U. beschreibt die Folgen der »Aufregung um Thomas Bernhard« in seinem *Reisebericht Wien, 1.-3. Februar 1981*: »Im ORF hat das so großes Ärgernis erregt, daß man nun den Fernsehvertrag für ›Der Präsident‹ und ›Weltverbesserer‹ [siehe Anm. 1 zu Brief 416] nicht mehr unterschreiben möchte. Es ist eine offene Feldschlacht zwischen dem [General-]Intendanten Bacher und dem Ersten Fernsehdirektor [Wolf In der Maur, Intendant des ersten Fernsehprogramms des ORF] darüber ausgebrochen.« (Siehe zum Eklat und dessen Kontext Raimund Fellinger: *»Antworten sind immer falsch«*, S. 20-26.)

3 Der Brief trägt den handschriftlichen Vermerk von dritter Seite: »Eilbote«.

[422; Anschrift: ⟨Ohlsdorf⟩; handschriftlich auf Briefpapier des Suhrkamp Verlags]

Frankfurt am Main
im Februar 1981
[vor dem 9. Februar]

Lieber Thomas Bernhard,
nun sehen wir uns nicht am Tag Ihres 50. Geburtstages. Doch unvermindert herzlich sind meine Gedanken gerade an diesem Tag bei Ihnen. Ihnen, lieber Thomas Bernhard, gilt wie mir letztlich nur die Arbeit, sie ist der Sinn. Ich wünsche Ihnen ein ungestörtes Fortführen Ihrer so bedeutenden Arbeiten, nicht mehr, nicht weniger.
Als Angebinde meiner Wünsche kommt ein Sinnbild der [xxx][1] Ihrer protäischen Schöpferkraft zu Ihnen.
Herzlich, wie immer,
Ihr Siegfried Unseld

1 Ein Wort unleserlich

[423; Anschrift: Ohlsdorf]

Frankfurt am Main
10. Februar 1981

Lieber Thomas Bernhard,
haben Sie herzlichen Dank für Ihren Brief vom 3. Feber und für die Zusendung des unverstümmelten Manuskriptes »Am Ziel«. Wir geben das in Satz, es wird Ende Juni erscheinen, um rechtzeitig zum 18. August in allen Buchhandlungen zu sein.
Die »Gipfel«-Komödie liegt im Umbruch vor, Sie haben ja eine Fassung korrigiert. Wir drucken den Text und lassen das Buch im März erscheinen.
Ihre kleine Buchbesprechung hat enorme Wellen, um nicht zu sagen Wogen geschlagen. Die Verträge liegen jetzt beim ORF, wir müssen abwarten, ob man sie unterschreibt.
Am 3. März wird »Der Präsident« in Paris aufgeführt. Wäre das nicht ein Datum und wäre das nicht ein schöner Ort, wo der »Sohn«, nun erwachsen, in meine Hände gelegt werden könnte? Oder zögen Sie für die Übergabe und für eine Nachfeier ein kleines Ristorante in Trastevere vor?
Ich hoffe, die »Kälte« mit einer Widmung ist unterwegs zu mir!
Herzliche Grüße, wie immer,
[Siegfried Unseld]

[424]

Ohlsdorf
22. Feber 81

Lieber Siegfried Unseld,
wir haben die Krankheit genau unter Kontrolle und werden sie vertreiben, wir *haben* sie in die Flucht geschlagen.

Ich habe diese Wochen, wie ich jetzt sehe, bestens hinter mich gebracht und die ganzen Turbulenzen haben sich ausgezahlt.
In dieser Phase tätig und nicht untätig zu sein, war das beste und der aufgewirbelte Staub setzte sich auf die nützlichste Weise und liess mich an meinem Schreibtisch ungeschoren.
Ich arbeite und komme besser voran, denn je.
Mitten in den Geburtstagswehen öffnete ich ein geheimnisvolles Paket aus Wien und nachdem es vollkommen auseinandergenommen war, entdeckte ich Ihre Aufforderung zu einem neuen Goethe, wie mir schien, in seinem Innern. Die Welt kann sich tatsächlich lustig machen über mich und mich an die hundert Jahre alt werden lassen. Heute habe ich nichts dagegen. Das Tintenfass mit seinem magischen Lichtspiel, werde ich naturgemäss nicht mit Tinte, sondern nur mit meinen Ideen füllen und diese Ideen verarbeiten und nach Frankfurt schicken, möge es sich um einen Ideenstrom handeln in der Zukunft, eine Donau und einen Main meines Kopfes *zurück*.
Wenn ich jetzt schreibe, dass ich in bester Verfassung bin, so ergibt das einen ganz natürlichen Widerspruch, der die Wahrheit ist.[1]
Der »Sohn« wird gepflegt, gleichzeitig habe ich mich um einen Hanswurst zu kümmern, der auf die Bühne soll im nächsten Jahr.
Ich werde in zwei Wochen kurz nach Wien fahren und wieder zurück, vielleicht Ende März ebenso kurz nach Bochum, dann aber meine Ruhe in meinem Haus bewahren, das mich im Augenblick sehr glücklich macht. Es ist jetzt alles ideal hier und ich habe einen perfekten Arzt.
Die »Kälte« ist ein unerfreuliches Buch, das aber notwendig ist, wenn ich weiterkommen will und ich habe ganz einfach die Hemmungen des Stiefvaters was dieses Buch betrifft

und schicke es nicht, sondern bringe es einmal mit. Und vielleicht bin ich einmal auch gern gesehen in der Lindenstrasse und lasse mich dort auf eine Österreichstunde nieder.
Ein kurzer Satz für meinen (besten!) Verleger: wir werden alle Bücher schreiben und alle Verträge einhalten!
Sehr herzlich
Thomas B.
P. S.: Ich will im |*|Herbstprogramm ein mir sehr wichtiges Buch veröffentlichen mit dem Titel »Krieg« und mit dem Untertitel »Verletzungen«, das ich am 31. April abliefere, wenn Sie einverstanden sind!!!
|* im Normalprogramm
↓
Haupt-

1 Am selben Tag schreibt Th. B. an Burgel Zeeh: »Ich war doch recht unvorsichtig, meine Kalamität zu erwähnen, aber über alles herrscht eben der schwache Menschenkopf doch nicht und so ist es passiert mit der Mitteilung, dass ich krank sei. Tatsächlich war über ein Jahr gesucht worden von den verschiedensten Kapazitäten und ganz natürlich, haben die verschiedensten Kapazitäten den Kern der Sache nicht gefunden – bis mein Bruder genau diesen Punkt traf. Nun haben wir genau am 9. Feber mit der sogenannten gezielten Behandlung eingesetzt und haben genau den erhofften Erfolg, das heisst, die Bestätigung, dass wir genau getroffen haben, was wir treffen wollten. Ich glaube, das Rennen ist gelaufen und, abgesehen von der Genauigkeit der Behandlung, werden wir das Böse vertreiben, die Krankheit ist voll auf der Flucht und der Thomas Bernhard fühlt sich wie neugeboren, so, als hätte er schon jahrelang keine Ahnung mehr gehabt, wie angenehm leben ist, wie gut es tut, er atmet aufeinmal wieder tief durch und will dieses Durchatmen sich für die nächsten zehn Jahre mindestens erhalten.
Das Angenehme ist ja, zu wissen, dass ich vor dreizehn Jahren dieselbe Behandlung gehabt habe und dann eben weit über zehn Jahre Ruhe gewesen ist, so sollte es auch jetzt sein und kommen.«

[425]

Ohlsdorf
28. Feber 81

Lieber Doktor Unseld,
zwei Besucher, die ich in den letzten Tagen hier im Hause gehabt habe, machen es mir unmöglich, den folgenden Brief *nicht* zu schreiben und es ist mir tatsächlich die grösste Überwindung.
Herr Rach, den Sie für Juli als Leiter Ihres Theaterverlages angekündigt haben,[1] hat mir, wie Sie wissen, die ganze Zeit, die er schon im Theaterverlag Suhrkamp tätig gewesen ist, *nur geschadet* und wenn ich an die Theaterauffassung dieses Mannes denke, stehen mir die Haare zu Berge. Herr Rach ist, was das Theater betrifft, ein absoluter Dummkopf und dazu ist der Charakter des Herrn Rach, wie ich aus eigener Erfahrung weiss, auch ein geradezu deprimierender. Aber diese Dinge habe ich Ihnen alle schon gesagt und sie hatten, wie ich jetzt sehe, keinerlei Wirkung auf Sie, denn sonst hätten Sie nicht wieder Herrn Rach für Ihren Theaterverlag bestimmt.
Nun tritt Herr Rach, wie ich beweisen kann, überall als mein Feind auf und versucht, meine Arbeit und dadurch mich selbst, wohin er auch kommt, herunterzumachen. Er betritt die Theater und verbreitet seine Abneigung und Feindschaft, wie es ihm ganz entspricht, auf die gemeine hinterhältige Weise, ohne allerdings zu ahnen, dass seine Agitation nicht unter seinesgleichen bleibt und er damit ja nur weitermalt an seinem dubiosen Gemälde. Nicht genug mit Deutschland, trat Herr Rach auch in Amerika, wie ich weiss, als mein Gegner auf und verbreitete eine Anti-Bernhard-Stimmung in New York. Und ausgerechnet in dem Augenblick, in welchem sich in Amerika für meine Arbeit ein, wie ich weiss, bedeutender und für meine ganze Ent-

wicklung wichtiger Aufschwung anbahnt. Herr Rach geht durch New York und teilt aus gekränkter Eitelkeit, weil ich mit meiner Meinung über ihn auch ihm gegenüber nie hinter den Berg gehalten habe, Fusstritte gegen mich aus. Wieder, wie es ihm entspricht, auf die hinterhältigste Weise. Sein primitives Motto lautet: ich bin für die Unterhaltungsliteratur und verachte und hasse das Hochgestochene! Ich hoffe sehr, Sie selbst haben sich diesen Spruch nicht zu eigen gemacht! Nun ist es mir, nach allem, was ich jetzt über Rachs Tätigkeit weiss und was ich sehe, wenn ich diesen Mann sehe, wie er nämlich als Reisender in Theater die Theaterfoyers betritt und seine versteckten und dadurch umso gemeineren Ohrfeigen gegen mich austeilt, ein unerträglicher Gedanke, dass ausgerechnet dieser Mann meine Rechte im Theaterverlag Suhrkamp vertreten solle. Das müssen Sie zugeben, dass das absurd ist! Aber andererseits haben Sie ja Rach wieder engagiert, obwohl Sie den Sachverhalt genau kennen und er ja auch zwischen uns öfter als einmal besprochen worden ist. Sie haben sich einen Feind meiner Arbeit in Ihr Haus geholt, das ist die Tatsache und sie darf so deprimierend sein, wie ich sie hier darstelle. Meine Frage ist jetzt, was werden Sie tun? Mit Herrn Rach werde ich überhaupt nichts tun und wenn der Herr in den Verlag eintritt, werde ich aus dem Theaterverlag Suhrkamp ausgetreten sein. Ich sehe keine andere Lösung. Wir befinden uns jetzt in einer schwierigen Lage. Wenn ich nicht Ihre eigenen Zweifel an meinen Theaterstücken kennte, leider kenne ich sie und das ganze Jahrzehnt, das meine Stükke aufgeführt werden, waren Sie voller Zweifel und Unsicherheit und mussten dann immer erst im letzten Moment vom Gegenteil, dass sie nämlich doch etwas wert sind, überzeugt werden. Ich litt schon immer darunter, das Wort musste gesagt werden. Sie können doch nicht von mir erwarten, dass ich einen Mann akzeptiere, der den wilden

und ungeheuer gewachsenen Baum, der sich zu stattlicher Grösse in der ganzen blöden Öde des Theaters entwickelt hat, mit seiner gemeingefährlichen Säge absägt!
Ich verstehe ganz einfach die Dummheit dieses Engagements, aus was für einem Grund immer, nicht![2]
Erst wenn wir diese Sache, die mir doch nach meiner jetzigen Erkenntnis dringlich erscheint, geklärt haben, können wir überhaupt weitermachen. Auch was die Prosa betrifft.
Voll Hoffnung und Überschwang habe ich Ihnen vor ein paar Tagen geschrieben und gesagt, wieder einmal gesagt, auch gegen allen inneren Widerspruch, Sie sind *der beste* Verleger! Was mich betrifft, muss ich heute ein grosses dikkes fettes Fragezeichen hinter dieses *der beste* setzen.
Sehr herzlich Ihr
Thomas Bernhard

1 Siehe Brief 409.
2 Es existieren im Verlagsarchiv die Originale zweier Briefe von Rudolf Rach an S. U. bzw. an Th. B. Der an Th. B. adressierte ist datiert auf den 8. März 1981 und lautet: »Lieber Herr Bernhard, ich höre von Ihren Beschuldigungen. Im einzelnen hierauf einzugehen ist ohne Sinn. Klatsch und Tratsch, Tag und Nacht unverzichtbarer Bestandteil des Theaters, interessieren mich nicht. Wenn ich Ihnen schreibe, dann deswegen, weil ich aus Ihrem Brief eine Angst spüre, die mich betroffen macht, und weil ich diese Angst nur zu gut verstehe. Verkürzt: ich sei ein Freund mehr oder weniger anspruchsloser Unterhaltung, ein Feind alles Komplizierten und Schwierigen und somit auch Ihr Feind. Was für ein Mißverständnis. Was für eine Ignoranz derjenigen, die glauben, so etwas in die Welt setzen zu können. Der einzige Grund, warum ich das Theater – ein subventioniertes deutsches Stadttheater voller Partei- und Bürokratenklüngel – verlasse, ist der, mich dieser verkommenen Form des Theaters zu entziehen. Ich glaube, ich kenne den Suhrkamp Verlag gut genug, um zu wissen, welche Aufgaben und Möglichkeiten mich dort erwarten. Im übrigen denke ich, es ist ratsam, einem Feind, falls es sich denn wirklich um einen sol-

chen handelt, ins Auge zu blicken. Dann sieht man genauer, mit wem man es zu tun hat. Freundliche Grüsse Ihr Rudolf Rach.« Der an S. U. adressierte trägt das Datum vom 7. März: »Lieber Herr Unseld, das wär's. Das und nicht mehr. Es ist mehr als Loyalität Ihnen und dem Verlag gegenüber. Ich sage das nur, damit Sie wissen, aus welcher Haltung heraus der Brief entstanden ist. Denn ich möchte meine täglichen Versuche, aufrecht zu gehen, nicht schon abbrechen. Im übrigen glaube ich wirklich, daß Festigkeit die einzig richtige Politik in solchen Situationen ist. Erpressungsversuche und Schuldgefühle maximieren die Honorare, das ist tägliche immer neue Erfahrung. Herzlich Ihr Rudolf Rach.«

[426; Anschrift: Ohlsdorf]

Frankfurt am Main
2. März 1981

Lieber Thomas Bernhard,
schönen Dank für Ihren Brief vom 22. Februar. Es freut mich, daß Sie die Krankheit in die Flucht geschlagen haben. Das Gefäß hat Sie also gut erreicht, auch darüber freue ich mich. Es sollte in der Tat ein Ideenfaß sein.
Sie schreiben, daß Sie Ende März nach Bochum fahren. Könnten Sie es nicht so einrichten, daß Sie am 27. März durch Frankfurt kämen? Das wäre sehr schön! Nachdem ich nun lange Zeit an meinem Schreibtisch saß, will ich am 30. März zu einer 14tägigen USA-Reise aufbrechen. Der Termin 27. März wäre ja auch deshalb angenehm, weil wir dann über das Buch »Krieg« sprechen könnten. Sie wissen ja, daß wir unser Programm für das 2. Halbjahr im Mai gedruckt vorliegen haben. Es wäre ja doch wohl gut, wenn das Buch regulär angekündigt wäre. Oder ziehen Sie einen Überfall vor?
Frau Helene Ritzerfeld hat mich über Ihre Telefonate auf dem laufenden gehalten.[1] Der Vertrag »Am Ziel« liegt bei

Kaut vor, er hat ihn aber noch nicht unterschrieben zurückgeschickt. Wir mahnen das jetzt wieder an, denn ohne den unterschriebenen Vertrag hätten die Festspiele keine Ankündigung bringen können.
Herzliche Grüße
Ihr
Siegfried Unseld

1 Th. B. nimmt direkten Kontakt mit Helene Ritzerfeld auf wegen der Ausstrahlung von *Der Präsident* und *Der Weltverbesserer* im österreichischen Fernsehen. Am 24. Februar 1981 schreibt er ihr: »der Generalintendant des ORF, den ich persönlich kenne, macht mir den Vorschlag: der Suhrkampverlag akzeptiert, den ›Präsidenten‹ und den ›Weltverbesserer‹ betreffend, den Höchstsatz, den der ORF bezahlt und unterschreibt also in diesem Punkt. Die Differenz zwischen diesem Höchstsatz und meiner und also unserer Forderung, bezahlt der ORF unter einem anderen Titel direkt an mich persönlich. [...] Dieser Vorschlag des Generalintendanten muss aber vollkommen unter uns bleiben, ich bin sicher, dass das so sein wird. Zum Unterschied des Generalintendanten, des Allmächtigen also, der ein Freund meiner Arbeit ist und sie auch durchsetzt, ist der Intendant des Ersten Programms, um das es hier geht, mein Feind. Die Dinge sind, wie die Welt, gewürzt, aber das ist ja das Gute.« In derselben Angelegenheit ruft er Helene Ritzerfeld am 27. Februar 1981 an. In der Gesprächsnotiz ist vermerkt: »Thomas Bernhard bittet darum, vorab nichts in der Sache zu unternehmen, auch keine neuen Verträge an ORF zu senden. Er will zuvor ganz klar geregelt haben, wie die Differenz vom ORF an ihn gezahlt wird. Solange er darüber keine Abmachung mit dem ORF hat, dürfen die Verträge nicht geschickt werden. Er würde, wenn man ihm die Zusicherung nicht gibt, die Sache eher platzen lassen. Thomas Bernhard rief kurz darauf noch einmal an: ich muß ihm nach Minuten ausrechnen, was genau nach Tarif gezahlt wird, damit er danach dann die zusätzliche Forderung stellen kann.
Er war äußerst nett, aber auch sehr aufgeregt.
Zu Salzburg: er möchte wissen, ob der Vertrag für die Aufführung [von *Am Ziel* bei den Festspielen] abgeschlossen ist.« Am 6. März 1981 berichtet er an Helene Ritzerfeld, »ich habe alles klären kön-

nen und bitte Sie, den Vertrag mit dem ORF, ›Präsident‹ und ›Weltverbesserer‹ betreffend, zu unterschreiben bzw. unterschreiben zu lassen«.

[427; Anschrift: ⟨Ohlsdorf⟩; Telegrammnotiz]

Zürich
4. März 1981

Kann man sich in Tagen vom Besten zum Schlechtesten verwandeln – stop – Da unterwegs kann ich Ihren Brief erst Montag beantworten[1] – stop – Vorschlag Treffen 24. oder 25. März in Salzburg oder Ohlsdorf oder 27. März in Frankfurt. Herzlich Ihr alter SU

1 S. U. ist am 4. März 1981 zu Gesprächen mit Alice Miller und Madeleine Hohl in Genf und hält sich am Tag darauf in Zürich auf.

[428]

Ohlsdorf
6. März 81

Lieber Doktor Unseld,
ich will vom 24. bis zum 28. in Bochum sein und vielleicht können wir uns in dieser Zeit einmal einen ganzen Tag ausgiebig und völlig ungestört von irgendeinem dritten Menschen grundlegend über unsere Zukunft unterhalten, mit allen Gedanken und Papieren. Mein Quartier weiss das Schauspielhaus Bochum.
Herzlich
Thomas Bernhard

[429; Anschrift: Ohlsdorf]

Frankfurt am Main
9. März 1981

Lieber Thomas Bernhard,
haben Sie Dank für Ihren Brief vom 6. März. Es ist wirklich das Vernünftigste, daß wir uns »mit allen Gedanken, Papieren und Ziffern« in Ruhe zu einem Gespräch finden. Wenn es Ihnen recht ist, komme ich am Mittwoch, dem 25. März, nachmittags nach Bochum; wir könnten uns von 17 Uhr an treffen. Ich kann Ihnen den ganzen Nachmittag, den Abend, die Nacht und, wenn Sie wollen, auch am nächsten Tag zur Verfügung stehen.
Herzliche Grüße
Ihr
[Siegfried Unseld]

[430; Anschrift: Ohlsdorf, Telegrammnotiz]

Frankfurt am Main
10. März 1981

»Am Ziel«-Vertrag aus Salzburg unterschrieben eingetroffen. Herzlich Ihr Siegfried Unseld

[431; handschriftlich; Ansichtskarte: »Istanbul, Blaue Moschee«]

[Istanbul]
13. 3. 81

ich schlage den 26. in Bochum vor.
Herzlich
Thomas B.

[432; Telex]

Bad Ischl
[Vor dem 24. März]

25. bochum hotel ueber schauspielhaus[1]
herzlich bernhard

1 Das Treffen zwischen Th. B. und S. U. findet am 25. März 1981 statt. Zu den Unterlagen, die S. U. zu der Begegnung mitbringt, gehört eine Aufstellung über die Verkaufszahlen aller Bücher von Th. B. vom jeweiligen Erscheinungsdatum bis Ende 1980. Daraus geht hervor, daß bis zu diesem Zeitpunkt von all seinen Büchern im deutschen Sprachraum 312 855 Exemplare verkauft worden sind. Über das Treffen schreibt S. U. im *Reisebericht Bochum / Bonn, 25.-27. März 1981*:
»Das Gespräch dauerte fünfeinhalb Stunden.
Die generelle Situation: Er, der vielfach erklärt habe, es sei ihm egal, ob man für seine Bücher werbe oder nicht, leide förmlich unter der Suhrkamp-Anzeigenflut jener Werke und Autoren, die er letztlich als Epigonen seiner selbst ansehen müßte. Seine Bücher würden vom Verlag in die Welt gesetzt, sie würden ein bißchen besprochen, ein bißchen gelesen und verkauft, und dann sei aus und ›basta‹. [...]
Seine zweite Klage: er erfahre nichts von uns, was natürlich eine horrende Übertreibung ist, wenn man bedenkt, daß er nie wünschte, irgendeine Rezension zugeschickt zu bekommen. Aber er möchte das Außergewöhnliche hören. Zum Beispiel liegt ihm sehr viel daran, zu beobachten, welche Wirkung er im Ausland habe. [...] Für ihn ist das wichtigste Produktionsmittel die Bibliothek Suhrkamp. Das sei seine Reihe. Hier gehöre er hin, dafür schreibe er. Ich hätte ihm in einem Brief mitgeteilt, daß ›Über allen Gipfeln ist Ruh‹ im März erscheinen würde, und nun habe er in einer Bochumer Buchhandlung unseren BS-Märzaushänger gelesen, und auf ihm sei sein Titel nicht verzeichnet. (Erscheint im April, mit Telex erl[edigt].)
Dann Rudolf Rach. Rudolf Rach, wie früher Karlheinz Braun, möge seine Stücke nicht, dafür hätte er viele Belege. Das Verhalten von Rudolf Rach in den USA sei doch ziemlich skandalös gewesen; für jemand, der eine Sache vertreten müßte, leichtfertig. Es war ein

schwieriges Gespräch, dessen Details ich gar nicht wiederholen kann.
Schließlich das Finanzielle. Seine Konten sind ja mehr oder weniger ausgeglichen trotz der hohen Zahlungen, die er von uns bekommen hat. Und darüber war er ganz zufrieden. Er hatte sich addiert, welche Summen für die Fernsehsendungen ›Weltverbesserer‹ und ›Präsident‹ einerseits und ›Am Ziel‹ andererseits zusammenkommen werden (ca. 90 000 DM) und rundete dann diese Summe auf 100 000 DM auf, die er sich von uns wünschte. Daß ich diesen Scheck bei mir hatte, erfreute ihn, und wir traten dann wieder in die Erörterung der einzelnen Punkte ein. Er übergibt uns an Ostern sein neues Manuskript ›Krieg‹, Untertitel ›Verletzungen‹. Drei Kapitel, nicht mehr als 60 Seiten, man sollte sich, was Typographie und Aufmachung betrifft, an den Residenz-Bänden orientieren. Und er wünscht sich Anzeigen und ein besonderes Engagement des Verlages.
Wir besprachen dann noch einmal die Theatersituation. Rudolf Rach soll eine Chance gegeben werden, zu beweisen, daß er kein ›Feind‹ ist und für die Stücke Bernhards eintreten kann. Rach wird also auch im Theaterverlag die Sache Thomas Bernhard verantworten. Jedoch mußte ich mich zu einer Kommunikation mit Rach bei wichtigen Entscheidungen in Sachen Bernhard verpflichten. [...]
Wir diskutierten noch einmal die vier bei Residenz erschienenen autobiographischen Bände. Noch einmal bekräftigten wir, daß er einen fünften und sechsten Band dazu schriebe und wir dann einen Band ›Kindheit und Jugend‹ herausbringen würden. Auch dies in Form einer Gesamtausgabe, die wir ja mit dem Band ›Die Erzählungen‹ begonnen haben.
Im 1. Halbjahr 1982 kann im Hauptprogramm ein schmaler Band erscheinen ›Für Schauspieler‹. Es sind Einübungstexte. [Siehe Anm. 1 zu Brief 9.] Im Herbst 1982 erschiene der Roman ›Der Sohn‹, den Roman ›Unruhe‹ [Beide Titel zieht Bernhard für den Roman in Erwägung, der den definitiven Titel *Auslöschung* erhält.] habe er für Herbst 1983 vorgesehen.
[...] Seine Korrekturen und Imprimatur des BS-Bandes ›Am Ziel‹ übergab er mir.
Wir verabschiedeten uns, indem wir verblieben, daß der Brief vom 28. Februar aufgehoben sei und nur der vorangegangene gelte.«

[433]

Ohlsdorf
21. 6. 81

Lieber Siegfried Unseld,
Sie haben sich für die heutige Rückkehr nach Frankfurt einen Jubeltag für ein neues Frankreich ausgesucht und ich hoffe, Sie geniessen diese Tatsache bis spät in die Nacht hinein und wünschen insgeheim Herrn Mitterrand alles Gute.[1]
Während in der menschlichen Phantasie jeden Tag und jede Stunde eine neue Welt entsteht, wenn wir wollen, kommt es in der Politik auf eine solche strahlende Weise nur ein paarmal in einem Jahrhundert vor. Hier sehen wir deutlich die Schwerfälligkeit der Erdoberfläche.
Vor vierzehn Tagen in Wien habe ich jenes Gedicht gefunden, mit welchem ich 1960 das Gedichtschreiben aufgehört habe, endgültig. Neunundfünfzig und sechzig war ich in London und in Italien und in diesen Ländern ist dieses »Ave Vergil« entstanden. Ich schicke es Ihnen als Herbstwunsch in der BS. Es ist vollkommen meine damalige Verfassung. Es ist ein einziges Gedicht und fortlaufend zu lesen.
»Krieg« folgt in den nächsten Tagen.
Wir sollten französisch denken, wenn wir (notgedrungen) deutsch sprechen und französisch sprechen, wenn wir (notgedrungen) deutsch denken.
Mit Frau Zeeh hatte ich den allerbesten Kontakt.
Sehr zu Ihrem Vorteil
Ihr heute einmal wieder grössenwahnsinniger
Thomas B.

1 S. U. kommt am Abend des 20. Juni von einem vierwöchigen Französisch-Intensiv-Kurs in Grimaud zurück. Der am 10. Mai 1981

zum französischen Staatspräsidenten gewählte François Mitterrand löst am 22. Mai per Dekret die Nationalversammlung auf. Beim zweiten Wahlgang am 21. Juni erringt seine sozialistische Partei mit 49,28% die absolute Mehrheit der Mandate.

[434; Anschrift: Ohlsdorf]

Frankfurt am Main
3. Juli 1981

Lieber Thomas Bernhard,
ich finde, auch wir sollten uns bald treffen, nicht später als August. Wo halten Sie sich auf?
Ich würde gerne noch einmal über die Gedichte mit Ihnen sprechen. Sollte man nicht eher an den Plan einer Sammlung denken?
Dann warte ich dringlich auf das Manuskript »Krieg. Verletzungen«. Und dann erinnere ich daran, daß wir für 1982 den Band »Kindheit und Jugend« überlegt hatten.
Bitte, lassen Sie von sich hören.[1]
Herzliche Grüße
Ihr
Siegfried Unseld

P. S.: Ein erstes Exemplar »Am Ziel« geht mit getrennter Post an Sie ab![2]

1 Man trifft sich am 7. August 1981. In der *Chronik* erzählt S. U. von der Begegnung unter dem Titel *Salzburg, 7. August 1981*:
»Noch nie hatte ich mich auf einen Besuch bei *Thomas Bernhard* so vorbereitet wie auf diesen. Am Vorabend Lektüre des Gedichtzyklus ›Ave Vergil‹, Lektüre der letzten Reiseberichte, um Äußerungen von ihm und die Atmosphäre früherer Begegnungen wieder deutlich in Erinnerung zu rufen, obschon die Begegnungen mit Bernhard ja alle irgendwie in meinem Gedächtnis unauslöschlich sind. Das Problem dieses Besuches, von dem Bernhard mutmaßlich nichts ahnte:

Bernhard und Rach hatten sich in Wien ›ausgesöhnt‹ (in Salzburg sagte er mir, er habe sich mit seinem ›Todfeind‹ wieder versöhnt), und in diesem Wiener Gespräch entstand der Gedanke, die kleinen Dramolette, die Bernhard geschrieben und verstreut veröffentlicht hat, in einem suhrkamp taschenbuch zu sammeln und herauszugeben. Darunter war ›Alles oder Nichts‹; ich kann mir nicht vorstellen, daß Rach das vor diesem Gespräch gelesen hat, er machte mich auch nicht auf die Problematik des Stückes aufmerksam, das blieb Frau Laux überlassen. Und als ich dann den Text in ›Theater heute‹ [Heft 5, Mai 1981, S. 5-9] gelesen hatte, war ich wirklich entsetzt. Die Szene: ein Fernsehmoderator und die ›drei Spitzen des Staates‹: Bundespräsident Carstens, Bundeskanzler Schmidt und Außenminister Genscher. Sie sollten, um Wählerstimmen für ihre Partei zu gewinnen, alles Mögliche oder Unmögliche machen und am Schluß die Gewissensfrage beantworten: ›Sind Sie im Herzen Nationalsozialist?‹ Und alle Politiker antworten: ›Wie aus der Pistole geschossen‹: ›Ja.‹ Mir war sofort klar, daß ich das nicht drukken und im Buch verewigen werde. Aber mir war auch die Konsequenz dieser Zurückweisung klar: das Stück eines so bedeutenden Autors nicht zu bringen, ein Stück, das schon einmal vorabgedruckt war und in Bochum aufgeführt werden sollte, das wäre in den Augen der Öffentlichkeit Zensur, und das hätte auch gegenüber Autoren Folgen. In einiger Zeit würde das Motiv für meine Zensur vergessen sein, nur die Tatsache bliebe auf ewig vorhanden.

Ich schickte den Text an Jürgen Becker, Martin Walser und Max Frisch. Alle Autoren waren der Meinung, daß man das nicht drukken kann. Übrigens waren alle überrascht, daß niemand auf den Abdruck in ›Theater heute‹ reagiert hatte. Martin Walser wollte sofort dagegen schreiben, ich hielt ihn im Hinblick auf mein Gespräch mit Thomas Bernhard ab.

Ich hatte also doch eine gewisse Rückenstärkung für meinen festen Entschluß.

Ich stand früh auf, um diese Dramolette zu lesen. Inzwischen hat Bernhard noch zwei weitere dazugeschrieben, es sind insgesamt sieben an der Zahl: ›A Doda‹ [*Die Zeit*, 12. Dezember 1980] – ›Match‹ – ›Der deutsche Mittagstisch‹ – ›Maiandacht‹ – ›Alles oder Nichts‹ – ›Eis‹ – ›Freispruch‹.

Alles wirklich Kabarett-Texte. Meist nur billig-witzig. ›Der deutsche Mittagstisch‹ war in der ›Zeit‹ [19. Dezember 1979] abge-

druckt, auch hier der Satz: ›Der neue Bundespräsident ist ein Nazi‹, was der Ururenkel quittiert: ›Und der alte Bundespräsident war auch ein Nazi‹, was den ältesten Enkel veranlaßt zu sagen: ›Die Deutschen sind alle Nazis.‹ Auch das hätte ich nicht gebracht. Sicher soll man das Thema des Nazismus diskutieren, und wir Deutsche müssen hier nicht aus einer Kollektivschuld, sondern aus einer Kollektivscham heraus vieles aushalten, aber es muß dann vermittelt sein und darf nicht als billiger Gag erscheinen.
Übrigens ist das Dramolett ›Eis‹ das einzige, was wirklich literarisches Niveau hat. Aber auch hier braucht Bernhard die zwei anonym gebliebenen Ministerpräsidenten als Figuren, braucht er wirklich diesen vordergründigen Skandal? Auf dem Flug habe ich dann ›Am Ziel‹ gelesen. Das hat mir doch auch nach der zweiten oder dritten Lektüre sehr gut gefallen. Im Grunde genommen ist das ja ein Stück über das Schöpferische eines Schriftstellers. ›Was ist das Geheimnisvolle an den Künstlern? Das Besondere? Sie sind anders. Das ist wahr.‹ Über den Schriftsteller: ›Er nennt sein Stück ja auch «Rette sich wer kann», weil es klar ist, daß sich niemand rettet.‹ Und dann wieder eine andere Einsicht: ›Entweder man ist ein klassischer Schriftsteller von vornherein, oder man ist es nicht.‹
Das Flugzeug war auf die Minute pünktlich, und Thomas Bernhard war da. Ich übermittelte ihm die Grüße von Hilde, Burgel Zeeh und Dr. Guth; ja, Dr. Guth, er habe gehört, er hätte ihn eingeladen nach der Premiere [von *Am Ziel* am 18. August 1981], aber er sei gar nicht da, er würde auch nicht zur Premiere kommen. Einen Tag vorher verreise er für zehn Tage in die Steiermark. Ohne Adresse.
Unser erster Ort war ein Café an der Salzach. Wir fanden einen Tisch im Schatten und direkt am Fluß, trotz der 25 Grad war es durch ein leichtes Lüftchen angenehm. [...]
Wieder einmal machte ich die Erfahrung: je besser man die Texte des Autors kennt und je genauer man seinen Kontenstand im Kopf hat, um so besser ist mit ihm zu sprechen und zu verhandeln. Ich werde diese zwei Stunden im Café nicht vergessen. Wir saßen da in einer Touristenwelt, immer wieder kam der oder jener auf Bernhard oder mich zu, um ihn oder mich zu begrüßen. Vor uns an der Salzach jene Touristen, die immer nur die anderen für Touristen halten. [...]
Er war, wie meist, bestens informiert. Die Fernsehaufzeichnung

[der Salzburger Inszenierung von] ›Am Ziel‹ ist gescheitert. Schuld daran ist nicht ein Verhalten von seiten der Festspielleitung oder des ORF oder der politischen Behörden ihm gegenüber, schuld ist auch nicht die ja nicht kleine Honorarforderung, sondern eine gewerkschaftliche Forderung. Das ORF sollte mit jedem einzelnen Techniker Verträge abschließen für diese Aufzeichnung, in denen alles geregelt sein müßte: Bezahlung der Überstunden, Versicherung etc. Das wäre bei Bernhard vielleicht noch möglich gewesen, aber im Falle einer Opern-Aufzeichnung hätte man da mit Hunderten von Technikern Verträge abschließen müssen.
Und er war auch informiert über die Aufführung von ›Eve of Retirement‹ (›Vor dem Ruhestand‹) in der Regie von Liviu Ciulei im Guthrie Theatre, dem gegenwärtig besten amerikanischen Theater, in Minneapolis. Es freue ihn auch, weil es Rudolf Rach ins Unrecht setze, der das nie für möglich gehalten habe. Nun, er habe sich ja mit seinem ›Todfeind‹ wieder versöhnt. Aber da sind Reste noch vorhanden. Er wußte nicht, ob er rüberfahren wolle. Interessieren würde es ihn schon.
Warum habe er mir nicht sein Manuskript ›Krieg. Verletzungen‹ geschickt? Die Sache sei fertig, so gut wie fertig, aber der Text dürfe nicht so rasch nach der ›Kälte‹ erscheinen. Irgendwie mache man sich auch lächerlich, wenn man zu schnell produziert.
Das war natürlich für mich das Stichwort: Alles oder Nichts. Ich war auf alles gefaßt, ich sollte ihn ja überzeugen, den Band ›Alles oder Nichts‹ mit den sieben Dramoletten nicht zu bringen, und war notfalls zur wirklichen Verweigerung bereit, bereit auch, alle Konsequenzen, die persönlichen, die verlagsbetreffenden, die öffentlichen auf mich zu nehmen. Das, was sich ereignete, spielte sich in einer einzigen Minute ab, und ich meine, Thomas Bernhard hat mich doch beschämt. S. U.: Ja, Sie haben recht, man sollte nicht zuviel produzieren. Th. B.: Ja, man macht sich lächerlich. S. U.: Wir haben drei große Titel in diesem Jahr in der BS, ›Über allen Gipfeln ist Ruh‹, ›Am Ziel‹, und dann wollen wir unbedingt die Gedichte ›Ave Vergil‹ bringen. Th. B.: Wollen Sie das? S. U.: Das will ich. Aber ich möchte Ihnen vorschlagen, auf die Veröffentlichung des Buches mit den Dramoletten zu verzichten. – Pause. – Th. B.: Was haben Sie gesagt? Ich wiederholte meine Äußerung. – Pause. – Th. B.: Warum? S. U.: Der künstlerische Abstand gegenüber Ihren großen Stücken ist zu groß. Th. B.: Ja, dann machen wir das nicht. –

Pause. – Th. B.: Man soll ja auch nichts machen, was man nach einem halben Jahr bereut.
Ich mißverstand ihn. S. U.: In einem halben Jahr kann man alles noch einmal überdenken. Th. B.: Nein, man soll kein Buch machen, das man bereut. – Pause. – Th. B.: Nein, es ist gut, daß man Nein sagen kann. – Pause. – Th. B.: Man muß Charakter haben, auf etwas bestehen, aber nicht starr sein, bereit sein zum Einsehen, zum Ändern. – Pause. – Th. B.: Peymann probt ja schon. Er macht es nicht selbst, um der Sache keine allzu große Wichtigkeit zu geben. Und man kann es leicht kabarettistisch machen. Und Peymann kann ja einige oder alle Dramolette im Programmheft drukken. Dann ist der Text ja da und nicht da. Die Texte müssen als ›vorübergehend‹ angesehen werden. Das Vorübergehende ist wichtig. Wir kamen während des ganzen Tages auf diesen Punkt nicht zurück. Ich war ebenso beschämt wie erleichtert. Alles oder Nichts. Welcher Kelch ist da an mir und am Verlag vorübergegangen [*Der deutsche Mittagstisch* mit sieben Dramoletten erscheint 1988 als Band 1480 in der edition suhrkamp.]. Wir beide waren uns dessen vollkommen bewußt, gerade weil wir an diesem Tag nie mehr von diesem Punkt sprachen. Natürlich darf man sich über alles Freundschaftliche dieses Tages hinaus nicht täuschen. Jede Zeile, die Bernhard geschrieben hat, steht ihm näher als die Beziehung zu mir. Er ist eben für alles oder nichts. ›Wahrscheinlich hat unser dramatischer Schriftsteller auch ein schlechtes Gewissen.‹ (›Am Ziel‹, S. 70) [Th. B.: *Werke 18*, S. 306.]
Als das so gesprochen war, blieb natürlich die Spannung, was sich wohl im Laufe des Tages noch ergeben würde. Wir wechselten das Lokal, spazierten durch das touristenerfüllte Salzburg und suchten den nächsten Café-Garten auf. Wieder die Situation, daß Leute mich begrüßten, der Autor Dr. Pohl vom Nomos-Verlag.
Jetzt konnten wir die weiteren Dinge regeln; er hat zwei Prosa-Arbeiten fertig, ›Krieg-Verletzungen‹ und ›Der Sohn‹. Im Februar 1982 werden wir entscheiden, was im Herbst gebracht werden sollte. ›Über allen Gipfeln ist Ruh‹ würde nicht Peymann, sondern Luc Bondy in Bochum inszenieren. Man soll nicht alles auf einen Regisseur, auf einen Schauspieler oder eine Schauspielerin abstellen, obschon das Beste natürlich immer nur gerade gut genug ist.
[...] Bernhard und ich sprachen über Autoren, der Name Handke kam nie vor. Was wir ebenfalls nicht besprachen: werden wir den

Band ›Kindheit und Jugend‹ realisieren, und stimmt das Gerücht, daß 1982 ein Text bei Residenz erscheinen soll? Beide haben wir daran nicht gerührt. Ein schwieriges Problem gelöst zu haben reichte ja auch. Ich lud ihn ein, nach Boston zu kommen, am Wochenende 19./20. September, wo ich auch in Boston sein würde. Und wir würden dann gemeinsam die Niagarafälle besuchen. Das nahm er freudig-bewegt auf. Für mich war das das wenigste, was mir diese Erleichterung wert war. ›Ist das nicht ungewöhnlich, einem Menschen die Reise zu bezahlen [...], den man kaum kennt? [Tochter:] Aber er ist doch bekannt, er ist eine Berühmtheit.‹ (›Am Ziel‹, S. 71 [Th. B.: *Werke 18*, S. 308f.]). [...]
Am Spätnachmittag, als wir uns verabschiedeten, bat Bernhard darum, Peymann allein eine Viertelstunde sprechen zu wollen. Wir verabredeten uns eine halbe Stunde später am Parkplatz des Bernhardschen Wagens. Wollte Bernhard die Frage ›Alles oder Nichts‹ mit Peymann besprechen, und was würde der sagen? Als Bernhard kam, pünktlich auf die Minute, war er weiterhin gelöst und heiter. Ich wollte ihm anbieten, mit einem Taxi zum Flughafen zu fahren, doch er bestand darauf, mich selbst fahren zu können. ›Als Krönung und Abschluß.‹ Wir fuhren in Richtung Flughafen, und dann bat er mich, ob wir nicht unterbrechen dürften für einen Gang zum Friedhof? Er wollte sehen, ob das Grab in Ordnung ist. Ich wußte nicht, um welches Grab es sich handelt, dann aber war es sein Großvater: Johannes Freumbichler, 1881 geboren in Henndorf, und es war auch das Grab des Sohnes des Großvaters und der Mutter seiner Mutter. Das Grab war in Ordnung. (Thomas Bernhard hatte mir einmal das Buch seines Großvaters, das bei Rainer Wunderlich 1942 erschienen ist, zur Wiederauflage angeboten: ›Auszug und Heimkehr des Jodok Fink. Ein Buch vom Abenteuer des Lebens‹ – aber das war nicht zu machen.)
Als wir in das Auto einstiegen zur Weiterfahrt zum Flughafen, benützte er die letzte Gelegenheit und fragte mich nach den Finanzen. Die DM 100.000.–, die er in Bochum erhalten hatte, waren natürlich auf der Basis von rund DM 40.000.– Fernsehgelder ›Am Ziel‹, die nun entfielen, aber, oh Wunder, durch die Abrechnungen per 30. 3. und 30. 6. 1981 waren von den DM 100.000.– bereits DM 78.000.– abgedeckt.
Dann die Fahrt zum Flughafen. Inzwischen war es wirklich unerträglich heiß geworden. Er wollte mit mir bis zum Abflug spazie-

rengehen, aber ich bat darum, allein sein zu können. Ja, sagte er, abrupte Abschiede sind die besten. Grüßen Sie die Leute, die mich gegrüßt haben, und sagen Sie zu Dr. Guth, er soll mich besuchen in Nathal. Herzlichen Dank für den Besuch. Noch einmal Bekundungen, freundschaftliche Gefühle, bis bald. Bis Boston?
Ich war wie gelähmt, als allmählich die Spannung dieses Tages nachließ. Mir gingen Bernhards Äußerungen nicht aus dem Kopf, auch nicht diese, die unsere gegenwärtige Zeit betrafen: Rette sich, wer kann. So zynisch ist das für ihn gar nicht. Er hält nämlich die Zeit, in der wir leben, für herrlich, für eine Zeit des Übergangs, ja, sie ist wunderbar.«

2 *Am Ziel*, Band 767 der Bibliothek Suhrkamp, erscheint im Juli 1981.

[435; Anschrift: Ohlsdorf]

Frankfurt am Main
24. August 1981

Lieber Thomas Bernhard,
mir hat die Aufführung in Salzburg durchaus gefallen, sie ist etwas zu lang geraten, mit einigen Hängern dazwischen, aber der Abend war ein großer Erfolg für Sie und ein Erfolg auch für Marianne Hoppe. Meinen herzlichen Glückwunsch! Die Kritik ist gemischt, mal so, mal so – doch das werden Sie ja auf Ihrer Reise mit dem unbekannten Ort längst gelesen und wahrscheinlich heute wieder vergessen haben. Es haben sich schon verschiedene Theater gemeldet, aber wir haben sie tentativ beschieden, zunächst soll ja dieser Aufführung ein gewisser Vorsprung eingeräumt bleiben.[1]
Nun zu unserem Niagara-Unternehmen: Wenn Burgel Zeeh so etwas in die Hand nimmt, dann nimmt sie es in die Hand und uns an die Hand. Hier anliegend finden Sie einen Plan für Sie, der mir sehr einleuchtet. Bitte sagen

Sie, ob er Ihnen konveniert oder ob Sie andere Wünsche und Vorstellungen haben. Ich freue mich auf unsre Reise!
Herzliche Grüße
Ihr
[Siegfried Unseld]

Anlage[2]

1 Über die Uraufführung von *Am Ziel* am 19. August 1981 bei den Salzburger Festspielen in der Regie von Claus Peymann berichtet S. U. im *Reisebericht München–Salzburg, 18.-19. August 1981*: »Die Aufführung war einerseits ein Erfolg beim Publikum und wird es vielleicht auch bleiben, andererseits doch ein deutliches Ungenügen an der Länge des Stückes: dreieinhalb Stunden ist einfach für diesen Text zu lang, er hängt durch, manches wirkt dann in der Tat banal. Die Inszenierung war nicht letztlich konzeptionell straff, Marianne Hoppe [Mutter], als sie sah, daß sie es schaffte, wurde immer besser. Kirsten Dene [Tochter], eine hervorragende Schauspielerin, jedoch ihre großartig-melodiöse und intelligente Stimme war ein Widerspruch zu dem Naivling und zu der Unterdrückten, die sie spielen mußte. Die Rolle des dramatischen Dichters war mit Branko Samarovski falsch besetzt. Doch großer Beifall. Ich bin gespannt, wie die im Stück als ›unberechenbar‹ bezeichnete Kritik reagieren wird.« S. U. ordnet in die *Chronik* zwei Besprechungen ein; die von Urs Jenny im *Spiegel* (24. August 1981) endet mit den Sätzen: »›Am Ziel‹, wenn denn das das Ziel sein sollte, präsentiert Thomas Bernhard sich als ein Autor, der mit allem, wirklich allem, was ihm einst Wunde und Schmerz war, nur noch auf das glänzendste kokettiert.« Paul Kruntorad schließt seine Besprechung (*Frankfurter Rundschau*, 22. August 1981) wie folgt: »Man hat es also wieder, das Geschenk eines neuen Bühnenwerks aus Thomas Bernhards exklusiver Werkstatt, maßgeschneidert für das ausführende Team, beunruhigend ob seines Wahrheitsgehalts und irritierend wegen der hermetischen Form, in die diese Wahrheit gefaßt ist.«

2 Der von Burgel Zeeh erstellte »Reiseplan für Thomas Bernhard WIEN-BOSTON-Niagarafälle / BUFFALO-MINNEAPOLIS-WIEN« sieht den Abflug nach Boston für den 19. September

1981 vor, am 20. den Flug von Boston nach Buffalo mit Ausflug zu den Niagarafällen, am 21. die Weiterreise nach Minneapolis. Die Reise kommt nicht zustande. Burgel Zeeh notiert für S. U. den Inhalt eines Telefonats mit Th. B. am 27. August 1981: »Aus der Reise nach Amerika wird nichts werden: Er sitzt an einer neuen Arbeit, und das ist ihm wichtiger. Sollen die doch in Minneapolis machen, was sie wollen. Um die Reise mit Ihnen zu den Niagarafällen tät's ihm leid, aber er kann wegen der Arbeit nicht fort.«

[436; Anschrift: Ohlsdorf]

Frankfurt am Main
30. September 1981

Lieber Thomas,
nicht nur die USA, sondern auch Frankreich schmücken sich mit Titelseiten Thomas Bernhard.[1]
Ich war in Boston. Traurig, daß wir unseren Ausflug zu den Niagarafällen nicht machten. Jetzt versuche ich ein neues Feriendomizil für Sie auszuprobieren: in Madeira. Dann die Buchmesse, und danach hoffe ich, daß wir uns bald sehen.
Die Hochzinspolitik geht auch an uns nicht spurlos vorüber. Es ist ökonomisch unsinnig, gegenwärtig sich bei einem Zinssatz von 15% Gelder leihen zu müssen. Sie haben dafür sicherlich Verständnis. Im übrigen haben wir ja einiges an Vor-Zahlungen geleistet. Demnächst wird es hoffentlich besser aussehen.
Ich schreibe Ihnen dies am Tag meines Geburtstags.
Herzliche Grüße wie immer
Ihr
[Siegfried Unseld]

1 Ein Bild von Th. B. sowie der Verweis auf ein Dossier im Innern finden sich auf der Titelseite von *La Quinzaine littéraire*, Nr. 354, 1.-15. September 1981.

[437]

Ohlsdorf
17. Dezember 81

Lieber Siegfried Unseld,
dass ich mich für die Einsamkeit entschieden und Ihren Frankfurter Verführungen nicht nachgegeben habe, kommt meiner Arbeit zugute, die ich, unterstützt von den Schneemassen und den finsteren Dezembergesichtern um mein Haus, so gut vorantreiben kann, wie schon lange nicht. Das Meer hat meinen Kopf geklärt und meine Nerven beruhigt und mein Genie wieder in Gang gebracht. Wenn ich nachzähle, existiere ich zeitlebens vor allem in dem, das ich abgelehnt habe.[1]
Nur ein paar Punkte berechtigen zu diesem Brief.
»Ave Vergil« hat mir grosse Freude gemacht.[2]
Die sogenannte »Werkgeschichte« des Herrn Tismar ist eine vollkommen überflüssige Scheusslichkeit, strotzt von Fehlern und verdiente, sofort aus dem Verkehr gezogen zu werden. Willkürlich, konzeptlos, dumm – so mein Eindruck. Im Grunde eine Gemeinheit, die *mir* schadet und niemandem nützt.[3]
Was meine Arbeit betrifft, so habe ich mein neues Stück fertiggeschrieben im wahrsten Sinne des Wortes. Es hat einen herrlichen Titel und wartet darauf, wie alle anderen, völlig missverstanden zu werden. Ich habe mich mit der Dummheit der Beurteiler abgefunden. Ich glaube, mein Stück kann Anfang nächste Spielzeit gespielt werden.
Gleichzeitig im kommenden Herbst will ich meinen »Roman« veröffentlichen.
Inzwischen habe ich meine »Biografie« abgeschlossen mit einem fünften Teil, den ich im kommenden Feber herausbringe und der, wie das Ganze, »Ein Kind« heisst. Damit, und also mit neunzehn am Ende, ist die Kindheit festgenagelt. Auf dem Kreuz der Menschenschwäche.

Ich denke, dass es von mir falsch eingeschätzt war, über Herrn Dr. Rach dreimal um zwanzigtausend Mark zu bitten und, da Sie selbst auf meine Bitte nie reagierten, den Dr. Rach in eine blöde Lage gebracht zu haben. Ich bin auf diesen Betrag absolut angewiesen. Einerseits lebe ich sehr sehr gern, andererseits finde ich, dass fünfzig Jahre reichlich genug sind. Alles über fünfzig ist ein dacapo auf Krücken.
Herzlich Ihr
Thomas Bernhard

1 Th. B. verbringt den November in Opatja, Hotel Ambassador.
2 *Ave Vergil* erscheint als Band 769 der Bibliothek Suhrkamp am 29. Oktober 1981.
3 *Thomas Bernhard. Werkgeschichte*, herausgegeben von Jens Dittmar, erscheint als Band 2 der suhrkamp taschenbuch materialien.

[438; Anschrift: Ohlsdorf]

Frankfurt am Main
29. Dezember 1981

Lieber Thomas Bernhard,
mit den liebenswürdigsten Worten treffen Sie mich ins Herz und brechen Vereinbarungen, die wir von Mann zu Mann, kurz und gut beschlossen hatten: Es sollte kein Text mehr bei Residenz erscheinen und alle Teile als Ganzes bei uns. Und nun ist es wieder so, daß das, was manche als wichtigste Seite Ihrer Produktion bezeichnen, nicht hier im Hause veröffentlicht wird. Mich macht das traurig, das können Sie sich denken.
Haben Sie einen Vertrag mit Residenz abgeschlossen, oder gibt es, was genauso schlimm wäre, keinen Vertrag, weil dann das übliche gilt? Könnten wir zum 1. April 1983 die

fünfteilige Biographie in einem Band herausbringen? Ich würde ein 20-DM-Buch machen wollen und denke an eine Startauflage von mindestens 25000.

Wann kann ich das Stück, wann den Roman lesen? Bitte geben Sie mir darüber Nachricht. Sobald das geschieht, steht Ihnen der Betrag von 20.000.– DM zur Verfügung.

Herzlich

Ihr betrübter

Siegfried U.

1982

[439; Ohlsdorf]

7. Jänner 82

Lieber Doktor Unseld,
ab sofort dürfen keine Neuauflagen oder Neuausgaben meiner in den Verlagen Suhrkamp und Insel erschienenen Bücher mehr gemacht werden. Dies betrifft ausnahmslos *alle* in diesen beiden Verlagen erschienenen Bücher – sie sollen auslaufen und dann endgültig vergriffen sein. Was die Theaterstücke betrifft, so wünsche ich, ab sofort mit keinem Theater und mit niemandem mehr einen Vertrag abzuschliessen ohne mein ausdrückliches Einverständnis.
Ich bitte umgehend um eine lückenlose Aufstellung aller Theater oder Veranstalter, mit welchen bis heute Verträge gemacht worden sind über Aufführungen meiner Stücke, die noch in Gang sind oder geplant.
Ich bitte ausdrücklich nur um schriftlichen, keinen telefonischen Kontakt.
Herzlich Ihr
Thomas Bernhard

[440; Anschrift: Ohlsdorf]

Frankfurt am Main
18. Januar 1982

Lieber Thomas Bernhard,
Ihr Brief vom 7. Januar ist heute hier eingegangen.
Herr Dr. Rach wird Ihnen sogleich die gewünschten Auf-

stellungen geplanter bzw. vereinbarter Aufführungen zugehen lassen. Wir haben zur Kenntnis genommen, daß ein Vertrag nur mehr abzuschließen ist, wenn Sie ihm zugestimmt haben. Dies ist, wie mir Dr. Rach berichtet, freilich auch in der Vergangenheit so geschehen.

Was Ihre anderen Anweisungen betrifft, so hätten diese so weitgehende Konsequenzen, daß man sie wohl nicht in vier Briefzeilen erledigen kann. Außerdem haben wir ja einen Vertrag geschlossen, der Ihr bisheriges Werk umfaßt und der rechtsgültig ist.

Ich wiederhole meinen Vorschlag, daß wir uns an einem Ihnen angenehmen Ort sehen und sprechen.

Mit herzlichen Grüßen
Ihr
Siegfried Unseld

P. S.: Einen Scheck über DM 20.000.– füge ich diesem Schreiben bei.
D. O.

[441; Telex]

Palma de Mallorca
[vor dem 28. Januar]

kommen sie am 9. februar[1] verfluchter
thomas bernhard

1 Das Treffen zwischen Th. B. und S. U. kommt am 13. und 14. Februar in Palma de Mallorca zustande, wo Th. B. sich zwischen dem 25. Januar und 14. März aufhält. Dem entsprechenden *Reisebericht* ist zu entnehmen:
»Auf dem Flug nach Palma Jens Dittmars Werkgeschichte ›Bernhard‹ gelesen. Trotz Bernhards Verdikt finde ich das ein sehr nützliches Unternehmen. Informativ und durchaus spannend.

Thomas Bernhard holte mich am Flughafen ab, wir fuhren in die Stadt, machten dann einen zweistündigen Spaziergang durch die Altstadt, Mittagessen und bei all dem bemühte Gespräche um Gott und die Welt.

Nach einer kurzen Pause stiegen wir dann in den Ring, und der Abtausch dauerte drei Stunden.

Er, Bernhard, spiele keine Rolle im Suhrkamp Verlag. Seine Bücher erschienen, gewiß, er sei froh darüber, aber dann ereigne sich nichts mehr, was der Verlag bewirke, nur, was die Bücher selbst bewirkten. Andere Autoren werden ›durchgepeitscht‹, Walser und Handke. Bei ihm sei von Bemühung keine Spur. Der Band ›Erzäh lungen‹, an sich schön (mit Ausnahme jenes einzelnen Textes, der nicht hineingehöre), hätte nicht den Erfolg, den ich ihm angekündigt habe, auch hier kein Einsatz des Verlages, keine Anzeige, nichts Nennenswertes. Er wollte die Absatzziffer gar nicht wissen, aber von den 50- oder 20.000, von denen ich einmal gesprochen habe, sei doch nichts übrig geblieben. Meinen Einwand, daß er all die unveröffentlichten Erzählungen, die die Publikation besonders attraktiv gemacht hätten, gestrichen habe, ließ er nicht gelten. Überhaupt: die Suhrkamp-Produktion sei wie die anderer Verlage Fließbandproduktion, unmenschlich, so behandele man keine Geistesprodukte. Jeden Tag fielen zwei Bücher vom Band und weg seien sie. Er hasse Taschenbücher und finde es auch unnötig, daß seine Bücher im Taschenbuch erscheinen. Und ein Witz sei die ›Werkgeschichte‹; mit Werkgeschichte habe das überhaupt nichts zu tun, allenfalls mit begleitenden Texten zur Entstehung des Werkes. Sein Werk beginne allenfalls mit den Gedichtbänden und den ›Ereignissen‹. Und die Texte, die da als erste ausgegeben seien, seien gar nicht die ersten Texte. Er hätte in der von Herrn Kaut herausgegebenen ›Demokratischen Zeitung‹ [*Menschen ohne Heimat* in: *Demokratisches Volksblatt*] ein Flüchtlingslager besprochen, das sei sein erster Text, aber den habe Herr Dittmar nicht gefunden. Außerdem habe er vieles in der von Wieland Schmied mitredigierten Zeitung ›Der Morgen‹, Wien, geschrieben. Eine Rede vor einem Jugendkongreß in Innsbruck über Schriftsteller usw. – nichts bei Dittmar. Und auf jeder Seite wimmele es von Fehlern, anstatt Walzer-Tito hieß es Walser Trio undsoweiter. Auf Näheres wollte er sich nicht einlassen, aber immer wieder: auf jeder Seite Dutzende von Fehlern. Er wolle nicht verlangen, daß man die Pu-

blikation zurückziehe, am besten, man vergäße sie so rasch als möglich. Doch dies wiederum konnte ich ihm nicht versprechen, im Gegenteil, ich bin ja sicher, daß dieses Buch eine Auflage erlebt, die manches Buch von Bernhard nicht hat.
Ja, er erkenne an, daß seine Titel lieferbar seien, aber was hieße schon lieferbar. ›Ungenach‹ und ›Watten‹ seien doch wohl in der edition suhrkamp begraben, ob es da irgend etwas gäbe?
Und dann: die ›Verweigerung‹ der DM 20.000.–, nachdem er Rudolf Rach dreimal darum gebeten habe. Warum er mich nicht angerufen habe, fragte ich ihn. Ich wußte natürlich, warum er mich nicht angerufen hatte, denn er hat die Bochumer Vereinbarung gebrochen, wonach kein weiterer Teil mehr bei Residenz erscheinen sollte, das Ganze aber gesammelt, um einen neuen Teil erweitert, bei uns.
Drei Stunden dauerte diese Verlegerbeschimpfung, die viel konkreter und nicht so dramatisch und dämonisch war wie seinerzeit der Abend am Traunsee [siehe Anm. 2 zu Brief 407]. Im Grunde genommen wollte er wahrscheinlich auch nur seinen Unmut los werden, seinen Zorn, seine ›Haßliebe‹ auf den Verleger, den er ›öfters als wohlleben umbringen‹ wolle.
Dann studierten wir die Finanzen des Jahres 1981. Doch Gutschriften von 170.000.– gegen die Zahlungen von DM 150.000.–. Er war froh, als er ein Guthaben von DM 45.000.– sah, und wollte das aus Gründen, die ich hier nicht festhalte, auf DM 100.000.– aufgerundet sehen.
Auch seine monatliche Zahlung wollte er vom Verlag aus begründet auf DM 2.560.– erhöht sehen.
Als das alles geklärt war, legte er seinen Arbeits- und Publikationsplan vor. Herbst 1982 im Hauptprogramm die Erzählung ›Beton‹. Ausstattung wie ›Korrektur‹, Leinen, graphische Lösung des Umschlages. Größere Typographie, damit aus den 78 Seiten 200 werden. Er erbittet den Umbruch (also nicht Fahnen) bis Mitte März nach Ohlsdorf. Das Manuskript übergab er mir.
Zum 2.4.1983 (nicht zum 1.!) könnte dann der Sammelband aller Residenzarbeiten kommen, dies mit dem Titel ›Ein Kind‹. Ich soll in etwa 14 Tagen an Herrn Schaffler schreiben; Herr Schaffler behält die Einzelrechte und Übersetzungsrechte.
Im Dezember 1982 oder Januar 1983 in der BS seine neue Prosa-Arbeit ›Wittgensteins Neffe‹.

Für Herbst 1983 ist sein Opus magnum, ein Roman, ›Eine Familie‹ [So lautet einer der Arbeitstitel von *Auslöschung*.] vorgesehen. Sein nächstes Stück, ›Der Schein trügt‹, wird im Februar 1983 bei Peymann in Bochum herauskommen. ›Über allen Gipfeln ist Ruh‹ dann durch Kirchner im Juni 1982.
Welch ein Plan!
Dann sollten wir an folgendes denken: ›Ereignisse‹ – die Rechte seien an ihn zurückgefallen, weil das Literarische Colloquium den Band schon seit Jahren nicht mehr aufgelegt hat. Ich soll an Höllerer schreiben; er sähe das am liebsten in den Insel Büchern. Eine weitere Möglichkeit seien die beiden Texte ›rosen der einöde‹, 1957 bei S. Fischer erschienen, und das Manuskript ›Der Berg‹, für Fischer vorgesehen, aber dort nie erschienen.
Und schließlich sollten wir an ›Ungenach‹ und ›Watten‹ denken. Das seien gearbeitete Erzählungen, seine Biographien bei Residenz seien ›nur so hingeschrieben‹. Er hätte keinen Kunstgenuß empfunden bei der Niederschrift, sondern eben nur den Zwang, das zu schreiben. ›Watten‹ und ›Ungenach‹ seien aber wirkliche Autobiographien.
Nach dem vierstündigen Gespräch gingen wir dann zum Abendessen in ein Restaurant am Hafen. Er war in gelockertster Stimmung, ich erzählte ihm von den Goethe-Unternehmungen und dem Goethe-Wettbewerb, den er fabelhaft fand [siehe Anm. 1 zu Brief 446]. Seinerseits berichtete er von einem 10seitigen Beitrag, den er für die ›Zeit‹ geschrieben habe: Goethe besucht Wittgenstein, aber als er nach England kam, war Goethe in Not, denn Wittgenstein war tot [*Goethe schtirbt*, in: *Die Zeit*, 19. März 1982]. Spontan erklärte er sich bereit, zur Matinee am 21. März nach Frankfurt zu kommen und, ebenso spontan, am 19. März zum 75. Geburtstag von Hans Mayer. Für den Samstag abend wünscht er sich Abendessen mit Elisabeth Borchers und Burgel Zeeh. [...]
Dann war er nicht zu schlagen mit Geschichten aus seinem Leben. Einmal hätte er den Preis des Mozarteums bekommen, der Hofrat Paumgartner hätte ihn und 14 andere Stipendiaten zum Empfang des Preises eingeladen, alle anderen 14 hätten Preis und Preisgeld bekommen, doch für ihn sei nichts ausgestellt gewesen, und kurzerhand hätte ihn Hofrat Paumgartner stehenlassen mit der Bemerkung, seine Benennung sei ein Fehler der Quästur gewesen.

Und dabei sei sein Name 14 Tage lang bei den Ausgezeichneten veröffentlicht gewesen, er habe das kaum fassen können und sei völlig verstört nach Hause gegangen und heute noch überlege er sich, wie dieser sensible Mozart-Kenner ihn so habe im Eis stehenlassen.
Dann die andere Geschichte mit dem berühmten Mozart-Dirigenten Josef Krips: bei Dittmar, Seite 15, ist ein Zitat aus Zuckmayers Biographie ›Aufruf zum Leben‹ gebracht: ›Meine Frau verschaffte ihm (dem jungen Thomas Bernhard) ein Vorsingen bei einem der großen Salzburger Dirigenten, an dessen sicher sehr berühmten Namen sie sich nicht erinnert, aber er muß ein sackgrober Kerl gewesen sein. Sobald er bemerkte, daß Bernhards Stimme völlig «unausgebildet» war, schmiß er ihn kurzerhand hinaus, und meine Frau dazu!‹ Auch hier bemerkte Bernhard, wie unmöglich es sei, daß ein so sensibler Mensch so grob handeln konnte. Wieder sei er in eine Eislandschaft gerückt worden.
Dreißig Jahre später, auf der Autofahrt von Salzburg nach Wien, überholte ihn ein ›amerikanischer Leichenwagen‹ mit einer Genfer Nummer. Josef Krips war in Genf gestorben und wurde nach Wien überführt. Da hatte er es nun.
Sich mit Bernhard anlegen ist irgendwie tödlich.«

[442; Anschrift: Ohlsdorf; gesandt p. A. Hotel Meliá Mallorca, Palma de Mallorca]

Frankfurt am Main
15. Februar 1982

Lieber Herr Bernhard,
der Lebenshaltungskosten-Index ist 1981 wieder gestiegen, wir möchten Ihnen deshalb vorschlagen, daß wir vom 1. März 1982 an die monatlichen Zahlen auf DM 2.560.– erhöhen. Ich nehme an, Sie sind mit dieser Regelung einverstanden.
Mit besten Grüßen
Ihr
Siegfried Unseld

[443; Anschrift: Hotel Meliá Mallorca, Palma de Mallorca]

Frankfurt am Main

15. Februar 1982

Lieber Thomas,

ich bin gut zurückgekommen, ich meine, wir hatten doch ein gutes Gespräch und haben wieder eine gute Basis gelegt. Bei einem Schriftsteller las ich über herrliche Städte: »Keine von diesen allen ist für mich jemals so ideal gewesen wie Palma«[1] – und ich kann das, was unseren Besprechungsort betrifft, nur bestätigen.

Also: noch einen guten Aufenthalt!

Ich habe alles notiert, alles ist vorbereitet. Wir werden uns vom 19. bis 21. März sehen, und ich hoffe sehr, Sie lesen bei der Matinee ein Stück der Beziehung Goethe-Wittgenstein vor.

Ihr Residenz-Buch werden Sie mir mitbringen, und Ende März wird Ihnen Joachim seinen »Kafka« schicken.[2]

Auf dem Flughafen erstand ich mir Carta Blanca Agustin Blazquez,[3] und im Flugzeug faszinierte mich das, was Rudolf schrieb. Demnächst dann mehr.

Und zu Hause erwartete mich das, was ich mitnehmen wollte, nämlich die Vorlage für unsere Anzeige zu den »Erzählungen«; sie liegt hier bei. Was Ulrich Greiner da schrieb, gilt wirklich auch für »Beton«.

Herzliche Grüße und, wie gesagt, noch einmal guten Aufenthalt,

Ihr

Siegfried Unseld

Anlage[4]

1 So urteilt der Ich-Erzähler Rudolf in *Beton*; siehe Th. B.: *Werke 5*, S. 53.

2 Die Dissertation von Joachim Unseld, *Franz Kafka. Ein Schriftstellerleben*, erscheint 1982 im Hanser Verlag.
3 Es handelt sich um einen spanischen Cognac.
4 Die Anlage ist eine Anzeige in der *Frankfurter Allgemeinen Zeitung* für *Die Erzählungen*. Aus Ulrich Greiners Besprechung des Buchs in der *Frankfurter Allgemeinen Zeitung* werden die Sätze zitiert: »Schon der erste Satz der Erzählung *Ja* reißt den Leser in den Sog dieser Prosa. Es gibt keinen Erzähler der Gegenwart, der in solch ungeheueren Sätzen eine sprachliche Bewegung ausdrücken könnte, die zugleich auch die Bewegung des Inhalts ist.«

[444; Anschrift: Hotel Meliá Mallorca, Palma de Mallorca]
Frankfurt am Main
16. Februar 1982

Lieber Thomas,
ein großartiges Stück Prosa! Ich bin sicher, daß auch die Kritiker das sehen werden. Und vielleicht auch einmal die Buchhändler. Jedenfalls werde ich alles versuchen, meine Faszination und Begeisterung auch auf andere zu übertragen.
Nach genauer Durchsicht des Manuskripts (ich lasse doch noch zwölf Seiten für den Setzer abschreiben) geht das Ganze nun in Satz und Umbruch. Ich nehme an, daß Sie bei Ihrer Rückkehr in Ohlsdorf dann den Umbruch vorliegen haben. Es gibt nun ein paar stilistische Quisquilien.
Seite 10: Hier heißt ein Nebensatz »obwohl es sie abstoßen hätte müssen«. Dieses nachgestellte Hilfsverb kommt häufig bei Ihnen vor; die korrekte und gängige Formel ist »obwohl es sie hätte abstoßen müssen«.[1] – Das kommt auch an anderen Stellen vor, S. 36, z. B., 5. Zeile von unten: »Auch wenn ich das niemals wahrhaben hatte wollen.« Auch hier müßte es wohl heißen: »niemals hatte wahrhaben wollen«.[2]

Ist das bewußt, daß der Ich-Erzähler seine Schwester auf Seite 12 per Telegramm, auf Seite 13 per Telefon und auf Seite 16 wieder per Telegramm herbeizitiert?[3]

Seite 31a, zweites Drittel, ist von »Mistübeln« die Rede. Doch müßte es nicht »Mistkübel« heißen?

Seite 36: Hier haben Sie hineinkorrigiert oben »Farce«. Mir ist dieser Satz, in den Sie das hineinkorrigiert haben, unklar. Könnten Sie vielleicht diesen Satz doch noch einmal abschreiben?

S. 55: Da ist ein Zitat von »Zadig«, und es geht um den entzückendsten Busen. Dann folgt ein Satz »Über einen Gegenstand, unter welchem ich mich nicht zu schämen brauchte.« Ich verstehe nicht, was damit gemeint ist. Könnte man das nicht doch verdeutlichen?[4]

Nun zwei gravierende Dinge.

Seite 54 ist ein seniler Dummkopf, ein ordinär gewordener Kanzler erwähnt. Das könnte ein Verbot einbringen, da der Gemeinte evident ist. Ich würde sehr raten, den Satz zu streichen, zumindest darf das Wort Bundeskanzler nicht vorkommen. |Sie hatten auch Mitleid mit ihm.|[5]

Seite 75: Hier ist die Firma Sony angeführt. Diese Firma gibt es, und sie könnte ganz klar eine Verfügung erlassen. Sollte man nicht eine Verfremdung einfügen, z. B. die Firma Soby? Jedermann könnte imaginieren, welche Firma gemeint ist, aber es würde eben nicht klar gesagt und wäre kein juristisches Delikt. Und im übrigen ist es ja auch nicht so wichtig.[6]

Ich hoffe, Sie sehen mir diese Rückfragen nach. Das Ganze, wie gesagt, schlechterdings faszinierend.

Herzliche Grüße

Ihr

Siegfried Unseld

1 Th. B. übernimmt den Vorschlag von S. U.; siehe Th. B.: *Werke 5*, S. 21.

2 Th. B. übernimmt den Vorschlag von S. U.; siehe Th. B.: *Werke 5*, S. 65.
3 In der Buchfassung wird einheitlich telegrafiert.
4 Der Satz erscheint unverändert in der Druckfassung.
5 In der Druckfassung lautet die Passage: »Ein renitenter, perfider Dummkopf als alter Kanzler, größenwahnsinnig, unberechenbar, gemeingefährlich.« Siehe Th. B.: *Werke 5*, S. 93.
6 In der Druckfassung ist von einer »amerikanischen Firma« die Rede; siehe Th. B.: *Werke 5*, S. 129.

[445; Briefpapier Hotel Meliá Mallorca, Palma de Mallorca]
[Palma de Mallorca]
25. Feber 82

Lieber Siegfried Unseld,
die Jacht aus Monrovia ist noch da, auch der Scheich hat Palma noch nicht verlassen, im Gegenteil, besuchte ihn gestern König Hassan, wie ich gesehen habe; der stille Betrachter aus Frankfurt ist leider längst fort.
So gehe ich – nach dem Besuch der Wiener! – wieder allein meine Wege und beschäftige mich mit weiteren Sätzen und deren tödlichen Fallen. So wird es ja bis zum Ende gehen und ich erkläre diese Beschäftigung zu meiner einzigen Leidenschaft.
Die angesprochenen Korrekturen im »Beton« lassen sich, denke ich, leicht machen, wenn ich den Umbruch in Ohlsdorf habe.
Ihr Brief war mir, auf dem heutigen Spaziergang, ein angenehmer Begleiter. In drei Wochen sehen wir uns und das ist mir ein ebenso angenehmer Gedanke,
Ihr
Thomas B.

[446]

Lovran
7. April 82

Lieber Siegfried Unseld,
an Ihren beiden Gesellschaften haben mir vor allem alle Juden gefallen und ich liebe sie jetzt noch mehr denn je, den simplen übrigen deutschen Köpfen gegenüber – und Sie waren der Sieger! Nun denn!
Das rechte Bein Goethes auf dem Tischbeinbild ist mindestens fünfzehn Zentimeter zu lang geraten, lassen Sie es bitte im Städel nachmessen, wenn der Goethe aufstehen würde, hinkte er so, dass er die ganze deutsche Nation erschrecken, gleichzeitig zum Lachen bringen müsste.[1]
Ihr erster Kapitän zur Zeeh hat alles wie immer als einen Geniestreich gesteuert. Sie brauchen keinen Eisberg zu fürchten!
Im Ernst: ich arbeite bereits in meinem köstlichen Zimmer über dem Meeresrauschen und beobachte die Natur als lautlose Explosion. Ich habe einen der schönsten Balkone der Welt und absolut meine Ideen gezügelt.
Im »Wittgenstein« sind einige Verbesserungen zu machen, aber nicht so gravierende, dass kein Umbruch gemacht werden kann. Was die Schönheit meines Manuskripts betrifft, so werde ich mich das nächstemal tatsächlich einer Kur unterziehen. Und für diesmal bei dem Korrektor meinen Kopf um ein paar Entschuldigungsgrade neigen.
Der »Stimmenimitator« ist gestern angekommen und er gefällt mir ganz und gar. Was für ein herrliches Blau!!![2]
Der Roman endet mit dem Rabbiner Eisenberg, was Ihnen noch nichts sagen kann, mir aber das Wichtigste ist.
Einen Tag vor meiner Abreise telefonierte Schaffler und machte mich mit dem Vorschlag der Deutschen Buchgemeinschaft bekannt, die die fünf Bücher in »grösster Auf-

lage« drucken will 84. Was sagen Sie! Darauf schrieb ich gerade jetzt Schaffler zurück, ich lehnte die Deutsche Buchgemeinschaft ab (was ich ihm gegenüber schon einmal getan habe!) und schlage vor, dass ein solcher Fünferband als Sonderausgabe mit Verbleib aller Rechte von Schaffler bei »Auslaufen« des »Kindes« »bei« Suhrkamp erscheint, um in der unerträglichen Verlagssprache zu sprechen. Und dass er Ihnen und mir entgegenkommen soll dabei. Was sagen Sie!!!
Ich nehme das als weiteren Beweis meiner Glücksexistenz.
Ich gehe jetzt nachtmahlen, Scampi in Weissweinsauce – und schäme mich nicht.
Ich grüsse ganz und gar –
Ihr Thomas B.

1 Th. B. ist zwischen dem 19. und 21. März in Frankfurt am Main. Am 19. März trifft man sich abends im Haus des Verlegers in der Klettenbergstraße zur Feier des 75. Geburtstages von Hans Mayer. Neben Th. B. finden sich die Autoren Ilse Aichinger, Peter Bichsel, Max Frisch, Stephan Hermlin, Wolfgang Hildesheimer, Rolf Hochhuth, Karin Kiwus, Karl Krolow, Adolf Muschg, Hans Werner Richter und Martin Walser ein. S. U. hält die Begrüßungsrede. Am 21. März beginnt um 11 Uhr im Schauspielhaus eine Matinee anläßlich des 150. Todestags von Johann Wolfgang Goethe, in der auch die Ergebnisse des von der Stadt Frankfurt, der Johann Wolfgang Goethe-Universität und dem Insel Verlag veranstalteten Wettbewerbs »Mein Goethe« (es galt, die fünf beliebtesten Gedichte auszuwählen) präsentiert werden. Die Bühnendekoration besteht aus Johann Heinrich Wilhelm Tischbeins *Goethe in der Campagna* und der Version des Gemäldes von Andy Warhol. Es spricht, nach einer Einführung von S. U., Adolf Muschg, Martin Walser liest aus seinem Stück *In Goethes Hand*. Am 21. März unterzeichnet Th. B. einen Darlehensvertrag über 55 000 DM, den ihm der Suhrkamp Verlag gewährt. Zugleich übergibt er das Typoskript von *Wittgensteins Neffe*.

2 Die Ausgabe des *Stimmenimitators* in der Bibliothek Suhrkamp (Band 770) erscheint am 31. März 1982.

[447; Anschrift: Hotel Beograd, Lovran / Opatija / Jugoslawien]

Frankfurt am Main
19. April 1982

Lieber Thomas Bernhard,
schönen Dank für Ihren Brief vom 7. April, der mir diesen glücklichen Thomas Bernhard zeigt! Es war sehr schön, Sie einmal dazuhaben, und Sie haben sich in dieser Gesellschaft oder, um mit Ihnen zu sprechen, in der »Horde von meinesgleichen« gar nicht so unwohl gefühlt.
Mit Ihrer Bemerkung zu Goethes Tischbein-Bild haben Sie recht: das Bein ist etwas zu lang geraten, aber vor allem: Tischbein hat den rechten mit dem linken Schuh verwechselt!
Ich diktiere diesen Brief am Samstag, dem 17. April, und heute habe ich zum zweiten Mal »Wittgensteins Neffe« gelesen, und das hat mir sehr gefallen: eine neue Form Ihrer Autobiographie, und wie faszinierend und schillernd erscheint dieser Neffe, der, da haben Sie recht, in seiner Eigenart so revolutionär ist wie sein Onkel in seinem Philosophieren. Worüber man nicht schweigen kann, darüber soll man reden!
Ich finde auch ganz erstaunlich, wie diese Sterbensgeschichte eingewoben ist in Ihre Lebensgeschichte und wie dieser Sterbende Ihnen ebensoviel Kraft gibt wie Ihr »Lebensmensch«. Alles ganz goethisch, eine große Konfession.
Ich bin sehr froh, daß Sie Schaffler gegenüber jetzt reagiert haben, warten wir jetzt seine Antwort ab, und daraufhin werde ich ihm noch einmal schreiben.[1] Es wäre schön, wenn man die fünf Berichte zum April des nächsten Jahres herausgeben könnte. Wir würden das in einer großen Auflage tun, und wenn Schaffler keine Honorarforderungen stellt (oder stellen kann), dann erhalten Sie das volle Hono-

rar und ein Mehrfaches von dem, was die Deutsche Buchgemeinschaft anbieten kann.
Ich wünsche Ihnen ein langes Anhalten dieser Phase.
Herzliche Grüße, wie immer,
Ihr
Siegfried Unseld

P. S. zu »Beton«: Sony = Cony haben wir geändert in »eine japanische Firma«.[2]

1 Am 3. Mai 1982 schreibt S. U. an Wolfgang Schaffler: »[...] auf Bitten von Thomas Bernhard hin wende ich mich an Sie. Er sähe gerne im nächsten Frühjahr im Suhrkamp Verlag eine zusammengefaßte Ausgabe der bei Ihnen erschienenen fünf autobiographischen Bücher unter dem Titel ›Neunzehn Jahre‹. Unter einer solchen zusammengefaßten Ausgabe verstanden er und ich eine Ausgabe in einem Band in größerer Auflage zum vernünftigen Preis; jetzt aber teilte er mir mit, daß er doch wieder eine Ausgabe in fünf Einzelbänden wünsche, geschlossen in einer Kassette. [...] Thomas Bernhard ist der Auffassung, daß er uns zu dieser fünfbändigen Ausgabe autorisieren kann, wir erhielten jedoch lediglich das Recht für diese geschlossen zu verkaufende Ausgabe, keine anderen Rechte [...]. Dieses vom Autor gewünschte Arrangement ist sicherlich ungewöhnlich, aber, wie wir diesen Autor kennen, liebt er das Ungewöhnliche, und er hält uns ja ganz schön an, diesem zu folgen.« Unter dem Datum des 20. Juni 1982 wendet sich Th. B. in dieser Angelegenheit selbst brieflich an Wolfgang Schaffler: »Dass ich eine komplette und ausgezeichnet gemachte Ausgabe der ›Neunzehn Jahre‹ nur wünschen kann, ist selbstverständlich, wie dass es ein Unterschied ist, ob die schlampige Buchgemeinschaft oder Suhrkamp eine solche herausbringt. Ich schrieb in meinem Brief aus Lovran Anfang April [siehe Brief 446] ja auch, dass es sich nur um eine einmalige Lizenzausgabe handeln kann. Bitte setzen Sie sich mit Unseld so in Verbindung, dass es für meine ›Autobiografie‹ und für mich von Vorteil ist.«

2 In der Buchausgabe wird aus der »japanischen Firma« eine »amerikanische«.

[448; Anschrift: Ohlsdorf]

Frankfurt am Main
10. August 1982

Lieber Thomas Bernhard,
der Schein trügt nicht: es war eines der angenehmsten Mittagessen, das ich genießen durfte. Ich möchte mich sehr für meine Unpünktlichkeit, mit der ich aus der Verlegerrolle fiel, entschuldigen, aber die Verhältnisse, sie waren eben anders. Ich mußte viel erzählen und habe es gerne getan, und wir haben manches erinnert und manches nicht gesprochen.
So zum Beispiel, daß Piper uns absolut nicht die Genehmigung geben möchte für eine Auswahl der Gedichte von Ingeborg Bachmann durch Sie.[1]
Dann freue ich mich, daß wir im Oktober das Manuskript »Der Schein trügt« erhalten.
Und als guter Termin für Ludwigsburg bietet sich Sonntag, der 5. September, an. Es wäre ein schönes Wiedersehen, und Sie würden von drei Leuten auf Händen getragen.[2]
Aus dem »Weißen Programm« des Suhrkamp Verlages habe ich nun den Band Bernhard, »Stücke in einem Band«, herausgenommen; etwas schmerzlich war mir die Operation, aber ich sehe Ihre Idiosynkrasie gegen solches Gesammeltes, und es liegt mir mehr daran, Ihre Freude als Ihren Ärger zu erregen. Wenn Sie im nachhinein also so definitiv bei der Absage bleiben wollen, nehmen wir statt den »Stükken« dann »Frost« in das Programm auf. In jedem Fall möchte ich in diesem Programm einen Titel von Ihnen bringen.[3]
Am 5. September wird übrigens im ZDF die Aufzeichnung von »Über allen Gipfeln ist Ruh« ausgestrahlt werden. Wir könnten ja die Hälfte live und die Hälfte im Fernsehen sehen!

Wenn dieser 5. September sich realisiert, dann sollten wir es vielleicht so machen, daß Sie nach Frankfurt fliegen und wir dann eine Gelegenheit zum Gespräch haben und dann gemeinsam nach Ludwigsburg fahren. Es wäre schön, wenn Sie bald deshalb eine Entscheidung treffen könnten, damit die Ihnen zufliegenden Damen sich darauf einrichten können.

Die Korrekturen für »Wittgensteins Neffe« sind gut in Frankfurt angekommen, sie werden sorgsam ausgeführt.

Herzliche Grüße

Ihr

Siegfried Unseld

1 Am 22. Mai 1982 schreibt Th. B. an Burgel Zeeh: »Was die angeregten Lavantgedichte betrifft, so würde ich zuerst viel lieber solche der Ingeborg Bachmann ›zusammenstellen‹, die in der BS auch noch nicht erschienen sind. Das wäre die bessere Reihung der zwei Kärntner Genien.« Eine Auswahl von Gedichten der Christine Lavant für die Bibliothek Suhrkamp nimmt Th. B. 1987 vor (siehe Anm. 4 zu Brief 503).

2 In Ludwigsburg (im Rahmen der Ludwigsburger Schloßfestspiele als Gastspiel des Schauspielhauses Bochum) wird nach der Premiere am 25. Juli 1982 *Über allen Gipfeln ist Ruh* gespielt. Regie: Alfred Kirchner; Moritz Meister: Traugott Buhre; Frau Meister: Anneliese Römer; der Verleger: Wolfgang Höper.

3 In der Chronik notiert S. U. über den Besuch bei Th. B. in Ohlsdorf am 9. August: »Thomas Bernhard war sehr freundlich, wie immer. Mein Angebot, seine ›Gesammelten Stücke‹ zu verlegen, lehnte er ab, schon die ›Erzählungen‹ [siehe Briefe 385 u. 386] wollte er nicht. Als ich dann in Frankfurt war, rief er an und bereute seine Ablehnung und hielt die ›Gesammelten Stücke‹ doch für eine interessante Sache.« *Die Stücke 1969-1981* erscheinen im Frühjahr 1983 im Rahmen des »Weißen Programms«, einem Halbjahresprogramm des Verlags ohne Novitäten.

[449; Anschrift: Ohlsdorf]

Frankfurt am Main
1. Oktober 1982

Lieber Thomas Bernhard,
ich weiß, daß Frau Zeeh Sie auf dem neuesten Stand hält, aber irgendwann sollte sich ja auch der Verleger wieder einmal zu Wort melden.
Venedig war erholsam, schön teuer, schade, daß wir dort in Torcello nicht essen konnten.[1]
Jetzt rüsten wir uns zur Buchmesse, für mich ist dies das 30. Mal, also nichts Neues.
Doch schön ist das große Interesse an »Beton«. Wie Sie von Frau Zeeh wissen, haben wir, schon immer geplant, aber jetzt mit der Blöcker-Stimme ausgerüstet, unsere Messe-Anzeigen auf »Beton« konzentriert. Ich hoffe, daß wir nach der 2. Auflage, die jetzt ausgeliefert wird, bald eine 3. Auflage drucken können.
In diesem Sinne Ihnen eine gute und produktive Zeit[2] und herzliche Grüße
Ihres
Siegfried Unseld

1 S. U. hält sich mit seiner Frau Hildegard zwischen dem 22. und 27. September in Venedig auf; am 23. September feiert Hildegard Unseld dort ihren 60. Geburtstag.

2 Th. B. hält sich vom 25. Oktober bis Ende November in Dubrovnik auf. Den Rückweg macht er über Frankfurt. S. U. vermerkt über die Begegnung: »Thomas Bernhard kam aus Dubrovnik, wo er fünfeinhalb Wochen ›weilte‹, um sich an den ›volksdemokratischen‹ Einrichtungen zu ärgern und damit die nötige Folie für seine Arbeiten zu haben. Er hat das Stück ›Der Schein trügt‹ fertiggestellt und übergab mir Duplikat Nr. 1. Wir sollten das aber noch nicht publik machen, denn er will erst in der nächsten Woche Peymann ein Exemplar geben. Es ist ein Zwei-Personen-Stück: Karl, ein alter Artist, und Robert, sein Bruder, ein alter Schauspieler,

und Thomas Bernhard hat das für die beiden Schauspieler Minetti und Buhre geschrieben. Peymann will das im Juni in Bochum herausbringen. Bernhard sähe gerne, wenn wir das in der Bibliothek Suhrkamp brächten, und zwar in der Ausstattung wie die ›Macht der Gewohnheit‹.
Er hat ein 350seitiges Prosamanuskript in der Schublade. Früherer Titel ›Unruhe‹, jetzt ›Auslöschung‹. Aber er möchte das ruhen lassen. Ihm schwebt vor, eine neue Prosaarbeit zu schreiben, die er im April 83 beendet hat und die dann im Herbst erscheint.«

[450; Anschrift: Ohlsdorf]

Frankfurt am Main
4. Oktober 1982

Lieber Thomas Bernhard,
für den Fall, daß Ihnen die FAZ vom Samstag entgangen ist, hier nochmals die Feuilleton-Seite mit der Anzeige von »Beton«.
Sie sehen, wir werben.
Herzliche Grüße
Ihr
[Siegfried Unseld]

1 Anlage[1]

1 Auf S. 25 der *Frankfurter Allgemeinen Zeitung* vom 2. Oktober 1982 wirbt der Verlag für *Beton* mit zwei Sätzen aus Günter Blökkers Besprechung unter dem Titel *Ein paar Totenköpfe* (in derselben Zeitung, 25. September): »Das Vulkanische der frühen Höhepunkte, die gebändigte Fülle der autobiographischen Phase, das selbstparodistische Komödiantentum der szenischen Etüden – sie stehen in dieser Erzählung nicht neben- oder gar gegeneinander, sondern sind in der Person des Ich-Erzählers auf das perfekteste ausbalanciert. ... Wir haben – unter Schmerz und Gelächter – einer Menschwerdung beigewohnt.«

[451; Anschrift: Hotel Argentina, 20, Fran Suplia, Dubrovnik]

Frankfurt am Main
11. November 1982

Lieber Thomas Bernhard,
wir haben heute »Beton« an Knopf in N. Y. verkauft, und das ist der fünfte Abschluß für eine fremdsprachige Ausgabe nach England, Frankreich, Schweden und Italien! Ich hoffe, das bringt Ihnen noch mehr Sonne nach Jugoslawien, als Sie wohl dort schon haben.
Und dann wollte ich Ihnen immer schon dieses beiliegende Blatt schicken: die Heidelberger Zement AG bestellt ein Exemplar »Beton« beim Verlag. Das ist doch eine Aufmerksamkeit ganz besonderer Art!
Und wie geht es Ihnen? Fühlen Sie sich wohl – bei der Arbeit? Hier steht alles wohl, die Dinge entwickeln sich, und in der Arbeit fühle ich mich in meinem Element!
Alles Gute für Sie und herzliche Grüße, auch aus meiner nächsten Umgebung –
Ihr
Siegfried Unseld

Anlage

[452; auf Briefpapier des Hotel Panhans, Semmering]

Ohlsdorf
27. 12. 82

Lieber Siegfried Unseld,
die Grösse des Verlegers gleichen Namens wäre selbst nach einem tatsächlichen Weltuntergang nicht mehr zweifelhaft, aber der in die Geschichte als solcher Grösste eingegan-

gene, muss sich trotzdem auch noch mit den abstrusen Lächerlichkeiten der Literaturfabrikation herumschlagen, solange sozusagen sein Gigantenherz schlägt und natürlich auch in Kürze wieder mit dem Autor Bernhard zusammenkommen, um die Finanzen zu besprechen, auf die ja beide, Verleger wie Autor, den allergrößten Wert legen, sollen sie nicht auf der Strecke dieser grausamen Zeit bleiben.
In Wien[1] taten beide nichts dergleichen – da sich die Bochumer Szene vor zwei Jahren (im März)[2] nicht wiederholen lässt, gibt es vielleicht bei meiner Rückkehr aus Bochum am 17. Januar eine Frankfurter, sozusagen eine eingelegte Frankfurter Zwischenlandung, die jener in Bochum im *wahrsten Sinne des Wortes um ein Haar* gleicht.
Meine Wünsche und Grüsse sind eine Selbstverständlichkeit und wären in jeder Ausschmückung eine Geschmacklosigkeit, vor welcher ich mich zum Jahresende hüte.
Ihr in ein mehr oder weniger scheussliches Hotel gefallener
Thomas B.

1 Th. B. und S. U. treffen sich am 18. Dezember in Wien und am 19. Dezember morgens. In der *Chronik* berichtet S. U.: »Am Nachmittag war Bernhard freundschaftlich-liebenswürdig, kein Wort von Geld. Meine Antwort, die zeitweise Nichtlieferbarkeit von ›Wittgensteins Neffe‹ sei im Grunde ein Erfolg des Buches, quittierte er lächelnd. [...] Am nächsten Morgen sollte ich mit Friederike Mayröcker um 10 Uhr frühstücken. Aber Bernhard möchte es anders: wir sollen uns in der Wohnung von Frau Maleta, der Gattin des ehemaligen Präsidenten der Republik, treffen. Ich konnte das mit Frau Mayröcker besprechen, und so war ich um 10 Uhr pünktlich mit Bernhard und dem Sohn von Frau Maleta bei der Dame, die in ihrer großen Wohnung weniger hofhielt als Hausfrau spielte. [...] Und dann seine Prognose im Haus dieser Schwarzen, daß die Schwarzen keine Chance hätten. Aber auch die Sozialisten hätten keine Chance, auch die Grünen hätten keine Chance – niemand hätte eine Chance, das war wieder Bernhard, so, wie man ihn kennt.«

2 Das Gespräch zwischen Th. B. und S. U. fand am 25. März 1981 statt.

1983

[453; Anschrift: Ohlsdorf]

Frankfurt am Main
3. Januar 1983

Lieber Thomas Bernhard,
schönen Dank für Ihren Brief vom 27. Dezember, der mich heute, am ersten Arbeitstag des Verlages, erreichte. Ich freue mich, daß wir uns am 17. Januar treffen; Sie werden sicherlich genauer angeben, wann Sie eintreffen, und ich werde aufs beste vorbereitet sein. Ich freue mich auf unsere Wiederbegegnung.
Herzliche Grüße
Ihr
[Siegfried Unseld]

P. S.: Nach unserem Telefonat: ich hole Sie um 11.55 h am Gate ab, *oder* wir treffen uns am sogenannten »Meeting-Point« (Ankunftsebene, also eine Etage tiefer), Halle B. Frau Zeeh wird den Flug nach Wien für 16.40 h buchen (LH 254).[1]

1 Th. B. landet am 17. Januar auf dem Frankfurter Flughafen. In der *Chronik* vermerkt S. U.: »Fahrt in den Verlag. Er ist wütend über die Schlamperei, über das ›Dreck‹-Produzieren des Theaters, über den Kitsch, den Koeppen mit ›Die Mauer schwankt‹ geschrieben habe, er gießt seinen Hohn über alles aus. [...] Als wir im Verlag ankamen, war er schon beruhigter, er begrüßte Joachim, widmete ihm seine Bücher ›Im Vorübergehen und zum Anfang‹. In knapp 30 Sekunden überblickte er seine Honorarabrechnung, war glücklich, hunderttausend Mark entgegennehmen zu können, unter-

schrieb die Quittung, aber dann wollte er diese hunderttausend Mark in Schillingen haben. [...] Dann hat er seine neue Erzählung, ›Chur‹, 200 Seiten beendet. [Der definitive Titel lautet *Der Untergeher.*] Wir sollen das im März erhalten. Für die Ausgabe in der BS ›Der Schein trügt‹ übergibt er mir eine genaue Farbkombination: dunkel-oliv und schwarz.

Dann noch eine weitere Anregung. Er ist sehr froh über die ›Gesammelten Stücke‹ im Weißen Programm, aber er hätte ebenfalls sehr gerne im Herbst ›Frost‹ herausgehoben. Zwanzig Jahre ›Frost‹ – und eine Generation von Schriftstellern habe davon profitiert. Wir sollten einen Band im Hauptprogramm machen und vielleicht rasch einen Materialienband realisieren.«

[454; Rundbrief an Autoren und Freunde des Verlags]

Frankfurt am Main

7. Januar 1983

Zum Neuen Jahr eine neue Nachricht: mein Sohn Joachim tritt am 3. Januar 1983 aktiv in die Verlagsarbeit ein. Nach dem Abitur machte er bei uns seine Ausbildung als Verlagsbuchhändler, hospitierte bei der Frankfurter Bücherstube und bei Osiander,[1] studierte in München und promovierte in Berlin mit einer Arbeit über Franz Kafkas Verhältnis zu seinem Schreiben und zu seinen Publikationen, die im vergangenen Jahr bei Hanser erschien: »Franz Kafka. Ein Schriftstellerleben«. In den beiden letzten Jahren arbeitete er bei Verlagen und Buchhandlungen in Frankreich, USA und Spanien. Seit 1978 gehört Joachim Unseld den Verlagen Suhrkamp / Insel / Nomos als Gesellschafter und mit Dr. Heribert Marré und Dr. Gottfried Honnefelder sowie im Nomos Verlag Baden-Baden mit Volker Schwarz auch der Geschäftsführung an.

Jetzt also ist Joachim Unseld in voller Tätigkeit in die Verlagsarbeit getreten. Er leitet den Bereich Verkauf / Vertrieb

bei Suhrkamp und Insel, so, wie auch ich im Jahre 1952 bei Peter Suhrkamp begann. Für einen Verleger ist das »Machen« schöner Bücher ja die eine Sache, sie zu verkaufen die ebenso wichtige andere, und dies will durch Erfahrung gelernt sein. Joachim Unseld wird das persönliche Gespräch mit Ihnen suchen, bitte nehmen Sie ihn freundlich auf.
Gottfried Honnefelder bleibt als Leiter des Suhrkamp Taschenbuch Verlages in der bisherigen engen Beziehung mit Ihnen, und im Hinblick auf den Deutschen Klassiker Verlag wird er bald neue Beziehungen mit Ihnen aufnehmen.
Also dreifach genäht – mit mir nicht nur als Hintergrundfigur – sollte unsere Verbindung noch besser halten.
Mit freundlichen Grüßen
[Siegfried Unseld]

1 Die Osiandersche Buchhandlung besteht seit 1596 in Tübingen.

[455; Anschrift: Ohlsdorf]

Frankfurt am Main
11. Januar 1983

Lieber Thomas,
damit Sie sehen, wie wir Deutschen Sie schätzen, schicke ich Ihnen einen Bericht aus »Le Monde«.
Herzlichst,
Ihr
Siegfried Unseld

Anlage[1]

1 Im Thomas-Bernhard-Archiv hat sich die Kopie eines Artikels aus *Le Monde* erhalten (*Aveux et paradoxes de Thomas Bernhard*, 7. Januar 1983, S. 1), der auf das im Innenteil abgedruckte Interview

von Th. B. mit Jean-Louis de Rambures unter demselben Titel hinweist. In der deutschen Fassung (*Alle Menschen sind Monster, sobald sie ihren Panzer lüften*, in: *Von einer Katastrophe in die andere*, S. 104-113) sagt Th. B.: »Meine Schreibweise wäre bei einem deutschen Schriftsteller undenkbar, und ich habe im übrigen eine echte Abneigung gegen die Deutschen.« (S. 112)

[456; Anschrift: Ohlsdorf]

Frankfurt am Main
8. Februar 1983

Lieber Thomas,
die Rezension von Herrn Reich-Ranicki in der »Frankfurter Allgemeinen Zeitung« wird Ihnen sicherlich nicht entgangen sein. Kennen Sie auch die Rezension in der »Neuen Zürcher Zeitung« vom 4. Februar?[1] Ich schicke diese Ihnen zu und auch die letzte Seite der »Zeit«, in der wir unsererseits werben. Es werden jetzt noch zwei weitere Anzeigen kommen, in denen wir die Stimme von Herrn Reich-Ranicki aufnehmen.
Sie sehen, wir tun etwas.
Mit freundlichen Grüßen
Ihr
[Siegfried Unseld]

1 *Wittgensteins Neffe* erscheint am 30. November 1982 als Band 788 der Bibliothek Suhrkamp. In der *Frankfurter Allgemeinen Zeitung*, 5. Februar 1983, bespricht Marcel Reich-Ranicki das Buch unter der Überschrift *Der Sieg vor dem Abgrund*: »Doch was schon in der Erzählung ›Beton‹ auffiel, bestätigt sich hier: Er schreibt jetzt leichter, lockerer und durchsichtiger. Sein Stil ist gelassener und souveräner geworden. Vielleicht darf man auch sagen: reifer.« In der Rezension der *Neuen Zürcher Zeitung* (*»Aeusserster Schwierigkeitsgrad einer Freundschaft«*, 4. Februar) heißt es: Bernhard »zeichnet ein so nuanciertes Bild seines Freundes, dass man glaubt, ihm in den Straßen Wiens begegnet zu sein, und die Charakterisie-

rung seiner geistigen Eigenschaften ist so intensiv, dass man wähnt, sich mit Paul Wittgenstein im Gespräch befunden zu haben«. Die Anzeige in der *Zeit* vom 4. Februar wirbt mit dem Auszug aus einer Besprechung des Norddeutschen Rundfunks.

[457; Telegrammnotiz]

Frankfurt am Main
3. März 1983

Lieber Thomas – ich gratuliere zum 15. Tsd. des »Wittgenstein« – wir werden noch mal so viele Exemplare drucken. Alle Korrekturen sind ausgeführt. Exemplar unterwegs. Herzliche Grüße Ihr Siegfried Unseld

[458; handschriftlich; Ansichtskarte: »Sevilla, Patio Banderas«]

[Sevilla]
[25. März 1983]

Lieber S. U.
der Autor reise *u.* arbeite![1] – Ich habe die größte Lust, Sie bald zu sehen,*
Ihr Thomas B.
*kerngesund![2]

1 Zwischen dem 18. und 28. März bereist Th. B. Spanien.

2 Als S. U. am 9. Februar Th. B. telefonisch zum 52. Geburtstag gratuliert, hat der Verleger gerade eine Grippe überwunden. Die beiden treffen sich am 21. April in Wien. Im *Reisebericht Paris–Wien, 19.-21. April 1983* ist festgehalten:
»Bernhard-Materialien. Ich lande pünktlich, mit dem Taxi zum Hotel Hilton. Als ich die Halle betrete, war Thomas Bernhard eine Minute vorher angekommen. Er liebt ja die Pünktlichkeit. Spaziergang durch einen Park, dann Mittagessen im Intercontinental. Er

ist aufgeräumt, locker, heiter. Er übergibt mir die Korrekturen seines Stückes ›Der Schein trügt‹. Die Seiten 58 und 59 fehlen. Wir sollen sie bitte mit dem Manuskript vergleichen. Er muß das nicht mehr sehen. [...]
Es wurde vereinbart, daß Peymann das Stück ›Der Schein trügt‹ Anfang der nächsten Spielzeit in Bochum herausbringt, also wahrscheinlich Oktober.
Peymann ist jetzt beschäftigt mit der Premiere ›Wintermärchen‹, die Ende April / Anfang Mai stattfinden wird. Peymann wird also nach den ›Wintermärchen‹ die Uraufführung ›Der Schein trügt‹ im Oktober machen. Bernhard müsse sich dann Mitte Mai mit Peymann treffen, in Barcelona, Madrid oder an einem anderen Ort. Ihm läge freilich daran, daß er bis dahin die Fahnen seines neuen Romans gelesen habe, damit er sich dann voll auf das Stück einstellen könnte. Wir sollten also wirklich den Versuch machen, bis 12. / 13. Mai Fahnen an Bernhard abgeliefert zu haben.
Dann übergibt er mir das Manuskript, das früher ›Chur‹ hieß, dann ›Der Asphaltgeher‹ und jetzt ›Der Untergeher‹. Ihm schwebe vor, Format wie ›Beton‹, aber einen Umschlag zu machen in der Typographie wie die ›Verstörung‹, und das Wichtigste: die Farben müssen schwarz-gelb sein. Das Manuskript umfasse über 90 Seiten, also drucktechnisch 240 Seiten, so stelle er sich das vor.
Und dann das Merkwürdige: Er erzählt ganz von sich aus ungefragt die Geschichte dieses Manuskripts. Wenn großartige Leistungen von einem Genie berührt würden, versänken die großartigen Leistungen, und das Genie bliebe übrig. Es gäbe hier drei Leute, die in einer Art Freundschaft zusammen sind.
Herausragend Glenn Gould, der bedeutendste Pianist dieses Jahrhunderts, ein Herr Wertheim und der Ich-Erzähler. Thomas Bernhard bemüht sich, mir die Geschichte zu erzählen. Diese drei sind zusammen im Mozarteum, dann zusammen in der Klavierschule von Horowitz. Alle wissen, Glenn Gould ist der Große. Der Ich-Erzähler könnte vielleicht auch ein Pianistenvirtuosentum schaffen, aber Wertheim weiß, er schafft es nicht. So kann es der Ich-Erzähler leichter aufgeben, aber Wertheimer fällt seine Aufgabe sehr schwer. Während Glenn Gould verrückt ist, spielt und in zwei Jahren 34 Konzerte gibt, dann aber aufhört, sich in den USA in ein Haus am Wald zurückzieht und nur noch in seinem Studio an Platten arbeitet und dann dem vorgegebenen Ende folgt, ist Wertheim

vollkommen betroffen von dem Schicksal von Glenn Gould. Er lebte fast 20 Jahre mit seiner Schwester zusammen. Die Schwester war sein ein und alles für ihn. Er hat, so sagt er, für seine Schwester die Karriere geopfert, d. h. sein Pianistentum für die Schwester aufgegeben. Im Alter von 46 Jahren aber lernt die Schwester einen Schweizer kennen, den Chef eines Chemiekonzerns in Chur, und obschon er diese Schwester mit allen Fesseln an sich gefesselt hat und ihr keine Chance gibt, zu entkommen, benützt sie diese Gelegenheit. ›Geh weg und heirate diesen Mann‹, und Wertheim ist allein. Er wird betroffen von dem Tod von Glenn Gould und vom Weggang, dem im Stichgelassensein der Schwester. Wertheim reist ihr nach, erhängt sich 100 Meter von der Wohnung entfernt in Chur. Der Ich-Erzähler, von der Schwester zum Begräbnis aufgefordert, besucht das Begräbnis, fährt nach Traich, der letzten Wohnstatt derer von Wertheim, wo Papiere von Wertheim noch aufbewahrt werden sollten. Unterwegs besucht er einen Gasthof ›Wankham‹, und beim Betreten des Gasthauses werden seine Überlegungen und die ganze Geschichte noch einmal repliziert. Ich meine, ein guter Thomas Bernhard, ein erfolgreicher Thomas Bernhard, aber ohne diese Bedeutung und diese Brillanz von ›Beton‹ und ›Wittgensteins Neffe‹.
Er erinnert noch einmal daran, mit Fug und Recht, denn am 24. Mai haben wir vor 20 Jahren den Insel Verlag gekauft, daß ›Frost‹ damals eine Rolle spielte. Er verabscheut die Idee eines Buches über ›Frost‹, aber er hätte doch sehr gerne, daß man ›Frost‹ als Leinenausgabe noch einmal herausbrächte. Und im übrigen auf sein Freilassinger Konto wünsche er sich DM 30.000.–.
Entzückt ist er vom Umschlag, den Fleckhaus für ›Chur‹ gemacht hat. Wir sollen ihm dringend eine Fotokopie schicken.«

[459; Anschrift: Ohlsdorf]

Frankfurt am Main
26. April 1983

Lieber Thomas,
ich habe mich sehr gefreut, daß Ihnen der Text zu »Der Untergeher« gefallen hat. In dieser Woche werden wir also das Buch ankündigen und hoffen, es wird viele Leser finden.[1]

Das Manuskript ist bereits im Satz. Die Herstellung hat uns versprochen, daß die Fahnen bis zum 10. Mai vorliegen werden. Wenn wir nichts anderes von Ihnen hören, wird Frau Zeeh veranlassen, daß die Fahnen direkt von der Druckerei in Nördlingen aus zu Ihnen nach Ohlsdorf geschickt werden.

Sie sehen, wir arbeiten prompt.

Von dem Fleckhaus-Entwurf zu »Chur« habe ich Ihnen einen fotografischen Abzug machen lassen.

Herzliche Grüße

Ihr

[Siegfried Unseld]

Anlage[2]

1 In der *Chronik* hält S. U. für den 23. April fest: »Meine Hauptarbeit ist am Samstag vormittag von 9.00 bis 11.30 h, nach der zweimaligen Lektüre von Thomas Bernhards Manuskript ›Der Untergeher‹ einen Ankündigungstext [für die Vertreter und die Programmvorschau des Verlags] zu schreiben. Ich habe das Manuskript sehr genau und zweimal gelesen, aber beim zweiten Lesen wird die Struktur einer Sache deutlicher, aber im Grunde genommen erfährt man einen Text doch am besten, wenn man über ihn schreibt.« Am 24. April findet sich der Vermerk in der *Chronik*: »Anruf bei Thomas Bernhard. Ich lese ihm den Ankündigungstext vor. Er war ganz ›begeistert‹.«

2 Die Anlage hat sich nicht erhalten. Es handelt sich vermutlich um den im Brief erwähnten Abzug des frühen Umschlagentwurfs für *Der Untergeher*, als der Graphiker Willy Fleckhaus davon ausging, daß die Erzählung den Titel *Chur* trägt. Der Entwurf ist abgebildet in Th. B.: *Werke* 6, S. 159.

[460]

Ohlsdorf
20. Mai 83

Lieber Siegfried Unseld,
die Korrektur hat mir Freude gemacht,[1]
Ihr
Thomas B.

1 Die Fahnenkorrektur von *Der Untergeher* gelangt, wie der hand schriftliche Vermerk von Burgel Zeeh auf dem Brief nahelegt, »an Fr. Borchers«.

[461; Telegramm; wolfseggamhausruck]

[Wolfsegg]
27. 6. 1983

erbitte anderen umschlag sehr herzlich bernhard[1]

1 Das Telegramm trägt den maschinenschriftlichen Vermerk von Burgel Zeeh: »Herr Staudt wird Thomas Bernhard anrufen, um zu erfragen, was er moniert. Das ist so mit Bernhard und Rach verabredet.« Der in der *Programmvorschau 1983/2* auf S. 6 abgebildete Umschlag (reproduziert in Th. B.: *Werke 6*, S. 177) wird verändert. S. U. ist zwischen dem 5. und 26. Juni nicht im Verlag, er hält sich zur jährlichen Fastenkur in Überlingen auf. Zu einer persönlichen Begegnung mit Th. B. reist er am 25. Juli nach Salzburg. Im *Reisebericht Salzburg, 26.-29. Juli 1983* hält er fest:
»Ich hatte auf dem Flug und während des Aufenthaltes in Fuschl noch einmal sein neues Stück ›Der Theatermacher‹ gelesen. Das Stück gibt doch mehr, als ich es bei der ersten Lektüre gedacht habe. ›Das Rad der Geschichte mehr oder weniger vor die Säue geworfen‹ – dies Bernhardsche Motto zum Stück trifft die Sache sehr genau. Der Prozeß der Geschichte wird hier immer wieder angedeutet. Wie unaufhaltsam er sei, und wie genau wir ihn zu studieren hätten, mehr oder weniger, und zu dieser ›Geschichte‹ gehört auch die Geschichte des Autors, der in diesem Stück nicht nur

seine Ansichten über das Theater und die Welt darstellt, sondern immer wieder auch aus seiner persönlichen Biographie und seinen persönlichen Erlebnissen heraus argumentiert. Und dies ›vor die Säue geworfen‹ trifft ja auch mehr oder weniger zu. Die Öffentlichkeit ist nicht die Kennerschaft.

Er war aufgeräumt und heiter. Glücklich bestätigte er seinen Kontostand [100 000 DM auf der Haben-Seite] und bat um Überweisung. Sehr froh war er über die neue Umschlagvariante: er hätte das, wie er meinte, Fleckhaus nicht verzeihen können. Dieser schrägstehende ›Untergeher‹ sei doch zuviel gewesen. Ich verschwieg ihm, daß dieser Umschlag nicht von Fleckhaus stammte. Der neue gefiel ihm gut, denn für ihn seien diese Linien des Umschlages auch Notenlinien, und mit Musik habe der ›Untergeher‹ ja ungeheuer viel zu tun. Er ist für die neue gelb / schwarze Lösung. Dann unsere Ankündigung der ›vom Autor signierten limitierten Auflage des «Frost»‹. Er wußte, daß er mir das am Telefon zugesagt hatte, aber er könne das nicht. Nach zehnmaliger Unterschrift würde seine Hand erstarren. So gaben wir die Idee dieser Ausgabe einfach auf. Irgendwann würden wir die tausend gedruckten Bogen in einer Edition bringen können.

Die Rezensionen nahm er belustigt hin, er beschäftigte sich zehn Minuten damit, und dann meinte er, das genüge nun doch wohl. Das Positive sei langweilig und biete nichts Neues, das Negative träfe ihn nicht, weil es falsch sei. Aber ein Punkt muß ihn doch getroffen haben, denn er kam immer wieder darauf zurück: er schriebe jetzt eine Weile nichts mehr, weil ihm vorgeworfen würde, er schriebe zuviel. So zöge er sich jetzt einmal in sich selbst zurück. Ja, er nähme am Literaturbetrieb teil, am nächsten Tag würde er keinen anderen als Peter Handke treffen. Peter Handke hat mir das nicht mitgeteilt. Bernhard wollte mich bedrängen, noch dazubleiben und an dieser Begegnung teilzunehmen. Sie sei ja nicht unwichtig, meinte er, oder nicht? Zur Sicherheit hätte jeder der beiden eine weibliche Begleiterin, die die Pausen ausfüllen sollten, denn beide seien ja berühmt durch ihr beredtes Schweigen.

Wir sprachen dann über einen möglichen Protagonisten als ›Theatermacher‹.

Minetti sollte ausgelassen werden, Oskar Werner sei irrenhausreif, Hans Christian Blech ›zu abgeblecht‹,

Horst Bollmann ein großer Schauspieler, aber für die Rolle physisch zu klein,

Will Quadflieg ausgetrickst,
Heinz Reincke käme in Frage, aber lustlos, er sei dagegen,
Ernst Schröder, das müsse doch wohl auch nicht sein,
Peter Lühr nein, der sei zu wenig theatralisch,
Klaus Maria Brandauer, der in der neuen Haeusserman-Inszenierung des ›Jedermann‹ mit der Buhlschaft Marthe Keller den Jedermann spielt, käme nicht in Frage [...].
Beim Nachdenken kam er dann doch immer wieder auf Heinz Reincke zurück, der vielleicht doch ganz gut sei.
Die Honorarforderung gegenüber dem Präsidenten Moser wollte er mir überlassen.
Er steigerte sich in eine Heiterkeit hinein und fragte sich schließlich, warum er sich der Signierung verwehren sollte. Ich sollte mir etwas ausdenken, wie man das machen könnte, und so kam der Entschluß zu einer Elsaß-Fahrt zustande, bei der er dann die tausend Bogen signieren sollte.
Mein Besuch beim neuen Präsidenten der Salzburger Festspiele, Herrn Moser, war fast eine Farce.
Ich mußte im Vorzimmer, das bei der Hitze wie eine Sauna war, eine Viertelstunde warten, bis ich zu ihm vorgelassen wurde. Er wußte sicherlich durch die alte Sekretärin, daß ich zu seinem Vorgänger eine gute Beziehung gehabt hatte und manchmal als Feuerwehr-Hauptmann bei Peymannschen Aktionen gewirkt hatte.
Ich übergab ihm das Manuskript ›Der Theatermacher‹ und erzählte ihm den Inhalt. Er könne glücklich sein, eine solche Uraufführung zu haben. Sie sei ideal für die Festspiele und ihr Publikum geeignet. Und die Rolle sei für einen großen Schauspieler wie prädestiniert und es sei wirkliches Theater mit Geschichte, mit autobiographischen Bezügen, mit Kritik (aber nicht scharfer politischer), und das Ganze sei heiter, ein Spaß mit großem Tiefsinn.
Ich schreibe hier nicht alles auf, was dieser Mann mir sagte, nur: er hatte einfach wenig Ahnung, und so nannte ich ihm als Basis DM 70.000.– bis DM 75.000.–, erwähnte auch noch einmal die Fernsehmöglichkeit, an die er von sich aus gar nicht gedacht hatte. Er machte sich Notizen und wollte das Stück bald selber lesen. Wir sollten ihm bald einen Aufführungsvertrag zuschicken.«

[462; handschriftlich auf Briefpapier Dr. Siegfried Unseld, 6 Frankfurt am Main Klettenbergstraße 35]

[Frankfurt am Main]
Sonntag, 7. August [1983]

Lieber Thomas Bernhard
alles war großartig![1]
Ihre beharrliche, sich nicht verweigernde »Schreib«-Leistung –
die Gespräche mit Ihnen –
Ihre freundschaftlichen Kommentare –
das Abendessen mit Guth –
»unsere Damen« –
die Umgebung –
der Ausflug –

Man muß immer wieder versuchen, das Große zu erzwingen!
Bitte behalten Sie meine Bitte des »1000er Programms suhrkamp taschenbuch« im Kopf. Ich möchte mir und uns so dringlich wünschen, daß Sie mit von der Partie sind (ich weiß, Sie haben andere Ufer-Ziele). Für uns wäre es ideal und vollkommen, wenn wir einen neuen Text (30, 40 Seiten) von Ihnen bringen könnten.[2]
Falls die beschworenen Schubladen in Wien nicht die von mir als sicher angenommene embarras de richesse hätten, schlage ich folgendes vor:
»Der Theatermacher« (Juni-Juli zur Premiere) im suhrkamp taschenbuch: Ein neues Buch von T. B. zum ersten Mal sehr preiswert. Startauflage 20 000 Ex. Sonderverkauf während der Festspiele. Wir können in ganz Österreich die Salzburger Aufführung mit Buchhändler-Sonderfenster begleiten.
»Beton«, das ich ja sehr liebe, stünde dann singulär in der Bibliothek.

Der Band »Stücke« im Weißen Programm ist lieferbar bis zum 31. Dezember. Dann verschwindet er, um irgendwann, in Leinen gebunden (vielleicht mit einem zweiten Band »Stücke«), zu erscheinen. Dann neben »Erzählungen« und hoffentlich auch neben der Autobiographie ... So entstünde organisch, logisch, selbstverständlich das Gesamte.

Wir hätten dann einen guten, reichen, aber nicht überladenen Fahrplan für 1984

März: BS: »Eigernordwand«
Juli: st: »Theatermacher«
Sept: geb. Buch: »Auslöschung«[3]
Nov: BS: »Beton«

Ja, mach nur einen Plan ...[4]

Herzliche Grüße
und
Morgen in Basel[5]
Ihr
Siegfried Unseld

1 Im *Reisebericht Baden-Baden / Straßburg, 4.-5. August 1983* ist zu lesen:
»Der Anlaß zum Anlaß dieser Reise liegt 20 Jahre zurück. *Thomas Bernhard* hatte den Wunsch, seinen 1963 bei der Insel erschienenen ersten Roman ›Frost‹ noch einmal in gebundener Form aufzulegen. Nun ist das kein unediertes Buch, im Jahre 1972 ging es in die suhrkamp taschenbücher über, und unser Verzeichnis weist das 29. Tsd. aus. So kam ich auf die Idee eines Faksimile-Druckes dieser ersten Ausgabe, 1000 numerierte und vom Autor signierte Exemplare. Am Telefon sagte Thomas Bernhard mir dies zu, aber dann, als es um die Unterschrift ging, wollte er sich doch versagen. In Salzburg vereinbarten wir dann eine Elsaß-Reise, auf der er die Unterschrift leisten wollte. Ich verstehe gut, daß Bernhard an diesem ersten Roman hängt, man braucht nur die erste Seite zu lesen, um in diesem Erstling schon den ganzen Bernhard zu erkennen. ›Etwas Unerforschliches zu erforschen. Es bis zu einem gewissen erstaunlichen Grad von Möglichkeiten aufzudecken. Wie man eine Verschwörung aufdeckt.‹

Bernhard kam am 3. August nach Frankfurt. Wir hatten ein Abendessen mit Herrn und Frau Guth, das sich bis Mitternacht hinzog.
Am nächsten Morgen fuhren Bernhard und Burgel Zeeh mit dem Intercity nach Baden-Baden. Die Unausweichlichkeit eines Zugabteils ließ die Signierung zu, die dann leichter vonstatten ging als befürchtet. In Baden-Baden wurden die beiden von Herrn Schwarz abgeholt und im Schloß Neuweier zum Mittagessen geladen.
Am Nachmittag wurde Bernhard im Brenners Parkhotel einquartiert, und er schätzte diese Umgebung, dieses Hotel und war in bester Stimmung, so daß er am Abend, als ich eintraf, bereits 750 Bogen signiert hatte. Burgel Zeeh kann berichten, welche Scherze er sich da geleistet hat: manchmal lauteten die Unterschriften Thomas Mann, Thomas von Aquin, Thomas Bernhold, Heimito von Doderer, Thomas Unseld, und einmal entstand eine karikierende Zeichnung.
Am Abend war er in guter Form. Warum soll man sich immer verweigern, man kann sich auch etwas vornehmen und dies dann machen.
Verstört war er über die Nachricht, daß der Residenz Verlag nach Aussagen von Herrn Jung seine Prosaarbeiten in der Interpunktion nach Duden eingerichtet habe. Das ergab bei ihm einen Ausfall gegen den Stumpfsinn dieses Verlages [...]. In keinem Fall wünsche er das, er hätte dies auch nie geduldet, freilich habe er diese Bücher nie mehr gelesen.
Am Morgen des 5. August kam er wieder auf diese Sache zu sprechen. Sie hätte ihm Schlaflosigkeit eingegeben, so habe er sich geärgert. Keinesfalls wünsche er eine solche Vereinheitlichung, beim Drama wünsche er sowieso keine Interpunktion, aber auch bei seiner Prosa wünsche er die Interpunktion so gesetzt, wie er dies mache. Das sei unablässig für den Rhythmus, für die Struktur seiner Prosa, die musikalischen Gesetzen gehorche. Aber er verschließe sich auch nicht, wenn wir ihm nach Berücksichtigung dieser Fakten einen Fehler nachweisen.
Von Burgel Zeeh assistiert, signierte er dann die letzten Bogen.
[...] Wir trafen uns in Straßburg, wo Bernhard sich gut gelaunt das Straßburger Münster anschaute, ein wenig die Altstadt und sich meine kleinen Straßburg-Expektorationen gefallen ließ: daß der

Weiterbau des Münsters ohne die Ulmer Baumeister nicht möglich gewesen wäre, die Geschichte mit dem Kessel Hirse, den die Schweizer zur Siegesfeier in 17 Stunden zu Schiff auf Limmat, Aare und Rhein warm nach Straßburg gebracht haben (Fischarts, ›Glückhafft Schiff von Zürich‹). Luther, der Bundschuh und die revolutionierenden Elsässer Bauern, das Haus, in dem Claude-Joseph Rouget de Lisle das Lied komponierte ›Chant de guerre pour l'armée du Rhin‹, das später zur Marseillaise und zur französischen Nationalhymne wurde.

Rückfahrt über Baden-Baden zum Sheraton-Hotel, wo wir, wie vorgesehen, um 20.30 h auf die Minute hin eintrafen. ›Alles stimmte, alles war großartig‹, meinte Thomas Bernhard.«

2 Der Band 1000 der suhrkamp taschenbücher steht im Mai 1984 an.

3 Burgel Zeeh gibt in ihrem maschinenschriftlichen Bericht *Reise mit Thomas Bernhard, 4. bis 5. August: Baden-Baden / Straßburg* die mündlichen Aussagen von Th. B. zu diesen Büchern wieder: »Sein nächstes Buch heißt ›Eigernordwand‹ (in einem Wort geschrieben), ca. 60 Seiten. Gerade zwei Tage vorher hatte er in einer Zeitung gelesen, daß man das 100. Jubiläum der Besteigung der Eigernordwand begangen habe. Es ist die Geschichte eines Mannes, der die Eigernordwand bezwingen will, und daraus ergeben sich dann für die Familie Schwierigkeiten und Katastrophen.

Danach soll ›Auslöschung‹ erscheinen, im Herbst, das sei ein Herbsttitel, auslöschen. Aber hier hat er einige Schwierigkeiten. Im Text wird wohl Frau Maleta, wie auch immer, beschrieben, vor allen Dingen der Ort Wolfsegg. Das sei zu auffällig, aber er könne dieses Wolfsegg mit keinem anderen Namen verändern, er habe das schon versucht. Das will er also noch etwas ruhen lassen.«

4 S. U. zitiert aus Bertolt Brechts *Dreigroschenoper*. Die Reaktion von Th. B. auf diese Pläne hält Burgel Zeeh in einer Telefonnotiz vom 11. August fest: »Er habe heute Ihren Brief bekommen, für den er dankt, ob ich ihn kenne? Der Plan sei großartig, aber er wolle nochmals darübergehen und dann antworten.«

5 S. U. spielt auf den rekurrenten Ausspruch von Zirkusdirektor Caribaldi in *Die Macht der Gewohnheit* an sowie auf den von Th. B. während der Fahrt nach Baden-Baden Burgel Zeeh gegenüber geäußerten Wunsch, nach Basel zu fahren, da dort einmal seine Großeltern gelebt hätten.

[463; Anschrift: Ohlsdorf]

Frankfurt am Main
31. August 1983

Lieber Thomas,
nur kurz die Meldung, daß »Der Untergeher« jetzt an den Buchhandel ausgeliefert wird. Der Ladenpreis beträgt DM 26.–. Wir haben 10 000 Exemplare als erste Auflage gedruckt. Ich bin sicher, daß wir bald zu einer zweiten Auflage kommen.
Wir lassen Ihnen in Abständen zwanzig Frei-Exemplare zugehen. Bitte fordern Sie die weiteren an.
Ich freue mich, daß dieses Buch jetzt seinen Lauf in der Öffentlichkeit antreten kann.
Herzliche Grüße
Ihr
S. U.

[464; Anschrift: Ohlsdorf]

Frankfurt am Main
8. September 1983

Lieber Thomas,
Sie waren damit einverstanden, daß Friedrich Cerha einen Teil aus »Gehen« vertont und unter dem Titel »Requiem für Hollensteiner« aufführt. Wir haben da einen Vertrag mit der Universal Edition Wien gemacht. Wir hören nun heute von der Universal Edition, daß die Uraufführung in Graz stattfindet, und zwar in dem Eröffnungskonzert des Steirischen Herbstes 1984. Dies zu Ihrer Information.
Ich hoffe, bald von Ihnen zu hören.[1]
Herzliche Grüße
Ihr
[Siegfried Unseld]

1 Th. B. reagiert am 11. September auf diesen Brief durch ein Telefonat mit Burgel Zeeh. Sie notiert dessen Äußerungen:
»Er läßt Sie sehr herzlich grüßen. Er hat ein großes Problem: er habe Ihnen immer noch nicht geschrieben und für dieses schöne Unternehmen gedankt, jetzt seien schon fünf Wochen ins Land gegangen. Sie hätten ihm geschrieben, das sei zudem ein großartiger Brief, auf den könne man eigentlich nicht antworten. Aber er habe einen halben Tag damit zugebracht, Ihnen zu schreiben, er wollte das nämlich handschriftlich mit seinem neuen Füllhalter tun. Aber nach einer halben Seite habe er seine Handschrift nicht mehr ansehen mögen, so seien denn 15 Versuche in den Ofen geraten und der Brief noch immer nicht geschrieben. Nun räche sich dieser Füller [mit dem er die Jubiläumsausgabe *Frost* signierte]: er könne seinem Verleger damit nicht schreiben!! Ich riet ihm, doch halbe Bogen zu nehmen – das will er jetzt ernsthaft noch einmal versuchen! Aber er bat mich dringend, Ihnen gleich von dieser grauenhaften Vergeblichkeit zu berichten, mit seinen herzlichen Grüßen.«
Auch im weiteren Verlauf des Jahres 1983 kommt es zu keinem Brief von Th. B. an S. U. Man trifft sich jedoch zwischen dem 2. und 4. Oktober in Venedig. Darüber hat S. U. eine Notiz verfaßt:
»Er unterzeichnete den Verlagsvertrag für ›Untergeher‹ und ›Theatermacher‹. Gleichzeitig war er damit einverstanden, daß der ›Theatermacher‹ im Rahmen des 1000er Programms der suhrkamp taschenbücher erscheinen kann.
Zum Erscheinungstermin des ›Theatermachers‹: die Aufführung wird Juli / August bei den Salzburger Festspielen sein. Bernhard überläßt uns ganz den Erscheinungstermin, ja, ihm wäre es fast recht, wenn es früh käme, aber Peymann bittet dringlich um die Koordinierung des Erscheinungstermins mit der Aufführung. Ihm wäre es überhaupt lieber, wenn das Buch erst viel später erschiene. Ich finde, wir sollen es so machen, daß das Buch wirklich acht Tage vor der Premiere ausgeliefert werden kann, man kann in Salzburg die Buchhandlungen anhalten, nicht früher als zum Premierentermin selbst zu verkaufen.
Im November 1984 wird Peymann den ›Theatermacher‹ in Bochum aufführen, dies dann als Westdeutsche Erstaufführung.
Im Anschluß daran geht das Stück auf Tournee, und zwar veranstaltet von dem Berliner Tournee-Unternehmen Greve.
Das Stück ›Der Schein trügt‹: vorgesehener Termin der Urauffüh-

rung in Besetzung mit Minetti / Buhre ist Anfang Dezember 1983. Es ist jedoch möglich, daß wegen Minettis Gesundheitszustand die Premiere doch später stattfinden wird.
Die zweite Aufführung wird in Berlin herauskommen, Boy Gobert möchte das Stück mit Schellow / Bollmann inszenieren.
Das ›Yale Theater Magazine‹ wird ›Der Schein trügt‹ in der Übersetzung von Gitta Honegger (›Appearances are Deceiving‹) abdrucken. Die Zeitschrift bietet ganze 100 Dollar für Autor und Übersetzer an. Bernhard ist einverstanden, daß die 100 Dollar an Gitta Honegger gehen.
Bernhard will nach Palermo reisen, um den ›Mondello‹-Preis entgegenzunehmen. Es ist der bedeutendste Literaturpreis in Italien. Bernhard wird damit zum ersten Male Millionär, 10 Millionen Lire – das sind umgerechnet DM 16.500.–. Wenn er nicht anwesend ist, wird die Preissumme an den zweitplacierten Autor gegeben, und das ist Yves Bonnefoy.
Bernhard war sehr angetan von der Faksimile-Ausgabe ›Frost‹. In das mir gewidmete Exemplar trug er die Stationen der Widmungsreise Baden-Baden, Strasbourg, Venedig ein.«

1984

[465; Anschrift: Ohlsdorf]

Frankfurt am Main
3. Februar 1984

Lieber Thomas Bernhard,
ich freue mich, daß wir uns am 10. Februar sehen werden. Wir haben uns einfach zu lange nicht mehr gesprochen, deshalb die Irritationen, Zweifel, Stimmungen.[1]
Einen Punkt müssen wir nochmals bereden: »Der Theatermacher«. Sie erinnern sich, daß Sie mir diesen einen persönlichen Wunsch erfüllt haben: im Rahmen des 1000er-Programms der suhrkamp taschenbücher wollten wir von den wichtigsten Autoren Bücher im Taschenbuch vorlegen. Band 1000 sind die »Notizen« von Ludwig Hohl, ihm folgen Bücher von Brecht, Hesse, Joyce, Proust, Beckett, Hildesheimer und Neuerscheinungen von Muschg, Walser, Kühn, Johnson; in dieses 1000er-Programm haben wir den »Theatermacher« aufgenommen, wir haben das angezeigt, 15 000fach, und der Buchhandel ist also darüber informiert. Ich kenne doch Ihre Vorliebe für die Bibliothek Suhrkamp, und Sie wissen, daß ich Ihren Wunsch, daß die Stücke dort erscheinen mögen, immer berücksichtigt habe. Wir können das auch in Zukunft so machen, aber, bitte, belassen wir doch dieses eine Stück im Rahmen der suhrkamp taschenbücher. Selbstverständlich kann der Text jederzeit erscheinen, wir haben ihn jetzt für Juli 1984 vorgesehen, gleichgültig, ob die Aufführung 1984 oder 1985 herauskommen wird. Im übrigen sollten wir die Aufführung in diesem Jahr noch nicht aufgeben![2]

Und wenn wir weitere Pläne haben: am 1. und 2. März werde ich erneut in Wien sein, wir könnten uns, wenn Sie zu diesem Zeitpunkt ebenfalls dort sein sollten, für den Abend des 2. März verabreden.[3]
Herzliche Grüße
Ihr
[Siegfried Unseld]

1 Am 20. Januar 1984 hält Burgel Zeeh in einer Telefonnotiz für S. U. fest:
»Gruß von Thomas Bernhard
Er ist bis Sonntag in Wien und wartet am Samstag abend nur auf den Anruf von Peymann!
Er wollte Sie jetzt nicht sprechen, es gäbe ja eh nichts, aber er wird Ihnen schreiben, was er sich so vorstellt ... Er klang etwas müde, obwohl er versicherte, es ginge ihm gut.«
Den Anruf Peymanns erwartet Th. B. nach der Uraufführung von *Der Schein trügt*, die am 21. Januar 1984 im Schauspielhaus Bochum stattfindet (Regie: Claus Peymann, Karl: Bernhard Minetti, Robert: Traugott Buhre). S. U. besucht die Aufführung und notiert in der *Chronik*:
»In Bochum Uraufführung von Thomas Bernhard, ›Der Schein trügt‹. Eine sehr interessante Aufführung. Der Text von Thomas Bernhard war ein entwickelter Bernhard-Text. Bernhard wird immer freier. Er kann sich selber ironisieren, und so wird das Ganze ein schönes Spiel der Täuschungen, Selbsttäuschungen und der Mißverständnisse, die gerade dann unter Menschen eine Rolle spielen, wenn sie eng miteinander verbunden sind. Es ist ein wirkliches End-Spiel, ein würdiger Nachfolger von Samuel Becketts Stück. Die Aufführung konnte, wie auch immer, gar nicht schiefgehen, denn die beiden Rollen wurden von Bernhard Minetti und Traugott Buhre gespielt. Und so war es auch. Großartig, besonders Minetti war auf dem Höhepunkt. [...] Telefonat mit Thomas Bernhard in Wien, der glücklich war.«
Und im *Reisebericht Bochum–Celle, 21.-22. Januar 1984*, heißt es über dieses Telefonat mit Th. B.: »Er schien froh, gelöst und heiter, wollte aber eigentlich weniger vom Erfolg des Stückes hören als vielmehr allen Beteiligten einen angenehmen Abend wünschen.

Ich habe ihm versprochen, mich bald bei ihm zu melden.« Während der Premierenfeier unterhält sich S. U. auch mit Claus Peymann und notiert: »Dann die betrübliche Nachricht: Peymann findet für Salzburg und den ›Theatermacher‹ [Bruscon] keinen Schauspieler, eine ziemlich unglaubliche Sache.«

2 S. U. berichtet in einer Notiz über die Gespräche mit Thomas Bernhard am 10. Februar in Frankfurt:

»Wir waren um 9.00 h im Frankfurter Hof verabredet, um zu einem Frühstück in die Klettenbergstraße zu fahren. Er bat mich aber, zunächst noch im Frankfurter Hof zu bleiben, und erklärte mir dann dezidiert:

1. mit Minetti wolle er nun definitiv ›aufhören‹, er hätte ihm alle Ehre angetan, andererseits ihn auch so weit ausgebeutet, wie man ihn für seine Zwecke ausbeuten könne. Doch jetzt sei Schluß, er würde sich nun auf einen ganz anderen Schauspielertyp einstellen wollen.
2. Lächerlich fände er die Haltung von Peymann. Der Grund, weswegen er den ›Theatermacher‹ in diesem Jahr in Salzburg nicht machen wollte, läge nur darin, daß Peymanns ›Bettkatze‹ nicht nach Salzburg wolle, und deshalb die Ausrede, er fände keinen Schauspieler, nachdem Minetti abgesagt habe. Auch Bernhard betonte, daß er für diese Rolle nie Minetti vorgesehen hätte. [...] Er will von Peymann verlangen, daß die Aufführung stattfindet, und wenn Peymann keinen Schauspieler findet, soll sich der Theaterverlag darum kümmern. Ich habe ihm das voll und ganz bestätigt. Wir sind so verblieben, daß ich ihn am Samstag abend in Wien anrufe. Er wird mir dann das Ergebnis seines Gespräches mit Peymann sagen.

Danach fuhren wir dann in die Klettenbergstraße. Small talk. Ich dränge auch auf den Verlag. Auch hier schienen wir zunächst nichts zu besprechen zu haben. Er wollte seine Abrechnungen einsehen. Und als er ein Guthaben von DM 83.300.– sah, erbat er DM 50.000.–.

Ich stellte ihm Fellinger und Frau Strausfeld vor, welche ihn für Spanien einlud, er würde eine solche Einladung gerne schon für März/April annehmen.

Dann plötzlich wurde er aktiv. Ich sollte an Schaffler schreiben wegen des Rückfalls der Rechte an den autobiographischen Erzählungen. Es müßte ein umfangreicher Brief sein, der auch Bernhards

Hochschätzung von Schaffler enthielte. Wenn es möglich wäre, 1985 das zu bringen, wäre er sehr froh. Die Form wären unsere marmorierten Geschenkausgaben.
Dann, was machen wir mit ›Korrektur‹? Nein, als Taschenbuch dürfe es nicht erscheinen, er wolle keine Taschenbücher. Deswegen ist ›Korrektur‹ zwar als Taschenbuch angekündigt, wird aber nicht erscheinen. Ich sagte ihm, daß wir eine besonders sympathische Sonderausgabe der ›Korrektur‹ im Herbst machen würden.
›Der Theatermacher‹: er war entschieden: keine Ausgabe in den suhrkamp taschenbüchern. Wir müssen das ändern. Er will partout sein Stück in der BS publiziert sehen. Dies übrigens ohne Rücksicht auf die Aufführung, d. h., wir sollen das so bringen, wie wir es für richtig halten, und nicht, wie es Peymann in den Kram passe.
Ja, und was mit ›Watten‹ wäre? Er habe den Eindruck, daß dieser Text völlig vergessen sei.
Plötzlich kam die Frage auf die Textfassung des ›Theatermachers‹. Er habe das Stück neu durchgearbeitet, diesmal seien keine Fehler im Manuskript. Herr Fellinger wird die Herstellung überwachen. Wir sollten wirklich den Ehrgeiz haben, diesmal ein fehlerfreies Exemplar zu produzieren. Wir fotokopierten noch seinen Text, und dann eilten wir zum Flughafen. Unterwegs sagte er mir, wegen des neuen Buches im Herbst bräuchten wir wohl nicht mehr zu sprechen. Ich betonte, daß dies der Gegenstand des Gesprächs vom 2. März sei.«

3 Das Treffen mit Th. B. in Wien kommt am 2. März zustande, S. U. schildert es in seinem *Reisebericht Wien, 29. Februar-3. März 1984*:
»Ich kam gerade noch rechtzeitig ins Hotel, um Verbindung mit *Thomas Bernhard* aufzunehmen. [...] Ich erreichte Bernhard um 19.00 Uhr, und wir verabredeten uns für den Abend im ›Rauchfangkehrer‹.
Die Traktanden des Gesprächs: ›Theatermacher‹ in Salzburg. Am Schluß sei es nicht mehr möglich gewesen, er hätte es nur noch erzwingen können, und das wollte er nicht, so gab er Peymann eine ›Kunst-Entscheidung‹ an die Hand. Dieser ergriff das Nachgeben Bernhards und sagte für 1984 ab mit dem Hinweis, daß Minetti nicht in der Lage sei, diese Rolle zu lernen. Und das sei auch Buhre nicht, denn beide seien in der Aufführung von ›Der Schein trügt‹ so engagiert, daß man das auch nicht von Buhre verlangen könnte.

Ich fand das reichlich fadenscheinig. Die Wahrheit ist, daß sich Peymann in der kommenden Zeit mehr auf seine Berufungen als auf eine Regie konzentrieren will. Und was Peymanns Berufungen betrifft, so ist Thomas Bernhard ganz klar: es müsse verhindert werden, daß er an die Burg ginge, denn hier würde er unweigerlich Schiffbruch erleiden. Also Peymann für Frankfurt!
Was die Buch-Ausgabe [des *Theatermachers*] betrifft, so bittet er, man möchte ihm den Umbruch jetzt schicken (erl.-ze.) [erledigt – Zeeh], er dankt für die Revision von Raimund Fellinger, die BS-Ausgabe soll dann erst 1985 erscheinen. [Tatsächlich erscheint *Der Theatermacher* als Band 870 der Bibliothek Suhrkamp am 28. August 1984.]
Thomas Bernhard hat mit Peymann für Dezember 1984 die Uraufführung eines neuen Stückes vereinbart. Es heißt ›Ritter, Dene, Voss‹ und richtet sich nach den Namen der Schauspieler Ilse Ritter, Kirsten Dene und Gert Voss – whatever this means.
Dann sprach er ganz von sich aus über die neue Prosa-Arbeit und die Tatsache, daß er gerne ein neues Buch im Herbst sähe, freilich, die Fassung sei fertig, aber er müsse noch einmal durchgehen, und er könne es erst Ende April abliefern. Damit war ich nicht zufrieden, weil wir ja die Vertretersitzung haben und ich den Text unbedingt kennen müßte. Der Titel lautet ›Holzfällen‹. Das Buch spiele beim Abendessen einer dekadenten Gesellschaft, die jedoch irgendwie eine Sehnsucht nach Anderem entwickeln möchte.
Umfang wie ›Untergeher‹. Ich rang ihm ab, daß wir das Manuskript bis zum 14. April hierhaben sollten. [...]
Und dann zum Brief von Herrn Schaffler: er hätte getan, was er tun könnte, nämlich Herrn Schaffler eindeutig gesagt, daß er keine Fortführung der autobiographischen Bände im Residenz Verlag wolle, also keine Genehmigung für irgendeine Neuauflage. Das wolle Herr Schaffler natürlich nicht zur Kenntnis nehmen. Er meinte, ich solle mich an Herrn Schaffler wenden und Herrn Schaffler vorschlagen, einen Rechtsberater mit dieser Frage zu beauftragen. Freilich wird das eine schwierige Sache sein, denn die Rechtslage ist wirklich unklar.
Das Gespräch wurde sehr konzentriert geführt, weil er um 22.00 Uhr ein Treffen mit seinem Bruder hatte. Immer wieder versicherte er, er würde konzentriert an der Prosa ›Holzfällen‹ arbeiten und wolle mit nichts anderem mehr befaßt sein. Dann würde er

gern eine Reise machen, z. B. nach Rom. Ich lud ihn für das Wochenende 7.-9. April ein: Treffen in Rom, Übergabe des Manuskriptes ›Holzfällen‹ [...]. Die Aussicht Rom vergnügte ihn sehr. Wir gingen dann noch zum Treffpunkt mit dem Bruder, einem Arzt, einem sehr sympathischen Menschen. Wir blieben dann doch noch eine Stunde im ›Luger Eck‹ bei Rotwein sitzen und sprachen über Gott und die Welt.

Am nächsten Morgen rief ich ihn um 9.00 Uhr an. [...] Er bedankte sich für den Abend, freute sich über die Aussicht Rom und erzählte mir das Folgende: er habe am Morgen seiner Tante und seinem Bruder von seiner neuen Prosa-Arbeit erzählt; er habe keinen Titel genannt. Dann aber habe die Tante gesagt, sie hätte in der Nacht ein Buch in der Hand gehalten, das den Titel ›Holzfällen‹ gehabt habe.«

[466; Anschrift: Wien]

Frankfurt am Main
11. April 1984

Lieber Thomas,

mein Anruf wird Ihnen gezeigt haben, daß ich wohlbehalten mit dem Manuskript in Frankfurt eingetroffen bin, und es war ein herrlicher Flug, weil ich mit der Lektüre beginnen konnte, die ich bis in die Nacht hinein fortsetzte. Ich bewundere diesmal ganz besonders die musikalische Struktur des Ganzen, auch dies ist ein echter Bernhard![1]

Parallel zu mir liest Raimund Fellinger eine Kopie; wir wollen das ganze Manuskript noch einmal abschreiben lassen, die Abschrift wird dann von Herrn Fellinger kontrolliert, so daß ich hoffe, daß wir einen fehlerlosen Satz erhalten. Sie sehen: die Zeichen hier stehen auf Thomas Bernhard.

Ich habe mich sehr für diese Wiener Begegnung zu bedanken. In unserer Beziehung war sie sicher eine der schönsten und angenehmsten.

Für die nächsten Tage und Wochen, die mehr als das Üb-

liche von Ihnen fordern werden, wünsche ich Ihnen das denkbar Beste.
Ich freue mich, daß wir schon einen Venedig-Termin vereinbart haben. Wie Sie sagten: a quattro.[2]
Alles Gute und herzliche Grüße –
Ihr
Siegfried U.

P. S.: Sie erhalten mit den Fahnen im Mai Ihr Manuskript und die Abschrift.

1 Die für den April geplante Begegnung in Rom sagt Th. B. ab; S. U. hält dazu in der *Chronik* fest: »Seinen ›Lebensmenschen‹ Hede Stavianicek hatte er aus dem Krankenhaus geholt, weil dort die Umstände zu unwürdig waren, und er könne sie nicht verlassen, also er könne nicht nach Rom kommen.« Statt dessen reist S. U. am 6. April nach Wien. Im *Reisebericht Wien, 6.-7. April 1984* heißt es dazu:
»Thomas Bernhard war einerseits in einer großartigen Stimmung, andererseits war er bedrückt wegen des Hinsterbens seines ›Lebensmenschen‹ Hede Stavianicek. Sie war zu Hause, dann im Krankenhaus, dort war es aber so furchtbar, daß er sie herausholte. Er wolle sie zu Hause sterben lassen, aber das ist bei dem besonderen Wesen dieser Frau nicht zu schaffen. Denn sie ist körperlich schwach, aber geistig präsent, sie weiß, daß sie sterben muß, und übt sich nun in Milde und Verschwendung wie in fast brutalem Herrschertum. Bernhard, der bei ihr ist, mit ihr redet und immer wieder mit ihr über Sterben, Tod, Weiterleben, an das er ja nicht glaubt, aber die Frau glauben möchte, hat sieben Kilo verloren, was ihm an sich nicht schlecht steht, jedoch ihm einige Sorgen macht. Zwei Krankenschwestern bemühen sich abwechselnd um die Sterbende, er ist in der Nacht für sie da. [...]
Thomas Bernhard bleibt den Abend und die Nacht über in der Wohnung, doch morgens um neun, wenn die erste Schwester kommt, geht er aus, um erst abends wiederzukehren. Man kann ihn also nur vor 9 Uhr erreichen, und er hat an diesem Tag den Anruf von Peymann erwartet, aber der kam nicht. Überhaupt, Peymann, wenn er käme, würde auch er scheitern. Das Problem sei

überlebensgroß, aber er möchte fast wetten, wenn Peymann den Vertrag unterschriebe, so blieben bis zum vorgesehenen Antritt in der Burg noch zwei Jahre. Zeit genug, alles noch einmal zu ändern, oder zum Beispiel, um krank zu werden. Schon jetzt, bevor seine Zusage vorläge, würden Giftpfeile gerüstet. Ganz frei sprach Bernhard über sein Manuskript, das er immer selbst mit sich trug und mir erst am Schluß unserer Begegnung gab. ›Holzfällen‹, was natürlich nichts mit Holzfällen zu tun hat, und doch könnte er sich einen dunkelbraunen Umschlag mit weißer Schrift denken. Seine Lieblingsfarbe Dunkelgrün käme diesmal nicht in Betracht. Dieses Manuskript sei übrigens durch und durch autobiographisch. Die Hauptprotagonisten, die Eheleute Auersberger, gäbe es in der Tat (sie hießen Lampersberg), und die Freundin Joana, die durch Selbstmord endete, ist die Schriftstellerin und Schauspielerin Jeannie Ebner. Eines hat Bernhard freilich geändert: der Freund von Jeannie Ebner hatte ihr in Wien eine Wohnung eingerichtet und am Abend des Einzugs noch einen herrlichen Lüster anbringen lassen. Am Morgen hatte Jeannie Ebner sich an diesem Lüster aufgehängt. Das war Thomas Bernhard zuviel, das ist Kitsch, meinte er. In seinem Manuskript läßt er sie sich an einem Dachbalken erhängen. Ja, und dann käme etwas vor, was mir nicht gefallen würde. Ich müsse bedenken, das Buch schildere die Zeit vor zwanzig Jahren, also die endfünfziger Jahre. Dort habe er Jeannie Ebner verehrt und auch eine Dichterin, die im Manuskript mit dem Namen ›Juniröcker‹ auftaucht. Und jetzt müsse er sagen, daß das Werk dieser Schriftstellerin ihn doch tief enttäusche. Im übrigen ginge es bei ›Holzfällen‹ um die Geschichte eines ›künstlerischen‹ Nachtmahls. Es diene der Entlarvung der Hohlheit der Gesellschaft, die sich mit prominenten Schauspielernamen schmückt, und der Hohlheit prominenter Schauspieler, die sich durch die Gesellschaft korrumpieren lassen, und der Unmöglichkeit der Burg, die nichts anderes sei als eine Schriftstellervernichtungsanstalt usw. usw. [...]
Er, Bernhard, habe in drei Briefen Schaffler eine Neuedition in einem Band und Neuauflagen der einzelnen Bücher verboten. Er wolle sie nicht mehr bei diesem Verlag haben. Schaffler habe ihn betrogen, indem er ihm den Verkauf seines Verlages an den Bundesverlag nicht mitgeteilt habe, und der Leiter des Bundesverlages habe in einer Pressekonferenz auf die Frage, was er tun würde, wenn unter dem Zeichen Residenz Thomas Bernhard seine Flü-

che, Anklagen, Verleumdungen gegen den österreichischen Bundeskanzler aufnehme, geäußert, daß das zu verhindern sei. Es fände also in Zukunft eine Zensur, wie auch immer umhüllt, statt, und in diesen Verlag wolle er nicht gehen. Ich habe ihm abgeraten, diese Auseinandersetzung öffentlich auszutragen, sondern ihm vorgeschlagen, er möchte noch einmal mit allen Argumenten einen Brief an Schaffler schreiben, der davon ausgeht, daß durch den Verkauf sich die Rechtsbasis geändert habe und daß er durch ein Bundesunternehmen sich keiner Zensur wie auch immer unterwerfen möchte. Er habe das Schaffler schon dreimal geschrieben, Schaffler habe immer ausweichend geantwortet und ihn zu einem Nachtmahl oder zum berühmten Apfelstrudel seiner Frau eingeladen. [...]
Die Korrekturen zum ›Theatermacher‹ behielte er noch bei sich. Er sei jetzt einerseits mit dem Manuskript ›Holzfällen‹ beschäftigt gewesen, andererseits schriebe er jetzt an einem neuen Stück für Peymann, das ja schon im Titel den Schauspielern ›Ritter, Dene, Voss‹ gewidmet ist. Sein Leben jetzt: abends, nachts Krankendienst. Morgens um neun ginge er weg, er schriebe in einem Café, Notizen, meditiere. Abends würde er dann wieder wichtige Notizen in Form von kleinen Zetteln in das Manuskript ›Holzfällen‹ einarbeiten. Also Krankendienst, Schreiben und in den Zwischenpausen Gehen, nur in einzelnen Augenblicken lese er. Auf meine Frage antwortete er: Pascal, Gogol, Dostojewski, Tschechow.
Er hofft sein Stück bis Ende Mai fertig zu haben. Aber er kann das nicht zu Ende bekommen, bevor er nicht die Fahnen ›Holzfällen‹ gelesen habe. Ob es möglich sei, die bis zum 10. Mai zu bekommen? Format und Typographie wie ›Untergeher‹. [...]
Bei allen Begegnungen war er es, der das Ende bestimmte. Diesmal mußte ich zu meiner letzten Verabredung weggehen. Er bedankte sich überschwenglich. Er hatte auch Wert darauf gelegt, daß er mit Ausnahme ›meines‹ Hotels Hilton alle Rechnungen bezahlte. Schließlich sei es ja Wien. Herzliche Grüße nach Frankfurt, es sei sehr schön gewesen, wir müssen uns bald treffen. Ich sagte, weil ich ja ein Originalmanuskript habe, von dem er keine Kopie mehr besäße, sei ich diesmal sicher, er wünschte gewiß nicht meinen Absturz. Nein, sagte er, das hätte er nie gewünscht.
Es war eigentlich meine schönste Begegnung mit Thomas Bernhard. Nicht, weil von Geld nicht die Rede war, in gewisser Weise

wurde reziprok darüber gesprochen, aber es war die Bekundung eines Vertrauens, das er hatte und das mich halt sehr glücklich machte.
Ich brauchte eine halbe Stunde, um über diese Begegnung zu meditieren, so daß ich im Demel bei einem großen Braunen saß, das Manuskript ›Holzfällen‹ in der Hand. Wieder hatte ich einen Einblick in das Dasein, in das Arbeiten eines großen Schriftstellers. Und da gibt es ja nur ein einziges Rettungsmittel.«

2 Mit dem Datum des 9. April 1984 findet sich dazu folgende Verlagsnotiz von S. U.: »Ich habe Bernhard gesagt, daß ich am 28. September in Venedig sei und daß ich einladen werde: ihn, Frisch, Handke, Walser. A quattro, sagte er dann und hat zugesagt.« Der 60. Geburtstag von S. U. wird in Venedig ohne Th. B. gefeiert (siehe Anm. 2 zu Brief 468); er beteiligt sich aber an dem aus diesem Anlaß publizierten Buch *Der Verleger und seine Autoren* mit dem Text *Unseld* (S. 52-54); siehe Abbildung 12.

[467; Anschrift: Ohlsdorf]

Frankfurt am Main
8. Juni 1984

Lieber Thomas Bernhard,
die Suhrkamp-Vorschau für das zweite Halbjahr ist jetzt erschienen. Ich schicke Ihnen mit gleicher Post ein Exemplar zu. Wir haben auf Seite 3 »Holzfällen« angekündigt. Der Text ist Ihnen bekannt.[1] Ich hoffe auf eine gute Wirkung.
Ich bin sicher, daß Ihnen auch das Gegenüber auf Seite 2, zumindest photographisch, gefällt. Und dann beachten Sie auch bitte auf Seite 25 die Ankündigung der Sonderausgabe »Korrektur«, auf Seite 36 die Ankündigung »Beton« in der Bibliothek Suhrkamp und auf Seite 28 »Der Schein trügt« im »Spectaculum«.[2]
Herzliche Grüße
Ihr
[Siegfried Unseld]

1 Am 10. Mai treffen sich S. U. und Th. B. erneut in Wien, im *Reisebericht Wien–Zürich, 9.-11. Mai 1984* heißt es:
»*Thomas Bernhard.*
Am Tage vorher hatte er seinen ›Lebensmenschen‹, Frau Hede Stavianicek, begraben. Eine Anteilnahme lehnte er ab, aber in den Stunden unseres Zusammenseins kam er immer wieder auf ihr Sterben, den Tod und was das nun alles für ihn bedeutet, zurück.
Honorarübergabe. Ich las ihm den Ankündigungstext ›Holzfällen‹ vor. Durchsicht der Korrekturfahnen.
Er hat folgenden Wunsch:
Keine Anzeigen am Schluß des Bandes.
Auf dem Titelblatt die sogenannte Gattungsbezeichnung ›Eine Erregung‹ größer.
Voltaire in aufrechter Schrift, das Motto jedoch kursiv.
Für den Umschlag hatte er eine genaue Vorstellung, die er auch aufzeichnete: Schwarzer Umschlag, weiße Schrift, oben links ausgerückt Thomas Bernhard, in der Mitte ganz klein, möglichst kursiv, Holzfällen.
Unten Suhrkamp.
Sehr befriedigt zeigte er sich über die Vereinheitlichungen der Abschrift und über die angekreuzten Fragen. Das sei für ihn eine große Arbeitserleichterung.
Dann das heikle Thema justiziabler Stellen. Er zeigte sich hier großartig. Wenn jene von mir inkriminierte Stelle seinem Buch schade, so solle sie dies doch nicht und er sei bereit zur Änderung. Er bestätigte, daß er diese drei Seiten [über Friederike Mayröcker und Ernst Jandl: Im Roman ist, *Werke 7*, S. 156-162, von Anna Schreker und ihrem Lebensgefährten die Rede] im nachhinein geschrieben habe und daß hier vielleicht sein Zorn mit ihm durchgegangen sei. Er versteht meine Haltung, daß das Ganze unter dem Niveau seiner üblichen Fairness ist. Warten wir nun ab, was er machen wird.« Am 8. Juli sendet Th. B. die von ihm stark korrigierten Fahnen an den Verlag zurück.

2 Auf S. 2 der *Programmvorschau* für das zweite Halbjahr 1984 ist *Michel, sag ich* angekündigt, begleitet von einem Foto der Autorin Ulla Berkéwicz. Die Sonderausgabe von *Korrektur* erscheint im September 1984, *Beton* (BS 857) am 29. Januar 1985, *Spectaculum*, Band 39, am 16. Oktober 1984.

Am 27. Juli berichtet Burgel Zeeh in einer Notiz über ein Telefonat mit Th. B.: »Dann sagte er mir, er habe das Bedürfnis, sehr bald den Herrn Unseld zu treffen, er wäre auch bereit, nach Frankfurt zu kommen. Denn ›Ritter, Dene, Voss‹ sei jetzt fertig, wahrscheinlich wird das Stück im Dezember / Januar in Bochum aufgeführt, er habe sich gedacht, ob man nicht den ›Theatermacher‹ lasse und dann lieber dieses Stück bringe oder beide oder wie. Jedenfalls möchte er das sehr gerne und sehr bald weghaben, aber er möchte es wohl Herrn Dr. Unseld selbst übergeben.« Zu der gewünschten Begegnung kommt es am 20./21. August in Frankfurt. In einer Notiz von S. U. heißt es dazu:

»Er war in guter Form, wünschte sich ein Abendessen. Wir blieben bis um 23 Uhr im Frankfurter Hof.

Er war sehr erfreut über ›Holzfällen‹, vom Umschlag war er ganz entzückt, und er erleichterte auch meine Sorge im Hinblick auf den ›Theatermacher‹: er hatte ja angerufen und wollte die Ausgabe verschieben, aber das war nicht mehr möglich. Jetzt war er durchaus auch froh.

Er übergab mir sein neues Stück ›Ritter, Dene, Voss‹. Ich brachte es noch am Abend Herrn Fellinger, der es las; ich las es am nächsten Morgen, und ich muß sagen: ich bin von diesem Stück, das in gewisser Weise eine Analogie zu Dürers ›Ritter, Tod und Teufel‹ ist, sehr angetan. Er wünscht eine baldige Herausgabe in der BS, möglichst erscheinend zur Premiere, die im Dezember 84 oder Januar 85 stattfindet.

Dann hat er zu Minettis 80. Geburtstag Ende Januar 1985 noch einmal ein Manuskript geschrieben: ›Einfach kompliziert. Drei Auftritte für Minetti‹. Das Manuskript bringt er mir nach Venedig. Wir werden zum Geburtstag von Minetti ein Exemplar fertig machen, das Buch selber aber dann im März ausliefern.

Er hat drei Projekte fertig bzw. in der Arbeit:

1. Prosa ›Quarry‹, 60 Seiten. Eine Erzählung.
2. ›Goethe schtirbt. Fünf Erzählungen‹. ca. 60 Seiten.
3. Das große Projekt ›Auslöschung‹. Dies sei sein bisher umfangreichstes Buch, es umfasse mindestens 300 Seiten, aber er wisse nicht, ob er noch zum Text stehen könnte. Damals habe er es geschrieben mit einer Maschine, der ein Buchstabe fehle, und beim Schreiben habe er dann die ganze Maschine ruiniert.

Als er von seinem Guthaben von DM 88.000.– hörte, bat er um DM 40.000.–.

Wir diskutierten ja früher eine Lesung von Minetti aus ›Wittgensteins Neffe‹ in Wien. Er regt hier an, wir möchten die Tage des Gastspiels von ›Der Schein trügt‹ in Wien benützen und eine solche Lesung arrangieren: wahrscheinlich wird dieses Gastspiel vom 11.-14. November im Akademietheater stattfinden.«

[468; Anschrift: Wien]

Frankfurt am Main
7. September 1984

Lieber Thomas Bernhard,
anliegend schicke ich Ihnen einen Brief von actual concerns. Entscheiden Sie, bitte, unter den gegebenen Voraussetzungen.[1] Verständlicherweise hätte eine Lesung jetzt einen riesigen Zulauf.
Und dann schicke ich Ihnen die Anfrage des ORF zu »Der Schein trügt«. Was meinen Sie dazu?
Herzliche Grüße
Ihr
Siegfried Unseld

2 Anlagen[2]

1 Mit den »gegebenen Voraussetzungen« bezieht sich S. U. auf die Beschlagnahme des in Österreich am 24. August ausgelieferten Romans *Holzfällen* bei der Auslieferung Mohr und in allen Buchhandlungen (siehe dazu die ausführliche Darstellung in Th. B.: *Werke* 7, S. 203ff.). Auf die schriftliche Aufforderung der Rechtsanwaltskanzlei Morent (der ein »Gutachten« von Hans Haider beiliegt, in dem er sich als »Kulturredakteur der ›Presse‹, Redakteur des ›Literaricums‹, der Literaturbeilage der Tageszeitung ›Die Presse‹ – sowie Lehrbeauftragter für Literatursoziologie an der Universität Innsbruck« bezeichnet) vom 20. August an den Verlag (die am 22. August in Frankfurt eintrifft), die Auslieferung von *Holzfällen* zu verschieben, reagiert S. U. nicht. Bereits am 21. August beantragt dieselbe Anwaltskanzlei, die Gerhard Lam-

persberg vertritt, in Wien den Erlaß einer Einstweiligen Verfügung, die der Firma Mohr die Auslieferung von *Holzfällen* untersagt. Diesem Antrag wird am 27. August stattgegeben. Am selben Tag reicht Anwalt Morent einen Strafantrag beim Landesgericht Wien gegen Th. B. als Autor und S. U. als Verleger des Romans wegen übler Nachrede und Beleidigung ein und beantragt eine Einstweilige Verfügung auf Beschlagnahme sämtlicher in Österreich vorhandenen Exemplare. Diesem Antrag wird am 29. August stattgegeben.

In der *Chronik* faßt S. U. die Ereignisse zusammen:

»27. August: [...] Dann platzt eine Bombe. Wir werden in Wien durch unseren Allein-Auslieferer Mohr – Dr. Berger – aufgefordert, zu einer möglichen Einstweiligen Verfügung gegen Bernhards ›Holzfällen‹ Stellung zu nehmen. Mir erscheint das fast abwegig, daß eine solche Verfügung möglich sein sollte. [...]

29. August: Jetzt ist es klar: bei Berger in Wien ist die Einstweilige Verfügung um 10.35 h eingetroffen. Ich bin sehr froh, daß ich sofort bei der Ankündigung der [gerichtlichen] Anhörung angeordnet habe, daß die Bücher beschleunigt nach Wien zu liefern und am Freitag [24. August] schon auszuliefern seien. Am Montag erfolgt die Auslieferung in den Bundesländern. Erst um 11.55 h erfuhr ich den Erlaß der Verfügung und entschied mich dann, um 12.50 h das Flugzeug nach Wien zu nehmen. Als ich ankam, holte mich Herr Zakravsky am Flughafen ab; der Verfügung ist durch ein zweites Gericht ein Strafverfahren gegen uns angefügt und die Beschlagnahme der Bücher angeordnet. Innerhalb von drei Stunden waren in den Buchhandlungen Wiens und Österreichs die Bücher beschlagnahmt. Hektische Stunden. Bei dem Anwalt von Dr. Berger, dann im Fernsehen ORF ein Gespräch mit dem Präsidenten der Österreichischen Anwaltskammer, Dr. Schuppich, Zusammensein mit Thomas Bernhard und Krista Fleischmann.

30. August: Zwei Anwälte weigern sich, die Sache Bernhard zu vertreten, mit diesem Nestbeschmutzer wollen sie nichts zu tun haben.

Ich gehe zu Dr. Perner, der den Auftrag übernimmt. [...] Ich bin nach meinen Gesprächen mit den Juristen in Wien der Überzeugung, daß wir in Wien den Prozeß verlieren werden. Ich glaube kaum, daß es möglich sein wird, das Buch ›Holzfällen‹ in dieser Form noch einmal in Österreich zu verlegen.

In Frankfurt angekommen, gehe ich sofort zu RA Volhard. Wir müssen vorbereitende Maßnahmen treffen, daß wir nicht in Deutschland von einer Einstweiligen Verfügung überrascht werden. Diese braucht aber gar nicht in Frankfurt aufgegeben zu werden, sie kann an jedem Ort der BRD erfolgen, z. B. in Bad Reichenhall, wo die Österreicher das Buch einkaufen.
In allen Zeitungen und Zeitschriften, Rundfunk und Fernsehen wird die Beschlagnahme erwähnt. Ein großer Skandal, ein großes Aufsehen bahnt sich an. Dies ist einerseits natürlich sehr gut für das Bekanntwerden des Buches, aber unsere juristische Situation verschlimmert sich. Sobald noch mehr Personen ›entschlüsselt‹ werden können, verschlimmert sich unsere Möglichkeit, daß es sich hier um keinen Schlüsselroman handelt.
Telefonate hin und her. Hilde Spiel will ein Gutachten übernehmen, wenn sie mit Bernhard sprechen kann, der ihr vieles erklären muß. [Hilde Spiel übergibt am 11. Oktober 1984 Rechtsanwalt Perner ein sechseitiges Gutachten zu *Holzfällen*, das mit dem Satz endet: »Die von G. Lampersberg nachträglich unterzeichnete Anklage des Journalisten und Interpreten (nicht Urhebers kreativer Literaturwerke) Hans Haider muß in sich zusammenfallen, weil – die darin vorgebrachten Anschuldigungen unhaltbar sind – weil künstlerische Kategorien sich legalen Kategorien entziehen und die zur Bestrafung von Kriminalverbrechen und Vergehen entworfene Gesetzgebung im Bereich der Ästhetik einen Großteil ihrer Gültigkeit verliert.«] Auch RA Perner muß mit Bernhard sprechen, der aber ist selber sehr betroffen, betroffener, als ich dachte, und dabei hatte ich ihm damals ja gesagt, daß ich eine Einstweilige Verfügung erwarte, nur nicht wegen dieser Sache, sondern wegen jenes Präsidenten des österreichischen Kultursenats. [Rudolf Henz wird in *Holzfällen* charakterisiert als »stumpfsinniger, ordinärer, erzkatholischer Kunstmißbraucher«, als »der größte aller kulturellen Umweltverschmutzer in diesem Lande«; siehe Th. B.: *Werke 7*, S. 160.]
Ich entwerfe einen Brief an den österreichischen Buchhandel. Wir wollen kämpfen, wir wollen uns für dieses Buch einsetzen, aber hat der österreichische Buchhandel dafür Verständnis? [...]
31. August: Am Vormittag noch Diskussion einer Schutzschrift, die Volhard erarbeitet und dem Frankfurter Landgericht einreicht. Telefonat mit dem Buchhändler aus Reichenhall, ›Österreicher

stürmen‹ seine Buchhandlung, und er hat keine Exemplare mehr. Er holt sie in der Nacht bei unserer Buchbinderei Klotz in Augsburg ab. [...]
Welche Tage, welche Anspannung, welche Konzentration. Erst allmählich begreife ich, daß ich zum ersten Mal in ein Strafverfahren verwickelt bin. Dr. Sieger, der aus seinem Urlaub zurückkam und mit dem ich noch telefonierte, gibt mir keine Hoffnung, daß der Prozeß in Österreich gewonnen werden könnte, eher in Deutschland. Verliere ich diesen Prozeß, so bin ich ›vorbestraft‹.«

2 Die Anlagen haben sich nicht erhalten. Auf dem Durchschlag des Briefes ist am Rande des ersten Absatzes handschriftlich das Zeichen für eine negative Antwort angefügt, am Rande des zweiten Absatzes »erl[edigt].«.
In einem Brief des ORF an den Suhrkamp Verlag vom 4. September 1984 fragt Georgia Hölzel von der Abteilung Honorare und Lizenzen bei Helene Ritzerfeld an, ob für eine Ausstrahlung von *Der Schein trügt* die Rechte für Österreich inklusive Südtirol verfügbar seien. Helene Ritzerfeld notiert handschriftlich in der rechten oberen Ecke des Briefes: »Könnte Hr. Unseld beim nächsten Telefonat Thomas Bernhard fragen?«
Am 7. September kommt es zu einem Telefonat zwischen Th. B. und Burgel Zeeh, das diese in einer Telefonnotiz festhält:
»*Entweder* kommt er nach Venedig, *oder* nach Frankfurt. Beides kann er nicht. Er sei ja schließlich herzkrank, und beides zusammen könne er nicht unternehmen. Er müsse selbst auf sich aufpassen!
Und Venedig: da ginge er sowieso nicht gerne hin, die Luft, außerdem hätten Sie da doch sowieso alle um sich, die Sie um sich haben wollten, also käme er doch lieber nach Frankfurt, da hätten Sie ihn dann auch und außerdem sei das sehr viel sinnvoller, da könnte er ja etwas tun.«
Bei der Geburtstagsfeier von S. U. am 28. und 29. September in Venedig sind die Autoren Max Frisch, Peter Handke, Wolfgang Koeppen und Martin Walser anwesend.

[469]

Ohlsdorf
12. 9. 84

Lieber Doktor Unseld,
nach einem Brief von Dr. Perner, den ich gerade gelesen habe, erscheint es mir richtig, Ihnen den beigelegten von mir an Sie, zu schicken. Nun haben Sie das einmal gewünschte Dokument, dass die Auersberger nicht die Lampersberger sind, in Händen. Es ist ja diese Tatsache auch die einzig richtige.
Ich fliege *Dienstag* nach Bochum, wo ich einmal übernachte. In Frankfurt unterbreche ich zwischen 11.45 h und 13 h auf dem Flugplatz. Vielleicht haben Sie eine halbe Stunde Zeit.[1]
Herzlich
Thomas B.

Möglicherweise ist der Dr. Perner als gemeinsamer Anwalt, der jetzt schon »vertraut« ist mit der Sache, gut. Ich entscheide mich aber erst im letzten Moment.[2]

[Anlage; Brief von Th. B. an S. U.]

Ohlsdorf
12. 9. 84

Lieber Doktor Unseld,
die Beschlagnahme meines »Holzfällen« durch den österreichischen Staatsapparat, kann ich nur als Ungeheuerlichkeit bezeichnen, die tatsächlich in der Nachkriegsgeschichte dieses Landes beispiellos ist und mir grössten Schaden zufügt.
Bis heute habe ich über alle mit dieser Beschlagnahme in Zusammenhang stehenden gerichtlichen Vorgänge und Verfügungen lediglich aus den Zeitungen und aus dem Rund-

funk erfahren, nicht ein einziges Wort von seiten eines österreichischen Gerichts. In einem Wiener Journal musste ich gestern lesen, dass von Herrn Lampersberg gegen mich Anklage erhoben und eine erste Hauptverhandlung gegen mich für den 23. Oktober anberaumt worden sei. Nachdem schon über zwei Wochen fortwährend von einer Anklage gegen mich die Rede ist, wie ich wiederum nur den Zeitungen entnehme, glaubte ich, wenigstens an meinem Hauptwohnsitz in Ohlsdorf irgendein gerichtliches Wort vorzufinden. Aber wie gesagt, hat mich bis heute kein Gerichtswort erreicht. Wie Herr Dr. Perner mir heute schreibt, konnte eine Gerichtsverfügung an mich nicht zugestellt werden, weil das Gericht »meine genauen Anschriften nicht zur Verfügung hat«. In einem Staat, in dem mehr oder weniger alle Daten bekannt und gespeichert sind, ist der Umstand, dass man die Adresse eines seiner bekanntesten Schriftsteller wochenlang nicht finden kann, mehr als merkwürdig.

Zu einer möglichen Klage des Herrn Lampersberg muss ich in aller Deutlichkeit und mit Entschiedenheit sagen, dass das Ehepaar Auersberger in meinem »Holzfällen« mit dem Ehepaar Lampersberger (ich habe das Ehepaar Lampersberg immer nur als Lampersberger gekannt!) überhaupt und also in gar keinem Fall identisch ist. Mein Buch ist ein Kunstwerk, wenn Sie wollen, ein sogenanntes »Sittenbild« und ich habe darin nicht über die Eheleute Lampersberger sondern über die Eheleute Auersberger geschrieben. Ein Buch über die Eheleute Lampersberger wäre ein vollkommen anderes und ich hatte und habe nicht die geringste Absicht, ein solches Buch zu schreiben. Wie ich selbst mich in Büchern von Dostojewski oder von Tolstoi erkenne, mögen sich Andere in meinen Büchern erkennen, aber das ist und kann nicht Gegenstand einer gerichtlichen Klage sein. Ich bin in meinem Leben nicht oft auf eine solche furchtbare Weise deprimiert gewesen wie in dem Augenblick, in welchem ich mit eigenen Augen habe mitanschauen müssen, wie meine »Holzfällen«-Bücher aus den Auslagen der Wiener Buchhandlungen entfernt wurden. Mit Polizeigewalt entfernt zu werden, ist tatsächlich eine Fürchterlichkeit; wenn die Polizei Bücher aus den Auslagen räumt und Buchhändler und Leser mit ihrem rücksichtslosen Auftreten einschüchtert, lässt das nichts Gutes ahnen. In diesen Staat kann ich naturgemäß kein Vertrauen mehr setzen. Ganz abgesehen von dem materiellen Schaden, der mir durch die gerichtliche Massnahme zugefügt worden ist, bin ich durch diese brutale Massnahme um eine entsetzliche Erfahrung diesen meinen Staat betreffend, reicher. Die Urheber dieser Massnahme, die namentlich weder direkt noch indirekt in meinem Buch vorkommen und in meinem Buche auch gar nichts zu suchen hätten, haben tatsächlich völlig unverantwortlich und so, als hätten sie, wie gesagt werden muss, einen Skandal gesucht, gehandelt.

»Holzfällen« ist mein Versuch, in meiner Kunst weiter zu kommen, nichts anderes. Die gerichtliche Massnahme und der *daraus* urplötzlich entstandene Skandal, haben ihm nur geschadet.

Mit herzlichen Grüssen Ihr

Thomas Bernhard

1 Die Begegnung kommt nicht zustande.

2 In dem Brief vom 10. September 1984 setzt Hans Perner Th. B. – unter Beilage u. a. des »Gutachtens« von Hans Haider zu *Holzfällen* und der Einstweiligen Verfügung – über den Stand der gerichtlichen Auseinandersetzung um *Holzfällen* in Kenntnis. Er habe von S. U. die Vertretungsvollmacht erhalten und frage an, ob Th. B. ihm diese ebenfalls erteilen wolle: »Ich werde auf jeden Fall für den Suhrkamp Verlag eine Beschwerde an das Oberlandesgericht Wien einbringen, doch kann ich dies erst dann tun, wenn ich weiß, wie Sie sich zu den gerichtlichen Schritten des Herrn Lampersberg stellen.«

[470; Anschrift: Ohlsdorf]

Frankfurt am Main
19. September 1984

Lieber Thomas Bernhard,
die Sonderausgabe der »Korrektur« ist erschienen. Wir liefern das Buch am 20. September an den Buchhandel aus. Ein Vorausexemplar schicke ich Ihnen zu. Falls Sie weitere Freiexemplare wünschen, melden Sie sich bitte.
In Sachen der »Erregung« gibt es keine neueren Wendungen. Ich habe die Klageschrift immer noch nicht. Aber wir haben jetzt das Papier eingekauft für das sechzigste Tausend![1]
Herzliche Grüße
[Siegfried Unseld]

1 In der *Chronik* hält S. U. unter dem Datum des 5. September fest: »In all diesen Tagen große Wellen in der Sache der Beschlagnahme Thomas Bernhard. Es ist doch so, daß eine Mehrheit die Beschlagnahme nicht gut findet. Laufend Notizen. Es wird ein Dossier Bernhard geben, das die Entwicklungen festhält. Ich schreibe einen Brief an die Buchhändler des österreichischen Sortiments; der Brief wird nicht nur im ›Börsenblatt des Deutschen Buchhandels‹ [Nr. 73, 11. September 1984, S. 2121f.], sondern auch im ›Österreichischen Börsenblatt‹ abgedruckt.
Wir stellen 50 österreichischen Bibliotheken ein Frei-Exemplar von Bernhard, ›Holzfällen‹ zur Verfügung, denn es darf ja ausgeliehen, nur nicht verkauft werden.«
Während der Frankfurter Buchmesse 1984 äußern sich Th. B., S. U. und Rechtsanwalt Ferdinand Sieger im Rahmen einer Pressekonferenz zur Beschlagnahme (siehe Abb. 13); S. U. notiert in der *Chronik*:
»4. Oktober: Morgens um 9.30 h Pressekonferenz Bernhard. Mir fiel glücklicherweise ein, daß diese Beschlagnahme der einzige Bezug zum Haupttitel der Messe ist: Orwell 2000. Die Pressekonferenz verlief glänzend. In der FAZ stand etwas von der ›witzigsten Veranstaltung‹ der Messe.«

Am 5. Oktober 1984 schreibt Ulrich Weinzierl in der *Frankfurter Allgemeinen Zeitung* unter dem Titel *Wer recht hat. Thomas Bernhard auf der Buchmesse*:
»Der Dichter selbst ließ sich nur befragen und sagte, böser Dinge hübsche Formel, auf charmante Weise einiges Uncharmante über seine Heimat. [...] Im Auditorium herrschte darob, wie sonst vor allem im Gerichtssaal, lebhafte Heiterkeit.«

[471; handschriftlich; Ansichtskarte: »Sintra – Portugal Hotel Palácio de Seteais«]

[Sintra]
16. X. 84

Der Lebensmensch u. der Verleger – waren mir die zwei wichtigsten von allen. Nachdem der »Lebensmensch« tot ist, möge der Verleger solange als möglich leben – ich wünsche ein baldiges ruhiges Zusammentreffen im November.
Thomas Bernhard

[472]

Wien
7. November[1] 84

Lieber Doktor Unseld,
ich bitte Sie, die Auslieferung sämtlicher in Ihrem Verlag erschienenen Bücher von mir nach Österreich ab sofort einzustellen. Dieses Auslieferungsverbot meinerseits, *alle* meine im Suhrkampverlag erschienenen Bücher von Thomas Bernhard [betreffend], dauert bis zum Ende des gesetzlichen Urheberrechts und also über meinen Tod hinaus. Ich bitte Sie, diesen meinen Wunsch unverzüglich zu erfüllen.
Mit herzlichen Grüssen
Thomas Bernhard

1 Im Original steht als Monatsangabe »Oktober«. Für den November als Datum der Abfassung des Briefs spricht neben dem Posteingangsstempel des Verlags vom 9. November eine Telefonnotiz Burgel Zeehs vom 7. November 1984: »Nachdem er mir um 16.45 h gesagt hatte, was er Herrn Dr. Unseld sagen wollte, nämlich:
ab sofort soll kein Buch von ihm mehr nach Österreich ausgeliefert werden
rief ich ihn gegen 18 Uhr nochmals an. Er war gerade von der Post zurück: er hatte einen Brief an Dr. Unseld bereits aufgegeben.«

[473; Anschrift: Wien]

Frankfurt am Main
9. November 1984

Lieber Thomas Bernhard,
der Börsenverein des Deutschen Buchhandels veranstaltet vom 4.-9. Juni 1985, in der Folge einer gelungenen Präsentation in New York, nun auch eine deutsche Buchmesse in Madrid. Der Suhrkamp Verlag wird sich an dieser Messe mit einem großen Stande beteiligen, dies auch wegen der Bedeutung, die spanischsprachige Autoren für den Verlag haben.
Ich stelle mir jedoch vor, daß der Suhrkamp Verlag sich in Madrid vor allen Dingen als Verlag deutschsprachiger Literatur präsentiert. Wir werden aus diesem Anlaß einen Almanach herausgeben, in dem einige Autoren, deren Werke spanisch übersetzt sind oder übersetzt werden, hervorgehoben werden sollen. Mir liegt nun sehr viel daran, daß Sie mit einem Text vertreten sind, der auch Ihnen für diesen Zweck wesentlich erscheint, der also einen Bezug zu Spanien hat oder für Spanier von besonderem Interesse sein könnte. Ich wäre Ihnen sehr dankbar, wenn Sie mir einen Vorschlag machen könnten. Ich will gewiß niemandem zu-

muten, dafür einen Text zu schreiben, andererseits wäre es natürlich für den Almanach eine Bereicherung, wenn wir sagen könnten, daß er auch einige Erstveröffentlichungen bieten kann.
Die Texte sollten allerdings zwei bis drei Maschinenseiten nicht überschreiten. Falls die Texte nicht schon übersetzt sind, werden sie ins Spanische übersetzt. Aus diesem Grunde sollten wir sie möglichst noch vor Weihnachten haben.
Und noch eine Frage: gibt es Photos, die Sie vor spanischem Hintergrund zeigen? Photos mit Flamencotänzerinnen würden bevorzugt.[1]
Herzliche Grüße
[Siegfried Unseld]

1 Im *Almanaque de las Editoriales Insel y Suhrkamp con ocasión de la Semana de Libro Aléman en Madrid*, Frankfurt am Main 1985, findet sich auf S. 24 ein Porträt von Th. B. Abgedruckt sind vier Texte aus dem *Stimmenimitator* in der spanischen Übersetzung von Miguel Sáenz: *Der Fürst, Fruchtbarkeit, Abgefunden* und *Expedition* (siehe Th. B.: *Werke 14*, S. 321, 323, 324 und 330).

[474; Anschrift: Wien; Telegrammnotiz]

Frankfurt am Main
9. November 1984

Wegen Flugdisposition Treffen Caféhaus Sacher erst um 13 Uhr möglich. Gruß Unseld.[1]

1 Am 9. November trifft nicht nur Th. B.s Verbotsbrief [siehe Brief 472] ein, am selben Tag druckt *Die Presse* unter der Überschrift *Bernhard verbietet Auslieferung seiner Bücher nach Österreich* eine Presseerklärung von Th. B.:
»Ich habe meinem deutschen Verleger Unseld mit sofortiger Wirkung verboten, meine Bücher nach Österreich [auszuliefern], und zwar für die Dauer des gesetzlichen Urheberrechts, das ist von heute bis 75 Jahre nach meinem Tode. Dieses Auslieferungsverbot

gilt für das gesamte österreichische Staatsgebiet und für sämtliche meiner Bücher. Da das Interesse des österreichischen Staates an mir und meiner Arbeit seit Jahrzehnten allein darin zu bestehen scheint, meine Arbeit und mich vor Gericht zu zerren, ist mein Entschluß nur konsequent. Zum vierten und nicht zum ersten Mal ist man dabei, mir als Schriftsteller einen jener lächerlichen und jahrelangen Prozesse zu machen, die dieser Staat zu verantworten hat. Mit Rücksicht auf meinen Gesundheitszustand allein kann ich mir derartige erniedrigende und entwürdigende Prozesse, die in keinem anderen Staat Mitteleuropas möglich wären, nicht mehr gestatten.«

Deshalb trifft S. U. sich mit Th. B. in Wien am 10. November 1984 »Schlag 13.00 h« im Roten Salon des Café Sacher und hält dazu in seiner *Chronik* fest:

»10./11. November 1984: Wien. Die Reise nach Wien war notwendig geworden, weil die Sache Bernhard eskalierte. Er hatte verärgert, wütend, verletzt über den Skandal der österreichischen Justiz das ›Verbot all seiner Bücher in Österreich‹ gewollt. Ich telefonierte in diesen Tagen häufig mit ihm, und wir vereinbarten ein Treffen.

In der Frühe, weil es neblig war, erkundigte ich mich, ob Flugzeuge starten und in Wien landen können. Bei der VIP-Stelle der Lufthansa bekam ich die Auskunft, Wien habe keinen ›fog‹, aber der Computer zeige für Wien ›mist‹ an, und um ›Mist‹ ging es auch. Kurz nach der Begrüßung mit Bernhard erzählte er mir, ob ich gehört habe, was die Richterin sagte: Ihr sei es egal, ob es ein Kunstwerk oder Mist ist. [...] [Am 9. November 1984 findet eine erste Hauptverhandlung gegen Th. B. vor der Einzelrichterin Brigitte Klatt statt, bei der allerdings sowohl der Beschuldigte als auch der Privatkläger fehlen.]

Das Gespräch mit Bernhard verlief in sehr guter, aufrichtiger Atmosphäre. Ich ließ ihn nicht im Zweifel, daß sein Wunsch, seine Bücher nach Österreich nicht mehr auszuliefern, mir zwar verständlich sei, aber von mir nicht gebilligt werden könnte. Ich erklärte ihm auch, daß er ein ›Verbot‹ gar nicht aussprechen könne, und dies schon gar nicht auf die Dauer des Urheberrechts. Er habe sich bei dieser Sache [der Presseerklärung] leider blamiert, und er hätte hier doch besser vorher bei mir rückfragen sollen. Aber er berichtete mir wieder mit seinen Worten, warum ihm dieser Skandal so zusetze. Wenn ich mich nicht zu einer Nicht-Auslieferung entschließen könnte, würde er nicht mehr schreiben. Diese Drohung war gewiß übertrieben, und ich kann mir gar nicht vorstellen, daß ein so fruchtbarer Autor wie Bernhard nicht mehr schreiben würde, aber andererseits habe ich ihn doch kennengelernt, und ich weiß, er steht auch zu bizarren Maßnahmen. Das war also für mich letztlich der Grund, mich doch an seine Seite zu stellen, ihm wohl erklärend, daß meine Nicht-Lieferung nicht den free flow of books verhindern könnte, daß also jeder [österreichische] Buchhändler beim Grossisten in Frankfurt, Hamburg, Olten oder Luxembourg diese Bücher beziehen könnte.

Im Anschluß an das fast vierstündige Gespräch statement im ORF-Fernsehen, dann ein Interview im ORF-Hörfunk und am Abend dann das Gastspiel aus Bochum mit ›Der Schein trügt‹ mit Minetti und Traugott Buhre. Ein Riesenerfolg.«

Im *Reisebericht Wien, 10.-11. November 1984* zieht S. U. ein Resümee und berichtet von den nächsten Vorhaben Th. B.s:

»Er war erleichtert, denn er war zum Sacher gekommen, um etwas Gemeinsames zu machen oder sich zu trennen, was immer dies nun bedeutet hätte. Im übrigen sei er voller Pläne. Es erzähle in ihm, und er möchte nur rasch aus Wien weg an einen Ort, wo er mit seiner Schreibmaschine und viel Papier arbeiten könnte. Der Ort wird Madrid sein, wo er nächsten Freitag hinfliegen würde, Hotel Imperator, Gran Via.«

Zur Vorgeschichte von Th. B.s zuletzt geschriebenem Roman *Alte Meister* siehe Th. B.: *Werke 8*, S. 198f.

[475; Anschrift: Hotel Emperador Madrid]

Frankfurt am Main
15. November 1984

Lieber Thomas Bernhard,

hier ein erster Gruß für Sie in Madrid. Ich schicke Ihnen anbei die Kopie meines Briefes, den wir eingeschrieben an Herrn Dr. Berger sandten.

Ich wünschte mir, Sie gewännen große Distanz zum Wie-

ner »Mist«. Ich bin überzeugt, die Dinge nehmen zumindest letztlich eine gute Wendung.
Frau Strausfeld wird sich Mittwoch oder Donnerstag bei Ihnen melden. Für den Fall, daß Sie irgendeine Hilfestellung brauchen, gebe ich Ihnen aber hier ihre Adresse und Telefonnummer:
Dr. Michi Strausfeld
Jiloca 8, 5 izq.
E-28016 Madrid
Telefon: 259 72 36
Herzliche Grüße
Ihr
[Siegfried Unseld]

Anlage

[Anlage; Brief per Einschreiben von S. U. an Dr. Gottfried Berger; Anschrift: Fa. Robert Mohr, Singerstr. 12, 1010 Wien]

Frankfurt am Main
14. November 1984

Lieber Herr Berger,
ich muß Ihnen heute die Mitteilung machen, daß der Suhrkamp Verlag für einen unbestimmten Zeitraum keine Bücher von Thomas Bernhard an Sie oder österreichische Buchhandlungen liefern wird. Ich folge bei dieser Anordnung einem Wunsch des Autors. Ich habe ihm erklärt, daß ich seine Überlegungen nicht billige, daß ich aber seinen aus Selbstschutz getroffenen Wunsch verstehen kann.
Die österreichische Justiz hat Thomas Bernhard in skandalöser Weise behandelt, dies im Formalen, in der dauernden Verzögerung der Beantwortung unserer Widersprüche und Beschwerden, im Aufschieben des Prozesses auf unbestimmte Zeit, aber auch in der Sache selbst. Die österreichi-

sche Justiz hat sich bis jetzt geweigert, den Fall unter den Auspizien eines Kunstwerks und damit unter der in der österreichischen Staatsverfassung verankerten Freiheit der Kunst zu betrachten. Was die Richterin an diesem einzigen Prozeßtag ausführte: »es ist mir egal, ob es ein Kunstwerk oder Mist ist«, ist einfach ungeheuerlich. Thomas Bernhard wäre, wie er selbst betonte, bei jahrelang sich hinziehenden Prozessen nicht mehr in der Lage, neue Werke zu schreiben. In diesem Punkt muß ich mich mit ihm solidarisch fühlen. Ich bitte Sie deshalb, meine Regelung zu verstehen. Ich werde versuchen, sie zum raschest möglichen Termin im Einvernehmen mit dem Autor zu ändern.
Selbstverständlich werden Sie die bis heute von Ihnen bezogenen Bücher von Thomas Bernhard in gewohnter Weise ausliefern. Wir werden von uns aus im Sinne dieser Regelung von nun an keine Bestellungen mehr nach Österreich ausführen können.
Die im Residenz Verlag erschienenen Bücher dürfen, wie mir Thomas Bernhard heute wieder telefonisch bestätigte, nicht mehr neu aufgelegt werden – sie werden in Kürze ausverkauft sein. Die zeitlich befristeten Lizenzverträge mit dtv werden ebenfalls nicht mehr verlängert werden.
Warten wir jetzt einige Zeit ab. Vielleicht ereignet sich doch noch einmal das Wunder bei der österreichischen Justiz. Sobald alles klar ist, werde ich mich noch einmal in einem Brief an das österreichische Sortiment wenden.
Noch einmal: ich bitte Sie um Verständnis für meine Haltung und bin – mit freundlichen Grüßen –
Ihr
Siegfried Unseld

[476; Briefpapier des Hotel Plaza Madrid]

Madrid
19. November 84

Lieber Siegfried Unseld,
mein Bruder, der ein grossartiger Arzt und Internist ist und dem ich das genauso wenig jemals gesagt habe wie er mir, dass ich ein ebenso grosser Schriftsteller bin, hat mir in meiner alten Sache eine neue Behandlung vorgeschlagen, zu deren Zweck ich mich in eine Wiener Klinik hätte legen sollen. Ich dachte, ich kann anstatt in die Wiener Klinik, nach Madrid gehen und diese Behandlung allein machen. Ich habe die Behandlung gestern nach einem Frühstück im *Ritz* angefangen und nach einem Mittagessen dort in dem wahrscheinlich besten Hotel der Welt fortgeführt und nach einem »künstlerischen Abendessen« in demselben wunderbaren *Ritz* an der Seite einer »künstlerischen« Freundin, einer Studienkollegin von vor dreissig Jahren,[1] schon die erste sogenannte Nebenwirkung beobachten können: ich bin ziemlich schwindlig gewesen, wie ich in dieses scheussliche *Plaza* eingetreten bin vor Mitternacht. Dieser Schwindel war mir von meinem Bruder vorausgesagt worden, also regte er mich nicht auf, nur an, diese Zeilen an Sie zu schreiben.
Wahrscheinlich ist das *Ritz* in Madrid tatsächlich der Höhepunkt der heutigen Hotellerie; aber würde ich *im Ritz wohnen*, wäre meine Lebensaufgabe zerstört. Ich könnte dort keine Zeile schreiben, höchstens wäre ich in der Lage, von dort aus eine Honorarforderung in der Grössenordnung des *Ritz* an Sie zu schreiben. Ich dachte, ich könnte hier in diesem *Plaza* sein und arbeiten, wie vorher schon im *Emperador*. Das war aber ein Trugschluss. So habe ich noch im *Ritz* für morgen einen Flug nach Palma buchen lassen, wo ich morgen sein werde. Madrid liebe

ich wie Palma, aber in meinem jetzigen Zustand ist Madrid nicht möglich, Palma vielleicht. Ich werde sehen. Als ich Freitag hier ankam, dachte ich, einer literarischen Vorhölle entronnen zu sein, dem Wiener Prozessgewitter und überhaupt allen feuilletonistischen Teufeln an der Donau. Sollte ich noch eine Zeitlang ohne Umnachtung auskommen, so werde ich es doch bei vollem Bewusstsein erleben, dass keines meiner Bücher mehr nach Österreich geliefert wird. Und auch die dort erzeugten und verlegten nicht mehr in Österreich verkauft werden. Und kein Theaterstück jemals mehr von mir in Wien gespielt wird. Minetti hatte genau in dem Augenblick seinen höchsten Triumph, in welchem ich selbst die bitterste Niederlage erlebte.[2] So ist es in einem einzigen Satz gesagt, was mich betrifft, *meine österreichische literarische Situation* naturgemäss. Meine Bücher und meine Theaterstücke sollen der ganzen Welt gehören, nicht aber Österreich. Für alle Zeiten! Bücher sind Kinder, Autoren sind Väter. Wird eines der Kinder eines literarischen Vaters misshandelt und noch dazu auf die gröbste Weise, so hat dieser literarische Vater seine übrigen Kinder vor solcher grober Misshandlung zu schützen, ganz einfach aus dem Verkehr zu ziehen, in welchem die groben und die gröbsten Misshandler herrschen.

Das Spanische tut meinen Ohren gut.

Wien liebe ich, wie Sie wissen, Madrid beruhigt mich. Über den Umweg der Beruhigung in Madrid werde ich wie schon so oft, dann im Dezember wieder nach Wien zurückkommen. Aber morgen* fahre ich nach Palma, um doch der Behandlung den notwendigen Ernst und das angemessene Klima zu geben. Das Rauschen der Viermillionenstadt Madrid werde ich gegen das Meeresrauschen tauschen.

Wenigstens kann ich reisen, wohin ich will. Das gibt meinem Kopf doch die höchste Freiheit. Hauptmedikament meiner Behandlung wird in den nächsten Wochen die Arbeit sein.

Sehr herzlich meinem genialen Verleger, dem *E*ditor, der kein *Kon*ditor ist, wie die meisten, wie fast alle[3]
Thomas Bernhard
*heute noch!

1 Ingrid Bühlau.
2 Siehe Anm. 8 zu Brief 484. Bernhard Minetti gibt, mit Traugott Buhre, am 10. November 1984 ein Gastspiel am Wiener Burgtheater in *Der Schein trügt*; siehe Anm. 1 zu Brief 473.
3 S. U. merkt zu diesem Brief in seiner *Chronik* unter dem Datum des 22. November an: »Thomas Bernhard verließ Wien, um nach Madrid zu fahren; am 19. schreibt er mir einen begeisterten Brief über ein Abendessen aus dem Ritz. ›Madrid liebe ich wie Palma, aber in meinem jetzigen Zustand ist Madrid nicht möglich. Palma vielleicht.‹ Am 20. fuhr er nach Palma, um am 22. dann doch wieder nach Wien zurückzufliegen. Ich mache mir Sorgen um seine Gesundheit.«

1985

[477; Anschrift: Wien]

Frankfurt am Main
7. Januar 1985

Lieber Thomas Bernhard,
am Sonntag, dem 27. Januar, könnte ich nach Wien kommen – Sie hätten mich vom frühen Abend an; am Montag muß ich dann von Wien aus nach Hamburg reisen.[1]
Ist dieser Sonntag ein Tag, an dem wir uns sehen und sprechen können?[2]
Herzliche Grüße
Ihr
[Siegfried Unseld]

1 In Hamburg findet zum Erscheinen der ersten Bände des Deutschen Klassiker Verlags eine Präsentation für Buchhändler statt, bei der Albrecht Schöne über Goethes *Faust* spricht.

2 Zu Beginn des Jahres 1985 stellt sich die Prozeßsituation in Sachen Lampersberg gegen Bernhard wie folgt dar (siehe ausführlich Th. B.: *Werke* 7, S. 209-240): Am 21. Dezember 1984 hebt das Oberlandesgericht Wien die Beschlagnahmeanordnung zu *Holzfällen* auf – mithin ist der Roman wieder in Österreich erhältlich. Anhängig sind weiterhin drei Klagen von Lampersberg gegen Bernhard wegen übler Nachrede und Verleumdung. Die erste datiert vom 27. August 1984 und bezieht sich auf Textpassagen des Romans (siehe Anm. 1 zu Brief 468); die zweite resultiert aus einer schriftlichen Stellungnahme von Th. B. anläßlich der Hauptverhandlung gegen ihn (am 9. November 1984), die am 15. November 1984 in der *Frankfurter Allgemeinen Zeitung* unter dem Titel *Bernhards Plädoyer* erscheint und in der er behauptet, Gerhard Lampersberg sei »in den letzten Jahren immer, wie ich weiß, teilentmündigt gewesen«; die dritte Klage stützt sich auf den Wieder-

abdruck dieses Artikels im *Wiener*, Nr. 56, Dezember 1984, unter der Überschrift *Die Abrechnung: Thomas Bernhard, dessen ›Holzfällen‹ Anfang September beschlagnahmt wurde, schreibt über seinen Prozeß.*

Mit der Orts- und Datumsangabe »Wien 8. 1. 85« hat sich im Thomas-Bernhard-Archiv das Original eines Briefes von Th. B. an S. U. erhalten, den er aber nicht abgesendet hat:

»Lieber Siegfried Unseld,

nach Aufhebung der Beschlagnahme von ›Holzfällen‹ sehe ich hier wieder die ›Holzfällen‹-Exemplare in den Wiener Buchhandlungen mit größter Abneigung.

Die Aufhebung der Beschlagnahme meines Buches ist ja eine Selbstverständlichkeit und hat mit meiner Entscheidung, dass ich in Österreich keines meiner Bücher mehr in irgendeiner seiner Buchhandlungen zum Verkauf sehen will, nichts zu tun. Ich hoffe, Sie respektieren den Ernst, mit welchem ich absolut niemals mehr und also solange ich lebe, keines meiner Bücher mehr zum Verkauf in Österreich sehen will. Ebenso will ich in alle Zukunft keines meiner Theaterstücke mehr in Österreich aufgeführt haben. Wenn der Salzburger Vertrag [über die Uraufführung von *Der Theatermacher* bei den Salzburger Festspielen 1985] erfüllt ist, wird es von mir kein Theaterstück mehr in Österreich geben.

Ich weiss, dass, was die Bücher betrifft, ich voll und ganz von Ihrem Willen abhänge. Auch sogenannte ›Schlupflöcher‹ sollte es nicht geben.

Ich werde erst wieder ein Buch veröffentlichen, wenn ich die Garantie habe, dass Österreich vollkommen ausgeschaltet ist. Es ist mein Land, aber es ist kein Staat für mich.

Im Übrigen arbeite ich gegen alle Widrigkeiten wie immer, mit der größten Intensität und Freude.

Herzlich Ihr

Thomas Bernhard«

Den Vorschlag von S. U. greift Th. B. auf, es kommt am 27. Januar 1985 in Wien zum Treffen; im *Reisebericht Wien-Hamburg, 27.-29. Januar 1985* heißt es dazu:

»*Thomas Bernhard.* Blendender Stimmung einerseits; er konnte arbeiten, Wien sei produktiv für ihn. Ende März möchte ich noch einmal kommen, er würde mir dann das Manuskript seines nächsten Romans ›Alte Meister‹ übergeben.

Ich übergab ihm in bar einen Teil seines Honorars.
Er hätte gerne ›Minetti‹ in der Bibliothek Suhrkamp gesehen, und zwar einschließlich der drei neuen Szenen, die er geschrieben habe: ›Kompetent‹. ›Inkompetent‹. ›Fatal‹.
Dann läge ihm doch sehr an einem Band ›Goethe schtirbt‹. Er enthielte die Texte ›Goethe schtirbt‹. – ›Wiedersehen‹. – ›Montaigne‹. – Und zwei Stücke, die noch keinen Titel haben. Er erwähnte nicht die BS, aber natürlich wünscht er dies, doch ich zögere, diese Texte in der BS aufzunehmen. [*Goethe schtirbt* wurde für die Bibliothek Suhrkamp nicht verwirklicht; zur Entstehungs- und Veröffentlichungsgeschichte von *Goethe schtirbt*, *Wiedersehen* und *Montaigne* siehe Nachwort zu Th. B.: *Werke 14*, S. 571f. und 591.]
Glücklich war er über die Ausgabe ›Beton‹ in der BS, die ich ihm mitbrachte.
Und dann rückte er mit einer anderen Bitte heraus. In einem Plastikbeutel hatte er mitgebracht das Buch von Johannes Freumbichler, ›Auszug und Heimkehr des Jodok Fink. Ein Buch vom Abenteuer des Lebens‹. Freumbichler ist der Großvater von Thomas Bernhard, der bis zu seinem 17. Lebensjahr Vaterstelle an ihm vertreten hat. Bernhard hängt sehr an diesem Großvater. Wir haben das schon einmal vor zehn Jahren diskutiert, und ich habe das Buch auch in meiner Bibliothek. Damals konnte ich mich nicht entschließen, es herauszugeben. Ein anderes Buch von Johannes Freumbichler, ›Philomena Ellenhub‹, ist inzwischen bei dtv erschienen. Wir sollten jetzt aber doch im Lichte des noch berühmteren Enkels die Frage neu überlegen. Als ich ihn darum bat, er möchte ein Portrait seines Großvaters schreiben, stimmte er dem zu. Er schätze das Buch, wenn es auch verständlicherweise nicht seine Literatur sei. [...]
Das war das Einerseits. Das Andererseits: er fühlte sich nach wie vor betroffen von den Prozessen. Er habe für zwei Prozesse 12 Vorladungen bekommen, erst nach Ohlsdorf und dann nach Wien (Rechtsanwalt Perner fragte dann Richterin Klatt, sie sagte, sie habe ganz sichergehen wollen, daß Thomas Bernhard diese Vorladung erhielte!), wogegen sich Bernhard ›kriminalisiert‹ fühlte. [...]
Wir sprachen dann über einen Band mit dem Arbeitstitel ›Der Prozeß‹. Hier sollten die Dokumente zusammengetragen werden, das Ganze müsse freilich von einem genialen Burschen gemacht sein, damit der Band auch Pep hätte und nicht nur eine Sammlung von

Dokumenten beinhalte. Gefragt ist nach der Art eines Gerichtsreporters Thomas Bernhard. [...]
Zum späteren Abendessen kam Claus Peymann hinzu. Elegant im Zweireiher, der andere Peymann in Wien. [...] Er will die Burg zur besten deutschsprachigen Bühne und vielleicht der Europas machen. Ein bescheidenes Ansinnen. Und dazu braucht er Thomas Bernhard. Und deshalb nahm er das Andererseits des Thomas Bernhard auf und meinte, es müsse mir bei meiner Autorität gelingen, Herrn Lampersberg mit einer großen Summe, vielleicht 100 TDM, zu bestechen. Als ich dies nun hörte, sagte ich beiden, daß es eine reale Möglichkeit gebe, wonach die klagende Partei die Klage zurückzöge: eine in Deutschland lebende Österreicherin hat angeboten, die Unkosten zu erstatten. Bernhard war erfreut und bat mich, möglichst während meines Aufenthalts diese Sache zu beschleunigen. Ich rief noch in der Nacht RA Volhard an.
Bernhard will jedoch bei seinem ›Lieferungsverbot‹ für Österreich bleiben, und was die Aufführungen betrifft, so soll auch hier das Verbot gelten. Doch er schlug Peymann etwas vor, wonach er auch sein Gesicht bei diesem Verbot wahren könnte: 1985 wird bei den Salzburger Festspielen ›Der Theatermacher‹ uraufgeführt. 1986 soll Peymann ›Ritter, Dene, Voss‹ in Salzburg uraufführen, und diese Aufführung könnte er dann an die Burg nehmen! So Thomas Bernhard, der genialste Regisseur seiner selbst.«
Anders als geplant übergibt Th. B. S. U. das Manuskript von *Alte Meister* nicht bei einem neuerlichen Treffen in Wien, sondern bringt es Ende März 1985 nach Frankfurt; S. U. hält dazu in der *Chronik* fest:
»30. März: [...] Abends hole ich Thomas Bernhard am Flughafen ab. Er ist in guter Verfassung und sehr guter Stimmung. Wir sitzen in dem kleinen Bar-Restaurant des Frankfurter Hofs, die Kellnerin zerschlägt das Glas und schüttet mir Champagner über Hose und Jacke. Das Gespräch kommt etwas langsam in Gang, aber er möchte reden, und er läßt mich kaum vor Mitternacht gehen. Immer wieder murmelte er jenen Satz vor sich hin, den er als witzige Äußerung im Gespräch gebraucht hatte: der Tote braucht kein Glück.
Dann übergibt er mir das Manuskript seiner neuen Prosa-Arbeit: ›Alte Meister. Komödie‹. Motto von Kierkegaard: ›Die Strafe entspricht der Schuld: aller Lust zum Leben beraubt zu werden, zum höchsten Grad von Lebensüberdruß gebracht zu werden‹.

31. März: Sonntag. Ich stehe um 6.30 h auf und beginne die Lektüre von Bernhards ›Alte Meister‹. Schwieriger Beginn, nicht immer gleich der berühmte Bernhardsche Sog, der Musikkritiker Reger geht jeden zweiten Vormittag in die Gemäldegalerie des Kunsthistorischen Museums. Er nimmt Platz auf einer Sitzbank im Bordone-Saal und schaut auf Tintorettos Gemälde vom Weißbärtigen Mann. An diesem Tag hat Reger seinen ›Freund Atzbacher‹, einen Schriftsteller, der Reger beobachtet, gebeten, überraschend in die Gemäldegalerie zu kommen. Überraschend, weil Reger schon am Vortag dagewesen ist. Atzbacher kommt eine Stunde zu früh, um Reger, seinen ›Gedankenvater‹, zu beobachten. Und so kann Atzbacher durch Reger hindurch und durch Tintorettos Weißbärtigen Mann hindurch auf seine Kindheit schauen. Reger redet, und Atzbacher notiert. Es geht über alles, und alles ist lächerlich, gemein und verdorben. Dann aber spricht Reger vom Tod seiner Frau, und es kommen bewegende Sätze vor. ›Nur wenn wir einen Menschen mit einer so hemmungslosen Liebe lieben, wie ich meine Frau geliebt habe, glauben wir tatsächlich, er lebt ewig und in die Unendlichkeit hinein.‹ [...]
Noch einmal zwei Stunden Lektüre im Manuskript, dann mit Joachim zu Bernhard; wir fuhren ins ›Alte Zollhaus‹. Beim Gespräch rang ich ihm Korrekturen ab, der Papst wird als verlogen und gemein dargestellt, der österreichische Bundeskanzler als lächerliche Figur; Politiker sind Staatsmörder, und neben Stifter wird auch sein Prophet vom Mönchsberg [Peter Handke] kritisiert. All das will er nun doch streichen.
Als ich gegen 23 h zurückkehre, wieder Lektüre im Manuskript. Da kommt dann noch einmal ein Schlag gegen Österreich und das gemeine österreichische Volk, die wichtigsten Minister seien Nazis, das Volk verdiene es aber nicht anders. [...]
Das Buch von Bernhard läßt mich schwer einschlafen. Ein Buch vom Leben und vom Tod, von Kunst und von Literatur, von Lieben und vor allem von Hassen. Ich kann einen so gewaltigen Rundumschlag kaum ertragen, aber er macht es wirklich mit großer Kunst.
1. April 1985
Morgens kommt Thomas Bernhard in den Verlag. Wir sprechen noch einmal über Stellen im Manuskript ›Alte Meister‹, die ein juristisches Verbot des Buches hervorbringen könnten. Es geht insbesondere um Ausführungen auf S. 96 des Manuskripts: Die wich-

tigsten österreichischen Minister sind Nazis, und die übrigen österreichischen Minister sind Dummköpfe, und dann werden die Minister sogar noch ausdrücklich aufgeführt. Er streicht auch den Satz: ›Aber jedes Volk verdient die Regierung, die es hat, und da das Volk gemein und niedrig und stumpfsinnig und habgierig und total verblödet ist, hat es auch eine gemeine und niedrige und stumpfsinnige und habgierige und total verblödete Regierung.‹
Es fällt diesmal leichter, Bernhard zu überzeugen, diese Stellen zu ändern bzw. zu streichen.
Dann spricht Bernhard mit Fellinger, geht mit Burgel Zeeh über Stunden hinweg zum Essen und Kaffeetrinken und redet und redet; abends noch einmal ein Treffen mit Rudolf Rach.«
In der Druckfassung ist nicht mehr vom »Propheten vom Mönchsberg« die Rede, vielmehr heißt es: »[...] ich wundere mich wirklich, warum dieser Provinzdilettant, der immerhin Schulrat in Oberösterreich gewesen ist, heute gerade von den Schriftstellern und vor allem von den jüngeren Schriftstellern und nicht von den unbekanntesten und unauffälligsten so hoch geehrt wird.« (Th. B.: *Werke 8*, S. 47) S. U. hat in der *Chronik* eine Kopie von S. 96 des Manuskripts aufbewahrt, auf der folgende Passagen mit Bleistift gestrichen sind: »Die Mächtigen sind entweder Nationalsozialisten oder Dummköpfe, die wichtigsten Minister dieser Regierung sind Nazis, das ist die Wahrheit, der Justizminister ist ein Nazi und der Verteidigungsminister ist ein Nazi, der Handelsminister ist ein Nazi und es gibt noch zwei Nazis als Staatssekretäre, und der Vizekanzler ist auch ein Nazi. Die wichtigsten österreichischen Minister sind Nazis und die übrigen österreichischen Minister sind Dummköpfe, und selbst einer der Parlamentspräsidenten ist ein Nazi, so Reger. In vielen österreichischen Städten sind heute Nationalsozialisten Bürgermeister oder Polizeipräsidenten, so Reger. Vierzig Jahre nach dem absoluten Tiefpunkt der österreichischen Geschichte haben wir heute diesen Tiefpunkt wieder erreicht, das ist die Wahrheit, da kann gesagt werden, was will, das ist die unumstössliche und deprimierende Wahrheit. Dieser Staat wird augenblicklich nur von Nationalsozialisten und Dummköpfen regiert, denn dieser Staat wird augenblicklich von Nationalsozialisten und von Sozialisten regiert und die Sozialisten sind Dummköpfe, so Reger. Und diese sozialistischen Dummköpfe sind gleichzeitig auch noch die charakterlosesten, die es in Öster-

reich jemals gegeben hat, so Reger. Wir machen der Welt weiss, dass wir eine Demokratie sind, sagte Reger und sind doch nur von habgierigen und von nichts als von einer perfiden staatspolitischen Unverschämtheit getriebenen gemeingefährlichen Volksverrätern regiert. Dieses Land und dieser Staat sind zwar klein und unbedeutend, aber doch, das ist die tagtäglich schmerzende Wahrheit, für den Betroffenen abgrundtief in den moralischen Morast gesunken. Nationalsozialisten und Dummköpfe herrschen auf dem Ballhausplatz und im Parlament, das ist die Wahrheit mein lieber Atzbacher, sagte Reger und betrachtete dabei eindringlich den *Weißbärtigen Mann*, von Nationalsozialisten und von pseudosozialistischen Dummköpfen werden wir nun schon so lange um alles das betrogen, das uns etwas wert ist. Dieses Volk ist in den letzten vierzig Jahren, was die Moral betrifft, nicht den stumpfsinnigen Wohlstand, sagte Reger, einen fürchterlichen, ja einen entsetzlichen Weg in den moralischen Morast gegangen, aus dem es kaum einen Ausweg gibt, das ist das deprimierende.«

Der darauffolgende Satz (»Ein so schönes Land, sagte Reger und ein so abgrundtiefer moralischer Morast, sagte er, ein schönes Land und eine so durch und durch brutale und gemeine und selbstzerstörerische Gesellschaft.«) wird nicht gestrichen, jedoch die sich anschließende Passage: »Aber jedes Volk verdient die Regierung, die es hat und da das Volk gemein und niedrig und stumpfsinnig und habgierig und total verblödet ist, hat es auch eine gemeine und niedrige und stumpfsinnige und habgierige und total verblödete Regierung, so Reger.« Diese Passage wäre in der Druckfassung (siehe *Werke 8*) auf S. 164, Z. 6 von oben, nach »ist das Deprimierende« zu stehen gekommen. Th. B. überarbeitet das Manuskript in der Weise, daß er identifizierbare Personen unkenntlich macht und die betreffenden Aussagen verallgemeinert. Zu Entstehungsgeschichte und Überlieferungslage (inklusive der Frage, welche Änderungen Th. B. dann tatsächlich durchgeführt hat) von *Alte Meister* siehe Kommentar in Th. B.: *Werke 8*, S. 197ff.

Ende April kommt Th. B. neuerlich nach Frankfurt, diesmal anläßlich der Verleihung der Ehrendoktorwürde der Johann Wolfgang Goethe-Universität an S. U. Am Morgen nach der Feier treffen sich beide im Frankfurter Hof; in der *Chronik* heißt es unter dem Datum des 30. April 1985:

»[...], dann Gespräch mit Thomas Bernhard. Ich ringe ihm die Freigabe seiner Bücher für Österreich ab! Er vertraut mir an, wie ich die ganze Sache wieder ins Lot bringe. Wir müssen noch einmal über einige Punkte seines Textes sprechen. Der österreichische Bundeskanzler ist stumpfsinnig und blöd, das würde der sicherlich nicht unwidersprochen hinnehmen.«

[478; Anschrift: ⟨Ohlsdorf⟩; Brief mit Foto von Burgel Zeeh, S. U. und Joachim Unseld in Venedig]

[Frankfurt am Main]
6. Februar 1985

Lieber Herr Bernhard,
da sind drei, die immer an den Sieg glaubten,[1] und dies schon am 29. September 1984 in Venedig, und die Ihnen am 6. Februar zum 9. Februar 1985 alles erdenklich Gute wünschen!
Siegfried Unseld
herzlich Ihr Joachim Unseld
und ebenso herzlich Ihre Burgel Zeeh

1 Am 6. Februar 1985 ruft Hans Perner S. U. an, um ihm mitzuteilen, daß Gerhard Lampersberg mit einer Zurückziehung seiner drei Klagen gegen Th. B. einverstanden ist. Unter demselben Datum schreibt Rechtsanwalt Perner an Th. B.: »Ich halte der Ordnung halber schriftlich fest, daß sich Herr Lampersberg nunmehr entschlossen hat, auch die beiden anderen Strafanträge gegen Sie zurückzunehmen. Dies veranlaßt mich dazu, dem Vermittler in dieser Angelegenheit, Herrn Rechtsanwalt Dr. Viktor Cerha, unter Bezugnahme auf meinen Brief vom 31. 1. 1985 zu bestätigen, daß nunmehr die Voraussetzungen für das Inkrafttreten der Vereinbarung zur Beendigung des Prozesses gegeben sind. Eine Fotokopie dieses Briefes übermittle ich Ihnen in der Beilage zu Ihrer Kenntnis. Ich betone in diesem Zusammenhang nochmals, daß die Beendigung der Rechtsstreitigkeiten ohne Aufsehen erfolgen soll und daß Sie insbesondere nicht verpflichtet sind, irgendwelche Erklärungen über Ihr Buch ›Holzfällen‹ oder dessen Inhalt anzugeben.«

Im Brief von Hans Perner an Viktor Cerha heißt es u. a.: »Der von mir vertretene Thomas Bernhard und der gleichzeitig von mir vertretene Suhrkamp Verlag sind mit einer Beendigung der derzeit beim Landgericht für Strafsachen Wien anhängigen Prozesse [...] in der Weise einverstanden, daß Herr Lampersberg die Strafanträge zurückzieht, wogegen von mir als Vertreter meiner Klienten die unwiderrufliche Erklärung abgegeben wird, keine Ansprüche gegen Herrn Lampersberg oder dritte Personen im Zusammenhang mit den Strafanträgen und den richterlichen Entscheidungen zu stellen, wenn die Rückziehung der Strafanträge spätestens am Beginn der Hauptverhandlung vom 8. 2. 1985 erfolgt und meinem Mandanten sämtliche Kosten laut beiliegender Honorarnote ersetzt werden. Ich betone in diesem Zusammenhang ausdrücklich, daß es für meine Klienten nicht von Belang ist, ob der Kostenersatz durch Herrn Lampersberg oder eine dritte Person erfolgt [...], insbesondere sind meine Mandanten nicht in der Lage, Änderungen am Buch ›Holzfällen‹ vorzunehmen.« Zur Beilegung der gerichtlichen Auseinandersetzung um *Holzfällen* siehe ausführlich Th. B.: *Werke 7*, S. 240.

[479; Anschrift: Ohlsdorf]

Frankfurt am Main
17. Mai 1985

Lieber Thomas,
anbei ein Brief des Rechtsanwalts Viktor Cerha. Ich hoffe, daß damit alles ausgestanden ist. Wir haben übrigens für die Begrabung DM 55.000. – an die Anwälte gezahlt.[1]
Ich werde im Juni drei Wochen zum Fasten verschwinden, ab 1. Juli aber wieder hier sein.[2] Ich hoffe, daß wir uns vor dem 17. August noch sehen können.[3]
Herzliche Grüße
Ihr
[Siegfried Unseld]

1 Es handelt sich um einen Brief des Wiener Rechtsanwalts Viktor Cerha vom 6. Mai an seinen Frankfurter Kollegen Rüdiger Volhard, in dem er ihm mitteilt, daß laut Auskunft des Rechtsanwalts von Gerhard Lampersberg, Edwin Morent, nun auch die letzte Klage Lampersbergs, die gegen den *Wiener* (wegen des Abdrucks der Stellungnahme von Th. B. zum Hauptprozeß im November 1984; siehe Anm. 2 zu Brief 477), zurückgezogen sei und Th. B. daher nicht mehr als Zeuge geladen werde.

2 S. U. fastet vom 9. bis 29. Juni in der Buchinger-Klinik in Überlingen am Bodensee.

3 Am 17. August 1985 findet bei den Salzburger Festspielen die Uraufführung von *Der Theatermacher* statt (siehe Anm. 8 zu Brief 484). Im Juli kommt es zu keiner Begegnung zwischen Th. B. und S. U.

[480]

Wien
14. Juli 85

Lieber Siegfried Unseld,
schade, dass Sie mir dieses »Einfach kompliziert«[1] nicht schon kommende Woche, wenn wir uns in Salzburg treffen, schwarz, weisse Schrift, übergeben können.
Auf Wiedersehn in der Höllenstadt
Thomas B.

1 Mit diesem Brief begleitet Th. B. die Sendung des Manuskripts dieses Theaterstücks an den Verlag. Auf dem Original des Briefs ist von dritter Hand der Titel des Theaterstücks unterstrichen, ein Strich in die untere Hälfte des Briefs mündet in ein Fragezeichen. In der *Chronik* findet sich unter dem Datum des 15. Juli der Eintrag:
»Bernhard ruft mich an, ob wir bemerkt haben, daß die ›Alten Meister‹ sein ›bestes Buch‹ seien.
Am Nachmittag trifft sein neues Stück ›Einfach kompliziert‹ ein. Ich lese es sofort und bin zum ersten Mal tief enttäuscht. Das ist ein müder Aufguß. Wie sage ich es meinem Kinde?«

[481; Anschrift: Ohlsdorf]

Frankfurt am Main
17. Juli 1985

Lieber Thomas Bernhard,
Sie haben vom Uwe Johnson-Archiv gehört. Der Betreuer des Archivs, Dr. Eberhard Fahlke, hat jetzt einen Bericht geschrieben, den ich Ihnen doch zur Kenntnis geben möchte.[1]
Schöne Grüße
Ihr
Siegfried Unseld

1 Die Anlage hat sich nicht erhalten. In *Forschung Frankfurt*, H. 1, 1985, S. 2-8, findet sich ein Artikel von Eberhard Fahlke mit dem Titel *Das Handwerk des Schreibens. Das Uwe Johnson-Archiv an der Johann Wolfgang Goethe-Universität.*

[482]

Wien
1. August 85

Lieber Siegfried Unseld,
bevor die »Alten Meister« im wahrsten Sinn des Wortes ausgeliefert werden, muss ich mit aller Deutlichkeit sagen, dass ich ein Ausliefern nach Österreich unter keinen Umständen wünsche. Das betrifft nicht nur die »Alten Meister«, sondern sämtliche meiner erschienenen Bücher. Ich bekräftige also meinen Entschluss des Vorjahrs mit dem ganzen Ernst meiner Situation.
Ich lebe zwar hier in Österreich, aber ich will mit diesem Staat tatsächlich nichts mehr zu tun haben, meine Arbeiten wünsche ich absolut nicht mehr in den österreichischen Buchhandlungen zu sehen.

Wie ich Frau Zeeh schon gesagt habe, wünsche ich auch nicht, dass an irgendeine Redaktion in Österreich ein Rezensionsexemplar geschickt wird.[1]
Was die Theaterarbeit betrifft, so ist sie in künstlerischer wie freundschaftlicher Selbstverständlichkeit an Peymann gebunden und ich habe dafür den Salzburger Ausweg gefunden.
Ich werde nicht mehr nach Salzburg fahren und mir den »Theatermacher« einmal in Bochum anschauen, es wäre also ideal für mich, wenn Sie sich für einen Wiener Ausflug entschliessen könnten, so bald als möglich, mit Ihren gefüllten Hosentaschen.
Dieser Scherz erlaubt es mir auch, zu sagen, dass die heutige literarische Produktion insgesamt einen Tiefpunkt und eine Geschmacklosigkeit erreicht hat, wie seit Jahrhunderten nicht. Ich hoffe, Sie sehen das auch. Lauter kitschiger und kopfloser Schmarren wird gedruckt, das ist über so viele Jahre schon deprimierend. Die Schriftsteller sind kunstlose Dummköpfe und die Kritiker sentimentale Schwätzer. Ich selbst halte mich durch ununterbrochene Arbeit in einer Atmosphäre von Neid und Hass am Leben. *Dieses* Leben ist mir tatsächlich das grösste Vergnügen.[2]
Ihr Prosa- und Theaternarr
Thomas B.

1 Burgel Zeeh notiert nach einem Telefonat mit Th. B. am 29. Juli: »Und wir sollten auch keine Presse-Exemplare nach Österreich liefern.«

2 Zu diesem Brief hat sich im Nachlaß von Th. B. eine noch in Ohlsdorf verfaßte, unterschriebene, aber nicht abgeschickte Variante vom 29. Juli 1985 erhalten:
»Lieber Siegfried Unseld,
bevor die ›Alten Meister‹ fertig sind und ausgeliefert werden, will ich nocheinmal deutlich sagen, dass ich *keines* dieser Bücher – wie auch der anderen, bisher erschienenen! – in Österreich ausgeliefert haben will, also mein diesbezüglicher Wunsch nach wie vor und

mit noch grösserer Vehemenz als vielleicht angenommen wird, besteht.
Auch bin ich dagegen, dass auch nur ein einziges Rezensionsexemplar an irgendeine österreichische Redaktion geht.
Das ist mein Ernst.
Sollte meinem Wunsch nicht entsprochen werden, kann ich dagegen nichts tun.
Da ich hier so belästigt werde, wie noch nie, bin ich ab morgen in Wien, wo ich mich zu schützen weiss.
Es ist klar, dass ich Sie sehr gern in allernächster Zeit treffe.
Was das ›literarische Leben‹ betrifft, so hat es – und ich hoffe, auch Ihnen entgeht das nicht! – in der letzten Zeit einen so verheerenden Tiefpunkt erreicht, dass ich im Grunde nichts mehr damit zu tun haben will. Die Bücher, die jetzt gedruckt werden, sind so miserabel kopflos, wie die Zeit, die sie auf den Markt befördert.
Ihr
Thomas B.«

[483]

Ohlsdorf
5. August 85

Lieber Doktor Unseld,
für die Tatsache, dass ich *kein einziges* meiner im Suhrkampverlag erschienenen Bücher mehr nach Österreich ausgeliefert haben will, gibt es zwei Gründe:

1. in Konsequenz der staatlichen Beschlagnahme meines Buches »Holzfällen« und
2. die Verkommenheit und Niedrigkeit des österreichischen Staates überhaupt, mit welchem ich, was meine literarische Arbeit betrifft, nichts mehr zu tun haben will.

Es ist selbstverständlich, dass ich auch kein einziges meiner Bücher an irgendeine österreichische Redaktion geschickt haben will.

Ich nehme an, dass Sie meinen Wunsch nach vollkommener Absenz meiner literarischen Veröffentlichungen in Österreich erfüllen werden und ich bitte Sie, auch dafür Sorge zu tragen, dass meine unter dem Namen Thomas Bernhard in Ihrem Verlag herausgekommenen Schriften auch nicht durch irgendwelche Schlupflöcher nach Österreich gelangen.
Ich hoffe sehr, wir sehen uns innerhalb der nächsten zwei Wochen.
Herzlich Ihr
Thomas Bernhard

[484; Anschrift: Wien]

Frankfurt am Main
7. August 1985

Lieber Thomas Bernhard,
Frau Zeeh hat Sie am Telefon nicht erreicht, und vielleicht ist es auch gut, wenn ich mich schriftlich zu Ihrem Brief vom 1. August äußere.
Wir hatten uns bei unserem vorletzten Treffen im »Frankfurter Hof« geeinigt, mit der Auslieferung des neuen Buches »Alte Meister« die Liefersperre aufzuheben. Das hatte seinen guten Grund: in Ihrem neuen Buch greifen Sie Ihre Landsleute härter und unbarmherziger an als in allen vorangehenden Texten. Es schien uns beiden »unfair«, eine solche Kritik zu schreiben, sie aber theoretisch denen, auf die sie bezogen ist, zu verweigern oder gar zu verheimlichen. An dieser Ansicht hat sich bei mir auch bis heute nichts geändert. Sie wissen, wie sehr ich bei Ihrem ersten Wunsch auch in der Öffentlichkeit an Ihrer Seite war und Ihre Haltung nicht nur voll verstanden, sondern sie auch nach außen hin, in die Öffentlichkeit hinein,[1] vertreten habe. Dies

auch mit der Inkonsequenz, die meine Liefersperre enthielt, nämlich daß die Buchhandlungen sich die Bücher durch deutsche Grossisten besorgen können, denn bei uns gilt ja als wichtiges Prinzip, an dem wir alle festhalten müssen, der free flow of books; wo er beeinträchtigt ist, sind immer Diktaturen am Werke, und das wollen wir verhindern. Ich habe in den letzten Wochen mehrfach mit österreichischen Buchhändlern gesprochen und ihnen aufgrund unseres damaligen Gesprächs im »Frankfurter Hof« mitgeteilt, daß der Verlag die Sperre aufheben werde. Sie selber haben ja in ganz ähnlicher Weise mit Herrn Heidrich gesprochen, der nach dem Gespräch mit Ihnen sofort Verbindung mit Herrn Dr. Berger aufnahm, der seinerseits nun wieder nach diesem Gespräch mit Herrn Heidrich bei mir vorstellig wurde.
Die österreichischen Buchhändler haben beim Besuch des Suhrkamp-Vertreters nach unserem Gespräch im »Frankfurter Hof« das neue Buch »Alte Meister« bestellt, der Vertreter hat diese Aufträge entgegengenommen, und also besteht eine Lieferverpflichtung. Außerdem laufen Anzeigen-Aufträge bei Zeitungen, die jetzt nicht mehr zurückgehalten werden können.
Sie wissen, wie sehr ich mich auf Ihren Wunsch hin eingesetzt habe, die Prozesse zu vermeiden. Ich habe mehr als DM 50.000.– an Kosten dafür bezahlt, und immer noch trudeln von diesen merkwürdigen Anwälten Rechnungen ein.[2]
Wir haben für die Öffentlichkeit erreicht, was wir wollten, der österreichische Staat hat den Fehler eingesehen und die Beschlagnahme zurückgezogen, die Gegenparteien haben ihre Klagen gegen uns zurückgenommen. In der Öffentlichkeit stehen wir jetzt überzeugend da, dieselbe Öffentlichkeit aber würde nicht mehr auf unserer Seite stehen, wenn die »Alten Meister« veröffentlicht sind, in Österreich jedoch nur über Umwege zu erhalten wären. Das würde

nicht nur ein materieller Schaden sein, der sich nicht nur auf Ihre Bücher erstreckte, sondern auch auf die Haltung des Suhrkamp Verlages insgesamt. Das wäre aber nur die eine Seite. Die andere wäre das große Unverständnis, das man dieser Haltung gegenüber zum Ausdruck brächte und das in den Medien Folgen hätte, die Sie sich bestimmt nicht wünschen.[3]

Schon Ihre Haltung in der Theaterfrage ist zwar für Sie plausibel, sich hier an den Deutschen Peymann zu halten und zu binden, aber natürlich nicht für die Öffentlichkeit. Die sieht in der Aufführung in Salzburg nicht die Bindung an Peymann, sondern eher eine Anlehnung an die vom österreichischen Staat ja ausschließlich subventionierten Festspiele, deren moralischer Ruf in kulturellen Kreisen ja nicht sehr hoch steht.[4]

Lieber Thomas Bernhard, Sie schreiben mir, daß Sie »mit diesem Staat tatsächlich nichts mehr zu tun haben wollen«. Ich verstehe das: mit dem Staat nichts mehr zu tun haben wollen, aber Ihren Lesern, einem im letzten Jahrzehnt gewaltig gewachsenen Leserkreis, die Bücher vorzuenthalten, das ist eine ganz andere Sache. Sie sind Schriftsteller. Ihre Waffe ist die Feder, und Sie gebrauchen diese genial und wirksam, und dies ist auch Ihr Leben. Eine Sperre würde das Gegenteil bewirken: Ihre Leser würden betroffen sein, Ihre Feinde würden nur triumphieren. Man würde das nicht mehr verstehen, im nachhinein sogar unsere Haltung, die zur Sperre führte, für einen Gag halten. Kurzum, wir beide würden uns einer weltweit erschallenden Lächerlichkeit aussetzen.[5]

Meine Aufgabe ist die der »Vervielfältigung und Verbreitung«. Sie brauchen sich Reaktionen nicht auszusetzen, wenn Sie dies nicht wünschen. Vielleicht wäre es in der Tat das beste, Sie würden nach der Auslieferung des Buches im August für einige Wochen auf eine Weltreise gehen. Wir

könnten uns z. B. in New York treffen oder Ende Oktober in Tokio,[6] oder ich könnte meine Rückreise anders einrichten, um Sie dann in Hawaii zu sehen.[7]
Herzliche Grüße
Ihr
Siegfried Unseld

P. S.: Wir werden uns sicher am 18. August, wo auch immer, mit meiner vollen Tasche sehen – und ich möchte dann auch mit Ihnen über das Stück »Einfach kompliziert« sprechen.[8]

1 S. U. bezieht sich auf das Auslieferungsverbot der Bücher von Th. B. nach Österreich 1984 (siehe Anm. 5 zu Brief 472). Auf dem im Nachlaß erhaltenen Original unterstreicht Th. B. »in die Öffentlichkeit hinein« und setzt daneben ein Fragezeichen.
2 Th. B. unterstreicht diesen Satz und vermerkt darunter »erpresserisch«.
3 Th. B. markiert den gesamten Absatz mit einer Wellenlinie und einem Fragezeichen, an den linken Rand schreibt er »dumm«.
4 Th. B. kommentiert diesen Absatz mit »gemein«.
5 Th. B. markiert diesen Absatz durch Einkreisung und merkt darunter an: »genau umgekehrt«; an den linken Rand setzt er abermals »dumm«.
6 S. U. besucht vom 20. Oktober bis 3. November Tokio und Kioto.
7 Th. B. kommentiert diesen Absatz am linken Rand mit »heuchlerisch«.
8 S. U. vermerkt in der *Chronik* unter dem Datum des 7. August 1985:
»Nun trifft auch der zweite Brief von Thomas Bernhard ein, in dem er mir ›mit aller Deutlichkeit‹ sagt, ›daß ich ein Ausliefern nach Österreich unter keinen Umständen wünsche. Das betrifft nicht nur die «Alten Meister», sondern sämtliche meiner erschienenen Bücher. Ich bekräftige also meinen Entschluß des Vorjahres mit dem ganzen Ernst meiner Situation.‹ Der 2. Brief, so meint er, verstärke noch sein Verbot. Ich antworte ihm unter dem 7. August und erkläre, warum ich mich diesmal nicht an seine Seite stellen könnte. Kommt hier ein dramatischer Konflikt auf? Man muß abwarten.«

Und am 9. August heißt es: »Wie wird Bernhard auf meinen Brief reagieren?«
Die Reaktion von Th. B. ist in einer Telefonnotiz Burgel Zeehs vom 12. August 1985 festgehalten:
»8.50 h: Ich rief Bernhard an, der gleich sagte, ER habe doch anrufen wollen! Er habe drei Briefe geschrieben, jeder einzelne sei blöd und so pathetisch gewesen wie Ihr Brief. Nun sei er über den Berg: alles bleibt so, wie es ist! Auf meine Frage: wie ist der Stand, meinte er: na ja, so wie es der Doktor geschrieben hat, ich bin mit allem einverstanden, es kann ausgeliefert werden.
Telefonieren will er allerdings nicht mit Ihnen, er möchte Sie sehen: So habe ich mit ihm ausgemacht:
Sonntag, 18. August, vormittags in Ohlsdorf. [...]«
Im Nachlaß haben sich die drei von Th. B. erwähnten Versionen des nicht abgeschickten Antwortbriefs erhalten (NLTB, B 614/1/2), alle tragen das Datum des 9. August 1985. Die erste, längere, umfaßt zwei stark korrigierte und nicht ins reine geschriebene Blätter, ist nicht unterschrieben und dürfte daher der erste Entwurf einer Antwort sein:
»Lieber Doktor Unseld,
Ihr Brief vom 7. August ist von einem so deprimierenden Unverständnis, meine Lage betreffend, diktiert, dass ich gar nicht glauben kann, dass er an mich adressiert ist und um es gleich ganz deutlich zu sagen, schrieben Sie diesen in Ton und Inhalt unser Verhältnis aufs schwerste schädigenden Brief an einen Thomas Bernhard, den es nicht gibt. Ihren Brief, der an einen Autor gerichtet ist, der ich niemals bin und auch niemals sein werde, muss ich gleichwohl als der Thomas Bernhard, der ich tatsächlich bin, beantworten.
Um es so kurz als möglich zu machen: ich habe Ihnen meinen Wunsch, dass ich keines meiner in Ihrem Verlag erschienenen Bücher mehr nach Österreich ausgeliefert haben will und auch keine Rezensionsexemplare mehr nach Österreich geschickt haben will, in zwei aufeinanderfolgenden Briefen klar mitgeteilt und ich gehe von diesem Entschluss nicht mehr ab, umso mehr als mich Ihr Brief vom August in der Richtigkeit meines Entschlusses geradezu elementar bestärkt.
Ihr Brief bevorzugt und betont in jeder Zeile nur die Geschäftsinteressen Ihres Verlages ohne die geringste Rücksicht auf meine Po-

sition, mit welcher Sie sich, wie ich aus eben Ihrem Brief möglicherweise und bedauerlicherweise erkennen muss, gar nicht auseinandergesetzt haben.
Glauben Sie im Ernst, dass ich einem Staat, der mein letztes Buch mit der grössten Rücksichtslosigkeit beschlagnahmt und tatsächlich in den Schmutz gezogen hat, auch gleich mein nächstes ausliefere, nur weil der Suhrkampverlag auf die Reibungslosigkeit seines Österreichverkaufs bedacht ist?
Glauben Sie im Ernst, dass ich einem Staat, der mich wegen meines letzten Buches gerichtlich verfolgt und in einen immerhin viermonatigen absolut niederträchtigen Prozess verwickelt und mich vier Monate an meiner Arbeit gehindert hat, mein nächstes Buch ausliefere?
Glauben Sie im Ernst, daß ich mein nächstes Buch einem Staat ausliefere, der mich monatelang mit Dutzenden von Vorladungen vor allen möglichen Gerichten gepeinigt hat?
Glauben Sie im Ernst, dass ich mein neues Buch an genau jene österreichischen Redaktionen verschicken lasse, die mich schließlich vor Gericht gebracht, die diesen Prozess angezettelt und die mich monatelang verleumdet und angefeindet und mit ihren Lügen in Verruf gebracht haben?
Glauben Sie im Ernst, dass ich meine moralische Potenz einer Verlagsbequemlichkeit zuliebe über Bord werfe?
Und glauben Sie im Ernst, dass ich jetzt, bei Erscheinen der ›Alten Meister‹ so tue, als wäre nichts geschehen, nur weil Sie 50.000 Mark an Prozesskosten gezahlt haben, was Ihre freie Entscheidung, ohne mein Wissen, gewesen ist?
Mir diese 50.000 Mark nun schon zum xten Male vorzuhalten, empfinde ich als die zentrale Geschmacklosigkeit Ihres Briefes.
Sie schreiben ›in der Öffentlichkeit stehen wir jetzt überzeugend da.‹ Wie ich in der Öffentlichkeit dastehe, ist mir völlig gleichgültig, aber es ist mir nicht gleichgültig, wie ich vor mir selbst dastehe. Und um vor mir gut dazustehen, habe ich auf die Ungeheuerlichkeit der Beschlagnahme von ›Holzfällen‹, die mich selbst zutiefst getroffen, die aber in der Öffentlichkeit geradezu schamlos als witzige Bagtelle oder gemeine Bernhard-Finte eingestuft worden ist, zu reagieren und es ist die natürlichste Reaktion meinerseits, dass ich meine Bücher von diesem gemeinen und stumpfsinnigen Staat fernhalte.

Es ist richtig, dass ich Ihnen im Frankfurter Hof nachgegeben und einer Auslieferung der ›Alten Meister‹ nach Österreich zugestimmt habe. In der Zwischenzeit aber bin ich der Meinung, dass ich einer solchen Auslieferung nach Österreich allein aus Gründen der Selbstachtung nicht zustimmen kann. Und ich will auch einer Auslieferung aller anderen meiner im Suhrkampverlag erschienenen Bücher nach Österreich nicht zustimmen. Liefert der Suhrkampverlag dennoch aus, so ist er zwar im juristischen Recht, handelt aber gegen meinen ausdrücklichen Willen. Wer in Österreich meine Bücher lesen will, kann sie sich beschaffen. Wer sie nicht *unbedingt* lesen will, auf den kann ich verzichten.

Andauernd reden Sie in Ihrem Brief von der Meinung der Öffentlichkeit und ich muss Ihnen sagen, dass mir die Meinung der Öffentlichkeit selbstverständlich naturgemäss nicht gleichgültig sein kann, dass sie mir aber selbstverständlich erst nach meiner eigenen kommt.

In unzuläßiger Weise bezichtigen Sie mich als Höhepunkt Ihres Entgleisungsbriefes auch noch nicht einmal nur unterschwellig des Opportunismus gegenüber dem österreichischen Staat mit seinem von diesem ›österreichischen Staat ja aussschliesslich subventionierten Festspielen‹.

Diese Bezichtigung ist in Form und Inhalt zu niedrig, als dass ich darauf noch weiter eingehen kann.

Sie schreiben ›Meine Aufgabe ist die Vervielfältigung und Verbreitung‹. Meine Aufgabe ist die, noch einige Zeit zu überleben. Nichts weiter.

Ihr Thomas Bernhard«

Die zweite und die dritte Version decken sich weitgehend, wobei die dritte bloß den ersten Absatz der zweiten wegläßt; diese zweite Version, die auch die einzige unterschriebene ist, lautet:

»Lieber Doktor Unseld,

Ihr Brief vom 7. August enthält soviel Unrichtigkeiten, unerhörte Geschmacklosigkeiten und noch Schlimmeres, sodass ich im Detail gar nicht darauf eingehen kann und er hat mich in meinem Entschluss, künftig meine Bücher nicht mehr nach Österreich ausliefern zu lassen, geradezu elementar bestärkt.

Es ist richtig, dass ich Ihnen im Frankfurter Hof nachgegeben und einer Auslieferung der ›Alten Meister‹ nach Österreich zugestimmt habe. In der Zwischenzeit aber bin ich der Meinung, dass

ich einer solchen Auslieferung nach Österreich allein aus Gründen der Selbstachtung nicht zustimmen kann. Und ich will auch einer Auslieferung aller anderen meiner im Suhrkampverlag erschienenen Bücher nach Österreich nicht zustimmen. Liefert der Suhrkampverlag dennoch aus, so ist er zwar im juristischen Recht, handelt aber gegen meinen ausdrücklichen Willen.
Da Sie nicht begreifen, machen Sie, was Sie wollen.
Ihr
Thomas Bernhard«
S. U. besucht am 17. August 1985 die *Theatermacher*-Uraufführung bei den Salzburger Festspielen und fährt am Tag darauf zu Th. B. nach Ohlsdorf. In seinem *Reisebericht Zürich–Salzburg, 14.-19. August* heißt es:
»*Salzburg*. Die Stadt erstickt im Rummel der Festspiele und der Touristen. [...]
Im Landestheater dann die Uraufführung von Bernhards ›Theatermacher‹. Minetti, der ja ursprünglich schon im vergangenen Jahr den ›Theatermacher‹ spielen sollte, weswegen die Uraufführung verschoben wurde, stand wieder nicht auf der Bühne, sondern saß im Saal unter den Zuschauern. Traugott Buhre war vielleicht kein voller Ersatz, aber trotzdem brachte er das Spiel glänzend über die Runden von drei langen Stunden. Er fand sich allmählich in diese Rolle hinein, und das Stück hatte seinen Glanzpunkt, als er mit seinem Sohn Ferruccio, den Martin Schwab glänzend darstellte, den Satz mehrfach szenisch und sprachlich erprobte ›Das Gewesene ist es, das Fortwährende, Gewesene‹. Karl-Ernst Herrmanns Bühnenbild war vollkommen angemessen, es zeigte die Öde dieses Tanzsaales im Schwarzen Hirsch zu Utzbach, so daß ›Utzbach wie Butzbach‹ optisch deutlich wurde. Claus Peymann entwickelte wieder einen neuen Inszenierungsstil, platt-realistisch, und am Schluß floß Wasser in Strömen auf die Bühne. [...]
Besuch bei *Thomas Bernhard* in Ohlsdorf. Er empfing mich mit einer halbstündigen Kanonade von Vorwürfen: mein Brief in Sachen Auslieferungsstopps. Wie gut, daß ich nicht sehen würde, welche Bemerkungen er an den Rand geschrieben habe. Zweimal habe er schon eine Antwort formuliert, die den Bruch der Beziehungen zum Inhalt hätte. Einen solchen Verleger wünsche er sich nicht. Der ganze Brief sei zu pathetisch, nur zwei Worte stimmten, der Verleger solle ›vervielfältigen und verbreiten‹. Das mache er

auch. Aber er sei ein Krämer wie andere Krämer auch. Verfaulte Ware würde er als neu ausgeben, Lehrlinge würden angestellt, um Schimmel von den Körnern zu nehmen und dann die Ware als frisch zu verkaufen. Was bleibt denn von der ganzen Geschichte des Suhrkamp Verlages? Wo seien die Geistesheroen der fünfziger und sechziger Jahre geblieben? Er hätte sich ausgerechnet, daß wir ungefähr 300 Titel im Jahr brächten. Das sei doch furchtbar, das sei schon keine Gemischtwarenhandlung, sondern eine Mischfabrik. Kein Autor bliebe bestehen [...].
Das ungefähr eine halbe Stunde. Dann hatte ich Gelegenheit, ihm das Honorar zu übergeben, ungezählt steckte er es in eine für jedermann sichtbare Schublade, ließ es dort auch liegen, als wir zum Mittagessen gingen.
Er war erleichtert über den guten Ausgang der Uraufführung, rügte aber Peymanns Ungenauigkeit und war erstaunt, wie gering die Standfestigkeit von Buhre war, der bei aller Professionalität dilettantische Fehler mache. [...]
Angemeldet kam *Minetti* mit Tochter. Er war beglückt über ›Einfach kompliziert‹, das, wie er jedem, den er traf, erzählte, ihm gewidmet sei. [...] Dann mit Bernhard beim Mittagessen im Parkhotel am Ufer des Traunsees. Er war liebenswürdig und signierte die mitgebrachten 162 Bogen.
Seine Dinge liefen gut. Zu den nächsten Festspielen würde Peymann ›Ritter, Dene, Voss‹ inszenieren und dies dann mit nach Wien nehmen, und er arbeite jetzt an dem großen Schicksalsstück, das dann Peymann an der Burg uraufführen sollte. So wandeln sich die Zeiten und Bernhard mit ihnen. Leben, solange wir leben.
›Einfach kompliziert‹. Er hat schon verstanden, daß ich die Substanz des Stückes anzweifelte. Aber trotzdem wollte er kein ›Minetti-Buch‹ haben [*Minetti. Ein Porträt des Künstlers als alter Mann. Mit sechzehn Fotos von Digne Meller Marcovicz* erscheint 1977 in einmaliger Auflage, gebunden, von 1000 Exemplaren.], sondern einen Band in der Bibliothek Suhrkamp. Größere Satztype, leicht und schön gesetzt, schwarzweißer Umschlag.
Im übrigen sei ihm sonst alles gleich, wir könnten machen, was wir wollten. Freilich, wir benützten immer die alten Photos, und warum wir die bibliographischen Angaben auf dem Stand von vor zehn Jahren hielten. Er hätte doch einiges geschrieben. Wer denn, außer ihm, hätte so viel geschrieben?

Im übrigen sei ihm alles gleich, und immer wieder ›leben, solange wir leben‹. Am nächsten Tag würde er um elf Uhr ins Café gehen, alle Zeitungen studieren und seine Kritiken lesen, danach würde er gut essen gehen, und um fünfzehn Uhr habe er alles vergessen. Leben, solange wir leben.«

Ende September kommt Th. B. anläßlich einer *Theatermacher*-Aufführung und des 61. Geburtstags von S. U. nach Frankfurt; S. U. vermerkt dazu in seiner *Chronik* unter dem Datum des 29. bzw. 30. September 1985:

»Bernhard aufgeräumt. Wir sehen uns am Abend. Die Stadt Frankfurt ist aufgewühlt. Bei einer Demonstration hat ein Wasserwerfer der Polizei einen Demonstranten überfahren, der dabei ums Leben kam. Ein betroffen machendes Unglück. Freilich, wer sich in Gefahr begibt ... Es wird von nun an wieder Unruhen geben. Und so auch am Sonntag abend, als die Leute in die Aufführung [des Bochumer Gastspiels] von Bernhards ›Der Theatermacher‹ strömten.

Ich hole Bernhard um 22 h ab, wir warten, bis unsere Gäste zum Mitternachtsempfang kommen. Die kommen dann auch wirklich um Mitternacht. Begeistert von der Aufführung.

Die Schauspieler fühlten sich ganz offensichtlich in unserem Hause wohl. Martin Schwab blieb bis um 7 Uhr!

Claus Peymann dankt mit einem langen Telegramm. [...]

30. September 1985

Im Verlag dann Thomas Bernhard, der wieder seine 60 TDM einstreicht. Sonst aber guten Mutes ist. Er macht noch Besuche im, wie er sagte, Kulturhaus Suhrkamp, ißt noch mit Burgel Zeeh, Rach und Joachim im Laumer und verschwindet dann wieder in seine österreichischen Gefilde, um zu sehen, wie dort die Dinge stehen. Wahrscheinlich wankt der Sessel des Kultusministers Moritz [Zu den Äußerungen des damaligen Ministers für Unterricht, Kunst und Sport siehe Anm. 1 zu Brief 485.], Peymann hat bereits aufbegehrt und gesagt, daß er nun demonstrativ Bernhard spielen möchte. Das ist natürlich ein Schachzug, um Bernhard für eine Aufführung definitiv zu gewinnen, was Bernhard natürlich reizt.«

[485]

Wien
26. November 85

Lieber Doktor Unseld,
wenn ich bedenke, mit was für einem gigantischen Werbeaufwand Sie sich über drei Monate lang für Herrn Walsers Buch ins Zeug legen, während Sie für meine »Alten Meister« fast nichts getan haben, obwohl Sie wissen, dass heute Werbung beinahe alles ist, könnte mir die Lust an einer Zusammenarbeit mit dem Verlag schon vergehen.
Aber ich schreibe ja für mich und nicht für den Verleger und um Geld geht es ja wirklich nicht.
Auch sonst haben Sie mich und meine Arbeit tatsächlich, wie gesagt wird, im Regen stehen lassen.
Die Lebenszeit ist zu kurz, um sie mit Gezeter und Geplemper noch mehr zu verkürzen, aber Sie sollen wissen, dass ich nach wie vor ein guter Beobachter der Ereignisse bin.
Ihr
Thomas Bernhard

P. S.: Die Schamlosigkeit, mit der Sie dieses schauerliche Walserbuch in die Höhe gestemmt haben, ist absolut geschmacklos und auf die verlegerische Zukunft bezogen, deprimierend![1]

1 Auch dieser Brief hat eine längere Vorgeschichte, und auch zu diesem Brief haben sich im Nachlaß mehrere nicht abgeschickte Varianten erhalten. Gerade an dem 7. August, an dem S. U. in seiner *Chronik* den Erhalt des Briefs von Th. B. mit der darin enthaltenen Forderung nach Nicht-Auslieferung der *Alten Meister* in Österreich vermerkt (siehe Anm. 8 zu Brief 484), notiert S. U. ebendort: »Im Verlag Planung: Martin Walsers ›Brandung‹ als Bestseller. Soweit sind wir schon, daß wir das tun müssen. Der Autor erwartet

das, aber auch die Umwelt.« Ohne daß Th. B. von dieser verlagsinternen Planung wissen konnte, führen diese Werbeanstrengungen für Walsers Roman im November 1985 zu einer schweren Verstimmung. Noch bevor ein Brief Th. B.s den Verlag erreicht, kündigt sich das in einem Telefonat mit Burgel Zeeh an; in ihrer Telefonnotiz vom 19. November 1985 heißt es:
»Telefonat mit Bernhard heute gegen 17.30 h:
Er war ganz mieser Stimmung, fast schweigsam, mühsam. Er brütet irgend etwas aus. Er habe schon wieder an Sie geschrieben und den Brief aber nicht abgeschickt – ›was bringt's‹.
Gibt es denn Probleme? – Ja, schon. Man müsse vielleicht einmal reden.«
Im Nachlaß haben sich drei nicht abgeschickte Briefe Th. B.s an S. U. vom 3., 10. und 18. November erhalten, die als Vorstufen des Briefs vom 26. November angesehen werden können; der erste, in Wien geschriebene, ist zugleich der ausführlichste:
»Lieber Doktor Unseld,
von Frau Zeeh weiss ich, dass von den ›Alten Meistern‹ bis jetzt über dreissigtausend Exemplare verkauft worden sind, das ist an sich erfreulich.
Aber in Spanien, wo ich letzte Woche gewesen bin, um wieder einmal eine andere als die grobe deutsche Sprache im Ohr zu haben, dachte ich, dass es über hunderttausend Exemplare sein könnten, wenn Sie meinen ›Alten Meistern‹ genau denselben Werbeschub gegeben hätten, wie dem absoluten Kleinbürgerschmarren von Martin Walser.
Sie haben in meinen Rolls-Royce nur einen Liter Normalbenzin gegossen und ihn stehen lassen, während Sie in den Opel-Kadett Ihres Freundes vier bis fünf Zusatztanks haben einbauen und mit Superbenzin haben anfüllen lassen.
Mit den ›Alten Meistern‹ hätte ich in Deutschland tatsächlich alle Chancen auch eines grossen Verkaufserfolgs haben können, die Sie mir ganz bewusst genommen haben, indem Sie alle Werbekraft in das Buch des Herrn Walser investiert und mich mehr oder weniger auf dem Boden liegen gelassen haben.
Ich verstehe Ihre Strategie, aber als gelernter Kaufmann und absolut hellhöriger Kompagnon wie von Ihrem Entschluss doch ganz rücksichtslos Betroffener, schmerzt sie mich natürlich.
Es geht mir nicht um Geld, das ich ja gar nicht brauche – und ich

habe wenigstens immer zwei Drittel aller meiner Einkünfte, aus was für einem idiotischen Beweggrund immer!, verschenkt –, sondern darum, meine Meinung zu Vorgängen zu sagen, die mir nicht verborgen sind. Was Österreich betrifft, so stellte sich aus vielen Missverständnissen zusammen ganz von selbst ein ungeheuerer Verkaufserfolg ein und ich denke, wie grausam ginge das Schicksal mit mir um, hätte ich diesen unvorhergesehenen ›Erfolg‹ in Österreich nicht und wäre ich auf die Hilfestellung des Verlags allein angewiesen.
Wenigstens eine moralische Unterstützung habe ich von Ihrer Seite erwartet, nachdem mir mehrere parteihysterische sogenannte rote Minister und in der Folge ihr ganzer sogenannter roter verlogener Staat mehr oder weniger, wenn schon nicht, wie zuerst beabsichtigt, mit dem Irrenhaus, so doch mit totaler Verdammung gedroht hatten. [Th. B. bezieht sich hier auf die Äußerungen des damaligen Finanzministers Franz Vranitzky, wonach Angriffe auf Österreich wie in *Der Theatermacher* nicht mehr steuerlich subventioniert würden, und des Unterrichtsministers Herbert Moritz, der über den Autor von *Alte Meister* meinte, dieser werde immer mehr zu einem Thema der Wissenschaft, womit er aber nicht mehr allein die Literaturwissenschaft meine; Th. B. seinerseits antwortet mit den Artikeln *Vranitzky. Eine Erwiderung*, in: *Die Presse*, 13. September 1985, und *Antwort. Neue Attacke des Dichters*, in: *Die Presse*, 25. September 1985; siehe Th. B.: *Werke 8*, S. 231ff.] Wenigstens ein Plakat für die Buchhändler, auf welchem der Verleger des Suhrkampverlages die Frage stellt, ob es statthaft sei, dass Minister im Amt massiv Verdammungs- und Todesurteile gegen einen seiner Autoren aussprechen, habe ich mir vorstellen können. Die Ungeheuerlichkeit der Anschuldigungen, denen ich in den letzten zwei Monaten bis zum heutigen Tag hier ausgesetzt war und bin, dürften Ihnen ja nicht verborgen geblieben sein. Aber Sie haben zu der ganzen Affaire geschwiegen.
Der grosse, von mir besonders apostrophierte grosse Verleger sind und bleiben Sie ja, aber vielleicht ist es ganz einfach aus einem lebensnotwendigen Selbstschutz heraus, besser, ich veröffentliche in Zukunft dann kein Buch mehr im Suhrkampverlag, wenn Herr Walser oder Herr Handke eins im Suhrkampverlag herausbringen. Gegen die beiden Herren habe ich, was die Werbeschatulle meines grossen Verlegers betrifft, keine Chance.

Ihr Verhältnis zu meiner Arbeit ist ein ideales: ambivalent, distanziert.
Ich wünsche keine Argumente!
Ihr unbarmherziger
Thomas Bernhard«
Am 18. Dezember 1985 kommt es im Hotel Sacher in Wien zu einer Aussprache mit S. U.; dieser schreibt in seinem *Reisebericht Wien–Paris, 16.-19. Dezember 1985*:
»Dann kam auch schon *Thomas Bernhard*, der sich in der Hotelhalle niedersetzte und sogleich in einer unvergleichlichen Bernhard-Suada zu einem Rundumschlag ansetzte. Die letzte Meldung, die er vor seinem Weggang in seiner Wohnung gehört habe, zwei Maurer hätten eine Mauer errichtet, der Sturm habe sie umgeworfen, einer sei tot, der zweite habe eine Beinverletzung. Wir könnten uns ja nun unser Schicksal aussuchen. Ich gab ihm die von Frau Zeeh hausgemachte Marmelade. Er fand das gleich höchst unnötig, er esse ja nichts Süßes, und man könne auch nicht immer dieselbe Marmelade essen, und nach neun Tagen würde sie ohnehin schimmlig und sei nicht mehr zu gebrauchen.
Ja, und dann der Verlag. Fellinger fände drei Fehler und lächle sonst eben. Aber vielleicht lächle er eben zu allen. Joachim habe wohl zu seinem Werk keine Beziehung. Von Elisabeth Borchers höre er auch nichts, ja, das seien noch Zeiten gewesen, als Anneliese Botond ihn gelesen habe. Dann aber kam er zum eigentlichen Thema des Abends. Die ganze Literatur, die die deutschen Verlage veröffentlichten, tauge wohl nichts, Mist, Schund, lauter Literatur-Scheußlichkeiten, und dann ginge sein Verleger her und würde ausgerechnet für das scheußlichste Werk werben und werben und werben. Alle Zeitungen seien voll von den Anzeigen eines nichtsnutzigen Romans, das sei ihm unfaßlich. Sicher, ihm sei alles egal, aber er müsse sich fast schämen, für einen solchen Verlag zu schreiben.
Als ich argumentieren wollte und ihm sagte, schließlich schreibe ja nicht der Verleger die Texte, sondern die Autoren, hatte er einen neuen Ausbruch. Eines der scheußlichsten Wörter der Moderne sei ›Texte‹, was das wohl hieße? Es sei doch wohl der letzte, billige, blecherne Ausdruck und hätte doch nichts mit Dichtung zu tun, ja, natürlich sei es vielleicht so, daß die deutschen Verlage (er sprach immer von deutschen Verlagen und meinte natürlich Suhrkamp) eben nur ›Texte‹ herausbrächten.

Der zweite Ausbruch ereignete sich, als ich ihm sagte, man hätte für ›Brandung‹ deswegen so intensiv geworben, weil Walser eben sechs Wochen lang gereist sei, Lesungen, Signierstunden durchgeführt, Vorträge gehalten habe, und der ›Markt‹ dränge darauf, daß man diese Aktivitäten mit Anzeigen begleite. Der ›Markt‹, das war nun wieder ein Ausbruch. Zwar kümmere ihn der Markt nicht, er sei ihm sozusagen scheißegal, aber es sei doch lächerlich, den Markt für ein minderwertiges Werk gewinnen zu wollen, undsoweiter, undsofort. Schließlich kam dann auch der Verleger in den direkten Beschuß, er fühle sich in seinem Kampf in Österreich allein gelassen, ›ohne Schützenhilfe‹. Als ich hier energisch wurde und ihm noch einmal unseren finanziellen Einsatz in Sachen der vorangehenden Klagen erwähnte, wurde er wieder böse. Er wolle das gar nicht hören, es gefiele ihm auch nicht, wie ich damals die Sache beendet hätte. Auf meinen Hinweis, daß er sich doch diese Beendigung gewünscht habe und mir so viele Möglichkeiten zur Beendigung als Wahl gar nicht zur Verfügung standen, wurde er wieder ausfällig gegen österreichische Justiz und österreichische Verhältnisse. [...] Das Ganze ging so ungefähr eine Stunde, in der zweiten Hälfte hatte ich nichts mehr geredet, immer mit mir kämpfend, ob ich gehen sollte und das ihm mitgebrachte Honorargeld wieder mit nach Frankfurt nehmen sollte. Er hatte wohl das Gefühl, weit oder zu weit gegangen zu sein, und machte dann raffinierterweise sofort einen Witz, ich würde mir, wenn ich dauernd woanders hinschaute, den Hals verrenken. Im übrigen, er würde so lange gar nicht mehr leben, obschon es ihm zur Zeit eigentlich ganz gut ginge und Frau Zeeh überhaupt eine wunderbare Frau sei. Die Titel seiner nächsten Arbeiten, der Roman ›Neufundland‹. Wir könnten diesen im Februar haben. Der Titel des darauffolgenden Prosabuches sei ›Blinder Haß‹, und das Peymann versprochene Stück trüge den Titel ›Ehre, wem Ehre gebührt‹. Nun ja.«

1986

[486; auf Papier des Hotels Madeira Palácio, Funchal, Madeira]

[Funchal]
19. Jänner 1986

Lieber Doktor Unseld,
vor meiner Abreise aus Österreich habe ich noch einen Blick auf Ihre verlegerische Katastrophe geworfen; was Sie da auf über 3000 Seiten drucken und erscheinen haben lassen, ist die grösste verlegerische Peinlichkeit, die mir bis jetzt bekannt ist.[1] Über 3000 Seiten proletarischen stumpfsinnigen Müll mit dem Bombasmus eines Jahrhundertereignisses zu drucken und zu binden, gehört tatsächlich in das Buch der Rekorde: als Stupiditätsrekord.
Es geht hier nicht um die Erzeugerin dieses über 3000 Seiten langen Unsinns, sondern um die Tatsache, dass der Verleger sich mit der Herausgabe dieser blödsinnigen Gemeinheit tatsächlich selbst entmündigt hat. Der Herausgeber des Ganzen ist ja ein kleinbürgerlicher schweizerischer Dummkopf und der Lektor, der das Ganze »betreut« hat, sozusagen ein lieber Idiot. Wie kommen Sie jetzt, der Sie so fest, ja, wie mir scheint, unwiderruflich darauf picken, von dem Leim weg, auf den Sie gegangen sind? Das ist nicht die einzige Frage. Die wichtigste ist jetzt die, wie es überhaupt möglich sein wird, *diesem* Verleger, der doch bis dahin ein grosser zu sein schien, in Zukunft ein Manuskript in die Hand zu geben? Wäre der Vorfall, der tatsächlich einmalig ist in der Literaturgeschichte, nicht so peinlich, wäre es damit getan, die Wiener Müllfrau zum Teufel und Ihr Lekto-

rat ganz einfach gleich in die Hölle zu schicken. Aber der Humor hat Grenzen, wenn es um den elementaren Ernst geht. In Fragen der sogenannten hohen Kunst ist mit mir nicht zu scherzen.
Die Ohrfeige, die Sie mir mit der Herausgabe dieser in Frage stehenden 3000 Seiten gegeben haben, hat eine tiefe Wirkung.
Hätten Sie doch anstatt den Unsinn von Frau Fritz, nur eine dreitausend Blätter lange Klopapierrolle gedruckt und unter dem Suhrkampsignet herausgegeben, Sie wären auch damit ins Buch der Rekorde gekommen.
Ihr
Thomas Bernhard

1 Der Roman von Marianne Fritz, *Dessen Sprache du nicht verstehst*, erscheint am 11. November 1985 in drei Bänden mit einem Umfang von 3389 Seiten. Zugleich legt der Verlag den Band *Marianne Fritz, »Was soll man da machen.« Eine Einführung zu dem Roman »Dessen Sprache du nicht verstehst«* vor. Er enthält eine Einführung von Heinz F. Schafroth und Briefe der Autorin an den Lektor Otto F. Böhmer.

[487; Anschrift: Ohlsdorf; |nach Madeira geschickt|]

Frankfurt am Main
3. Februar 1986

Lieber Thomas Bernhard,
seit 1963 habe ich die Arbeiten eines gewissen Thomas Bernhard bei seinen Schriftstellerkollegen verteidigt. Dies ist jetzt nicht mehr nötig, nichts schafft unter Kollegen so Achtung wie Erfolg. Ich höre auf Schriftsteller und richte mich in vielem nach deren Erfahrungen; aber wenn sie über Kollegen sprechen, dann höre ich hin und denke mir mein Teil, oder ich rufe Erinnerungen aus der Geschichte

herauf. Als der »Ulysses« erschienen war, besuchte T.S. Eliot im Hogarth House Virginia Woolf zum Tee. Virginia Woolf gefiel das Buch überhaupt nicht, es sei »unfein«, »das Buch eines bildungsbeflissenen Arbeiters«, eines »ekelhaften Studenten, der seine Pickel kratzt«. Eliot verteidigte das Buch zunächst noch, räumte aber im Gespräch ein, es gebe »keine Einsicht in die menschliche Natur ... Bloom sagt uns gar nichts, wirklich, diese neue Methode beweist mir, daß sie nichts taugt«. Später bezeichnete T.S. Eliot den »Ulysses« als das große Meisterwerk der europäischen Literatur.
Schöne Grüße
Ihr
Siegfried Unseld

[488; auf Papier des Hotels Madeira Palácio, Funchal, Madeira]

[Funchal]
9. Feber 1986

Lieber Doktor Unseld,
auf meinen letzten Brief aus Funchal erwarte ich keine Antwort. Da ich aber weiterarbeite und auch in Zukunft meine Arbeiten herauszugeben gedenke und ich mit größtem Bedauern auf Ihren persönlichen Charme, wie auf Ihre, wie Sie selbst wissen, unübertrefflichen Qualitäten im Umgang mit mir, sowie auf Ihren sicher auf der ganzen Welt einmaligen Einsatz als Verleger, nicht verzichten will und kann, bitte ich Sie, mir mitzuteilen, wie wir weitermachen sollen. Vor acht, neun Jahren deutete ich ja schon an, dass ich unter dem Titel »Erinnern« *sieben* Bücher schreiben und veröffentlichen will. Buch *eins* soll in diesem Herbst gedruckt sein. Nach einer jahrzehntelangen Zeit des Erfin-

dens, bin ich jetzt schon länger in einer Periode des Erinnerns.
Wie auch immer, wäre die gegenseitige Hassliebe, mit der ich, wie mit allem andern auch, mit Ihnen zu leben wünsche, zu erneuern.
Wahrscheinlich ist ein Zusammentreffen zu diesem Zweck unumgänglich.
Wie ich höre, sind Sie krank und haben sich diese Krankheit aus Wien geholt.[1] Recht geschieht Ihnen! Aber Krankheiten, sind sie überstandene, machen noch stärker, auch und gerade Sie!
Aus klimatischen Gründen sollte ich mein zukünftiges Leben ja hier verbringen, aber die Schönheit des Südens und die Welt als Park sind nichts für einen von Arbeit besessenen Idioten wie ich. Für den Fall, dass Sie wieder schreiben oder auch nur diktieren können, biete ich mich also als Empfänger einer Frankfurter Epistel an.[2]
Ihr
Thomas Bernhard

1 S. U. stellt am 27. Januar 1986 *Dessen Sprache du nicht verstehst* in Wien vor. Am 3. Februar 1986 notiert er in der *Chronik*: »Seit Wien laboriere ich an einer Grippe, und jetzt kommt sie stärker heraus.«

2 S. U. vermerkt in der *Chronik* unter dem 22. / 23. Februar das Eintreffen dieses Briefes und fügt hinzu: »Ich antworte darauf nicht, zumal er noch unterwegs ist.« Am 28. Februar kommt es zu einem Telefonat zwischen S. U. und Th. B. Anlaß ist die Uraufführung von *Einfach kompliziert* am selben Tag im Berliner Schiller-Theater (Regie: Klaus André, alter Schauspieler: Bernhard Minetti, junges Mädchen: Vera Milde-Karkos). S. U. notiert im *Reisebericht Berlin, 28. Februar-1. März 1986*: »Das Ganze stand und fiel mit Minetti, und es stand; das Stück eher schwach, Minetti aber war groß, und so standen am Schluß Ovationen. Ich sprach mit Minetti, telefonierte in der Nacht noch mit Thomas Bernhard, der ein ›Gelingen‹ registrierte, aber man kann erwarten, daß die Kritik

sehr böse reagieren wird.« Georg Hensel schreibt in der *Frankfurter Allgemeinen Zeitung* vom 3. März 1986 unter der Überschrift *Mit Gefühl*: »Die Selbstimitationen kann man auch Selbstzitate nennen, das klingt schon besser: Thomas – Bernhard – Minetti's greatest hits. Nur Thomas Bernhard müßte es stören. Er riskiert allenfalls noch Privatprozesse. Seine Kunst setzt er schon lange nicht mehr aufs Spiel.«

[489; Anschrift: Wien]

Frankfurt am Main
10. März 1986

Lieber Thomas Bernhard,
»Le Monde« vom vergangenen Freitag möchte ich Ihnen doch schicken. Pauvre Thomas Bernhard! Jetzt aber »La célébrité de l'Autrichien« und »Irritation et fascination«.[1]
Herzliche Grüße
Ihr
Siegfried Unseld

1 S. U. bezieht sich auf den am 7. März 1986 in *Le Monde* erschienenen Artikel von Jean-Louis de Rambures *La célébrité de l'Autrichien Thomas Bernhard. Son dernier livre ›Alte Meister‹*.

[490; Anschrift: Ohlsdorf]

Frankfurt am Main
2. April 1986

Lieber Thomas Bernhard,
Burgel Zeeh spielt russisch, hoffentlich kein Roulett, doch jetzt sind wir auf schriftliche Kommunikation angewiesen.[1] Von ihr wissen Sie, daß ich am 14. April in Wien sein werde. Wäre es möglich, daß wir uns um 21.00 Uhr vielleicht im Café vom Hotel Sacher treffen? Ich hoffe, bis da-

hin alle meine Pflichten erledigt zu haben und für Sie ganz frei zu sein.[2]
Herzliche Grüße
Ihr
Siegfried Unseld

1 In der ersten April-Hälfte ist Burgel Zeeh in Moskau. Vor ihrer Abreise hält sie in einer Telefonnotiz fest: »Telefonat mit Thomas Bernhard: Er ist um den 14. April herum in Wien, ein Treffen ist also möglich und von ihm sicherlich auch erwünscht – sonst bliebe er wohl in Ohlsdorf. Man muß also mit ihm noch eine Verabredung treffen, z. B. für den 13. abends oder den 15. April.«

2 Das Treffen im Sacher findet am 14. April statt. S. U. nimmt zuvor an der Feier zur Verleihung des Österreichischen Staatspreises für Europäische Literatur an Stanisław Lem durch den Minister für Unterricht, Kunst und Sport, Herbert Moritz, teil. Letzterer – in den fünfziger Jahren der für Th. B. verantwortliche Redakteur beim Salzburger *Demokratischen Volksblatt* (siehe Herbert Moritz: *Lehrjahre*) – erklärte am 20. September 1985 in einem ORF-Interview zu *Alte Meister*, Th. B. werde »zunehmend zu einem Thema der Wissenschaft, wobei ich nicht allein die Literaturwissenschaft meine«. Th. B. antwortet darauf in der *Presse* vom 25. September 1985: »Die Ungeheuerlichkeiten, die Herr Moritz über mich und meine Arbeit gesagt hat, bestätigen nur die totale Verkommenheit und Verlogenheit dieses jetzigen österreichischen Staates und seiner Repräsentanten. [...] Eine Verächtlichmachung [...] und eine Psychiatrieempfehlung vor Hunderttausenden von Fernsehzuschauern *durch einen amtierenden Kulturminister*, [...] würde auch der Österreichagitator und Moralist Reger in meinem Buch ›Alte Meister‹ sagen, erfüllt nicht nur den Tatbestand einer strafbaren Handlung, die zu verfolgen ich naturgemäß keine Lust habe, sondern ist eine nationale Schande.« Siehe Anm. 1 zu Brief 485.
Beim anschließenden Empfang sucht Herbert Moritz das Gespräch mit S. U., der darüber im *Reisebericht Wien, 14.-15. April 1986* festhält:
»Thema: Thomas Bernhard. Er schätze ihn. [...] Bernhard nehme natürlich jede Gelegenheit der Nestbeschmutzung wahr. Ob ich wisse, was er ihm habe ausrichten lassen? Ich mußte ihm sagen,

daß Thomas Bernhard sich selber für einen Meister der Übertreibung hält und daß ich ihn kennengelernt habe als einen Mann, der Österreich und Wien bei aller Kritik liebe. Freilich, Bernhard macht es dem Minister sehr schwer. Dieser hatte ihm auf Antrag der Grazer Autorenversammlung den Ehrentitel Professor angeboten. Bernhard machte folgende Presseverlautbarung:
Professor
Mein Beitrag zur Eindämmung der Professoreninflation in Österreich. Es gibt ja schon viel mehr Professoren als Kellner und Kellnerlehrlinge zusammen. Die Quelle dieser ekelerregenden Professorenseuche ist vor allem das sogenannte Kunst- und Unterrichts- und Sportministerium, das jährlich Tausende und Abertausende von lächerlichen Professoren- und anderen Titeln ausschüttet und das ganze arme Österreich mit seiner übelstinkenden Unterrichts- und Kunst- und Sporttitelsauce übergießt. [...]
Um 18 Uhr in der Österreichischen Landesbank: der Vorstand in Gestalt von Generaldirektor Gerhard Wagner verlieh den Länderbank-Preis an Marianne Fritz. Ich nahm den Preis und vor allen Dingen den Scheck in Höhe von 70.000.– Schillingen entgegen, hielt eine kurze Rede. [...]
Um 21 Uhr war ich mit *Thomas Bernhard* im Sacher verabredet. Ich kam zehn Minuten früher an, machte also noch einen kleinen Spaziergang um das Sacher herum, und wer macht dasselbe? – Thomas Bernhard. Wir trafen uns auf der Kärntner Straße, gingen dann ins Sacher. Ich mußte die Beschimpfung über mich ergehen lassen über meinen heutigen ›Kulturtag‹. Ihm sei es unfaßlich, wie man einem solchen ›Schwein‹ wie Moritz die Hand geben könnte, unfaßlich, was Herr Lem in seiner Dankesrede bei der offiziellen Feier (die in der Tat nicht gut war) gesagt habe, tiefer hätte Lem in das Arschloch des Herrn Ministers nicht hineinkriechen können. Das war der Kommentar. Er wußte natürlich auch, daß ich bei der Marianne-Fritz-Feier gesprochen habe. Als er noch einmal auf die Vielzahl der Anzeigen des Verlages für Martin Walser zu sprechen kam, nannte ich seine Haltung doch sehr kleinlich angesichts dessen, was wir hier in Österreich für ihn getan haben. Er aber meinte, man hätte ihn im Regen stehen lassen [siehe Brief 485].
Es war eine schwierige Unterhaltung. Ich deutete auf sein kleines Rucksäckchen hin, in dem sich etwas DIN A 4-artiges abzeichnete,

und fragte ihn, ob er mir das Manuskript mitgebracht habe. Ja, sagte er, einerseits sollte man in diesem Verlag nichts mehr publizieren, andererseits – die anderen Verlage seien ja auch nicht besser, und Suhrkamp sei immer noch das Beste, was sich da böte, und so gab er mir sein Manuskript ›Auslöschung‹. Er will die Typographie ›Holzfällen‹ und ›Alte Meister‹ haben, und das ergebe 700-800 Seiten, der Preis sei ihm egal. Umschlag in der Art wie ›Holzfällen‹, zarte Schrift, dunkles Nußbaumbraun, die Struktur wie beim Umschlag ›Holzfällen‹.
Er möchte nichts mehr sehen, gleich den Umbruch haben, es sei auch kaum etwas zu ändern.
Dann übergab er mir das Manuskript. Ich sagte ihm, daß ich sofort ins Hotel ginge, um zu lesen. Er hat das auch noch einmal kontrolliert [durch einen Telefonanruf im Hotel], und ich habe dann in der Tat in der Nacht die ersten 40 Seiten gelesen und bei der Rückfahrt weitere 40 Seiten, so daß ich bei den Vertretern über die ›Auslöschung‹ berichten konnte, über jenen Ich-Erzähler, der das Schicksal seiner Familie seinem Schüler Gambetti ausbreitet, seiner Familie, die reich und wohlbegütert war, aber eben doch auch eine Nazivergangenheit hatte, die ihn letztlich dann bewog, als die Eltern und der Bruder starben und also eine Auslöschung vollzogen war, auch die materiellen Dinge auszulöschen und sie dem israelischen Kulturzentrum in Wien zu schenken.«
In der *Chronik* vermerkt S. U. über diese Begegnung zusätzlich: »Er denke sich noch einen Untertitel aus. ›Ein Verfall‹. Das wurde verworfen, später kam dann ›Ein Nachlaß‹ – wie schon einmal gehabt.«
Th. B. kommt am 29. April 1986 nach Frankfurt, um über Korrekturvorschläge zur *Auslöschung* zu entscheiden. S. U. schreibt über diesen Besuch in seiner *Chronik* unter dem Datum des 28. April: »Sonst Vorbereitung auf den morgigen Besuch von Thomas Bernhard. Drei Stunden Lektüre in der ›Auslöschung‹. Wir erstellten ein vergrößertes Manuskript. Jetzt liest es sich leichter und seine perfidischen Feinheiten und der Sog seiner Sprache treten deutlicher hervor.«
Und unter dem Datum des 29. April notiert er:
»Thomas Bernhard im Verlag. Er verzichtet auf ein Mittagessen und will sofort an die Arbeit gehen. Es ist erstaunlich, welche Aufgeschlossenheit er an den Tag legt gegenüber dem, was ich und

dann vor allen Dingen Raimund Fellinger ihm zu sagen haben. Ich bin kein Schriftsteller, heißt es in diesem Manuskript, ich habe keinerlei Talent dazu. Ist das nicht kokett? fragte Bernhard. Ich sagte ja, zu kokett. Es wurde geändert. Bis abends um 19 h geht die Arbeit am Manuskript. Dann fährt Rudolf Rach uns zum Flughafen. Wir essen Spargel in dem Restaurant ›Fünf Kontinente‹, Thomas Bernhard gelöst, heiter, erleichtert, ja, dankbar. Er fliegt nach Wien zurück.« Am 2. Mai berichtet Burgel Zeeh S. U. in einer Notiz von einem Telefonat mit Th. B.: »Er bat sowohl Herrn Fellinger [...] als auch mich, es doch beim ursprünglichen Untertitel zu belassen: ›Auslöschung. Ein Zerfall‹. Und darum bittet er auch Sie.«

[491; Anschrift: ⟨Ohlsdorf⟩]

Frankfurt am Main
15. Mai 1986

Lieber Thomas Bernhard,
Herr Staudt hat Satzproben machen lassen.
Satzprobe 1: das ergibt 820 Seiten, also wirklich unsinnig.
Satzprobe 2: das ergibt rund 600 Seiten.
Satzprobe 3: das ergibt 480 Seiten.
Genau ist das alles nicht zu berechnen, weil doch sehr viele handschriftliche Veränderungen im Manuskript sind, die den berechnenden Herstellern Schwierigkeiten machen. Aber ich glaube, die Situation ist klar: 800 Seiten, das wäre wirklich ein Unding, wir sollten uns auf diese mittlere Fassung einlassen.
Herzliche Grüße
Ihr
Siegfried Unseld

Anlagen erwähnt[1]

1 Bei den Anlagen handelt es sich um jeweils eine Doppelseite Probesatz für *Auslöschung* im Schriftgrad 12/14 (820 Seiten), 11/13 (600

Seiten) und 10/12 (480 Seiten). Am 20. Mai hält Rudolf Rach für den Leiter der Herstellungsabteilung, Rolf Staudt, den Inhalt eines Telefonats mit Th. B. fest: »[...] er möchte die mittlere Fassung, die insgesamt 600 Seiten ergibt und dem Format 12 × 20 entspricht. Außerdem bittet er darum, das Manuskript sofort in Satz zu geben.«
In einem Brief vom 15. Mai an Th. B., in dem Burgel Zeeh ihn bittet, sich bald für eine der vorgeschlagenen Satzproben zu entscheiden, heißt es weiter: »Herr Dr. Unseld, unterwegs zum heutigen Geburtstag von Max Frisch, bat mich, Ihnen die beiliegende Mitteilung, die in der kommenden Woche an die Presse geht und in ›Theater heute‹ veröffentlicht werden wird, vorab zu senden, sozusagen zur Information.« Im Heft 6 von *Theater heute* findet sich die »Mitteilung« des Suhrkamp Verlags: »Rudolf Rach, seit 1971, mit Unterbrechung, Leiter des Suhrkamp Theaterverlages, verläßt zu Ende des Jahres 1986 den Suhrkamp Verlag. Wir danken ihm für seine großartige Arbeitsleistung. Rudolf Rach geht nach Paris, er wird Geschäftsführer und Leiter des französischen Verlages L'Arche, Paris, der unter anderem auch das Programm des Suhrkamp Verlages in den französischsprachigen Ländern vertritt. Siegfried Unseld.«

[492; Anschrift: Ohlsdorf]

Frankfurt am Main
21. Mai 1986

Lieber Thomas Bernhard,
das Manuskript »Auslöschung. Ein Verfall« geht nach Ihrem Anruf bei Rudolf Rach in Satz. Wir wählen also die mittlere Fassung mit 11/13. Das Format ist wie Ihre anderen Bücher. Der Umfang kann auf die Seite noch nicht berechnet werden, da die handschriftlichen Einfügungen schwer zu berechnen sind. Auf jeden Fall wird es ein umfangreiches und schönes Buch werden.
Herzliche Grüße
Ihr
Siegfried Unseld

[493; Anschrift: Wien]

Frankfurt am Main
4. Juni 1986

Lieber Thomas Bernhard,
das ist der Umschlag. Konveniert er Ihnen?
Herzliche Grüße
Ihr
Siegfried Unseld

[494; Anschrift: Wien]

Frankfurt am Main
11. Juni 1986

Lieber Thomas,
hier noch einmal der Umschlag-Andruck in den Farben, die Sie sich gewünscht haben. Grün der Untergrund und gelb die Schrift.
Gefällt Ihnen das so?
Herzliche Grüße
Ihr
Siegfried Unseld

Anlage[1]

1 Nach Erhalt des Umschlag-Andrucks meldet sich Th. B. am 18. Juni aus Madrid telefonisch bei Burgel Zeeh, in ihrer Telefonnotiz für S. U. heißt es:
»Er hat den Umschlag ›Auslöschung‹ bekommen. Leider ist er nicht so, wie er ihn sich wünscht.
Das ›Grün‹ sollte so dunkel, ja fast schwarz sein, daß es schwer zu entscheiden wäre: grün oder schwarz?
Und das ›Gelb‹ der Schrift wünscht er sich noch gedämpfter.
Ob wir einen solchen Versuch bitte nochmals machen würden?
Ansonsten ist er ganz begeistert von dem Umbruch, der exakt und sehr gut sei.«

Der Verlag kommt den Umschlag-Wünschen von Th. B. nach, und in einer weiteren Telefonnotiz vom 26. Juni kann Burgel Zeeh festhalten:
»Anruf von Thomas Bernhard.
1. Der Umschlag ist wunderbar, geradezu ideal. Er bedankt sich sehr.
2. Heute hat er den Umbruch an mich adressiert zurückgeschickt. Ich werde ihn umgehend an Herrn Fellinger geben. Sein großer Wunsch ist – und das hat er nicht nur Herrn Dr. Unseld gesagt, sondern Dr. Unseld hat es ihm auch ›zugesagt‹: ideal wäre es, wenn das Buch ›mit‹ Salzburg, und das heißt, am 18. August ist dort die Premiere seines Stückes [*Ritter, Dene, Voss*], vorliegen könnte.
Wie sieht das aus?«
S. U. übergibt Th. B. ein Vorausexemplar von *Auslöschung* bei ihrer Begegnung anläßlich der Uraufführung von *Ritter, Dene, Voss* in Salzburg (siehe Anm. 2 zu Brief 497). Die Auslieferung an den Buchhandel erfolgt am 25. August 1986.

[495; Anschrift: Ohlsdorf]

Frankfurt am Main
12. Juni 1986

Lieber Thomas,
wir haben etwas Gemeinsames: nämlich in den USA den gemeinsamen Verlag Chicago University Press. Er hat mein Büchlein »The Author and His Publisher« verlegt, freilich – und das sind nun die feinen Unterschiede – ein so schönes Plakat, wie nun für Sie, habe ich nicht bekommen. Als kleinerer Autor ist man eben doch manchmal gegenüber den größeren benachteiligt, der kleinere Autor wird noch einmal größenwahnsinnig, wenn es um den größeren geht!
Herzliche Grüße
Ihr
Siegfried Unseld

Das Plakat folgt mit getrennter Post.

[496; Anschrift: Ohlsdorf]

Frankfurt am Main
28. Juli 1986

Lieber Thomas Bernhard,
zur Erinnerung an den 22. Juli ein paar Schnappschüsse.
Herzliche Grüße
Ihr
Siegfried Unseld

Anlage[1]

1 Th. B. nimmt in Bonn mit S. U. sowie weiteren von Wolfgang Koeppen ausgesuchten Autoren und Kritikern an einem Essen des Bundespräsidenten Richard von Weizsäcker am Vorabend des 80. Geburtstags von Wolfgang Koeppen teil. In der *Chronik* von S. U. heißt es dazu: »Rückfahrt mit einem fröhlichen Thomas Bernhard, der mir eine halbe Stunde von seinem ›Lebensmenschen‹ erzählte.«

[497; Anschrift: Wien]

Frankfurt am Main
28. August 1986

Lieber Thomas,
wir sind seinerzeit so verblieben, daß »Holzfällen« in der Bibliothek Suhrkamp erscheinen wird; die Auslieferung ist für den Oktober vorgesehen. Anfang des nächsten Jahres möchten wir sehr gerne den »Untergeher« im Rahmen der suhrkamp taschenbücher bringen. Ich kenne Ihren Vorbehalt gegen Taschenbücher, aber hier sollten wir doch durch Vorbehalt und Ausnahme die Regel bestätigen. Sind Sie einverstanden?[1]
Es tut mir sehr leid, daß mein Ohr einen Strich durch die

Wien-Reise macht. Ich hoffe sehr, daß auch so alles gut gelingt.[2]

Herzliche Grüße

Ihr

Siegfried Unseld

1 *Holzfällen* erscheint am 26. September 1986 als Band 927 der Bibliothek Suhrkamp. *Der Untergeher* erscheint 1986 (am 28. Januar) in der Bibliothek Suhrkamp (Band 899).

2 Ein Hörsturz, der S. U. zur stationären Behandlung in der Frankfurter Universitätsklinik zwischen dem 20. und 28. August zwingt, verhindert seinen Plan, zu den Aufführungen zweier Stücke von Th. B. nach Wien zu reisen, mit denen Claus Peymann seine Zeit als Direktor des Burgtheaters beginnt. Am 1. September 1986 hat im großen Haus am Ring *Der Theatermacher* Premiere, am 4. September schließlich *Ritter, Dene, Voss* am Akademietheater. Th. B. berichtet darüber Burgel Zeeh in einem Telefonat am 8. September; in ihrer Telefonnotiz heißt es: »Wien sei ein großer Erfolg, so was, wie im Akademie-Theater, habe es seit Jahrzehnten nicht mehr gegeben.«

Kurz zuvor hat S. U. in Salzburg die Uraufführung von *Ritter, Dene, Voss* besucht und sich zwischen dem 14. und 18. August mehrmals mit Th. B. getroffen. In der *Chronik* heißt es dazu:

»Gespräche mit Thomas Bernhard. Es ist bewundernswert, wie dieser Schriftsteller innerlich sich entfalten kann, wie er freier, souveräner wird. Wir trafen uns in Salzburg im Hotel Bristol, neben dem Landestheater, wo Bernhard eine Durchlaufprobe angesehen hatte. Er war voll zufrieden, ja, schon so etwas wie begeistert. Freilich, die Aufführung ohne die Pause dauerte 3 ½ Stunden. Hält das Stück diese Zeit stand? [...]

Burgel Zeeh hatte am Sonntag ein Voraus-Exemplar der ›Auslöschung‹ mitgebracht. Ich bestellte [im Hotel Fuschl] Champagner und übergab Thomas Bernhard dieses Buch: ›Es ist Ihre beste Prosa.‹ Er: ›Ja, vielleicht, wie damals «Amras».‹ Er glitt zufrieden über den Umschlag, der wirklich etwas Selbstverständliches hat, und er strich fast zärtlich über die Seiten. Als wir ihn in Ohlsdorf besuchten, lag das Buch auf dem neben Stühlen einzigen Mobiliar, einer Art Sekretär. Hier nahm sich das Buch mit dem dunkelgrünen Umschlag und der zitronengelben Schrift ganz bernhardisch

aus. Alles im Zimmer war auf diese Farben eingestellt, und das Buch lag wie das Buch der Bücher, die Bibel, prominent da. So feiert dieser Autor sein Buch. [...]
Abends die Uraufführung ›Ritter, Dene, Voss‹, gespielt von Ritter, Dene, Voss. Für mich wieder ein faszinierendes Erlebnis: zum ersten Mal seit langer Zeit ein Theater, das echtes Theater war, ein Text brillant, witzig und brillant [...] gespielt. Keine Sekunde irgendein Gefühl einer Länge und dies mit Pause an die vier Stunden. Und es ist einfach und kompliziert, es ist kein Stück über die Schauspieler Ritter, Dene, Voss, sondern eines über Wittgenstein, das Genie Bernhard ist von diesem Genie einfach ergriffen, im Sinne von Angezogen- und Abgestoßensein. Weil er aber in Bochum diese drei Schauspieler gesehen hat und sie ihm imponiert haben, schrieb er sein Stück auf diese drei Personen zu, aber es ist auch nicht so sehr ein Stück über Ludwig Wittgenstein, wie Bernhard ihn sieht, sondern ein Stück von Bernhard über Bernhard. Einfach kompliziert.
Nach der Aufführung telefonierte ich mit ihm in Ohlsdorf. Er hat mir zwar gesagt, er sei im Bett und ginge nicht ans Telefon, aber er war sofort da, und er war glücklich, als ich ihm von der höchst gelungenen Aufführung und von dem immensen Beifall des Publikums erzählen konnte.«

[498; Anschrift: Ohlsdorf]

Frankfurt am Main
8. September 1986

Lieber Thomas,
ich schicke Ihnen die Seite 3 der »Frankfurter Allgemeinen Zeitung«. Sie sehen, wir beginnen die Werbung planmäßig, und wir werden sie verstärkt weiterführen. Sie werden das auch in österreichischen Zeitungen bemerken.
Die Seite 3 ist die am meisten beachtete Anzeigenseite und deshalb »naturgemäß« auch die teuerste.[1]
Herzliche Grüße
Ihr
Siegfried Unseld

Anlage[2]

1 Über die Inserate zur *Auslöschung* heißt es in einer Telefonnotiz von Burgel Zeeh am 8. September: »Die ›FAZ‹-Anzeige hat er gesehen, und dann rein zufällig, beim nochmaligen Durchblättern, die kleine Anzeige in der ›Presse‹. Das Plakat hat er noch nirgends gesehen, er erbat ein ›Beleg‹-Plakat, daraus habe ich ihm drei gemacht.
Frage natürlich, wie es Ihnen geht. Grüße.«

2 Die erste Anzeige zur *Auslöschung* erscheint am 9. September in der *Frankfurter Allgemeinen Zeitung*.

[499; Anschrift: Ohlsdorf]

Frankfurt am Main
11. September 1986

Lieber Thomas,
ich erhalte eben den neuen Prospekt des Residenz Verlages zugeschickt; in ihm sind auf S. 5 die fünf Bände der Salzburg-Prosa und »Der Italiener« aufgeführt.
Ich entnehme den Zeitungen, daß Herr Schaffler nun definitiv aus dem Residenz Verlag ausgeschieden ist. Wäre dies jetzt nicht doch ein Anlaß, die Kündigung definitiv zu betreiben? Vielleicht ist das Bündigste das Beste: Sie beziehen sich auf Ihre früheren Kündigungen und teilen dem Residenz Verlag mit, daß Sie die Rechte an uns übertragen haben. Wir werden ja sehen, wie er reagiert, aber ich meine, daß das jetzt doch möglich sein könnte.
Wir zehren immer noch von dem herrlichen Eindruck, den uns Ohlsdorf wiederum gemacht hat.[1]
Herzliche Grüße
Ihr
Siegfried Unseld

1 Am 27. und 28. September ist umgekehrt Th. B. in Frankfurt, Anlaß ist der 62. Geburtstag von S. U. In der *Chronik* heißt es unter dem entsprechenden Datum: »Dann, ab 11 h, treffen die Gäste ein. Autoren: Jürgen und Rango Becker, Jurek und Christine Becker, Thomas Bernhard, Ulla Berkéwicz, Wolfgang Koeppen, Martin und Käthe Walser [...]. Um 12 Uhr sind alle versammelt, und es tritt auf Edith Clever. Sie liest das, was ich mir für diesen Tag gewünscht habe: nämlich die letzten Seiten des ›Ulysses‹. Ich führe sie ein, lese, die obszönen Stellen latinisierend, Joyces Brief an Frank Budgen vom 16. August 1921. [...] Edith Clever liest die zugegebenerweise kühnen Stellen so hervorragend, daß nur einige Prüde schockiert sind. [...] Es entwickelt sich eine Gesellschaft, die Harmonie miteinander empfindet. Selbst Thomas Bernhard, der eigentlich abreisen wollte, weil er die Hotelrechnung bezahlen mußte und der Suhrkamp Verlag also nicht eintrat, schien dann doch noch zufrieden: freilich mußte ich ihm auch dann noch 80 TDM in die Hand drücken.« Kurz darauf, am 9. Oktober, reisen S. U. und Burgel Zeeh nach Ohlsdorf. »Das Fernsehteam [für ein Filmporträt von S. U.] ist da und nimmt Bernhard und mich im Vierkanthof auf. Freundlicher Bernhard.« (*Chronik*, 10. Oktober)

[500; Anschrift: Ohlsdorf]

Frankfurt am Main
16. Oktober 1986

Lieber Thomas,
der neue Leiter des Theaterverlages heißt Rainer Weiss. Er besitzt mein Vertrauen. Er ist intelligent, witzig, einfallsreich. Er wird sich in diese Materie, die ihm nicht so ganz fremd ist, in Kürze einarbeiten. Er schätzt Ihre Arbeiten, und Sie dürfen sicher sein, daß er Ihr Interesse so wahrnehmen wird, wie Sie dies wünschen.
Eine Bitte oder eine Frage: Sollten Rainer Weiss und ich nicht nach Wien fliegen und uns mit Ihnen und Peymann an einen Tisch setzen?

Ich hielte das für eine gute Sache.
Herzliche Grüße
Ihr
Siegfried Unseld

Anlage[1]

1 Die Anlage hat sich im Nachlaß von Th. B. nicht erhalten. Es handelt sich vermutlich um eine »Presseerklärung« des Suhrkamp Verlags vom 16. Oktober an »Autoren, Mitarbeiter, Herausgeber des Theaterverlages / An die mit dem Theaterverlag zusammenarbeitenden Theater, Agenturen und Verlage«: »Der Suhrkamp Verlag, Frankfurt, hat im Juni dieses Jahres bekanntgegeben, daß Rudolf Rach am 31. Oktober die Leitung des Suhrkamp Theaterverlages abgibt, um in Frankreich als Verleger des Verlages L'Arche, Paris, zu arbeiten. [...]
Am 1. November wird Rainer Weiss die Leitung des Theaterverlages übernehmen. Rainer Weiss, Jahrgang 1949, Schüler von Ernesto Grassi, promovierte zum Dr. phil., arbeitete 1 Jahr als Werbeleiter und danach 5 Jahre als Lektor im Piper Verlag, München. Seit April 1985 betreut er das deutschsprachige Lektorat des Suhrkamp Verlages. Mit der Übernahme der Leitung des Theaterverlages Suhrkamp durch Rainer Weiss wird der Suhrkamp Verlag neue Initiativen von Autoren gegenüber deutschen und ausländischen Theatern entwickeln.«

[501; Anschrift: Hotel Equador, Cascais]

Frankfurt am Main
25. November 1986

Lieber Thomas,
die Äußerungen des »Mönchs auf dem Berge« sind, wenn sie so gefallen sind, töricht, dumm, unverzeihlich, geschmacklos.[1]
Wir reagieren darauf mit einer Salve für Thomas Bernhard, z. B. auf S. 3 in der »Frankfurter Allgemeinen Zeitung«

vom Wochenende 22./23. November, die Sie sicherlich – auch in Madeira – gesehen haben.
Ich wünsche Ihnen einen angenehmen Aufenthalt. Wie ich höre, sind die Umstände die naturgemäß besten.
Herzliche Grüße
Ihr
Siegfried U.

1 S. U. bezieht sich auf die Titelgeschichte des österreichischen Nachrichtenmagazins *profil* vom 17. November 1986 über Peter Handke. Im Nachlaß von Th. B. hat sich eine Kopie des mehrseitigen Artikels von Sigrid Löffler mit dem Titel *Der Mönch auf dem Berge* erhalten, in der Th. B. eine Stelle mit Ausrufe- bzw. großen Fragezeichen gekennzeichnet hat. Sie beginnt mit einer in direkter Rede wiedergegebenen Handke-Äußerung:
»›Was der Thomas Bernhard macht, in Ehren, aber für mich ist das keine Literatur.‹
Ach ja, Thomas Bernhard, der Raumverdränger der österreichischen Literatur. ›Seine Suggestion besteht darin, daß er ganz gut Vorurteile ausnützen und montieren kann. Das wirkt auf mich wie ›Spiegel‹-Schreibe. Ich denk' oft, das ist unser bester ›Spiegel‹-Korrespondent in Österreich. Weil sie erzählerisch und formal überhaupt keine Probleme abhandeln, kommen mir seine Sachen fast verderblich vor für die Kunst. Seine letzten Bücher fand ich fast sträfliche Machwerke. Außer seiner Suggestivität, die ja seine einzige und große Wirkung ist, war da nichts. Aber in seinem neuen Buch ›Auslöschung‹ seh' ich plötzlich Ansätze zu Schilderungen, zu begeisterten Schilderungen von Orten und Räumen, was für mich ja das Wichtigste ist in der Literatur. Sonst ist es ja schwer, bei dieser Schloßherren-Dramaturgie nicht an ›Schloß Hubertus‹ zu denken, nur ins Negative gewendet. Aber bei diesen Schilderungen der Orangerie oder der Küche war ich ganz froh und befreit, weil ich ein Gefühl von Ebenbürtigkeit haben konnte. Ich möchte ihn ja gut finden, ich habe ihn mit 25 Jahren ja verehrt wie so einen österreichischen weltlichen Heiligen.‹«
Am 30. Dezember schreibt S. U. in einem Brief an Peter Handke: »Im Hause Fischer schwelte der Dauerstreit zwischen Thomas Mann und Döblin. S. Fischer konnte ihn nicht schlichten, und

Freundschaften zerbrachen. Thomas Bernhard hat es schwer genug, mit sich und der Umwelt. Ich möchte nicht, daß Freundschaften zerbrechen.«

1987

[502; Anschrift: Hotel Tivoli, Sintra]

Frankfurt am Main
29. Januar 1987

Lieber Thomas Bernhard,
es gibt eine Nachricht, die ich Ihnen übermitteln will, bevor Sie in der kommenden Woche die Meldung in den Zeitungen, die Sie sicherlich auch in Portugal studieren, finden werden.
Ich freue mich, Sie bald zu sehen. Ich komme am Samstag nachmittag, 7. Februar, an und wohne im von Ihnen anempfohlenen »Avenida Palace« in Lissabon. Verbleiben wir so, daß ich Sie anrufe und daß wir dann ein Treffen verabreden?[1] Am Montag fliege ich wieder zurück.
Alles Gute bis dahin und herzliche Grüße –
Ihr
Siegfried Unseld

Anlage[2]

1 Ab Anfang 1987 existiert die Verabredung, daß Th. B. und Burgel Zeeh im vierzehntägigen Abstand miteinander telefonieren. Dies erklärt die geringere Brieffrequenz, wobei nicht auszuschließen ist, daß Briefe verlorengegangen sind.

2 Die Anlage hat sich im Nachlaß von Th. B. nicht erhalten. Vermutlich handelt es sich um eine Pressenotiz des Suhrkamp Verlags vom 3. Februar 1987: »Mit Wirkung vom 1. April 1987 tritt Dr. Urs Bugmann als Lektor in den Suhrkamp Verlag ein. Er wird im Deutschen Lektorat des Verlages arbeiten und insbesondere jüngere und neuere deutschsprachige Autoren betreuen. Er ist Nachfolger von Dr. Rainer Weiss, der bisher diese Aufgabe wahrnahm und der

nun die Leitung des Suhrkamp Theaterverlages übernommen hat. Dr. Urs Bugmann ist 1951 in Cham / Schweiz geboren; er promovierte 1981 an der Universität Zürich bei Professor Peter von Matt über Thomas Bernhards autobiografische Schriften. Urs Bugmann sammelte Lektoratserfahrungen im Walter Verlag, Olten; er veröffentlichte literaturkritische Arbeiten u. a. in der ›Neuen Zürcher Zeitung‹ und in den ›Schweizer Monatsheften‹. Dr. Siegfried Unseld«

[503; Anschrift: Hotel Tivoli, Sintra]

Frankfurt am Main
10. Februar 1987

Lieber Thomas Bernhard,
alles war großartig, das Gesprochene und Nichtgesprochene, Brot und Wein, Park und Meer, Sonne und Regen. Dieses portugiesische Wochenende werde ich nicht so leicht vergessen.
Wir halten fest: Spätestens am 15. April 1987 sehen wir uns irgendwo. Sie wollten mir dann die Manuskripte »Neufundland« und »Die Schwerhörigen« übergeben und Ihr Konto bewegen.[1]
Auf Ihre Frage zu »In hora mortis« konnte ich Ihnen nicht antworten; ich wähnte das Manuskript in Satz, aber wie aus dem hier anliegenden Brief von Elisabeth Borchers vom 21. Januar hervorgeht, wartete sie noch auf eine Antwort von Ihnen. Leider hat dieser Brief Sie zu Hause nicht mehr erreicht. Ich füge außerdem eine Kopie des Briefes vom Otto Müller Verlag vom 14. Januar bei.
Zum Komplex und Problem »Der Zweifel«: Natürlich nagt mein eigener Vorschlag in mir, aber die Vernunft bestätigt ihn auch noch im nachhinein. Doch möchte ich Sie herzlich bitten, fortiter nicht nur in re, sondern auch in modo zu sein. Drei klare Bedingungen knüpfen Sie an die Übergabe:
1. Ein nicht-exklusives Veröffentlichungsrecht für drei Jahre;

2. Keinerlei Nebenrechte, insbesondere keine Übersetzungsrechte;
3. Der Verlag bestätigt definitiv die von Ihnen schon immer geforderte Rückgabe der Rechte für die fünf autobiographischen Prosastücke.[2]

An die Gedichte wird gedacht. Die Taschenbücher werden in Ruhe für 1988ff. vorbereitet.

Ich denke gerne ans TIVOLI wie an die SETEAIS zurück und weiß Sie in dieser Umgebung produktiv aufgehoben.[3]

Mit herzlichen Grüßen und Wünschen

Ihr

Siegfried Unseld

Anlagen[4]

1 Zur Fertigstellung des geplanten Romans *Neufundland* und des Theaterstücks *Die Schwerhörigen* kommt es nicht mehr – nicht zuletzt aufgrund des prekären Gesundheitszustands von Th. B. Von beiden geplanten Werken haben sich Typoskripte bzw. Typoskriptfragmente im Nachlaß erhalten; während vom Roman nur einige Entwurfsblätter vorliegen, existiert vom Theaterstück eine sehr weit gediehene Fassung.

2 *Der Zweifel* soll unter den genannten Bedingungen dem Residenz Verlag als sechster und letzter Band der Autobiographie überlassen werden, in der Folge sollen dann die Rechte am gesamten Werk von Th. B. im Suhrkamp Verlag versammelt werden; zur Verwirklichung dieses Projekts kommt es nicht. Siehe Kommentar zu Th. B.: *Werke 10*, S. 524f.

3 In seiner *Chronik* schreibt S. U. unter dem Datum des 7. bis 9. Februar:

»Besuch bei Thomas Bernhard in Lissabon bzw. Sintra.

Ein veränderter Thomas Bernhard. Einerseits etwas beängstigend dünn geworden, andererseits in glänzendster Laune. Kaum im Hotel eingetroffen, steht er da und ist noch nach Mitternacht kaum in der Bar des Hotels von seinem Kaffee zu trennen. Am Sonntag besuche ich ihn in Sintra, einem Ort, der wegen seines ungewöhnlich milden Klimas, seiner herrlichen Gärten und seiner üppigen

Vegetation Könige und Adel zum Sommersitz verleitete. Inmitten von Sintra der Paseo Real de Sintra mit seinem schönen Schwanen- und Elster-Saal. Aus der Küche ragen zwei konische Küchenschornsteine, die inzwischen zum Wahrzeichen Sintras geworden sind. Bernhard wohnt im Hotel Tivoli, 7. Stock, schönes Zimmer. Wohl aufgeräumt. Auf einem kleinen Tisch Fotos seines Lebensmenschen.

Wir sitzen auf einer riesigen Terrasse, die sich an sein Zimmer anschließt; hier läßt sich in der Tat gut arbeiten.

Mit einem Wagen fahren wir zehn Stunden durch die Gegend, in die Serra de Sintra mit dem Castello dos Mouros.

Bernhard war noch nie im Staatspark von Monserrate, in dem Gewächse aus fast allen Vegetationszonen der Erde zu sehen sind. Man kann dort leben in Quinta de Penha Verde und in dem Palacio de Seteais, einem 5-Sterne-Hotel mit dem bezeichnenden Namen ›Sieben Seufzer‹.

Wir fahren nach Cabo da Rocca. Es ist der westlichste Punkt des europäischen Festlandes. Ein 150 m hoher und steil ins Meer abfallender Fels der Serra de Sintra. Dann an der Küste entlang: Praia do Guincho und an die Boca do Inferno, zur Costa dol Sol. In dem Fischerort Cascais begrüßt Bernhard mitten im Verkehrsgedränge eine alte Frau, die Kramdinge verkauft. Schließlich trinken wir Tee in Estoril, früher wohl das eleganteste und mondänste Seebad Portugals. Nirgendwo in Europa soll es ein milderes Klima geben als hier. Die Blumen blühen zweimal im Jahr.

Abends Verkehrsstau, weil alles nach Lissabon zurück will. Bernhard regt noch einmal ein Abendessen an, und wieder wird es spät.

Montag, 9. Februar: Bernhards 56. Geburtstag. Meinen Seidenschal nimmt er gerne als Geschenk entgegen und trägt ihn den ganzen Vormittag.

Wir sprechen die konkreten Punkte durch, das Prosa-Manuskript ›Neufundland‹, das Theaterstück ›Die Schwerhörigen‹, den autobiographischen Bericht ›Der Zweifel‹. Ich habe das im Reisebericht festgehalten.

Mittagessen im Palacio de Seteais, eine wirkliche Bernhard-Inszenierung: in dem alten, schön ausgestatteten Hotel ein riesiger Speisesaal, die Tische sind mit hochragenden Servietten garniert, alles schön und edel. Wir sind die einzigen Gäste, erst später gesellt sich noch ein Herr dazu, der wie Dürrenmatt aussieht. Die Ober unbeschäftigt, stehen herum, jede Bewegung am Tisch wird beobachtet, kaum hat man einen Schluck Wein oder Wasser getrunken, wird nachgefüllt. Bernhard scheint es zu genießen. Er bedauerte es, als die Stunde des Abflugs schlug.«

In dem in der *Chronik* angesprochenen *Reisebericht Lissabon, 7.-9. Februar 1987* hält S. U. vor allem die mit Th. B. besprochenen Veröffentlichungspläne fest:

»Je weiter man fährt, um ihn zu treffen, desto enger fühlt er sich doch Verlag und Verleger verbunden. Alles, aber auch alles geht nach dem Wunsch der Vernunft.

Das Prosa-Manuskript ›Neufundland‹, im Umfang von ›Holzfällen‹, ist fertig, wird von ihm nach der Rückkehr noch einmal durchgesehen; ich erhalte es am 15. April, also noch so rechtzeitig, um es bei der Vertretersitzung am 22. April vorstellen zu können.

Das Theaterstück ›Die Schwerhörigen‹ werde ich zum selben Zeitpunkt erhalten. Erscheinungstermin in der Bibliothek Suhrkamp Oktober / November 1987, rechtzeitig zur Aufführung des Stükkes an der Burg. [Am 20. Februar teilt Th. B. allerdings Burgel Zeeh in einem Telefonat mit, Claus Peymann werde in Wien nicht *Die Schwerhörigen*, sondern *Elisabeth II.* aufführen, das auch in der Bibliothek Suhrkamp erscheinen soll.]

Kürzerer ›autobiographischer Bericht‹ ›Der Zweifel‹: Thomas Bernhard hatte vor zwei Jahren, als Herr Schaffler erkrankt war und Frau Schaffler ihm, Bernhard, erklärte, ein letztes Buch bei Residenz sei lebensrettend, für Schaffler zugesagt, noch einmal ein Buch dem Residenz Verlag zu geben. Inzwischen ist aber Schaffler ausgeschieden, und der Residenz Verlag ist ein Bundes-Verlag geworden. Er fühlt sich an sein Versprechen nicht mehr gebunden, andererseits gibt es da noch einige heikle Verbindungen. Ich schlug von mir aus folgendes vor:

Er, Bernhard, solle Schaffler als ›Vermittler‹ einschalten. Der Residenz Verlag bekommt dieses neue Manuskript noch einmal, noch ein letztes Mal, jedoch unter folgenden Bedingungen:

1. Er erhält ein nicht-exklusives Recht für drei Jahre; danach fällt es totaliter an Thomas Bernhard zurück und wird nicht mehr im Verzeichnis Residenz geführt;
2. Keine Nebenrechte, auch keine Übersetzungsrechte;
3. Für diese Übergabe fallen die Rechte an den fünf autobiographischen Bänden an Bernhard zurück.

Geht der Residenz Verlag auf diese drei Bedingungen nicht ein, wird er den autobiographischen Bericht ›Der Zweifel‹ nicht erhalten.
›In hora mortis‹: Bernhard wartet dringlich auf die Ausgabe in der Insel-Bücherei.
Er wäre jetzt auch einverstanden mit einer Sammlung seiner ›Gedichte‹.
Und dann das Unternehmen des Bernhard-Jahres im Taschenbuch. Soll ich mich den Taschenbüchern ergeben? fragte er mich, als ich am Tag zuvor das Unternehmen unterbreitete. Ich meinte, die Vernunft gebiete es, und er war einverstanden. Wir können verfahren, wie wir wollen, auf der Linie des skizzierten Vorschlages. [Die ersten Bände der 24bändigen Taschenbuchausgabe der Werke von Th. B. erscheinen im November; siehe Anm. 1 zu Brief 514.]
Zur Hochstimmung trug sicherlich auch der Stand des Kontos bei, vielleicht auch eine neugewonnene Beziehung zur Familie, zum Bruder, zur Schwester und vor allem zur Tochter der Schwester, die von ihm zum Besuch nach Sintra eingeladen sind.
Grüße an alle. Käse war zu Burgel Zeeh zu rollen.«

4 Bei den beiden Anlagen handelt es sich um einen Brief von Elisabeth Borchers an Th. B. und einen Brief des Otto Müller-Verlags, Salzburg. Der Brief des österreichischen Verlags, in dem er einer Auswahl von Gedichten Christine Lavants, Herausgeber Th. B., für die Bibliothek Suhrkamp zustimmt, hat sich im Nachlaß von Th. B. nicht erhalten.
Elisabeth Borchers schreibt an Th. B. unter dem Datum des 21. Januar 1987 (an die Ohlsdorfer Anschrift):
»Lieber Thomas Bernhard,
es gibt zwei Anlässe, Ihnen zu schreiben; das freut mich.
Lesen Sie bitte den Brief aus Salzburg. So sieht man Leute zu Kreuze kriechen … Bleibt es bei Ihrer Lavant-Zusage?
Bitte, ja.
Und: ›In hora mortis‹ wird also, wie wir's in Bonn besprochen hatten, im Herbst als Band der Insel-Bücherei erscheinen.
Um 38 Seiten zu erreichen (der Umfang vom ›Cornet‹!), sollten wir die römischen Ziffern als Zwischentitel auf eine rechte Seite stellen, die folgende vakat.
In Bonn waren wir auch übereingekommen, daß das Buch eine Widmung haben sollte. Später las ich – nach einem Gespräch zwi-

schen Ihnen und dem Verleger – in einer Notiz: daß dieser Band ohne die Widmung der Erstausgabe erscheinen soll. Ich habe den Text des Bandes vor mir: Keinerlei Widmung; nur ein Leonardo-Motto. Sagen Sie mir ein Wort dazu?
Ich grüße Sie, sehr.
Ihre
Elisabeth Borchers«
Th. B. antwortet am 3. März 1987 auf dem Briefpapier des Hotel Tivoli, Sintra:
»Liebe Elisabeth Borchers,
am liebsten ginge ich so in drei Stunden mit Ihnen von hier aus durch die Alleen hinunter in mein geliebtes Gasthaus zu meinem ebenso geliebten Espada, dem madairensischen Schwertfisch, um über Gedichte zu reden; ich denke, die Eukalyptusbäume fördern solche Wünsche, Absichten und lyrischen Verbrechen im Höchstmaß. Aber wenn ich bei meinem Gang an Sie denke, hat es ja schon den notwendigen höheren Reiz als im absoluten Alleinsein.
Vielleicht können wir in Frankfurt in einem abgeschlossenen Winkel mit dem absoluten Blick auf Alles und Jedes unser Spiel treiben?
Ich will die Lavantgedichte aussuchen und freue mich ganz und gar insgeheim auf den Schmalband für glückliche Trauertage im Herbst. Ohne Widmung, nur mit Leonardo!
Der Briefkopf von Müller hat mich natürlich gleich um weit über dreissig Jahre zurück versetzt, aber das schadet ja nicht, sondern kann auch zu produktiver Melancholie verhelfen.
Hier habe ich ein Stück ›Elisabeth II.‹ geschrieben, das ich gestern mittag, bei fünfundzwanzig Grad im Freien sitzend, vor dem alten Hotel Central, mit Peymanns Höhenflügen zusammen gleich besetzt habe. Wir waren in bester Stimmung. Ihre Zeilen machen deutlich, wie vernachlässigt gleichmäßig gute und kostbare Beziehungen oft sein müssen, wenn die, die davon zehren wie ich, nicht schreiben.
In besten Gedanken
Thomas B.«
Am 13. April sendet Th. B. seine Auswahl der Gedichte von Christine Lavant und bemerkt in einem Begleitbrief: »Unsere Dichterin [Christine Lavant] ist eine der wichtigsten und sie verdient, in der ganzen Welt bekannt gemacht zu werden.
Das melancholisch machende, geistlose und weltferne und -fremde

Kärnten hat auf die beiden lyrischen Geschwister Bachmann und Lavant einen unseligen Andalusien-Effekt ausgeübt, das geisttötende, dumpf-machende Andalusien mit seiner menschenvernichtenden Natur hat auf die spanische Literatur genauso gewirkt, wie das ebenso geisttötende, dumpf-machende, menschenvernichtende Kärnten auf die deutsche.
Aus diesem fürchterlichen geistlosen Kärnten sind die Sehnsuchtsgedichte unserer beiden Lyrikerinnen entstanden.
Was die Lavant betrifft, so liegt zwischen absoluten Höhepunkten ihrer Erfindungen und also Höhepunkten der deutschen Lyrik, unglaublich viel Kitsch-Müll; Leerlauf-Gott und Massen-Mohn überschwemmen die Seiten der im Müller-Verlag veröffentlichten Bücher. Die Gedichte in ›Kunst wie meine ...‹ sind fast alle abstossend.
Die katholisch-verlogene Strickweise ist kaum auszuhalten. Nachdem ich die scheusslichen Briefe, die schauerlich infantile sentimentale Prosa, die mehr Heuchelei als Notwendigkeit sind, vergessen habe, das Volkstümelnde und das kindisch-religiös-Verlogene, entstand in diesen Tagen bei Schneetreiben und Regen am Ende doch das Buch einer ganz und gar bedeutenden, wie gesagt wird, grossen Dichterin.
Der liebe Gott möge mir verzeihen, dass ich ihn so viel als möglich aus den vier Büchern [*Die Bettlerschale*, *Spindel im Mond*, *Der Pfauenschrei* und *Kunst wie meine ist nur verstümmeltes Leben*] verjagt habe. Immerhin treibt er auch in meiner Auswahl noch sein Unwesen.
Die Lavant war eine völlig ungeistige, sehr gescheite, durchtriebene. Sie wohnte auf der Betondecke eines Supermarktes an einer Strassenkreuzung in Wolfsberg mit einer Riesentankstelle und tippte ihre Gedichte gleich in die Maschine. Das ist für mich grossartiger, als das verlogene Weltfremdmärchen mit katholischer Talschlussromantik, das gottbefohlene, das um sie bis heute immer verbreitet worden ist.
Ludwig von Ficker, der die horrende Wittgensteinsumme an Trakl, Rilke und Konsorten verteilt hat, verbreitete vor allem dieses lyrische Schauermärchen bis zu seinem Tod mit grösster sentimentalkatholischer Vehemenz [...].«

[504; Anschrift: Ohlsdorf]

Frankfurt am Main
13. Mai 1987

Lieber Thomas,
das waren keine guten Nachrichten, die Sie heute an Burgel Zeeh gaben.[1] Ich kann schon verstehen, daß es für einen Schriftsteller Phasen gibt, in denen man die eigenen früheren Arbeiten mißbilligt oder gar ablehnt, aber ich bin sicher, es kommen auch wieder Phasen, wo Sie sich zu dem, was Sie geschrieben haben, auch wieder öffentlich bekennen wollen. Sie dürfen sicher sein: diese Gedichte können bestehen. Sie mögen heute nicht mehr Ihr Ausdruck sein, darauf kommt es aber gar nicht an. Wichtig ist doch nur, daß Sie diese Dichtungen einmal geschrieben haben. Ich bitte Sie, das also noch einmal zu bedenken. Die Nummer der Insel-Bücherei steht für »In hora mortis« fest; der Titel ist angekündigt, der Buchhändler weiß Bescheid. Und also wartet die Welt.
Bei Christine Lavant ist die Sache anders. Auf Ihren Wunsch hin haben wir Rechte eingeholt, sie wurden uns zunächst vom Verlag verweigert. Dann wandten wir uns an einen Erben, der im Hinblick darauf, daß Sie diese Auswahl machen, seinen Verlag bestimmt hat, uns doch die Rechte zu geben. Danach haben wir einen Vertrag abgeschlossen, der uns zur Herausgabe verpflichtet. Sie haben die Auswahl ja schon getroffen, wie ich weiß. Wir können diese Auswahl drucken ohne Vermerk auf den Auswählenden. Ob Sie mir die Reihenfolge Ihrer Auswahl bekanntgeben?
Ich bitte um Verständnis für meine Bitten.
Mit herzlichen Grüßen
Ihr
Siegfried U.

1 S. U. bezieht sich damit auf ein Telefonat zwischen Burgel Zeeh und Th. B. am 13. Mai, dessen Inhalt sie in einer Telefonnotiz festhält:
»Ganz ohne Vorwarnung teilte er mir seine neueste und letzte und endgültige Entscheidung mit: er möchte die ›beiden‹ Bücher nicht machen, das sind:
1. ›In hora mortis‹, IB 2. Halbjahr 1987
und
2. ›Christine Lavant, Gedichte‹, BS 970 (Dezember)
Wir möchten das bitte verstehen, er sitzt an einem Brief an Frau Borchers, er entschuldige sich vielmals. So käme in diesem Jahr nur die ›Elisabeth II.‹, im nächsten Jahr dann ein Donnerschlag.«
Der angekündigte Brief an Elisabeth Borchers trägt ebenfalls das Datum 13. Mai und lautet:
»Liebe Elisabeth Borchers,
ich kann die Lavantgedichte nicht herausgeben; nach wochenlanger intensiver Beschäftigung damit, spricht jetzt alles in mir dagegen und ich muss die Idee aufgeben. So bleibt es nur bei der Variation eines nach Jahren wiederaufgenommenen Themas, aus dem ich gelernt und Sie hoffentlich nicht zuviel Ärger davongetragen haben.
Auch ›In hora mortis‹ erscheint nicht. Auch dieses Vorhaben bleibt in zweimal gesetztem Umbruch stecken für immer.
Für das für Sie wahrscheinlich doch abrupte Aufgeben dieser zwei leidigen, aber nicht weltbedeutenden Vorhaben, bitte ich ganz und gar inständig um Nachsicht.
Wäre ich in Frankfurt, meine Lage wäre nicht leichter; bei einem Mittagessen mit Ihnen hätte ich zu dem Vergnügen an sich wahrscheinlich die grösseren Chancen, auf elegante Weise davonzukommen, als auf dem Papier.
Mit eingezogenem Kopf Ihr
Thomas Bernhard«

[505]

Ohlsdorf
18. Mai 87

Lieber Siegfried Unseld,
Ihr Brief vom 13. zwingt mich, nicht nur »In hora mortis«, sondern auch die Gedichte der Lavant herauszugeben. »In hora mortis« wie geplant und die Lavantgedichte als »GEDICHTE, herausgegeben von Thomas Bernhard«. Ich habe nichts zu verbergen und nichts zu verstecken. Ich schreibe nur kein Nach- oder Vorwort, denn es gibt ja auch in diesem Fall nichts zu erklären oder zu beweisen.
Mit gleicher Post schicke ich die 79 Lavantgedichte, die ich ausgesucht und in der Reihenfolge numeriert habe. Gesetzt werden sollten sie im Schriftgrad wie »In hora mortis«, das tut ihnen gut.
Ihr Brief fiel in eine sehr gute Stimmung, wie Sie sehen und machte mich gleichzeitig darauf aufmerksam, dass ich Ihnen noch gar nicht ausdrücklich für Ihren Portugalbesuch gedankt habe, der einen ersten Platz in meiner Erinnerung hat, sofort ein Glücksgefühl auslöst. Auch will ich meine doch sehr starke Gefühlsbewegung nicht verschweigen, die ich in Frankfurt gehabt habe unter den Fürsorgeschwingen des Verlegers und seiner Getreuen.[1] Ich glaubte an diesem Tag tatsächlich, in einem Paradies angekommen zu sein. Sie sehen an diesen Zeilen, wie weit hinein in christlich-katholisches Wortgefüge ich durch die Beschäftigung mit den Lavantversen schon gekommen bin. Wie gut, dass ich immer ein Meister im Entspringen aus jeder Haft gewesen bin. Über die zwei in Frage stehenden »Bände« gibt es, glaube ich, jetzt keinerlei Korrespondenz mehr; ich bitte nur um den Umbruch der Lavantgedichte, wenn er gemacht ist.
Ich hätte grosse Lust, einmal nur über Nacht nach Frankfurt zu kommen von Wien aus, wohin ich in den nächsten

Tagen wahrscheinlich fahren werde, wenn mir das Land zu schön ist und dadurch unerträglich.[2]
Herzlich Ihr gehorsamer
Thomas B.

1 Th. B. spielt hier auf seine von gesundheitlichen Beschwerden beeinträchtigte Rückreise aus Portugal an, auf der er am 26. März 1987 einen Zwischenstop in Frankfurt einlegt. S. U. schreibt darüber in der *Chronik* unter dem Datum des 26. März: »Aufregungen um Thomas Bernhard: Er sollte an diesem Tag aus Lissabon zurückkehren und nach Wien weiterfliegen, aber ihm widerfuhr in Lissabon Schlimmes: er hatte Harndruck, aber konnte nicht urinieren. Stein oder Verwachsungen? Man wußte es nicht. Sein Bruder riet ihm dringend, eine Klinik aufzusuchen. Das tat er auch und mußte sich einen Katheter einführen lassen. Er kam am Nachmittag in Frankfurt an und hatte nur immer einen Ausdruck: Ich bin glücklich, ich bin der Hölle entronnen. Vier Stunden ›behandelten‹ Burgel Zeeh, Raimund Fellinger und ich den Mann, der ja wirklich schwer krank war. Er war einerseits reizend, aber enorm geschwächt und sah wirklich nicht gesund aus. Ich brachte ihn noch an das Flugzeug. In Salzburg nahm sein Bruder ihn in Empfang und brachte ihn in eine Klinik, wo er einige Tage zubringen mußte.«

2 Auf dem Brief ist von dritter Hand vermerkt: »26. 5.« und »1. 6.« – beides Terminvorschläge für den Besuch von Th. B. in Frankfurt. Der 1. Juni wird als Datum des Kurzbesuchs festgelegt. In der *Chronik* heißt es unter diesem Datum: »Am Spätnachmittag ist Thomas Bernhard im Verlag. Wir reden, ich gehe mit ihm nach Neu-Isenburg zum Essen, bleibe dann noch mit ihm im Frankfurter Hof zusammen. Sehr gute Unterhaltung. Er entwickelt seine Idee zu einem Suhrkamp-Literaturpreis der Peter Suhrkamp-Stiftung.« Am 2. Juni kommt es dann noch zu einem Frühstück mit Th. B. und Krista Fleischmann, deren Bernhard-Film *Die Ursache bin ich selbst* S. U. zwei Wochen später im Fernsehen sieht und in der *Chronik* unter dem Datum des 15. Juni 1986 wie folgt kommentiert: »Es ist ein faszinierendes Erlebnis: der Monolog dieses Autors ist ein großer Dialog mit der Zeit, der Welt, mit uns.«

[506; Anschrift: Ohlsdorf]

Frankfurt am Main
2. Juli 1987

Lieber Thomas Bernhard,
nun ist das Kunststück »Watten« auch in die Bibliothek Suhrkamp aufgenommen. Ich freue mich darüber. Das Grün des Umschlags ist nicht das angestrebte, aber es ist doch auffallend und nicht ohne Attraktivität.[1]
Zwei Verlassene grüßen sich.[2]
Herzlich
Ihr
Siegfried Unseld

1 *Watten* erscheint am 24. Juni als Band 955 in der Bibliothek Suhrkamp.
2 Burgel Zeeh, die mit Th. B. regelmäßig alle 14 Tage telefoniert, ist zwischen Ende Juni und Anfang August auf einer China-Reise.

[507; Anschrift: ⟨Ohlsdorf⟩]

Frankfurt am Main
28. Juli 1987

Lieber Thomas Bernhard,
aus Salzburg erreicht mich eine merkwürdige Nachricht. Herr Jung vom Residenz Verlag schreibt, er hat mit Ihnen eine Sonderausgabe Ihrer biographischen Schriften besprochen.[1] Ich hoffe, daß das nicht zutrifft. Es war unser alter Plan, dies einmal zu machen. Und in Lissabon haben wir doch darüber gesprochen, daß Sie die neue Arbeit dem Residenz Verlag nur dann geben, wenn er wirklich endlich einmal Ihrem Diktum folgt und keine Neuauflagen bringt.

Nun soll diese Sonderausgabe kommen. Das wäre wirklich sehr schmerzhaft.
Herzliche Grüße
Ihr
Siegfried Unseld

1 S. U. bezieht sich auf einen Brief von Jochen Jung an S. U. vom 24. Juli 1987. Darin bezeichnet Jung die Autobiographie von Th. B. als das Wichtigste und Großartigste, das der Residenz Verlag jemals publiziert habe. Sich von diesen Rechten zu trennen käme einer Selbstverstümmelung des Verlags gleich. Er wolle daher die Rechte behalten und im nächsten Jahr eine einbändige Sonderausgabe dieser Bücher herausbringen; das habe er auch mit Th. B. besprochen, der ihn gebeten habe, es S. U. mitzuteilen.

[508]

Ohlsdorf
8. August 87

Lieber Siegfried Unseld,
Monate nach meiner Unterredung mit Herrn Schaffler, meine Kindheits- und Jugendbiografie betreffend, ersuchte mich Herr Doktor Jung um eine Unterredung, die in Salzburg stattgefunden hat – vor drei Wochen – und in der mich der Dr. Jung darauf aufmerksam gemacht hat, dass *er allein* für den Residenzverlag entscheidend und Herr Schaffler *keinerlei Entscheidungsgewalt*, eben den Residenzverlag betreffend, mehr habe. Herr Jung erklärte mir, dass der Residenzverlag die Rechte an meinem in Frage stehenden Werk unter keinen Umständen mehr abgeben werde und meine Verhandlungen mit Wolfgang Schaffler null und nichtig seien. Dagegen machte ich meinen, mit Ihnen besprochenen Standpunkt deutlich – in aller Freundlichkeit. Herrn Jung verliess ich (aus dem schönen Garten im

Schlosswirt in Anif!) mit meiner nachdrücklichen Feststellung, dass für mich nach wie vor die mit Wolfgang Schaffler getroffene Abmachung gelte.
Herr Jung schrieb Ihnen bald darauf einen Brief, in dem er von einem Einverständnis meinerseits, die Herausgabe eines kommenden Bandes oder mehrerer Bände meiner Biografie spricht, jedenfalls gibt er in seinem Brief an Sie diesen Anschein. Ich habe keinerlei Einverständnis gegeben. Wie gesagt, wünschte und wünsche ich, dass auch meine Biografie im Suhrkampverlag erscheint künftig.
Wie das zu machen ist, weiss ich nicht, nachdem ich ja jetzt keinerlei Möglichkeit einer solchen Wunschbetreibung mehr habe, ausser einer gerichtlichen, auf die ich mich niemals einlassen werde, denn das wäre ja das Absurdeste.
Meine Arbeit an sich ist mir wichtiger als alle Querelen um Da oder Dort und es müsste von jetzt ab nurmehr noch Sache der Verlage und der Verleger sein, sich in diesem wie mir scheint, schon ziemlich lächerlichen Punkt zu einigen – oder nicht. Ich selbst werde dazu nichts mehr veranlassen. Sollten Sie die Biografie in die Rechte des Suhrkampverlags einbringen wollen, so kann es nur Ihre Versuche in dieser Richtung wert sein.
Im Übrigen geht es mir ausgezeichnet und ich arbeite, gewürzt von tageslächerlichen Kapriolen da und dort, wie es mir recht ist.[1] Vor ein paar Tagen habe ich den Feltrinelli-Preis der römischen Akademie der Wissenschaften abgelehnt, wie alle andern Preise und Ehrungen, die auf mich zugekommen sind, auch. Einen ehrenvollen Th. B. werden Sie bei Lebzeiten nicht erleben.[2]
Ihr
Thomas B.

1 *Die Presse* veröffentlichte am 6. August 1987 einen offenen Brief von Th. B. an Claus Peymann, in dem er sich gegen ein Gastspiel

von *Der Theatermacher* in Brüssel wandte, da dies eine Veranstaltung des österreichischen Staates sei.

2 Wie aus einer Telefonnotiz von Burgel Zeeh vom 7. September 1987 hervorgeht, hat sich die Ablehnung des Preises offenbar nicht so einfach gestaltet:

»Er bat um Hilfe! Die italienische Akademie der Wissenschaften hat ihm im Juni geschrieben, die Jury habe ihm den Antonio-Feltrinelli-Preis verliehen. Er hat daraufhin am 9. Juli einen Brief geschrieben und den Preis abgesagt. Den Text des Briefes gab er mir durch:

›Hochverehrte Akademie,

da ich seit vielen Jahren weder Preise noch Auszeichnungen und Titel jeder Art angenommen habe, muß ich zu meinem allergrößten Bedauern auch Ihren Antonio-Feltrinelli-Preis ablehnen.

Ich bin mir der Außerordentlichkeit Ihres Preises sehr wohl bewußt und bitte Sie, der Jury Ihres Preises meine Bewunderung und meinen ganz besonderen Dank zu übermitteln für die Hochschätzung meiner Arbeit.

Als Schüler und Freund Italiens grüße ich Sie mit dem allerhöchsten Respekt.

Ihr Thomas Bernhard‹

Daraufhin kamen Briefe und Telegramme, er möge Angaben zur Vita machen etc., ohne daß auf seinen Brief Bezug genommen worden wäre. Jetzt erhielt er ein Telegramm: der Preis ist verliehen, wohin soll das Geld überwiesen werden?«

[509; Anschrift: ⟨Ohlsdorf⟩]

Frankfurt am Main
13. August 1987

Lieber Thomas Bernhard,

haben Sie Dank für Ihren Brief vom 8. August. Ich habe das leidige Problem nun noch einmal direkt mit Herrn Jung diskutiert und lege Ihnen hier die Kopie meines Briefes bei. Ich meine wirklich, das ist ein fairer Vorschlag. Wenn wir beide hart bleiben, d. h., Sie die Zusage für den »Zweifel«

nicht geben und ich auf unserer Option bestehe, können wir doch wahrscheinlich in dieser Weise die Sache schaffen, und der Residenz Verlag wahrt sein Gesicht. Und sollte er nach fünf Jahren die Titel immer noch in seiner Liste führen wollen, so läßt sich ja dann auch darüber sprechen. Mir käme es jetzt einfach darauf [an], die Rechtslage definitiv zu klären.

Ich verfolge die »tageslächerlichen Kapriolen«. Man muß halt zu seiner Sache stehen.

Mit allen guten Wünschen und herzlichen Grüßen –

Ihr

Siegfried U.

Anlage

[Anlage; Brief von S. U. an Jochen Jung]

Frankfurt am Main
13. August 1987

Lieber Herr Jung,

ich bestätige den Eingang Ihres Briefes vom 24. Juli. Ich konnte wegen einer Reise erst jetzt mit Thomas Bernhard Verbindung aufnehmen. Es ist gut, daß wir einmal über die fünf jugendbiographischen Bände sprechen. Es ist verständlich, daß der Autor die Sammlung seiner Arbeiten im Suhrkamp Verlag wünscht, verständlich ist es, daß ich diesem Wunsche gerne folge, und ebenso verständlich ist es, daß Sie um Ihre Rechte ringen. Über der Gefahr einer »Selbstverstümmelung des Verlages« sollte jedoch immer Wunsch und Wille des Autors stehen. Wir sollten deshalb als Verlagsleute zu einer Lösung kommen.

Ich fasse einmal die Fakten zusammen:

Am Anfang bestand ein Buch; ich war damit einverstanden, daß es bei Herrn Schaffler und im Residenz Verlag erscheint. Es kamen dann die anderen vier Bücher. Thomas

Bernhard brauchte meine Zustimmung, denn wir haben in unserem Autorenvertrag eine klare und mit einer fünfstelligen Summe bezahlte Option auf das nächste Werk. Das heißt: ohne meine Einwilligung hätte nie ein Buch bei Residenz erscheinen können. Das ist der erste Punkt.

Zweitens:

Thomas Bernhard und ich haben, seitdem die »Folge« der Bände klar wurde, stets vereinbart, daß eine geschlossene Zusammenfassung dieser jugendbiographischen Schriften in einem Band im Suhrkamp Verlag erfolgen sollte. Nie und nimmer hat der Residenz Verlag ein Recht, diese fünf Bücher in einem Band herauszugeben.

Drittens:

Ich rühre an einen wunden Punkt: Der Residenz Verlag hat seinen Besitzer gewechselt. Der neue Besitzer ist durch den Bundesverlag der österreichische Staat. In der Rechtsprechung ist zumindest umstritten, ob bei einem so fundamentalen Eigentümerwechsel die Rechte so einfach mitverkauft werden können. Und ich gehe noch gar nicht auf den Punkt der besonderen Haltung Thomas Bernhards zum österreichischen Staat ein. Diesen Punkt in der Öffentlichkeit zu explizieren dürfte auch für den Residenz Verlag nicht angenehm sein.

Viertens:

Bei unserem Gespräch in Sintra habe ich Thomas Bernhard gesagt, daß ich noch einmal bereit bin, auf meine Option zu verzichten, und einverstanden bin, daß die neue, sechste autobiographische Arbeit »Der Zweifel« als Einzelausgabe bei Ihnen veröffentlicht werden kann, aber es war deutlich gemacht, daß diese Übergabe an Sie nur erfolgen kann, wenn von Ihrer Seite aus definitiv der Wunsch des Autors respektiert wird, daß die Rechte an uns gehen. Wenn diese Bedingung nicht eingehalten wird, so werde ich von meinem »Recht« Gebrauch machen, auf der bezahlten Option beharren, und dann wird es Ihnen unmöglich sein, den Text »Der Zweifel« herauszugeben.

Das, lieber Herr Jung, sind die Fakten. Wie lösen wir das Problem? Mein Vorschlag:

1. Sie veröffentlichen im Frühjahr 1988 den sechsten Band »Der Zweifel«.
2. Gleichzeitig erscheint bei uns die Sammlung aller sechs Texte in einem Band.
3. Sie sind berechtigt, noch auf die Dauer von fünf Jahren diese einzelnen Ausgaben zu den jetzt angegebenen Ladenpreisen zu führen.
4. Sie erklären sich bereit, ab sofort keine weiteren Lizenzen zu vergeben, das gilt für Taschenbuch-Lizenzen wie für Übersetzungs-Lizenzen.
5. Wir sind ebenfalls auf die Dauer von fünf Jahren bereit, in alle Taschenbuch-Verträge einzutreten, d. h., Ihnen weiterhin für die Taschenbuch-Ausgaben dieser sechs Titel Lizenzen zu bezahlen.

Lieber Herr Jung, mir scheint das ein vernünftiger Vorschlag zu sein, der Ihre Interessen wie die von Thomas Bernhard und Suhrkamp wahrt. Wir haben damit auf dieser Linie eine freundliche und friedliche Vereinbarung und müssen uns nicht mit unangenehmen Dingen herumschlagen.

Ich möchte noch einmal erwähnen: wir legen Wert darauf, mit Ihnen in Verbindung zu sein, und es gibt ja eine Reihe von Beziehungen zwischen unseren Häusern, die wir doch aufrechterhalten wollen. Ich möchte Sie bitten, mir und Thomas Bernhard, dem ich eine Kopie dieses Briefes schicke, bald zu antworten.[1]

Mit besten Grüßen

Ihr

Siegfried Unseld

1 Burgel Zeeh hält in einer Telefonnotiz am 31. August fest: »Den Brief von Dr. Unseld an den Residenz Verlag findet er ›unglücklich‹, aber ihm sei das egal, das sei eine Sache zwischen den Verlegern, seine ›Biographie‹ interessiere ihn nicht mehr.«

[510; Anschrift: Ohlsdorf]

Frankfurt am Main
9. September 1987

Lieber Thomas Bernhard,
Elisabeth Borchers hat mir Ihren Brief vom 1. September und Ihren Wunsch nach einem anderen Schriftgrad für die Gedichte der Christine Lavant übermittelt.[1] Wir haben darüber hier im Verlag promoviert, die Sache ist gar nicht einfach.
Zunächst muß ich sagen, daß die Gedichte der Lavant nichts mit Ihren Texten zu tun haben, weder mit »In hora mortis« noch mit »Einfach kompliziert« – und ich sehe es ganz gerne, wenn das nicht so völlig identisch ist. Aber das ist nicht der entscheidende Grund, er liegt woanders: wenn wir eine besonders große Satztype wie z. B. bei »Einfach kompliziert« nehmen, so müssen bei den längeren Zeilen der Gedichte der Lavant mehrfach zuzügliche Zeilenbrechungen gemacht werden. Außerdem laufen dann auch mehrere Gedichte über zwei Seiten.
Ich gebe Ihnen ein Beispiel, das Sie sicherlich überzeugen wird. Aber selbstverständlich folgen wir Ihrem Wunsch, machen einen Neusatz und richten uns in der Größe des Neusatzes nun danach, nicht allzuviel Zeilen brechen zu müssen. Ich bin sicher, daß Sie das nicht nur verstehen, sondern gutheißen.[2]
Herzliche Grüße
Ihr
Siegfried Unseld

Anlage[3]

1 Der Brief von Th. B. vom 1. September lautet:
»Liebe Elisabeth Borchers,
die Freude über den Lavant-Umbruch war beim ersten Umblättern schon vorbei, denn der Satz ist nicht der gewünschte: wie der von ›Einfach / Kompliziert‹ in der BS.
Die Gedichte haben mit dem jetzigen kleinen Satz nicht die halbe Wirkung und wenn wir unserer Poetin den besten Start in die ›große‹ Welt geben wollen, müssen wir den Satz nocheinmal genau in der Grösse von ›Einfach / Kompliziert‹ setzen lassen.
Bei Gedichten ist ja die Grösse des Satzes entscheidend für die Wirkung auf den Leser.
Denselben ›Einfach / Kompliziert‹-Satz hatte ich ja auch für mein ›In hora mortis‹ gewünscht und ich weiss jetzt nicht, ob dem tatsächlich entsprochen worden ist.
Ich bitte inständig um einen neuen Satz (möglicherweise beider Bücher) und grüsse Sie mit allen Anzeichen der Verehrung,
Ihr
Thomas Bernhard«

2 Burgel Zeeh hält in einer Telefonnotiz am 18. September fest: »*Herzliche* Grüße an den Verleger und Dank für den Brief. Aber: er bittet sehr um einen *Neusatz* der Lavant-Gedichte, der Kompromiß gefällt ihm ganz und gar nicht.«

3 Die Anlage hat sich im Nachlaß von Th. B. nicht erhalten.

[511; Anschrift: Ohlsdorf]

Frankfurt am Main
15. September 1987

Lieber Thomas Bernhard,
ich belaste Sie nicht mit unseren wissenschaftlichen Büchern, aber es könnte doch sein, daß Sie das Buch des polnischen Wissenschaftlers Jacek Wozniakowski »Die Wildnis. Zur Deutungsgeschichte des Berges in der europäischen

Neuzeit« interessiert. Ich schicke es Ihnen mit gleicher Post zu.
Herzliche Grüße
Ihr
Siegfried Unseld

[512; Anschrift: Ohlsdorf]

Frankfurt am Main
13. Oktober 1987

Lieber Thomas Bernhard,
zum zweiten Mal haben wir den Versuch gemacht, eine Geschichte des Suhrkamp Verlages zu schreiben. Darin sind natürlich auch die Stationen der Beziehung zu Ihnen festgehalten. Sie beginnen 1965 mit der Erzählung »Amras« in der edition suhrkamp. Und ich hoffe, daß wir in den nächsten Jahren und Jahrzehnten noch manches Opus in die Geschichte einfügen können.
Ich schicke Ihnen ein Exemplar zu. Falls Sie weitere Exemplare haben wollen, lassen Sie es Frau Zeeh wissen.[1]
Herzliche Grüße
Ihr
Siegfried Unseld

1 Der Brief trägt neben der Anschrift die handschriftliche Notiz von dritter Seite »persönlich übergeben«. Th. B. kommt am 15. Oktober 1987 nach Frankfurt, S. U. schreibt darüber in seiner *Chronik*: »Nachmittags trifft Thomas Bernhard ein. Er bringt zwar das Manuskript ›Neufundland‹ nicht mit, aber wir hatten ein hervorragendes Gespräch, schrieben gemeinsam einen Brief an den Residenz Verlag (16. 10.), um die Verhältnisse und Beziehungen Thomas Bernhards zum Residenz Verlag zu regeln und die autobiographischen Bücher zurückzuführen. Herr Jung wird an diesem Brief zu knabbern haben.
Guthaben von Thomas Bernhard: DM 319.000.–. Welch eine Än-

derung, wenn man bedenkt, daß die Beziehung mit einem Darlehen von DM 40.000.– begann.«

Der von S.U. und Th.B. gemeinsam unterzeichnete Brief an Jochen Jung vom 16. Oktober 1987 lautet:

»Sehr geehrter Herr Jung,

Thomas Bernhard ist in Frankfurt, und wir haben noch einmal über das gesprochen, was ihm das Wichtigste ist: er will sein Werk in eine Hand legen, damit auch für eine längere Zukunft die Verhältnisse zentral geordnet sind. Wir, Thomas Bernhard und ich, machen Ihnen aus dieser Überlegung heraus folgenden Vorschlag: Der Band ›Der Zweifel‹ kann im Residenz Verlag im Frühjahr 1988 erscheinen unter den nachstehenden Bedingungen:

1. Mit Wirkung vom 1. Januar *1991* fallen alle *Rechte* an den bei Ihnen veröffentlichten Büchern von Thomas Bernhard an ihn zurück; er wird die Rechte dann an uns übertragen.
   Dies unter Berücksichtigung des folgenden Punktes:
2. Der Residenz Verlag kann alle bisher bei ihm erschienenen Werke Thomas Bernhards einzeln als gebundene Ausgaben zeitlich unbefristet weiterführen; der Suhrkamp Verlag verpflichtet sich seinerseits, nach 1991 keine Einzelausgaben dieser Titel in gebundener Form herauszugeben. Diese Titel von Thomas Bernhard können also, soweit sie lieferbar gehalten werden, im Katalog des Residenz Verlages geführt werden.
3. Der Residenz Verlag verlängert keine ablaufenden Taschenbuchverträge und schließt ab sofort keine neuen Taschenbuchverträge mehr ab. Hier erhält der Suhrkamp Verlag eine Option. Vom 1. Januar 1991 an tritt der Suhrkamp Verlag in alle entsprechenden Verträge ein.

Sehr geehrter Herr Jung, Thomas Bernhard und ich haben diesen Vorschlag reiflich und in Ruhe überlegt. Nach außen hin, gegenüber dem Buchmarkt und der Öffentlichkeit, bleiben die Titel im Residenz Verlag; nach innen hin wird das Werk konzentriert zusammengehalten. Wir hoffen, daß Sie diesem Vorschlag zustimmen können.

Mit freundlichen Grüßen
Ihr
Siegfried Unseld
|mit herzlichen Grüßen
Ihr Thomas Bernhard|«

[513; handschriftlich; auf Papier des Hotels Frankfurter Hof, Frankfurt]

Frankfurt am Main
16. Oktober 87

Lieber S. U.,
spät, aber nicht zu spät, werden die Deutschen auch im Anlegen des höchsten Maßstabs erkennen, daß es noch *nie* einen wichtigeren und also für die Geistesgeschichte bedeutenderen Verleger gegeben hat als *Sie* – der Sie Ihr Genie ganz aus der Liebe zur Literatur und aus der Freude von deren Schöpfern gezogen haben.
Ich danke Ihnen für den gerade vergangenen Abend und nicht nur für diesen.
Ihr einfach / komplizierter
Thomas Bernhard

[514]

Ohlsdorf
4. November 87

Lieber Siegfried Unseld,
die Freude über die ersten beiden Bände der Taschenbücher meiner Arbeiten in Fortsetzung sozusagen, ist schon im ersten Augenblick der Kontrolle mit aller Kraft in sich zusammengebrochen: abgesehen davon, dass in jedem Band wieder steht: *lebt in Ohlsdorf*... was ich mir schon so oft als perverse Umschlagsdummheit verbeten habe, sind unter Prosa *»Der Weltverbesserer«* und *»Am Ziel«* angeführt! Ich glaube, mehr braucht es nicht, um sich angewidert von dieser verlegerischen Schlamperei abzuwenden.
Im Übrigen hoffe ich, es geht Ihnen gut,
Ihr
Thomas Bernhard

P. S. Überhaupt habe ich nach diesem Umschlagtext seit »Ruhestand« nichts mehr geschrieben und publiziert!!! Eine Ausgabe wie diese sollte wenigstens eine neugesetzte Seite wert sein! Oder nicht?[1]

1 Im November 1987 erscheinen die ersten beiden Bände (*Frost* und *Wittgensteins Neffe*) der 24 Bände umfassenden Taschenbuchausgabe der Werke von Th. B. Sie besitzen Umschläge, die sich von denen der anderen Bände der suhrkamp taschenbücher durch ihre Farbe und eine reine Schriftlösung absetzen. Bis zum August 1988 werden jeweils 2 Bände im Monat ausgeliefert. Die Entscheidung von Th. B., seine Bücher in Taschenbuchform erscheinen zu lassen, fällt beim Gespräch zwischen ihm und S. U. in Lissabon; siehe Anm. 3 zu Brief 503.

[515; Anschrift: Ohlsdorf]

Frankfurt am Main
16. November 1987

Lieber Thomas Bernhard,
anbei die Kopie des Briefes von Jochen Jung vom 29. Oktober. [...][1]
Was wollen wir machen? Es gibt drei Möglichkeiten:
1. Ich schreibe ihm, daß sein Brief vom 29. 10. keine Antwort ist auf unseren gemeinsamen Brief vom 16. 10. 1987.
2. Wir vereinbaren ein Gespräch zu dritt in Wien.
3. Sie schreiben ihm einen Brief, der Folgendes enthält:
   a) Aufgrund seiner unseren gemeinsamen Brief vom 16. 10. völlig unbefriedigend lassenden Antwort wird »Der Zweifel« im Frühjahr 1988 im Suhrkamp Verlag erscheinen.
   b) Sie erlauben keine weiteren Neuauflagen für die fünf autobiographischen Bücher im Residenz Verlag. Der

Verlag kann seine vorhandenen Bestände ausverkaufen. Die abgeschlossenen Dritt-Verträge werden nicht erneuert.

c) Sie übertragen dem Suhrkamp Verlag das Recht zur Kontrolle des Auslaufens der Verträge.

Dies alles – es sei denn: er geht doch noch auf unseren gemeinsamen Brief vom 16. 10. 1987 ein.
Herzliche Grüße
Ihr
[Siegfried Unseld]

Anlage[2]

1 Hier wurden zwei Sätze zur Wahrung der Persönlichkeitsrechte Dritter weggelassen.
2 In dem Brief vom 29. Oktober 1987 erklärt Jochen Jung, er werde sich auf das Angebot des Briefes vom 16. Oktober nicht einlassen – das habe Th. B. in einem Gespräch in Ohlsdorf akzeptiert.

[516; Anschrift: Ohlsdorf]

Frankfurt am Main
17. November 1987

Lieber Thomas Bernhard,
eben erhalte ich die ersten Exemplare der zweiten Serie der Taschenbücher: »Der Stimmenimitator« und »Das Kalkwerk«. Sie werden feststellen können: Ohlsdorf ist gelöscht und wird auch in den folgenden Bänden nicht wieder auftauchen, und am Schluß finden Sie alle Titel aufgeführt, die von Thomas Bernhard im Suhrkamp Verlag bisher erschienen sind. Ergänzungen und Korrekturen sind bei jeder neuen Auflage der Taschenbücher möglich!
Ich grüße Sie und hoffe, die Tatsache dieser nun monatlich

wachsenden Taschenbuch-Ausgabe freut Sie doch ein wenig!
Herzlichst,
Ihr Siegfried Unseld

2 Anlagen[1]

1 Bei den Anlagen handelt es sich wohl um die im Brief erwähnten Taschenbuchausgaben.

[517]

Ohlsdorf
29. 11. 87

Lieber Siegfried Unseld,
beiliegender Brief ging mit gleicher Post an Dr. Jung.
Herzlich
Thomas Bernhard

[Anlage; Brief von Th. B. an Jochen Jung]

Ohlsdorf
23. November 1987

Lieber Herr Dr. Jung,
lassen Sie mich gegen Ende des Jahres Klarheit und Ordnung schaffen und an den Ausgangspunkt des inzwischen fatalisierten Falles Bernhard / Residenzverlag zurückkehren, zur absoluten Trennung meiner Arbeiten von dem vom Staat Österreich gekauften Residenzverlag.
Mit Herrn Schaffler als Verleger und Ehrenmann habe ich, wie Sie wissen, das Abkommen getroffen, dass meinem Wunsch entsprechend und meinem eigenen Verhältnis dem österreichischen Staat gegenüber gehorchend mit der ge-

bührenden Selbstverständlichkeit mit dem Besitzwechsel des Residenzverlags von Herrn Schaffler in die Hände des österreichischen Staates alle meine Rechte an meinen Arbeiten im Residenzverlag an mich zurückfallen, da mir der österreichische Staat in allem widerstrebt und in allem und jedem höchst zuwider ist; einzige Bedingung: es erscheint, als persönliche Geste Herrn Schaffler gegenüber, auf dessen Wunsch, nocheinmal ein Buch von mir im Residenzverlag. Die Rede war von »Der Zweifel«.
Die Gründe, mich vom Residenzverlag im Augenblick des Verkaufs an den österreichischen Staat und also mich von den neuen Besitz- und Geistesverhältnissen zu trennen, sind Ihnen bekannt. Inzwischen haben sich diese Gründe in erschreckender Weise und unerträglicher Hinsicht erhärtet und es ist nicht die Zeit und der Platz hier, sie alle nocheinmal aufzuzählen. Für mich selbst habe ich die Trennung vom Residenzverlag im Augenblick des Verkaufs von Schaffler an den Staat tatsächlich und selbstverständlich vollzogen und Ihnen und dem Verlag das auch umgehend mitgeteilt. Auf diese Mitteilung erschien Herr Schaffler in Ohlsdorf und wir kamen schliesslich zu der oben angeführten Abmachung. Lange Zeit nachher kamen Sie nach Ohlsdorf und sagten, Sie hielten sich nicht an diese ABMACHUNG. Ich beharrte darauf, wenn auch unter den freundschaftlichsten und liebenswürdigsten Umständen.
Dieser Brief soll nun in dem ja schon unwürdigen Hin und Her noch einmal meinen absoluten Wunsch nach einer vollkommenen Trennung meiner Arbeiten vom Residenzverlag deutlich machen und ich bitte Sie in aller Freundlichkeit, mir alle meine Rechte aus dem Residenzverlag zurückzugeben. Einen juristischen Weg sollten wir tatsächlich, wie ich glaube, selbstverständlich, vermeiden. Wenn Sie das Angebot Unselds, das ich selbst ja unterschrieben habe, anneh-

men, soll es mir recht sein. Der Residenzverlag hat immer wieder, mündlich und schriftlich beteuert, was er mir verdankt und wie ungeheuer wichtig ich für ihn immer gewesen bin. Er hätte jetzt Gelegenheit, sich dankbar zu erweisen. Meine Publikationen im Residenzverlag waren immer persönliche Attribute.

Es geht mir auch im Hinblick auf die schwindende Zeit, die mir noch zur Verfügung steht, und wie Sie wissen, ist es immer die kürzeste, darum, meine Arbeiten in einem Haupthaus zusammenzuführen, unter einem Dach und dieses Dach kann nur der Suhrkampverlag sein.

Es ist für mich völlig ausgeschlossen, dass in Zukunft und also ab heute, noch irgendeine Publikation von mir im Residenzverlag erscheint.

Mein persönliches Verhältnis zu Ihnen ist ein ungetrübtes, bedenken Sie das und geben Sie das selbstverständliche Grüne Licht, das ich von Ihnen erwarte.

Diesen Brief schicke ich auch an Siegfried Unseld!

Mit sehr herzlichen Grüßen Ihr

Th. B.

[518; Anschrift: ⟨Ohlsdorf⟩; handschriftlich auf Privatpapier]

Überlingen
am 5. Dezember 1987

Lieber Thomas Bernhard

Heute habe ich die Kopie Ihres Briefes vom 29. Nov. an Dr. Jung erhalten. Ich bin sehr bewegt und bedanke mich für Ihr Vertrauen, es wird mich weiter verpflichten, und ich bin sehr glücklich über diese unsere Gemeinsamkeit.

Nun warten wir ab, wie Jung sich entscheiden wird, jeden-

falls ist das unwürdige Hin und Her von Ihnen klar entschieden.[1]
Ich faste, denke, bewege mich, also fühle ich mich wohl.[2]
Ich hoffe, wir sehen und sprechen uns bald.
Ihr dankbarer
Siegfried Unseld

1 In seinem Antwortbrief vom 3. Dezember 1987 an Th. B. betont Jung zunächst, daß es bisher weder eine juristische Begründung noch eine verbindliche Abmachung über die Trennung des Werks von Th. B. vom Residenz Verlag gegeben habe, sondern nur Vorschläge. Nun verlange Th. B. zum ersten Mal diese Trennung; unter diesem Diktat stimme er dem Vorschlag vom 16. Oktober 1987 zu, freilich mit der Änderung, daß dem Residenz Verlag der Wert der Weltrechte vom Suhrkamp Verlag abgegolten werden müsse. Eine Kopie des Briefes gehe an S. U.
In der Folge scheitert die Übertragung der Rechte am Nichtzustandekommen einer finanziellen Einigung.

2 S. U. hält sich zwischen dem 27. November und 10. Dezember zur Fastenkur in der Buchinger-Klinik in Überlingen auf.

1988

[519; Anschrift: ⟨Ohlsdorf⟩; Rundbrief]

Frankfurt am Main
im Januar 1988

An unsere Autoren und an die Freunde des Verlages

Mein Sohn, Dr. Joachim Unseld, seit zehn Jahren Mitgesellschafter der Verlage und seit fünf Jahren in der Verlagsleitung, wird vom Januar 1988 an gleichberechtigter Verleger der Verlage Suhrkamp, Insel und Nomos sein. Für ihn ist dies ein weiterer Schritt in der definitiven Richtung auf meine spätere Nachfolge.

Zwei Verleger in diesem Verlagshaus, das seit Peter Suhrkamp und mir auf je *einen* Verleger gestellt war, wird nicht immer einfach und für uns beide ein Lernprozeß sein. In jedem Fall ist es eine Herausforderung, der wir uns freilich gerne stellen, da wir beide ein bestimmtes Ziel im Auge, in Kopf und Herz haben.

Joachim Unseld hat sich drei Schwerpunkte für seinen Arbeitsbereich ausgewählt: die Programmierung der suhrkamp taschenbücher, die verlegerische Konzeption der edition suhrkamp und die integrale Betreuung jüngerer deutscher Literatur und neuer deutschsprachiger Autoren; mit dieser Tätigkeit wird er nach meiner Erfahrung am spürbarsten in die spätere Phase seiner Arbeit hineinwachsen.

Ich bin sicher, daß Sie diesen Schritt, der der Kontinuität unserer Verlagsarbeit dient, begrüßen, und ich darf hoffen, daß Sie mit ihm und mit uns beiden gerne zusammenarbeiten werden.

Dr. Siegfried Unseld

[520; Anschrift: Ohlsdorf]

Frankfurt am Main
26. August 1988

Lieber Thomas Bernhard,
wir hatten einen überaus angenehmen Tag, ich habe mich, auch im Auftrag von Ulla Berkéwicz, sehr herzlich zu bedanken.[1]
Ich werde meine Neugier bis März 1989 zu zügeln haben, wünsche Ihnen das Beste für die Fertigstellung der zweiten Prosa-Arbeit.
Zur Angelegenheit Residenz:
Der Residenz Verlag will von uns einen Ablösebetrag haben, der sich nach den Honorarabrechnungen der letzten Jahre richtet. Wir haben Jochen Jung gebeten, uns Kopien der Abrechnungen zuzuschicken, er weigert sich, dies zu tun, und weist darauf hin, daß er Ihnen zu den »erwähnten Terminen wie auch sonst immer« Aufstellungen geschickt habe und daß Sie sicherlich diese Aufstellungen mir schikken könnten.[2] Vielleicht graben Sie noch einmal nach?
Ich hoffe, wir können uns in den Tagen 10. bis 12. September in Zürich sehen.
Herzliche Grüße
Ihr
Siegfried Unseld

1 Gemeint ist das Zusammentreffen mit Th. B. am 23. August, über das S. U. in seinem *Reisebericht Bayreuth–Brannenburg–Poschiavo–St. Moritz–Salzburg, 12.-24. August 1988* berichtet: »Dienstag, 23. August, war *Thomas Bernhard* gewidmet. Ich war mit ihm um 10 h in Ohlsdorf verabredet, wir wollten dann nach Fuschl fahren, um mit Ulla zu Mittag zu essen.
Ich war so pünktlich da, daß ich vorher noch eine halbe Stunde die Erzählung ›Am Ortler‹ lesen konnte, die in einem der beiden Taschenbücher enthalten war, die ich ihm zum Abschluß seiner

Taschenbuch-Werkausgabe übergeben konnte [siehe Anm. 1 zu Brief 514]. Er freute sich über das pünktliche Erscheinen. An den beiden Bänden, die ich ihm als Blumen überreichte, bemängelte er sofort den komischen Titel ›Erzählungen‹ [suhrkamp taschenbuch Band 1564] und die merkwürdige Zusammenstellung. Ich sagte ihm, daß ich davon ausginge, daß er sie mit Fellinger besprochen habe (was dieser dann auch bestätigte), aber ihm fiel sofort eine Sache auf: die Erzählung ›An der Baumgrenze‹ ist im gleichnamigen Band des Residenz Verlages erschienen. Haben wir Rechte eingeholt?
Im unteren Besucherzimmer saßen wir uns dann in zwei Sesseln gegenüber, hauptsächlich sprach er über die Gesellschaft bei Maleta [am Abend zuvor], die Adeligen habe er ziemlich bestimmt, da er z. B. die Gräfin Clam außerordentlich schätze. Sie war meine Tischnachbarin, und sie rauchte nicht, weil sie wußte, daß Thomas das stören würde. Sie ist Besitzerin der Burg Clam in Oberösterreich, Strindberg hat Klam besucht und dort Teile des ›Inferno‹ geschrieben, in dem Klam vorkommt. Sie hatte mich nach der Buchausgabe von ›Elisabeth II.‹ gefragt, denn der dort vorkommende Balkon sei der Balkon ihrer Burg, und Bernhard bestätigte dies – es sei ein furchterregender Balkon, weil er eine fast 200 m tiefe Schlucht überrage. [...]
Thomas Bernhard hatte auch *Marianne Hoppe* zu Maletas Fest mitgebracht, er hatte sie am Tage zuvor besucht, da sie am Schluß des ›Heldenplatz‹ die Rolle von Hedwig Schuster, genannt Frau Professor, die Frau des Verstorbenen, spielen soll und damit das Stück noch einmal schauspielerisch großartig zusammenfassen sollte. [...]
Dann zu Peymann. Er sprach fast eine Stunde. Es ging um das ominöse Interview, das, so Bernhard, nicht sehr diplomatisch und auch nicht mit den Kategorien des Geschmacks gemessen werden könne, aber nachdem er es gegeben hätte, hätte er zu ihm stehen müssen. Das hätte er nicht getan, er sei mehrfach umgefallen. Im übrigen hätte er, Bernhard, ihn durchaus zu einem offenen Interview ermutigt, er, Bernhard, habe auch von der ›Zeit‹ das Interview zugeschickt bekommen, wohl aus Versehen. Er zweifle, ob Peymann das vorher gelesen habe, was freilich dann nicht sehr verantwortungsvoll gewesen sei. Nun könne Peymann nichts anderes machen, als sich durch gute Inszenierungen auszuweisen, und die

erste Arbeit wird ja dann der ›Heldenplatz‹ sein. [*Ich bin ein Sonntagskind. André Müller spricht mit Burgtheaterdirektor Claus Peyman*, in: *Die Zeit*, 27. Mai 1988] Es sieht so aus, daß er sein Ensemble zusammenhabe, genau wisse er es nicht, denn Peymann habe sich zwei Monate bei ihm nicht gemeldet, was er nicht versteht, denn in dieser Woche sollten ja die Proben schon beginnen. Einige Schauspieler waren auszuwechseln, denn sie wollten unter Peymann nicht mehr arbeiten.
Die sachlichen Punkte des Gesprächs waren rasch erledigt, ich teilte ihm seinen Kontostand mit; die 282 TDM in Frankfurt und die 63 TSF in Zürich (wie sich irrtümlich erweisen sollte, sind das auch DM) erfreuten ihn, er wünschte sich, diese Franken von einem Angehörigen des Suhrkamp Verlages Zürich im schwarzen Anzug und weißen Handschuhen überreicht zu bekommen. Also würde er bald nach Zürich fahren, und wir überlegten vaguement das Wochenende vom 10./11. September, an dem ich ja ohnehin in Zürich bin.
Dann: er habe ›Neufundland‹ neu durchgesehen, dies sei fertig, aber er zögere noch, denn er schreibe nun an einer zweiten Prosa-Arbeit, die in diesem Jahr fertig würde, und er wisse nicht, welche er als erste herausgeben sollte. Im März 1989 würden wir diese Prosa-Arbeit bekommen, zusammen mit einer Komödie, die er wahrscheinlich auch schon geschrieben hat.
Es waren 2 1/2 Stunden vergangen, wir hätten uns jene Rätsel, die keine sind, gelöst, meinte er, und nun kam die Frage nach dem Mittagessen und Ulla Berkéwicz auf, dies gleichzeitig von uns beiden. Er meinte, daß er eigentlich nach Gmunden fahren müsse, um seinem Bruder eine Medizin-Tasche, die er vergessen habe, zu übergeben. Ich schloß daraus, daß er – wie bisher immer – nach einer so langen Unterhaltung wieder allein sein wollte, und bot ihm an, zu gehen oder daß wir nur zu zweit rasch etwas äßen, und er sagte: Geht das? Geht das? Ich bestätigte ihm das und rief in Fuschl an, um Ulla dies mitzuteilen und meine Rückkehr für 16 h zu melden. Er hatte mein Gespräch mit angehört, und als ich den Hörer aufgelegt hatte, sagte er, vielleicht können wir aber auch etwas anderes machen: Ulla möchte doch mit einem Taxi ins Häupl nach Seewalchen kommen, und wir würden dort gemeinsam essen. Man braucht Freud bei diesem Vorgang nicht zu bemühen. Selbst wenn es keine bewußte Aktion war, sein Unbewußtes hatte herausfin-

den wollen, was mir wichtiger war, und als ich ihm dies Wichtigere gezeigt habe, kam er doch wieder auf das gemeinsame Essen zurück.

Wir fuhren dann nach Seewalchen, Bernhards Idee war ziemlich verrückt, denn Ulla fand zunächst kein Taxi, es mußte aus Salzburg kommen, und die Taxifahrerin fand Seewalchen nicht! So kam sie mit einer Stunde Verspätung erst an, und die Taxirechnung betrug DM 170.–. In dieser Stunde aber, als wir im Häupl saßen und ein paar Tropfen Wein getrunken haben, taute Bernhard auf. Er redete und redete und fragte mich nach meiner persönlichen Situation, nach dem Verhältnis zu meiner Frau und zu Ulla, nach Mitarbeitern im Verlag, nach Joachim – es war das so ziemlich persönlichste Gespräch, das ich je mit Bernhard geführt habe. Dann kam Ulla, und Bernhard war ganz gentlemanlike, höflich bemüht. Wir aßen, danach bat er, auf die Terrasse zu gehen, um dort Kaffee und Nachtisch zu nehmen, wir wollten nach zwei Stunden gehen, er bestand darauf, daß wir noch zehn Minuten blieben, dann noch fünf Minuten, schließlich regte er an, wir sollten doch gemeinsam seinen Bruder in Gmunden besuchen. Das taten wir dann auch, und als wir nach diesem Besuch in Gmunden uns verabschieden wollten, bat er uns, wir möchten jetzt doch mit ihm nach Wolfsegg fahren, er wollte mir sein Haus zeigen, das ich ja noch nicht kenne. Das war nun 30 km entfernt und steht wirklich an einem Ort, wo Fuchs und Has' sich gute Nacht sagen. Eine unheimliche Stille, ein Haus, von dem aus man nur Wald, Wiese und Feld sieht. Als wir uns danach verabschieden wollten, bestand er darauf, daß wir mit seinem Bruder zu Abend essen sollten, und auch hier wieder derselbe Vorgang: wir wollten uns bald verabschieden, er aber bestand auf längerem Bleiben.

Es war ein sehr herzliches Gespräch, das wir führten. Wir verabredeten uns für Zürich, beschlossen, Frau Maleta als Repräsentantin des Verkaufs des ›Evangeliars‹ in Österreich einzusetzen, er ließ sehr herzlich Burgel Zeeh grüßen, bedauerte nochmals, das Telefon am Morgen nicht abgenommen zu haben, aber er erwartete ja furchtbare Anrufe. Kurzum, es war ein lebhafter, aufgeschlossener, freundschaftlicher Thomas Bernhard.«

2 S. U. zitiert aus einem Brief von Jochen Jung an ihn vom 29. Dezember 1987.

[521; Anschrift: Wien]

Frankfurt am Main
14. Oktober 1988

Lieber Thomas Bernhard,
anbei der Vertrag für »Heldenplatz«.[1] Die vorangegangenen Verträge waren kürzer, weil sie immer die Bedingung enthielten: »im übrigen beziehen wir uns auf die §§ der Verträge z. B. ›Midland in Stilfs‹«. Ich habe nun diese Bedingungen aus »Midland in Stilfs« ausdrücklich noch einmal aufgeführt, denn wir müssen dem Anwalt klar nachweisen können, daß wir die *Vorabdruckrechte* gewissermaßen für jede Fassung haben. Deswegen also der ausführlichere Vertrag. Die Formulierungen entsprechen exakt denen der vorangegangenen Verträge, hier ist kein Wort neu eingefügt. Aber ich wollte doch alles in *einem* Vertrag haben, damit wir den Anwalt überzeugen können und ggf. mit diesem Vertrag auch vor Gericht gehen können.
Ich habe, die einzige Ungereimtheit, als Datum 28. Januar 1988 eingesetzt, das war ja das Datum, an dem sozusagen das Stück hier nach Frankfurt kam, und ich glaube, es ist gut zu wissen, daß der Text sozusagen schon lange vorliegt.
Mir bleibt, Ihnen alles Gute zu wünschen, am besten wäre es wirklich, Sie zögen diesem Stadttrubel einen Aufenthalt auf dem Land vor! Ich denke an Sie und grüße Sie herzlich –
Ihr
Siegfried Unseld
Bitte unterschreiben Sie …

1 In der *Chronik* hält S. U. unter dem Datum des 21. Januar 1988 fest: »Am Nachmittag lese ich das neue Stück von Thomas Bernhard, ›Heldenplatz‹. Am 15. März 1938 fand der ›Anschluß‹ Österreichs an Deutschland statt. Auf dem Heldenplatz jubelten die Massen Adolf Hitler zu. Thomas Bernhard geht davon aus: eine jüdische

Familie wohnt am Heldenplatz, der Mann, ein Professor der Philosophie, hat sich aus dem Fenster gestürzt, seine Frau hört immer noch die Massen rufen. Mehr ist eigentlich an ›action‹ nicht da. Thomas Bernhard benützt den Vorgang, um zu sagen: es gibt heute ebenso viele Antisemiten und Nazis wie damals, aus allen Löchern kriechen sie. Und dann seine Suada gegen Politiker, Kirchenleute, Geschäftsleute, alles Schweine. Ich werde mit Bernhard reden müssen. Wenn wir das vor der Aufführung durch Peymann, die im September geplant ist, veröffentlichen, kann Peymann das nicht mehr machen.«

Im April 1988 kommt Th. B. nach Frankfurt, u. a., um mit S. U. und Raimund Fellinger Korrekturvorschläge für *Heldenplatz* zu besprechen. In der *Chronik* von S. U. heißt es unter dem Datum des 21. April 1988:

»Nachmittags Thomas Bernhard. Burgel Zeeh hatte ihn am Flughafen abgeholt und in die Klettenbergstraße gebracht. Wir unterhalten uns eine halbe Stunde in sehr einseitiger Weise. Er nimmt DM 100.000.–, ordnet eine Überweisung in derselben Höhe für Mai an (sein Kontostand beläuft sich ja auf DM 374.000.–). Unwillig unterschreibt er Verträge für BS und IB, und dann wollte ich ins Detail seines Stückes ›Heldenplatz‹ gehen. Ich mußte ihm sagen, daß er manchmal eine Tatsache behauptet, die er nicht beweisen kann. Soweit er im Allgemeinen bleibt, mag das angehen (Graz, das Nazinest; Österreich, der ›gemeingefährlichste aller europäischen Staaten ... wo die Schweinerei oberstes Gebot ist‹ (35); Gewerkschaftsführer in skrupellosen Bankgeschäften (102)). Das mag angehen, aber was eben nicht angeht: der Direktor der Nationalbibliothek, ›dieser schauerliche Idiot‹ (66). ›Der Bundespräsident ist ein Lügner‹ (102); ›ein noch immer mit dem Analphabetismus ringender Bundeskanzler‹ (124). Bernhard wollte sich auf keine Diskussion einlassen, er würde nicht ein Wort ändern. Darauf sagte ich ihm, er müsse mit der Beschlagnahme rechnen. Das sei ihm egal. Auf meinen Hinweis, daß ihm das schon einmal dann nicht egal gewesen sei, reagierte er: er sei jetzt anderer Meinung, ihm könne nichts passieren. Peymann würde das aufführen, und zwar an der Burg am 14. Oktober und dies aus Anlaß des 100. Gründungstages der Burg unter Anwesenheit von offiziellen Festgästen – ich bezweifelte, daß dies möglich ist, doch Bernhard ließ sich nicht beeindrucken, beendete die Diskussion, die keine war – und

dann das Merkwürdige: er traf sich nach unserem Mittagessen mit Fellinger im Frankfurter Hof an einem neutralen Platz. Ohne weiteres strich er die von mir inkriminierten Zeilen! Mir gegenüber spielte er den Unerbittlichen und nicht Änderungswilligen, bei Fellinger änderte er, wenn nicht willig, so doch mit Einsicht. Wir sollten die Korrekturen rasch machen, umbrechen und den Umbruch für die Schauspieler nach Wien schicken.
Um 13.30 h kam Joachim. Wir aßen in der Klettenbergstraße, und Bernhard war aufgeräumt, wie er gelegentlich nur sein kann. Freilich, er machte auf mich einen doch sehr reduzierten Eindruck. Sein Hautmal wächst, seine Körpergestalt wird immer dünner und wahrscheinlich widerstandsunfähiger. Zu Fellinger bemerkte er, der ihn nach einem Interview fragte: dies müsse rasch geschehen, vielleicht stürbe er bald. Über ›Neufundland‹ sagte er mir, das Manuskript läge nun schon drei Jahre, er hätte im Augenblick keine Spannung, es neu zu lesen. Er wolle aber im Mai / Juni etwas Neues schreiben, das dann für den Herbst 1989 parat sein könnte. Schließlich wolle er ja nicht am Fließband produzieren.
[...] Nun ginge er wieder in seine Klausur, tauche unter, wolle arbeiten. Alles sei ja sinnlos, aber in dem Sinnlosen stecke eben auch ein Sinn. Er diskutiert mit mir über meinen Adorno-Satz: es gibt kein falsches Leben im richtigen. Er sagt, wiederum überraschend, ›Leben ist überall‹. Das würde beide Sätze aufheben.
Thomas Bernhard treibt sein clowneskes Spiel mit Peymann, mit mir, mit dem Theater, mit dem Verlag, mit der Öffentlichkeit. Wie notierte es Peter von Becker in ›Theater 1987‹: ›Am schönsten wäre es, sagt der Dichter (Th. B.), es würde von einem Buch nur ein Exemplar gedruckt. Für einen selber. Aber nicht im Selbstverlag. Dann wäre es ja kein Vergnügen.‹«
Und in der *Chronik* für den nächsten Tag, den 22. April 1988, heißt es dann:
»Morgens, bevor ich zum Schwimmen gehe, meldet sich Burgel Zeeh. Sie habe Thomas Bernhard angerufen: er sei wie umgedreht gewesen. Er bedanke sich, wie liebevoll wir alles organisiert hätten: das Abholen, das Essen in der Klettenbergstraße, die Atmosphäre in der Klettenbergstraße, das Gespräch mit mir und Fellinger. Er habe nur einen Wunsch: mich einmal einen Abend allein zu haben. Das ist der andere Thomas Bernhard.«
Auch die Erregungen in Österreich noch vor der Auslieferung des

Buches bzw. der Uraufführung von *Heldenplatz* schlagen sich in der *Chronik* nieder, etwa unter dem Datum des 13. Oktober 1988: »Es schien notwendig, einen spontanen Wien-Besuch einzulegen. [...] Noch nie gab es um ein Stück eine solche Aufregung, selbst gegen den ›Stellvertreter‹ wurde im Verhältnis nur milde protestiert.

Der Bundespräsident Waldheim fand das österreichische Volk beleidigt, andere wollten Bernhard aus Österreich rauswerfen. Gegen die Aufführung gibt es Bombendrohungen. Man kann nur sagen, daß die im Stück geschilderte Wirklichkeit längst von der Realität überholt wird. Bernhard hat sich über ein am Vorabend von mir [im ORF] gegebenes Interview aufgeregt: er stünde da, als habe er unter meinem Einfluß abgemildert. Ich mußte jedoch nur die justitiable Beleidigung, der Bundespräsident sei ein ›Lügner‹, bereinigen, denn das steht nicht in unserem Buch. Auf seinen Wunsch ging ich noch einmal ans Fernsehen, Gespräche mit Peymann, Beil, Sonja Kaplan und der tüchtigen Frau Maleta.«

Unter dem Datum des 27. Oktober notiert S. U. in der *Chronik*: »Und schließlich kommt nun auch das Interview von Bernhard [in *Basta*, 26. Oktober]: ›Ich weiß gar nicht, was dem Unseld, dem Teppen, gestern [am 12. Oktober] gestern im Fernsehen eingefallen ist, so etwas zu behaupten! Der war ja auch so blöd. Ein Schauerkerl ist das! [...] Dem Mann geht es auch nur um sein kleines und niedriges Geschäfterl, ohne Rücksicht auf irgendwas! Natürlich könnt' ich sagen, ich red' nie wieder ein Wort mit ihm und wechsle den Verlag. Aber im nächsten ist es genauso grauslich.‹ Hier blitzt bei Bernhard etwas auf, was er wirklich denkt. [...] Aber daß es mir nur um mein kleines und niedriges Geschäfterl ohne Rücksicht auf irgend etwas gehe, das ist natürlich schon ein starkes Stück.«

[522]

Wien
20. 11. 88

Lieber Siegfried Unseld,
vor zwei Tagen war ich hier mit Herrn Jung vom Residenzverlag zusammen und ich bedauerte bei dieser Gelegenheit sehr, dass die Verleger sich offensichtlich nicht geeinigt haben, meine biografischen Bücher betreffend. Ich selbst mische mich in die Angelegenheit, wie gesagt, nicht mehr ein. Ich habe Herrn Jung ein Manuskript zur Veröffentlichung gegeben, das unmittelbar mit der Stadt Salzburg in Beziehung steht und im Hinblick darauf, dass ich ja im Suhrkampverlag nächsten Herbst ein Buch herauszugeben plane nächstes Frühjahr erscheinen soll. »In der Höhe, Rettungsversuch, Unsinn« ist sein Titel; der Vertrag ist so beschlossen, dass er dem Residenzverlag nur eine einzige Herausgabe gestattet, *sonst nichts* und der Weg für die Bibliothek Suhrkamp, in die hinein ich das Buch, zwei Jahre später, wünsche, offen ist.[1] Vielleicht ist dieses Buch ein Anlass für Sie, nocheinmal eine Einigung mit dem Residenzverlag, meine biografischen Bücher betreffend, zu versuchen. Jung sagte, Sie hätten ihm auf einen Brief, den er vor über einem Jahr an Sie abgeschickt habe, bis heute nicht geantwortet.
Was »Heldenplatz« betrifft, sind sämtliche Vorstellungen ausverkauft und die Abende verlaufen in aller Ruhe mit der grössten Aufmerksamkeit des Publikums, das am Ende jedesmal den grösstmöglichen Beifall auf die Bühne schickt. Leider sind alle Kritiken Blödsinn, weil die Leute sich nie die Mühe machen, das Buch zu lesen, sie schauen ja nicht einmal wirklich hinein; aber das bin ich gewohnt. Die Zukunft wird gerade dieses Stück als ein ganz besonderes erkennen und mir in allen Punkten rechtgeben. Schon jetzt enthüllt sich sein Wahrheitsgehalt abendlich auf die schön-

ste Weise. Ganz abgesehen davon, dass es auch, was meine »künstlerische« Arbeit betrifft, seinem Erzeuger Freude macht.
Ein Suhrkampspruchband-Inserat in den Zeitungen hätte ihm sicher auch nicht geschadet.[2]
Sonntag den 27. geht es nach Spanien. Nach dem Sacher wäre doch ein Meer-Treffen gar nicht so abwegig.[3]
Ihr
Thomas B.

1 *In der Höhe, Rettungsversuch, Unsinn* erscheint im Februar 1989 im Residenz Verlag. Das Manuskript entsteht bereits in der zweiten Hälfte der fünfziger Jahre und wird von Th. B. für den Druck stark überarbeitet. Es wird 1990 als Band 1085 in die Bibliothek Suhrkamp aufgenommen. Siehe Th. B.: *Werke 11*, S. 336ff.

2 Die Uraufführung von *Heldenplatz* findet am 4. November 1988 am Wiener Burgtheater statt, Regie führt Claus Peymann. S. U. notiert unter diesem Datum in seiner *Chronik*:
»Welch ein Tag! Vormittags bei Marianne Fritz. Sie tadelt mich gleich, weil ich Bernhard als einen Übertreibungsspezialisten bezeichnet habe, was doch Bernhards eigenes Wort ist. Bernhard untertreibe, meinte sie. Die Wiener Verhältnisse seien viel schlimmer, als Bernhard sie darstelle. Das war gewissermaßen das Wort am Morgen zur Aufführung am Abend. [...]
Am Abend dann die Aufführung von Bernhards ›Heldenplatz‹ an der Burg. Difficile est satiram non scribere. Zwei Monate lang skandalumwitterter Sturm. Soll das Stück verboten werden, soll Peymann Österreich verlassen? Schmutztiraden und Drohungen gegen Bernhard. Von der ›Presse‹ abgesehen, machen sich die wichtigsten publizistischen Organe ohne Erlaubnis über den unbekannten Text her, zitieren Auszüge aus Vorfassungen. Wir gehen gegen ›Basta‹ und die ›Kronenzeitung‹ rechtlich vor. Unser Anwalt, Dr. Guido Kucsko, erwirkt einen gerichtlichen Titel gegen die Zeitungen, die sich öffentlich entschuldigen müssen, aber in der Entschuldigung wieder verhöhnen.
Am Tage Demonstrationen, dann Gegen-Demonstrationen, schließlich Gegen-Gegen-Demonstrationen. Als Ulla und ich an der Burg ankommen, eine riesige Menschenmenge und Leute der Rechten,

die Mist abladen wollen. Im Kartenraum stauen sich Leute, die noch Karten haben wollen. Die Aufführung findet unter Polizeischutz statt. Aber ich muß sagen: die Polizei verhielt sich äußerst vernünftig, und Uniformierte waren eigentlich nur als Ehrengäste der Aufführung sichtbar.
Pünktlich am Vormittag fuhr unsere Auslieferungsstelle Mohr-Berger den Band in der BS an Wiener Buchhandlungen aus. Nun erst konnten also Freunde und Gegner den Text kennenlernen. Das Theater mußte sich gegen die Unterstellung im Österreichischen Parlament wehren, es habe aus Angst vor Tumulten Karten nur an Sympathisanten gegeben. Das ist nicht der Fall. Freilich hatte Peymann Politiker, so den österreichischen Außenminister, als ›Freikartenschnorrer, die wir nicht brauchen im Theater‹, bezeichnet.
Beginn der Aufführung um 19 Uhr. Es ist auffallend ruhig, scheinbar entspannt. Aber als in der theatralisch schwachen ersten Szene Anneliese Römer als Wirtschafterin Zittel auftrat und die erste kritische Bemerkung zu Wien und Österreich machte, da gab es eine Pfeif-Orgie wie wohl nie in der Burg. Die Pfeif-Orgie rief nun den Beifall auf offener Szene hervor, und je höher die Pfeif-Orgie sich steigerte, um so mehr steigerte sich der Beifall zum Orkan, und im Duell des Protestes und der Zustimmung siegte besonders durch eine wohlkomponierte und vom Bühnenbildner Karl-Ernst Herrmann schön gestaltete zweite Szene das Ganze zu einem Triumph für Bernhard und Peymann. Statt zweieinhalb Stunden dauerte das Ganze fast fünf Stunden. In der Pause große Diskussionen, am Schluß Diskussionen, aber im Grunde genommen war alles erleichtert. Die Protestierenden wie die Sympathisanten. Am Schluß Ovationen für Schauspieler, für Peymann und für den zum ersten Mal und völlig überraschend auf die Bühne kommenden Thomas Bernhard. Es war auch für ihn ein bewegender Augenblick. Ein Schriftsteller wurde zum Repräsentanten des Landes.
Das Stück mag Schwächen haben, die Inszenierung nicht bis ins letzte durchgefeilt, aber was geboten wurde, war doch großartiges Theater. Ich sagte es am Schluß im Österreichischen Fernsehen: ein Triumph für das Stück und den Autor, ein Triumph für Peymann, aber auch ein Triumph für dieses Wiener Publikum.
Die Sonntags- und Montagszeitungen hatten nur ein Thema: Peymann-Bernhards Wiener Welttheater. Rolf Hochhuth in der ›Welt

am Sonntag‹: ›Die Zuschauer standen auf vor dem Autor, dem am Freitag abend die Landsleute mit dieser Huldigung bestätigt haben, daß er seit dem Tode Lernet-Holenias der größte Dichter Österreichs ist.‹
Ein Triumph war es auch für den Schauspieler Wolfgang Gasser, der den Bruder von Professor Schuster verkörpert. Razumovsky wird in der ›FAZ‹ schreiben: ›Dieser Professor Robert hat Sätze zu sagen, die die Schulkinder hier, ob's dem Autor paßt oder nicht, in Zukunft neben einigen Grillparzers werden auswendig lernen dürfen: «Die Österreicher sind vom Unglück Besessene; der Österreicher ist von Natur aus unglücklich – und ist er einmal glücklich, schämt er sich dessen und versteckt sein Glück in seiner Verzweiflung.»‹ Das Ganze, so Razumovsky, ›eine Art hohe Kunstpflege, eine Art Virtuosentum des Wutanfalls. Hier ist Bernhard deutlich Fortsetzer der österreichischen Literaturtradition von Raimund und Nestroy bis Doderer.‹«

3 Diese letzte Auslandsreise führt Th. B. bis zum Jahresende 1988 nach Torremolinos an die Costa del Sol.

[523; Anschrift: Wien; Telegramm]

Frankfurt am Main
24. November 1988

lieber herr bernhard
ich habe gestern ihren brief vom 20. november erhalten. fuer mich ist eine schmerzensgrenze nicht nur erreicht, sie ist ueberschritten. nach all dem, was in jahrzehnten und insbesondere in den beiden letzten jahren an gemeinsamem war, desavouieren sie mich, die ihnen gewogenen und fuer sie wirkenden mitarbeiter, und sie desavouieren den verlag.
ich kann nicht mehr.
ihr siegfried unseld

[524]

Wien
25. November 88

Lieber Siegfried Unseld,
wenn Sie, wie Ihr Telegramm lautet, »nicht mehr können«, dann streichen Sie mich aus Ihrem Verlag und aus Ihrem Gedächtnis.
Ich war sicher einer der unkompliziertesten Autoren, die Sie jemals gehabt haben.[1]
Ihr Sie sehr respektierender
Thomas Bernhard

1 Das ist nicht das Schlußwort zwischen Th. B. und S. U. Am 28. Januar 1989 – und damit fast genau zwei Wochen vor dem Tod von Th. B. – kommt es zu einem letzten Treffen in Salzburg, das S. U. im *Reisebericht Salzburg, Samstag, 28. Januar 1989* dokumentiert:
»Es war neblig trüb am Morgen, als das Flugzeug startete, doch dann flog das Flugzeug stets über einer Wolkendecke, die die Sonne stark reflektierte und mich geradezu doppelt, von oben wie von unten, blendete. Blind-Sinkflug nach Salzburg, plötzlich war der Flughafen da, hell und dunkel. Das Schöne und das Gefährliche gemischt.
Um 11 Uhr war ich mit *Thomas Bernhard* im ›Sheraton‹ verabredet. Als ich vor dem Hotel mit dem Taxi hielt, meldete das Österreichische Radio ›soeben 11 Uhr‹:
Er saß in der Halle, elegant englisch gekleidet, modisches rostrotgestreiftes Hemd. Er spielte den reizenden und witzigen Charmeur, ich brachte ihm in einer Plastiktüte Calzium-Tabletten aus Spanien und einen Umschlag aus Frankfurt. Die Tabletten gibt es zwar in der Substanz, aber im Geschmack nicht in Österreich, er brauche diese Calzium-Tabletten, um seine Krämpfe abzufangen. Ich war im wahrsten Sinne des Wortes reserviert, wartete auf Erklärungen; er aber blieb bei seiner bemüht-witzigen Haltung. Er habe damit gerechnet, daß ich trotz AUA pünktlich dasein werde, seinem Bruder habe er erzählt, ich sei der pünktlichste Mensch der Welt. Um 14 Uhr würde ihn sein Bruder wieder abholen, was wir in drei Stunden nicht besprechen könnten, könnten wir überhaupt

nicht besprechen. Ob ich den Nachruf auf Dalí in der ›FAZ‹ gelesen habe? Ja, dieser sei schon ein Exzentriker gewesen, ihm würde ja auch nachgerufen, er sei ein Exzentriker, aber dabei sei er der normalste Mensch. Man würfe ihm vor, er habe Skandale angezettelt. Thomas Bernhard hatte schon gelesen, was auch ich im Flugzeug las: in der ›SZ‹ vom Tage sagte Tadeusz Rozewicz: ›Ich mache keine Skandale wie zum Beispiel Thomas Bernhard. Davon halte ich nichts.‹ Man werfe ihm Skandale vor, aber dabei läge er ja in Gmunden in seiner Wohnung und sei nicht mehr fähig, auszugehen. Natürlich habe er selber alle Fehler gemacht, seine Gesundheit beschädigt. So etwa, als er im Flughafen in Málaga Max Frisch getroffen habe: damals, Ende Dezember 1988, seien alle Maschinen wegen Streik ausgefallen, nur die Swiss Air sei geflogen. Frisch habe sehr komisch ausgesehen, gekleidet wie ein Typ zwischen einem Clochard und einem gestrandeten Fischer; er trug einen schweren Korb, wahrscheinlich mit Weinflaschen, und Bernhard wollte ihm helfen, diesen Korb zu tragen, ahnte aber nicht, wie schwer er sei. Das sei ihm übel ausgegangen, aber Frisch habe einfach furchtbar ausgesehen, nicht als ein Mann, der von einem Sanatorium käme, sondern in ein Sanatorium müsse. Im übrigen habe Frisch ihn gefragt, er habe während des Aufenthaltes die ersten Seiten von ›Heldenplatz‹ gelesen, wann die Uraufführung dieses Stückes sei? Wer nahm hier wen auf den Arm?
Nach den ersten zehn Minuten gingen wir an einen anderen Ort im Hotel, und er kam ›zum Punkt‹. Er übergab mir den Vertrag, den er mit dem Residenz Verlag am 13. Dezember 1988 in Torremolinos abgeschlossen hat. (Es ist anzunehmen, daß Dr. Jochen Jung nach Torremolinos kam, denn ausdrücklich ist eingangs, in der Mitte und am Schluß Torremolinos erwähnt.) Der Vertrag ist in jeder Zeile ein Unikum. Er übergab dem Residenz Verlag sein Werk ›In der Höhe. Rettungsversuch, Unsinn‹ ›in einer einmaligen, vom Autor in ganz bestimmter gewünschter Form und in unbeschränkter Auflage‹. Fremdsprachige Ausgaben darf der Residenz Verlag abschließen. Außer diesen beiden Rechten hat er kein anderes Recht. ›Der Autor verzichtet ausdrücklich auf sämtliche finanziellen Einnahmen aus diesen beiden einmaligen Rechten und bestimmt, daß aus diesen Einnahmen keine wie immer gearteten Spenden oder Zuwendungen an Personen oder Institutionen geleistet werden dürfen.‹

Am 13. Juni 1990 fallen die Rechte zurück.
Ich habe Bernhard erklärt, daß der Vertrag zwar eine Eindeutigkeit habe, aber vieldeutig auszulegen sei, denn zumindest theoretisch kann der Residenz Verlag in dieser einmaligen unbeschränkten Auflage 100 000 Exemplare drucken und sie ewig ›ausverkaufen‹. Aber das war nicht das Entscheidende, warum habe er nicht in den Vertrag die Bedingung aufgenommen, daß damit auch die Rechte der anderen fünf Residenz-Titel zurückfallen sollten? Das wollte er nicht hören, und so kam sogleich eine mißliche Stimmung auf. Er verstünde meine Reaktion nicht, irgendwie müsse ich in der Lage sein, die Rechte dem Residenz Verlag abzukaufen. Ich habe ihm erklärt, daß aufgrund dieses neuen Vertrages solches kaum mehr möglich sei.
Aber man merkte ihm auch an, daß ihn dies im Hinblick auf seine persönliche Situation nicht mehr, zumindest nicht mehr vordringlich interessierte. Das sei meine Sache, und in Zukunft würde sich das regeln. Und dann schilderte er seine neue Situation: ›In hora mortis‹.
Er glaube, daß er dieses Jahr nicht überleben werde. Seine Herzschwäche, verbunden mit einer immer deutlicheren Erweiterung des Herzens, werde immer beschwerlicher. Operationen kämen nicht mehr in Frage, es sei denn, man mache eine Herztransplantation. Dieses aber lehne er ab. Er wolle überhaupt nicht mehr ins Krankenhaus, schon gar nicht mehr in eine Intensivstation und an Schläuchen hängen. [...] ›Ich gehe, wie ich gekommen bin, unbemerkt. Niemand soll von meinem Tod erfahren, beim Begräbnis sollen nur mein Bruder und meine Schwester anwesend sein, wenn diese dies wollen. Burgel Zeeh wird eine Woche später benachrichtigt.‹
Er müsse sich in die Situation einfinden, und er könne dies ja auch. Im Grunde genommen sei in seinem Leben alles hervorragend gelaufen. Was er angefaßt habe, habe sich in Gold verwandelt, in diesem Punkt sei er Siegfried Unseld gleich. Siegfried Unseld: ja, zu 90% sei er ihm sympathisch und freundschaftlich verbunden, für 10% machen er und der Verlag Scheußlichkeiten, aber es sind glücklicherweise eben nur 10%, und nach ihm käme gleich Burgel Zeeh. Im Grunde die Einzigen. Ja, er klage nicht, er habe alles erreicht, mehr könne man doch kaum erreichen. ›Das Leben ist wunderbar, die Welt großartig, wir leben in einer großen Zeit.‹

Im übrigen wolle er alles vernichten, es gäbe keinen Nachlaß.
Die Frage nach ›Neufundland‹. Ja, das Manuskript sei da, aber er müsse da noch einmal ran, und wahrscheinlich reize es ihn nicht, er könne nicht mehr mit seinen gichtigen Fingern Maschine schreiben, vielleicht noch diese oder jene Notiz mit Bleistift im Bett sitzend. [...]
Als ich ihn bedränge, er möchte doch seine eigene Situation schreibend darstellen, so wie Proust es ja auch gemacht habe: Ja, den Drang zu schreiben habe er noch, ›ich könnte noch hundert Bücher schreiben, aber ich kann es nicht mehr‹.
Wie ich mir die Verwaltung seines literarischen Nachlasses vorstelle? Ich entwickele ihm die alte Idee eines dreiköpfigen Gremiums, ein Erbe, ich und ein Kritiker oder ein dem Werk Bernhards ›Aufgeschlossener‹. Darüber lachte er nur. Es gäbe keinen Kritiker und keinen dem Werk Bernhards Aufgeschlossenen. Er wolle dies auch nicht haben, sondern er wünschte sich, daß sein Bruder und ich gemeinsam diesen Nachlaß verwalten sollten, wobei er seinem Bruder gesagt habe, er warne ihn vor mir, ich sei der raffinierteste Geschäftsmann, dem man mißtrauen muß, aber andererseits brauche der Bruder nichts zu tun, weil er, Bernhard, der Meinung sei, ich mache letztlich die Sache doch zum Besten, und es hätte sich herausgestellt, das, was Bernhards Bestes sei, auch Unselds geworden ist oder / und umgekehrt. [...]
Dann kam er auf Nathal (Ohlsdorf) zu sprechen, seinen Vierkanthof, sein Hauptdomizil, seinen Arbeitsplatz, wahrscheinlich seine eigentliche Heimat. Jetzt könne er nicht mehr zurück, es sei zu mühsam dort. Er könne überhaupt seine Wohnung nicht verlassen, selbst zum Essen müsse er geführt werden oder Essen müsse ihm gebracht werden. Ich könnte mir das gar nicht vorstellen. Heute sei die große Ausnahme, er sei aufgeregt, erregt, eine Erregung, die ihn aufrecht hielte.
Nathal – ich spürte, wie er auf diesen Punkt zielte –, Nathal, das wolle er in meine Hand legen, hören, was ich sage. Sage ich Nein, so würde er es eben auch an seine Verwandten geben.
Nathal also wollte er Siegfried Unseld hinterlassen. Nathal, das Gebäude, das Grundstück und die ihm gehörenden Wiesen, Felder und ein Stück Wald, insgesamt sei dies 2 Millionen DM wert, und – oh überraschendes Wunder – ich sollte dies zu einem Bernhard-Museum gestalten! Am besten wäre es, wenn man in einigem Ab-

stand zum Haus ein kleines ›Häuserl‹ errichtete, wo ein Verwalter und die, die im Museum arbeiten wollten, wohnen könnten. Was sollen das für Leute sein, die da wohnen und arbeiten, fragte ich? Ja, nun einmal ein Verwalter, der nach dem Rechten schaut, und dann Leute, die sich vielleicht um sein Werk kümmern sollten, aber es bräuchten nicht nur Wissenschaftler sein, die das Werk von Thomas Bernhard erforschten, es könnten auch andere Gegenstände erforscht werden. Vielleicht sei es einfach wichtig, daß Leute Aufenthalt auf dem Land hätten. Ich fragte ihn, warum man da ein Haus bauen müsse, der Hof sei doch groß genug. Ja, das sei richtig, aber er wolle eben alles unangetastet lassen, es solle so bleiben, wie es jetzt ist. Ich meinte, daß doch Platz genügend sei, daß die zwei, drei Leute, um die es sich handelt, auch untergebracht werden könnten. Damit war er schließlich auch einverstanden. Wichtig sei eben, daß der ›Hausstock‹, sein eigentliches Wohngebiet, unberührt bliebe. Alles andere sei ja nicht so wichtig, aber das sollte erhalten werden. Und ich könnte sicher sein, daß das ungeheuer beachtet würde. Es gäbe ja keinen Schriftsteller in diesem Jahrhundert, dessen Wohn- und Arbeitsstätte tradiert sei! Er sei nun einmal in dieser Situation und Rolle. Schließlich sei er sicher, daß nach seinem Tode eine neue Renaissance für seine Werke käme. Überhaupt Renaissance und Wirkung: sein Werk sei nicht genügend unter die Leute gebracht, der Suhrkamp Verlag habe zu wenig getan, er habe keine Werbung gemacht und zum Beispiel im Falle ›Heldenplatz‹ die riesige Publizität nicht ausgenützt und keine Anzeige (er sagte: ›keine der bekannten Streifenanzeigen‹) gemacht! Warum habe der Suhrkamp Verlag ihn bei dem es-Jubiläumsprogramm nicht besonders erwähnt, schließlich sei er Autor der edition suhrkamp! Thomas Bernhard war nicht zu halten. Und er sähe schon, wie omnibusweise die Leute da kommen würden. Und ich bräuchte doch einfach Eintritt zu erheben, um das Museum wirtschaftlich gestalten zu können.

Was soll man in dieser Situation einem Autor antworten? Die Idee sei bestechend, aber die Realisierung schwierig. [...]

Als wir soweit im Gespräch waren, wechselten wir das Lokal, gingen in das große Restaurant, aßen eine Kleinigkeit zu Mittag. Er immer wieder unter Betonung, wie schwer ihm das physisch fiele, er könne nur noch einen kleinen Schluck Bier trinken, sonst nur Mineralwasser, keinen Tee, keinen Kaffee. Sein Herz vertrüge

nichts mehr. Alle Genußmittel seien ihm verboten bzw. sie würden zum letalen Ende führen. Immer wieder kam er auf Nathal zu sprechen. Nein, Autoren sollte ich dort nicht unterbringen. Autoren seien unfähig, sich in andere hineinzuversetzen, und jeder meinte, er sei der Größte. So wie Dalí ja auch meinte, er sei größer als Picasso. Sieht aber Thomas Bernhard nicht selbst sich als den Größten? Immer wieder kam er auf Max Frisch zurück und seine Frage, wann die Uraufführung von ›Heldenplatz‹ sei. So seien Autoren.
Frage nach meinem persönlichen Ergehen, nach dem Duo in der Klettenbergstraße, nach Burgel Zeeh, nach Fellinger, der ja doch wohl immer noch Handke lektoriere. Beckett sei schließlich der Einzige. Ich zeigte ihm das Titelblatt von ›Theater heute‹ Dezember 1988 mit der riesigen Unterschrift: Beckett. Bernhard. Koltès. Paris. London. Wien: ›Sehen Sie, sehen Sie. Man muß nur sterben, dann wird man berühmt.‹
Es war kurz vor 14 Uhr, mein Flugzeug sollte um 15 Uhr abfliegen. Wir standen auf, baten den Ober um die Mäntel, die er uns beim Eingang abgenommen hatte. Der meinige war noch vorhanden, der Plastiksack mit den Calzium-Präparaten auch, aber Bernhards grüner Lodenmantel, ›handgearbeitet‹, wie er mürrisch vermerkte, war verschwunden. Als ich in das Taxi einsteigen wollte, sah ich den Bruder kommen. Ich fragte ihn, ob Thomas Bernhards Krankheit so sei, wie er sie mir dargestellt habe. Ja, sie sei sehr ernst. Ich brachte dann noch die beiden Brüder zusammen und fuhr los.«
In seinem Eintrag in der *Chronik* zum Tod von Th. B. kommt S. U. auf dieses letzte Salzburger Treffen zurück; unter dem Datum des 16. Februar heißt es: »Morgens die Nachricht aus Wien, Thomas Bernhard sei schwer erkrankt. [...]
Im Verlag, während der Postkonferenz, die Nachricht:
Thomas Bernhard ist tot. Der Anwalt Peyrer, der mir zur Sache der Schwester geschrieben hat, bestätigt die Nachricht (siehe Notiz).
Thomas Bernhard tot. Am Sonntag, dem 12. Februar 1989, gestorben. Die Nachricht trifft um 12 Uhr ein, eben zu dem Zeitpunkt, an dem er begraben wurde. Das wollte ja Thomas Bernhard so, daß niemand Notiz nähme, er hat seinen Willen durchgesetzt, nicht ganz, aber im wesentlichen.
Thomas Bernhard ist tot. Es war zu erwarten und ist doch schwer zu fassen. Ich schreibe, immer wieder unterbrochen, den Nachruf

fürs ›Börsenblatt‹, einen Nachruf vielleicht auch für österreichische Zeitungen:

›Thomas Bernhard ist tot. Er starb am Sonntag, dem 12. Februar, in Gmunden und wurde am 16. Februar 1989 in Wien begraben an der Seite seines «Lebensmenschen», über den er geschrieben hat: «Wir sind urplötzlich von dem Menschen getrennt, dem wir *im Grunde alles* verdanken und der uns tatsächlich alles gegeben hat ...» Thomas Bernhard hat alles gegeben. Im Insel Verlag erschien 1963 sein erster Roman «Frost». Der große Schriftsteller hat in ihm seine Poetik beschrieben: «Etwas Unerforschliches zu erforschen. Es bis zu einem gewissen erstaunlichen Grad von Möglichkeiten aufzudecken.» Thomas Bernhard hat dies geleistet, Buch um Buch, Stück um Stück. Von keinem Autor der Gegenwart gingen solche Wirkungen aus, keiner hat, so wie er, die Landschaft der Theater geprägt. Das Leben dieses liebenswürdigen Menschen war eine Gratwanderung, es zielte auf das Ganze und das Vollkommene, wissend, daß das Ganze und Vollkommene nicht auszuhalten ist. «Wenn Sie gern leben wie ich, dann müssen Sie halt in einer Art ständiger Hassliebe zu allen Dingen leben.» Dies gilt auch im Hinblick auf den österreichischen Staat, in dem er lebte: Nähe und Distanz, mehr Liebe als Haß. Österreichische Haltung: einfach, kompliziert. «Ich bin durch und durch glücklich, von oben bis unten, von der linken Hand bis zur rechten, und das ist wie ein Kreuz. Und das ist das Schöne daran.» Der Suhrkamp Verlag trauert um seinen großen Autor. Sein Werk wird leben.‹

Ich spüre, wie diese Nachricht mich doch bewegt, erwartet und doch nicht erwartet. Wie groß die Erleichterung, daß wir uns noch ausgesprochen haben. [...]

Am Vormittag langes Telefonat mit dem Bruder von Thomas Bernhard, Dr. Peter Johannes Fabjan. Er erzählt mir, daß er mit Thomas Bernhard am Freitag beim Anwalt in Salzburg war, das Testament sei unterschrieben, also rechtskräftig. Am Samstag seien sie noch in Nathal gewesen. [...] Er, der Bruder, habe die Krankheitsgeschichte aufgezeichnet, eine Krankheit, die normalerweise von einem Patienten nur zwei bis vier Jahre überlebt werden könnte. Durch seinen unbändigen Willen und die Hilfe des Bruders hätte er zehn Jahre damit gelebt. In der letzten Zeit aber habe er gespürt, daß er nicht mehr die Kraft habe, zu schreiben, er sei erschöpft gewesen, aber die Nacht habe er geredet und geredet, auch wieder über die Beziehung zu mir; er sei sehr glücklich gewesen, daß diese Beziehung sich so erfüllt habe, und glücklich würde er sterben. Ich fahre in den Verlag, und dann mittags fliege ich nach Wien. [...] Fahrt zum Friedhof Grinzing. Ich fand das Grab, rote Rosen lagen verstreut darauf, ein Mann, der ebenfalls Rosen ablegte, machte ein Foto: so liegt nun Thomas Bernhard neben, genau über, seinem Lebensmenschen. Ich gedachte seiner herzlich. Mit innerer Genugtuung, das den Österreichern durch meine auffallende Anzeige [in einer halbseitigen Anzeige in der *Presse*, 18. Februar 1989] gesagt zu haben.«

Anhang

»Wir stimmen überein bei gegenseitiger Wahrung unserer Positionen.«

Ein Nachwort

Beiträger von Festschriften bedienen sich des Modus der Lobrede, mögen sie in ihren Perspektiven auf die zu würdigende Person noch so stark differieren. An diese Regel hält sich auch Thomas Bernhard, als er 1984 seine Mitarbeit an dem Siegfried Unseld zu dessen sechzigstem Geburtstag zugeeigneten Buch *Der Verleger und seine Autoren* zusagt. Der Gratulant, der auf seine Laudatio bis in die Fahnen große Mühe wendet, wie Abbildung 12 zeigt, beginnt seine Ausführungen im hohen Ton, William Shakespeare und Bernhard Minetti sind die einzig tauglichen Größen, wenn es gilt, des Verlegers Verdienste zu würdigen. Es folgt, ironisch zugespitzt, die Aufzählung der persönlichen Begegnungen und gemeinsamen Erlebnisse. Das Resümee des mit *Unseld* überschriebenen Doppelporträts erfährt die stärkste Umformulierung. An die Stelle des »gesunden Mißtrauens« tritt in der Druckversion das »elementare Mißtrauen«, das beide sich, so wird verallgemeinert, »wie in der Vergangenheit auch für die Zukunft auf die Seite gelegt« hätten. Trotz dieser angesparten und ständig sich vergrößernden Mißtrauenskonten sei das gegenseitige Verhältnis »*ideal* geworden«. Für Bernhard ist offensichtlich das eine kein Hinderungsgrund für das andere.

Nach dem Tod von Thomas Bernhard im Februar 1989 legt der Verleger in einem gleichfalls von strikten Regeln geprägten Genre, einem Nachruf in der Wiener *Presse* vom 18. Februar 1989, seine Sicht des Verhältnisses dar: »Von keinem Autor der Gegenwart gingen solche Wirkungen aus, keiner hat, so wie er, die Landschaft der Theater geprägt. Das Leben dieses liebenswürdigen Menschen war eine Gratwanderung, es zielte auf das Ganze und das Vollkommene, wissend, daß das Ganze und Vollkommene nicht auszuhalten ist. ›Wenn Sie gern leben wie ich, dann müssen Sie halt in einer Art ständiger Hassliebe zu allen Dingen leben.‹« Die zitierte Äußerung fiel wohl in einem Gespräch, ihr Tenor wird bestätigt durch Bernhards Satz in einem Brief vom 7. Februar 1986: »Wie auch immer, wäre die gegenseitige Hassliebe, mit der ich, wie mit allem andern auch, mit Ihnen zu leben wünsche, zu erneuern.« (S. 186) Unseld war sich also bewußt, daß dieser Autor unablässig Impulsen gehorchte und Ziele verfolgte, die diametrale Gegensätze in sich vereinigten.

Die mehr als 500 Briefe ausmachende Korrespondenz trägt einen gewichtigen Teil dazu bei, diese eigen-artige Verleger-Autor-Beziehung in all ihren Phasen nachzuerleben. Doch ein Versuch, die Motive der beiden Schreiber zu begreifen, verlangt weiteres Material. Denn die Korrespondenz gerät immer dann ins Stocken, wenn die Meinungsverschiedenheiten unüberbrückbar erscheinen: Bevor es zum Bruch kommt, trifft man sich – dem mündlichen Austausch trauen beide größere Verständigungsqualitäten zu als dem schriftlichen. So erklärt Bernhard: »Ich halte es für besser, zu reden, als zu korrespondieren, denn in der Korrespondenz kreuzen sich seit Jahrtausenden die Missverständnisse, wie Sie wissen.« (S. 112) Unseld antwortet: »Sie haben schon recht, man hat mit der Korrespondenz und ihrer Wortfixierung manchmal Schwierigkeiten. Doch ich sehe Sie wirklich gern, und ich finde, wir haben einiges zu bereden, Selbstverständliches und Darüberhinausgehendes.« (S. 114)

Diese Begegnungen hat Unseld, wie im Falle anderer Autoren auch, kurz nach der Rückkehr an den Verlagsschreibtisch in »Reiseberichten« festgehalten. Die von ihm diktierten – bei Bernhard fast stets ausführlichen – Zusammenfassungen von Inhalt und Umständen der Autorengespräche hatten einen doppelten Zweck: Sie dienten zum einen der Information von Verlagsmitarbeitern, sollten später zum anderen das Basismaterial einer von ihm selbst zu verfassenden Verlags- und Verlegergeschichte bilden. Sie werden hier in großen Passagen für den Kommentar herangezogen. Denn sie sind unerläßliche Quellen zum Verständnis der Korrespondenz, da sie u. a. die Gespräche der Protagonisten dokumentieren. Obwohl ihnen kein Anspruch auf unbedingte Objektivität zukommt, eröffnen sie zusätzliche Perspektiven. Deshalb hatten es die Herausgeber in Kauf zu nehmen, daß der Kommentarteil einen großen Raum einnimmt.

Der Briefwechsel enthält Mitteilungen ganz unterschiedlicher Art, auch solche persönlicher Natur – als eine rein private Korrespondenz kann sie jedoch keiner der Partner verstanden haben. Dem Autor muß klar gewesen sein, daß Schreiben an den Leiter eines Verlags mit vielen Abteilungen, die für seine Arbeiten wichtig sind, vollständig oder teilweise Dritten zur Kenntnis gelangen, von einer neugierigen Nachwelt ganz zu schweigen. Damit er diesen Umstand nicht vergesse, erinnert ihn Siegfried Unseld (im Brief vom 24. Juli 1968, S. 83) daran: »ich stelle mir vor, was künftige Adepten des Studiums von Literatur- und Verlagsgeschichte bei der Lektüre unseres Briefwechsels sagen werden.« Das heißt: Verleger wie Autor formulieren immer auch unter dem und für den Blick gegenwärtiger oder später lebender Dritter. Allein deshalb gilt für diese Korrespondenz die testamentarische Verfügung Bernhards nicht, wonach aus dem Nachlaß nichts veröffentlicht werden dürfe. Seine Briefe sind an einen Empfänger gerichtet, der in seiner Eigenschaft als Verleger geradezu exemplarisch die Öffentlichkeit repräsentiert.

Thomas Bernhard zählt nicht zu den Autoren, bei denen Siegfried Unseld die gegenseitige Beziehung bis zum freundschaftlichen Du vorantrieb. Obwohl der Verleger Befreundungen mit den Autoren als generelle Strategie einsetzte, um die Austragung der sachlichen Gegensätze durch enge persönliche Beziehungen einzuhegen, kam es in diesem Fall nur in wenigen Momenten zu einer Anrede mit dem Vornamen, auf die das »Sie« folgte. Um eine solche Ausnahme zu erklären, reicht es nicht hin, das Stereotyp des Misanthropen Thomas Bernhard zu bemühen – allein der Umfang der Korrespondenz widerlegt ein solches Urteil. Zutreffender, wenn auch nicht ausreichend, ist es, auf eine Selbstcharakteristik zu verweisen: Bereits in seinem ersten Brief von 1961 an Unseld schreibt er: »Ich gehe den Alleingang.« Bis zum Zeitpunkt der Veröffentlichung von *Frost* 1963 hatte ihn dies auf dem Weg zur Schriftstellerexistenz nicht weit gebracht: Er war ein unbekannter, verlagsloser Schriftsteller. Der Otto Müller Verlag hatte sich nach der Publikation zweier unbeachteter Lyrikbände (1957 und 1958) geweigert, einen dritten herauszubringen, die Gedichtsammlung bei Kiepenheuer & Witsch blieb ein Zwischenspiel, und der vierjährige Exklusivvertrag mit S. Fischer hatte nur ein Bändchen zum Ergebnis: *die rosen der einöde. fünf sätze für ballett, stimmen und orchester.* Er stellte zwar 1961 die Gedichtproduktion ein, doch seine Prosa aus dieser Zeit, die er unter anderem auch dem Piper Verlag anbot, stieß auf wenig Gegenliebe, wie die Absage durch den Suhrkamp Verlag beweist. Folglich ließ er sich das Angebot des langjährigen Freundes Wieland Schmied nicht entgehen, der 1962 kurzzeitig im Insel Verlag als Lektor tätig war und sich für ein Prosamanuskript von ihm einzusetzen versprach.

Das Manuskript war schnell geschrieben, der Publikationsvertrag unterzeichnet, und die Lektorin Anneliese Botond erarbeitete mit dem Autor in Frankfurt eine Druckfassung. Die zweifache Doktorin, die Ende der vierziger Jahre eine Tuberkulose in der Schweiz auskurierte – beide verband also eine ähnliche Leidenserfahrung –, war Anfang 1963 zum Verlag gekommen und kümmerte sich eingehend um Bernhard: Nicht nur lektorierte sie Satz für Satz seine Manuskripte, riet ihm, wie er mit dem Verleger umgehen solle, sie lieh ihm 1967 auch eine beträchtliche Summe, damit er eine lebensrettende Operation bezahlen konnte. Bei ihr kam er sogar ins Loben, er betonte »die ungeheure Qualität dieser Frau als Institution« (S. 103) und charakterisierte sie, schon eher typisch für ihn, als den »Pfahl, an den ich Schaf mich gern, meine ganze Schriftstellerei, anbinde« (S. 110). 1970 verließ sie den Verlag in Richtung Lateinamerika.

Die enge Kooperation zwischen Lektorin und Autor erklärt, warum der erste Brief von Siegfried Unseld, der bereits anderthalb Jahre zuvor den Insel Verlag gekauft hatte, erst auf den 7. Oktober 1964 datiert – ab diesem Zeitpunkt war er realiter der Verleger Bernhards und übernahm, nachdem er den kurzzeitig amtierenden Leiter Rudolf Hirsch zum Rückzug gedrängt hatte, die alleinige Verantwortung. Die Befürchtung, die Unseld bei Bernhard zerstreuen wollte: Es ging das Gerücht, der Insel Verlag würde aufgelöst und in den Suhrkamp Verlag integriert. Der Insel Verlag blieb als eigenständiges Haus bestehen – Thomas Bernhard wechselte jedoch 1968 in den Suhrkamp Verlag.

Anneliese Botond war auch bei der ersten persönlichen Begegnung zwischen Bernhard und Unseld anwesend. Die dort thematisierten »Finanzen« spielen während der gesamten Beziehung eine Rolle. Zunächst verspricht Bernhard, das Verhandeln über Vorauszahlungen und Honorare werde rasch von der Tagesordnung verschwinden. Ihm selbst schien dieses Thema lästig zu werden, denn in einem mit zweifachem Verlegerlob gespickten Jahresendbrief kündigt er 1965 an: »Die Zeit, da ich Sie mit finanziellen Kopfsprüngen nicht mehr belästigen werde, ist mit grosser Sicherheit bald gekommen, dann entbehrt unser beider Verhältnis vielleicht gar die so wunderbare Spannung, die mir, ich erstaune darüber nicht, so recht ist. In die Poesie gehört die Ökonomie, in die Phantasie die Realität, in das Schöne das Grausame, Hässliche, Fürchterliche hineingemischt.« (S. 32) Dennoch kommt es zu weiteren »Honorarschwierigkeiten«, so daß Unseld am 8. Juli 1969 fragt: »Wann werden wir wohl aus unserer Korrespondenz und Beziehung die leidige Geldangelegenheit eliminieren?« (S. 115)

Kurze Zeit später muß er eingesehen haben, daß dies nie der Fall sein wird. Selbst zu Beginn der achtziger Jahre, als sich Thomas Bernhards finanzielle Situation gegenüber den Anfängen seines Schreibens grundlegend verbessert hat, ändern sich Form und Höhe seiner Forderungen nicht: Am 17. Dezember 1981 verlangt er ein Darlehen von 20 000 DM und setzt Unseld zugleich davon in Kenntnis, daß, nach mehreren vorangegangenen »Seitensprüngen«, ein weiteres Buch von ihm im Residenz Verlag erscheinen wird. Als Siegfried Unseld im Brief vom 29. Dezember Bedingungen für eine Zahlung nennt, antwortet Bernhard am 7. Januar 1982, souverän bestehende Verträge ignorierend: »ab sofort dürfen keine Neuauflagen oder Neuausgaben meiner in den Verlagen Suhrkamp und Insel erschienenen Bücher mehr gemacht werden. Dies betrifft ausnahmslos *alle* in diesen beiden Verlagen erschienenen Bücher – sie sollen auslaufen und dann endgültig vergriffen sein.« (S. 647) Worauf ein Ritual einsetzt: Man verabredet sich zu einem persönlichen Gespräch, redet miteinander und einigt sich. Bereits am 21. Dezember 1972 hatte Siegfried Unseld für derartige Vereinbarungen eine Sprachregelung gefunden, die an das Vokabular der Kommuniqués verfeindeter Staaten erinnert: »Wir stimmen überein bei gegenseitiger Wahrung unserer Positionen.« (S. 338)

Ein Verleger besitzt Routine darin, mit Autoren und ausländischen Verlagen die Höhe von Honoraren und Lizenzgebühren zu verhandeln. Insofern stören ihn weniger die Geldforderungen als die Mißachtung von Abmachungen. Wie mit derartigem Verhalten umzugehen sei, versucht er sich und Thomas Bernhard zu erklären. Im eben zitierten Brief vom 21. Dezember 1972, nachdem die Finanzangelegenheiten ein für allemal geklärt scheinen, beruft er sich auf die allgemeine und besondere Lebenserfahrung der Frau eines Schriftstellers: »Frau Ninon Hesse hat mir einmal gesagt, daß sich Freunde in Gelddingen behandeln müssen, als ob sie Feinde wären.« So bietet Unseld Bernhard die Freundschaft an und erklärt Pekuniäres zur Angelegenheit einer vom Kern der Beziehung strikt abgeschirmten Exklave. Ab dem 17. Januar 1974 (siehe S. 417) aber weiß Unseld, und zwar aus dem Munde einer Figur von Thomas Bernhard: »Selbst das Genie / wird noch einmal größenwahnsinnig / wenn es ums Geld geht«. Diese Äußerung des Zirkusdirektors Caribaldi in *Die Macht der Gewohnheit* bedeutet eine Verschiebung in Unselds Verständnis der Beziehung zu Bernhard: Der geniale Schriftsteller handelt prinzipiell nicht nach rationalem Kalkül und ist in Geldsachen im Wortsinn »unberechenbar«. Die Aufspaltung der Person Thomas Bernhards in einen turmhoch überlegenen Autor einerseits, einen pekuniär unkalkulablen Kaufmann andererseits ist die Grundkonstruktion für Siegfried Unselds Umgang nicht nur mit Thomas Bernhard. Es handelt sich hier für Unseld um den prototypischen Kern allen Verhaltens wichtiger Autoren ihren Verlegern gegenüber in Finanzdingen: Unseld erklärt nämlich

1993 in seinem Buch *Goethe und seine Verleger*, Goethe habe sich in Honorarforderungen das Bernhardsche »Bonmot« über das Verhältnis von Genie und Geld zu eigen gemacht.

Ein derartiges Verständnis ermöglicht dem Verleger auch, das zu akzeptieren, was der Autor als »fremd gehen« bezeichnete (siehe Abbildung 3): Auf die briefliche Ankündigung Ende 1981, mit *Ein Kind* werde ein weiterer, fünfter Band seiner autobiographischen Erzählungen im Residenz Verlag erscheinen, antwortet Unseld am 29. Dezember: »mit den liebenswürdigsten Worten treffen Sie mich ins Herz und brechen Vereinbarungen, die wir von Mann zu Mann, kurz und gut beschlossen hatten: [...] Und nun ist es wieder so, daß das, was manche als wichtigste Seite Ihrer Produktion bezeichnen, nicht hier im Hause veröffentlicht wird. Mich macht das traurig, das können Sie sich denken.« (S. 645) Er hätte noch trauriger sein können, wäre ihm präsent gewesen, was er im *Reisebericht Salzburg–München, 28. Juli–1. August 1972* (siehe S. 278f.) festgehalten hatte, daß nämlich die Publikation mehrerer Bände mit dem Arbeitstitel *Erinnern* in der Bibliothek Suhrkamp vorgesehen war. Es sei dahingestellt, inwieweit bei diesem Bericht Wunsch und Realität übereinstimmen – *Die Ursache. Eine Andeutung*, der erste Band der Autobiographie, erschien 1975 im Residenz Verlag. Die Reaktion bei Kritik und Lesern war enorm: Mit der Publikation dieser literarisierten Erinnerungen setzte der Erfolg des Prosaschreibers ein.

Über die Gründe, diese Bücher dem Residenz Verlag zu geben, hat sich Bernhard – soweit bekannt – schriftlich nicht geäußert. Die Vermutung, eine Mischung aus inhaltlichen Erwägungen (in Salzburg und dessen engster Umgebung verbrachte er einen Großteil der ersten 19 Jahre seines Lebens) und taktischen Überlegungen (zwei Verlage erhöhen die Verhandlungsmacht) habe dazu geführt, liegt nahe. Unseld aber wollte, und zwar unbedingt, den ganzen Bernhard in seinem Hause.

Nachdem die Autobiographie abgeschlossen, der erste wichtige gemeinsame Kampf 1984/1985 gewonnen war (die Beschlagnahme von *Holzfällen* endete mit der Zurückziehung der Klagen Gerhard Lampersbergs) und Bernhard dem Drängen Unselds nachgegeben hatte, auf die von ihm beabsichtigte Verhängung eines Lieferstopps seiner sämtlichen Bücher nach Österreich zu verzichten, machten sich beide daran, die Rechte an der Autobiographie auf den Suhrkamp Verlag zu übertragen. Die Bemühungen schreiten relativ weit voran (am 16. Oktober 1987 trifft man sich in Frankfurt und verfaßt einen gemeinsamen Brief – und am selben Tag schreibt Bernhard handschriftlich den liebenswürdigsten Brief der gesamten Korrespondenz), am 4. November 1988 ist mit der Uraufführung von *Heldenplatz* in Wien wieder eine Schlacht gewonnen: da trifft ein auf den 20. November datierter Brief von Bernhard ein, der die Publikation eines weiteren Buches im Residenz Verlag mitteilt. An diesem Punkt hielt der Verleger offensichtlich all seine Bemühungen um diesen Autor samt und sonders für vergeblich. Nur so ist das für Unseld untypische Eingeständnis zu verstehen: »ich kann nicht mehr« (S. 805). Bernhard reagiert in seiner Antwort zunächst barsch (»wenn Sie, wie Ihr Telegramm lautet, ›nicht mehr können‹, dann streichen Sie mich aus Ihrem Verlag und aus Ihrem Gedächtnis« – S. 806), doch wählt er als Schlußformel: »Ihr Sie sehr respektierender Thomas Bernhard«. Dieser Gruß fördert dann die letzte Begegnung zwischen Thomas Bernhard und Siegfried Unseld in Salzburg 14 Tage vor dem Tod des Autors.

Warum haben es die beiden so lange mit- und gegeneinander ausgehalten? Liest man unter diesem Blickwinkel die Korrespondenz, fällt auf, daß jeder sein Geheimnis dem

Gegenüber ausgeplaudert hat, obwohl wir nicht wissen, ob der Partner es auch als solches zur Kenntnis genommen hat: Wie oben zitiert (S. 822), führt Bernhard den Begriff der »Spannung« an, wenn er bezeichnen will, was ihn und sein Schreiben antreibt. Nur durch unablässige Auseinandersetzung mit allem und jedem kann er seine intellektuelle Existenz beibehalten. Unseld seinerseits schreibt seinem Autor 1969 (S. 121): »Es gibt Leute, die meinen, ich sei ein Spielertypus. Wenn das stimmt, so beanspruche ich aber eine besondere Art, etwa so, daß ich die Spiele meist sehr ernst betreibe, indem ich gewinnen will, während ich die ernsteren Dinge eher versuche, spielerisch zu lösen.« Und die große Herausforderung für ihn war es, mit dem ernsten Autor spielerisch umzugehen.

Editorische Notiz

Die vorliegende Edition beruht auf den Originalbriefen, die im Thomas-Bernhard-Archiv in Gmunden und im Archiv des Suhrkamp Verlags aufbewahrt werden. Hat sich nur ein Durchschlag des Originals erhalten, ist die Unterschrift des Absenders in eckige Klammern gesetzt. Briefe von und an Dritte wurden nicht in den Korpus aufgenommen, aber vollständig oder in Auszügen in den Kommentar integriert.

Unter Briefen werden gefaßt: hand- und maschinenschriftliche Briefe, Post- und Ansichtskarten, Telegramme oder Telegrammnotizen, Briefentwürfe, erschlossene Briefe sowie Rundbriefe von Siegfried Unseld an Autoren des Verlags.

Die Anschrift bei den Briefen von Thomas Bernhard an Siegfried Unseld ist jeweils, wenn nicht anders ausgewiesen, der Frankfurter Verlagssitz: bis zum 31. März 1963 in

Frankfurt: Untermainkai 13, bis zum 31. Dezember 1968 Grüneburgweg 69, sodann die Lindenstraße 29-35. Die Anschrift bei den Briefen von Siegfried Unseld an Thomas Bernhard wird mit den vereinfachten Ortsbezeichnungen seiner Wohnsitze (Ohlsdorf bzw. Wien) wiedergegeben, die bei Erstnennungen in den Anmerkungen erläutert sind. Handelt es sich bei dem Ort des Adressaten um eine Konjektur, steht der Ort in spitzen Klammern.

Hinzufügungen der Herausgeber werden durch einfache eckige Klammern markiert. Doppelte Klammern enthalten ein Wort, das eine Verschreibung behebt. Bei nicht sicher nachweisbaren Hinzufügungen (beispielsweise, wenn der Ort der Niederschrift eines Briefes nicht eindeutig zu ermitteln ist, aber als wahrscheinlich angenommen werden kann) wird ein Fragezeichen ergänzt. Wenn nicht als handschriftlich ausgewiesen, sind die abgedruckten Dokumente maschinenschriftlich. Handschriftliche Zusätze, die den Wortlaut des Satzes modifizieren (also keine Korrektur von Tippfehlern darstellen), werden an der entsprechenden Stelle zwischen senkrechten Strichen wiedergegeben.

Die Wiedergabe der Briefe von Thomas Bernhard folgt in Orthographie und Interpunktion dem Original (Ausnahme: bei Groß- und Kleinbuchstaben wurde generell die Schreibung mit Umlaut gewählt). Die in der Regel diktierten Briefe und Reiseberichte von Siegfried Unseld folgen in Orthographie und Zeichensetzung dem »alten« Duden. Verschreibungen wurden stillschweigend berichtigt. Unterstreichungen erscheinen im Text (auch bei handschriftlichen Briefen) kursiv. Einfache Anführungsstriche wurden stets in doppelte verwandelt. Leerzeilen in den Briefen werden zu Absätzen. Vereinheitlicht wurden in allen Briefen die Titel von Büchern, Artikeln, Zeitschriften, Zeitungen usw.: Sie wurden generell zwischen doppelte Anführungszeichen gesetzt und in der entsprechenden Groß- und

Kleinschreibung wiedergegeben. Die Schreibung von Geldbeträgen wurde in allen Briefen vereinheitlicht.

Anlagen werden gedruckt, wenn sie von einem der Briefpartner stammen und nicht an anderer Stelle bereits publiziert sind. Anlagen Dritter sind im Kommentar auszugsweise oder zur Gänze zitiert.

Ein besonderer Dank gilt Leonore Autenrieth, Marie-Christine Baratta-Dragono, Ursula De Santis-Gerstenberg, Peter Fabjan, Irmingard Häberle, Astrid Hinterholzer, Bernhard Judex, Susanne Kuhn, Henning Marmulla, Katharina Pektor, Rudolf Rach, Matthias Reiner, Wolfgang Schopf, Gerhard Voltz, Astrid Wallner, Waltraud Zoldos.

Raimund Fellinger, Martin Huber, Julia Ketterer

Bildnachweis

Sepp Dreissinger: 14
Gerda Maleta ©amp, Wien: 7, 9
Isolde Ohlbaum: 13
Joseph Gallus Rittenberg: 6
Stadtarchiv Augsburg: 4
Marc Trivier: 11

Alle anderen Abbildungen stammen aus dem Archiv des Suhrkamp Verlags.

Suhrkamp Verlag

VOLTAIRE!!!

3. November 1972

Lieber Thomas Bernhard,

Sie haben mir auf meinen Brief vom 27. Oktober, den ich Dr. Rach mitgab, nicht geantwortet. Ich nehme also an, daß der Bericht, den Dr. Rach mir von der Begegnung mit Ihnen gab, diese Antwort darstellt. Wir Beide hätten viel miteinander zu besprechen, doch ich beschränke mich in diesem Brief auf die Darstellung der Finanzsituation.

Eine Angelegenheit muß ich von vornherein aus der Welt schaffen: Sie erklärten Dr. Rach, daß Sie meinen Brief vom 2. August zwar gelesen, jedoch nicht voll und ganz verstanden hätten. Ich rufe Ihnen jedoch in Erinnerung:

1. Sie baten bei meinem letzten Besuch in Salzburg am 29./30. Juli um eine weitere Zahlung von DM 20.000,--. Ich sicherte Ihnen mein Überlegen und eine rasche Antwort zu. Dies geschah im Brief vom 2. August; hier gab ich die Darstellung Ihrer Finanzsituation und machte einen Vorschlag, von dessen Akzeptieren ich die Überweisung der DM 20.000,-- abhängig machte.

2. Sie haben meinen Brief vom 2. August ausdrücklich bestätigt, meinen Besuch als angenehm empfunden und zum Modus für die Überweisung der DM 20.000,-- als Voraus- und Optionszahlung für drei künftige Publikationen geschrieben, daß Sie "das Ganze naturgemäß akzeptieren". Aufgrund dieses Akzeptierens habe ich Ihnen dann die Summe von DM 20.000,-- überwiesen.

Dies zur Klärung des Vorgangs.

Sie haben jetzt Dr. Rach gegenüber argumentiert, Ihre Finanzsituation hätte sich nach den Erlösen aus Ihrem Stück "Der Ignorant und der Wahnsinnige" nicht geändert. Die Grundsituation konnte sich in der Kürze der Zeit auch gar nicht ändern, da wir Ihnen zweimal Zahlungen in Höhe von DM 20.000,--, also DM 40.000,--, im Hinblick auf die Erlöse dieses Stückes auf Ihren dringlichen Wunsch hin schon im voraus geleistet haben. Ich bin überzeugt, daß das Stück mehr als DM 40.000,-- einbringen wird, aber das wird dauern. Nur im jetzigen Augenblick kann sich aufgrund dieser beiden Vorauszahlungen die Situation nicht verändert haben.

- 2 -

6 Frankfurt/Main, Lindenstraße 29-35, Postfach 2446. Telefon 740231. Telex 413972. Telegramme Suhrkampverlag Frankfurtmain. Konten: Deutsche Bank Frankfurt am Main 95/7100. Postscheck Frankfurt am Main 115761.

Diesen auf den 3. November 1972 datierten Brief von S. U. (siehe S. 314ff.) versieht Th. B. mit handschriftlichen Anmerkungen, wie sie sich in dieser Vielzahl sonst auf keinem anderen Brief finden.

alle Konten zusammen auf 1. Aufstellung – von

aber nur zu hohem Preis!

jetzt ein neu: Korrektur/Stück/Erinnern u. mit 40.000.– belasten.

Konto alle Stücke gedeckt, wie Sie selbst sagen! Also neue Stücke offen.

Wenn Dr. Rach Sie recht verstand, so wollten Sie, mit Ausnahme der monatlichen Zahlungen, alle anderen Zahlungen gegenüber Ihrem Fernsehkonto "Der Ignorant und der Wahnsinnige" verrechnet wissen. Konkret ausgedrückt hieße das, daß Sie etwa DM 50.000,-- gegen die Fernseherlöse dieses einen Stücks verrechnet wissen wollten. Das ist dem Verlag nicht möglich.

Ich habe über Ihre Situation nachgedacht; sie läßt mich, wie Sie ja wissen, durchaus nicht gleichgültig. Ich mache Ihnen deshalb von mir aus zwei Vorschläge und ich bitte Sie, diese kühl zu bedenken.

Film Frost für ... mit 20.000.–

1. Vorschlag: Bitte, nehmen Sie sich noch einmal die Finanzübersicht vom 24. Oktober vor. Ich lege sie hier noch einmal an. Der erste Vorschlag läuft darauf hinaus, die Konten 1 und 2 zusammenzuziehen, d.h. ich wäre von mir aus bereit, das Darlehen vom 9.2.1971 in Höhe von DM 15.000,-- auf das Konto "Der Ignorant und der Wahnsinnige" zu übertragen. Wir rechnen dann mit diesem Stück getrennt ab. Sollten die Erlöse DM 55.000,-- nicht erreichen, ist dies unser Schaden. Sollten die Erlöse über DM 55.000,-- hinausgehen, werden sie dann wieder, und zwar auf dem Konto 4, verrechnet.

die 1000.– (damit ...)

Bei dieser Lösung bleiben die Konten 3 und 4 wie verzeichnet bestehen.

2. Vorschlag: Ich kenne Ihre Vorliebe für großzügig veranschlagte, langfristige Lösungen. Deshalb der Vorschlag: wir schließen vom 1. Januar 1973 an einen 5-Jahres-Vertrag zu folgenden Bedingungen.

nicht binden auf so lange Zeit, ... also nur 2 Jahre. Innerhalb

1) Ihr Konto ist jetzt gemäß der Übersicht vom 24.10. mit einem Betrag von ca. DM 66.000,-- belastet.

2) Wir zahlen Ihnen, beginnend vom 1. Januar 1973, monatlich DM 1.400,-- (vierzehnhundert). Das ergibt am 31.12.1977 eine Summe von DM 84.000,--. Insgesamt hat der Verlag dann an Sie DM 150.000,-- gezahlt.

3) Zu den bisher bei uns liegenden Verlags- und Aufführungsrechten geben Sie uns an einem Ihnen genehmen Zeitpunkt der Jahre 1973 oder 74 drei neue Manuskripte:

Den Roman "Korrektur"
Ihr neues dramatisches Stück
Den Band "Erinnern 2" für die Bibliothek Suhrkamp.

Korrektur / Stück / Erinnern 1 – sofort 40.000.– auf Verrechnung.

Sie übertragen uns bei diesen drei Manuskripten sämtliche Rechte, also auch Aufführungs-, Sende-, Film- und Fernsehrechte.

Gegen den Betrag von DM 150.000,-- stehen alle Erlöse, die wir aus Ihren bisherigen Werken und aus den drei neuen Manuskripten erreichen.

selbstverständlich Suhrkamp alles anbiete!

4) Wir rechnen in dem 5-Jahres-Zeitraum nicht miteinander ab; die Abrechnungen werden nur von der Buchhaltung des Verlages intern nach den Honorarsätzen der Verträge erstellt. Am 31. Dezember 1977 machen wir einen Strich unter dieses Gesamtkonto und beginnen am 1. Januar 1978 neu, egal, wie die intern geführte Abrechnung aussieht.

5) Sie verpflichten sich in diesem Zeitraum, vom Verlag keine weiteren Zahlungen anzufordern mit folgender Ausnahme: Sie werden in diesem 5-Jahres-Zeitraum, wie ich hoffe und wie es Sinn dieser Vereinbarung ist, weitere Werke schreiben. Diese Manuskripte und Rechte, die in diesem Zeitraum, entstehen werden, bieten Sie dem Suhrkamp Verlag an. Für diese Werke werden wir dann gemeinsam sinnvolle Vorauszahlungen vereinbaren (die dann zusätzlich zu den monatlichen Zahlungen geleistet werden). Kommen Sie der Angebotspflicht nicht nach, bedeutet dies die Kündigung dieser Vereinbarung von Ihrer Seite. dann entfallen sofort die monatlichen Zahlungen. Honorarzahlungen an Sie erfolgen erst dann, wenn der Gesamtsaldo durch Honorare/ Tantiemen-Erlöse gedeckt ist.

Ich bitte Sie herzlich, dieses Angebot genau durchzurechnen. Das Angebot befreit Sie nämlich von der Befürchtung größerer Verschuldung. Die Zahlungen, die wir Ihnen leisten, sind keine Vorauszahlungen, sondern Garantiezahlungen. Ob wir die DM 150.000,-- Honorare mit den uns überlassenen Werken bis zum 31.12.1977 abdecken können, ist unsere Sache, wir müssen (und wollen) uns in jedem Fall besonders anstrengen. Andrerseits können Sie die Erlöse vorausberechnen, um abzuwägen, wieweit Ihnen diese Garantiezahlung adäquat erscheint. Mein Vorschlag und die Summe von DM 15o.000,-- bezieht sich auf die 5-Jahres-Erlöse Ihres bisher geschriebenen Werkes, wobei ich mit bedacht habe, daß Sie den Roman, das neue Stück und "Erinnern 1" in diesem Sinne ja abgeschlossen haben. Sinn dieser Vereinbarung ist es, Ihnen durch die (wie Sie sicher bemerkt haben) erhöhten monatlichen Zahlungen die materielle Basis für Ihr weiteres Schreiben zu geben, uns von diesen ja nicht angenehmen Fragen zu entlasten und unser Gespräch produktiven Bereichen vorzubehalten.

Dieses Angebot unterbreite ich Ihnen einmalig. Sie werden das verstehen. Wie Sie auch die Motive dieses Angebots verstehen: die große Achtung, die der Verlag Ihnen als seinem bedeutenden Autor schuldet und meine persönliche Verehrung für Sie

Ich bin also zu diesem Einsatz bereit. Und Sie? Ich warte auf Ihre Nachricht.

Schöne Grüße
Ihr
Siegfried Unseld

Die handschriftlichen Anmerkungen von Th. B.:
Auf Blatt 1, oben:
»Dokumentation
FS-Panne } streifen und abschließen.
muß ich sagen, ich hätte mehr herausgeholt (das muß mir offenbleiben, dadurch keine 5 Jahrsbindung.)
nun rechnete ich mit einem ausgeglichenen Konto.
Theaterverhandlungen nur mit mir. Nebenrechte zu billig, Verschleuderung, die ich nicht akzeptieren kann
Fußangeln durch Optionsfloskeln in Briefen.
Es soll kein Feilschen sein!
VOLTAIRE!!!«

Auf Blatt 1, unten:
»Konto gedeckt, neue Schuld also gerechtfertigt.«

Auf Blatt 2:
»alle Konten zusammen auf 1. *Alte Werke* – von jetzt an neu: Korrektur / Stück / Erinnern u. mit 40.000.– belasten.
aber mir zu hohem Grad
Konto alte Werke gedeckt, wie Sie selbst sagen! Also neue Werke offen.
Film Frost frei dann mit 20.000.–
die 1000.– (damit käme ich aus.
nicht binden auf so lange Zeit, das lähmt, also nur 2 Jahre.
Innerhalb
Korrektur
Stück
Erinnern 1 }
dafür 40.000.– auf Verrechnung.
selbstverständlich Suhrkamp alles anbiete!«

Literatur

Im Folgenden werden die in der Korrespondenz angesprochenen Werke von Thomas Bernhard angeführt sowie jene Ausgaben, die im Text nur mit Kurzangaben zitiert werden.

Quellen:
Archiv der Akademie der Wissenschaften Wien

Thomas-Bernhard-Archiv Gmunden:
- Briefwechsel Thomas Bernhard-Suhrkamp Verlag
- Briefe von Anneliese Botond an Thomas Bernhard

Archiv des Suhrkamp Verlags:
- Briefwechsel mit Thomas Bernhard
- Siegfried Unseld, *Reiseberichte* 1959-2000
- Siegfried Unseld, *Chronik* 1970-2000

Die Werke von Thomas Bernhard

Werke in 22 Bänden. Herausgegeben von Martin Huber und Wendelin Schmidt-Dengler. Frankfurt am Main 2003ff.

Frost. Werke 1, hg. von Martin Huber und Wendelin Schmidt-Dengler, Frankfurt am Main: Suhrkamp 2003.
Verstörung. Werke 2, hg. von Martin Huber und Wendelin Schmidt-Dengler, Frankfurt am Main: Suhrkamp 2003.
Das Kalkwerk. Werke 3, hg. von Renate Langer, Frankfurt am Main: Suhrkamp 2004.
Korrektur. Werke 4, hg. von Martin Huber und Wendelin Schmidt-Dengler, Frankfurt am Main: Suhrkamp 2005.
Beton. Werke 5, hg. von Martin Huber und Wendelin Schmidt-Dengler, Frankfurt am Main: Suhrkamp 2006.
Der Untergeher. Werke 6, hg. von Renate Langer, Frankfurt am Main: Suhrkamp 2006.

Holzfällen. Werke 7, hg. von Martin Huber und Wendelin Schmidt-Dengler, Frankfurt am Main: Suhrkamp 2007.
Alte Meister. Werke 8, hg. von Martin Huber und Wendelin Schmidt-Dengler, Frankfurt am Main: Suhrkamp 2008.
Auslöschung. Werke 9, hg. von Hans Höller, Frankfurt am Main: Suhrkamp 2009.
Die Autobiographie. Werke 10, hg. von Martin Huber und Manfred Mittermayer, Frankfurt am Main: Suhrkamp 2004.
Erzählungen I *(In der Höhe, Amras, Der Italiener, Der Kulterer). Werke 11*, hg. von Martin Huber und Wendelin Schmidt-Dengler, Frankfurt am Main: Suhrkamp 2004.
Erzählungen II *(Ungenach, Watten, Gehen). Werke 12*, hg. von Hans Höller und Manfred Mittermayer, Frankfurt am Main: Suhrkamp 2006
Erzählungen III *(Ja. Die Billigesser, Wittgensteins Neffe). Werke 13*, hg. von Hans Höller und Manfred Mittermayer, Frankfurt am Main: Suhrkamp 2008.
Erzählungen. Kurzprosa. (Prosa, An der Baumgrenze, Midland in Stilfs, Ereignisse, Der Stimmenimitator, Verstreut erschienene Erzählungen, Frühe Erzählungen) Werke 14, hg. von Martin Huber, Hans Höller und Manfred Mittermayer, Frankfurt am Main: Suhrkamp 2003.
Dramen I *(die rosen der einöde, Köpfe, Die Erfundene, Rosa, Frühling, Der Berg, Ein Fest für Boris, Der Ignorant und der Wahnsinnige, Die Jagdgesellschaft). Werke 15*, hg. Manfred Mittermayer und Jean-Marie Winkler, Frankfurt am Main: Suhrkamp 2004.
Dramen II *(Die Macht der Gewohnheit. Komödie, Der Präsident, Die Berühmten). Werke 16*, hg. von Manfred Mittermayer und Jean-Marie Winkler, Frankfurt am Main: Suhrkamp 2005.
Dramen IV *(Vor dem Ruhestand. Eine Komödie von deutscher Seele, Über allen Gipfeln ist Ruh. Ein deutscher Dichtertag 1980. Komödie, Am Ziel). Werke 18*, hg. von Bernhard Judex und Manfred Mittermayer, Frankfurt am Main: Suhrkamp 2007.
Menschen ohne Heimat, in: *Demokratisches Volksblatt*, 11. Januar 1952.
Salzburg wartet auf ein Theaterstück, in: *Die Furche*, 4.12.1955.
In Österreich hat sich nichts geändert, in: *Theater 1969*, Sonderheft *Theater heute*, 1969, S. 144.

[*In frühester und in rücksichtsloser Beobachtung ...*], in: *Erste Lese-Erlebnisse*, hg. v. Siegfried Unseld. Frankfurt am Main: Suhrkamp 1975, S. 96.
Unseld, in: *Der Verleger und seine Autoren. Siegfried Unseld zum sechzigsten Geburtstag*, Frankfurt am Main: Suhrkamp 1984, S. 52ff.
Meine Preise, Frankfurt am Main: Suhrkamp 2009.

Lavant, Christine, *Gedichte*, herausgegeben von Thomas Bernhard, Frankfurt am Main: Suhrkamp 1987.

Verwendete Literatur

Thomas Bernhard, hg. von Pierre Chabert und Barbara Hutt. Paris: Minerve 2002.
Thomas Bernhard – Karl Ignaz Hennetmair. Ein Briefwechsel 1965-1974. Weitra: Bibliothek der Provinz 1994.
Thomas Bernhard und Salzburg. 22 Annäherungen, hg. von Manfred Mittermayer und Sabine Veits-Falk. Salzburg: Jung und Jung 2001.
Thomas Bernhard. Werkgeschichte, hg. von Jens Dittmar. 2. Aufl. Frankfurt am Main: Suhrkamp 1990.
Der Briefwechsel zwischen Thomas Bernhard und Josef Kaut, in: *Thomas Bernhard und Salzburg. 22 Annäherungen*, hg. von Manfred Mittermayer und Sabine Veits-Falk. Salzburg: Jung und Jung 2001, S. 231-241.
Das Buch vom Verlag der Autoren 1969-1989, hg. von Peter Urban. Frankfurt am Main: Verlag der Autoren 1989.
Enzensberger, Hans Magnus, *Staatsgefährdende Umtriebe*. Berlin: Edition Voltaire 1968.
Fellinger, Raimund, *Kleine Geschichte der edition suhrkamp*. Frankfurt am Main: Suhrkamp 2003.
Fellinger, Raimund, *Vorbereitungen zu einem Geburtstagsessen*, in: *Flandziu – Halbjahresblätter für Literatur der Moderne* 3/2005.
Fellinger, Raimund, *Antworten sind immer falsch*, in: Krista Fleischmann, *Monologe auf Mallorca & Die Ursache bin ich selbst – Die großen Interviews mit Thomas Bernhard. Begleitheft*. Frankfurt am Main: Suhrkamp 2008.
Fleischmann, Krista, *Monologe auf Mallorca & Die Ursache bin ich selbst – Die großen Interviews mit Thomas Bernhard*, DVD mit Begleitheft. Frankfurt am Main: Suhrkamp 2008.
Handke, Peter, *Als ich »Verstörung« von Thomas Bernhard las*, in: *Manuskripte* 21 1967/68.

Hennetmair, Karl Ignaz, *Ein Jahr mit Thomas Bernhard. Das versiegelte Tagebuch 1972*. Salzburg und Wien: Residenz Verlag 2000.

Höller, Hans, *Kritik einer literarischen Form. Versuch über Thomas Bernhard*. Stuttgart: Akademischer Verlag Heinz 1979.

Honegger, Gitta, *Thomas Bernhard. Was ist das für ein Narr?* München: Propyläen Verlag 2003.

»Ich bitte um ein Wort ...« Der Briefwechsel Wolfgang Koeppen – Siegfried Unseld, hg. von Alfred Estermann und Wolfgang Schopf. Frankfurt am Main: Suhrkamp 2006.

Der Insel-Verlag. Eine Bibliographie 1899-1969, bearb. und hg. von Heinz Sarkowski. Frankfurt am Main: Insel-Verlag.

Uwe Johnson – Siegfried Unseld. Der Briefwechsel, hg. von Eberhard Fahlke und Raimund Fellinger. Frankfurt am Main: Suhrkamp 1999.

Kadelbach, Gerd, *In die Leere schreiendes Denken*, in: *Der Bremer Literaturpreis 1954-1998*, hg. von Wolfgang Emmerich. Bremerhaven: Neuer Wirtschaftsverlag 1999.

Moritz, Herbert, *Lehrjahre. Thomas Bernhard. Vom Journalisten zum Dichter*. Weitra: Bibliothek der Provinz 1992.

Rach, Rudolf, *Seziertes Singen*, in: *Almanach der Salzburger Festspiele*. Salzburg: Residenz Verlag 1972, S. 157-159.

Radax, Ferry, *Thomas Bernhard und der Film*, in: *Literarisches Kolloquium Linz 1984*, hg. von Alfred Pittertschatscher und Johann Lachinger. Weitra: Bibliothek der Provinz 1994, S. 201-213.

Salzburger Festspiele 1974. *Offizielles Programm*. Salzburg: Residenz Verlag 1974.

Sehr geschätzte Redaktion. Leserbriefe von und über Thomas Bernhard, hg. von Jens Dittmar. Wien: Edition S 1991.

Über Thomas Bernhard, hg. von Anneliese Botond. Frankfurt am Main: Suhrkamp 1970.

Unseld, Siegfried, *Goethe und seine Verleger*. Frankfurt am Main: Insel Verlag 1993.

Von einer Katastrophe in die andere, hg. von Sepp Dreissinger, Brigitte Hofer, Jean-Louis de Rambures. Weitra: Bibliothek der Provinz 1992.

Wendt, Ernst, *Krankheit als musikalisches Problem. Fragmentarisches zu Thomas Bernhard*, in: *Almanach der Salzburger Festspiele*. Salzburg: Residenz Verlag 1972, S. 162-164.

Zuckmayer, Carl, *Henndorfer Pastorale*. Salzburg: Residenz Verlag 1972.

Werkverzeichnis

Das Werkverzeichnis verweist auf die Seiten, auf denen Werke Thomas Bernhards thematisiert werden. Es erfaßt Bücher sowie Beiträge zu Sammelbänden und Zeitungsartikel; es berücksichtigt ebenfalls geplante, aber nicht unter diesem Titel oder überhaupt nicht veröffentlichte Prosawerke und Theaterstücke.

Personenregister

Thomas Bernhard
Der Wahrheit auf der Spur

Reden, Leserbriefe, Artikel
Herausgegeben von Wolfram Bayer, Raimund Fellinger
und Martin Huber

Gebunden ca. 320 Seiten

Wenn Thomas Bernhard sich öffentlich äußert, drängt sich der Eindruck auf, er verhalte sich genauso wie die Hauptpersonen in seinen Romanen und Theaterstücken: Da wird die Welt zum Katastrophenroman und zum sinnlosen Schauspiel, in dem Bornierte und Böswillige, Nichtwisser und Nichtkönner agieren, die es in gerechtem Zorn und kunstvoller Übertreibung anzuklagen und zu verurteilen gilt. Vorher werden sie aber, Höchststrafe, der Lächerlichkeit überführt.
Deshalb konnte es nicht ausbleiben, daß Bernhards Interventionen ständig von Skandalen begleitet waren: Eine frühe Kritik am Spielplan trägt ihm einen Prozeß des Intendanten ein, die Dankesrede bei einer Preisverleihung mündet in der Absage einer weiteren Preisverleihung, eine Rezension läßt einen Minister nach dem Sendeverbot eines Bernhard-Porträts rufen.
Der vorliegende Band zeigt den »öffentlichen Bernhard«: Er enthält, in chronologischer Reihenfolge, seine gewichtigen journalistischen Arbeiten, seine Leserbriefe, seine öffentlichen Erklärungen sowie die folgenreichen Interviews. Er beginnt mit einem Salzburger Vortrag aus dem Jahr 1954 und endet mit den letzten von ihm formulierten Zeilen, einem Leserbrief, der drei Tage nach seinem Tod erscheint.

Thomas Bernhard
Goethe schtirbt

Erzählungen

Gebunden. 98 Seiten

Bei der Begegnung zwischen Thomas Bernhard und Siegfried Unseld in Wien am 17. Januar 1985 herrscht, wie der Verleger notiert, eine »blendende Stimmung«. Der Autor ist sich sicher, *Alte Meister* in wenigen Wochen abschließen zu können – der letzte Roman von Thomas Bernhard erscheint tatsächlich Ende desselben Jahres. Von den Gesprächen hält Unseld einen Wunsch Bernhards fest: »Dann läge ihm doch sehr an einem Band *Goethe schtirbt*. Er enthielte die Texte *Goethe schtirbt*. – *Wiedersehen*. – *Montaigne*. – Und zwei Stücke, die noch keinen Titel haben.«
In *Goethe schtirbt* werden diese Erzählungen zum erstenmal, dem Wunsch ihres Verfassers entsprechend, in einem Band zusammengefügt: Sie zeigen den ironisch abgeklärten Meister der tragischen Momente und komischen Situationen, der auf der Höhe seiner Kunst Motive und Strukturen seines Gesamtwerks aufgreift: von den Einsamkeitsexpertisen in *Amras*, 1964 publiziert, bis zur Haßliebe gegenüber Österreich im Spätwerk.

»Als giftiger Dampfplauderer reihte Bernhard sich ein in die Tradition österreichischer Choleriker, deren Zerstörungswut so allumfassend ist, dass sie schon wieder an Einverstandensein grenzt.
Alle vier Erzählungen, die Bernhard noch zu Lebzeiten in einem Buch zusammenfassen wollte [...] laufen wie auf Schienen auf ihre Schlusspointe zu, mit der die vorherige Emphase zum Entgleisen gebracht wird.«

Christopher Schmidt, Süddeutsche Zeitung

Ferry Radax
Der Italiener

Nach einer Erzählung von Thomas Bernhard

fes 18. 75 Minuten + 52 Minuten Extras
mit einem Booklet von Hans Höller und Georg Schmid
57 Seiten

Im Sommer 1970 führte der Filmemacher Ferry Radax im Hamburger Stadtteil Ohlsdorf, wohlgemerkt, nicht in Bernhards oberösterreichischer Heimat, das legendäre Interview »Drei Tage«, das als Extra auf dieser DVD zu sehen ist. Bernhard war davon derart begeistert, daß er beschloß, »für den erstaunlichen Regisseur und seine erstaunliche Arbeitsweise ... einen längeren und das heißt mindestens eineinhalb Stunden langen Film zu schreiben«. Zur Grundlage für seine Filmerzählung nahm Bernhard das von ihm schon »vergessene« Fragment »Der Italiener«, das er später zu seinem großen Roman *Auslöschung* (1986) ausarbeiten sollte. Die Adaption *Der Italiener* entstand dann im Auftrag des Westdeutschen Rundfunks im Winter 1971. Der Film wurde 1972 mit drei Adolf-Grimme-Spezialpreisen (Regie, Drehbuch, Kamera) ausgezeichnet.

»Unglaublich – ein den Kulturbetrieb und seine Oberflächlichkeit verachtender Schriftsteller und ein wilder Wiener haben ein intensives naives Stück Ursprungskino geschaffen. Bernhard auf seiner Bank, das ist ein magisches Pastorale, das die Kraft der Zeit zeigt, ganz im Geiste Edward Hoppers, den Ferry Radax so ungemein liebt.«
Fritz Göttler, Süddeutsche Zeitung

Thomas Bernhard
Meine Preise

st 4186, 142 Seiten

»Thomas Bernhard hat den Literaturpreiszirkus Zeit seines Lebens verabscheut. Er hat ihn gefürchtet und gehasst, und er hat über ihn gelacht, so gut es ging. Die Rituale der Preisverleihung, die oft unsäglichen Grußworte und ahnungslosen Reden der Funktionäre, die mittelmäßigen Streichquartette und die in der ersten Reihe schnarchenden Politiker und Honoratioren, die dünkelhaften Juroren und die selbstherrlichen Akademiepräsidenten, das ganze halbgebildete Schranzentum, das sich so oft wie möglich versammelt zum Zweck des Selbstgenusses mit den Mitteln der Dichterdemütigung – all das hat Thomas Bernhard gehasst, und er hat es in einem Hass ausgekostet bis zur bitteren Neige.«

Hubert Spiegel, Frankfurter Allgemeine Zeitung

»Köstlich, traurig und überwältigend.«

Ina Hartwig, Frankfurter Rundschau

»Katastrophen, Kalamitäten, Geschrei, Skandal und ganz viel Witz.«

Literarische Welt

»›Meine Preise‹, ein veritabler ›Roman in neun Geschichten‹, könnte genauso gut auch ›Ruhm‹ heißen. Es ist ein höchst witziges, böses, radikal ehrliches und auch rührendes Buch.«

Daniela Strigl, Literaturen